Franz Boerner
Taschenwörterbuch der botanischen Pflanzennamen, 4. Aufl.

Vorwort zur vierten Auflage

Auch diese vierte, verbesserte und erweiterte Auflage folgt dem bewährten Konzept, das Franz Boerner, der Dendrologe aus Leidenschaft, 1951 mit der ersten Auflage dieses Buches realisierte: Es soll Gärtner, Gartenfreunden und Pflanzenliebhabern zuverlässige Hilfestellung zum Verstehen der Bedeutung der wissenschaftlichen Gattungs- und Artnamen der in Europa in gärtnerische Kultur genommenen Pflanzenarten bieten. Eine Vollständigkeit im systematisch-botanischen Sinn ist nicht die Aufgabe. Sie wäre auch – sieht man einmal von der großen Zahl der Namen und dem daraus folgenden Umfang und Preis des Buches ab – prinzipiell kaum erreichbar: Bei nicht wenigen wissenschaftlichen Namen sind die Unterlagen der Erstbeschreibung in kaum zugänglichen Instituten und Bibliotheken archiviert und daher praktisch unerreichbar. Darüber hinaus fordern die Internationalen Nomenklaturregeln für die Vergabe gültiger botanischer Pflanzennamen überhaupt keine Erklärung des Namens. Auch ein Versuch, diese Forderung anläßlich des Internationalen Botanikerkongresses in Berlin 1987 in die Nomenklaturregeln aufzunehmen, scheiterte bereits in der Vorphase.

Franz Boerner (* 9. 5. 1897) starb am 1. 3. 1975. Die danach 1978 erschienene dritte Auflage folgte weitgehend der zweiten Auflage von 1966. So ist es natürlich, daß jetzt für die vierte Auflage eine tiefgreifendere Bearbeitung vorgenommen werden mußte – nicht zuletzt bedingt durch die von den Internationalen Nomenklaturregeln verursachten nicht endenden Änderungen hinsichtlich der ‚gültigen‘ botanischen Namen. Grundlage der Bearbeitung waren ein Vergleich mit ‚Parey's Blumengärtnerei‘ und eine Ergänzung um eine Vielzahl von Namen, die auf geographische Begriffe und auf Personen zurückgehen. Eine noch weitergehende „Europäisierung" der behandelten Gattungs- und Artnamen muß ebenso einer späteren Bearbeitung vorbehalten bleiben wie auch der sicher notwendige Vergleich gegen die ‚Flora Europaea‘. Das Buch sollte in überschaubaren Zeiträumen wieder für die Benutzer zur Verfügung stehen.

Für eine sicher folgende fünfte Auflage begrüßen Verlag und Bearbeiter jeden kritischen Korrektur-Hinweis und jede Anregung zur Ergänzung.

Aus der Vielzahl derjenigen, die mir für die vorliegende Bearbeitung mit ihrem Rat zur Seite standen, möchte ich verbunden mit meinem Dank namentlich erwähnen: P. Hirsch (Berlin), Dr. B. Leuenberger (Berlin), Prof. H.-D. Ihlenfeld (Hamburg), Dr. P.

Bamps (Brüssel), Prof. J. Léonard (Brüssel), Prof. A. Hansen (Kopenhagen), Dr. J. Pavia (Coimbra/Portugal), Dr. H. M. Burdet (Genf), D. McClintock (Platt/Kent), Dr. A. M. Romo (Barcelona), Dr. A. Susanna (Barcelona), F. C. Piepenburg (Tafira/Las Palmas). Dem Verlag danke ich für das dem Bearbeiter entgegengebrachte Vertrauen.

Viator (Almeria/Spanien), im Sommer 1988   GÜNTHER KUNKEL

Vorwort zur zweiten Auflage

Seit dem Erscheinen der ersten Auflage des Taschenwörterbuches sind eine Anzahl bedeutender gartenbaulicher Standardwerke sowie mehrere botanisch-taxonomische Werke, insbesondere Monographien einzelner Pflanzenfamilien erschienen, in denen auf Grund der Prioritätsregel eine erhebliche Anzahl von Gattungsnamen durch zum Teil unbekannte ältere, jedoch „korrekte" Gattungsnamen ersetzt sowie aus taxonomischen Gründen neue Gattungen aufgestellt wurden. Durch sorgfältige Auswertung der Literatur wurden alle diese Namen in diese Auflage aufgenommen, so daß wohl angenommen werden darf, daß die Namen fast aller Pflanzengattungen, die in den temperierten Gebieten der Erde kultiviert werden, hier zu finden sind. Es war natürlich nicht möglich, auch die Namen aller in tropischen Gebieten kultivierten oder genutzten Pflanzengattungen aufzunehmen, das hätte den Rahmen des Buches gesprengt.

In das Verzeichnis der Deutschen Pflanzennamen wurden ebenfalls zahlreiche Ergänzungen aus der neueren Literatur eingefügt. Auch im Verzeichnis der Autoren sind nicht nur zahlreiche Daten ergänzt, sondern auch die zeitgenössischen Autoren einzelner Familien, z. B. der *Cactáceae,* besonders berücksichtigt worden.

Das Taschenwörterbuch ist so nach bestem Wissen auf den neuesten Stand gebracht. Dem Verfasser ist es eine angenehme Pflicht, allen, die ihm dabei halfen, insbesondere Prof. Dr. F. BUXBAUM (Judenburg, Österreich), Dr. W. CULLMANN (Marktheidenfeld), Prof. Dr. W. HABER (München), Dr. A. HERKLOTZ (Berlin), Prof. Dr. J. A. HUBER (Dillingen), Dr. h. c. H. JACOBSEN (Kiel), Mittelschullehrer E. LIEBOLD (Burg, Sachsen) und Prof. Dr. E. ZENTGRAF (Freiburg) herzlich für ihre Anregungen, Auskünfte und Korrekturen zu danken. Seiner Frau dankt er für ständige Hilfe und Kritik.

Der Verfasser bittet alle Benutzer des Buches, ihn darin zu unterstützen, daß es immer vollkommener werde, indem sie ihn auf etwaige Fehler hinweisen.

Darmstadt, im Sommer 1966   FRANZ BOERNER

Aus dem Vorwort zur ersten Auflage

In vielen tausend Exemplaren hat das „**Botanische Hilfs- und Wörterbuch**" von ANDREAS VOSS Gärtnern, Gartenfreunden und Pflanzenliebhabern zuverlässige Auskunft über die „Botanischen Kunstausdrücke" gegeben. Es konnte aber seine Aufgabe nicht voll erfüllen, denn wenn es auch eine Erklärung der wissenschaftlichen Artnamen brachte, so fehlte doch ein Verzeichnis der Gattungsnamen der in gärtnerischer Kultur befindlichen Pflanzengattungen.

Das Buch wendet sich an den Gärtner, den Land- und Forstwirt, den Gartenfreund und den Pflanzenliebhaber. Es will aber keineswegs den Botaniker belehren, der von der **Nomenklatur**, d.h. der **wissenschaftlichen Pflanzenbenennung**, weit mehr weiß, als dieses Buch zu geben vermag. Es soll eine Hilfe sein beim Gebrauch der wissenschaftlichen Pflanzennamen, und es möchte Verständnis erwecken für sie, indem es die Entstehung und Bedeutung der Namen erklärt. Je mehr wir über die Namen wissen, um so weniger werden wir sie nur als notwendiges Übel und eine Last empfinden. Das Buch hätte mehr als seinen Zweck erfüllt, wenn es erreichte, daß wir an dem Umgang mit den wissenschaftlichen Pflanzennamen Freude haben.

Das Buch kann aber kein Handbuch der richtigen Pflanzenbenennung sein, sondern nur ein Hilfsbuch für den Umgang mit den wissenschaftlichen Pflanzennamen. Die Gattungsnamenliste ermöglicht es nicht, für eine Pflanze den Gattungsnamen von den Namen zu unterscheiden, die nur Synonyme, d.h. ungültige Nebennamen sind. Es war nicht möglich, einzelne Gattungsnamen als Synonyme zu kennzeichnen unter Verweis auf die Gattungsnamen. Wollte man etwa bei *Amarýllis* auf *Hippeástrum*, bei *Gloxínia* auf *Sinníngia* und bei *Cálla* auf *Zantedéschia* verweisen, da ja unsere Gartenamaryllis tatsächlich *Hippeástrum*, unsere Gloxinien aber *Sinníngia* und unsere Gewächshauscalla eigentlich *Zantedéschia* sind, so würde dies die Verwirrung nur vergrößern, denn es gibt ja auch echte *Amarýllis*, *Gloxínia* und *Cálla* in der Gartenkultur.

7

Aus dem Vorwort zur ersten Auflage

Die Gattungsnamen- und Artnamenlisten mögen vielen weit über das hinauszugehen scheinen, was der Gärtner gemeinhin gebraucht. Sie sollen aber nicht nur für den Alltag ausreichen, sondern in möglichst allen Fällen Auskunft geben, die überhaupt vorkommen können. So wurde z. B. auch die moderne Kakteenliteratur, die uns soviel neue Gattungsnamen bescherte, ausgewertet, ebenso enthalten die Listen die vielen neuen Gattungen, die aus der alten Sammelgattung *Mesembryánthemum* hervorgegangen sind. Für das Artnamenverzeichnis wurden insbesondere die vielen Neueinführungen an Gehölzen und Stauden aus Ostasien durch Reisende, wie WILSON, ROCK, KINGDON WARD und andere, berücksichtigt. Allerdings war es nicht möglich, die ungeheuer vielen geographischen Herkunftsbezeichnungen aufzunehmen, sie hätten den Umfang der Liste zu sehr vergrößert.

Inhaltsverzeichnis

Vom Sinn der wissenschaftlichen Pflanzennamen

„Kennt man nicht den Namen, so ist die Kenntnis der Dinge wertlos." Dieser Ausspruch stammt von dem im 16. Jahrhundert lebenden Erzbischof ISIDOR VON SEVILLA, der das Gesamtwissen seiner Zeit in einer Enzyklopädie niederschrieb.

Es war der große schwedische Naturforscher CARL VON LINNÉ (1707–1778), der diese Erkenntnis zum Leitgedanken eines großen Teiles seiner Lebensarbeit machte. LINNÉ verdanken wir die große Bestandsaufnahme aller Lebewesen pflanzlicher und tierischer Art, die zu seiner Zeit auf der Erde bekannt waren, und diese Bestandsaufnahme zwang zu einer Form der Benennung jedes Einzelwesens, die es unverwechselbar machte. LINNÉS große Tat war die Schaffung der **„Binären Nomenklatur",** also der Pflanzen- und Tiernamen, die aus nur zwei Wörtern, dem **Gattungs-** und dem **Artnamen** bestehen. Für das Pflanzenreich hat LINNÉ schon 1733 als junger Student die Forderung nach einer einheitlichen Namengebung in einem Brief gestellt, und schon drei Jahre später gab er dafür in seiner **Critica Botanica** die Begründung und Anleitung dazu.

Die wissenschaftlichen Namen der Pflanzen und Tiere haben nur den einen Sinn, nämlich **Namen** zu sein, die es überall und jederzeit ermöglichen, ein Lebewesen so eindeutig zu bezeichnen, daß keine Verwechslung mit einem anderen möglich ist. Sie sind lediglich Hilfsmittel zur Verständigung. Ein wissenschaftlicher Name braucht also keinerlei Aussage zu machen über irgendwelche Merkmale, Vorkommen u. a. des mit ihm bezeichneten Lebewesens. Ein Name kann also durchaus unsinnig sein, er hat seinen Sinn nur als Name.

Der Teil der botanischen und der zoologischen Wissenschaft, der den Pflanzen und Tieren ihre wissenschaftlichen Namen gab und gibt, ist die **Systematik,** deren erste, ursprüngliche Aufgabe es war, Ordnung in die ungeheure Fülle der pflanzlichen und tierischen Formen zu bringen.

Vier Forderungen sind an die wissenschaftlichen Namen zu stellen:

1. Verständlichkeit. Die wissenschaftlichen Namen sollen von den Angehörigen aller Völker gebraucht werden können und müssen dazu in einer Sprache sein, die keinen Wandlungen mehr unterworfen ist. Es lag nahe, dazu die alte Sprache der Wissenschaft zu wählen, das **Lateinische,** also eine vergangene Sprache. Es ist nun durchaus nicht nötig, daß alle Wörter, die für die wissenschaftlichen Namen verwendet werden, selbst der lateinischen Sprache entstammen. Sie können auch Wörter anderer Sprachen sein. Immer aber treten sie in den wissenschaftlichen Namen **in lateinischer oder zumindest latinisierter Form und Schreibweise auf.**

2. Einmaligkeit. Jeder wissenschaftliche Name darf nur für eine einzige Pflanzenart gelten. Keine zweite Pflanzenart darf also den gleichen Namen bereits führen oder aber in zukünftigen Zeiten erhalten. Dagegen ist es wohl denkbar, daß irgendein Tier den gleichen wissenschaftlichen Namen trägt wie eine Pflanzenart.

3. Die Einheitlichkeit. Jeder Name muß für die Wissenschaft und die Berufe, die sich dieser Namen als Verständigungswerkzeuge bedienen, zwischen allen Völkern der Erde und für alle Sprachen verbindlich sein. Es muß also durch übernationale Abmachungen gewährleistet sein, daß der deutsche wie der amerikanische, der indische wie die afrikanischen Botaniker, Gärtner, Forstmann usw. einmütig diese Namen anerkennen und sich jeder eigenmächtigen Änderung enthalten.

4. Beständigkeit. Die einmal gegebenen Namen dürfen im Laufe der Zeit ihre Bedeutung nicht wechseln, sie müssen dauerhaft, sie müssen beständig sein. Es ist also z. B. nicht möglich, den Namen einer Pflanzenart auf eine andere zu übertragen. Daß jedoch alle einmal gegebenen Pflanzennamen nunmehr völlig unveränderlich wären, ist aber nicht der Fall. Wie und warum gebräuchliche Pflanzennamen Änderungen unterliegen, wird später erörtert werden müssen. Diese Namensänderungen, die vom Standpunkt der Wissenschaft notwendig sind, werden von den Gärtnern usw. als außerordentlich lästig empfunden, um so mehr, wenn „weltbekannte" Namen durch gänzlich unbekannte Namen ersetzt werden. Der Wissenschaftler will, daß die Pflanze ihren **„korrekten"** Namen trägt; die Nutznießer der wissenschaftlichen Nomenklatur wollen Beständigkeit haben.

Um diese Forderungen zu verwirklichen, haben internationale wissenschaftliche Kongresse bestimmte Regeln aufgestellt, für das Pflanzenreich z. B. die Botanikerkongresse in Wien (1905), Brüssel (1910), Cambridge (1930), Stockholm (1950) und schließlich Montreal (1959). Die Ergebnisse der Verhandlungen dieses „Neunten Internationalen Botanischen Kongresses Montreal, August 1959" liegen seit 1961 gedruckt vor in den drei Sprachen Englisch, Französisch und Deutsch. Der Titel des deutschen Teiles des 372 Seiten umfassenden Buches lautet: Internationaler Code der Botanischen Nomenklatur, abgekürzt ICBN.

Mit diesem Code dürften die Grundsätze, Regeln und Empfehlungen für die botanische Nomenklatur einer endgültigen Fassung nahe gekommen sein, zukünftige internationale Botanische Kongresse werden kaum noch wesentliche Änderungen daran vornehmen.

Gärtner, Forstwirte, Landwirte und das große Heer der Pflanzenfreunde und Liebhaber, die täglich mit Pflanzen der verschiedensten Gebiete der Erde zu tun haben, bedienen sich der wissenschaftlichen Pflanzennamen, soweit innerhalb der einzelnen Völker und Länder bestimmte Pflanzen im täglichen Umgang oder in der nationalen Fachliteratur nicht mit eigensprachlichen Namen, sogenannten Vulgärnamen, bezeichnet werden. Da aber nicht wir Gärtner usw. die wissenschaftlichen Namen schufen, sondern die Botaniker, sind wir gehalten, bei Anwendung der wissenschaftlichen Namen sie in dem gleichen Sinne wie die Botaniker zu verwenden. Es muß vollkommen außerhalb jeder Möglichkeit liegen, solche Namen willkürlich zu verändern oder in einem abweichenden Sinn zu gebrauchen.

Der ICBN befaßt sich sozusagen ausschließlich mit der Nomenklatur der **Wildpflanzen.** Nur der Artikel 28, der zehn Zeilen umfaßt, betrifft die Nomenklatur der **Kulturpflanzen,** und nur in dem Anhang I wird etwas über die „Namen der Bastarde und einiger besonderer Kategorien" gesagt.

So ist es verständlich, daß bereits seit Jahrzehnten der Wunsch vorhanden war, für die ungeheure Zahl der Kulturpflanzen in Gartenbau, Landwirtschaft und Forstwirtschaft einen entsprechenden Code zu schaffen. So wurde im Jahre 1952 auf dem Internationalen Gartenbaukongreß in London ein **„Internationaler Code der Nomenklatur der Kulturpflanzen"** angenommen, der erstmalig 1953 veröffentlicht wurde.

Nach einer weiteren Ausgabe 1958 erschien dann als Ergebnis sorgfältiger und eingehender internationaler Beratungen im Jahre 1961 der International Code of Nomenclature for Cultivated Plants, von dem noch im gleichen Jahre eine deutschsprachige Fassung als Internationaler Code der Nomenklatur für Kulturpflanzen von dem „Arbeitskreis Nomenklatur der Deutschen Gartenbauwissenschaftlichen Gesellschaft" herausgegeben wurde. Durch diesen Code, „Abgefaßt und angenommen von der Internationalen Kommission für die Nomenklatur der Kulturpflanzen der Internationalen Union der Biologischen Wissenschaften", ist also das Ziel erreicht, daß für die Bennenung der Kulturpflanzen klare und international gültige Vorschriften vorhanden sind.

Die Entstehung der binären Nomenklatur

Als Geburtsjahr der „binären Nomenklatur" gilt das Jahr 1753, in welchem die erste Auflage von LINNÉS **„Species plantarum"** (d. h. „Die Arten der Pflanzen") erschien, in der der große schwedische Naturforscher alle zu seiner Zeit bekannten Pflanzen mit einem Namen benannte, der aus nur zwei Wörtern, dem Gattungsnamen und dem Artnamen, bestand. Diese Methode ist keine eigentliche Erfindung LINNÉS, auch vor ihm wurden einzelne Pflanzen bereits so benannt, aber von LINNÉ wurde die binäre Nomenklatur erstmalig ausnahmslos für alle Pflanzen durchgeführt.

Durch internationale Beschlüsse wurden später alle vorlinnéischen Pflanzennamen für ungültig erklärt. Alle neuen Pflanzennamen, die von Botanikern nach LINNÉ bisher noch „unbeschriebenen" Pflanzen gegeben wurden, sind binär, d. h. sie bestehen aus zwei Wörtern. Daß allerdings später diesen beiden Wörtern in bestimmten Fällen ein oder sogar auch mehrere Wörter angehängt wurden, bedeutet keine Durchbrechung dieses Gesetzes. Es ist vielmehr eine Folge neuerer wissenschaftlicher Erkenntnisse, daß der eigentliche Name durch Beinamen noch weiter präzisiert werden mußte.

Natürlich gab es auch vor LINNÉS Zeit neben den Volks(Vulgär-) namen der Pflanzen bereits wissenschaftliche Bezeichnungen für die Pflanzen, nur bestanden diese zumeist aus mehr als zwei Wörtern, oftmals aus einer ganzen Reihe von Wörtern, die fast einer Beschreibung der Pflanze nahe kamen. Es waren gewissermaßen Formeln, Phrasen; denn von einem „Satz" kann man nicht sprechen, da die grammatikalischen Voraussetzungen eines Satzes keineswegs in ihnen erfüllt sind. Die Sprache dieser Phrasen war, wie die damalige Sprache der Wissenschaft überhaupt, das Lateinische. Einige Beispiele aus der botanischen Literatur des 17. Jahrhunderts mögen ein Bild davon geben.

KASPAR BAUHIN, ein Baseler Professor, der von 1560 bis 1624 lebte und durch dessen Werke die Pflanzenbeschreibung große Fortschritte machte, schreibt:

„*Cyclamen orbiculato folio inferne purpurascente*", zu deutsch die „Erdscheibe mit kreisrunden, unterseits purpurlichem Blatt". Es ist dies das wilde Alpenveilchen, *Cýclamen purpurascens,* nach unserer heutigen Nomenklatur!

Zu dem Namen „*Sambucus aquatica flore globoso pleno*" gibt er gleich die Übersetzung ins Deutsche: „Wasser-Flieder mit kuglichen Blumen/Schneeballen", dem der wilde Schneeball als „*Sambucus aquatica flore simplici*" gegenübersteht.

Daß diese langatmigen Namen im zeitgenössischen Gartenbau Eingang gefunden hatten, beweist, daß sie in der damaligen Gartenbauliteratur verwendet wurden. Die Zitate sind dem berühmten Werk JOANN. SIGISM. ELSSHOLZS „Vom Garten-Baw Oder Unterricht von der Gärtnerey" aus dem Jahre 1672 entnommen.

LINNÉS Zeitgenosse, der deutsche Arzt und Botaniker SENCKENBERG, ist Verfasser einer **Flora francofurtensis,** die allerdings erst 1941 durch SPILGER herausgegeben und kommentiert wurde. 500 der von SENCKENBERG verwendeten Namen analysierte SPILGER auf ihre Wortbestandteile hin.

   15 Pflanzennamen bestanden aus nur einem Wort,
  100 Pflanzennamen bestanden aus zwei Wörtern,
  125 Pflanzennamen bestanden aus drei Wörtern,
  125 Pflanzennamen bestanden aus vier Wörtern,
  125 Pflanzennamen bestanden aus fünf bis sieben Wörtern,
   10 Pflanzennamen bestanden aus acht bis sechzehn Wörtern.

Daneben aber gab es für die gleiche Pflanze oft mehrere Namen, ohne daß nur einer davon als „der beste" zu bezeichnen war. Für die Tomate waren z.B. nebeneinander in Gebrauch: *Solanum pomiferum fructu rotundu striato molli,* dann *Lycopersicon Galeni,* weiter *Malus aureum* und *Poma amoris.*

Immerhin waren bereits etwa 20% aller Namen „binär", so z.B. *Állium ursínum, Fráximus excélsior* und *Pópulus trémula.* Ein erster Schritt zur binären Nomenklatur war also schon vor LINNÉ getan, allerdings ohne daß darin eine bestimmte Absicht gelegen hätte.

Als im 17. Jahrhundert zahlreiche Pflanzen aus verschiedenen Erdteilen Eingang in die europäischen Gärten fanden, bürgerte es sich ein, daß bekannte europäische Gärten Pflanzenverzeichnisse druckten, die uns heute ein lebendiges Bild von den damaligen Pflanzenbeständen der Gärten geben. So besitzen wir auch einen **„Hortus Amstelodamensis",** also den „Amsterdamer Garten". Hier finden wir:

     „Rubus idaeus non spinosus fl. rosea odorato."

Diese „Himbeere *(Rúbus idaeus)* ohne Stacheln mit duftender rosa Blüte" ist unser *Rúbus odorátus.* KASPAR BAUHIN vereinfachte diese Phrase wesentlich, indem er die gleiche Pflanze *„Rubus Idaeus Americanus"* benannte, also einfach die amerikanische Himbeere im Gegensatz zur einheimischen, stachligen Himbeere, *Rubus Idaeus spinosus!*

Dieses Beispiel zeigt etwas sehr Wesentliches: nämlich daß BAUHIN den **Gattungsbegriff,** so wie wir ihn heute fassen, klar erkannte und in seinem Namen zum Ausdruck brachte, jedoch ohne etwa bereits eine zusammenfassende Beschreibung der **Gattung** *„Rubus"* zu geben. Die Zugehörigkeit zu einer Gattung war allein aus dem Namen zu erkennen. Neben den bereits genannten *Rubus*-Arten finden wir bei BAUHIN noch *Rubus vulgaris, sive fructu nigro,* den „gewöhnlichen Rubus oder Rubus mit schwarzen Früchten", d.h. die Brombeere, und den *Rubus repens fructu caesio,* den „kriechenden Rubus mit blauer Frucht", die Acker- oder Kratzbeere.

Der Gedanke, eine Pflanze durch zwei zusammengehörige Worte zu benennen, mag uns heute als etwas sehr Simples vorkommen, erscheint es doch eigentlich als nichts anderes als eine Übertragung unserer menschlichen Familien- und Vornamen auf die Pflanze, wobei an die Stelle der menschlichen Familie die pflanzliche Gattung tritt. Notwendig dazu war aber die Erkenntnis, daß jeweils eine mehr oder minder große Anzahl von Pflanzen, die neben bestimmten gemeinsamen Merkmalen in anderen Merkmalen sich unterschieden, verwandt sein müßten und sich so zu einer **„Gattung"** unter gleichen **„Gattungsnamen"** vereinen ließen. Das, was diese Pflanzen voneinander unterschied, waren die „Art"-Merkmale, die in dem **„Art- oder Speziesnamen",** den man dem Gattungsnamen anhängte, Ausdruck fanden.

Welch eine ungeheure Vereinfachung und Erleichterung bedeutete dies für die wissenschaftliche Benennung der Pflanzen! Es mußte nicht für jede Pflanze ein neuer Name gefunden oder erfunden werden. Bedenken wir, daß nur verschwindend wenige Gattungen aus nur einer Art bestehen, alle anderen aber aus zwei bis vielen, ja sogar sehr vielen Arten. In Mitteleuropa gibt es allein mindestens 37 Hahnenfuß-Arten, die alle den Gattungsnamen *Ranúnculus* tragen, wir unterscheiden über 500 *Rhododéndron*-Arten, nicht viel weniger *Prímula*-Arten; die Gattung *Fícus* zählt über 600 in den Tropenwäldern verbreitete Arten! Wir brauchen nur die Namen *Ranúnculus, Rhododéndron, Prímula* und *Fícus* zu lernen und zu behalten. Sie genügen, um bereits einige 1000 Pflanzen einordnen zu können.

LINNÉ war es, der dieses Gebäude, dessen Fundamente sich bereits deutlich erkennen ließen, gewissermaßen stilrein aufrichtete, so daß an seinem Mauerwerk bis heute keine wesentlichen Umbauten vorgenommen zu werden brauchten. LINNÉ besaß eine überwältigende Gabe des Klassifizierens, des Ein- und Unterordnens! Was es auch immer war, Pflanzen, Tiere, Menschen, alles wurde von ihm geordnet. Dabei verfügte LINNÉ über eine ebenso große Gabe des Charakterisierens, er verstand es, mit wenigen Worten treffliche **Beschreibungen (Diagnosen) der Pflanzen** zu geben, in denen die bedeutsamen Merkmale klar hervortraten. Das ganze, ihm bekannte Pflanzenreich wurde so von ihm neu beschrieben, benannt und klassifiziert. Er stellte den Gattungsbegriff klar heraus, gab als erster Botaniker Diagnosen der Gattungen und ordnete die Arten in die Gattungen ein.

Durch dieses Werk hat LINNÉ **seinen Namen unvergänglich gemacht. Wir schulden ihm täglich Dank, daß er uns den Verkehr mit den Pflanzen so erleichtert hat!**

Die sprachliche Herkunft der Gattungs- und Artnamen

Die wissenschaftlichen Pflanzennamen werden im Sprachgebrauch sehr häufig als „lateinische" Pflanzennamen bezeichnet. Dies erweckt den Anschein, als wären sie nur der lateinischen Sprache entnommen. Doch ist dies eine Täuschung: Mehr Wörter entstammen dem Griechischen als dem Lateinischen, ein kleinerer Teil wurde den verschiedensten lebenden Sprachen entlehnt.

Jedoch wird der Eindruck, daß Gattungs- und Artnamen aus der griechischen oder einer modernen Sprache kommen, dadurch verwischt, daß alle Wörter wie lateinische behandelt, also latinisiert werden. Es bedeutet dies vor allem, daß man ihnen eine Endung gab, die der lateinischen Sprache angehört, also etwa die Wandlung des griechischen „-os" in „-us", wie z.B. in *Diánthus* statt dianthos. Bei einer verhältnismäßig kleinen Anzahl von Namen allerdings ließ man die ursprüngliche griechische Endung, wie z.B. bei *Erígeron, Isólepis, Rhododéndron* und *Xanthóceras* oder bei Artnamen, wie *platyphýllon* und *platanoídes*.

Ebenso wie die Wortendungen zumeist latinisiert wurden, sind auch diejenigen Buchstaben des griechischen Alphabetes, die der lateinischen Sprache fremd sind, latinisiert worden. So ist das griechische „k" (gesprochen: Kappa) durch das lateinische „c" ersetzt, z.B. in *Cánna* oder *Castánea*, während das „Y" (Ypsilon) eine verschiedene Behandlung erfuhr: teils blieb es erhalten, wie in *Drýas* oder *Cýclamen,* teils mußte es einem „u" weichen, wie in *Cupréssus* (griechisch kyparissos). Bei *Cypérus* und *Cypripédilum* haben wir den merkwürdigen Fall, daß das griechische „K" zu einem „C" wurde, das „Y" aber blieb. Das griechische „Σ – X" (sigma – chi), im Wort „s-schi" gesprochen, wurde zu einem s – ch, das nun aber nicht wie unser „sch" gesprochen werden dürfte, sondern getrennt in „s" und „ch". Es heißt also nicht *Schizánthus,* sondern *S-chiz-ánthus!* Das dem Lateinischen ebenfalls fremde griechische „Z" (gesprochen: Zeta) wird wie das „K" (Kappa) gelegentlich zu „C", gelegentlich bleibt es aber auch unverändert, wie in *Zéa* oder *Zygopétalum*.

Daß die sprachliche Reinheit eines Wortes den Taufvätern nicht immer sehr am Herzen gelegen hat, beweisen zusammengesetzte Namen, die aus einem griechischen und einem lateinischen Teil bestehen, wie z. B. in *Acanthocéreus* oder *Fimbristýlis*. Bei *Phytolácca* ist sogar ein griechisches mit einem italienischen (nicht lateinischen) Wort gekoppelt.

Welchen Wortgruppen der griechischen und lateinischen Sprache entnahmen nun LINNÉ und alle Botaniker nach ihm ihre Gattungs- und Artnamen? Im wesentlichen verwandten sie für die **Gattungsnamen:**

a alte griechische und römische Pflanzennamen,
b Namen aus der Mythologie,
c Haupt- oder Eigenschaftswörter usw., die entweder einzeln gebraucht oder zu neuen Wörtern zusammengesetzt werden.

Für Namen, die nicht den alten Sprachen entstammen, werden hauptsächlich verwendet:

d Personennamen,
e volkstümliche Namen von Pflanzen aus den verschiedensten Sprachen (Trivialnamen = allgemein gebrauchte Namen; Vulgärnamen = Volksnamen; wenn der Sprache „wilder" Völker entlehnt, auch als Barbarismen bezeichnet),
f geographische Bezeichnungen,
g Phantasienamen,
h zusammengesetzte Namen.

Alte griechische und römische Pflanzennamen

Griechische und römische Schriftsteller haben uns in ihren Schriften — besonders den naturwissenschaftlichen oder medizinischen — viele der damaligen Pflanzennamen überliefert. In manchen Fällen war es durch die näheren Angaben möglich, festzustellen, welche Pflanzenarten, natürlich der Flora der Mittelmeerländer, damit gemeint waren. LINNÉ verwandte diese Namen, die ursprünglich vielleicht nur eine einzelne Art bezeichneten, als Gattungsnamen, wie

> *Ácer* für die Gattung Ahorn,
> *Brássica* für die Kohlarten,
> *Castánea* für die eßbare Kastanie,
> *Eríca,* den griechischen Namen der Baumheide, als Gattungsnamen für alle ihm bekannten Heidekrautarten, also auch die Südafrikaner,

Papáver für die Mohne,
Pínus für die ihm bekannten Kiefern, Fichten, Weißtannen
und Lärchen.

Der Name *Pínus* bezeichnete den Römern nur die Kiefern,
insbesondere *Pínus pínea,* die Pinie. LINNÉ hat uns einen schlech-
ten Dienst erwiesen, als er auch die anderen Nadelhölzer in diese
Gattung einbezog. Erst lange nach seinem Tod, nämlich im Jahre
1827, wurden durch den Berliner Botaniker LINCK aus der Gattung
Pínus, die so viele verschiedenartige Nadelhölzer vereinte, die
Gattungen *Ábies* und *Pícea* abgetrennt, während der moderne
Gattungsname *Lárix* auf den Engländer MILLER zurückgeht. Heute heißen also nur noch die eigentlichen Kiefern *Pínus,* während
die alten römischen Namen *Ábies* und *Pícea* wie bei den Römern
für Tanne und Fichte gebraucht werden; auch *Lárix* ist ein alter
römischer Baumname.

Nicht immer jedoch war es möglich zu erkennen, welche Pflanzen die Griechen und Römer unter bestimmten Namen verstanden. Aber LINNÉ und seine Nachfahren machten sich deshalb
keine Sorgen bei der Wiederverwendung der alten Pflanzennamen. So faßte LINNÉ unter dem Namen *Cáctus* alle ihm damals
bekannten Kakteenarten zusammen. Die Griechen hatten unter
„kaktos" irgendeine stachlige Pflanze verstanden, die natürlich
niemals eine Kaktee gewesen sein kann, denn diese kamen ja erst
nach der Entdeckung Amerikas den Europäern zu Gesicht. Für
eine solche willkürliche Wiederverwendung alter Pflanzennamen
ließen sich zahlreiche Beispiele anführen.

Namen aus der Mythologie

Bei der klassischen Bildung eines LINNÉ ist es nicht zu verwun-
dern, daß er bei der Suche nach Gattungsnamen auf die griechische Mythologie zurückgriff, die ihm ein reiches und sprachlich
schönes Material bot. Wenn es sich um bekanntere Namen aus der
Mythologie handelt, sind diese auch in ihrer latinisierten Form
leicht erkenntlich: *Artemísia* kommt von Artemis, *Drýas* von
den Baumnymphen, den Dryaden, *Hyacínthus* von Hyazinth,
Prótea von Proteus, *Siléne* von Silen, dem Begleiter des Bacchus.
Schwieriger sind schon Namen zu erkennen wie *Paeónia* nach
dem griechischen Gott Paeon oder *Tagétes* nach Tages, dem Enkel
Jupiters.

Übrigens wurden mehrere dieser mythologischen Namen bereits im Altertum als Pflanzennamen verwendet, etwa von dem
römischen Schriftsteller PLINIUS; so soll die *Achilléa* ein von Achil-

les gefundenes Kraut gewesen sein, das eine Wundheilung begünstigen sollte.

Sonstige Wörter aus den alten Sprachen

Wörter aus der griechischen und lateinischen Sprache werden häufig als Gattungsnamen von LINNÉ und den späteren Botanikern verwendet. Es können dies Hauptwörter, Eigenschaftswörter, Zeitwörter usw. sein, auch Namen irgendwelcher Art. Häufig wählte man sie, weil ihr Sinn in irgendeiner Beziehung zur Gestalt oder zu Eigenschaften der nach ihnen benannten Pflanzen stand, oft aber auch ohne eine solche Beziehung. Diese Wörter sind weit mehr der griechischen als der lateinischen Sprache entnommen.

Beispiele aus dem Griechischen:

Agáve — ein griechischer weiblicher Vorname, bedeutend die Edle; weist keine unmittelbar erkennbare Beziehung zur Pflanze auf.

Geránium — aus dem griechischen Namen für den Kranich umgebildet. Beziehung: Form der Frucht ähnelt einem Kranichschnabel.

Órchis — nach dem griechischen Wort für Hoden. Beziehung: Knollenform verschiedener *Orchis*-Arten.

LINNÉ ahnte wohl nicht, was für wundervolle Blütenpflanzen uns die nach dieser Gattung benannte Familie der Orchidaceen bescheren würde, sonst hätte er der Gattung *Orchis* vielleicht einen anderen Namen gegeben!

Sophronítis — von sophron, keusch, züchtig (eine Orchideengattung). Beziehung: nicht zu erkennen.

Syrínga — vermutlich von dem Wort syrinx, Röhre, Pfeife. Beziehung: die lange Blumenkronröhre.

Beispiele aus dem Lateinischen:

Céreus — von cera, Wachsfackel, Kerze. Beziehung: Gestalt und der wachsartige Überzug vieler *Céreus*-Arten.

Rícinus — von ricinus, dem alten Namen der Zecke. Beziehung: Form und Färbung der Samen.

Úrtica — von urere, brennen. Beziehung: Brennhaare der Brennnessel.

Einen sehr beträchtlichen Teil der Gattungsnamen stellen nun Wortneubildungen dar, hergestellt durch die Zusammenfassung von zwei, gelegentlich sogar drei Einzelwörtern der griechischen oder lateinischen Sprache. Diese Wörter brauchen durchaus nicht beide Hauptwörter zu sein, häufig sind auch Verbindungen von

Hauptwörtern mit Eigenschafts-, Verhältnis-, Zahl- oder auch Zeitwörtern.

Die Taufväter solcher Gattungen, LINNÉ und seine Nachfahren, haben sich bei diesen Wortneubildungen natürlich meist etwas gedacht und wollen damit auf irgendwelche Eigenarten der Pflanzen hinweisen.

Beispiele aus dem Griechischen:

Bryophýllum — bryo, sprossen, u. phyllon, Blatt = Beziehung: Bildung von Brutknospen auf dem Blatt.

Gypsóphila — gypsos = Kreide, Gips, u. philos = Freund. Beziehung: Vorkommen verschiedener Arten auf gipshaltigen Böden.

Polýgonum — polys = viel, u. gony = Knie (od. gone = Same). Beziehung: auffällig angeschwollene Blattknoten einiger Arten.

Rhododéndron — rhodon = Rose, u. dendron = Baum. Beziehung: Blütenfarbe und Wuchs der Alpenrose.

Streptocárpus — streptos = gedreht, u. karpos = Frucht. Beziehung: gedrehte Frucht.

Theobróma — theos = Gott, u. broma = Speise: göttliche Speise! Beziehung: der gute Geschmack des Kakaos!

Beispiele aus dem Lateinischen:

Passiflóra — passio = Leiden, u. flos = Blume. Beziehung: die Blüte erinnert an das Zeichen der Passion Christi: Passionsblume!

Saxífraga — saxum = Fels, u. frangere = brechen. Beziehung: Vorkommen vieler Arten in Gesteinsspalten.

Trifólium — tres, tria = drei, u. folium = Blatt. Beziehung: dreiteiliges Kleeblatt.

Verbindungen von Wörtern der griechischen und lateinischen Sprache kommen vor (siehe Seite 17), z. B. in dem Gattungsnamen *Corylópsis* — lateinisch corylus = römischer Name des Haselnußstrauches, und griechisch opsis = Aussehen. Beziehung: Ähnlichkeit der Blätter mit denen der Haselnuß.

Personennamen

Bis zum heutigen Tage haben zahlreiche Botaniker von ihnen neu aufgestellte Gattungen nach verstorbenen Personen oder Zeitgenossen, die sie damit ehren wollten, benannt. Häufig handelt es sich dabei um Personen, die in keiner unmittelbaren Beziehung zu den nach ihnen benannten Gattungen standen. Oft auch hat ein Botaniker eine Gattung nach Männern benannt, etwa Pflanzensammlern, Botanikern, Gärtnern, Farmern oder Missionaren, die diese Pflanzen in ihrer Heimat entdeckt und gesammelt hatten.

Heute wissen wir meist kaum noch, wem zu Ehren solche Gattungen benannt wurden; wer denkt beim Gebrauch des Namens *Fúchsia* an den Tübinger Botanicus LEONHARD FUCHS (1501 bis 1566), einen der „Väter der Botanik", wer denkt bei *Begónia, Dáhlia, Forsýthia* oder *Nicotiána* an die Träger dieser Namen, ganz zu schweigen von Namen wie *Boussingaúltia, Naegélia* oder *Saintpaúlia!* Wer ahnt, daß die schöne *Franciscea* nach einem österreichischen KAISER FRANZ, die *Strelítzia* nach einer PRINZESSIN VON MECKLENBURG-STRELITZ oder gar die Banane, *Músa,* nach einem römischen Arzt benannt wurden? Wer weiß, daß der Mammutbaum, *Sequóia,* nach einem 1843 verstorbenen Häuptling der Cherokee-Indianer, SEQUOIAH, dem „Erfinder" des Cherokee-Alphabetes benannt wurde?

Einer der merkwürdigsten Namen ist da *Alberta magna,* der vor über 125 Jahren einer Gattung und Art aus der Familie der *Rubiáceae* zu Ehren des im 13. Jahrhundert lebenden berühmten Bischofs ALBERTUS MAGNUS gegeben wurde.

Eine kleine Inflation neuer Personen-Gattungsnamen haben wir in unserer Zeit erlebt bei der Aufspaltung der linnéischen Gattung *Mesembryánthemum* in über 100 neue Gattungen: *Brown ánthus, Dinteránthus, Rúschia, Schlechteránthus, Schwantésia* usw. sind solche Gattungsnamen. Auch in der neuen Kakteennomenklatur finden sich viele Personen als Taufpaten verewigt!

Schwerer zu verstehen sind natürlich Namen, die aus nur einem menschlichen Vornamen bestehen, so z. B. *Rudolfiélla* für den 1925 verstorbenen Berliner Botaniker RUDOLF SCHLECHTER, während *Juttadintéria* für die Gattin JUTTA des 1945 verstorbenen deutschen *Mesembryánthemum*-Kenners DINTER und *Heliabrávoa,* für die mexikanische Botanikerin HELIA BRAVO schon leichter zu erklären sind.

Volkstümliche Namen aus verschiedenen Sprachen

Namen, die irgendwelche Pflanzen in ihrer Heimat führen, sind weit öfter zu Gattungsnamen gemacht worden, als man denkt. Kenner der beiden alten Sprachen werden beim Hören oder Lesen mancher Gattungsnamen vergeblich versuchen, im Griechischen oder im Lateinischen Worte zu finden, von denen diese Namen abgeleitet sein könnten. Häufig handelt es sich dann um latinisierte Vornamen!

Daß auch die deutsche Sprache einige Gattungsnamen beisteuerte, dürfte am erstaunlichsten sein. So werden die Gattungsnamen *Pimpinélla, Prunélla* und *Tróllius* als mittelalterliche Latinisierungen der deutschen Namen Bibernelle, Braunelle und Trollblume betrachtet, die dann von LINNÉ als Gattungsnamen übernommen wurden. Man lasse sich nun aber nicht verleiten, wenn deutsche und lateinische Namen sehr ähnlich sind, zu glauben, daß der deutsche Name der ursprüngliche sei. Primel kommt von *Prímula* und Rose von *Rósa*, nicht umgekehrt, es sind also Eindeutschungen alter lateinischer Wörter oder Namen, also eigentlich Fremd- oder zumindest Lehnwörter.

Sonst kommen die Volksnamen aus aller Welt, aus der Sprache kultivierter oder primitiver Völker.

Beispiele:

Fátsia kommt vom japanischen Namen fatsi,

Gínkgo ist angeblich der chinesische Name des Baumes,

Jacaránda ist brasilianischer oder paraguaischer Volksname,

Kalánchoe soll chinesischen Ursprungs sein,

Nelúmbo ist vom Namen der Lotosblume auf Ceylon (= Sri Lanka) abgeleitet,

Nopálea ist das aztekische Wort für Feigenkaktus,

Pándanus ist sicherlich mit dem malayischen Volksnamen pandang in Verbindung zu bringen,

Sássafras ist spanische Anpassung eines nordamerikanischen Volksnamens,

Tsúga kommt von dem japanischen Volksnamen einer *Tsúga*-Art usw.

Sprachlich am seltsamsten klingt der Name der südamerikanischen Brechwurzel: *Uragóga ipecacuánha.*

Geographische Bezeichnungen

Gattungsnamen, die von irgendwelchen geographischen Bezeichnungen, wie Länder-, Städte-, Berg-, Fluß- oder Inselnamen, abgeleitet worden sind, sind im Gegensatz zu entsprechenden Artnamen ziemlich selten. Am bekanntesten dürfte *Araucária* sein, nach der chilenischen Provinz Arauco benannt; weitere Beispiele sind *Taiwánia* nach der Insel Taiwan, uns bekannter als Formosa, oder *Carruánthus,* die „Karroo-Blüte", nach der durch ihren Reichtum an seltsamen Sukkulenten berühmten südafrikanischen Hochebene, der Karroo. Die im folgenden Abschnitt genannten Gattungsnamen *Lobívia* und *Denmóza* und auch *Tacínga* sind ebenfalls geographischer Herkunft.

Phantasienamen

Manche Botaniker „erfanden" auch völlig neue Namen für Gattungen, die sie aufstellten. Ein Sinn dürfte in solchen Namen natürlich nur schwer enthalten oder zu erkennen sein, da es Phantasieprodukte sind. Glücklicherweise sind diese Namen nicht allzu häufig. Namen wie *Caucalis, Lónas, Rhóeo, Torilis* und ähnliche dürften hierher zu rechnen sein.

Gar nicht so seltene Gattungsnamen, die durch Umstellen von Buchstaben oder Silben innerhalb eines Wortes gebildet wurden, die sogenannten Anagramme, sind ebenfalls zu den Phantasienamen zu rechnen. Der Name einer bekannten Kakteengattung, *Lobívia,* ist aus Bolivia umgebildet, *Denmóza* ist ein Anagramm des argentinischen Städtenamens Mendoza, *Tapíscia* kommt von *Pistácia.*

Weitere Beispiele sind:

Anýchia aus *Paronýchia,*
Aponogéton aus *Potamogéton,*
Docýnia aus *Cydónia,*
Guránia aus *Angúria,*
Hatióra aus *Harióta,*
Míla aus *Líma,*
Rangaéris aus *Aerángis,*
Téllima aus *Mitélla.*

Zusammengesetzte Namen

Zeitgenössische Autoren machen sich es manchmal recht bequem mit der Bildung neuer Gattungsnamen, namentlich bei der taxonomischen Bearbeitung einzelner Familien, wie z.B. der *Cactáceae,* wo einzelne Gattungen in eine Vielzahl von Gattungen zerlegt wurden. Es entstanden dabei solche Wortungetüme wie

Austrocylindropúntia,
Cephalocleistocáctus,
Echinofossulocáctus,

die jeweils aus 19 bis 20 Buchstaben bestehen. Bei den Orchideen liegt der Fall durchaus ähnlich.

Die Gattungsnamen gelten stets als Hauptwörter und werden so behandelt. Die **Artnamen** dagegen werden als Eigenschaftswörter angesehen und so gebraucht. Im wesentlichen werden für die Artnamen verwendet:

a Eigenschafts- und andere Wörter der griechischen und lateinischen Sprache,

b Personennamen,
c geographische Bezeichnungen,
d Pflanzennamen aus verschiedenen Sprachen,
e Namen aus der Mythologie.

Wörter aus der griechischen und lateinischen Sprache

Wörter aus der griechischen und lateinischen Sprache, insbesondere beschreibende Eigenschaftswörter, stellen das größte Kontingent unter den Artnamen. Eigenschaftswörter, die sich auf Gestalt und Form, Größe, Farbe, Duft usw. ganzer Pflanzen oder einzelner Pflanzenteile beziehen, die auf das Vorkommen unter bestimmten Umweltsverhältnissen, im Wald, im Wasser, auf Felsen, hinweisen, die die Ähnlichkeit mit anderen Pflanzen betonen, die auf Nutzen oder Schaden für Mensch und Tier deuten, und viele hundert andere Hinweise werden durch diese Wörter gegeben.

Genau wie bei den Gattungsnamen finden sich auch hier viele neugebildete, zusammengesetzte Wörter. Eigenschaftswörter in Verbindung mit anderen Eigenschaftswörtern oder gelegentlich auch Hauptwörtern, mit Verhältnis-, Umstands- und Zahlwörtern geben unzählbare Möglichkeiten zur Bildung kennzeichnender Artnamen.

Personennamen

Weit häufiger noch als bei den Gattungsnamen (siehe Seite 22) sind Personennamen als Artnamen zu finden! Kein Wunder: gibt es doch unverhältnismäßig mehr Arten als Gattungen, und vor allem, es werden auch heute noch immer zahlreiche neue Arten entdeckt und beschrieben — man denke nur an die ungeheuer vielen neuentdeckten *Rhododéndron*- und *Prímula*-Arten aus China und dem Himalaya —, während Beschreibungen neuer Gattungen von Blütenpflanzen doch recht seltene Ereignisse sind. Man lasse sich nicht täuschen: wenn wir in diesem Jahrhundert viele neue Kakteengattungen kennenlernten, so handelt es sich hier nicht um neuentdeckte Gattungen, sondern um eine Folge wissenschaftlicher Erkenntnisse, die dazu zwang, mehrere Pflanzen, die bisher in einer Gattung zusammengefaßt waren, aufzuteilen auf mehrere neu zu beschreibende Gattungen. Genau das gleiche gilt für die alte Gattung *Mesembryánthemum,* aus der weit über hundert neue „Gattungen" geworden sind!

Es ist begreiflich, daß die Botaniker Namen von Zeitgenossen wählen. Und weit mehr als bei den Gattungsnamen bestehen oft

Verbindungen zwischen den Trägern der Namen und den nach ihnen benannten Pflanzenarten; man denke nur an den berühmten, 1930 verunglückten „Pflanzenjäger" ERNEST WILSON, den Entdecker vieler neuer Pflanzen in Ostasien, an Abbé DAVID, an REGINALD FARRER usw., die zahlreiche neue Pflanzen entdeckten und in die Kultur einführten.

Personennamen als Artnamen können auf zweierlei Weise verwendet werden: als Hauptwörter in der Wesform (Genitivform), wobei sie auf -i, -ii, -iae enden *(réhderi, lehmánnii, júliae)* oder auf -orum, wenn es sich um eine Mehrzahl handelt *(carthusianórum,* d. h. zu Ehren der Gebrüder KARTHÄUSER) oder in adjektivischer Form, wobei diese Namen mit der Endung -anus, -ana, -anum je nach Geschlecht des vorhergehenden Gattungsnamens enden *(rehderánus, schneiderána, davidiánum).* Ob als Hauptwort oder adjektivisch, **immer** sollten diese Artnamen mit kleinem Anfangsbuchstaben geschrieben werden.

Geographische Bezeichnungen

Geographische Bezeichnungen sind als Artnamen sehr beliebt. Alte geographische Bezeichnungen, aber auch eine Anzahl moderner Latinisierungen enden wie auch zahlreiche andere Eigenschaftswörter je nach Geschlecht auf – us, -a, -um, z. B. *europáeus, europáea, europáeum,* europäisch, *himaláicus,* aus dem Himalaya, *rhenánus,* vom Rhein, *japonicus,* aus Japan. Neue Latinisierungen sind oft durch das Anhängen der Endsilbe -ensis (oder -ense im Neutrum) gebildet, daran als geographische Namen gut zu erkennen; siehe hier *chinénsis* oder *sinénsis* = aus China, *kewénsis* = aus Kew, *yunnanénsis* = aus der chinesischen Provinz Yunnan usw.

Meist ist leicht zu erkennen, was mit dem Namen gemeint ist. Manchmal aber ist das Erkennen auch schwer, da ist schon ein Wissen nötig.

So, wenn der lateinische Name einer Stadt, eines Landes oder eines Flusses nicht mit dem modernen deutschen oder fremdsprachigen Namen gleich oder wenigstens ähnlich lautet oder sofern uns der betreffende geographische Begriff an sich ungeläufig ist. *Scándicus* heißt skandinavisch, *mediterráneus* aus dem Mittelmeergebiet, *ratisbonénsis* aus Regensburg, *gratianopolitánus* aus Grenoble (Südfrankreich), *monacénsis* aus München und *hauniénsis* aus Kopenhagen. Viele geographische Bezeichnungen dürften den Gärtnern, Pflanzenfreunden usw. überhaupt erst aus manchem pflanzlichen Artnamen her bekannt geworden sein, wie etwa *szetchuenénsis,* aus Szetchuan (chinesische Provinz), *karasmontána,* von den Karasbergen (im Hereroland) oder *aldenhaménsis,* aus Aldenham in England.

Die Zahl der möglichen Namenbildungen ist unendlich groß, man kann schlechthin von jedem Land, jeder Stadt, jedem Berg, Fluß oder See einen solchen Namen ableiten. In dem „Verzeichnis der Artnamen" (Seite 191 ff.) konnte nur eine begrenzte Zahl häufigerer geographischer Artnamen aufgenommen werden.

Pflanzennamen aus verschiedenen Sprachen als Artnamen

Gelegentlich werden auch alte „klassische" Pflanzennamen als Artnamen von den Botanikern verwendet, wofür die Gattung *Prúnus* einige interessante Beispiele bietet. Der Artname *„pádus"* für die Traubenkirsche ist ein alter griechischer Baumname, der Artname für die Kirschpflaume *„myrobalána"* ist ebenfalls ein griechischer Pflanzenname („Gewürzeichel"), und schließlich ist der Artname *„máhaleb"* für die Steinweichsel ein ursprünglich arabischer Pflanzenname.

Weitere Beispiele sind: *enséte* als äthiopischer Name einer *Músa*-Art (heute = *Ensete ventricosa*), *túna* der Name einer *Opúntia*-Art in Mittelamerika und *yúlan* der Name einer *Magnólia*-Art in China.

Namen aus der Mythologie

So vielfältig Namen aus der Mythologie als Gattungsnamen verwendet wurden, so selten sind sie als Artnamen zu finden. Eines der wenigen Beispiele, die angeführt werden können, ist der Artname *„ajácis"* für eine *Delphínium*-Art, abgeleitet von dem Namen eines griechischen Helden Ajax.

Die internationalen Nomenklaturregeln

Der Internationale Code der Botanischen Nomenklatur ist ein Werk, das von Botanikern für Botaniker geschaffen wurde. Die in dem Code aufgestellten und zusammengefaßten Vorschriften für die wissenschaftliche Pflanzenbenennung sind inzwischen außerordentlich kompliziert geworden, die Zahl der neugeschaffenen Begriffe ist so groß, daß dem Nichtfachmann das ganze Werk so schwer verständlich oder gar unverständlich bleiben muß wie etwa ein juristisches Werk. Seinen eigentlichen Wert hat das Werk für den Botaniker, der sich mit der Beschreibung und Benennung bisher unbekannter, neu aufgefundener und bisher noch nicht „wissenschaftlich" beschriebener Pflanzen befaßt. Große Teile des Werkes sind dadurch für den gärtnerischen, forstlichen und landwirtschaftlichen Fachmann, der sich der Namen ja nur als Verständigungsmittel bedient, völlig uninteressant.

Der Inhalt des Code gliedert sich in sechs **Grundsätze,** die **Regeln** in 75 Artikeln sowie eine große Anzahl von **Empfehlungen** zu den einzelnen Regeln und einigen Anhängen.

An dieser Stelle soll nur auf die Grundsätze, Regeln und Empfehlungen eingegangen werden, die für die Angehörigen der pflanzenanbauenden Berufe wichtig sind und mit denen sie in unmittelbare Berührung kommen.

Vielen neu und ungewohnt wird der Begriff des **Taxon** (Mehrzahl: **Taxa**) sein. Ein Taxon ist der Ausdruck für eine Pflanze irgendeiner **„Rangstufe",** also etwa aus den Rangstufen der Familie (z. B. *Rosáceae*), der Gattung (z. B. *Rósa*) und der Art (z. B. *Rósa canína*). Auch Varietäten usw. sind dementsprechend Taxa.

Ein Grundsatz besagt nun, daß jede „taxonomische Gruppe mit bestimmter Umgrenzung, Stellung und Rangstufe" nur einen **korrekten** Namen tragen kann, nämlich den ältesten, der den Regeln des Code entsprechend „wirksam und gültig" veröffentlicht worden ist. Es gibt so keine gültigen wissenschaftlichen Pflanzennamen, sooft auch geglaubt wird, dieser oder jener Name sei „gültig" (z. B. *Pícea ábies* an Stelle von *Pícea excélsa, Cortadéria sellóana* an Stelle von *Gynérium argénteum*), es gibt nur **korrekte** Namen, die als solche natürlich gebraucht werden müssen.

Der **Prioritätsgrundsatz,** nämlich die Forderung, daß nur der jeweils älteste, wirksam und gültig veröffentlichte Name als korrekt anzusehen ist, wurde zum ersten Male in den „Internationalen Regeln der Nomenklatur" 1935 veröffentlicht, allerdings sprach man damals noch von „gültigen" Namen. Dieser Prioritätsgrundsatz erwies sich für die Zukunft als außerordentlich folgenschwer, denn er führte dazu, daß eine sehr große Anzahl von Gattungs- und Artnamen geändert werden mußten, um „korrekte" Namen zu werden.

Das Unglück will es, daß viele Pflanzen mehrere wissenschaftliche Namen besitzen, die auf verschiedene Weise zustande gekommen sein können, sei es, daß verschiedene Botaniker die gleiche Pflanze in Unkenntnis voneinander mehrmals beschrieben und benannt haben, oder weil eine erste Beschreibung nicht ausreichte, eine Pflanze wiederzuerkennen. Ebenso wurden auch manchmal bei monographischen Bearbeitungen usw. Namen ziemlich eigenwillig geändert. So wundert es nicht, daß manche Pflanzen zwei bis viele Namen haben, beim kalifornischen Mammutbaum, *Sequoiadéndron gigantéum,* sind es zwölf, von denen natürlich nur einer der korrekte sein kann. Und oft genug haben sich in der wissenschaftlichen Literatur und im Gebrauch im Gartenbau und Forstwissenschaft spätere Namen allgemein durchgesetzt, während die ersten Namen, unter denen eine Art beschrieben war, gänzlich außer Gebrauch kamen. Der Prioritätsgrundsatz verlangt nun, daß die ältesten Namen wieder in Kraft gesetzt werden, sobald solche Irrtümer erkannt werden. Und solche Irrtümer wurden leider allzu viele bekannt, so daß man sich des Eindruckes nicht erwehren konnte, als ob mit Eifer danach gesucht worden wäre. Aber eine folgerichtige Anwendung und Durchführung des Prioritätsgrundsatzes zwang nun einmal dazu, und ein Trost muß es sein, daß dies allmählich zu der ersehnten Stabilität führen wird, daß die „ewige Umtauferei", wie Gärtner und Pflanzenliebhaber ebenso hart wie ungerecht sagen, endlich einmal aufhört. Es ist ja auch verwirrend, wenn so wohlbekannte Namen wie *Quércus sessiliflóra* in *Quércus petr*ä*ea, Pínus montána* in *Pínus múgo* oder *Gúnnera scábra* erst in *Gúnnera chilénsis* und schließlich in *Gúnnera tínctoria* geändert wurden. Den größen Unwillen erregte es wohl, als der Name *Pícea ábies* als korrekter Name für die Rotfichte, *Pícea excélsa,* „ausgegraben" wurde.

Allerdings sind die Gärtner an dem bestehenden Namenwirrwarr nicht schuldlos! Als ANDREAS VOSS Ende des 19. Jahrhunderts die dritte Auflage der berühmten „Vilmorins Blumengärtnerei" bearbeitete, setzte er sich über alle Warnungen der Botaniker hinweg und folgte den Vorschlägen von OTTO KUNTZE, der 1891 eine **„Revisio generum plantarum"** (Revision der Pflanzengattungen) veröffentlicht hatte, in der er die Änderung von 30 000 Pflanzennamen anregte. ANDREAS VOSS nahm viele dieser Namensänderungen an, die so in den Gartenbau Eingang fanden, obgleich sie von der Wissenschaft abgelehnt wurden. Und nun sind die Gärtner mürrisch, wenn sie diese Namen, die ihnen ein Kollege vorgesetzt hat, aus ihrem Gedächtnis wieder ausmerzen sollen.

Bei der Aufstellung des Prioritätsgrundsatzes waren sich die Botaniker der weitreichenden Folgen wohl recht bewußt, und es wurden einige einschränkende Regeln beschlossen, so, daß als Ausgangspunkt für die Namen der Blütenpflanzen und Farne das Jahr 1753, in dem die erste Auflage von LINNÉS **„Species plantarum"** erschien, gelten soll. Alle älteren Namen werden dadurch automatisch ungültig. Weiter wurde, um zu vermeiden, daß bei strenger Durchführung des Prioritätsgrundsatzes allzu viel Gattungsnamen geändert werden müßten, die Aufstellung einer Liste der **„beizubehaltenden und der zu verwerfenden Gattungsnamen"** (Nomina generica conservanda et rejicienda) aufgestellt. In dieser Liste sind eine sehr große Anzahl von Gattungsnamen zusammengefaßt, die infolge allgemeinen Gebrauches seit mindestens 50 Jahren vor jeder Veränderung geschützt werden sollen, obgleich sie nicht die „korrekten" Namen sind. Die meist gänzlich unbekannten Gattungsnamen werden hiermit „verworfen" und dürfen nicht mehr verwendet werden. Diese Liste umfaßt im Code 121 Seiten. In ihr sind nun, und das sollen Gärtner usw. dankbar anerkennen, eine größere Anzahl Gattungen enthalten, zu denen wichtige gärtnerische Kulturpflanzen gehören, wie z. B. *Agapánthus, Callístephus, Cárya, Chamaedórea, Hawórthia, Liátris, Mahónia, Parthenocíssus, Philodéndron, Sanseviéria, Selaginélla* usw. Bei rücksichtsloser Anwendung des Prioritätsgrundsatzes hätten diese Namen verschwinden und durch unbekannte, aber ältere ersetzt werden müssen!

Besitzt eine Pflanze mehrere Namen, von denen natürlich nur einer der gültige sein kann, so werden die anderen als **„Synonyme"**, d. h. regelwidrige Bei- oder Nebennamen, bezeichnet. Werden infolge des Prioritätsgrundsatzes bisher verbreitete Namen zu Synonymen, so empfiehlt sich für eine Übergangszeit hinter den nunmehr gültigen Namen den „verworfenen" Namen als Synonym in Klammern zu setzen, z. B. *Quércus róbur (Quércus pedunculata)* oder *Euónymus fortúnei (Euónymus radícans)*.

Der Artikel 23 des Code besagt: Der Name einer Art ... besteht aus dem Namen der Gattung und nur einem darauffolgenden „specifischen Epitheton". Diese Epitheta („Beiworte") sind also das, was landläufig als der eigentliche Artname bezeichnet wird. In dem Artikel 73, der von der Rechtschreibung der Namen und Epitheta handelt, heißt es in der Empfehlung F: Alle specifischen und infraspecifischen Epitheta (also solche, die für Taxa unterhalb der Art gelten, wie Varietäten, Formen usw.) sollten mit **kleinen Anfangsbuchstaben** geschrieben werden. Da es ausdrücklich heißt: Alle ... Epitheta, gilt dies also auch für solche, die direkt von Personennamen hergeleitet worden oder von nichtlateinischen Namen oder früheren Gattungsnamen entnommen sind.

Diese allgemeine **Kleinschreibung** der „Artnamen" hat sich inzwischen bei uns wohl ausnahmslos durchgesetzt und so zu einer begrüßenswerten Vereinfachung im Gebrauch der wissenschaftlichen Pflanzennamen geführt. Es heißt also:

Euónymus fortúnei, nicht *Fortúnei,*

Prúnus laurocérasus, nicht *Laurocérasus* (doch siehe den entsprechenden Eintrag!).

Leider ist die Kleinschreibung nur eine Empfehlung, so daß es den Autoren freisteht, weiterhin die großen Anfangsbuchstaben zu verwenden, wie dies in manchen außerdeutschen Ländern noch geschieht.

Nomenklatur der Kulturpflanzen

Die besonderen Probleme, die die Nomenklatur der Kulturpflanzen aufgab, führten dazu, einen besonderen Internationalen Code der Nomenklatur der Kulturpflanzen (siehe Seite 12) zu schaffen. Die Grundsätze, Regeln und Empfehlungen des Internationalen Code der Botanischen Nomenklatur gelten natürlich uneingeschränkt auch für die Kulturpflanzen, aber sie reichen nicht aus, um diese eindeutig zu benennen.

Während es bei Wildpflanzen im allgemeinen genügt, eine Pflanze durch Gattungsnamen und Artnamen zu benennen, ist für die Kulturpflanzen in Gartenbau und Landwirtschaft, die von den wildwachsenden Elternstämmen erkennbar abweichen, eine dritte Rangstufe unterhalb des Artnamens unbedingt notwendig.

Für diese Rangstufe wird der internationale Fachausdruck **cultivar** (abgekürzt cv.) geschaffen. Er entspricht dem, was in Deutschland im Gartenbau und in der Landwirtschaft als Sorte oder Sortenname, in England als „variety", in Frankreich als „varieté", in Holland als „varieteit", in Skandinavien „sort" usw. bezeichnet wird. Die verschiedenen Namen in England usw. dürfen nicht dazu führen, daß eine Verwechslung mit der **„varietas"** (abgekürzt var.) eintritt; diese ist eine botanische Rangstufe bei Wildpflanzen. Im folgenden wird der Einfachheit halber immer von „Sorte" gesprochen werden.

In vergangener Zeit wurden nun mit Vorliebe lateinische Eigenschaftswörter als Sortennamen verwendet, wie z. B. *tótus álbus, laciniátus, pygmáeus, nánus* usw. Soweit solche Sortennamen vor dem 31. Dezember 1958 bereits in Gebrauch waren, dürfen sie weiter verwendet werden, sie müssen aber im Gegensatz zu den Artnamen mit **großen** Anfangsbuchstaben geschrieben werden, also *Tótus Álbus, Laciniátus, Pygmáeus, Nánus,* außerdem ist ihnen entweder ein „cv." vorzusetzen, oder sie sind zwischen zwei hochstehende Anführungszeichen zu setzen, also *'Tótus Álbus'* usw.

Sortennamen, die vom 1. Januar 1959 an irgendwelchen Züchtungen usw. gegeben wurden, dürfen nur noch **Phantasienamen** sein, d. h. sie müssen sich von einem botanischen Namen in lateinischer Form deutlich unterscheiden, insbesondere also einer lebendigen Sprache entnommen sein. In mehreren Artikeln und

31

Empfehlungen werden ausführliche Anweisungen für „Bildung und Gebrauch" der Sortennamen gegeben. Für die Veröffentlichung, Priorität und Verwerfung von Sortennamen gelten ähnliche Regeln und Empfehlungen wie für die botanischen Pflanzennamen. Eine genaue Kenntnis dieses Code ist für alle Pflanzenzüchter, die Sorten zu benennen haben, unumgänglich nötig.

Es ist nicht zu verkennen, daß sich in der Benennung von Gartenkulturpflanzen manche Mißbräuche eingeschlichen und bis heute erhalten haben, die unter dem Anschein der Wissenschaftlichkeit einen Rückfall in das nomenklatorische — vorlinnéische — Mittelalter bedeuten. Aus kurzen Namen sind vielfach wieder längere Phrasen geworden, indem Eigenschaftswörter in lateinischer Sprache dem Gattungs- und Artnamen angehängt wurden, wie einige Beispiele aus dem jüngsten Katalog einer angesehenen Samenhandlung beweisen mögen. Es heißt dort:

Anthúrium andreánum grandiflórum ‚Roseorúbra',
Begónia tuberhýbrida floribúnda fl. pl. (Pfitzer),
Impátiens walleriána nána hýbrida ‚Baby Hybriden',
Prímula hýbr. aréndsii multiflóra.

Bei gutem Willen müßte es möglich sein, diese bandwurmartigen Papiernamen auszumerzen; der Einwand, daß die Kunden daran gewöhnt seien und es so wollten, ist nicht stichhaltig.

Die Nomenklatur der Bastarde (Hybriden, Kreuzungen)

Über die Nomenklatur der Bastarde bestimmen die beiden Code: Bastarde zwischen zwei Arten einer Gattung werden entweder durch eine **Formel** bezeichnet oder aber, wenn es nützlich oder notwendig erscheint, durch ein **„specifisches Epitheton"** oder ein **„Sammelepitheton".**

Die Formel besteht aus dem Gattungsnamen sowie den Artnamen der miteinander gekreuzten Arten, die durch ein liegendes Kreuz (Multiplikationszeichen) verbunden werden, also:

Digitális lútea × purpúrea,

wobei die Artnamen in alphabetischer Folge geschrieben werden. Ist bekannt, welches Geschlecht die Elternteile hatten, so kann dies angegeben werden, also:

Digitális lútea ♀ × purpúrea).

Wenn in wissenschaftlichen Werken allgemein der weibliche Elternname unabhängig vom Alphabet zuerst genannt wird, so muß darauf hingewiesen werden.

Eine solche Formel ist natürlich im Gebrauch sehr umständlich. Es hat sich so als nützlich erwiesen, Bastaren eigene neue Namen, d. h. „spezifische Epitheta", zu geben, die entweder in lateinischer Sprache sein können oder aber auch ein „Phantasiename". Also:

Prímula × bullesiána (= Prímula beesiána × bulleyána),
Clemátis × jackmáni (= Clemátis lanuginósa × viticélla).

„Sammelepitheta" dagegen werden gegeben für alle Pflanzen, die sich aus der Kreuzung zweier oder mehrerer Arten ableiten, einschließlich deren weiterer Generationen und Rückkreuzungen, soweit sie von den Elternarten unterscheidbar sind. Sie können lateinische Form haben oder einer lebenden Sprache entnommen sein, also z. B.

Lílium × sulphurgále als Sammelname für Bastarde zwischen *Lílium regále* und *L. sulphúreum,*
Lílium Bellingham Hybrids als Sammelname für Bastarde zwischen *Lílium humbóldtii* und *L. pardálinum.*

In Katalogen usw. werden die × (Multiplikationszeichen) meist fortgelassen; in der Literatur sollten sie jedoch stets angegeben werden.

Neben Bastarden zwischen Arten einer Gattung sind in der Gartenkultur jedoch auch Bastarde zwischen Arten zwei und mehrerer Gattungen häufig anzutreffen. Diese können mit einer Formel bezeichnet werden oder aber, wenn es empfehlenswert erscheint, mit einem „neuen" Gattungsnamen, der häufig eine mehr oder weniger wohlklingende Kombination aus den Namen der Elterngattungen ist, wie z. B.

× *Gaulthéttya (Gauthéria × Pernéttya),*
× *Mahobérberis (= Bérberis × Mahónia),*
× *Laeliocattléya (= Cattléya × Láelia).*

In allen diesen Fällen ist das Multiplikationszeichen (×) vor den neuen Namen zu setzen.

Bastarde zwischen drei oder mehr Gattungen sind namentlich unter den kultivierten tropischen Orchideen häufig. Da natürlich die „Formeln" solcher Bastarde kaum zu behalten sind, hat man hier ebenfalls durch Zusammenziehung der einzelnen Gattungsnamen neue Namen geschaffen, wie z. B.

× *Brassocattláelia (= Brassávola × Cattléya × Láelia),*
× *Sophrocattláelia (= Sophronítis × Cattléya × Láelia).*

Um aber nicht zu umständliche Namenskombinationen bilden zu müssen, ist man noch einen Schritt weiter gegangen und hat vollkommen neue Namen gewählt, zumeist nach verdienstvollen Orchideenzüchtern und Liebhabern. Um diese Namen aber sofort als Bezeichnungen für Bastarde zu kennzeichnen, gab man ihnen die Endsilbe *-ara,* wie z. B.

× *Lowiára* (= *Sophronítis* × *Brassávola* × *Láelia*),
× *Potinára* (= *Sophronítis* × *Láelia* × *Cattléya* × *Brassávola*),
× *Vuylsteckeára* (= *Miltónia* × *Cochlióda* × *Odontoglóssum*).

Diese Bastardgattungsnamen erhalten selbstverständlich noch einen Phantasienamen angehängt, um einen ganz bestimmten Bastard zu kennzeichnen, wie z. B. × *Lowiára* ‚Paul' oder × *Vuylsteckeára* ‚Mrs. Pitt'.

Gattungsnamen-Änderungen

Bis vor nicht allzu langer Zeit erschienen die Gattungsnamen im Gartenbau als etwas Festgefügtes und somit nicht Veränderbares. Von dem Prioritätsgrundsatz wurden zwar Artnamen in großer Zahl betroffen und mußten geändert werden, Gattungsnamen von Kulturpflanzen jedoch nur in geringem Maße.

Die Fortschritte in der taxonomischen (systematischen) Forschung jedoch zwangen im Laufe der letzten fünfzig Jahre dazu, bei bestimmten Familien eine sehr große Anzahl neuer Gattungen aufzustellen. Es ergab sich, daß in einigen bisher sehr umfangreichen Gattungen zahlreiche Pflanzenarten vereint waren, die nicht der gleichen Gattung angehören konnten. Dies veranlaßte die Botaniker, solche Gattungen in mehr oder weniger viele kleinere Gattungen „aufzuspalten". Besonders betroffen wurden davon die Familien der *Cactáceae* und der *Mesembryanthemáceae*. Die alte „Sammelgattung" *Céreus* wurde in mindestens 35 neue Gattungen zerlegt, wie *Acanthocéreus, Arthrocéreus, Austrocephalocéreus, Azureocéreus, Bolivicéreus, Carnegiéa, Cephalocéreus* usw. Am Habitus ist den Pflanzen meist nicht anzusehen, zu welcher dieser Gattungen sie gehören und warum. Oftmals sind nur Merkmale etwa der Blütenkronröhre, der Frucht oder gar der Samen für eine dieser neuen Gattungen kennzeichnend.

Sehr viel offensichtlicher sind die habituellen Unterschiede bei den vielen Gattungen, in die die alte Gattung *Mesembryánthemum* aufgelöst worden ist. Die äußeren Unterschiede der Gestalt etwa zwischen *Argyrodérma, Cheiridópsis, Conophýtum, Cylindrophýllum, Faucária, Gibbǽum, Glottiphýllum* usw. sind doch so beträchtlich, daß es absolut begreiflich erscheint, daß sie nicht alle zur gleichen Gattung gehören können.

Es kommen aber auch Fälle vor, daß Gattungen wieder „eingezogen" und einer anderen Gattung eingegliedert werden. Die immergrünen australisch-neuseeländischen „Ehrenpreis-Arten" führten bis in das dritte Jahrzehnt unseres Jahrhunderts alle den

Namen *Verónica,* wissenschaftlich gehörten sie zur Gattung *Verónica* sect. *Hébe.* Australische Forscher erhoben nun diese in die Rangstufe einer Gattung, und seitdem hießen die „immergrünen Veronica" *Hébe.* Es war nicht leicht, in Baumschul- und Gartenbaukreisen diesen Namen einzuführen und durchzusetzen. Jetzt, nachdem dies gelungen ist, wird nun sonderbarerweise die Gattung *Hébe* wieder eingezogen und alles heißt wieder *Verónica.* Das Zutrauen der Praktiker zur „Nomenklatur" wird durch solche Vorgänge sehr strapaziert*.

Familiennamen-Änderungen

Die nächsthöhere Rangstufe über der Gattung ist die **Familie,** in der jeweils eine verschieden große Anzahl verwandter Gattungen zusammengefaßt ist.

Auch die Familien tragen wissenschaftliche Namen, die gemäß Artikel 18 des Internationalen Code der Botanischen Nomenklatur dadurch gebildet werden, daß an den Wortstamm eines Gattungsnamens aus der jeweiligen Familie die Endung -áceae angehängt wird. Die Familiennamen sind also, sprachlich gesehen, substantivisch gebrauchte Adjektive im Plural.

Familienname	abgeleitet von Gattungsnamen
Aceráceae	*Acer*
Aráceae	*Arum*
Ericáceae	*Erica*
Liliáceae	*Lílium*
Orchidáceae	*Orchis*
Pináceae	*Pínus*
Rosáceae	*Rósa*
Salicáceae	*Sálix*
Violáceae	*Víola*

Daneben gibt es nun eine geringe Anzahl von wissenschaftlichen Familiennamen, die nicht diesen Bedingungen entsprechen, die jedoch als durch langjährigen Gebrauch zugelassene Ausnahmen anzusehen sind. In der neueren Literatur werden jedoch statt dieser Namen häufig Namen gebraucht, die korrekt nach den Regeln des Code gebildet sind, d. h. von einem Gattungsnamen abgeleitet sind. Es ist aber jedem botanischen Autor freigestellt, den

---

* Neuerer Literatur nach ist *Hébe* wieder anerkannt!

einen oder den anderen Namen zu verwenden. So werden z.B. in der 12. Auflage von A. ENGLERS **Syllabus der Pflanzenfamilien,** II. Band: Angiospermae, Berlin 1964, also von den Berliner Botanikern, die „alten" Namen gebraucht, während sich die Botaniker an den Universitäten München und Halle (Saale) der „korrekten" Namen bedienen. In diesem Buch werden die bisher üblichen Namen verwendet, da diese dem Benutzerkreis seit je geläufig sind.

Übliche, zugelassene Familiennamen	Korrekt gebildete Familiennamen	Abgeleitet von Gattungsnamen
Compositae	z.T. Asteraceae	*Áster*
	z.T. Cichoriaceae	*Cichórium*
Cruciferae	Brassicaceae	*Brássica*
Gramineae	z.T. Poaceae	*Póa*
	z.T. Bambusaceae	*Bambúsa*
Guttiferae	z.T. Clusiceae	*Clúsia*
	z.T. Hypericaceae	*Hyperícum*
Labiatae	Lamiaceae	*Lámium*
Leguminosae	z.T. Caesalpiniaceae	*Caesalpínia*
	z.T. Fabaceae	*Fába*
	z.T. Mimosaceae	*Mimósa*
Palmae	Arecaceae	*Aréca*
Umbelliferae	Apiaceae	*Ápium*

Diese „korrekten" Namen sind nun durchaus keine Neubildungen, sondern zum Teil schon sehr alt. So wurden erstmalig veröffenlicht: *Asteráceae* 1829, *Brassicáceae* 1836, *Fabáceae* 1839, *Poáceae* 1895.

Ein anderer Grund für die Veränderung von Familiennamen liegt in den Fortschritten der botanischen Forschung, die dazu Anlaß gab, z.B. die Familie *Agaváceae* zu bilden aus einer Anzahl Gattungen, die bisher zu den Familien der *Amaryllidáceae* und der *Liliáceae* gehörten. In der Gartenkultur kommen von diesen Gattungen häufiger vor: *Agáve, Cordylíne, Dasylírion, Dracaéna, Poliánthes, Sanseviéria* und *Yúcca*. Eine eigene Familie sind jetzt auch die *Paeoniáceae* mit der einzigen Gattung *Paeónia*, die von der Familie der *Ranunculáceae* abgetrennt wurde.

Besonders verwirrt erscheinen die Verhältnisse in der Familie der Mittagsblumengewächse, für die drei Namen mehr oder weniger gleichberechtigt auftreten: *Aizoáceae — Ficoidáceae — Mesembryanthemáceae*. In diesem Buch wurde an dem Familiennamen *Mesembryanthemáceae* festgehalten, da er dem Benutzerkreis allein durch die Bearbeitung der Familie in JACOBSEN, Handbuch der sukkulenten Pflanzen, Band III: *Mesembryanthemaceae,* Jena 1955, am geläufigsten sein dürfte. In der zitierten neuesten Auflage des **Syllabus der Pflanzenfamilien,** also einem Werk von weltweiter Bedeutung, heißt die Familie *Aizoáceae* und in den Botanischen Gärten von München, Frankfurt und Würzburg *Ficoidáceae; Aizoaceae* ist jedoch eine bleibende, den *Mesembryanthemaceen* verwandte Familie.

Die Rechtschreibung der Namen

Der Internationale Code der Botanischen Nomenklatur bestimmt über die Rechtschreibung der Namen und Epitheta, daß diese die Schreibweise behalten müssen, die sie bei der ersten gültigen Veröffentlichung hatten. Nur „typographische oder orthographische" Irrtümer dürfen berichtigt werden. Wenn also LINNÉ mit Absicht *Pýrus* oder *Fágus sylvática* schrieb, so dürfen wir diese Namen nicht in die klassisch korrekte Form *Pírus* oder *Fágus silvática* umändern; auch der Name *Mesembryánthemum* muß bleiben, obgleich *Mesembríanthemum* sprachlich richtiger wäre. Wenn ein Botaniker *chinénsis* schrieb, der andere *sinénsis,* so sind dies orthographische Varianten, die beide zu Recht bestehen und nicht beliebig gegeneinander ausgetauscht werden dürfen; es bleibt also z. B. bei *Rósa chinénsis* neben *Prímula sinénsis.* Orthographische Varianten finden sich besonders häufig bei Barbarismen (Seite 23), insbesondere wenn Namen aus einem fremden in unser Alphabet übertragen werden. Es gibt z. B. für die geographische Bezeichnung „aus Szechwan" sechs verschiedene Schreibweisen, die alle nebeneinander bestehen bleiben müssen: *sutchuenénsis (Ábies* und *Quércus), setchuénsis (Acanthópanax), szechuanénsis (Acalýpha* und *Arundinária), szechwanénsis (Ílex), setschwanénsis (Córnus)* und *szechuenénsis (Indigófera).* Wer vermag zu sagen, welche Schreibweise dem Namen dieser chinesischen Provinz am meisten gerecht wird?

Der Code empfiehlt allerdings bei neuerlicher Verwendung, als Artnamen nur die sprachlich korrekten Formen, wie *silvática* oder *sinénsis* zu benutzen.

Dem Code gemäß sollen alle Gattungs- und Artnamen eine lateinische Endsilbe haben, jedoch sind Endsilben in griechischer Form zugelassen, wenn sie seit langem im Gebrauch sind, also z. B. *Rhododéndron* (statt *Rhododéndrum*), *Symphoricárpos* (statt *Symphoricárpus*), *Cócos* (statt *Cócus*). Es ist unmöglich, wie kürzlich in einem großen Werk geschehen, das Epitheton *platyphýllos* in *platyphýlla* entsprechend dem Geschlecht des Gattungsnamens *Tília* abzuändern.

Leider finden sich immer wieder unverständliche Unterschiede in der Schreibweise einzelner Gattungsnamen. Während in der botanischen und gartenbaulichen Literatur durchweg der Name *Mammillaria* mit zwei „m" geschrieben wird, schreibt ihn der Verfasser einer vielbändigen Monographie der Familie *Cactáceae Mamillária,* also mit nur einem „m". Ebenso heißt bei ihm die Gattung *Peiréskia,* in der sonstigen wissenschaftlichen Literatur dagegen *Peréskia.* Beispiele der Art ließen sich leicht mehren.

Die Aussprache der wissenschaftlichen Pflanzennamen

Alle wissenschaftlichen Pflanzennamen sollen laut internationalem Übereinkommen so behandelt werden, als ob sie lateinische Wörter wären, ganz gleich, welcher Sprache sie wirklich entstammen. Danach, so sollte man annehmen, müßten sie auch so gesprochen werden, wie die Römer sie vermutlich ausgesprochen haben. Aber die Philologen sind sich selbst nicht ganz klar und einig darüber, wie die Aussprache im alten Rom war, denn sonst hätten wir es in der Schule nicht bald so, bald anders lernen müssen.

Wenn nun auch über die Schreibweise der Namen inzwischen eine internationale Einigung erzielt ist, so dürfte dies für die Aussprache kaum zu erreichen sein. Jedenfalls setzen sich die englisch sprechenden Länder großzügig darüber hinweg, die lateinischen Namen so auszusprechen, wie es vermutlich die Römer taten, sondern sprechen sie so aus, als wären es Wörter ihrer Sprache. Auch die Franzosen sprechen z. B. das „u" wie „ü" aus.

Trotzdem sollten wir uns bemühen, die Namen so einwandfrei auszusprechen wie möglich und denkbar. Dazu gehört die richtige Aussprache bestimmter Buchstaben und die richtige Betonung.

Die Römer besaßen in ihrem Alphabet weniger Buchstaben als wir in dem unsrigen, so fehlte ihnen das „k" und das „z", sie hatten nur das „c". Dennoch sprachen sie sicher das „c" in manchen Worten wie „k", in anderen wie „z", analog noch lebenden romanischen Sprachen. Hierzu müssen wir uns merken, daß es in den romanischen Sprachen „harte" und „weiche" Selbstlaute (Vokale) gibt. Hart sind a, o, u und au, weich sind ae (= ä), e, i, y. Die ganz einfache Regel lautet nun, daß das „c" vor harten Vokalen wie „k", vor weichen Vokalen dagegen wie „z" gesprochen wird. Weiterhin muß man sich merken, daß „cc" stets wie „kz" gesprochen wird. Um es richtig zu machen, ohne viel an Sprachregeln denken zu müssen, sollten wir uns einfach die Aussprache einiger Beispiele merken:

„k" sprich in: *Cáctus, Cócos, Cúcumis* und *Caúcalis,*
„z" sprich in: *caésius, Cédrus, Cícer, Cýlamen.*

Mitlaute (Konsonanten) gelten immer als „hart", das „c" vor ihnen wird also stets wie „k" gesprochen, also *Clématis* = Klématis oder *Cróton* = Króton.

Da „cc" stets wie „kz" lautet, muß man also Wakzínium für *Vaccínium* und kokzíneus für *coccíneus* sagen. Nur in dem Namen *Yúcca* wird das „cc" wie „kk" gesprochen.

Das „ch" wird nach der gleichen Regel behandelt: vor harten Selbstlauten und den Mitlauten klingt es wie „k", vor weichen Selbstlauten wie unser „ch" etwa in Chemie oder China.

Also:

Chamaecýparis	= Kamaezüparis,
Chorizéma	= Korizéma,
Chlorophýtum	= Klorofütum;

aber:

Chaenoméles	= Chänoméles,
Cheiránthus	= Cheiránthus,
Chionodóxa	= Chionodóksa.

„ch" vor u, au und y kommt so außerordentlich selten vor, daß niemand zu befürchten hat, durch falsche Aussprache aufzufallen!

Das „v" klingt stets wie „w", also *Víola* = Wíola, *Convallária* = Konwallária und *víridis* = wíridis.

Ein „sch" wollen wir ruhig wie im Deutschen sprechen, also wie in „Schule", auch dann, wenn es entsprechend der sprachlichen Herkunft des Wortes getrennt gesprochen werden müßte, wie z.B. in *Schizánthus* = S-kizanthus.

Das selbstlautartige „y" wird am Anfang eines Wortes wie „j", innerhalb eines Wortes stets wie „ü" gesprochen, also

Yúcca	= Júkka,
yunnanénsis	= junnanénsis,
Córylus	= Kórülus,
pyramidális	= püramidális.

Steht ein „y" zwischen zwei Selbstlauten, so wird es wie „j" gesprochen, *Púya* = Púja.

Das „i" wird stets, auch vor Selbstlauten, wie „i", nie aber wie „j" gesprochen, also *Ionópsis* = I-onópsis, *iánthinus* = i-ánthinus.

Zusammentreffende Selbstlaute spricht man zumeist wie Umlaute in der deutschen Sprache aus, sofern sie nicht verschiedenen

Die Aussprache der wissenschaftlichen Pflanzennamen

Silben angehören, wie etwa in den Endungen -eus, -ea, -eum, -ia, -ium; -iorum und -iarum; – ides, -ensis usw., wo sie selbstverständlich getrennt gesprochen werden müssen.

Man spricht also:

Aesculus	= Äskulus,
Aucúba	= Aukúba,
Oenothéra	= Önothéra,
aestivális	= ästiwális,
cǽsius	= zäsi-us,
autumnális	= autumnális,
cauléscens	= kaulészens,
leucánthus	= läukánthus,
oeconómicus	= ökonómikus,
coerúleus	= zörúle-us;

aber:

coccíneus	= kokzíne-us,
falcárius	= falkári-us,
platanoídes	= platano-ídes,
boliviénsis	= bolivi-énsis.

Bei einer geringen Anzahl Namen, die man sich am besten merkt, werden die zusammentreffenden Mitlaute getrennt gesprochen; geschrieben und gedruckt wird dies häufig durch „ï" (Trema) kenntlich gemacht.

Die häufigsten dieser Namen sind: *Aërídes* = A-erídes, *Aëthionéma* = A-ethionéma, *Aloë* = Alo-e und *Hippóphaë* = Hippópha-e.

Selbstlautzusammentreffen, wie a-i, a-o, e-a, e-o, i-o, i-u, o-a, o-u, u-a, u-o, y-a, die auch im Deutschen keinen „Umlaut" ergeben, werden selbstverständlich getrennt gesprochen, zumal sie zumeist zu zwei Silben gehören, auch Doppelselbstlaute werden getrennt gesprochen, wie z. B.

Aizóon	= A-izó-on,
Didymaótus	= Didüma-ótus,
Cochleária	= Kochle-ári-a,
Leontopódium	= Le-ontopódi-um,
Víola	= Wí-ola usw.

Zweifel bestehen in gärtnerischen Fach- und Liebhaberkreisen stets darüber, wie man latinisierte Namen aussprechen soll, die von fremdsprachigen Personennamen oder geographischen Begriffen herkommen. Soll man sie so sprechen, wie sie geschrieben werden, oder so, wie sie in der fremden Sprache klingen? Es gibt eigentlich nur eine Antwort: da sie ja in latinisierter Form verwandt werden, haben sie den Anspruch auf die ursprüngliche Aussprache verloren. Man verübele es also niemandem, wenn er

Prímula veitschii für *Prímula vēitchii* sagt, anstatt uitschii oder gar ueitschii! Bei vielen Namen, die „deutsch" klingen, denken wir ohnehin nicht daran, sie anders auszusprechen, als sie geschrieben werden, oder sagt jemand Prímula uilseni statt *Prímula wilsónii* oder Prímula uardii statt *Prímula wárdii?* Bei Namen aus dem Russischen z. B. dürfte uns die „richtige" Aussprache überhaupt schwierig sein, denn wer sagt uns, daß *Bétula medwedéwii* wie medjédjewi gesprochen werden müßte.

Etwas anderes ist es mit den gärtnerischen Sortennamen, die ja den Nomenklaturregeln entsprechend in der Ursprache übernommen werden müssen. Da wollen wir uns ruhig bemühen, die Namen englisch oder französisch usw. auszusprechen.

Die richtige Betonung

Sprechen wir Wörter unserer eigenen Sprache, so wissen wir aus Erfahrung, auf welcher Silbe der Ton liegt, wir wissen auch, daß ein Wort einen ganz anderen Sinn bekommen kann, wenn wir eine andere Silbe betonen. Die Regeln aber, nach denen sich die Betonung richtet, kennen − seien wir ehrlich − nicht allzu viele von uns, der Verfasser jedenfalls maßt sich nicht an, sie wirklich zu kennen.

Ist es da zu verlangen, daß die Gärtner, Gartenfreunde und Pflanzenliebhaber, von denen gewiß nur ein kleiner Teil alte Sprachen auf der Schule gelernt hat, sich die gar nicht einfachen Betonungsregeln der lateinischen Sprache aneignen? In der letzten Auflage des „Botanischen Hilfs- und Wörterbuchs" von ANDREAS VOSS wurden über vier Druckseiten auf die Darstellung der Betonungsregeln und ebenso viel Seiten für Betonungsbeispiele verwandt. Wären diese wirklich studiert worden, dann müßten wir alle Meister in der Betonung der Pflanzennamen sein. Doch die vielen Betonungsirrtümer lassen Zweifel daran aufkommen.

Natürlich müssen wir uns bemühen und bestreben, die Namen richtig zu betonen. Wer über keine Kenntnisse des Lateinischen verfügt, der kann die richtige Betonung nur aus dem Beispiel lernen. Dieses Beispiel sollte gegeben werden, wo immer es möglich ist: in der gärtnerischen Buchliteratur und in Fachzeitschriften sollten die zu betonenden Silben durch ein Betonungszeichen („′") über dem Selbstlaut (Vokal) kenntlich gemacht werden. In Fachzeitschriften sollte dies in allen Fällen geschehen, wo nicht erfahrungsgemäß die richtige Betonung allgemein gebraucht wird. Bei *Pelargónium* z. B. wäre es nicht nötig, eher schon bei Namen wie

Azálea, Cypérus oder *gigantéus;* in Büchern sollten zumindest in den Sach- und Namensverzeichnissen Betonungszeichen angebracht werden, damit man jederzeit nachschlagen kann. Ebenso sollten alle Handelskataloge und Preisverzeichnisse die Namen mit Betonungszeichen versehen. Dies sollte so lange erfolgen, bis sich auch die Ältesten unter uns, die sich wohl am schwersten von Fehlern losreißen können, und auch die Jüngsten an die richtige Betonung gewöhnt haben. Dann kommen wir auch ohne Betonungszeichen aus — bis sich wieder neue Betonungsfehler breitmachen!

Wer aber soll die Betonungszeichen auf die Namen setzen? Natürlich nur jemand, der es richtig kann! Es wäre Sache der Berufsverbände, eine mit Sachverständigen besetzte Stelle zu schaffen, die gegen mäßige Gebühr diese Arbeiten für die katalogführenden Firmen vornähme, die auch eine Liste der Namen herausgäbe, deren Rechtschreibung und Betonungsangaben vorbildlich sein müßten.

Ganz kurz muß die Philologie noch zu Worte kommen: die botanischen Namen werden selbstverständlich nach den Regeln der lateinischen Sprache betont. Danach liegt der Ton entweder auf der vorletzten oder drittletzten Silbe! Die vorletzte Silbe wird betont, wenn sie von Natur aus „lang" (gedehnt) ist oder wenn auf ihren Selbstlaut (Vokal) zwei Mitlaute (Konsonanten) folgen, deren zweiter aber weder ein „r" noch ein „l" sein darf. Wann aber eine Silbe lang oder zumindest als lang gilt, das zu entscheiden verlangt schon eine gute Sprachkenntnis. Ist dagegen die vorletzte Silbe „kurz" (offen), so wird die drittletzte Silbe betont. Da es sich für eine gute Regel gehört, Ausnahmen zu haben, sind die Betonungsregeln gleich mit einer ganzen Reihe von Ausnahmen garniert, so daß es tatsächlich das Beste ist, sich Name für Name die richtige Betonung einzuprägen, wozu in den Gattungs- und Artnamenverzeichnissen dieses Buches alle Namen mit Betonungszeichen versehen sind.

Wie aber, wenn wissenschaftliche Pflanzennamen unverändert oder mit nur geringer Änderung der Endsilbe gleichzeitig als deutsche Namen verwendet werden? Gelten dann weiter die lateinischen Betonungsregeln, oder betonen wir so, als ob der Name ein deutsches Wort wäre? Wird aus der *Azálea* dann eine Azalée, aus der *Eríca* ein Mädchen Érika? Es ist schwer, hier eine klare Entscheidung nach der einen oder der anderen Seite zu fällen: gegen eine Plátane und eine Balsámine dürfte sich unser deutsches Sprachempfinden doch sträuben!

Zum Schluß ein Wort über die Betonung der Phantasienamen

von gärtnerischen Kulturpflanzen, die aus modernen Sprachen kommen: auch in diesem Falle ist die Verwendung von Betonungszeichen empfehlenswert. Es ist entschieden peinlicher, solche Wörter falsch zu betonen, als Wörter, die aus dem Lateinischen oder Griechischen stammen!

Das Geschlecht der Namen

Die Gattungsnamen haben alle ein bestimmtes Geschlecht, ebenso wie auch unsere deutschen Pflanzennamen.

Die eigentlichen Artnamen, die zu einem wesentlichen Teil Eigenschaftswörter sind oder aber in adjektivischer Form verwandte Hauptwörter usw., richten sich nun in ihrem Geschlecht nach den Gattungsnamen. Die Schwierigkeit liegt darin, daß die Eigenschaftswörter in der lateinischen Sprache zum Teil je nach Geschlecht ihre Endung ändern, zum Teil aber auch in zwei oder auch allen Geschlechtern die gleiche Endung haben. Weiterhin sind die Endungen verschieden, je nachdem welcher Deklination sie angehören.

Das Geschlecht der Gattungsnamen ist in vielen Fällen zweifelhaft, und es ist häufig schwer zu entscheiden, welches Geschlecht das richtige ist. Im allgemeinen sollte das Geschlecht eines Gattungsnamens an seiner Endsilbe zu erkennen sein. Es gibt so viele Ausnahmen von den sprachlichen Geschlechtsregeln, daß es wenig sinnvoll erscheint, die Regeln mitsamt den Ausnahmen hier wiederzugeben, sie würden doch nur von wenigen philologisch interessierten Benutzern dieses Büchleins studiert und richtig angewendet werden.

Durch die „Internationalen Regeln" erfahren die sprachlichen Geschlechtsregeln auch insofern eine Einschränkung, als die Gattungsnamen stets das Geschlecht behalten sollen, das ihnen von dem Botaniker, der eine Gattung erstmalig aufgestellt hat, in der ersten Veröffentlichung gegeben wurde, auch wenn es sprachlich falsch ist. So z.B. gebraucht Linné den Gattungsnamen *Órchis* als weiblich, obgleich er doch offensichtlich männliches Geschlecht haben müßte.

Von den sprachlichen Geschlechtsregeln seien nur einige hier hervorgehoben, die für uns größere Bedeutung haben. Nach einer lateinischen Geschlechtsregel sind die Bäume alle weiblichen Geschlechts, auch wenn die Namen eine männliche oder gar sächliche Endung haben. Es heißt also *Prúnus japónica*, *Quércus álba* usw., genauso wie *Tília tomentósa*. Aber von dieser Regel gibt es wiederum Ausnahmen, so ist *Ácer* sächlichen Geschlechts, es heißt also Ácer rúbr*um,* und es heißt auch Taxódium dístich*um.* Ferner sind die Bäume sächlich, die auf das griechische -dendron = Baum enden, also z. B. Phellodéndron amurén*se* und Clerodéndron trichótom*um.* Desgleichen sind die Bäume sächlich, die auf das griechische -phyllos oder -phyllum = Blatt enden, wie *Cercidiphýllum.* Männlich dagegen sind Baumnamen, die das ursprünglich griechische Endwort -cladus = Zweig tragen, also Gymnó*cladus* dioícus.

Der lateinischen Regel, daß die Bäume weiblichen Geschlechts sein sollen, haftet noch ein großer Mangel an: sie gilt wirklich nur für die Bäume, nicht aber für die Sträucher. Wo aber liegt die nomenklatorische Grenze zwischen Baum und Strauch? Die Sträucher können ganz verschiedenes Geschlecht haben, so sind z. B.

Rúbus männlich, also *Rúbus odorátus,*

Sambúcus weiblich, also *Sambúcus nígra,*

Labúrnum, Ligústrum, Vibúrnum sächlich, also *Labúrnum alpínum* usw.,

Ríbes sächlich, also *Ríbes alpínum.*

Daß die Sträucher, die auf -dendron enden, ebenso wie bei den Bäumen sächlich sind, ist selbstverständlich, es heißt also Rhododéndron catawbién*se,* wohingegen *Azálea* weiblich ist!

Noch vergrößert wird die Wirrnis dadurch, daß gerade bei Bäumen und Sträuchern alte, zum Teil linnéische Gattungsnamen vielfach als Artnamen verwendet werden, die aber nicht das Geschlecht des Gattungsnamens annehmen, sondern ihre ursprüngliche Form beibehalten müssen. So finden wir z. B. neben Aescul*us* parviflóra — Aescul*us* hippocástan*um,* neben Prún*us* japóni*ca* für die Sauerkirsche den Namen Prún*us* céras*us.* Um den Spaß noch weiter zu treiben, gibt es in der Gattung *Prúnus* noch eine Art, die scheinbar sächlich ist, die Vogelkirsche, *Prúnus ávium.* Doch ist dies eine Täuschung, *ávium* heißt „der Vögel", ist also ein Genitiv pluralis. *Liriodéndron tulipífera* täuscht nur ein weibliches Geschlecht vor: *Liriodéndron* als Baumname auf -dendron ist sächlich, „*tulipífera*" ist ein vorlinnéischer unveränderbarer Gattungsname.

Ein anderer bemerkenswerter Fall sind die Namen, die auf das griechische -anthos, -anthus usw., also „Blüte" enden. Im Griechischen ist dieses Wort sächlich, in der botanischen Nomenklatur dagegen zumeist männlich, wie in *Heliánthus ánnuus.* Auch Gehölze werden männlich, wie *Calycánthus, Cephalánthus* oder *Osmánthus.* In *Hesperántha* ist es weiblich und manchmal sogar wie in der griechischen Sprache sächlich, nämlich in *Rodánthe* oder *Leucánthemum* und *Heliánthemum.* Als einzige Regel für das Geschlecht der Gattungsnamen scheint mir festzustehen: Das Geschlecht der Gattungsnamen muß man sich von Fall zu Fall einprägen!

Einprägen sollten wir uns auch die verschiedenen Geschlechtsendungen der als Artnamen dienenden Eigenschaftswörter aus den alten Sprachen:

Wortendung			
männ-lich	weib-lich	säch-lich	Beispiel
-us	-a	-um	*álbus, álba, álbum*
-er	-a	-um	*níger, nígra, nígrum*
			squámiger, squamígera, squamígerum
-er	-is	-e	*silvéster, silvéstris, silvéstre*
-is	-is	-e	*víridis, víridis, víride*
-or	-or	-us	*májor, májor, május*
			mínor, mínor, mínus

Den Eigenschaftswörtern auf -er im masculinum kann man leider nicht ansehen, nach welcher Deklination sie gebeugt werden, man muß es also lernen.

Daneben gibt es eine große Anzahl, namentlich zusammengesetzter „Eigenschaftswörter", besonders aus der griechischen Sprache, die in allen drei Geschlechtern unverändert bleiben, es sind dies u.a. Wörter auf -as (z.B. *orthóceras*), -es (z.B. *brévipes, téres*), -os (z.B. *platyphýllos, polycárpos*), -ys (z.B. *monostáchys*), -yx (z.B. *neurocályx*).

Unverändert bleiben in allen drei Geschlechtern natürlich auch die als Eigenschaftswörter verwendeten Partizipien, wie *nátans,* schwimmend, *nútans,* hängend, *scándens,* klimmend, *viridéscens,* grün werdend usw. Für Eigenschaftswörter könnte man auch die häufigen auf -ioides oder -oides ausgehenden Wörter halten, die die Ähnlichkeit mit einer anderen Pflanze zum Ausdruck bringen, wie *euphorbioídes* = *Euphórbia*-ähnlich oder *platanoídes* = *Plátanus*-ähnlich. Solche Artnamen bleiben natürlich auch unberührt vom Geschlecht des vorangehenden Gattungsnamens. Das gleiche gilt für nicht latinisierte „Barbarismen", wie *kóbus* in *Magnólia kóbus* oder *múme* in *Prúnus múme.*

Das Geschlecht der Gattungsnamen ist ein unerfreuliches Kapitel; wir können nur durch Lernen uns befleißigen, es möglichst immer richtig zu machen.

Autorennamen

Im Gartenbau, Land- und Forstwirtschaft kommt man gemeinhin mit den Namen aus, die aus dem Gattungsnamen, dem eigentlichen Artnamen und schließlich einem wissenschaftlichen Varietätsnamen bzw. dem Sortennamen bestehen. In der Literatur der genannten Sparten finden sich zumeist nur diese Namen angegeben, wohingegen in der botanischen Literatur noch der Name des Botanikers hinzugesetzt wird, der die Pflanze erstmalig „beschrieb" und benannte, also des „Autors". Aus dieser Autorenangabe, die meist in Form einer Namensabkürzung vorgenommen wird, läßt sich dann jederzeit feststellen, wann und wo eine Pflanze erstmalig beschrieben, benannt und vielleicht auch abgebildet wurde. Die „Originalbeschreibung" ist für alle taxonomischen (systematischen) Studien und Untersuchungen maßgeblich.

In größeren Werken der garten- und waldbaulichen Literatur, insbesondere wenn sie Pflanzenbeschreibungen enthalten und zur „Bestimmung", d. h. Feststellung des korrekten Namens einer Pflanze dienen sollen, ist es ebenfalls üblich und auch nötig, die Autorennamen anzugeben. Dies ist z. B. der Fall in Pareys Blumengärtnerei, herausgegeben von F. Encke, Pareys Illustriertes Gartenbaulexikon, herausgegeben von R. Maatsch, Krüssmann, Handbuch der Laubgehölze und Die Nadelgehölze, Backeberg, Die Cactaceae, Jacobsen, Handbuch der sukkulenten Pflanzen, Jelitto-Schacht, Die Freiland-Schmuckstauden, Bailey, Manual of Cultivated Plants und der Standard Cyclopedia of Horticulture von L. H. Bailey. Es ist sehr bedauerlich, wenn in sonst so bedeutenden Werken wie dem vierbändigen Dictionary of Gardening von F. J. Chittenden und auch in dem Bildband „Exotica" mit über 13 000 Pflanzenabbildungen von A. G. Graf die Autorennamen fehlen. Der dokumentarische Wert dieser Werke wird dadurch sehr gemindert.

In der gärtnerischen Zeitschriftenliteratur gibt es, seit die einst so berühmte „Gartenflora" nicht mehr existiert, keine Zeitschrift mehr, die noch Autorenangaben bringt, nicht einmal die bedeutenden englischen Zeitschriften Journal of the Royal Horticultural Society und The Gardeners Chronicle tun es. Die Verkaufskataloge einiger bedeutender Gartenbau-Firmen, die größere Pflanzensortimente oder auch Samensortimente führen, enthalten nur ausnahmsweise Autorennamen, gegenwärtig sind dies in Deutschland mindestens vier Firmen. Es muß natürlich zugegeben werden, daß für die Mehrzahl der Firmen, die nur allgemein bekannte, handelsübliche Sortimente führen, die Angabe der Autorennamen überflüssig erscheint.

Deutsche Pflanzennamen

Der Wunsch, die Pflanzen, die uns umgeben, mit deutschen Namen zu benennen, ist verständlich. Bei den Pflanzen, die unserer heimischen Flora angehören, ist es möglich, da diese zumeist deutsche Namen besitzen. Allerdings haben sehr viele Pflanzen nicht nur einen Namen, sondern oft eine ganze Reihe; die gleiche Pflanze hat in Bayern einen anderen Namen als in Schlesien, und in Pommern wiederum einen anderen. Die Vielfalt der Volksnamen der Pflanzen birgt große Reize, sie erschwert es aber oft, Namen ausfindig zu machen, die allgemeingültig sind. Wir wollen uns hüten, unseren heimischen Pflanzen leblose Schulbuchnamen beizulegen!

Eine Schwierigkeit ist auch, daß ganz verschiedene Pflanzen in verschiedenen Landschaften den gleichen Namen tragen, so heißt der schwarze Holunder in manchen Gegenden Flieder, er trägt also den gleichen Namen wie der uns so lieb gewordene Fremdling *Syrínga,* oder in Schlesien wird der Löwenzahn, *Taráxacum,* auch Maiblume genannt, während dieser Name sonst neben dem Namen Maiglöckchen für *Convallária majális* gebraucht wird.

Für zahlreiche ausländische Pflanzen, insbesondere solche, die dem Menschen irgend etwas liefern, wie Nahrung, Fasern, Genußmittel und Gewürze, Arzneien, Farben usw., besitzen wir seit langem deutsche oder zumindest als deutsch betrachtete Namen, wie Banane, Dattelpalme, Jute, Pfeffer oder auch Drachenbaum, Affenbrotbaum, Zimmerlinde, Tulpenbaum usw.

Für zahlreiche Pflanzen haben sich die wissenschaftlichen Namen unter nur unwesentlicher Änderung einiger Endbuchstaben so eingebürgert, daß wir sie ganz als deutsche Namen ansehen, wie Rose, Lilie, Jasmin, Spargel usw. Dies gilt auch für viele Pflanzen, die nach Personen benannt sind, wie Camelie, Freesie, Fuchsie, Magnolie usw. Andere Namen gebrauchen wir ohne jegliche Änderung, wie Amaryllis oder Rhododendron. Sagten wir für Rhododendron Alpenrose, so würde dies nur für die beiden Arten der europäischen Alpen zutreffend sein. Wie steht es mit dem Phlox? Nennt ihn jemand mit seinem Buchnamen Flammenblume?

Der Versuch, durch wörtliche Übersetzung von wissenschaftlichen Gattungsnamen „deutsche" Pflanzennamen schaffen zu wollen, mißlingt meist, es kommen nur Wortbildungen zustande, die als unschön abzulehnen sind. Es kommt dann etwa zu einer Doppeldreizackpalme, einer Faltensamenpalme und ähnlichem. Es kann aber auch zu nahezu lächerlichen Namen führen, wie etwa Jochkronblatt für die Orchideengattung *Zygopétalum,* zu einem

Baumwurzler für *Epidéndrum,* Baumlieb für *Philodéndron,* zu einer Keuschorche für *Sophronítis* oder gar zu einer Blattähre für die Bambus-Gattung *Phyllostáchys.* So geht es also nicht.

Wollen wir fremden Pflanzen deutsche Namen geben, so müssen wir schon erfinderisch sein und uns von dem wissenschaftlichen Namen möglichst frei machen. Aber auch da muß Vorsicht walten, sonst kommt es zu so komischen Namen wie Efeutute für *Scindápsus* oder Pfeffergesicht für *Peperómia.* Gelungen erscheinen Namen wie Papageienblatt für *Alternanthéra,* Löffelbaum für *Cunónia* und Maiglöckchenstrauch für *Halésia,* ganz abgesehen von Namen, die solchen Anklang gefunden haben wie Flamingoblume für *Anthúrium andreánum* und *Anthúrium scherzeriánum* und Elfenbeinginster für *Cýtisus* × *práecox.*

Hüten wir uns vor Namen, die uns selbst zur Qual werden können. Sagen wir lieber ehrlich, daß die Mehrzahl aller fremdländischen Kulturpflanzen keine deutschen Namen hat und auch nicht haben kann, bis einmal jemand in einer guten Stunde einen guten Einfall hat. Aber erzwingen lassen sich keine respektiven deutschen Pflanzennamen.

Verzeichnis der Gattungsnamen und deren sprachliche Ableitung

Abkürzungen

Unmittelbar hinter den Gattungsnamen:

f.	femininum, weiblich	das Geschlecht der Gat-
m.	masculinum, männlich	tungsnamen angebend
n.	neutrum, sächlich	

Sonstige Abkürzungen

abgel.	abgeleitet, übernommen
altern.	alternativ, ablösend
bot.	botanische(r)
Bot.	Botaniker
c.	circa, etwa
Förd. d. Wiss.	Förderer (Patron) der Wissenschaften
gen.	genannt
gew.	gewidmet
Gttgsn.	Gattungsname
gr., griech.	griechisch(er)
Jahrh.	Jahrhundert
lat.	lateinisch(er)
mythol.	mythologisch(er)
n.	nach, bzw. jenem zugeeignet
N.	Name
Pfl.-N.	Pflanzenname
röm.	römisch(er)
s.	siehe
u./od.	und/oder
übern.	übernommen

Die Abkürzungen geographischer Herkunftsbezeichnungen dürften ohne weiteres verständlich sein, und somit, z. B., bedeuten arab. = arabisch, engl. = englisch, franz. = französisch, ind. = indisch, pers. = persich, port. = portugiesisch, schott. = schottisch usw.; für „deutsch" wurde „dtsch." als Abkürzung verwendet.

A

Abbóttia, f, Rubiac.: n. Francis Abbott (1834–1903), austral. Bot. engl. Abstammung

Abélia, f, Caprifoliac.: n. Clarke Abel (1780–1826), engl. Arzt und Bot.

Abeliophýllum, n, Oleac.: s. *Abélia,* u. gr. *phyllon* = Blatt

Abelmóschus, m, Malvac.: a. d. arab. („Vater des Moschus") übernommen; (Bisameibisch)

Abéria, f, Flacourtiac.: v. Berg Aber, in Äthiopien

Ábies, f, Pinac.: alter röm. N. der Weißtanne

Ábobra, f, Cucurbitac.: n. einem brasilian. Pfl.-Namen

Abróma, f, Sterculiac.: gr. *a* = nicht, u. *broma* = Speise: nicht eßbar

Abromeitiélla, f, Bromeliac.: n. Johannes Abromeit (1857–1946), dtsch. Bot.; *iélla* = Diminutiv

Abrónia, f, Nyctaginac.: v. gr. *habros* = üppig, fein; (Sandverbene)

Ábrus, m, Fabac.: wahrsch. v. arab. *abruz* (N. einer nichtverwandten Pfl.)

Abútilon, n. Malvac.: v. arab. *abu tilun,* N. einer malvenähnl. Pfl., übernommen; (Sammetmalve)

Acácia, f, Mimosac.: gr. *ake* = Dorn; (Echte Akazie)

Acaéna, f, Rosac.: gr. *akaena* = Spitze, Dorn; (Stachelnüßchen)

Acalýpha, f, Euphorbiac.: gr. *akaliphe* = N. einer Nesselart; (Kupferblatt)

Acámpe, f, Orchidac.: gr. *akampes* = unbiegsam, spröde

Acanthephíppium, n, Orchi-

dac.: gr. *akantha* = Dorn, u. *ephippion* = Sattel (Blütenform!)

Acanthocalýcium, n, Cactac.: wie vor u. *kalykion* (kalyx) = Kelch

Acanthocéreus, m, Cactac.: wie vor u. Gttgsn. *Céreus*

Acantholímon, n, Plumbaginac. (Limoniac.): wie vor u. Gttgsn. *Limónium* (= Meerlavendel); (Stechnelke, Igelpolster)

Acantholobívia, f, Cactac.: wie vor u. Gttgsn. *Lobívia*

Acanthópanax, m, Araliac.: wie vor u. Gttgsn. *Pánax;* (Stachelpanax)

Acanthophoénix, f, Palmae: wie vor u.Gttgsn. *Phoénix*

Acanthorhípsalis, f, Cactac.: wie vor u. Gttgsn. *Rhípsalis*

Acanthorrhíza, f, Palmae: wie vor, u. gr. *rhize* = Wurzel

Acanthosícyos, f, Cucurbitac.: wie vor, u. gr. *sikyos* = eine Art Gurke; (Naraspflanze)

Acánthus, m, Acanthac.: gr. *akanthos* = Stachel, Dorn; gr. N. d. Akanthus od. Bärenklau

Ácer, n, Acerac.: alter röm. N. des Ahorns

Aceránthus, m, Berberidac.: Gttgsn. *Ácer* u. gr. *anthos* = Blüte; (Sockenblume)

Áceras, n, Orchidac.: gr. *a* = ohne, u. *keras* = Horn; (Ohnhorn)

Aceriphýllum, m, Saxifragac.: Gttgsn. *Ácer* u. gr. *phyllon* = Blatt; ahornblättrig

Achilléa, f, Compositae: angebl. n. d. griech. Helden Achilles; (Schafgarbe)

Achímenes, f, Gesneriac.: wahrsch. v. gr. Achaemenis, einst König v. Kleinasien; (Schiefteller)

Áchlys, f, Berberidac. (Podophyllac.): N. einer griech.
Göttin

Achnátherum, n, Gramineae:
gr. *achna* = Spreu, u. *ather* =
Granne, od. Ährenspitze;
(Rauhgras)

Áchras, f, Sapotac.: eigentl. v.
gr. *achras* = ungenießbare
Wildbirne; (Breiapfelbaum)

Achroánthes, m, Orchidac.: gr.
a = ohne, *chroma* = Farbe u.
anthos = Blüte: mit farblosen
Blüten

Achyrachaéna, f, Compositae:
gr. *achyron* = Spreu, u.
achäne = Schließfrucht

Achyránthes, f, Amaranthac.:
wie vor u. *anthos* = Blüte;
(Spreublume)

Acidanthéra, f, Iridac.: gr.
akis = Spitze, u. *anthera* =
Staubbeutel

Acinéta, f, Orchidac.: gr.
akinetos = unbeweglich

Aciphýlla, f, Umbelliferae: gr.
akis = Spitze, u. *phyllon* =
Blatt: mit nadelförmigen
Blättern

Acmópyle, f, Taxac.: gr. *akme* =
Schärfe, u. *pyle* = Öffnung

Acokanthéra, f, Apocynac.: gr.
akis = Spitze, u. *anthera* =
Staubbeutel; (Giftschön)

Aconítum, n, Ranunculac.: gr.
akonitum = N. dieser giftigen
Pflanzen; (Eisenhut)

Ácorus, m, Arac.: *akoros* = gr.
Pfl.-Name; (Kalmus)

Acriópsis, f, Orchidac.: gr.
akris = Heuschrecke, u. *opsis* = Aussehen (Blütenform!)

Acroclínium, n, Compositae:
gr. *akros* = spitz, od. hoch, u.
kline = Lager; (Strohblume)

Acrocómia, f, Palmae: wie
oben u. *kome* = Schopf;
(Schopfpalme)

Acrodon, m, Mesembryanthemac.: wie vor u. *odon* = Zahn

Acróstichum, n, Pteridac.: wie
vor u. *stichos* = Reihe; (Man-
grovefarn)

Actaéa, f, Ranunculac.: röm.
N. eines starkriechenden
Krautes; (Christophskraut)

Actínea, f, Compositae: zum
gr. *aktis* = Strahl zu stellen

Actinélla, f, Compositae: Diminutiv zum obigen; (Strahlen-
blümchen)

Actinídia, f, Actinidiac.: gr.
aktis = Strahl; Strahlengriffel,
(Kiwipflanze)

Actiniópteris, f, Actiniopteri-
dac.: wie vor u. *Pteris* = Farn;
(Strahlenfarn)

Actinólepis, f, Compositae: wie
vor u. *lepis* = Schuppe

Actinómeris, f, Compositae:
wie vor u. *meris* = Teil; (Gold-
strahl)

Actinophloéus, n, Palmae: wie
vor u. *phloeus* = Rinde

Actinostémma, n, Cucurbitac.:
wie vor u. *stemma* = Kranz

Actinóstrobus, m, Cupressac.:
wie vor u. *strobos* = Wirbel
od. Zapfen

Áda, f, Orchidac.: vermutl. n.
Ada, Schwester d. Mausolos v.
Pergamon

Adaglóssum, Orchidac. Hybride: *Áda* × *Otontoglóssum*

Adámsia, f, Liliac.: n. J. M. F.
Adams (1780–1835), russ. Gelehrter

Adansónia, f, Bombacac.: n.
Michel Adanson (1727–1806),
franz. Bot.; (Affenbrotbaum)

Adélia, f, Oleac.: gr. *adelos* =
unscheinbar, verborgen

Adenándra, f, Rutac.: gr.
aden = Drüse, u. *aner* =
Staubgefäß

Adenanthéra, f, Mimosac.: wie

vor u. *anthera* = Staubbeutel;
(Korallenbaum)

Adénia, f, Passiflorac.: wie
vor (?), od. von Aden, im
Jemen stammend

Adénium, n, Apocynac.: wie
vor (?)

Adenocárpus, m, Fabac.: gr.
aden = Drüse, u. *karpos* =
Frucht, mit drüsenbesetzter
Frucht

Adenóphora, f, Campanulac.:
wie vor, u. *phoras* = tragend;
(Becherglocke)

Adenóstoma, f, Rosac.: wie
vor, u. *stoma* = Mund;
(Scheinheide)

Adenostýles, f, Compositae:
wie vor u. *stylos* = Griffel;
(Alpendost)

Adésmia, f, Fabac.: gr. *a* =
ohne, u. *desmos* = Bündel, od.
Band

Adhatóda, f, Acanthac.:
wahrsch. v. einem ind. Volksn.
abgeleitet

Adiantópsis, f, Sinopteridac.:
v. *Adiántum* = Gttgsn., u.
ópsis = Aussehen, *Adiántum*-
ähnlich

Adiántum, n, Adiantac.: gr. *a* =
nicht, u. *diainein* = benetzen;
(Frauenhaarfarn)

Adióda, Orchidac. Hybride:
Áda × *Cochlióda*

Adlúmia, f, Papaverac.: n. John
Adlum (1759–1836), nord-
amer. Gärtner u. Weinbauer

Adónis, f, Ranunculac.: in der
gr. Mythol.: Liebhaber der
Venus

Adóxa, f, Adoxac.: gr. *adoxos* =
unscheinbar, unberühmt;
(Moschuskraut)

Adromíschus, m, Crassulac.:
gr. *hadros* = stämmig, u.
mischos = Blütenstiel;
(Kurzstiel)

Aechméa, f, Bromeliac.: gr.
aichme = Lanzenspitze

Aegíceras, n, Myrsinac.: gr.
aix, aigos = Ziege, u. *keras* =
Horn (Form d. Frucht!)

Aégilops, f, Gramineae: gr.
N. f. einen Wildhafer; (Walch)

Aeginétia, f, Orobanchac.: n.
Paulus Aeginetes, gr. Arzt
(7. Jahrh.)

Aégle, f, Rutac.: n. Aegle, eine
d. Hesperiden d. gr. Mythologie

Aegopódium, n, Umbelliferae:
gr. *aix, aigos* = Ziege, u.
podion = Füßchen; (Geißfuß,
Giersch)

Aeónium, n, Crassulac.: gr. N.
einer sukkul. Pfl., v. *aionios* =
ewig

Aërángis, f, Orchidac.: gr. *aer* =
Luft, u. *angos, aggos* = Gefäß

Aeránthes, f, Orchidac.: wie
vor u. *anthos* = Blüte; (Luft-
blume)

Aërídes, n, Orchidac.: wie vor,
auf die epiphytische Lebensweise deutend

Aëridópsis, Orchidac. Hybride:
Aërídes × *Phalaenópsis*

Aëridovánda, Orchidac. Hybride: *Aërídes* × *Vánda*

Aérva, f, Amaranthac.: wahrsch.
v. arab. Namen abgeleitet

Aeschynánthus, m, Gesneriac.: gr. *aischune* = verschämt,
u. *anthos* = Blüte; (Sinn- od.
Schamblume)

Aeschynómene, f, Fabac.: gr.
aischynomene = sich schä-
mende; (Schampflanze)

Aésculus, f, Hippocastanac.:
anschein. ursprüngl. röm. N.
einer Eichenart; (Roßkastanie)

Aetheopáppus, m, Compositae: gr. *aethes* = ungewöhnlich, u. *pappos* = Haarschopf;
(Kaukasuskornblume)

Aethephýllum, n, Mesembryanthemac.: wie vor u. *phyllon* = Blatt, ungewöhnl., ungleichmäßiges Blatt

Aëthionéma, n, Cruciferae: wie vor u. *nema* = Faden; (Steintäschel)

Aethúsa, f, Umbelliferae: gr. *aithusa* = die Leuchtende, N. d. Hundspetersilie

Aframómum, n, Zingiberac.: Gttgsn. *Amómum,* u. Afrika; (Malaguetapfeffer)

Afrovivélla, f, Crassulac.: Afrika, u. Gttgsn. *Sempervivella*

Afzélia, f, Caesalpiniac.: n. Adam Afzelius (1750–1837), schwed. Bot.

Aganísia, f, Orchidac.: gr. *aganos,* = wohlgefällig

Agapánthus, m, Alliac.: gr. *agape* = Pracht, u. *anthos* = Blüte; (Schmucklilie)

Agapétes, f, Ericac.: gr. *agapetes* = liebenswert

Agástache, f, Labiatae: gr. *aga* = sehr, u. *stachys* = Ähre

Agathaéa, f, Compositae: gr. *agathis* = Knäuel (Kopfform d. Blüte)

Ágathis, f, Araucariac.: gr. *agathis* = Fadenknäuel; (Kaurifichte, Dammarabaum)

Agathósma, f, Rutac.: gr. *agathos* = gut, angenehm, u. *osme* = Duft

Agáve, f, Agavac.: N. d. Tochter des Kadmos (gr. Mythologie), v. *agauos* = die Edle, Erhabene abgeleitet

Agdéstis, f, Phytolaccac.: gr. *agdistis* = Zwitterwesen d. Mythol. abgel.

Agératum, n, Compositae: wahrsch. z. gr. *ageratos* = ewig jung, nicht alternd; (Leberbalsam)

Aglaía, f, Meliac.: gr. *aglaia* = Glanz; (Glanzbaum)

Aglaonéma, n, Arac.: gr. *aglaos* = herrlich, u. *nema* = Faden

Agniríctus, m, Mesembryanthemac.: lat. *agnus* = Lamm, Schaf, u. *rictus* = offener Rachen

Agónis, f, Myrtac. (Leptospermac.): gr. *agon* = Versammlung, auf die Vielfalt d. Samen bezugnehmend

Agrimónia, f, Rosac.: wahrscheinl. v. gr. *argemone* (mohnartige Pfl.) verstümmelt; (Odermennig)

Agropýron, n, Gramineae: gr. *agros* = Acker, u. *pyros* = Weizen; (Quecke)

Agrostémma, f, Caryophyllac.: wie vor u. *stemma* = Kranz; (Kornrade)

Agróstis, f, Gramineae: gr. N. eines Ackergrases; (Straußgras)

Agrostóphyllum, n, Orchidac.: gr. *agrostis* = Gras, u. *phyllon* = Blatt

Aichrýson, n. Crassulac.: gr. *aei* = immer, u. *chrysos* = Gold, klass. N. eines Dickblattgewächses

Ailánthus, f, Simaroubac.: *aylanto* = malaiischer N. d. Götterbaumes

Aíphanes, f, Palmae: wahrscheinl. v. gr. *aiphnes* = zackig, unregelmäßig abgeleitet

Aíra, f, Gramineae: ursprüngl. gr. N. des Taumellolches; (Schmiele)

Aïstocaúlon, n, Mesembryanthemac.: gr. *aistos* = unsichtbar, u. *kaulon* = Stengel

Aizóon, n, Aizoac.: gr. *aei* = immer, u. *zoos* = lebend, lebendig

Ájuga, f, Labiatae: anschein. auf eine falsche Lesart zurück-

53

zuführen, v. lat. *abiga* (abigera = abtreiben); (Günsel)
Akébia, f, Lardizabalac.:
akebi = japan. N. der Gattung
Akérsia, f, Cactac.: n. John Akers (geb. 1906), nordamer. Kakteenkenner
Alángium, n. Alangiac.: n. einem Tamil-Pflanzennamen
Albérsia, f, Amaranthac.: n. Joh. Chr. Albers (1795–1857), Berliner Arzt; (Wegfuchsschwanz)
Albízia, f, Mimosac.: n. Filippo del Albizzi, ital. Adliger u. Gartenfreund (18. Jahrh.)
Albúca, f. Liliac: röm. N. fürs Affodil; (Stiftblume)
Álcea, f, Malvac.: *alkaia* = gr. N. eines Malvengewächses
Alchemílla, f, Rosac.: v. arab. *al-kemelih* abgeleitet; (Frauenmantel)
Aldrovánda, f, Droserac.: n. Ulysses Aldrovandi (1522–1605), ital. Arzt u. Bot.; (Wasserfalle)
Alectorólophus, m, Scrophulariac.: gr. *alektor* = Hahn, u. *lophos* = Schopf, Kamm; (Klappertopf)
Alétris, f, Liliac.: gr. *alétris* = getreidemahlen
Aleurítes, f, Euphorbiac.: gr. *aleuron* = Mehl (junge Blätter wie mit Mehl bedeckt); (Lackbaum)
Alhági, n, Fabac.: v. *aghul,* arab. N. des Kameldorns
Alísma, n, Alismatac.: gr. N. einer Wasserpfl.; (Froschlöffel)
Alkánna, f, Boraginac.: v. *al-hinna,* arab. Pfl.-N. abgeleitet; (Alkannawurzel)
Allamánda, f, Apocynac.: n. Frédéric Allamand (c. 1736–1803), schweiz. Arzt u. Bot.

Alliária, f, Cruciferae: v. lat. *Allium* = Lauch abgel.; (Lauchkraut)
Alliónia, f, Nyctaginac.: n. Carlo Allioni (1728–1804), ital. Bot.
Állium, n, Alliac.: röm. N. des Knoblauchs; (Lauch, Zwiebel)
Allopléctus, m, Gesneriac.: gr. *allos* = anders, der andere, u. *plektos* = geflochten
Allosóros, m, Cryptogrammac.: wie oben u. *soros* = Sporenhäufchen; (Rollfarn)
Alluaúdia, f. Didiereac.: n. F. Alluaud (1778–1866), franz. Politiker u. Gelehrter
Alluaudianópsis, f, Didiereac.: wie oben u. *ópsis* = Aussehen
Alniphýllum, n. Styracac.: Gttgsn. *Álnus,* u. *phyllon* = Blatt, erlenblättrig
Álnus, f. Betulac.: alter röm. N. der Erle
Alocásia, f, Arac.: umgebildet aus (siehe) *Colocásia*
Áloë, f, Liliac.: n. einem arab. Pfl.-Namen, anschein. auf bitter hindeutend
Aloinópsis, f, Mesembryanthemac.: Gttgsn. *Áloë,* u. gr. *opsis* = Aussehen
Alóna, f, Nolanac.: Anagramm zu *Nolana;* (Glockennachtschatten)
Alonsóa, f, Scrophulariac.: n. Alonso Zanoni, span. Beamter in Bogotá, Kolumbien, 18. Jahrh.; (Nesselblatt)
Alopecúrus, m, Gramineae: gr. *alopex* = Fuchs, u. *oura* = Schwanz; (Fuchsschwanzgras)
Aloýsia, f, Verbenac.: n. María Luisa (1751–1819), Gattin d. Königs Carlos IV von Spanien
Alpínia, f, Zingiberac.: n. Prospero Alpino (1553–1617), ital. Botaniker

Alseuósmia, f, Caprifoliac.: gr.
alsos = Hain, u. *euosmos* =
Duft, Wohlgeruch
Alsíne, f, Caryophyllac.:
wahrsch. zu *alsos* = Hain;
(Miere)
Alsómitra, f, Cucurbitac.: wie
vor u. *mitra* = Haube
Alsóphila, f, Cyatheac.: wie vor
u. *philos* = Freund; (Hainfarn)
Alstónia, f, Apocynac.: n.
Charles Alston (1685–1760),
schott. Bot.
Alstroeméria, f, Amaryllidac.
(Alstroemeriac.): n. Baron
Cl. Alströmer (1736–94),
schwed. Naturwiss.; (Inkalilie)
Altamiránoa, f, Crassulac.: n. d.
Stadt Altamira, in Mexiko
Alternanthéra, f, Amaranthac.:
lat. *alternus* = abwechselnd,
u. gr. *anthera* = Staubbeutel;
(Papageienblatt)
Althaéa, f, Malvac.: gr. *althaia* =
heilen; (Eibisch, Stockmalve)
Alyssoídes, n, Cruciferae: *Alýssum* (Gttgsn.) u. *oídes* = ähnlich; (Blasenschote)
Alýssum, n, Cruciferae: gr.
alysson = N. einer Pfl. gegen
Tollwut angew.; (Steinkraut)
Amáracus, m, Labiatae: lat.
amaracus = eine Art Majoran
Amaránthus, m, Amaranthac.:
gr. *amarantos* = unverwelklich; (Fuchsschwanz)
Amarýllis, f, Amaryllidac.: gr.
mythol. N. einer Schäferin;
(Ritterstern, Belladonnenlilie)
Amasónia, f, Verbenac.: n.
Thomas Amason, amerikan.
Reisender (18. Jahrh.)
Amberbóa, f, Compositae:
wahrsch. v. franz. *amberboi* =
Bisam, Moschus
Ambrósia, f, Compositae: gr.
Pfl.-Name, einst: Speise d.
Götter; (Traubenkraut)

Ambrosínia, f, Arac.: n. Giacinto Ambrosini (1605–71),
ital. Bot.
Ambúlia, f, Scrophulariac.:
viell. v. lat. *ambulare* =
wandern
Amelánchier, f, Rosac.: v.
franz. *amelancier,* Volksn. d.
Felsenbirne
Amelasórbus, Gttgs. Bastard:
Amelánchier × *Sórbus*
Améllus, m, Compositae: ital.
N. einer Bergaster
Amentotáxus, f, Taxac.: lat.
amentum = Kätzchen, u.
Gttgsn. *Táxus;* (Kätzcheneibe)
Amethýstea, f, Labiatae: gr.
amestystos = Amethyst;
(Amethystblume)
Amhérstia, f, Caesalpiniac.: n.
Lady Sarah Amherst
(1762–1838), Pflanzensammlerin in Indien
Amícia, f, Fabac.: n. Giov.
Battista Amici (1786–1863),
ital. Physiker
Amitostígma, f, Orchidac.: wahrsch. v. gr. *a* = ohne, *mitos* =
Faden u. *stigma* = Narbe
Ammánnia, f, Lythrac.: n. Paul
Ammann (1634–91), Leipziger
Bot.
Ámmi, f, Umbelliferae: gr. N.
eines Doldenblütlers; (Knorpelmöhre)
Ammóbium, n, Compositae:
gr. *ammos* = Sand, u. *bios* =
Leben, auf sandigen Böden;
(Papierknöpfchen)
Ammócharis, f, Amaryllidac.:
wie vor u. *charis* = Schönheit
Ammóphila, f, Gramineae: wie
vor u. *philos* = Freund;
(Strandhafer)
Amoebophýllum, n. Mesembryanthemac.: lat. *amoebus* =
gestaltwechselnd, u. gr.
phyllon = Blatt

55

Amómum, n, Zingiberac.: ind.
N. einer Gewürzpfl.; (Gewürzlilie)
Amómyrtus, f, Myrtac.: gr. Vorsilbe u. Gttgsn. *Myrtus*
Amórpha, f, Fabac.: gr.
amorphos = formlos, mißgestaltet: (Bastardindigo)
Amorphophállus, m, Arac.: wie
vor u. *phallos* = männl. Glied
Ampelocíssus, f, Vitac.: gr.
ampelos = Weinstock, u.
kissos = Efeu
Ampelodésma, n, Gramineae:
wie vor u. *desma* = Band,
Binde; (Bindengras)
Ampelópsis, f, Vitac.: wie vor
u. *opsis* = Aussehen; (Dolden-
rebe, Wilder Wein)
Amphiblémma, n. Melastoma-
tac.: gr. *amphi* = ringsum, u.
blemma = Blick, od. Auge
Amphicarpaéa, f, Fabac.: wie
vor u. *karpos* = Frucht
Amphícome, f, Bignoniac.: wie
vor u. *kome* = Haarschopf,
ringsum behaart
Amphoricárpus, m, Compo-
sitae: gr. *amphora* = Krug, u.
karpos = Frucht (die Form d.
Frucht!)
Amsínckia, f, Boraginac.: n.
Wilhelm Amsinck (1752–
1831), Hamburger Ratsherr u.
Förd. d. Wiss.
Amsónia, f, Apocynac.: n.
Charles Amson, nordamer.
Arzt u. Bot. (18. Jahrh.)
Amýgdalus, m, Rosac.: gr.
amygdalos = Mandel;
(Mandelbaum)
Amýris, f, Rutac.: gr. *a* = sehr,
u. *myris* = Salbe; (Balsam-
baum)
Anacámpseros, f, Portulacac.:
gr. *anakamptein* = zurück-
bringen, u. *eros* = Liebe;
(Liebesröschen)

Anacámptis, f, Orchidac.: gr.
anakamptein = zurückbrin-
gen, umbiegen; (Hundswurz)
Anacárdium, n. Anacardiac.: gr.
ana = hinauf, u. *kardia* =
Herz; (Herznußbaum)
Anacháris, f, Hydrocharitac.:
wie oben u. *charis* = Schön-
heit
Anácyclus, m, Compositae.:
aus *Ananthocyclus* gekürzt;
(Kreisblume)
Anagállis, f, Primulac.: gr. N.
d. Gauchheils
Anágyris, f, Fabac.: gr. N. d.
Stinkstrauchs
Anamírta, f, Menispermac.: gr.
ana = ungefähr ähnl., u.
myrtos = Myrte;
(Scheinmyrte)
Ánanas, m, Bromeliac.: süd-
brasilian. N. der Ananas
Anáphalis, f, Compositae: *a* =
verneinend, u. aus
Gnaphalium umgebildet;
(Perlkörbchen)
Anarrhínum, n, Scrophulariac.:
gr. *aneu* = ohne, u. *rhis, rhinos*
= Nase; (Lochschlund)
Anastática, f, Cruciferae: gr.
anastatos = Auferstehung;
(Rose von Jericho)
Anchómanes, m, Arac.: v. gr.
ancho, agchein = zusammen-
drängen, erwürgen abgelei-
tet?
Anchúsa, f, Boraginac.: v. gr.
agchousa = Farbstoff,
Schminke abgel.; (Ochsen-
zunge)
Ancistrocáctus, m. Cactac.: gr.
ankistron = Haken, Wider-
haken, u. Gttgsn. *Cáctus*
Ancistrochílus, m. Orchidac.:
wie vor u. *cheilos* = Lippe
Ancistrorhýnchus, m.
Orchidac.: wie vor u. *rhynchos*
= Schnabel

Andráchne, f. Euphorbiac.: alter gr. N. einer (nichtverwandt.) Pfl.

Andrómeda, f, Ericac.: gr. mythol. N. (Tochter d. Cassiope); (Gränke, Lavendelheide, Rosmarinheide)

Andropógon, m. Gramineae: gr. *aner, andros* = Mann, männlich, u. *pogon* = Bart; (Bartgras)

Andrósace, f, Primulac.: wie vor u. *sakos* = Schild; (Mannsschild)

Androstéphium, n. Liliac.: wie vor u. *stephein* = umkränzen

Andrýala, f, Compositae: Ableitung unklar

Aneiléma, n. Commelinac.: gr. *aneilein* = sich drängen, einschließen

Anémia, f, Schizaeac.: gr. *aneimon* = unbedeckt, kleidlos

Anemonántha, f, Ranunculac.: Gttgsn. *Anemóne,* u. *anthos* = Blüte

Anemóne, f, Ranunculac.: anschein. aus gr. Pfl.-N. verfälscht (*anemos* = Wind), wahrscheinl. umgebildet aus einem Beinamen d. Adonis; (Windröschen, Kuhschelle)

Anemonélla, f, Ranunculac.: Diminutiv zu *Anemóne;* (Rautenanemone)

Anemonópsis, f, Ranunculac.: Gttgsn. *Anemóne,* u. *opsis* = Aussehen; (Scheinanemone)

Anemópsis, f, Saururac.: anschein. gekürzt v. obigen

Anéthum, n. Umbelliferae: gr. N. d. Dills

Angélica, f, Umbelliferae: lat. *angelus* = Engel; (Engelwurz)

Angelónia, f, Scrophulariac.: lateinisierte Version eines südamerikan. Pflanzennamens

Angiópteris, f, Angiopteridac.: gr. *angeion* = Gefäß, u. *pteris* = Farn; (Bootfarn)

Angóphora, f, Myrtac.: wie vor, u. *phorein* = tragen

Angraecópsis, f, Orchidac.: Gttgsn. *Angraécum,* u. *opsis* = Aussehen

Angraécum, n, Orchidac.: von *angurek,* malaiischer Volksn. abgeleitet

Angulóa, f, Orchidac.: n. Francisco de Angulo, span. Naturforsch. in Peru (18. Jahrh.)

Angulocáste, Orchidac. Hybride: *Angulóa × Lycáste*

Angúria, f, Cucurbitac.: gr. N. einer Art Gurke

Ánia, f, Orchidac.: gr. *ania* = Sorge, Verdruß, wahrscheinl. d. taxon. Stellung wegen (?)

Anigozánthos, m, Haemodorac.: gr. *anoigein* = öffnen, u. *anthos* = Blüte; (Spaltlilie, Känguruhblume)

Anisacánthus, m, Acanthac.: gr. *anisos* = ungleich, u. *akantha* = Dorn

Anisosórus, n, Hypolepidac.: wie oben u. *soros* = Sporenhaufen

Anisóstichus, m, Bignoniac.: wie oben u. *stichos* = Zeile, Ähre

Annóna, f, Annonac.: v. *anon,* N. d. Zuckerapfels aus Haiti abgeleitet

Anóda, f, Malvac.: lat. *anodus* = ohne Knoten

Anoectochílus, m, Orchidac.: gr. *anoiktos* = offen, u. *cheilos* = Lippe

Anoectomária, Orchidac. Hybride: *Anoectochílus × Haemária*

Anográmma, f, Hemionitidac.: gr. *ano* = empor, nach oben,

57

u. *gramme* = Strich, Linie
(wegen d. Stellung der
Indusien)
Anomalésia, f, Iridac.: gr.
anomalos = uneben, od.
abnormal
Anomathéca, f, Iridac.: v. gr.
anomos = ungesetzlich, außer-
gewöhnl. abgeleitet
Anópterus, m, Saxifragac.: gr.
ano = oben, u. *pteron* =
Flügel
Anóta, f, Orchidac.: gr. *an* =
nicht, fehlend, u. *otos* = Ohr
Anséllia, f, Orchidac.: n. J.
Ansell († 1847), engl. Afrika-
forscher
Antegibbaéum, n, Mesembryanthemac.: lat. *ante* = vor,
u. Gttgsn. *Gibbaéum*
Antennária, f, Compositae: lat.
antenna = Fühler; (Katzen-
pfötchen)
Anthemis, f, Compositae: gr. N.
einer Kamillenart; (Hundska-
mille)
Anthéricum, n. Liliac.: gr.
antherikos = Stengel, Halm;
(Zaunlilie, Graslilie)
Anthogónium, n, Orchidac.: gr.
anthos = Blüte, u. *gony* =
Knie, od. mit geknickten
Blütenblättern
Antholýza, f, Iridac.: wie vor u.
lyssa = Wut, auf die Blüten-
form anspielend; (Rachenlilie)
Anthoxánthum, n, Gramineae:
wie vor u. *xanthos* = gelblich;
(Ruchgras)
Anthríscus, f, Umbelliferae: gr.
N. eines Doldenblütlers;
(Kerbel)
Anthúrium, n, Arac.: gr. *anthos*
= Blüte, u. *oura* = Schwanz;
(Schwanzblume, Flamingo-
blume)
Anthýllis, f, Fabac.: gr. Pfl.-
Name; (Wundsklee)

Antíaris, f, Morac.: a. d. javan.
anjar übern.; (Pfeilgift, Upas-
baum)
Antígonon, m, Polygonac.: gr.
anti = gegen, u. *gony* = Knie,
wahrsch. d. Zickzackform d.
Stengel wegen
Antirrhínum, n, Scrophulariac.:
wie oben (?), u. *rhinos* =
Nase; (Löwenmaul)
Anúbias, f, Arac.: n. d. hunds-
köpfigen ägypt. Gottheit
Anubis
Anýchia, f, Caryophyllac.:
umgebildet aus *Paronychia*
Aótus, f, Fabac.: gr. *a* = ohne,
u. *ous, otos* = Ohr
Apatésia, f, Mesembryanthemac.: v. gr. *apates* =
Täuschung, überlisten
Apéra, f, Gramineae: gr.
aperos = unversehrt, unver-
stümmelt; (Windhalm)
Aphanánthe, f, Ulmac.: gr.
aphanes = unscheinbar, u.
anthos = Blüte
Aphelándra, f, Acanthac.: gr.
apheles = einfach, u. *aner,*
andros = Mann bzw.
Staubgefäße
Aphyllánthes, f, Liliac.: gr. *a* =
ohne, *phyllon* = Blatt, u. *an-*
thos = Blüte; (Binsenlilie)
Ápicra, f, Liliac.: gr. *a* = nicht,
u. *pikros* = bitter
Ápios, f, Fabac.: gr. *apion* =
Birne; (Erdbirne)
Ápium, n, Umbelliferae: röm.
N. d. Sellerie
Apléctrum, n, Orchidac.: gr. *a*
= ohne, u. *plektron* = Sporn
Aplopáppus = s. *Haplopáppus*
Apócynum, n, Apocynac.: gr.
apo = fort, u. *kyon* = Hund;
(Hundsgift)
Aponogéton, m,
Aponogetonac.: anschein.
umgebildet aus *Aquae Aponi*

(Bagni d'Abano), bekannte ital. Heilquelle

Aporocáctus, m, Cactac.: gr. *aporos* = undurchdringlich, u. Gttgsn. *Cáctus*

Apóseris, f, Compositae: gr. *apo* = weg, fort, u. *seris* = Salat: ungenießbar; (Stinkkohl)

Appendícula, f, Orchidac.: lat. *appendix* = Anhängsel

Apténia, f, Mesembryanthemac.: v. gr. *apten* = ungeflügelt

Aquilária, f, Thymelaeac.: v. lat. *aquila* = Adler; (Adlerholz)

Aquilégia, f, Ranunculac.: anschein. wie oben, auf d. Form d. Blütenblätter bezugn.; (Akelei)

Arabidópsis, f, Cruciferae: Gttgsn. *Arabis,* u. *opsis* = Aussehen

Árabis, f, Cruciferae: anschein. Kresse auf arabisch; (Gänsekresse)

Aráchis, f, Fabac.: a. d. griech. übern. N. für die Erdnuß

Arachnánthe, f, Orchidac.: gr. *arachne* = Spinne, u. *anthos* = Blüte

Aráchnis, f, Orchidac.: gr. *arachne* = Spinne, der Blütenform wegen

Arachnópsis, Orchidac. Hybride: *Aráchnis* × *Phalaenópsis*

Arachnospérmum, n, Compositae: gr. *arachnion* = Spinnengewebe, u. *sperma* = Same; (Stielsamenkraut)

Arália, f, Araliac.: anschein. v. einem kanad. Pfl.-N. abgeleitet

Aránda, Orchidac. Hybride: *Aráchnis* × *Vánda*

Aranthéra, Orchidac. Hybride. *Aráchnis* × *Renanthéra*

Araucária, f, Araucariac.: n. d. chilen. Prov. Arauco bzw. d. dort lebenden Araukanern gewidmet

Araújia, f, Asclepiadac.: v. brasilian. Volksnamen abgeleitet

Árbutus, f, Ericac.: röm. N. d. Erdbeerbaums

Arceuthóbium, n, Loranthac.: gr. *arkeuthos* = Wacholder, u. *bios* = Leben: als Parasit auf Wacholder

Arceúthos, f, Cupressac.: früh. N. d. Wacholder

Archangélica, f, Umbelliferae: gr. *archangelos* = Erzengel

Archontophoénix, m. Palmae: gr. *archon* = Herrscher, u. Gttgsn. *Phoénix;* (Herrscherpalme)

Arctérica, f, Ericac.: gr. *arktoos* = nördlich, u. Gttgsn. *Eríca*

Árctium, n, Compositae: wahrsch. v. gr. *arktion* = borstig abgeleitet; (Klette)

Arctostáphylos, f, Ericac.: gr. *arktos* = Bär, u. *staphyle* = Traube; (Bärentraube)

Arctótis, f, Compositae: wie vor u. *ous, otos* = Ohr; (Bärenohr)

Arctóus, m, Ericac.: gr. *arktoios* = nördlich (od. *arktos* = Bär?); (Alpenbärentraube)

Ardísia, f, Myrsinac.: gr. *ardis* = Spitze (Spitzenblume)

Ardisiándra, f, Campanulac.: wie vor u. *andros* = Mann

Arduína, f, Apocynac.: n. Pietro Arduino (1728–1805) u. Sohn Luigi, ital. Bot.

Aréca, f, Palmae: v. *areec,* ind. Volksname abgel.; (Areka- od. Betelnußpalme)

Arecástrum, n, Palmae: wie vor u. lat. *astrum* = Ähnlichkeit andeutend, od. Verwandtschaft

Aregélia, f, Bromeliac.: s. *Regélia* (Gttgsn.)

Aremónia, f, Rosac.: umgebildet aus *Agrimónia,* einer verwandten Gattung

Arenária, f, Caryophyllac.: v. lat. *arena* = Sand; (Sandkraut)

Arénga, f, Palmae: malaiischer Volksname; (Zuckerpalme)

Arenífera, f, Mesembryanthemac.: lat. *arena* = Sand, u. *fere* = tragen

Arequípa, f, Cactac.: aus Arequipa, Stadt im Süden Perus

Arethúsa, f, Orchidac.: N. einer Quellnymphe d. griech. Mythol.

Arétia, f, Primulac.: n. Benedictus Martin genannt Aretius (1522–74), schweiz. Naturforsch.

Argemóne, f, Papaverac.: gr. N. eines Mohns; (Stachelmohn)

Argéta, f, Mesembryanthemac.: gr. *arges, argetos* = glänzend

Argyránthemum, n, Compositae: gr. *argyros* = silbrig, u. *anthemon* = Blume; (Strauchmargerite)

Argyreía, f, Convolvulac.: v. gr. *argyros* = silbrig; (Silberwinde)

Argyrodérma, n, Mesembryanthemac.: wie vor u. *derma* = Haut

Argyrolóbium, n. Fabac.: wie vor u. *lobós* = Hülse; (Silberhülse)

Aridária, f, Mesembryanthemac.: lat. *aridus* = aride, trocken

Ariocárpus, m, Cactac.: viell. v. gr. *erion* = Wolle abgeleitet; *karpos* = Frucht

Ariópsis, f, Arac.: v. *Arum* (s. Gttgsn.) abgel., u. *opsis* = Aussehen

Arisaéma, n, Arac.: wahrsch. v. *aron* (= *Arum*) u. *sema* = Zeichen od. *haima* = Blut abgel.; (Feuerkolben)

Arísarum, n, Arac.: gr. Pflanzenname: kleines *Arum*

Arístea, f, Iridac.: anschein. v. gr. *aristos* = der/das Beste abgel.; (Grannenlilie)

Aristída, f, Gramineae: lat. *arista* = Granne

Aristolóchia, f, Aristolochiac.: gr. *aristos* = sehr gut, das beste, u. *lóchos* = Wöchnerin; (Osterluzei, Pfeifenwinde)

Aristotélia, f, Elaeocarpac.: dem griech. Philosophen Aristoteles (384–322 v. Chr.) gewidmet; (Chil. Jasmin)

Armatocéreus, m, Cactac.: lat. *armatus* = bewaffnet u. Gttgsn. *Céreus*

Armeniáca, f, Rosac.: aus Armenien stammend; (Aprikose)

Arméria, f, Plumbaginac. (Limoniac.): v. alten röm. N. d. Nelke abgel.; (Grasnelke)

Armorácia, f, Cruciferae: röm./griech. N. d. Meerrettichs

Arnébia, f, Boraginac.: n. d. arab. N. dieser Pfl.; (Prophetenblume)

Árnica, f, Compositae: angebl. v. gr. *arnakis* = Lammfell abgel. (?); (Wohlverleih)

Arnopógon, m, Compositae: gr. *arnos* = Lamm, u. *pogon* = Bart; (Lämmerbart)

Arnóseris, f, Compositae: wie vor u. *seris* = Salat; (Lämmersalat)

Arónia, f, Rosac.: viell. v. Gttgsn. *Ária* (= syn. zu *Sorbus*) abgel.; (Apfelbeere)

Arpophýllum, n, Orchidac.: gr. *arpe* = Sichel, u. *phyllon* = Blatt; (Sichelblatt)

Arrabídaea, f, Bignoniac.: n. F. Antonio de Arrabida (1771–1850), brasilian. Bischof u. bot. Autor

Arrhenátherum, n, Gramineae: gr. *arrhen* = männlich, u. *atheros* = Granne; (Glatthafer)

Arrojadóa, f, Cactac.: n. d. brasilian. Sammler Miguel Arrojado Lisboa (19. Jahrh.)

Artábotrys, m. Annonac.: gr. *artao* = anknüpfen, halten, u. *botrys* = Traube; (Klimm-Ylang-Ylang)

Artánthe, f, Piperac.: gr. *artos* = Brot, u. *anthe* = Blüte

Artemísia, f, Compositae: i. d. griech. Mythol. N. d. Geburtsgöttin Artemis; (Beifuß, Wermut)

Arthrocéreus, m, Cactac.: gr. *arthron* = Glied, u. Gttgsn. *Céreus;* (Gliederkaktus)

Arthropódium, n, Liliac.: wie vor u. *pous, podos* = Fuß

Artocárpus, f, Morac.: gr. *artos* = Brot, u. *karpos* = Frucht; (Brotfruchtbaum)

Árum, n, Arac.: *aron* = gr. Pfl.-Name; (Zehrwurz, Aronstab)

Arúncus, m, Rosac.: lat. *aruncus* = Ziegenbart; (Geißbart)

Arundína, f, Orchidac.: lat. *arundo* = Schilfrohr, d. Ähnlichkeit wegen

Arundinária, f, Gramineae: wie vor; (Bambus)

Arúndo, f, Gramineae: wie vor bzw. typisch; (Italienisches od. Spanisches Rohr, Pfahlrohr)

Asarína, f, Scrophulariac.: anschein. v. span. N. f. d. Löwenmaul abgel.

Ásarum, n, Aristolochiac.: gr. N. d. Haselwurz

Asclépias, f, Asclepiadac.: gr. Pfl.-N., abgel. v. *Asklepios,* Gott d. Arzneikunst; (Seidenpflanze)

Ascocénda, Orchidac. Hybride: *Ascocéntrum* × *Vánda*

Ascocéntrum, n, Orchidac.: gr. *askos* = Schlauch, Balg, u. *kentron* = Sporn

Ascofinéta, Orchidac. Hybride: *Ascocéntrum* × *Neofinéta*

Ascotaínia, f, Orchidac.: gr. *askos* = Schlauch, Balg, u. *tainia* = Band, od. Binde

Ascýrum, n, Hypericac.: gr. *askyron,* anschein. N. eines Johanniskrauts

Asimína, f, Annonac.: wahrsch. n. einem nordamerikan. Volksnamen

Aspáragus, m, Asparagac.: lat./griech. N. d. Spargels

Aspásia, f, Orchidac.: gr. Frauenname, (Gattin d. Perikles), wohl auf *aspasies* = weibl. Schönheit bezugn.

Aspazóma, f, Mesembryanthemac.: gr. *aspazomai* = umfangen

Asperélla, f, Gramineae: Diminutiv v. *asper* = rauh; (Bürstengras)

Asperúgo, f, Boraginac.: lat. *asper* = rauh; (Scharfkraut)

Aspérula, f, Rubiac.: Diminutiv v. *asper* = rauh; (Waldmeister)

Asphodelíne, f, Liliac.: v. *Asphódelus* abgeleitet; (Junkerlilie)

Asphódelus, m, Liliac.: gr. N. d. Affodils

Aspidístra, f, Liliac.: v. gr.

aspidion = Schild abgel.; (Schusterpalme)

Aspídium n, Aspidiac.: wie vor (s. hierzu auch *Dryopteris, Polystichum, Tectária, Cyrtómium, Thelypteris* etc.)

Aspidospérma, n. Apocynac.: wie vor u. *sperma* = Same; (Quebrachobaum)

Asplénium, n, Aspleniac.: gr. *a* = nicht, od. gegen, u. *splenon* = Milz; (Milzfarn, Streifenfarn)

Asprélla, f, Gramineae: lat. *asper* = rauh (Bürstengras)

Astélia, f, Liliac.: gr. *a* = ohne, u. *stela* = Griffel

Áster, m, Compositae: gr. *aster* = Stern; (Staudenaster)

Asteranthéra, f, Gesneriac.: wie vor u. *anthera* = Staubbeutel

Asteríscus, m, Compositae: gr. *asteriskos* = Sternchen

Asterolínum, n, Primulac.: gr. *aster* = Stern, u. *linon* = Lein

Asteropýrum, n, Ranunculac.: wie vor u. *pyros* = Weizen

Astílbe, f, Saxifragac.: gr. *a* – ohne, u. *stilbe* = Glanz, u. trotzdem „Prachtspiere" genannt!

Astilboídes, f, Saxifragac.: *Astílbe-* (Gttgsn.!) ähnlich

Astrágalus, m, Fabac.: gr. N. einer Leguminose; (Tragant)

Astrántia, f, Umbelliferae: wahrsch. abgel. v. *aster* = Stern; (Sterndolde)

Astrídia, f, Mesembryanthemac.: n. Astrid, Gattin d. Prof. Gustav Schwantes (s. auch *Schwantésia*)

Astrocárpus, m, Resedac.: gr. *astron* = Stern, Sternbild, u. *karpos* = Frucht

Astrocáryum, n. Palmae: wie vor u. *karyon* = Nuss; (Sternnuss)

Astróloba, f, Liliac.: wie vor u. *lobos* = Lappen

Astróphytum, n. Cactac.: wie vor u. *phyton* = Pflanze; (Sternkaktus)

Asyneúma, f, Campanulac.: Ableitung unbekannt

Asystásia, f, Acanthac.: gr. *asystasia* = Unordnung, Unregelmäßigkeit

Atáccia, f, Taccac.: mit verneinender Vorsilbe zu *Tacca*

Atalántia, f, Rutac.: gr. mythol. N.: Atalanta = Tochter d. König Schoeneus von Scyros

Athamánta, f, Umbelliferae: wahrsch. v. Athamas, griech. mythol. N.; (Augenwurz)

Athanásia, f, Compositae: gr. *athanatos* = unsterblich

Arthrotáxis, f, Taxodiac.: gr. *arthroos* = gedrängt, u. *taxis* = Stellung, Anordnung; (Schuppenfichte)

Athýrium, n. Athyriac.: gr. *athyros* = offen (ohne Indusium); (Frauenfarn)

Atráctylis, f, Compositae: gr. N. einer distelartigen Pflanze

Atrágene, f, Ranunculac.: anschein. gr. Pfl.-N.

Atrapháxis, f, Polygonac.: gr. N. f. *Atriplex*, (Bocksknöterich)

Átriplex, f, Chenopodiac.: röm. N. d. Melde

Átropa, f, Solanac.: Atropos (gr. Mythol.) = Parze des Todes; (Tollkirsche)

Átropis, f, Gramineae: gr. *atropis* = ungekielt; (Salzschwaden)

Attálea, f, Palmae: n. Attalus, N. einiger Könige v. Pergamos; übertragen = die Prächtige; (Piassavapalme)

Aubriétia, f, Cruciferae: n.
Claude Aubriet (1668–1743),
franz. Pflanzenmaler; (Blau-
kissen)
Aucúba, f, Cornac. (Aucubac.):
v. *aokiba,* dem japan. Volksnamen d. Aukube abgel.
Augéa, f, Zygophyllac.: n. Joh.
Andr. Auge (1711–c1805),
dtsch.-südafr. Gärtner u.
Sammler
Austrocáctus, m, Cactac.: lat.
australis = südlich, Süden, u.
Gttgsn. *Cáctus*
Austrocédrus, m, Cupressac.:
wie vor u. Gttgsn. *Cédrus*
Austrocephalocéreus, m, Cac-
tac.: wie vor u. Gttgsn. *Cepha-
locéreus*
Austrocylindropúntia, f, Cac-
tac.: wie vor u. Gttgsn. *Cylin-
dropúntia*
Austrotáxus, f, Taxac.: wie vor
u. Gttgsn. *Táxus*
Avéna, f, Gramineae: röm. N.
des Hafers
Avenástrum, n, Gramineae:
Gttgsn. *Avéna,* u. *astrum* =
Ähnlichkeit
Averrhóa, f, Oxalidac. (Averr-
hoac.): n. d. arab. Arzt u.
Übersetzer Averrhoës
(1126–98), der in Córdoba leb-
te
Avicénnia, f, Avicenniac.: n.
Avicenna (980–1036), arab.
Arzt u. Philosoph pers. Her-
kunft
Áxyris, f, Chenopodiac.: griech.
f. eine Art Gänsefuß
Aylóstera, f, Cactac.: gr.
aylos = Röhre, u. *stereos* =
starr, stielartig verwachsen
Azálea, f, Ericac.: gr. *azaleos* =
trocken, dürr: falls auf den
Standort bezogen, von einem
Irrtum ausgehend
Azára, f, Flacourtiac.: wahrsch.

n. José Nic. de Azara
(1730–1804), Marquis de Nib-
biano u. Förd. d. Wiss.
Azólla, f, Azollac.: angebl. v. gr.
azo = trocknend, u. *olluo* =
absterbend ausgehend; (Was-
serfarn)
Azorélla, f, Umbelliferae (Hydrocotylac.): Ableitung unsicher, viell. v. gr. *a* = ohne u.
zoraleos = Schuppen
Azorína, f, Campanulac.: von
den Azoren-Inseln beschrieben
Aztékium, n, Cactac.: n. d. Az-
teken, mittelamerikan. Kultur-
volk
Azureocéreus, m, Cactac.: lat.
azureus = himmelblau, u.
Gttgsn. *Céreus*

B

Babiána, f, Iridac.: wahrsch. v.
Babiaans, südafrikan. f. Pavian
Báccharis, f, Compositae: gr.
Pflanzenname (wahrsch. d.
wohlriechenden Wurzeln we-
gen); (Kreuzstrauch)
Backebérgia, f, Cactac.: n.
Curt Backeberg (1894–1966),
dtsch. Kakteenforscher
Backhoúsia, f, Myrtac.: n. Ja-
mes Backhouse (1794–1869),
engl. Gärtner
Bacópa, f, Scrophulariac.: n. ei-
nem Volksnamen in Guayana
Báctris, f, Palmae: gr. *baktron* =
Rohr, od. Stab.
Baéckea, f, Myrtac. (Leptosper-
mac.): n. Abraham Baeck
(1713–1795), schwed. Arzt u.
Freund Linne's
Baéria, f, Compositae: n. K. E.
v. Baer (1792–1876), balt. Naturforscher
Báhia, f, Compositae: n. Juan

63

Franc. Bahí (1775–1841), span. Bot.

Baillónia, f, Verbenac.: n. Henri Baillon (1827–95), franz. Arzt u. Bot.

Bakéria, f, Bromeliac.: n. John G. Baker (1834–1920), engl. Bot.

Balanítes, f, Balanitac.: gr. *balanos* = Eichel; (Zahnbaum)

Balántium, n, Cyatheac.: gr. *balantion* = Sack, Beutel; (Beutelfarn)

Baldéllia, f, Alismatac.: n. Bartolomeo Bartolini-Baldelli, ital. Adliger u. Förd. d. Wiss. (19. Jahrh.)

Ballóta, f, Labiatae: gr. N. d. Schwarznessel

Balsámina, f, Balsaminac.: röm. N. des Springkrauts (= *Impatiens*)

Bambúsa, f, Gramineae: v. einem malaiischen Pfl.-N. abgeleitet; (Bambus)

Banistéria, f, Malpighiac.: n. John B. Banister (1650–92), engl. Missionar u. Pflanzensammler

Bánksia, f, Proteac.: n. Sir Joseph Banks (1743–1820), engl. Reisender u. Naturforscher, Präs.d.Roy.Soc.

Baptísia, f, Fabac.: gr. *baptein* = färben; (Färberhülse, Wildindigo)

Barbacénia, f, Velloziac.: dem Marquis de Barbacena, Gouverneur v. Minas Gerais, Brasilien (18./19. Jahrh.) gewidmet

Barbaréa, f, Cruciferae: d. Heiligen Barbara gewidmet; (Barbarakraut)

Barbosélla, f, Orchidac.: n. Joâo Barbosa-Rodrigues (1842–1909), brasilian. Bot.

Barclaýa, f, Nymphaeac.: n.

Robert Barclay (1751–1830), engl. Bot.

Barkéria, f, Orchidac.: n. George Barker (1776–1845), engl. Orchideenzüchter

Barkhaúsia, f, Compositae: n. Gottlieb Barkhaus (1743–83), dtsch. Arzt u. Bot.

Barléria, f, Acanthac.: n. Jacques Barrelier (1606–73), franz. Geistl. u. Bot.

Bárlia, f, Orchidac.: n. Jean B. Barla (1817–96), franz. Bot.

Barnadésia, f, Compositae: n. Miguel Barnadés (1708–71), span. Bot.

Barósma, f, Rutac.: gr. *barys* = schwer, stark, u. *osme* = Duft; (Bukkostrauch)

Barringtónia, f, Lecythidac. (Barringtoniac.): n. Daines Barrington (1727–1800), engl. Jurist u. Naturforscher

Bartholína, f, Orchidac.: wahrsch. n. d. dän. Gelehrten K. T. Bartholinus (1655–1738)

Bartónia, f, Loasac.: n. Benjamin Smith Barton (1766–1815), engl.-nordamer. Arzt u. Bot.

Bartschélla, f, Cactac.: n. P. Bartsch, nordamerikan. Naturforscher

Bártsia, f, Scrophulariac.: n. Johann Bartsch (c. 1710–38), dtsch. Arzt u. Bot. (in holländ. Diensten)

Basélla, f, Basellac.: n. einem malabarischen Volksnamen

Basílicum, n, Labiatae: gr. *basilikos* = königlich; (Basilienkraut)

Bássia, f, Chenopodiac.: n. Ferdinando Bassi (1710–74), ital. Arzt u. Bot.

Batemánnia, f, Orchidac.: n. James Bateman (1811–97), engl. Orchideenzüchter

Batráchium, n, Ranunculac.: gr. *batrachos* = Frosch; (Wasserhahnenfuß)

Baúera, f, Saxifragac. (Bauerac.): n. d. Brüdern Franz Andreas (1758-1840) u. Ferdinand (1760-1826) Bauer, österr. Pflanzenmalern

Bauhínia, f, Caesalpiniac.: n. Jean (Johann, 1541-1613) u. Gaspard (Caspar, 1560-1624) Bauhin, schweiz. Ärzte u. Bot.

Beaucárnea, f, Agavac.: angebl. n. einem flandrischen Advokaten Beaucarne (19. Jahrh.)

Beaufórtia, f, Myrtac. (Leptospermac.): wahrsch. n. Mary Somerset, Herzogin von Beaufort u. Förd. d. Bot. (c. 1630-1714); lt. and. Quellen: n. H. E. de Beaufort (1798-1825), brit. Marineoffizier u. Entdecker

Beaumóntia, f, Apocynac.: n. Lady Diana Beaumont († 1831), von Bretton Hall, in Yorkshire (England)

Beckmánnia, f, Gramineae: n. Johann Beckmann (1739-1811), dtsch. Philosoph u. Naturforscher; (Raupenähre)

Befária, f, Ericac.: s. *Bejária*

Begónia, f, Begoniac.: n. Michel Bégon (1638-1710), Gouverneur v. Franz. Kanada (u.and.Kolonien), u. Förd. d. Bot. (Begonie, Schiefblatt)

Bejária, f, Ericac.: n. José Bejar, span. Arzt u. Bot. (Cádiz, 17. Jahrh.)

Belamcánda, f, Iridac.: v. *balamtandam,* malabar. Volksnamen abgeleitet

Bellevália, f, Liliac.: n. Pierre Riche de Belleval (1564-1632), franz. Arzt u. Bot.

Bellidiástrum, n, Compositae: Gttgsn. *Bellis,* u. *astrum* = Ähnlichkeit; (Maßliebchen)

Béllis, f, Compositae: röm. Pfl.-N., v. lat. *bellus* = schön; (Gänseblümchen, Maßliebchen)

Béllium n, Compositae: v. *Bellis* abgeleitet; (Schein-Gänseblümchen)

Belopérone, f, Acanthac.: gr. *belos* = Pfeil, od. Spieß, u. *perone* = Schnalle, od. Niet (Blütenstruktur!)

Benincása, f, Cucurbitac.: n. d. Grafen Guiseppe Benincasa (c. 1500-96), ital. Bot.; (Wachskürbis)

Benthámia,, f, Cornac.: n. George Bentham (1800-84), engl. Bot. u. Reisender

Bentínckia, f, Palmae: n. Lord William Bentinck (1774-1839), brit. Gouverneur von Madras (India)

Bénzoin, n, Laurac.: als *benzoe* bekannter Harzlieferant; (Fieberstrauch)

Berárdia, f, Compositae: n. Pierre Berard, franz. Apotheker (Grenoble, Mitte 17. Jahrh.)

Berberidópsis, f, Flacourtiac.: Gttgsn. *Bérberis,* u. *ópsis* = Aussehen

Bérberis, f, Berberidac.: anschein. v. *barberis,* d. arab. N. d. Frucht abgeleitet; (Berberitze, Sauerdorn)

Berchémia, f, Rhamnac: vermutl. n. M. Berchem, franz. Bot. (17. Jahrh.)

Bergénia, f, Saxifragac.: n. Karl August von Bergen (1704-59 od. 60), dtsch. Arzt u. Bot.

Bergeránthus, m, Mesembryanthemac.: n. Alwin Berger (1871-1931), dtsch. Bot. u.

Sukkulentenforsch., u. *anthos* = Blüte

Bergerocáctus, m, Cactac.: wie vor, u. Gttgsn. *Cáctus*

Berkheýa, f, Compositae: n. Jan Le Francq van Berkhey (1729–1812), holländ. Arzt u. Bot.

Berteróa, f, Cruciferae: n. Carlo Giuseppe Bertero (1789–1831), ital. Arzt u. Bot. (hauptsächl. in Chile), (Graukresse)

Bertholléta, f, Lecythidac.: n. Claude-Louis Berthollet (1748–1822), franz. Chemiker u. Physiologe; (Paranuss)

Bertolónia, f, Melastomatac.: n. Antonio Bertoloni (1775–1869), ital. Arzt u. Bot.

Bertoneríla, f, Melastomatac.: Gttgsn. *Bertolónia + Soneríla*

Bérula, f, Umbelliferae: mittelalterl. Pfl.-N.

Beschornéria, f, Agavac.: n. Friedrich Wilhelm Beschorner (1806–73), dtsch. Arzt u. Bot.

Béssera, f, Liliac.: n. Willibald S. J. Th. von Besser (1784–1842), österr. Arzt u. Bot.; (Korallentröpfchen)

Béta, f, Chenopodiac.: röm. N. d. Rüben

Betónica, f, Labiatae: röm. Pfl.-N., anschein. Variante d. span. *Vettonica*

Bétula, f, Betulac.: röm. N. d. Birke

Biárum, n, Arac.: lat. *bi,* bis = doppelt, u. Gttgsn. *Árum*

Bídens, f, Compositae: wie vor u. *dens* = Zahn; (Zweizahn)

Biebersteínia, f, Geraniac.: n. Friedrich August Freih. Marschall von Bieberstein (1768–1826), dtsch.-russ. Bot.

Biermánnia, f, Orchidac.: angebl. n. A. Biermann, Pflanzensammler (?) in Indien, 19. Jahrh.

Bífora, f, Umbelliferae: lat. *bi,* bis = doppelt, u. *foris* = Öffnung, Tür (d. Löcher in d. Frucht wegen); (Hohlsame)

Bifrenária, f, Orchidac.: wie vor u. *frenum* = Zaum

Bigelówia, f, Compositae: n. John M. Bigelow (1787–1879), nordamer. Arzt u. Bot.

Bignónia, f, Bignoniac.: n. Jean Paul Bignon (1662–1743), franz. Abt u. Hofbibliothekar; (Bignonie, Trompetenblume)

Bíjlia, f, Mesembryanthemac.: n. einer Mrs. D. van der Bijl, aus Kapstadt, Südafrika (Anf. 20. Jahrh.)

Billardiéra, f, Pittosporac.: n. Jacques Julien Houtton de la Billardière (od. de Labillardière), 1755–1834, franz. Bot. u. Entdecker

Billbérgia, f, Bromeliac.: n. J. G. Billberg (1772–1844), schwed. Bot.

Binghámia, f, Cactac.: n. Hiram Bingham, nordamer. Wiss. u. Leiter d. Yale-Exped. (1914) n. Peru

Bióphytum, n, Oxalidac.: gr. *bios* = Leben, u. *phyton* = Pflanze (mimosenähnl. Verhalten); (Sinnklee)

Bióta, f, Cupressac.: zu gr. *biotos* = Leben; (Lebensbaum)

Biscutélla, f, Cruciferae: lat. *bis* = doppelt, u. *scutellum* = Schildchen, od. Schale; (Brillenschötchen)

Bismárckia, f, Palmae: Fürst Otto v. Bismarck (1815–98) gewidmet

Bíxa, f, Bixac.: anschein. v. einem südamer. Volksnamen übernommen; (Orleanstrauch)

Blackstónia, f, Gentianac.: n. John Blackstone (1712–53), engl. Apotheker u. Bot.; (Bitterling)

Blákea, f, Melastomatac.: angebl. n. Martin Blake, Gärtn. u. Pflanzensammler auf Antigua (Ende 17. Jahrh.)

Blandfórdia, f, Liliac.: n. George Spencer-Churchill (1766–1840), Marquis von Blandford, bekannter engl. Gartenbesitzer

Bléchnum, n, Blechnac.: v. gr. *blechnon*, N. eines Farns; (Rippenfarn)

Blephariglóttis, f, Orchidac.: gr. *blepharis* = Wimper, od. Lid, u. *glotta* = Zunge

Blépharis, f, Acanthaceae: gr. = Wimper, od. Lid (mit gewimperten Brakteen)

Blephília, f, Labiatae; auf *Blépharis* bezogen

Blétia, f, Orchidac.: n. d. span. Apotheker Luis Blet (Ende 18. Jahrh.), Besitzer eines bot. Gartens in Algeciras

Bletílla, f, Orchidac.: Diminutiv zum obigen

Bloomería, f, Alliac.: n. H. G. Bloomer (1821–74), kaliforn. Bot.

Blossféldia, f, Cactac.: n. Harry Blossfeld (geb. 1913), dtsch. Kakteenspezialist

Blumenbáchia, f, Loasac.: n. Johann Friedrich Blumenbach (1752–1840), dtsch. Mediziner u. Zoologe

Blýsmus, m, Cyperac.: gr. *blyzein* = fließen, quellen

Boccónia, f, Papaverac.: n. Paolo Boccone (1633–1703), ital. Mönch u. Naturforscher; (Federmohn)

Boehméria, f, Urticac.: n. Georg Rudolf Böhmer

(1723–1803), dtsch. Arzt u. Bot.; (Ramié, Chinagras)

Boisduvália, f, Onagrac.: n. Jean-Baptiste-Alphonse Chauffour de Boisduval (1799–1879), franz. Arzt u. Naturwiss.

Bolándra, f, Saxifragac.: n. Henry Nicholson Bolander (1831–97), nordamer. Bot.

Bólbitis, f, Lomariopsidac.: v. gr. *bolbition, bolbos* = Zwiebel abgel.

Bolivicéreus, m, Cactac.: aus Bolivien u. Gttgsn. *Céreus* zusammenges.

Bóllea, f, Orchidac.: n. Carl August Bolle (1821–1909), dtsch. Dendrologe u. Ornithol.

Boltónia, f, Compositae: n. James Bolton († 1799), brit. Pflanzenmaler

Bolusiélla, f, Orchidac.: n. Harry Bolus (1834–1911), engl.-südafr. Bot.

Bomárea, f, Amaryllidac. (Alstroemeriac.): n. Jacques-Christophe Valmont de Bomare (1731–1807), franz. Naturforscher

Bómbax, m, Bombacac.: v. gr. *bombyx* = Seide abgeleitet; (Baumwollbaum)

Bonapártea, f, Bromeliac.: dem Prinzen Bonaparte (1769–1821) gewidmet

Bonátea, f, Orchidac.: n. Gian Antonio Bonato (1753–1836), ital. Arzt u. Bot.

Bongárdia, f, Berberidac.: n. Heinrich Gustav Bongard (1786–1839), dtsch.-russ. Bot.

Bonifázia, f, Cactac.: Ableitung derzeit unbekannt

Bonplándia, f, Polemoniac.: n. Aimé Bonpland (Aimé Goujaud?), 1773–1858, franz. Bot.,

67

u. Begleiter Humboldts in Südamerika

Bonstédtia, f, Berberidac.: n. Carl Bonstedt (1866–1953), dtsch. Gärtner

Borágo, f, Boraginac.: röm. N. des Boretsch; anschein. v. einem arab. Vulgärnamen abgel.

Borássus, m, Palmae: v. gr. *borassos* = in Hülse eingeschlossene Palmfrucht; (Weinpalme)

Bordérea, f, Dioscoreac.: n. Henri Bordère (1825–89), franz. Bot.

Borónia, f, Rutac.: n. Francesco Borone (1769–94), ital. Pflanzensammler; (Korallenraute)

Borríchia, f, Compositae: n. Ole Borch (Olaus Borrichius), 1626–90, dän. Arzt u. Naturwiss.

Borzicáctus, m, Cactac.: n. Antonio Borzi (1852–1921), ital. Arzt u. Bot., u. Gttgsn. *Cáctus*

Bósea, f, Amaranthac.?: n. Ernst Gottlieb Bose (1723–98), dtsch. Bot., od. d. Vater Kaspar Bose, Leipziger Kaufmann u. Autor

Bossiaéa, f, Fabac.: n. M. Boissieu de La Martinière, franz. Arzt u. Bot. (Ende 18. Jahrh.)

Boswéllia, f, Burserac.: n. John Boswell (1710-80), schott. Bot.; (Weihrauchstrauch)

Bothriochílus, m, Orchidac.: gr. *bothrion* = Grübchen, u. *cheilos* = Lippe

Bothrióchloa, f, Gramineae: wie vor u. *chloe* = junges Grün; (Bartgras)

Botryánthus, m, Liliac.: gr. *botrys* = Traube, u. *anthos* = Blüte

Botrýchium, n, Ophioglossac.: gr. *botrys* = Traube; (Mondraute)

Bougainvíllea, f, Nyctaginac.: n. Louis Antoine de Bougainville (1729–1811), franz. Seefahrer u. Entdecker

Boussingaúltia, f, Basellac.: n. Jean-Baptiste Joseph Boussingault (1802–87), franz. Chemiker

Bouteloúa, f, Gramineae: n. E. Boutelou y Soldevilla (1776–1813), span. Bot.; (Moskitogras)

Bouvárdia, f, Rubiac.: n. Charles Bouvard (1572–1658), franz. Arzt u. Bot.

Bowénia, f, Zamiac.: n. Sir George Ferguson Bowen (1821–99), brit. Gouverneur von Queensland

Bowiéa, f, Liliac.: n. James Bowie (c.1789–1869), engl. Pflanzensammler

Bowlésia, f, Umbelliferae (Hydrocotylac.): n. William Bowles (1705–80), irländ. Bot. in span. Diensten

Boykínia, f, Saxifragac.: n. Samuel Boykin (1786–1846), nordamer. Bot.

Brachycalýcium, n, Cactac.: gr. *brachys* = kurz, u. *calyx* = Kelch

Brachycéreus, m, Cactac.: wie vor u. Gttgsn. *Céreus*

Brachychílus, m, Zingiberac.: wie vor u. *cheilos* = Lippe

Brachýchiton, n, Sterculiac.: wie vor u. *chiton* = Mantel

Brachýcome, f, Compositae: wie vor u. *kome* = Schopf

Brachycórythis, f, Orchidac.: wie vor u. *korythos* = Helm

Brachyglóttis, f, Compositae: wie vor u. *glotta* = Zunge

Brachypódium, n, Gramineae: wie vor u. *podion* = Füßchen; (Zwenke)

Brachyséma, n, Fabac.: wie vor u. *sema* = Zeichen, Fahne

Bráhea, f, Palmae: n. Tycho Brahe (1546–1601), dän. Astronom

Brasénia, f, Nymphaeac. (Cabombac.): Ableitung unklar; (Wasserschild)

Brasilicáctus, m, Cactac.: Brasilien, u. Gttgsn. *Cáctus*

Brasilicéreus, m, Cactac.: wie vor u. Gttgsn. *Céreus*

Brasiliopúntia, f, Cactac.: wie vor u. Gttgsn. *Opúntia*

Brassávola, f, Orchidac.: n. Antonio (Musa) Brassavola (1500–55), ital. Arzt u. Bot.

Brássia, f, Orchidac.: n. William Brass († 1783), engl. Pflanzensammler

Brássica, f, Cruciferae: röm. N. des Kohls

Brassicélla, f, Cruciferae: Diminutiv für *Brássica*; (Lacksenf)

Brassídium, Orchidac. Hybride: *Brássia* × *Oncídium*

Brassocattlaélia, Orchidac. Hybride: *Brassávola* × *Cattléya* × *Laélia*

Brassocattléya, Orchidac. Hybride: *Brassávola* × *Cattléya*

Brassodiácrium, Orchidac. Hybride: *Brassávola* × *Diácrium*

Brassoepidéndrum, Orchidac. Hybride: *Brassávola* × *Epidéndrum*

Brassolaélia, Orchidac. Hybride: *Brassávola* × *Laélia*

Brassolaeliocattléya, Orchidac. Hybride: *Brassávola* × *Laélia* × *Cattléya*

Bravóa, f, Amaryllidac.: n. d. Brüdern Leonardo u. Miguel Bravo, mexikan. Pflanzensammeln (19. Jahrh.); (Zwillingsblume)

Bráya, f, Cruciferae: n. Fran-

çois Gabriel Graf v. Bray (1765–1832), bayer. Diplomat (franz. Herkunft) u. Naturforsch.; (Knotenschötchen)

Brevoórtia, f, Liliac.: n. J. C. Brevoort (1811–87), nordamer. Naturforscher

Bréxia, f, Saxifragac. (Brexiac.): wahrsch. v. gr. *brexis* = Regen, d. h. Schutz gegen diesen andeutend

Breýnia, f, Euphorbiac.: n. dem Danziger Kaufmann Jacob (1637–97) u. Sohn Johann Philipp (Arzt, 1680–1764) Breyne, Verf. mehrerer bot. Schriften

Brickéllia, f, Compositae: n. John Brickell (c.1749–1809), irisch-nordamer. Arzt u. Bot.

Briggsia, f, Gesneriac.: n. Munro Briggs Scott (1889–1917), brit. Bot. (in Kew)

Brillantaísia, f, Acanthac.: angebl. n. M. Brillantais-Morion, einem franz. Reeder u. Förd. d. Wiss. (18./19. Jahrh.)

Bríza, f, Gramineae: usprüngl. gr. N. einer Getreideart; (Zittergras)

Brodiaéa, f, Alliac.: n. James Brodie (1744–1824), schott. Bot.

Bromélia, f, Bromeliac.: n. Olof Bromel (1639–1705), schwed. Arzt u. Bot.

Brómus, m, Gramineae: gr. N. eines Hafers od. Windhafers; (Trespe)

Brósimum, n, Morac.: gr. *brosimos* = essbar; (Kuhbaum)

Broughtónia, f, Orchidac.: n. Arthur Broughton († 1796), engl. Arzt u. Bot. (auch Pflanzenmaler), in Jamaica

Broussonétia, f, Morac.: n. Pierre-Marie Auguste Brou-

sonet (1761–1807), franz. Arzt
u. Naturforscher; (Papier-
Maulbeerbaum)
Browállia, f, Solanac.: n. Johan
Browall (1707–55), schwed.
Naturforsch. u. Bischof von
Abo
Brownánthus, m. Mesembry-
anthemac.: n. Nicolas Edward
Brown (1849–1934), engl.-
südafr. Sukkulentenforscher,
u. *anthos* = Blüte
Brównea, f, Caesalpiniac.: n.
Patrick Browne (1720–90),
irisch. Arzt u. Naturforscher
Browníngia, f, Cactac.: an-
schein. n. einem W. E. Brow-
ning, nordamer. Pflanzen-
sammler (?)
Bruckenthália, f, Ericac.: n.
Samuel Freih. v. Bruckenthal
(1721–1803), österr. Staats-
mann (?)
Brugmánsia, f, Solanac.: n.
Sebald Justin Brugmans
(1763–1819), holländ. Arzt u.
Bot.
Bruguiéra, f, Rhizophorac.: n.
Jean-Guillaume Bruguières
(1750–99), franz. Arzt u.
Naturforscher
Brunélla, f, Labiatae: s. *Pru-*
nélla
Brunfélsia, f, Solanac.: n. Otto
Brunfels (c.1489–1534), dtsch.
Apotheker, Geistl., u. Bot.
Brúnnera, f, Boraginac.: n.
Samuel Brunner (1790–1844),
schweiz. Bot. u. Reisender;
(Kaukasusvergißmeinnicht!!)
Brunníchia, f, Polygonac.: n.
M. Th. Brünnich (1737–1827),
dän. Beamter u. Naturforscher
Brunsvígia, f, Amaryllidac.: n.
Carl Wilhelm Ferdinand, Her-
zog von Braunschweig-Lüne-
burg (1713–80), Förd. d. Wiss.
Bryánthus, m, Ericac.: gr.

bryon = Moos, u. *anthos* =
Blüte; (Moosheide)
Bryónia, f, Cucurbitac.: v. gr.
bryein = sprossen abgel.;
(Zaunrübe)
Bryonópsis, f, Cucurbitac.: s.
Gttgsn. *Bryonia*, u. *opsis* =
Aussehen; (Scheinzaunrübe)
Bryophýllum, n, Crassulac.: gr.
bryo = sprossen, u. *phyllon* =
Blatt; (Brutblatt)
Búchloë, n, Gramineae: gr.
bous = Rind, u. *chloë* =
frisches Grün; (Buffalogras)
Búckleya, f, Santalac.: n.
Samuel Botsford Buckley
(1809–84), nordamer. Bot.
Buddléja,. (Buddleia), f, Budd-
lejac.: n. Adam Buddle
(1660–1715), engl. Geistl. u.
Bot.; (Schmetterlingsstrauch)
Buettnéria, f, Sterculiac.: n.
David Sigismund August
Büttner (1724–68), dtsch. Arzt
u. Bot.
Bufónia, f, Caryophyllac.: n.
Georges-Louis Leclerc, Graf v.
Buffon (1707–88), franz.
Naturwiss. u. Autor
Buglossoídes, n, Boraginac.:
Gttgsn. *Buglossum,* u. *oides* =
ähnlich
Buglóssum, n, Boraginac.: lat.
buglossos = Ochsenzunge
Bulbíne, f, Liliac.: v. gr. *bol-*
bos = eine Art Zwiebel abgel.
Bulbinélla, f, Liliac.: Diminutiv
v. *Bulbíne* (s. Gattgsn.)
Bulbinópsis, f, Liliac.: Gttgsn.
Bulbíne, u. *opsis* = Aussehen
Bulbocódium, n, Liliac.: gr.
bolbos = Zwiebel (od. Knolle),
u. *kodion* = wollig, od. kleines
Fell; (Lichtblume)
Bulbophýllum, n, Orchidac.:
wie vor u. *phyllon* = Blatt (mit
Scheinzwiebeln); (Zwiebel-
blatt)

Bumélia, f, Sapotac.: eigentl. gr. N. einer Art Esche; (Eisenholz)

Búnias, f, Cruciferae: gr. Pfl.-N.; (Zackenschötchen)

Búnium, n, Umbelliferae: v. gr. *bounion* für eine Art Steckrübe abgel.; (Erdknollen)

Búphane, f, Amaryllidac.: gr. *bouphonos* = Rinder tötend

Buphthálmum, n, Compositae: gr. *bous* = Rind (od. Ochse), u. *ophthalmos* = Auge; (Ochsenauge)

Bupleúrum, n, Umbelliferae: v. gr. *boupleuron* = Ochsenrippe abgel.; (trotzdem „Hasenohr" genannt)

Burbídgea, f, Zingiberac.: n. Fr. William Burbidge (1847–1905), engl. Pflanzensammler

Burchéllia, f, Rubiac.: n. William John Burchell (1781–1863), engl. Bot. u. Entdeckungsreisender; (Büffelholz)

Burmánnia, f, Burmanniac.: n. Johan (1706–79) u. Sohn Nikolaus Laurens (1734–93) Burman (gen. Burmannius), holländ. Bot.

Burrageára, f, Orchidac.: n. Albert C. Burrage (1859–1930), nordamer. Orchideenzüchter

Bursária, f, Pittosporac.: lat. *bursa* = Beutel, Tasche; (Taschenblume)

Búrsera, f, Burserac.: n. Joachim Burser (1583–1649), dtsch. Arzt u. Bot.; (Weissgummibaum)

Bútea, f, Fabac.: n. Johan Stuart Graf von Bute (1713–92), schott. Staatsmann u. Bot.

Bútia, f, Palmae: v. brasilian. N. dieser Palmen abgel.

Bútomus, m, Butomac.: v. gr. N. einer Sumpfpflanze abgel.; (Blumenbinse)

Búxus, f, Buxac.: röm. N. des Buchsbaums

Býblis, f, Byblidac.: v. gr. *byblos* (für die Papyrusstaude) abgel.

C

Cabómba, f, Nymphaeac. (Cabombac.): v. Volksnamen (in Guyana) für das Fischgrass abgel.

Cacália, f, Compositae: v. gr. N. eines Korbblütlers übernommen

Cacaliópsis, f, Compositae: Gttgsn. *Cacália,* u. *opsis* = Aussehen

Caccínia, f, Boragniac.: n. Mateo Caccini, ital. Bot. (17. Jahrh.)

Cáctus, m, Cactac.: gr. N. einer stachl. Pflanze, v. Linné als Gttgsn. für Kakteen übern.

Caesalpínia, f, Caesalpiniac.: n. Andrea Caesalpino (c.1519 od. 24 bis 1603 od. 13), ital. Arzt, Philosoph u. Bot.

Cájanus, m, Fabac.: v. einem malaiisch. Volksnamen abgel.; (Catjangbohne, Taubenerbse)

Cajóphora, f, Loasac.: gr. *kaiein* = brennen, u. *phoros* = tragen; (Fackel-Brennkraut)

Cákile, f, Cruciferae: anschein. v. arab. *qaqila* abgel.; (Meersenf)

Caládium, n, Arac.: v. malaiisch. *Keladi,* N. eines Arumgewächses abgel.

Calamagróstis, f, Gramineae: gr. *kalamos* = Rohr, u. *agrostis* = N. eines Grases; (Reitgras)

Calamíntha, f, Labiatae: gr. *kalos* = schön, u. *minthe* = Minze; (Bergminze)

71

Calamophýllum, n, Mesembryanthemac.: gr. *kalamos* = Rohr, u. *phyllon* = Blatt

Cálamus, m, Palmae: gr. *kalamos* = Rohr; (Rotangpalme)

Calandrínia, f, Portulacace: n. Jean (Giovanni) Louis (Ludovico) Calandrini (1703–58), schweiz. Wiss.

Calánthe, f, Orchidac.: gr. *kalos* = schön, u. *anthos* = Blüte

Calathéa, f, Marantac.: gr. *kalathos* = Korb (Blütenform!)

Calceolária, f, Scrophulariac.: lat. *calceolus* = kleiner Schuh; (Pantoffelblume)

Calcítrapa, f, Compositae: lat. *calcis* = Ferse, u. *trapa* = Falle, od. Fußangel

Caldésia, f, Alismatac.: n. Ludovico Caldesi (1821–84), ital. Bot.

Caléndula, f, Compositae: anschein. v. lat. *calendae* = Monatserster; (Ringelblume)

Calepína, f, Cruciferae: v. Chalepina (= Haleb, Aleppo), Stadt in NW-Syrien abgel.; (Wendich)

Calibánus, n, Agavac.: *caliban* = N. eines mythol. Ungeheuers

Calímeris, f, Compositae: gr. *kalos* = schön, u. *meris* = Teil, Schnitt

Calíphrusia, f, Amaryllidac.: wie vor u. *phrousia* = Gefängnis, der „eingeschlossenen" Blüten wegen

Cálla, f, Arac.: Herkunft kritisch; viell. v. gr. *kallos* = Schönheit abgel.; (trotzdem: Drachenwurz, Schlangenkraut, Schweinsohr)

Calliándra, f, Mimosac.: gr. *kal-*

los = Schönheit, u. *andros* = Mann, bzw. Staubgefäße

Calliánthemum, n, Ranunculac.: wie vor u. *anthemon* = Blume; (Jägerkraut, Schmuckblume)

Callicárpa, f, Verbenac.: wie vor u. *karpos* = Frucht; (Schönfrucht)

Callícoma, f, Cunoniac.: wie vor u. *kome* = Schopf

Callígonum, n, Polygonac.: wie vor u. *gony* = Knie, Winkel; (Hakenkopf)

Calliópsis, f, Compositae: wie vor u. *opsis* = Aussehen (von schönem Aussehen)

Callípteris, f, Athyriac.: wie vor u. *pteris* = Farn

Callírhoë, f, Malvac.: N. d. griech. Mythol. (Quellnymphen?); (Mohnmalve)

Callísia, f, Commelinac.: v. gr. *kallos* = Schönheit abgel.

Callístachys, f, Fabac.: gr. *kalli* = schön u. *stachys* = Ähre

Callistémon, m, Myrtac. (Leptospermac.): wie vor u. *stemon* = Staubfaden; (Zylinderputzer)

Callístephus, m, Compositae: wie vor u. *stephos* = Kranz; (Sommeraster)

Callistígma, f, Mesembryanthemac.: wie vor u. *stigma* = Narbe

Callítriche, f, Callitrichac.: gr. *kalli* = schön, u. *thrix, trichos* = Haar; (Wasserstern)

Callítris, f, Cupressac.: wie vor u. *treis* = drei, der dreizähligen Blätter und Kapseln wegen; (Sandarakzypresse)

Callópsis, f, Arac.: wie *Calla* (Gttgsn.), u. *opsis* = Aussehen

Callúna, f, Ericac.: angebl. v. gr. *kalluno* = fegen, od. schmük-

ken; (Besenheide, Heide-
kraut)
Calócedrus, m, Cupressac.: gr.
kalos = schön, u. Gttgsn. *Cédrus*; (Flußzeder)
Calocéphalus, m, Compositae:
wie vor, u. *kephale* = Kopf
Calochórtus, m, Liliac.: wie
vor, u. *chortos* = Gras; (Mor-
monentulpe)
Calodéndrum, n, Rutac.: wie
vor u. *dendron* = Baum
Caloméria, f, Compositae: wie
vor u. *meros* = Teil
Calonýction, n, Convolvulac.:
wie vor u. *nyktios* = nächtlich;
(Mondwinde)
Calóphaca, f, Fabac.: wie vor
u. *phake* = Hülse
Calophýllum, n, Clusiac.: wie
vor u. *phyllon* = Blatt
Calopógon, m, Orchidac.: wie
vor u. *pogon* = Bart
Calothámnus, m, Myrtac.
(Leptospermac.): wie vor u.
thamnos = Strauch
Calótropis, f, Asclepiadac.:
wie vor u. *tropis* = Kiel, od.
Nachen
Cáltha, f, Ranunculac.: röm. N.
für eine gelbblühende Pfl.;
(Dotterblume)
Calvóa, f, Melastomatac.:
einem Sr. Calvo, Magistrat
in Fernando Po gewidmet
(19. Jahrh.)
Calycánthus, m, Calycanthac.:
gr. *kalyx* = Kelch, u. *anthos* =
Blüte; (Gewürzstrauch)
Calycocárpum, n, Menisper-
mac.: wie vor u. *karpos* =
Frucht
Calycótome, f, Fabac.: wie vor
u. *tome* = Schnitt; (Dorn-
Geißklee)
Calýpso, f, Orchidac.: N. einer
griech. Nymphe (Tochter d.
Atlas)

Calyptrochílum, n, Orchidac.:
gr. *kalyptra* = eine Art Kopf-
bedeckung, u. *cheilos* = Lippe
Calyptrógyne, f, Palmae: wie
vor u. *gyne* = Weib bzw. weibl.
Organ
Calyptrostígma, n, Caprifoliac.:
wie vor u. *stigma* = Narbe
Calystégia, f, Convolvulac.: gr.
kalyx = Kelch, u. *stege* = Dach
od. Bedeckung; (Zaunwinde)
Camarídium, n. Orchidac.: gr.
kamaridion = *kleiner Bogen,
od. Höhle*
Camarótis, f, Orchidac.: gr.
kamarotis = gewölbt
Camássia, f, Liliac.: v. Qua-
mash, indian. N. d. Pfl. abgel.
Camelína, f, Cruciferae: v.
franz. *cameline* übern.; (Lein-
dotter)
Caméllia, f, Theac.: n. Georg
Josepf Kamel (lat. Camellus,
1661–1706), dtsch-tschech.
Geistl., Naturwiss. u. Sammler; (Kamelie)
Campánula, f, Campanulac.:
Diminutiv v. lat. *campana* =
Glocke; (Glockenblume)
Campélia, f, Commelinac.: v.
gr. *kampe* = Biegung
Camphorôsma, f, Chenopodiac.: gr. *kamphora* = Kampfer, u. *osme* = Duft; (Kampfer-
kraut)
Campsídium, n, Bignoniac.: v.
Cámpsis (s. Gttgsn.) abgel.
Cámpsis, f, Bignoniac.: gr.
kampsis = Bogen, Krüm-
mung; (Jasmin- od. Kletter-
trompete)
Camptosórus, m, Aspleniac.:
gr. *kamptos* = gekrümmt, u.
soros = Sporenhaufen.
Campylocéntrum, n, Orchidac.: gr. *kampylos* = krumm,
u. *kentron* = Sporn
Campylóneurum, n, Polypo-

diac.: wie oben u. *neuron* =
Nerven (mit gekrümmter
Blattnervatur)
Campylótropis, f, Fabac.: wie
vor u. *tropis* = Kiel
Canánga, n, Annonac.: Malay-
sischer N. dieser Pflanzen
Canarína, f, Campanulac.: n. d.
Kanarischen Inseln benannt;
(Kanarenglocke)
Canavália, f, Fabac.: v. *kanava-
li* = malabarischer Pflanzenna-
me; (Schwertbohne, Jackboh-
ne)
Candóllea, f, Stylidiac.: n. Au-
gustin Pyramus de Candolle
(1778–1841), schweiz. Bot. (in
Genf)
Canélla, f, Canellac.: angebl. v.
span. *canela* = Zimt abgelei-
tet; (Zimtrindenbaum)
Canístrum, n, Bromeliac.: gr.
kanistron = geflochtener
Korb
Cánna, f, Cannac.: gr. *kanna* =
Rohr; (Blumenrohr)
Cánnabis, f, Cannabinac.: röm.
u. griech. N. dieser Pflanze;
(Hanf)
Cántua, f, Polemoniac.: von
Cantu, dem peruan. Volksnamen abgel.
Cápparis, f, Capparidac.: alter
griech. N. des Kapernstrauchs
Capsélla, f, Cruciferae: Dimi-
nutiv d. lat. *capsula* = Kapsel,
Tasche, (Hirtentäschel)
Cápsicum, n, Solanac.: an-
schein. vom gr. *kapto* =
beißend abgeleitet; (Paprika,
spanischer Pfeffer)
Caragána, f, Fabac.: v. Kara-
gan, mongol. N. des Erbsen-
strauchs abgel.
Caraguáta, f, Bromeliac.:
wahrsch. südamerikan. Volksname
Carallúma, f, Asclepiadac.: v.

car-allum, ind. Volksname abgeleitet; (Fliegenblume)
Cardámine, f, Cruciferae: gr. N.
einer kresseähnl. Pfl.; (Zahn-
wurz, Schaumkraut)
Cardaminópsis, f, Cruciferae:
Cardámine (Gattgsn.) u. *opsis*
= Aussehen; (Schaumkresse)
Cardária, f, Cruciferae: gr. *kar-
dia* = Herz, auf die Frucht-
form bezogen; (Pfeilkresse)
Cardiándra, f, Saxifragac.: wie
vor u. *aner, andros* = Mann,
der herzförmigen Antheren
wegen; (Herzhortensie)
Cardiocrínum, n, Liliac.: wie
vor u. *krinon* = Lilie
Cardiománes, n, Hymenophyl-
lac. (Trichomanac.): wie vor u.
manes = Becher
Cardiospérmum, n, Sapindac.:
wie vor u. *sperma* = Samen;
(Ballonrebe)
Cárduus, m, Compositae: röm.
N. d. Distel
Cárex, f, Cyperac.: röm. N. d.
Segge, viell. v. gr. *keiro* =
schneiden abgeleitet
Cárica, f, Caricac.: v. gr.
karike = eine Art Feige abgel.;
(Papaya, Melonenbaum)
Caríssa, f, Apocynac.: v. einem
ind. Volksnamen abgeleitet;
(Wachsbaum)
Carlína, f, Compositae: mittel-
alterl. N. einer stachligen
Pflanze; (Eberwurz)
Carludovíca, f, Cyclanthac.: d.
span. Königspaar Carlos IV
(1748–1819) u. Maria-Luisa
(1751–1819) gewidmet
Carmichaélia, f, Fabac.: n. Du-
gald Carmichael (1772–1827),
schott. Seefahrer u. Sammler
Carnegiéa, f, Cactac.: Andrew
Carnegie (1835–1919), nord-
amer. Industrieller u. Förd. d.
Wiss. gewidmet

Carpánthea, f, Mesembryan-
themac.: gr. *karpos* = Frucht,
u. *anthos* = Blüte
Carpentéria, f, Saxifragac. (Phi-
ladelphac.): n. William
M. Carpenter (1811–48), nord-
amer. Arzt
Carpésium, n, Compositae: v.
karpesion, gr. Pfl.-N.; (Kragen-
blume)
Carpínus, f, Betulac.: altröm.
N. d. Hainbuche
Carpobrótus, m, Mesembryan-
themac.: gr. *karpos* = Frucht,
u. *brotos* = eßbar
Carriéra, f, Flacourtiac.: n. Elie
Abel Carrière (1816–96), franz.
Gärtner u. Bot.
Carruánthus, m, Mesembryan-
themac.: vom Karroo, südafri-
kan. Hochebene, u. *anthos* =
Blüte
Cárthamus, m,. Compositae:
wahrsch. v. arab. *qurtom* = fär-
ben abgel.; (Saflor)
Cárum, n, Umbelliferae: gr. *ka-
ron* = N. des Kümmels
Carya, f, Juglandac.: gr. *karya* =
ein Nussbaum; (Hickorynuss)
Caryophýllus, m, Myrtac.: v. gr.
N. d. Gewürznelke abgel.
Caryópteris, f, Verbenac.: gr.
karya = Nuss, u. *pteron* =
Flügel; (Bartblume)
Caryóta, f, Palmae: wohl v. *ka-
ryotos* = nussartig abgel.;
(Brennpalme, Fischschwanz-
palme)
Cassándra, f, Ericac.: v. Kas-
sandra, trojan. Prinzessin (gr.
Mythol.)
Cássia, f, Caesalpiniac.: v. *ka-
sie* = gr. Pfl.- Name; (Kassie,
auch Gewürzrinde)
Cassíne, f, Celastrac.: nord-
amerikan. (floridan.) Volksna-
me
Cassínia, f, Compositae: n.

Alexandre Henri Gabriel Graf
de Cassini (1781–1832), franz.
Jurist u. Bot.
Cassíope, f, Ericac.: i. d. gr.
Mythol.: Mutter der Andro-
meda; (Schuppenheide)
Cássytha, f, Laurac. (Cassy-
thac.): gr. *kassyein* = verstrik-
ken, zusammenflicken
Castália, f, Nymphaeac.: gr.
Kastalia = eine heilige Quel-
le, od. deren Nymphe
Castánea, f, Fagac.: klass. N. d.
Eßkastanie; angebl. n. d. Orte
Castania, in Griechenland;
(Edelkastanie)
Castanópsis, f, Fagac.: Gttgsn.
Castánea, u. *opsis* = Ausse-
hen; (Scheinkastanie)
Castanospérmum, n, Fabac.:
wie vor u. gr. *sperma* =
Same
Castellanósia, f, Cactac.: n.
Alberto Castellanos
(1896–1968), argentin. Bot.
Castilléja (*Castilleia*), f, Scro-
phulariac.: n. Domingo Castil-
lejo, span. Bot. (18. Jahrh.)
Castillóa, f, Morac.: n. Juan
D. Castillo y López († 1794),
span. Bot.; (Kautschukbaum)
Casuarína, f, Casuarinac.: v.
malaiisch. *kasuari*, N. d.
Kasuar-Vogels abgel.; (Keu-
lenbaum, Känguruhbaum)
Catabrósa, f, Gramineae: gr.
katabrosis = Verzehren;
(Quellgras)
Catálpa, f, Bignoniac.: v. in-
dian. *kutuhlpa* abgel.; (Trom-
petenbaum)
Catanánche, f, Compositae: v.
gr. *katananke* (od. *katanagke*)
= Zwangmittel, Liebestrank
abgel.; (Rasselblume)
Catasétum, n, Orchidac.: gr.
kata = herab, u. lat. *seta* =
Borste

Cátha, f, Celastrac.: v. arab. *qat* abgel.; (Bügelholz)

Catharánthus, m, Apocynac.: gr. *katharos* = rein, u. *anthos* = Blüte

Catháya, f, Pinac.: aus Cathay, alter N. d. nördl. Region des heutigen China

Cathcártia, f, Papaverac.: n. John Ferguson Cathcart (1802–51), Verwaltungsbeamter u. Amateurbot. in Indien

Catópsis, f, Bromeliac.: gr. *kata* = herab, u. *opsis* = Aussehen

Cattléya, f, Orchidac.: n. William Cattley († 1832), engl. Handelsmann u. Förd. d. Wiss.

Caúcalis, f, Umbelliferae: gr. N. einer Art „Haftdolde"

Caulárthron, n, Orchidac.: gr. *kaulos* = Stengel, u. *arthron* = Glied

Caulophýllum, n, Berberidac.: wie vor u. *phyllon* = Blatt (herablauf. Blattspreite)

Cautléya, f, Zingiberac.: n. Sir Proby Thomas Cautley (1802–71), engl. Ingenieur u. Naturwiss.

Cavendíshia, f, Ericac.: wahrsch. William G. Spencer Cavendish (1790–1858), Herzog v. Devonshire u. Förd. d. Gartenkunst gewidmet

Ceanóthus, m, Rhamnac.: v. *keanothos,* gr. N. einer stachligen Pflanze abgel.; (Säckelblume)

Cecrópia, f, Morac. (Cecropiac.): n. Kékrops, dem sagenhaften Gründer Athens; (Ameisenbaum)

Cédrela, f, Meliac.: anschein. v. *Cédrus* abgel., gewisser Ähnlichkeit des Holzes wegen

Cedronélla, f, Labiatae:

wahrsch. v. ital. *citronella* abgeleitet; (Zitronenkraut)

Cédrus, f, Pinac.: *kedros* = alter griech. N. d. Zeder

Ceíba, f, Bombacac.: v. einem südamerkan. N. des Kapokbaums übern.

Celástrus, m, Celastrac.: *kelastros* = gr. N. eines immergrünen Baumes; (Baumwürger)

Celmísia, f, Compositae: n. Kelmisios, Sohn d. gr. Nymphe Alkiope

Celósia, f, Amaranthac.: gr. *keleos* = brennend, flammend; (Hahnenkamm)

Célsia, f, Scrophulariac.: n. Olof Celsius (1670–1756), schwed. Theologe u. Förd. Linne's

Céltis, f, Ulmac.: gr. *keltis* = N. für einen Baum mit süßen Früchten; (Zürgelbaum)

Cénchrus, m, Gramineae: gr. N. einer Art Hirse; (Stachelod. Klebgras)

Cenolóphium, n, Umbelliferae: gr. *kenos* = leer, u. *lophos* = Kamm; (Hohlrippe)

Centauréa (bzw. *Centaúrea*), f, Compositae: gr. N. der Flokkenblumen; v.*kentauros* = Kentaur; (incl. Korn- od. Flokkenblumen)

Centaúrium, n, Gentianac.: gr. *kentaureion* = N. einer Heilpflanze; (Tausendgüldenkraut)

Centradénia, f, Melastomatac.: gr. *kentron* = Sporn, u. *aden* = Drüse; mit spornähnl. Drüsen

Centránthus, m, Valerianac.: wie vor u. *anthos* = Blüte; (Spornblume)

Centropógon, m, Lobeliac.: wie vor u. *pogon* = Bart; (Stachelbart)

Centroséma, f, Fabac.: wie vor u. *sema* = Fahne

Centrosolénia, f, Gesneriac.: wie vor u. *solen* = Röhre, od. Scheide

Centúnculus, m, Primulac.: Diminutiv zu lat. *cento* = Lumpen, also kleiner Lumpen; (Kleinling)

Cephalándra, f, Cucurbitac.: gr. *kephale* = Kopf, u. *andros* = Mann bzw. Staubgefäß

Cephalanthéra, f, Orchidac.: wie vor u. *anthera* = Staubbeutel; (Waldvöglein)

Cephalánthus, m, Rubiac.: wie vor u. *anthos* = Blüte; (Knopfblume)

Cephalária, f, Dipsacac.: v. gr. *kephale* = Kopf abgeleitet; (Schuppenkohl)

Cephalocéreus, m, Cactac.: wie vor u. Gttgsn. *Céreus*

Cephalocleistocáctus, m, Cactac.: wie vor u. Gttgsn. *Cleistocáctus*

Cephalophýllum, n. Mesembryanthemac.: wie vor u. *phyllon* = Blatt

Cephalotáxus, f, Cephalotaxac.: wie vor u. Gttgsn. *Táxus*; (Kopfeibe)

Cephalótus, m, Cephalotac.: gr. *kephalotos* = kopfartig, od. mit einem Kopf versehen

Cerástium, n, Caryophyllac.: gr. *keras* = Horn; (Hornkraut)

Cerásus, m, Rosac.: röm. N. d. Kirsche (gr. *kérasos*)

Ceratónia, f, Caesalpiniac.: gr. Baumname; *keration* = Hörnchen, (Johannisbrotbaum)

Ceratophýllum, n, Ceratophyllac.: gr. *keras, keratos* = Horn, u. *phyllon* = Blatt; (Hornblatt)

Ceratópteris, f, Parkeriac.: wie vor u. *pteris* = Farn, (Hornfarn)

Ceratostéma, n, Ericac.: wie vor u. *stemon* = Staubfaden

Ceratostígma, n. Plumbaginac.: wie vor u. *stigma* = Narbe; (Bleiwurz)

Ceratostýlis, f, Orchidac.: wie vor u. *stylis* = Griffel

Ceratozámia, f, Zamiac.: wie vor u. Gttgsn. *Zámia*

Cérbera, f, Apocynac.: n. Kérberos, dem dreiköpfigen Höllenhund d. gr. Mythol.

Cercidiphýllum n, Cercidiphyllac.: Gttgsn. *Cércis*, u. *phyllon* = Blatt bzw. Ähnlichkeit d. Blätter andeutend; (Kadsuraod. Kuchenbaum)

Cércis, f, Caesalpiniac.: gr. *kerkis* = Baumname (eigentl. Weberschiffchen); (Judasbaum)

Cercocárpus, m, Rosac.: gr. *kerkos* = Schweif, u. *karpos* = Frucht; (Schweiffrucht)

Céreus, m, Cactac.: lat. *cereus* = Kerze, Wachskerze, auf die Wuchsform bezugn.; (Säulenkaktus)

Cerínthe, f, Boraginac.: gr. *kerinthos* = Bienenbrot; (Wachsblume)

Ceróchlamys, f, Mesembryanthemac.: gr. *keros* = Wachs, u. *chlamys* = Mantel

Ceropégia, f, Asclepiadac.: wie vor u. *pege* = Quelle; (Leuchterblume)

Cerópteris, f, Hemionitidac.: wie vor u. *pteris* = Farn

Ceróxylon, f, Palmae: wie vor u. *xylon* = Holz; (Wachspalme)

Céstrum n, Solanac.: gr. *kestron* = eigentl. N. eines Lippenblütlers; *kestra* = Hammer, od. Pfriem; (Hammerstrauch)

Céterach, n, Aspleniac.: v. arab. *cheterak* abgel.; (Schriftfarn)

Chaenésthes, f, Solanac.: gr. *chainein* = spalten

Chaenoméles, f, Rosac.: wie
vor u. *meles* = Apfel;
(Scheinquitte)

Chaenorrhínum, n, Scrophulariac.: wie vor u. *rhinos* = Nase;
(Orant, Zwerglöwenmaul)

Chaenóstoma, n, Scrophulariac.: wie vor u. *stoma* =
Mund

Chaerophýllum, n, Umbelliferae: gr. *chairo* = freuen, u.
phyllon = Blatt, angebl. d.
wohlriechenden Blätter
wegen

Chaetúrus, m, Gramineae: gr.
chaite = Borste, u. *oura* =
Schwanz, (Katzenschwanz-
gras)

Chamaeáloë, f, Liliac.: gr. *chamai* = niedrig, am Boden, ausgestreckt usw., u. Gttgsn. *Áloë*

Chamaeángis, f, Orchidac.: wie
vor u. *angos* = Gefäß

Chamaebátia, f, Rosac.: wie
vor u. *batia* = Brombeere;
(Fiederspiere)

Chamaebatiária, f, Rosac.: aus
vorstehendem umgebildet;
(Scheinfiederspiere)

Chamaecéreus, m, Cactac.: gr.
chamai = niedrig, am Boden,
u. Gttgsn. *Céreus*

Chamaecýparis, f, Cupressac.:
wie vor u. *kyparissos* = Zypresse; (Scheinzypresse)

Chamaedáphne, f, Ericac.: wie
vor u. *daphne* = Lorbeer;
(Torfgränke, Lederblatt)

Chamaedórea, f, Palmae: wie
vor u. *dorea* = Geschenk;
(Bergpalme)

Chamaegígas, m, Scrophulariac.: wie vor u. *gigas* = Riese

Chamaelaúcium, n, Myrtac.
(Leptospermac.): wie vor u. ?,
vielleicht auf kl. weiße Blüten
anspielend?

Chameaelírium, n, Liliac.: wie

vor u. *leirion* = Lilie; (Funkel-
stern)

Chamaemélum, n, Compositae: wie vor u. *meles* = Apfel;
(Kaukasus-Pyrethrum)

Chamaenérion, n, Onagrac.:
wie vor u. *nerion* = Oleander;
(Zwergoleander, Weidenrös-
chen)

Chamaepeúce, f, Compositae:
wie vor u. *peuke* = Fichte; (El-
fenbeindistel)

Chamaeránthemum, n, Acanthac.: wie vor u. Gttgsn. *Eránthemum*

Chamaérops, f, Palmae: wie
vor u. *rhops* = Gesträuch;
(Zwergpalme)

Chamórchis, f, Orchidac.: wie
vor u. Gttgsn. *Orchis*; (Zwerg-
stendel)

Chariéis, f, Compositae: gr. für
elegant, anmutig

Charleswortheára, f, Orchidac.: n. Joseph Charlesworth
(c.1851–1920), engl. Gärtner
u. Sammler

Chasmánthe, f, Iridac.: gr.
chasme = Schlund, od. gäh-
nen, u. *anthos* = Blüte

Chasmatophýllum, n. Mesembryanthemac.: wie vor u. *phyllon* = Blatt

Cheilanthes, f, Sinopteridac.:
gr. *cheilos* = Lippe, u. *anthos*
= Blüte

Cheiradénia, f, Orchidac.: gr.
cheir = Hand, u. *aden* = Drüse

Cheiranthéra, f, Pittosporac.:
wie vor u. *anthera* = Staubbeutel

Cheiránthus, m, Cruciferae:
wie vor u. *anthos* = Blüte, od.
v. arab. *keiri* (od. *hairi*) abgeleitet; (Goldlack)

Cheiridópsis, f, Mesembryanthemac.: gr. *cheiris* = Ärmel
(Hand?), u. *opsis* = Aussehen

Chelidónium n, Papaverac.: gr. *chelidon* = Schwalbe; (Schöllkraut)

Chelóne, f, Scrophulariac.: gr. *chelone* = Schildkröte˙ bzw. deren Panzer; (Schildblume, Schlangenkopf)

Chelonistéle, f, Orchidac.: wie vor u. *stele* = Säule

Chenopódium, n, Chenopodiac.: gr. *chen* od. *chenos* = Gans, u. *pous, podos* = Fuß; (Gänsefuß)

Chiapásia, f, Cactac.: aus dem Staate Chiápas, im SO Mexikos

Chiastophýllum, n, Crassulac.: gr. *chiastos* = kreuzweise, kreuzgegenständig, u. *phyllon* = Blatt; (Walddickblatt)

Chíldsia, f, Compositae: n. John Lewis Childs (1856–1921), nordamer. Gärtner u. Züchter

Chilénia, f, Cactac.: aus Chile, Südamerika, beschrieben

Chileniópsis, f, Cactac.: wie vor u. *opsis* = Aussehen

Chileorebútia, f, Cactac.: wie vor u. Gttgsn. *Rebútia*

Chiliánthus, f, Buddlejac.: gr. *chilii*, od. *chiloi* = tausend, u. *anthos* = Blüte

Chilópsis, f, Bignoniac.: gr. *cheilos* = Lippe, u. *ópsis* = Aussehen

Chiloschísta, f, Orchidac.: wie vor u. *schistos* = gespalten

Chimáphila, f, Pyrolac.. gr. *cheima (cheimon)* = Winter, u. *philos* = Freund; (Winterlieb)

Chimonánthus, f, Calycanthac.: wie vor u. *anthos* = Blüte; (Winterblume)

Chimonobambúsa, f, Gramineae: wie vor u. Gttgsn. *Bambúsa*

Chiocócca, f, Rubiac.: gr. *chion* = Schnee, u. *kokkos* = Beere; (Schneebeere)

Chiógenes, n, Ericac.: wie vor u. *genos* = entstanden

Chionánthus, f, Oleac.: wie vor u. *anthos* = Blüte; (Schneeflockenbaum)

Chionodóxa, f, Liliac.: wie vor u. *doxa* = Ruhm, Glanz; (Schneestolz)

Chionoscílla, Lilienhybride: *Chionodóxa* × *Scilla*

Chiríta, f, Gesneriac.: n. einem nepales. Volksnamen

Chirónia, f, Gentianac.: n. Chiron, einem in der Heilkunde erfahrenen Kentauren d. gr. Mythol.

Chitónia, f, Zygophyllac.: gr. *chiton* = Kleidung, Hülle; (Kleiderstrauch)

Chlidánthus, m, Amaryllidac.: gr. *chlide* = Glanz, Prunk, u. *anthos* = Blüte; (Prunkblüte)

Chlóra, f, Gentianac.: gr. *chloros* = hell- od. gelbgrün; (Bitterling)

Chloraéa, f, Orchidac.: wie vor (Blütenfarbe!)

Chloránthus, m, Chloranthac.: wie vor u. *anthos* = Blüte

Chlóris, f, Gramineae: d. gleichnam. griech. Blumengöttin gewidmet

Chlorógalum, n, Liliac.: gr. *chloros* = grün, u. *gala* = Milch

Chloróphora, f, Morac.: wie vor u. *phoros* = tragen (Färberholz)

Chloróphytum, n, Liliac.: wie vor u. *phyton* = Pflanze, Gewächs

Chloróxylon, n. Rutac.: wie vor u. *xylon* = Holz

Choisýa, f, Rutac.: n. Jacques Denis Choisy (1799–1859),

79

schweiz Bot. u. Philosoph;
(Orangenblume)
Chondrílla, f, Compositae: v.
gr. *chondros* = Graupe, Knor-
pel abgel.; (Knorpellattich)
Chondrobóllea, Orchidac.
Hybride: *Chondrorrhýncha ×
Bóllea*
Chondropétalum, Orchidac.
Hybride: *Chondrorrhýncha ×
Zygopétalum*
Chondrorrhýncha, f, Orchidac.: gr. *chondros* = Knorpel,
u. *rhynchos* = Schnabel
Chorísia, f, Bombacac.: n. Lud-
wig (Louis) Choris (1795–
1828), russ. Pflanzenzeichner
Chorizéma, n, Fabac.: wahrsch.
v. gr. *choris* = getrennt, u.
nema = Faden, auf die Staubblätter bezogen
Chortolírion n, Liliac.: gr. *chortos* = Wiese, Weideplatz, u.
leirion = Lilie; (Graslilie)
Chrozóphora, f, Euphorbiac.:
gr. *chrozein* = färben, u. *pho-
rus* = tragen
Chrysanboltónia, Gattungsbastard: *Chrysánthemum ×
Boltónia*
Chrysalidocárpus, m, Palmae:
gr. *chrysallis* = goldfarbene
Schmetterlingspuppe, u. *karpos* = Frucht
Chrysamphóra, f, Sarraceniac.:
gr. *chrysos* = gold, golden, u.
amphora = Amphore
Chrysánthemum, n, Compositae: wie vor u. *anthemos* =
Blume; (Wucherblume, Mar-
guerite)
Chrysobáctron, n, Liliac.: wie
vor u. *baktron* = Stab
Chrysobálanus, m, Rosac.
(Chrysobalanac.): wie vor u.
bálanos = Eichel, od. rundl.
Frucht; (Goldpflaume, Ika-
kopflaume)

Chrysócoma, f, Compositae:
wie vor u. *kome* = Haarschopf;
(Goldhaar)
Chrysógonum, n, Compositae:
wie vor u. *gony* = Knie, Winkel
Chrysophýllum, n, Sapotac.:
wie vor u. *phyllon* = Blatt;
(Goldblatt, Sternapfel)
Chrysopógon, m, Gramineae:
wie vor u. *pogon* = Bart;
(Goldbart)
Chrysópsis, f, Compositae:
wie vor u. *opsis* = Aussehen;
(Goldaster)
Chrysosplénium, n, Saxifra-
gac.: wie vor u. *splen* = Milz;
(Milzkraut)
Chrysostémma, f, Compositae:
wie vor u. *stemma* = Krone,
Girlande
Chrysothámnus, m, Composi-
tae: wie vor u. *thamnos* =
Busch, Strauch
Chrysúrus, m, Gramineae: wie
vor u. *oura* = Schweif; (Gold-
schweif)
Chúsquea, f, Gramineae: wohl
karibischer Volksname; (Bam-
bus)
Chýsis, f, Orchidac.: gr. *chy-
sis* = Schmelz, Guß
Cibótium, n, Cyatheac.: gr.
kibotos = Kasten, auf die In-
dusien bezogen; (Baumfarn)
Cicéndia, f, Gentianac.: gr. Pfl.-
N.; (Zindelkraut)
Cícer, n, Fabac.: röm. N. d.
Kichererbse
Cicérbita, f, Compositae: anschein. v. altital. *cicérbita* = N.
einer Art Saudistel übernommen
Cichórium, n, Compositae:
wohl n. einem arab. Pflanzennamen; (Wegwarte)
Cicúta, f, Umbelliferae: röm.
N. für eine verwandte Gift-
pflanze; (Wasserschierling)

Cimicífuga, f, Ranunculac.: lat. *cimex* = Wanze, u. *fugo* = Flucht, vertreiben; (Silberkerze, Wanzenkraut)

Cinchóna, f, Rubiac.: angebl. n. d. Gräfin Chinchón (Cinchón), Gattin eines Vizekönigs von Peru (17. Jahrh.)

Cinerária, f, Compositae: v. lat. *cinereus* = aschfarben (Blattfarbe!)

Cínna, f, Gramineae: gr. N. einer Grasart

Cinnamómum, n, Laurac.: gr. *kinnamomon,* v. *kinnamon* = Zimt; (Zimtbaum, Zimtlorbeer)

Circaéa, f, Onagrac.: gr. Pfl.-N., n. Circe (lat.) od. Kirke (gr.) = einer Hexe od. Zauberin benannt; (Hexenkraut)

Cirrhaéa, f, Orchidac.: gr. *kirrhos* = Ranke, od. Krause

Cirrhopétalum, n, Orchidac.: wahrsch. wie vor, u. *petalon* = Blumenblatt

Círsium, n, Compositae: gr. *kirsion* = N. einer Kratzdistel

Cissámpelos, f, Menispermac.: gr. *kissos* = Efeu, u. *ámpelos* = Rebe, Weinstock; (Grießwurzel)

Císsus, f, Vitac.: gr. *kissos* = N. des Efeu; (Klimme)

Cístus, m, Cistac.: gr. *kistos* = N. d. Zistrose

Citharéxylum, n, Verbenac.: gr. *kithara* = Gitarre, Leier, u. *xylon* = Holz; (Geigenholz)

Citrióbatus, m, Pittosporac.: Gttgsn. *Citrus,* u. *batos* = eine Art Dornstrauch; (Orangebeere)

Citronélla, f, Icacinac.: wahrsch. v. *Cítrus* abgeleitet: eine Art Zitronenkraut

Citrúllus, m, Cucurbitac.: angebl. Diminutiv zu *Citrus* (?); (Arbuse, Wassermelone)

Citrus, f, Rutac.: gr. u. röm. N. d. Zitrone od. d. Zitronenbaums

Cladánthus, m, Compositae: gr. *klados* = Zweig, u. *anthos* = Blüte, mit Blüten an Zweigenden

Cládium, n, Cyperac.: gr. *kladion* = Schoß, kleiner Zweig; (Schneide)

Cladothámnus, m, Ericac.: wie vor u. *thamnos* = Busch, Strauch

Cladrástis, f, Fabac.: wie vor u. *thraustos* = zerbrechlich; (Gelbholz)

Clappertónia, f, Tiliac.: n. Hugh Clapperton (1788–1827), brit. Forschungsreisender (Afrika)

Clárkia, f, Onagrac.: n. William Clark (1770–1838), nordamer. Offizier u. Entdeckungsreisender

Clavíja, f, Theophrastac.: n. José Clavija Fajardo (c.1726–1806), span. Naturforscher

Claytónia, f, Portualcac.: n. John Clayton (1694–1773), engl.-nordamer. Arzt u. Naturforscher

Cleisóstoma, f, Orchidac.: gr. *kleio* = schließen, u. *stoma* = Mund

Cleistocáctus, m, Cactac.: gr. *kleistos* = verschlossen, u. Gttgsn. *Cáctus*

Cleistógenes, f, Gramineae: wie vor u. *genes* = entstanden, gezeugt; (Steifhalm)

Cleistoyúcca, f, Agavac.: s. *Clistoyúcca*

Clematáquila, f, Ranunculac.: anschein. a. d. Gttgsn. *Clématis* u. *Aquilégia* gebildet

Clématis, f, Ranunculac.: gr. *klematis* = eine Art Ranke; (Waldrebe)

Clematocléthra, f, Dilleniac.: Gttgsn. *Clématis* u. *Cléthra*

Cleóme, f, Capparidac. (Cleomac.): viell. v. gr. *kleos* = Ruhm abgel.; (Spinnenpflanze)

Clerodéndrum, n, Verbenac.: gr. *kleros* = Los, Schicksal, u. *dendron* = Baum; (Losbaum)

Cléthra, f, Clethrac.: alter gr. N. einer „Art" Erle (doch nicht mit jener verwandt!); (Scheinerle)

Cleýera, f, Theac.: n. Andreas Cleyer († 1697/8), dtsch.-holländ. Arzt u. Naturforscher

Cliánthus, m, Fabac.: gr. *kleos* = Ruhm, u. *anthos* = Blüte; (Ruhmesblume)

Clidémia, f, Melastomatac.: Kleidemos, gr. Arzt (4. Jahrh. v.Chr.) gew.

Cliffórtia, f, Rosac.: n. George Cliffort (1685–1760), holländ. Geschäftsmann engl. Herkunft u. Besitzer d. „Hortus Cliffortianus"

Cliftónia, f, Cyrillac.: n. William Clifton (18. Jahrh.), brit. Jurist in Nordamerika

Clinopódium, n, Labiatae: gr. *kline* = Bett, u *podion* = Füßchen; (Wirbeldost)

Clinostígma, n. Palmae: gr. *klinein* = schiefliegen, u. *stigma* = Narbe

Clintónia, f, Liliac.: n. De Witt Clinton (1769–1828), Gouverneur von New York u. Förd. d. Wiss.

Clistanthocéreus, m, Cactac.: gr. *kleistos* = verschlossen, *anthos* = Blüte, u. Gttgsn. *Céreus*

Clistoyúcca, f, Agavac.: wie oben u. Gttgsn. *Yúcca*

Clitória, f, Fabac.: gr. *kleitoris* = Kitzler; (Schamblume, Schmetterlingswicke)

Clívia, f, Amaryllidac.: n. Charlotte Florentina, Herzogin von Northumberland († 1866)

Clowésia, f, Orchidac.: n. John Clowes (1777–1846), engl. Geistl. u. Orchideenzüchter

Clúsia, f, Clusiac.: n. Charles de l'Ecluse (Carolus Clusius; 1526–1609), flämischer Bot.

Cluýtia, f, Euphorbiac.: n. Auger (Outger) Cluyt (1590–1650), holländ. Bot. u. Reisender, od. dessen Vater Theodor Auger, Vorsteher d. Bot. Gart. in Leiden

Clypéola, f, Cruciferae: lat. *clipeolus* = Schildchen; (Schildkraut)

Clytóstoma, n, Bignoniac.: gr. *klytos* = schön, edel, u. *stoma* = Mund

Cneórum, n, Cneorac.: v. einem gr. Pfl.-N. übernommen; (Zwergölbaum)

Cnícus, m, Compositae: angebl. v. gr. *knekos* = distelartige Pflanze; (Benediktenkraut)

Cnídium, n, Umbelliferae: gr. *knide* = Nessel; (Brenndolde)

Cobáea, f, Polemoniac.: n. Barnabas Cobo (1570–1659), span. Missionar u. Naturforscher (Mexiko)

Cobrésia, f, Cyperac.: s. *Kobrésia*

Coccínea, f, Cucurbitac.: lat. *coccineus* = scharlachfarben; (Scharlachranke)

Coccóloba, f, Polygonac.: gr. *kokkolobis* = alter N. einer Traubensorte; (Seetraube)

Coccothrínax, f, Palmae: gr.

kokkos = Beere, u. Gttgsn. *Thrínax*

Cócculus, m, Menispermac.: Diminutiv v. *kokkos* = Beere; (Kokkelstrauch)

Cochemíea, f, Cactac.: angebl. n. einem früheren Indianerstamm Kaliforniens

Cochleánthus, f, Orchidac.: gr. *kochlias* = kleine Schnecke, u. *anthos* = Blüte

Cochleária, f, Cruciferae: lat. *cochlear* = Löffel; (Löffelkraut)

Cochlióda, f, Orchidac.: gr. *kochlios* = kleine Schnecke

Cochliostéma, n, Commelinac.: wie vor u. *stemon* = Staubfaden; (Schneckenfaden)

Cochránea, f, Boraginac.: wahrsch. n. Thomas Cochrane (1775–1860), brit. Admiral in chilen. Diensten

Cócos, f, Palmae: wohl v. portug. *coco* für Affe, angebl. auf die Kopf/Nussform bezugn.; (Kokospalme)

Codiáeum, m, Euphorbiac.: wohl v. *kodiho,* molukkan. Vulgärname abgel.

Codonópsis, f, Campanulac.: gr. *kodon* = Glocke, u. *opsis* = Aussehen; (Glockenwinde)

Codonórchis, f, Orchidac.: wie vor u. Gttgsn. *Órchis*

Coélia, f, Orchidac.: gr. *koilos* = hohl

Coeliópsis, f, Orchidac.: Gttgsn. *Coélia,* u. *opsis* = Aussehen

Coeloglóssum, n. Orchidac.: gr. *koilos* = hohl, u. *glossa* = Zunge

Coelógyne, f, Orchidac.: wie vor u. *gyne* = Weib, Narbe; (Hohlnarbe)

Cóffea, f, Rubiac.: v. arab. *qahwa* (kahwah), N. d. bezügl.

Getränks abgel.; (Kaffeestrauch)

Cóix, f, Gramineae: gr. Pfl.-N.; (Tränengras, Jupiters- od. Hiobsträne)

Cóla, f, Sterculiac.: Westafrikan. Volksname; (Kolanuß)

Cólax, m, Orchidac.: gr. *kolax* = Schmarotzer, auf die epiphyt. Lebensweise anspielend

Cólchicum, n, Liliac.: aus der Kolchis, Landsch. am Schwarzen Meer stammend; (Zeitlose)

Coleánthus, m, Gramineae: gr. *koleos* = Scheide, u. *anthos* = Blüte; (Scheidengras)

Coleocephalocéreus, m, Cactac.: wie vor u. Gttgsn. *Cephalocéreus*

Coleógyne, f, Rosac.: wie vor u. *gyne* = Weib, Narbe

Coleonéma, n, Rutac.: wie vor u. *nema* = Faden, Staubfaden

Coleóspadix, f, Palmae: wie vor u. *spadix* = Kolben

Coleotrýpe, f, Commelinac.: wie vor u. *trypan* = bohren

Cóleus, m, Labiatae: wie vor, auf die scheidenähnl. Vereinigung der Staubblätter anspielend

Collétia, f, Rhamnac.: n. Philibert Collet (1643–1718), franz. Bot.

Collínia, f, Palmae: wahrsch. n. Collins, d. Entdecker dieser mexikan. Pflanzen

Collínsa, f, Scrophulariac.: n. Zaccheus Collins (1764–1831), Vizepräs. d. Naturf. Ges. in Philadelphia

Collinsónia, f, Labatae: n. Peter Collinson (1694–1768), engl. Händler u. Naturforscher

Collómia, f, Polemoniac.: gr. *kolla* = Schleim; (Leimsaat)

Colmanára, f, Orchidac.: n. Sir Jeremiah Colman (1859–1942), engl. Orchideenzüchter

Colocásia, f, Arac.: gr. N. einer Art „Wasserlilie"; (Taro, Zehrwurz)

Colorádoa, f, Cactac.: n. d. US-Staat Colorado

Colpothrínax, f, Palmae: gr. *kolpos* = Busen, u. Gttgsn. *Thrínax*

Colquhoúnia, f, Labiatae: n. Sir Robert Colquhoun († 1838), Förd. d. Bot. u. Gärten in Indien

Columnélla, f, Vitac.: n. D.I.M. Columnella, röm. Schriftsteller u. Landwirt (1. Jahrh.)

Colúmnea, f, Gesneriac.: n. Fabio Colonna (Fabius Columna, 1567–1640), neapolitan. Jurist u. Bot.

Colúria, f, Rosac.: gr. *kolouros* = gestutzt, verstümmelt

Colútea, f, Fabac.: v. *kolutea* = gr. N. des Blasenstrauchs

Coluteocárpus, m, Cruciferae: Gttgsn. *Colútea,* u. gr. *karpos* = Frucht

Comándra, f, Santalac.: gr. *kome* = Haarschopf, u. *aner, andros* = Mann, auf behaarte Blütenteile anspielend

Comarélla, f, Rosac.: Diminutiv zu *Cómarum*

Cómarum, n, Rosace: gr. *komaros,* eigentl. auf d. Erdbeerbaum bezugn.; (Blutauge)

Combrétum, n, Combretac.: röm. N. einer (nichtverwandten) Schlingpflanze; (Langfaden)

Commelína, f, Commelinac.: n. Johan (1629–92) u. Neffen Caspar Commelijn, holländ. Bot.

Commíphora, f, Burserac.: gr. *kommi* = Gummi, u. *pho-*

rein = tragen; Myrrhenstrauch

Comparéttia, f, Orchidac.: n. Andrea Comparetti (1746–1801), ital. Arzt u. Bot.

Comptónia, f, Myricac.: n. Henry Compton (1632–1713), Bischof von London u. Förd. d. Wiss.

Conándron, n, Gesneriac.: gr. *konos* = Zapfen, u. *aner, andros* = Mann

Conicósia, f, Mesembryanthemac.: gr. *konikos* = kegelförmig

Coniográmme, f, Hemionitidac.: gr. *konios* = Staub, u. *gramme* = Strich; (Gold- u. Silberfarn)

Conioselínum, n, Umbelliferae: Gttgsn. *Coníum* u. *Selínum*; (Schierlingssilge)

Coníum, n, Umbelliferae: gr. *koneion* = N. des Schierlings u. seines Giftes

Conophýllum, n, Mesembryanthemac.: gr. *konos* = Kegel u. *phyllon* = Blatt

Conophýtum, n, Mesembryanthemac.: wie vor u. *phyton* = Pflanze

Conríngia, f, Cruciferae: n. Hermann Conring (1606–1681), dtsch. Arzt u. Naturwiss.

Consólea, f, Cactac.: n. Michelangelo Console (1812–97), ital. Bot.

Consólida, f, Ranunculac.: mittelalterl. N. einer heilenden Pflanze

Convallária, f, Liliac.: lat. *convallis* = Talkessel, ein Tal; (Maiglöckchen)

Convólvulus, m, Convolvulac.: lat. *convolvere* = zusammenwickeln; (Winde)

Conýza, f, Compositae: gr. N. einer starkriechenden Pfl.

Coopéria, f, Amaryllidac.: n. Joseph Cooper (um 1830), Gärtn. d. Grafen FitzWilliam, in Yorksh.

Copaífera, f, Caesalpiniac.: v. *copaiba,* brasilian. N. eines Balsams, u. lat. *fera* = tragen; (Kopaïvabaum)

Copernícia, f, Palmae: n. Nikolaus Kopernikus (Koppernigk, 1473–1543), poln. Astronom u. Naturforscher

Copiapóa, f, Cactac.: aus Copiapó, Stadt in N-Chile

Coprósma, f, Rubiac.: gr. *kopros* = Dung, u. *osme* = Geruch

Cóptis, f, Ranunculac.: gr. *kopto* = spalten, zerschneiden; (Goldfaden)

Corallóbotrys, f, Ericac.: gr. *korallion* = Koralle, u. *botrys* = Traube

Corallodíscus, m, Gesneriac.: wie vor u. *diskos* = Scheibe

Corallorrhíza, f, Orchidac.: wie vor u. *rhiza* = Wurzel; (Korallenwurz)

Corbulária, f, Amaryllidac.: Diminutiv z. lat. *corbula* = Körbchen; (Reifrocknarzisse)

Córchorus, m, Tiliac.: v. *korchoros* = gr. Pfl.-N.; (Jute)

Córdia, f, Boraginac. (Ehretiac.): n. Euricius Cordus (1486–1535) u. Sohn Valerius (1515–44), dtsch. Apotheker u. Bot.; (Brustbeere)

Cordýline, f, Dracaenac.: gr. *kordyle* = Kolben, Keule; (Keulenlilie)

Coréma, n, Empetrac.: gr. *korema* = Besen (Aussehen!)

Coreópsis, f, Compositae: gr. *koris* = Wanze, u. *opsis* = Aus-

sehen; (Wanzenblume, od. auch Mädchenauge!)

Coriándrum, n, Umbelliferae: v. *koriandron,* gr. N. d. Koriander

Coriária, f, Coriariac.: lat. *corium* = Leder, *coriarius* = Gerber; (Gerberstrauch)

Córis, f, Primulac. (Coridac.): gr. *koris* = Wanze; (Stachelträubchen)

Corispérmum, n, Chenopodiac.: wie vor u. *sperma* = Samen; (Wanzensamen)

Córnus, f, Cornac.: röm. N. d. Hartriegel

Corókia, f, Escalloniac.: Maori Name (Neuseeland) dieser Sträucher

Coronária, f, Caryophyllac.: v. lat. *corona* = Kranz, Krone abgeleitet

Coronílla, f, Fabac.: Diminutiv z. lat. *corona* = Krone; (Kronwicke)

Corónopus, m, Cruciferae: gr. *korone* = Krähe, u. *pous* = Fuß; (Krähenfuß)

Corózo, f, Palmae: südamerikan. Volksname dieser Palmen

Corpusculária, f, Mesembryanthemac.: lat. *corpusculum* = Körperchen

Córrea, f, Rutac.: n. Jose Francesco Correa da Serra (1751–1823), portug. Bot.

Corrigíola, f, Caryophyllac.: v. lat. *corrigia* = Schuhriemen abgel.); (Hirschsprung, Strandling)

Corryocáctus, m, Cactac.: gr. *korre* = Scheitel, od. *kórys* = Helm, u. Gttgsn. *Cáctus*

Cortadéria, f, Gramineae: angebl. argentin. N. dieser Gräser, v. span. *cortar* = schneiden; (Pampasgras)

Cortoprímula, f, Primulac.: Gttgsn. *Cortúsa* u. *Prímula*

Cortúsa, f, Primulac.: n. Jacobi Antonio Cortusi (1513–93), ital. Bot.; (Heilglöckchen)

Coryánthes, f, Orchidac.: gr. *korys* = Helm, u. *anthos* Blüte; (Helmorche)

Córybas, m, Orchidac.: Korybas = Priester d. griech. Mythol.

Corýdalis, f, Fumariac.: gr. N. (*korydalis*) d. Haubenlerche; (Lerchensporn)

Corylópsis, f, Hamamelidac.: Gttgsn. *Córylus,* u. *opsis* = Aussehen; (Scheinhasel)

Córylus, f, Corylac.: röm. N. d. Haselnuß

Corymbórchis, f, Orchidac.: gr. *korymbos* = Dolde, u. Gttgsn. *Órchis*

Corynéphorus, m, Gramineae; gr. *koryne* = Keule, Kolben, u. *phorein* = tragen; (Silbergras)

Corynocárpus, f, Corynocarpac.: wie vor u. *karpos* = Frucht; (Keulenbaum)

Corynopúntia, f, Cactac.: wie vor u. Gttgsn. *Opúntia*

Córypha, f, Palmae: gr. *koryphe* = Gipfel, od. Schopf; (Schopfpalme)

Coryphántha, f, Cactac.: wie vor u. *anthos* = Blüte (scheitelständige Blüten!)

Corytholóma, n, Gesneriac.: gr. *korys* = Helm, u. *loma* = Saum

Cósmea, f, Compositae: s. *Cósmos*

Cosmídium, n, Compositae: v. gr. *kosmion* = Schmuck abgel.

Cósmos, m, Compositae: gr. *kosmos* = Schmuck, Ordnung (auch Welt!); (Schmuckkörbchen)

Cóstus, n, Zingiberac. (Co-

stac.): gr. Pfl.-N., d. arab. *qust* angelehnt; (Kostwurz)

Cótinus, m, Anacardiac.: v. gr. N. einer (nichtverwandten!) Pfl. übernommen; (Perückenstrauch)

Cotoneáster, f, Rosac.: gr. *kotoneon* = Quitte, u. *aster* (*astrum*) = ähnlich; (Falsche Quitte, Steinmispel)

Cottónia, f, Orchidac.: n. Frederic Cotton, engl. Offizier u. Orchideensammler in Indien (um 1840)

Cótula, f, Compositae: lat. = Höhlung, kleines Gefäß; (Laugenblume)

Cotylédon, f, Crassulac.: gr. *kotyle* = Nabel, od. Napf

Cousínia, f, Compositae: n. Victor Cousin (1792–1867), franz. Philosoph u. Naturforscher

Cowánia, f, Rosac.: n. James Cowan († 1823), engl. Kaufmann u. Reisender; (Felsenrose)

Crámbe, f, Cruciferae: gr. N. für eine kohlähnl. Pfl.; (Meerkohl)

Craniolária, f, Martyniac.: gr. *kranion* = Schädel; (Vogelkopf)

Crássula, f, Crassulac.: lat. *crassus* = fett, dick; (Dickblatt)

Crataegoméspilus, Pfropfbastard: *Crataégus* + *Méspilus*; (Dornmispel)

Crataégus, f, Rosac.: gr. *kratos* = Stärke, Strenge, N. d. Weißdorns

Crataeméspilus, f, Rosac. Hybride: *Crataégus* × *Méspilus*

Cremanthódium, n, Compositae: gr. *kremao* = hängen, u. *anthodium* = blumenähnlich

Cremástra, f, Orchidac.: gr. *kremastra* = hängend

Cremnóphila, f, Crassulac.: gr. *kremnos* = Böschung, u. *phile* = Freundin

Crépis, f, Compositae: gr. *krepis* = Schuh; (Pippau)

Crescéntia, f, Bignoniac.: n. Pietro Crescenzi (Petrus de Crescentis, 1230–1321), ital. Schriftsteller

Crinodéndron, f, Elaeocarpac.: gr. *krinon* = Lilie, u. *dendron* = Baum (= Blütenähnlichkeit)

Crínum, n, Amaryllidac.: wie vor od. gr. N. einer Lilie; (Hakenlilie)

Críthmum, n, Umbelliferae: *krithmos* = gr. N. d. Meerfenchels

Crocósmia, f, Iridac.: gr. *krokos* = Safran, u. *osme* = Duft; (Montbretie)

Crócus, m, Iridac.: gr. N. des Safrans; (Krokus)

Crossándra, f, Acanthac.: gr. *krossos* = Franse, u. *aner, andros* = Mann, der ausgefransten Antheren wegen

Crotalária, f, Fabac.: gr. *krotalon* = Klapper; (Klapperhülse)

Cróton, m, Euphorbiac.: gr. *kroton* = Zecke

Crówea, f, Rutac.: n. James Crowe (1750–1807), engl. Arzt u. Bot.

Crucianélla, f, Rubiac.: Diminutiv z. lat. *crux* = Kreuz; (Kreuzblatt)

Cryóphytum, n, Mesembryanthemac.: gr. *kryos* = Kälte, od. Frost, u. *phyton* = Pflanze; (Eispflanze)

Cryosóphila, f. Palmae: wie vor u. *philein* = lieben; (Stechwurzelpalme)

Crýpsis, f, Gramineae: gr. *krypsis* = das Verbergen; (Dorngras)

Cryptánthus, m, Bromeliac.: gr. *kryptos* = verborgen, u. *anthos* = Blüte

Cryptocéntrum, n, Orchidac.: wie vor u. *kentron* = Sporn

Cryptocéreus, m, Cactac.: wie vor u. Gttgsn. *Céreus*

Cryptochílos, f, Orchidac.: wie vor u. *cheilos* = Lippe

Cryptocóryne, m, Arac.: wie vor u. *koryne* = Kolben, Keule

Cryptográmma, f, Cryptogrammac.: wie vor u. *gramme* = Strich, Linie; (Rollfarn)

Cryptólepis, f, Asclepiadac.: wie vor u. *lepis* = Schuppe

Cryptoméria, f, Taxodiac.: wie vor u. *meris* = Teil; (Sicheltanne)

Cryptophoránthus, m, Orchidac.: wie vor u. *phorein* = tragen + *anthos* = Blüte

Cryptophragmídium, n, Acanthac.: wie vor u. *phragma* = Zaun, Wand

Cryptostégia, f, Asclepiadac.: wie vor u. *stegein* = bedecken

Cryptostémma, n, Compositae.: wie vor u. *stemma* = Kranz, Krone

Cryptostýlis, f, Orchidac.: wie vor u. *stylis* = Griffel

Cryptotaénia, f, Umbelliferae: wie vor u. *tainia* = Band, Binde

Ctenánthe, f, Marantac.: gr. *ktenos* = Kamm, u. *anthos* = Blüte; (Kammarante)

Cucúbalus, m, Caryophyllac.: röm. N. einer (nichtverwandten!) Pfl.; (Taubenkopf)

Cúcumis, m, Cucurbitac.: röm. N. d. Gurke

Cucúrbita, f, Cucurbitac.: wohl röm. N. d. Kürbis

Cudránia, f, Morac.: v. malaiisch. *kudrang* abgel.; (Seidenwurmdorn)

Culcásia, f, Arac.: v. *kulkas (qolqas),* arab. Pfl.-N. abgel.

Cúlcita, f, Dicksoniac.: lat. *culcita* = Polster, Kissen

Cullmánnia, f, Cactac.: n. Willy Cullmann, dtsch. Kakteensammler, jetzt in Mentone, Frankreich (20. Jahrh.)

Cumarínia, f, Cactac.: n. d. Cumarinduft abgestorbener Pfl.

Cumínum, n. Umbelliferae: lat. *cuminum* = Kümmel; (Kreuzkümmel)

Cúnila, f, Labiatae: röm. N. einer Minze

Cunninghámia, f, Taxodiac.: n. James Cunningham(e), († c.1709), brit. Arzt und Pflanzensammler (Ostasien)

Cunónia, f, Cunoniac.: n. J. Chr. Cuno (1708–80), holländ. Pflanzenzüchter; (Löffelbaum)

Cúphea, f, Lythrac.: gr. *kyphos* = Höcker, Buckel; (Höckerblume)

Cupressocýparis, Gttgs.-bastard: *Cupréssus × Chamaecýparis*

Cupréssus, f, Cupressac.: röm. N. d. Zypresse (abgel. v. gr. *kyparissos*)

Curcúligo, f, Hypoxidac.: lat. *curculio* = Kornwurm, Rüsselkäfer; (Rüssellilie)

Cúrcuma, f, Zingiberac.: v. arab. *kurkum,* N. d. Safran abgel.; (Gelbwurz, Safranwurz)

Curtísia, f, Cornac.: n. William Curtis (1746–99), engl. Apotheker u. Gärtner, bot. Hsg.

Curtónus, m, Iridac.: gr. *kyrtos* = bucklig, gebogen

Cúscuta, f, Cuscutac.: röm. N. d. „Seide", wahrsch. v. arab. *kusuta* abgel.; (Nesselseide, Teufelszwirn usw.)

Cussónia, f, Araliac.: n. Pierre

Cusson (1727–83), franz. Geistl. u. Naturforscher

Cyanánthus, m, Campanulac.: gr. *kyanos* = blau, u. *anthos* = Blüte

Cyanástrum, n, Tecophileac.: wie vor u. *astrum* = gewisse Ähnlichkeit andeutend

Cyanélla, f, Haemodorac.: Diminutiv z. gr. *kyanos* = blau

Cyanophýllum, n, Melastomatac.: gr. *kyanos* – blau, u. *phyllon* = Blatt

Cyanótis, f, Commelinac.: wie vor u. *ous, otis* = Ohr

Cyáthea, f, Cyatheac.: gr. *kyathos* = Becher, n. d. Form der Indusien; (Baumfarn, Becherfarn)

Cyathódes, f, Epacridac.: gr. *kyathodes* = becherförmig

Cýcas, f, Cycadac.: anschein. gr. N. für eine Art Palme; (Palmfarn, Sagopalme)

Cýclamen, n, Primulac.: gr. *kyklos* = Kreis, Scheibe; (Alpenveilchen)

Cyclanthéra, f, Cucurbitac.: wie vor u. *anthera* = Staubbeutel; (Spritzgurke)

Cyclánthus, m, Cyclanthac.: wie vor u. *anthos* = Blüte; (Scheibenblume)

Cyclóphorus, m, Polypodiac.: wie vor u. *phorein* = tragen (der kreisförm. Indusien wegen)

Cyclosórus, m, Thelypteridac.: wie vor u. *soros* = Sporenhaufen

Cycnóches, n, Orchidac.: gr. *kyknos* = Nachen, Hals; (Schwanenorche)

Cydónia, f, Rosac.: lat. f. d. Quitte; anschein. von Kydon (= Canea) auf Kreta

Cylindrophýllum, n, Mesembryanthemac.: gr. *kylindros* =

Walze, Zylinder u. *phyllon* =
Blatt; (Walzenblatt)
Cylindropúntia, f, Cactac.: wie
vor u. Gttgsn. *Opúntia*; (Zylin-
derkaktus)
Cylindrorebútia, f, Cactac.: wie
vor u. Gttgsn. *Rebútia*
Cymbalária, f, Scrophulariac.:
gr. *kymbalon* = Zimbel, od.
Schallbecken; (Zimbelkraut)
Cymbidiélla, f, Orchidac.: Diminutiv z. Gttgsn. *Cymbídium*
Cymbídium, n. Orchidac.: gr.
kymbe = Kahn; (Kahnorche)
Cynánchum, n. Asclepiadac.:
gr. *kyon* = Hund, u. *ancho, agchein* = würgen; (Schwalbenwurz)
Cýnara, f, Compositae: röm. N.
d. Artischoke
Cýnodon, n, Gramineae: wie
vor u. *odous* = Zahn; (Hunds-
zahngras)
Cynoglóssum, n, Boraginac.:
wie vor u. *glossa* = Zunge;
(Hundszunge)
Cynosórchis, f, Orchidac.: wie
vor u. Gttgsn. *Órchis*
Cynosúrus, m, Gramineae: wie
vor u. *oura* = Schwanz;
(Kammgras)
Cypélla, f, Iridac.: gr. *kypel-
lon* = Becher; (Becherschwer-
tel)
Cyperórchis, f, Orchidac.:
wahrscheinl. auf das Zypergras
bezogen.
Cypérus, m, Cyperac.: gr. *ky-
peiros* = N. einer Art Segge;
(Zypergras)
Cyphomándra, f, Solanac.:
gr. *kyphos* = Höcker, Tumor,
u. *aner* = männl.; (Baum-
tomate)
Cyphostémma, f, Vitac.: wie
vor u. *stemma* = Kranz
Cypripédium, n, Orchidac.:
Cypria = Beiname d. Venus

(Kypris = Aphrodite), u. *pedilon* = Schuh; (Frauenschuh)
Cyrílla, f, Cyrillac.: n. Domini-
co Cirillo (Cyrillus), 1734–90
(99?), neapolit. Arzt u. Bot.
Cyrtándra, f, Gesneriac.: gr.
kyrtos = krumm, gekrümmt, u.
andros = Mann, männl.
Cyrtanthéra, f, Acanthac.: wie
oben u. *antheros* = Staubbeutel
Cyrtánthus, m, Amaryllidac.:
wie vor u. *anthos* = Blüte
Cyrtochílum, n, Orchidac.: wie
vor u. *cheilos* = Lippe
Cyrtómium, n, Aspidiac.: v. gr.
kyrtos abgel., der gekrümmten
Fieder wegen
Cyrtopódium, n, Orchidac.: wie
vor u. *pous, podos* = Fuß;
(Krummfuß)
Cyrtórchis, f, Orchidac.: wie
vor u. Gttgsn. *Órchis*
Cyrtospérma, n, Arac.: wie vor
u. *sperma* = Same
Cyrtóstachys, m, Palmae: wie
vor u. *stachys* = Ähre
Cystacánthus, m, Acanthac.:
gr. *kystis* = Blase, u. Gttgsn.
Acánthus
Cystópteris, f, Athyriac.: wie
vor u. Gttgsn. *Ptéris*; (Blasen-
farn)
Cystórchis, f, Orchidac.: wie
vor u. Gttgsn. *Órchis*
Cytisánthus, m, Fabac.:
Gttgsn. *Cytisus*, u. *anthos* =
Blüte
Cýtisus, m, Fabac.: gr. *kyti-
sos* = eine Art strauch. Klee;
(Geißklee)
Cytothámnus, m, Fabac.:
Gttgsn. *Cýtisus* u. *Sarothám-
nus*

D

Daboécia, f, Ericac.: n. St. Dabeoc, irischem Heiligen benannt; (Glanzheide)

Dacrýdium, n, Podocarpac.: gr. *dakrýdion* = kleine Träne, auf tropfendes Harz bezogen

Dactylánthes, f, Euphorbiac.: gr. *daktylos* = Finger, u. *anthos* = Blüte

Dáctylis, f, Gramineae: v. gr. *daktylos* = Finger (fingerförm. Infloreszens) abgel.; (Knäuelgras)

Dactylópsis, f, Mesembryanthemac.: wie vor u. *opsis* = Aussehen; (Negerfinger)

Dactylocténium, n, Gramineae: wie vor u. *ktenos* = Kamm

Daedalacánthus, m, Acanthac.: gr. *daidaleos* = kunstvoll bearbeitet, u. *akantha* = Dorn

Daemónorops, f, Palmae: gr. *daimon* = Dämon, u. *rhops* = Gesträuch; (Rotangpalme)

Dáhlia, f, Compositae: n. Anders (Andreas) Dahl (1751–89), schwed. Bot.

Dáïs, f, Thymelaeac.: gr. *dais* = Fackel; (Fackel-Seidelbast)

Dalbérgia, f, Fabac.: n. Nils (1736–1820) u. Carl Gustav Dalberg (1754–75), schwed. Bot.

Dalechámpia, f, Euphorbiac.: n. Jacques Dalechamp (1513–88), franz. Arzt u. Bot.

Dalibárda, f, Rosac.: n. Thomas-François Dalibard (1703–79), franz. Bot.

Damnacánthus, m, Rubiac.: gr. *damnan* = zähmen, überwältigen, u. *akantha* = Dorn

Dánaë, f, Ruscac.: gr. mythol. N: Danae = Tochter d. Acrisius u. Mutter von Perseus; (Traubendorn; Alexandrin. Lorbeer)

Danthónia, f, Gramineae: n. Etienne Danthoine, franz. Bot. (Anfang 19. Jahrh.); (Kelchgras)

Dáphne, f, Thymelaeac.: ursprüngl. gr. N. des Lorbeers (n. einer Nymphe benannt); (Seidelbast)

Daphnídium, n, Laurac.: Diminutiv zu obigem

Daphniphýllum, n, Euphorbiac.: s. Daphne, u. *phyllon* = Blatt, (Lorbeerblatt)

Darlingtónia, f, Sarraceniac.: n. William Darlington (1782–1863), nordamer. Arzt u. Bot.

Darwínia, f, Myrtac. (Leptospermac.): n. Erasmus Darwin (1731–1802), engl. Arzt, Poet u. Naturforscher

Dasylírion, n, Agavac.: gr. *dasys* = rauh, dicht, u. *leirion* = Lilie; (Rauhschopf)

Datísca, f, Datiscac.: Ableitung unbekannt

Datúra, f, Solanac.: v. arab. (*datora*) od. ind. (*dhatura*) N. des Stechapfels übern.

Daúcus, m, Umbelliferae: röm. N. der Möhre

Davállia, f, Davalliac.: n. Edmond Davall (1763–98), engl.-schweiz. Bot.

Davídia, f, Davidiac.: n. Armand David (1826–90), franz. Missionar u. Chinaforscher

Deámia, f, Cactac.: n. Charles Clemon Deam (1865–1953), nordamer. Drogist u. Bot.

Debregeásia, f, Urticac.: n. Prosper Justin de Brégas (geb. 1807), franz. Marineoffizier u. Forschungsreisender

Decabélóne, f, Asclepiadac.:

wahrsch. v. gr. *deka* = zehn, u.
belone = Spitze

Decaísnea, f, Lardizabalac.: n.
Joseph Decaisne (1807–82),
belg.-franz. Bot. u. Agronom

Décodon, m, Lythrac.: gr.
dekas = zehn, u. *odon* =
Zahn

Decumária, f, Hydrangeac.: lat.
decumus, decimus = n. d.
Zehnzahl

Deeríngia, f, Amaranthac.: n.
Karl (Charles) Deering
(1695–1749), dtsch.-engl. Arzt
u. Bot.

Deheraínia, f, Theophrastac.:
n. Pierre Paul Deherain,
franz. Naturforscher (Ende
19. Jahrh.)

Deilánthe, n, Mesembryanthemac.: gr. *deile* = Abend, u.
anthos = Blüte

Deinánthe, f, Hydrangeac.: gr.
deinos = gewaltig, erhaben, u.
anthos = Blüte

Délia, f, Caryophyllac.: vermutl.
v. Delila (Beiname der Diana)
abgel.

Délonix, f, Caesalpiniac.: gr. *delos* = deutlich, u. *onux, onyx* =
Kralle; (Flamboyant)

Delospérma, n. Mesembryanthemac.: wie oben u. *sperma* =
Same

Delphínium, m, Ranunculac.:
gr. *delphinion*, anschein. v. *del-
phis* = Delphin abgel.; (Ritter-
sporn)

Dendrobenthámia, f, Cornac.:
gr. *dendron* = Baum (od.
baumförmig), u. Gttgsn. *Benthámia*

Dendróbium, n, Orchidac.: wie
vor u. *bios* = Leben (epiphyt.
Habitat!)

Dendrocálamus, n, Gramineae: wie vor u. Gttgsn. *Cálamus*; (Rohr)

Dendrocéreus, m, Cactac.: wie
vor u. Gttgsn. *Céreus*

Dendrochílum, n. Orchidac.:
wie vor u. *cheilos* = Lippe

Dendromécon, f, Papaverac.:
wie vor u. *mekon* = Mohn;
(Baummohn)

Dendrópanax, m, Araliac.: wie
vor u. Gttgsn. *Pánax*

Dendrophýlax, m, Orchidac.:
wie vor u. *phylax* = Schutz,
Beschützer

Denmóza, f, Cactac.: Anagramm zu Mendóza, Stadt in
W-Argentinien

Dennstaédtia, f, Denstaedtiac.:
n. August Wilhelm Dennstedt
(1776–1826), dtsch. Bot.

Dentária, f, Cruciferae: lat.
dens, dentis = Zahn; (Zahn-
kraut)

Derenbergiélla, f, Mesembryanthemac.: n. J. Derenberg
(1873–1928), Hamburger Arzt
u. Pflanzensammler

Dermatóbotrys, m, Scrophulariac.: gr. *derma, dermatos* =
Haut, u. *botrys* = Traube

Dérris, f, Fabac.: gr. *derris* =
ledrige Haut

Deschámpsia, f, Gramineae: n.
Louis-Auguste Deschamps
(1765–1842), franz. Arzt u. Naturforscher; (Schmiele)

Descuraínia, f, Cruciferae: n.
François Descourain(e),
1658–1740, franz. Apotheker;
(Raukensenf)

Desfontaínia, f, Desfontainiac.:
n. René Louiche Desfontaines
(1750–1833), franz. Bot.

Desmánthus, m, Fabac.: gr.
desme = Bündel, u. *anthos* =
Blüte

Desmódium, n, Fabac.: gr. *desmos* = Band, od. Kette, u.
odes = Ähnlichkeit; (Wandel-
klee)

Desmóncus, m, Palmae: wie vor u. *onkos* = Haken; (Hakenpalme)

Deútzia, f, Saxifragac.: n. Johan van der Deutz (1743–88), holländ. Ratsherr u. Förd. Thunbergs

Diacattléya, Orchidac. Hybride: *Diácrium* × *Cattléya*

Diácrium, n, Orchidac.: gr. *di* = doppelt, u. *akris* = Spitze

Dialaélia, f, Orchidac. Hybride: *Diácrium* × *Laélia*

Dialaeliocattléya, Orchidac. Hybride: *Diácrium* × *Laeliocattléya*

Dianélla, f, Liliac.: Diminutiv zu Diana, Göttin der Jagd

Dianthéra, f, Acanthac.: gr. *di, dis* = zwei, od. doppelt, u. *anthera* = Staubblatt

Diánthus, m, Caryophyllac.: gr. *dios* = göttlich, od. Zeus, u. *anthos* Blüte = Göttl. Blume; (Nelke)

Diapénsia, f, Diapensiac.: v. einem gr. N. adoptiert

Diaphanánthe, f, Orchidac.: gr. *diaphainein* = durchscheinen, u. *anthos* = Blüte

Diáscia, f. Scrophulariac.: gr. *di, dis* = zwei, od. doppelt, u. *askos* = Schlauch; mit zweiköpfiger Kapsel

Diastéma, n, Gesneriac.: wie vor u. *stema* = Staubfaden

Dicéntra, f, Fumariac.: wie vor u. *kentron* = Sporn; (Tränendes Herz)

Dichaéa, f, Orchidac.: gr. *dicha* = in zwei Teilen

Dichelostémma, f, Alliac.: gr. *dichelos* = zweiarmig, u. *stemma* = Kranz

Dichóndra, f, Convolvulac.: gr. *di* = zwei, u. *chondros* = Korn, Knorpel

Dichorisándra, f, Commelinac.:

wie oben, *chori* = spalten, u. *andros* = männl. Organ

Díchroa, f, Hydrangeac.: gr. *dichroos* = zweifarbig

Dicksónia, f, Dicksoniac.: n. James Dickson (1738–1822), schott. Gärtn. u. Bot.

Díclytra, f, Fumariac.: gr. *di* = zwei u. *klytron* = Sporn

Dicranostígma, f, Papaverac.: gr. *dicranos* = zweispitzig, zweiköpfig, u. *stigma* = Narbe

Dictámnus, m, Rutac.: gr. u. röm. Pfl.-N.; (Diptam)

Dictyospérma, n, Palme: gr. *diktyon* = Netz, u. *sperma* = Same

Dicýrta, f, Gesneriac.: gr. *dikyrtos* = zweihöckrig

Didiérea, f, Didiereac.: n. M. G. Grandidier (1811–99), franz. Offizier u. Naturforscher

Didíscus, m, Umbelliferae (Hydrocotylac.): gr. *di* = zwei u. *diskos* = Scheibe; (Blaudolde)

Didissándra, f, Gesneriac.: wie vor bzw. *dissos* = zweifach, u. *aner, andros* = Mann, männlich

Didymaótus, m, Mesembryanthemac.: gr. *didymos* = doppelt, u. *aotus* = Blüte

Didymocárpus, m, Gesneriac.: wie vor u. *karpos* = Frucht

Didymochlaéna, f, Aspidiac. (Didymochlaenac.): wie vor u. *chlaina* = Mantel, Hülle

Didymospérma, n, Palmae: wie vor u. *sperma* = Same; (Gomutipalme)

Dieffenbáchia, f, Arac.: n. Johann Friedrich Dieffenbach (c. 1790–1863), dtsch. Gärtner (in Wien)

Dielýtra, f. Fumariac.: s. *Díclytra*

Dieráma, n, Iridac.: gr.

dierama = Trichter; (Trichterschwertel)

Diervílla, f, Caprifoliac.: n. M. Dierville, franz. Arzt u. Pflanzensammler in Nordamerika (Anf. 18. Jahrh.)

Díetes, f, Iridac.: anschein. v. gr. *dietes* = zweijährig (Genaust)

Digitális, f, Scrophulariac.: lat. *digitale* = Fingerhut

Digitária, f, Gramineae: lat. *digitus* = Finger; (Fingergras)

Digitorebútia, f, Cactac.: wie vor u. Gttgsn. *Rebútia*

Dillénia, f, Dilleniac.: n. Johann Jakob Dillen (John James Dillenius), 1684–1747, dtsch. Arzt u. Bot. in England; (Rosenapfelbaum)

Dillwýnia, f, Fabac.: n. Lewis Weston Dillwyn (1778–1855), engl. Bot.

Dilomílis, f, Orchidac.: gr. *di* = zwei, u. *loma* = Saum

Dimorphánthus, m, Araliac.: gr. *dimorphos* = zweigestaltig, u. *anthos* = Blüte

Dimorphothéca, f, Compositae: wie vor u. *theke* = Büchse, Behälter, od. auch Fruchtkapsel; (Kapkörbchen)

Dinéma, f, Orchidac.: gr. *di* = zwei, u. *nema* = Faden

Dinteránthus, m, Mesembryanthemac.: n. Moritz Kurt Dinter (1868–1945), dtsch. Bot. (SW-Afrika), u. *anthos* = Blüte

Dionáea, f, Droserac.: der Dione (od. Venus) gewidmet; (Venusfliegenfalle)

Dionýsia, f, Primulac.: Dionysos (röm. = Bacchus), d. gr. Weingott gew.

Dióon, n, Zamiac.: gr. *dis* = doppelt, u. *oon* = Ei, mit je zwei Samenanlagen

Diopógon, n, Crassulac.: gr. *dios* = göttlich, u. *pogon* = Bart

Dioscórea, f, Dioscoreac.: n. Pedanios Dioscorides, gr. Arzt und Bot. in röm. Diensten (1. Jahrh.); (Yamswurzel)

Diósma, f, Rutac.: gr. *dios* = göttlich, u. *osme* = Duft; (Götterduft)

Diosphaéra, f, Campanulac.: wie vor u. *sphaira* = Kugel

Dióspyros, f, Ebenac.: wie oben u. *pyros* = Weizen (später als Frucht gedeutet); (Dattel- od. Kakipflaume)

Dióstea, f, Verbenac.: gr. *diosteos* = zweiknochig

Diótis, f, Compositae: gr. *di* = zwei, u. *otos* = Ohr; (Ohrblume)

Diotostémon, n, Crassulac.: wie vor, u. *stemon* = Kette (bzw. mit „zweiohrigen" Staubfäden)

Dípcadi, n. Liliac.: wahrscheinl. v. einem oriental. N. abgel.

Dipélta, f, Caprifoliac.: gr. *di* = zwei, u. *pelte* = Schild; (Doppelschild)

Diphylléia, f, Berberidac.: wie vor u. *phyllon* = Blatt, od. zweiblättrig; (Schirmblatt)

Dipláchne, f, Gramineae: gr. *diploos* = doppelt, u. *achne* = Spreu, Spelze

Dipladénia, f, Apocynac.: wie vor u. *aden* = Drüse

Diplarrhéna, f, Iridac.: wie vor u. *arren* = männlich

Diplázium, n, Athyriac.: gr. *diplasios* = doppelt (mit doppelten bzw. parallelen Indusien)

Diplocaulóbium, n, Orchidac.: gr. *diploos* = doppelt, *kaulos* = Stengel u. *bios* = Leben

Diplocýatha, f, Asclepiadac.: wie vor u. *kyathos* = Becher

Diplopáppus, m, Compositae: wie vor u. *pappus* = Samenkrone

Diploperiánthium, n, Cactac.: wie vor u. *periánthium* = Blütenhülle (?)

Diplosóma, n, Mesembryanthemac.: wie vor u. *soma* = Körper

Diplostéphium, n, Compositae: wie vor u. *stephos* = Kranz

Diplotáxis, f, Cruciferae: wie vor u. *taxis* = Reihe, Zeile; (Doppelsame)

Diplothémium, n, Palmae: wie vor u. *themon* = Haufen

Dípsacus, m, Dipsacac.: gr. *dipsakos* = dürsten, bzw. dem Durst abhelfend; (Karde, Weberkarde)

Dipteracánthus, m, Acanthac.: gr. *dipteras* = zweiflüglig, u. Gttgsn. *Acánthus*

Dipterónia, f, Acerac.: v. gr. *dipteras* = zweiflüglig

Dípteryx, m, Fabac.: gr. *di* = zwei, u. *pteryx* = Feder, od. Flügel; (Tonkabohne)

Dírca, f, Thymelaeac.: gr. *dirke* = Brunnen bzw. N. einer Quelle

Dísa, f, Orchidac.: Abl. unsicher; lt. Genaust aus einer Sprache Süd-Afrikas, n. Smith d. myth. Königin Disa v. Schweden gewidmet

Disánthus, m, Hamamelidac.: angebl. gr. *di* = zwei u. *anthos* = Blüte, u. somit doppelblütig (?)

Discária, f, Rhamnac.: v. gr. *diskos* = Scheibe abgel.

Dischídia, f, Asclepiadac.: gr. *dischides* = zweigespalten; (Urnenpflanze)

Discocáctus, m, Cactac.: gr. *diskos* = Scheibe, u. Gttgsn. *Cáctus*

Disocáctus, m, Cactac.: gr. *dis* = doppelt, *isos* = gleich, u. Gttgsn. *Cáctus*

Disphýma, f, Mesembryanthemac.: wie vor u. *phyma* = Gewächs, Wucherung

Dísporum, n. Liliac.: wie vor u. *spora* = Same

Dissótis, f, Melastomatac.: wahrsch. v. gr. *dissos* = verschiedenartig

Distýlium, n, Hamamelidac.: gr. *di* = zwei u. *stylos* = Griffel

Dizygothéca, f, Araliac.: gr. *dizygos* = zweispännig, u. *theke* = Kapsel od. Behälter; (Fingeraralie)

Docýnia, f, Rosac.: Anagramm von *Cydónia*

Dodecátheon, n, Primulac.: gr. *dodeka* = zwölf, u. *theos* = Gott; (Götterblume)

Dodonaéa, f, Sapindac.: n. Rembert Dodoens (c. 1517–85), holländ. Arzt u. Bot.

Doellingéria, f, Compositae: einem Ignaz Döllinger (1770–1841) gew.

Dólichos, m, Fabac.: gr. *dolichos* = lang, längl. Hülsenfrucht; (Lablab- od. Faselbohne)

Dolichothéle, m, Cactac.: wie vor u. *thele* = Warze, od. Zitze

Dombeýa, f, Sterculiac.: n. Joseph Dombey (1742–94), franz. Bot. u. Amerikaforscher

Dónax, m, Gramineae: in griech. eine Art Rohr

Dónia, vielangew. doch immer synonymer Gattungsname, d. engl. Botaniker- u. Bibliothekarfamilie Don gewidmet (18./19. Jahrh.)

Doódia, f, Blechnac.: n. Samuel Doody (1656–1706), engl. Apotheker u. Verw. d. Chelsea Gartens

Doréma, f, Umbelliferae: gr. *dorema* = Geschenk

Doritaenópsis, Orchidac. Hybride: *Dorítis × Phalaenópsis*

Dorítis, f, Orchidac.: gr. *dory* = Lanze, Speer

Dorónicum, n, Compositae: n. einem arab. Pfl.-N.; (Gemswurz)

Dorotheánthus, m, Mesembryanthemac.: n. Dorothea Schwantes, d. Mutter d. Kieler Sukkulentenforschers (s. *Schwantésia*)

Dorsténia, f, Morac.: n. Theodor Dorsten (1492–1552), dtsch. Arzt u. Bot. (in Marburg)

Doryánthes, f, Amaryllidac.: gr. *dory* = Speer, u. *anthos* = Blüte; (Speerblume)

Dorýcnium, n, Fabac.: gr. *doryknion,* ursprüngl. für eine (nicht verwandte!) mediterrane Pfl.; (Backenklee)

Dorýalis, f, Flacourtiac.: s. *Dovyális*

Doryópteris, f, Sinopteridac.: wie vor u. Gttgsn. *Ptéris*; (Lanzenfarn)

Dossínia, f, Orchidac.: n. Pierre Etienne Dossin (1772–1852), belg. Apotheker

Dossinimária, Orchidac. Hybride: *Dossínia × Haemária*

Douglásia, f, Primulac.: n. David Douglas (1799–1834), schott. Bot. u. Pflanzensammler; (Goldprimel)

Dovýalis, f, Flacourtiac.: nach einem südafr. Volksnamen, od. d. gr. *dory* = Lanze

Downíngia, f, Campanulac.: n. Andrew Jackson Downing (1815–52), nordamer. Landschaftsgärtner

Doxántha, f, Bignoniac.: gr.

doxa = Ansehen, Ruhm, u. *anthos* = Blüte

Drába, f, Cruciferae: gr. N. einer nur verw. Pfl.; (Felsen- od. Hungerblümchen)

Dracaéna, f, Dracaenac.: gr. *drakaina* = weibl. Drache; (Drachenbaum)

Dracocéphalum, n, Labiatae: gr. *drakon* = Drache, u. *kephale* = Kopf; (Drachenkopf)

Dracópsis, f, Compositae: wie vor u. *opsis* = Aussehen

Dracóntium, n, Arac.: v. gr. *drakon* = Drache abgeleitet

Dracóphilus, m, Mesembryanthemac.: wie vor u. *philos* = Freund, sich jedoch auf den Standort auf dem Drachenfels in SW-Afrika beziehend

Dracophýllum, n, Epacridac.: wie vor u. *phyllon* = Blatt; (Drachenblatt)

Dracúnculus, m, Arac.: Diminutiv zu *drakon,* N. einer (nicht direkt verw.) Arum-Lilie; (Schlangenwurz, Drachenwurz)

Drakebrockmánia, f, Asclepiadac.: n. Ralph Evelyn Drake-Brockman (geb. 1875), engl. Armeearzt u. Sammler

Drímia, f, Liliac.: gr. *drimys* = scharf, stechend

Drimiópsis, f, Liliac.: Gttgsn. *Drímia,* u. *opsis* = Aussehen

Drímys, m, Winterac.: z. gr. *drimys* = beißend, scharf; (Wintersrinde)

Drosánthemum, n, Mesembryanthemac.: gr. *drosos* = Tau, u. *anthemos* = Blume

Drósera, f, Droserac.: gr. *drosos* = Tau; (Sonnentau)

Drosophýllum, n, Droserac.: wie vor u. *phyllon* = Blatt; (Taublatt)

Dryándra, f, Proteac.: n. Jonas

Dryander (1748–1810),
schwed. Bot. u. Bibliothekar in
England
Drýas, f, Rosac.: n. d.
Dryaden = Baumnymphen d.
gr. Mythol.; (Silberwurz)
Drymária, f, Caryophyllac.: gr.
drymos = Wald (*drys* = Eiche)
Drymoglóssum, n, Polypodiac.:
wie vor u. *glossa* = Zunge
(Zungenfarn, auf Bäumen)
Drymónia,, f, Gesneriac.: zum
gr. *drymon* = Eichenwald
Drynária, f, Polypodiac.: zu
dryas od. *drys* weil eichenblätt-
rig u. auf Bäumen wachsend
Dryópteris, f, Aspidiac.: gr.
drys = Eiche, u. *pteris* = Farn,
od. d. Dryaden (Wald-
nymphen) gewidmet;
(Wurmfarn)
Drýpsis, f, Caryophyllac.: gr.
dryptein = zerkratzen
Duchésnea, f, Rosac.: n.
Antoine-Nicolas Duchesne
(1747–1827), franz. Gartenautor; (Scheinerdbeere)
Dudléya, f, Crassulac.: n. Wil-
liam Russel Dudley
(1849–1911), nordamer. Bot. in
Stanford
Dulíchium, n, Cyperac.: angebl.
zu *dulcis* = süß gezogen (Ge-
naust)
Dunália, f, Solanac.: n. Michel-
Félix Dunal (1789–1856),
franz. Bot.
Duránta, f, Verbenac.: n. Ca-
store Durante (c. 1529–90),
ital. Bot. u. päpstl. Leibarzt
Dúrio, m, Bombacac.: v. *durian,*
malaiischer N. d. Pfl. abgel.;
(Durianbaum)
Duvália, f, Asclepiadac.: n.
Henri Auguste Duval
(1777–1814), franz. Arzt u.
Bot.
Dýckia, f, Bromeliac.: n. Joseph

M.F.A.H.I. Fürst zu Salm-
Reifferscheidt-Dyck
(1773–1861), dtsch. Bot.
Dýpsis, f, Palmae: gr. *dyptein* =
untertauchen (?)

E

Éarina, f, Orchidac.: gr.
earinos = Frühling, im
Frühling
Ébenus, f, Fabac.: gr. *ebenos,*
angebl. v. einem ägypt. N. abgeleitet
Eberlánzia, f, Mesembryanthemac.: n. Friedrich G. Eberlanz
(1879–1966), dtsch.-südwestafr.
Dekorateur u. Naturfor-
scher
Ebractéola, f, Mesembryanthemac.: lat. *e* = ex, ohne, u. *brac-
teola* = Hochblättchen; (Gold-
blättchen)
Ecbállium, n, Cucurbitac.: gr.
ekballein = herauswerfen, d.
rausspritzenden Samen we-
gen; (Spritzgurke)
Eccremocáctus, m, Cactac.: gr.
ekkremes = hängend, u.
Gttgsn. *Cáctus*
Eccremocárpus, m, Bignoniac.: wie vor u. *karpos* =
Frucht; (Schönranke)
Echephýtum, n, Crassulac. Hybride: *Echevéria × Pachyphýtum*
Echevéria, f, Crassulac.: n. Ata-
nasio Echeverria, mexikan.
Pflanzenmaler (Ende
18. Jahrh.)
Echidnópsis, f, Asclepiadac.:
gr. *echidne* = Viper, u. *opsis* =
Aussehen; (Schlangenstapelie)
Echinácea, f, Compositae: v.
gr. *echinos* = Igel abgel.; (Igel-
kopf)
Echinocáctus, m, Cactac.: wie

vor u. Gttgsn. *Cáctus*; (Igel-kaktus)

Echinocéreus, m, Cactac.: wie vor u. Gttgsn. *Céreus*; (Igelsäu-lenkaktus)

Echinóchloa, f, Gramineae: wie vor u. *chloe* = Gras; (Hüh-nergras)

Echinocýstis, f, Cucurbitac.: wie vor u. *kystis* = Blase; (Igel-gurke)

Echinódorus, m, Alismatac.: wie vor u. *doros* = Schlauch; (Igelschlauch)

Echinofossulocáctus, m, Cac-tac.: wie vor, lat. *fossula* = klei-ne Furche u. Gttgsn. *Cáctus*

Echinomástus, n, Cactac.: wie vor u. *mastos* = Warze, od. Brust

Echinópanax, m, Araliac.: wie vor u. Gttgsn. *Pánax*; (Igel-kraftwurz)

Echínops, m, Compositae: wie vor u. *ops* = Auge bzw. Aus-sehen; (Kugeldistel)

Echinópsilon, n, Chenopodiac.: wie vor u. *psilon* = kahl, nackt; (Dornmelde)

Echinópsis, f, Cactac.: wie vor u. *opsis* = Aussehen; (Igel-kaktus)

Echinospérmum, n, Boragi-nac.: wie vor u. *sperma* = Same; (Klettenkraut)

Echinóstachys, f, Bromeliac.: wie vor u. *stachys* = Ähre

Echínus, m, Mesembryanthe-mac.: lat. *echinus* = stachlige (Schale)

Echioídes, n, Boraginac.: Gttgsn. *Échium,* u. *oides* = ähnlich; (Prophetenblume)

Echítes, f, Apocynac.: gr. *echis* = eine Art Natter

Échium, n, Boraginac.: gr. *echion* = Viper, Natter; (Natternkopf)

Ectótropis, f, Mesembryanthe-mac.: gr. *ektos* = außen, u. *tro-pis* = Kiel

Edgewórthia, f, Thymelaeac.: n. Michael Pakenham Edge-worth (1812–81), engl. Ver-walter, u. Pflanzensammler in Indien

Edithcólea, f, Asclepiadac.: n. Edith Cole, d. Entdeckerin d. Gattung (Ende 19. Jahrh.)

Edraiánthus, m, Campanulac.: gr. *hedraios* = sitzend, u. *an-thos* = Blüte; (Büschelglocke)

Edwárdsia, f, Fabac.: n. Syden-ham Teast Edwards (1768–1819), engl. Pflanzen-sammler

Ehrétia, f, Boraginac. (Ehre-tiac.): n. Georg Dionysius Ehret (1708–70), dtsch. Pflan-zenmaler (haupts. in England)

Eichhórnia, f, Pontederiac.: n. Johann Albert Friedrich Eich-horn (1779–1856), preuß. Kul-tusminister; (Wasserpest, Wasserhyazinthe)

Elaeágnus, f, Elaeagnac.: aus Namen and. Pfl. zusam-menges.: *elaia* = Ölbaum, u. *agnos* = Keuschbaum; (Öl-weide)

Eláeis, f, Palmae: gr. *elaios* = wilder Ölbaum; (Ölpalme)

Elaeocárpus, f, Elaeocarpac.: wie vor u. *karpos* = Frucht; (Ölfrucht)

Elaeodéndron, n, Celastrac.: wie vor u. *dendron* = Baum; (Ölbaum)

Elaphoglóssum, n, Elaphoglos-sac.: gr. *elaphos* = Hirsch, u. *glossa* = Zunge; (Zungen-farn)

Elatérium, n, Cucurbitac.: gr. *elaterios* = abführend, ab-treibend

Elatíne, f, Elatinac.: alter gr.

Pfl.-N., v. *elate* = Tanne abgel.; (Tännel)

Elatostéma, n, Urticac.: gr. *elatos* = treiben, dehnen, u. *stema* = Staubgefäß

Eleócharis, f, Cyperac.: gr. *helos* = Sumpf, u. *charis* = Anmut, Zierde; (Sumpfried)

Eleórchis, m, Orchidac.: wie vor u. Gttgsn. *Órchis*

Elettária, f, Zingiberac.: v. *elettari*, N. d. Pfl. an der Malabarküste (SW-Indien) abgel.

Eleusíne, f, Gramineae: angebl. aus Eleusis, Stadt in Attika, Griechenland beschrieben

Eleutherocóccus, m, Araliac.: gr. *eleutheros* = frei, u. *kokkos* = Beere, od. Frucht

Eleutheropétalum, n, Palmae: wie vor u. *petalon* = Kronblatt

Eliséna, f, Amaryllidac.: anschein. n. Maria Anna Elisa (1777–1820), Schwester Napoleons I. benannt

Elísma, n, Alismatac.: wahrsch. aus Alísma umgebildet; (Froschkraut)

Elleánthus, m, Orchidac.: gr. *ellein* = wälzen, rollen, einrollen, u. *anthos* = Blüte

Ellióttia, f, Ericac.: n. Stephen Elliott (1771–1830), nordamer. Bot.

Elódea, f, Hydrocharitac.: gr. *helodes* = sumpfig; (Wasserpest)

Elshóltzia, f, Labiatae: n. Johann Sigismund Elsholtz (1623–88), preuß. Arzt u. Naturwiss.

Élymus, m, Gramineae: gr. *elymos* = eine Art Hirse; (Strandroggen, Haargerste)

Élyna, f, Cyperac.: gr. *eilyein* = umhüllen; (Nacktried)

Embóthrium, n, Proteac.: gr.

en = in, u. *bothrion* = kleine Grube

Émex, f, Polygonac.: anschein. aus *Rúmex* umgebildet

Emília, f, Compositae: Ableitung unbekannt, anschein. persönl. Widmung

Émpetrum, n. Empetrac.: gr. *en* = in, auf, u. *petros* = Stein, Fels; (Krähenbeere)

Enargánthe, f, Mesembryanthemac.: gr. *enarges* = glänzend, u. *anthos* = Blüte

Encélia, f, Compositae: angebl. v. gr. *eychelion* = kleiner Aal = Form d. Samen abgel. (RHS)

Encephalártos, m, Zamiac.: gr. *en* = in, auf, *kephale* = Kopf (Gehirn), u. *artos* = Brot; (Brotfarnpalme)

Encephalocárpus, m, Cactac.: wie vor, u. *karpos* = Frucht

Encholírion, n, Bromeliac.: gr. *enchos* = schmal, u. *lirion* = Blüte (?)

Encýclia, f, Orchidac.: gr. *en* = in, u. *kyklos* = Kreis, kreisbildend

Endýmion, n, Liliac.: Endymion = Gestalt d. gr. Mythol.

Enkiánthus, m, Ericac.: gr. *enkyos* = schwanger, trächtig, u. *anthos* = Blüte; (Prachtglocke)

Enséte, n, Musac.: n. d. äthiop. N. d. Pfl.; (Abessinische Banane)

Entáda, f, Fabac.: malabar. (südind.) Volksname; (Meerbohne)

Entélea, f, Tiliac.: gr. *enteles* = vollendet, vollkommen

Enterolóbium, n, Mimosac.: gr. *enteros* = Eingeweide, u. *lobos* = Lappen, od. Schote, auf die Form d. Frucht bezogen

Eomécon, f, Papaverac.: gr.

eos = Morgenröte, u. *mekon* = Mohn

Épacris, f, Epacridac.: gr. *epi* = auf, u. *akris* = Spitze, od. Gipfel; (Bergheide, Australheide)

Éphedra, f, Ephedrac.: gr. N. einer (nicht verwandten!) Pflanze; (Meerträubel, Schachtelhalmstrauch)

Ephemerántha, f, Orchidac.: gr. *ephemeros* = vergänglich, u. *anthos* = Blüte

Epicattlaélia, Orchidac. Hybride: *Epidéndrum* × *Cattléya* × *Laélia*

Epicattléya, Orchidac. Hybride: *Epidéndrum* × *Cattléya*

Epidánthus, m, Orchidac.: aus *Epidéndrum* (Gttgsn.) u. *anthos* = Blüte gebildet

Epidéndrum, n, Orchidac.: gr. *epi* = auf, u. *dendron* = Baum (= epiphyt. Wuchs!)

Epidiácrium, Orchidac. Hybride: *Epidéndrum* × *Diácrium*

Epigáea, f, Ericac.: wie vor u. *gaia* = Erde, Boden; (Bodenlorbeer)

Epigeneíum, n, Orchidac.: wie vor u. *geneion* = Kinn

Epilaélia, Orchidac. Hybride: *Epidéndrum* × *Laélia*

Epilóbium, n, Onagrac.: gr. *epi* = auf, u. *lobos* = Schote (Position d. Blüten!); (Weideröschen)

Epimédium, n, Berberidac.: v. *epimedion* = gr. Pfl.-N. abgel.; (Sockenblume)

Epipáctis, f, Orchidac.: gr. N. einer Sumpfblume; (Sumpfwurz)

Epiphronítis, Orchidac. Hybride: *Epidéndrum* × *Sophronítis*

Epiphyllánthus, m, Cactac.: gr. *epi* = auf, *phyllon* = Blatt u. *anthos* = Blüte

Epiphyllópsis, n, Cactac.:

Gttgsn. *Epiphýllum,* u. *opsis* = Aussehen

Epiphýllum, n, Cactac.: gr. *epi* = auf, u. *phyllon* = Blatt; = Blüten auf blattähnl. Sprossen; (Gliederkaktus)

Epipógium, n, Orchidac.: wie vor u. *pogon* = Bart; (Widerbart)

Epiprémnum, n, Arac.: wie vor u. *premnon* = Stumpf, Baumstumpf

Episcia, f, Gesneriac.: gr. *episkios* = beschattet (Standort!)

Epistéphium, n, Orchidac.: gr. *epi* = auf, u. *stephos* = Kranz

Epithelántha, f, Cactac.: wie vor, *thele* = Warze, u. *anthos* = Blüte (od. mit Blüten auf warzigen Auswüchsen)

Equisétum, n, Equisetac.: lat. *equus* = Pferd, u. *seta* = Borste; (Schachtelhalm)

Eragróstis, f, Gramineae: gr. *eros* = Frühling, u. *Agrostis* = Gras (s. Gttgsn.); (Liebesgras)

Eránthemum, n, Acanthac.: gr. *eranthemon* = Frühlingsblume

Eránthis, f, Ranunculac.: gr. *er* = Vorfrühling, u. *anthos* = Blüte; (Winterling)

Ercílla, f, Phytolaccac.: n. Alonso de Ercilla (1533–95), span. Dichter chilen. Themen

Erdísia, f, Cactac.: n. E. C. Erdis, nordamer. Forscher und Mitgl. d. Yale Exped. (1914) n. Peru

Erechthítes, f. Compositae: Erechtheus, sagenh. König Athens gewidmet; (Afterkreuzkraut)

Eremóstachys, m, Labiatae, gr. *eremos, eremia* = Wüste (Eremit!), u. *stachys* = Ähre

Eremúrus, m, Liliac.: wie vor u. *oura* = Schwanz; (Steppenkerze, Kleopatranadel)

Erépsia, f, Mesembryanthe-mac.: gr. *erepsis* = Dach, Decke

Éria, f, Orchidac.: gr. *erion* = Wolle, mit „wolligen" Blüten

Eriánthus, m, Gramineae: wie vor u. *anthos* = Blüte; (Seidengras, Ravennagras)

Eríca, f, Ericac.: v. gr. *ereike,* gr. N. d. Baumheide (u. trotz d. Akzentuierung auf „unsere Ehrika" bezogen)

Ericallúna, Gattungsbastard zw. *Eríca* u. *Callúna*

Erígeron, m, Compositae: wahrsch. v. gr. *eri* = frühzeitig, u. *geron* = Greis bzw. altern, welkend abgel.; (Berufskraut)

Erinácea, f, Fabac.: lat. *erinaceus* = igelartig; (Igelginster)

Érinus, m, Scrophulariac.: diskutierter Pfl.-N., wahrsch. v. gr. *erinos* = eine Heilpflanze, u. später f. eine andere Pfl. adoptiert

Eriobótrya, f, Rosac.: gr. *erion* = Wolle, u. *botrys* = Traube; N. d. Wollmispel

Eriocáctus, m, Cactac.: wie vor u. Gttgsn. *Cáctus*

Eriocaúlon, n, Eriocaulac.: wie vor u. *kaulos* = Stengel, Strunk

Eriocéphalus, m, Compositae: wie vor u. *kephale* = Kopf; (Wollkopf)

Eriocéreus, m, Cactac.: wie vor u. Gttgsn. *Céreus*

Erióchloa, f, Gramineae: wie vor u. *chloë* = Grün, od. Gras

Eriodéndron, m, Bombacac.: wie vor u. *dendron* = Baum (s. *Ceiba*)

Erlógonum, n, Polygonac.: wie vor u. *gony* = Knie, Winkel; (Wollknöterich)

Eriólobus, f, Rosac.: wie vor u.

lobos = Lappen, od. Fruchthülse

Erióphorum, n, Cyperac.: wie vor u. *phorein* = tragen; (Wollgras)

Eriophýllum, n, Compositae: wie vor u. *phyllon* = Blatt; (Wollblatt)

Eriópsis, f, Orchidac.: Gttgsn. *Éria,* u. *opsis* = Aussehen

Eriostémon, m, Rutac.: gr. *erion* = Wolle, u. *stemon* = Staubfaden; (Wollfadenraute)

Eriosýce, n, Cactac.: wie vor u. *syke* = Feige

Eritríchum, n, Boraginac.: gr. *eri* = sehr, od. frühzeitig, u. *thrix* = Haar (*trichos* = haarig); (Himmelsherold)

Eródium, n, Geraniac.: gr. *erodios* = Reiher (Fruchtform!); (Reiherschnabel)

Eróphila, f, Cruciferae: gr. *er* = Frühling, u. *phile* = Freundin, od. *philos* = liebend; (Hungerblümchen)

Erúca, f, Cruciferae: röm. N. d. Rauke

Erucástrum, n, Cruciferae: Gttgsn. *Erúca,* u. *astrum* = gewisse Ähnlichkeit; (Hundsrauke)

Ervatámia, f, Apocynac.: wahrsch. v. einem ind. Volksnamen übernommen

Erýngium, n, Umbelliferae: v. gr. N. *(eryggion)* einer Distel abgel.; (Mannstreu, Edeldistel)

Erýsimum, n, Cruciferae: v. gr. *erysimon,* N. eines Kreuzblütlers abgel.; (Schöterich)

Erythéa, f, Palmae: Eretheia, in der gr. Mythol. eine der Hesperiden

Erythraéa, f, Gentianac.: gr. *erythraios* = rötlich; (Tausendgüldenkraut)

Erythrína, f, Fabac.: gr. *ery-thros* = rot; (Korallenstrauch)
Erythrochaéte, f, Compositae: wie vor u. *chaete* = Haar, Mähne
Erythrochíton, m, Rutac.: wie vor u. *chiton* = Gewand; (Rotkelch)
Erythrónium, n, Liliac.: v. gr. *erythros* = rot abgel.; (Zahnlilie)
Erythrorhípsalis, f, Cactac.: wie vor u. Gttgsn. *Rhípsalis*
Erythróxylum, n, Erythroxylac.: wie vor u. *xylon* = Holz; (Kokastrauch)
Escallónia, f, Escalloniac.: n. einem Sr. Escallón, span. Reisender u. Sammler in Südamerika (18. Jahrh.)
Eschscholzia, f, Papaverac.: n. Johann Friedrich v. Eschscholtz (1793–1831), dtsch. Arzt u. Naturforscher; (Goldmohn)
Escobária, f, Cactac.: n. Rómulo u. Numa Escobar, mexikan. Pflanzensammler
Escóntria, f, Cactac.: einem Don Blas Escontria (Mexiko) gewidmet
Esmerálda, f, Orchidac.: angebl. n. einem weibl. Vornamen; wahrsch. aber der smaragdfarbenen Blüten wegen
Esmeránda, Orchidac. Hybride: *Esmerálda × Vánda*
Espóstoa, f, Cactac.: n. Nicolás Esposto, peruan. Bot. (20. Jahrh.)
Euánthe, f, Orchidac.: gr. *eu* = schön, echt, u. *anthos* = Blüte
Eucalýptus, f, Myrtac. (Leptospermac.): wie vor u. *kalyptos* = verborgen; (Eukalyptus, Fieberbaum)
Eucharídium, n, Onagrac.: n. d.

gr. *eucharis* = anmutig, reizvoll
Eúcharis, f, Amaryllidac.: wie vor
Euchlaéna, f, Gramineae: wie vor u. *chlaina* = Kleid, Kleidung; (Teosinthe)
Euclídium, n, Cruciferae: wie vor u. *kleidion* = kleines Schloß; (Schnabelschötchen)
Eucníde, f, Loasac.: wie vor u. *knide* = kratzen, Nessel; (Schönnessel)
Eucodonópsis, f, Gesneriac.: wie vor u. Gttgsn. *Codonópsis*
Eúcomis, f, Liliac.: wie vor u. *kome* = Schopf; (Schopflilie)
Eucómmia, f, Eucommiac.: wie vor u. *kommi* = Gummi; (Guttaperchabaum)
Eucrýphia, f, Eucryphiac.: wie vor u. *kryphios* = bedeckt, verborgen
Eugénia, f, Myrtac.: dem Prinzen Eugen v. Savoyen-Carignan (1663–1736), österr. Staatsmann u. Förd. d. Wiss. gewidmet
Eulália, f, Gramineae: v. gr. *eulalos* = wohlredend (Genaust)
Eulóphia, f, Orchidac.: gr. *eulophos* = mit schönem Helmbusch
Eulophídium, n, Orchidac.: zu *Eulóphia* gehörig
Eulophiélla, f, Orchidac.: Diminutiv zu *Eulóphia*
Eulýchnia, f, Cactac.: gr. *eu* = schön, gut, u. *lychnos* = Fackel
Eunómia, f, Cruciferae: wie vor u. *nomos* = Regel, Gesetz
Euódia, f, Rutac.: gr. *euodes* = wohlriechend (u. trotzdem Stinkesche" genannt!)
Euónymus, m, Celastrac.: gr. = „mit gutem Namen", der unheilbringende Spindelbaum

Eupatórium, n, Compositae: gr.
N. d. Wasserdost u. zweifelhafter Herkunft (s. Genaust!)
Euphórbria, f, Euphorbiac.:
klass. N. d. Wolfsmilch; Eu-
phorbus, Leibarzt v. Juba II,
von Mauritanien zugeschrie-
ben
Euphória, f, Sapindac.: gr.
euphoros = Wohlbefinden, od.
eu = gut, reichlich, u. *phoros* =
tragen
Euphrásia, f, Scrophulariac.: gr.
euphrasia = Freude, Frohsinn;
(Augentrost)
Euptélia, f, Trochodendrac.: gr.
eu = schön, u. *ptelea* = Ulme
(auf die Frucht bezogen?)
Eurótia, f, Chenopodiac.: gr.
euros = Schimmel; (Hornmelde)
Eúrya, f, Theac.: gr. *eurys* =
breit, od. weit
Eurýale, f, Nymphaeac. (Euryalac.): eine d. drei Gorgonen
d. gr. Mythol. u. angebl. auf
die stachl. Teile d. Pfl. bezogen
Eurycéntrum, n. Orchidac.: gr.
eurys = breit, u. *kentron* =
Sporn
Eurychóne, f, Orchidac.: wie
vor u. *chone* = Trichter
Eúryops, m, Compositae: wie
vor u. *ops* = Gesicht
Eurystígma, n, Mesembryan-
themac.: wie vor u. *stigma* =
Narbe
Eúscaphis, f, Staphyleac.: gr.
eu = gut, schön, u. *skaphis* =
Kapsel, Napf, kleiner Kahn;
(Kahnfrucht)
Eústoma, n, Gentianac.: wie
vor u. *stoma* = Mund
Eutáxia, f, Fabac.: gr. für
Bescheidenheit
Eutérpe, f, Palmae: N. einer d.
neun Musen d. gr. Mythol.

Eútoca, f, Hydrophyllac.: gr.
eutokos = leicht gebärend
Evódia, f, Rutac.: s. *Euódia*
Evólvulus, m, Convolvulac.: lat.
evolvere = auseinanderwickeln
Evónymus, m, Celastrac.: s.
Euónymus
Éxacum, n, Gentianac.: v. gal-
lischen *exacon* abgeleitet;
(Bitterblatt, Blaues Lieschen)
Excoecária, f. Euphorbiac.: lat.
excaecare = blindmachen
Exochórda, f, Rosac.: gr. *exo* =
äußerlich, u. *chorde* = Darm,
od. Saite; (Blumenspiere)
Exogónium, n, Convolvulac.:
wie vor u. *goneia* = Zeugung
(Genaust)

F

Fába, f, Fabac.: röm. N. d.
Sau- od. Pferdebohne
Fabiána, f, Solanac.: n. Francis-
co Fabian y Fuero (1719–
1801), span. Geistl. (Bishof v.
Valencia) u. Förd. d. Bot.
Fachéiroa, f, Crassulac.: v.
Fascheiro, brasilian. N. d. Säu-
lenkakteen abgel.
Fadyénia, f, Aspidiac.: n. James
MacFadyen (1798–1850), engl.
Bot.
Fagónia, f, Zygophyllac.: n.
Gui-Crescent Fagon (1638–
1718), franz. Geistl. u. Bot.
Fagopýrum, n, Polygonac.: lat.
fagus = Buche, u. *pyros* = Wei-
zen; (Buchweizen)
Fagraéa, f, Loganiac.: n. Johan
Theodor Fagraeus (1729–97),
schwed. Arzt u. Bot.
Fágus, f, Fagac.: röm. Name d.
Buche
Falcária, f, Umbelliferae: lat.
falx, falcis = Sichel; (Sichel-
möhre)

Fálkia, f, Convolvulac.: n. Johan P. Falk (1730–74), schwed. Bot. (in Rußland)

Fallúgia, f, Rosac.: n. Virgilio Fallugi, florent. bot. Schriftsteller (Ende 17. Jahrh.)

Farfúgium, n, Compositae: röm. N. eines Lattichs, möglicherw. v. lat. *far* u. *fugere* = verdrängen abgel.

Farsétia, f, Cruciferae: n. Filippo A. Farseti, venetian. Bot., 18. Jahrh.; (Schildkresse)

Fasciculária, f, Bromeliac.: v. lat. *fasciculus* = Bündel

Fatshédera, f, Araliac.: Gttgsn. *Fátsia* × *Hédera*

Fátsia, f, Araliac.: v. Fatsi abgel., japan. N. d. Zimmeraralie

Faucária, f, Mesembryanthemac.: lat. *faux, fauces* = Schlund, Rachen

Fédia, f, Valerianac.: Ableitung ungeklärt; (Feldsalat)

Feijóa, f, Myrtac.: wahrscheinl. n. Jão da Silva Feijoa, portug. Bot. in Brasilien (Ende 18./ Anf. 19. Jahrh.)

Felícia, f, Compositae: angebl. n. einem Herrn Felix, Regensburger Leagtionsrat († 1846)

Féndlera, f, Saxifragac. (Philadelphac.): n. August Fendler (1813–83), dtsch. Pflanzensammler in Amerika; (Texan. Felsenbirne)

Fendlerélla, f, Philadelphac.: Diminutiv zu *Féndlera*

Fenestrária, f, Mesembryanthemac.: lat. *fenestra* = Fenster (Durchsichtigkeit?)

Fénzlia, f, Polemoniac. u. Myrtac.: n. Eduard Fenzl (1808–79), Österr. Bot.

Ferdinánda, f, Compositae: wohl (?)n. Ferdinand (= Fern-

ando) VII. (1784–1833), König v. Spanien

Ferocáctus, m, Cactac.: lat. *ferus* = wild, od. stark-bewehrt, u. Gattgsn. *Cáctus*

Ferónia, f, Rutac.: zu Ehren d. gleichnam. röm. Göttin d. Wälder u. Blumen

Feroniélla, f, Rutac.: Diminutiv zu *Ferónia*

Ferrária, f, Iridac.: n. Giovanni Battista Ferrari (1584–1655), ital. Bot.

Férula, f, Umbelliferae: lat. *ferula* für das Ruten- od. Stekkenkraut

Festúca, f, Gramineae: lat. für Halm, od. Schwingel

Fibígia, f, Cruciferae: n. J. Fibig († 1792), dtsch. Artz u. Naturwissenschaftler; (Schildkresse)

Ficária, f, Ranunculac.: wahrsch. v. *ficus* = Feige abgel., der feigenähnl. Knöllchen wegen; (Feigwurz)

Fícus, f, Morac.: röm. N. d. Feige

Filágo, f, Compositae: v. lat. *filum* = Faden abgel.; (Fadenkraut)

Filícium, n, Sapindac.: v. lat. *filix, filicis* = Farn abgel.; (Flügelblatt)

Filipéndula, f, Rosac.: lat. *filum* = Faden, u. *pendulus* = hängend; (Spierstaude)

Fimbristýlis, f, Cyperac.: lat. *fimbria* = Franse, u. gr. *stylos* = Griffel; (Fransenbinse)

Firmiána, f, Sterculiac.: n. Karl Josef v. Firmian (1716–82), österr. Gouverneur d. Lombardei u. Förd. d. Bot.

Fittónia, f, Acanthac.: n. d. engl. Schwestern Elizabeth u. Sarah Mary (c. 1810–60)

Fitton, Ladygärtner u. Autoren

Fitzroÿa, f, Cupressac.: n.d. brit. Admiral Robert Fitzroy (1805–65), Leiter d. „Beagle"-Expedition (mit Darwin); (chil.: Alerce)

Flacoúrtia, f, Flacourtiac.: n. Etienne de Flacourt (1607–60), franz. wiss. Schriftsteller u. Gouverneur v. Madagascar

Florésia, f, Cactac.: angebl. n. einem Personennamen

Fluéggea, f, Euphorbiac.: n. Johann Flügge (1775–1816), dtsch. Arzt u. Bot.

Fóckea, f, Asclepiadac.: angebl. n. G. W. Focke, dtsch. Arzt u. Bot. (Mitte 19. Jahrh.)

Foenículum, n. Umbelliferae: röm. N. d. Fenchels

Fokiénia, f, Cupressac.: aus d. chines. Prov. Fo-kien (jetzt Fujien) beschrieben

Fontanésia, f, Oleac.: n. Réné Louiche Desfontaines (1750–1833), franz. Bot.

Forestiéra, f, Oleac.: n. Charles Le Forestier (Leforestier), franz. Arzt u. Naturforscher (Anf. 19. Jahrh.)

Forréstia, f, Commelinac.: n. Thomas Forrest (c. 1729–1802), engl. Matrose, der in SO-Asien z. Pflanzensammler wurde

Forsskaólea *(Forskóhlea, Forsskálea, Forskálea* etc.), f. Urticac.: n. Per (Peter Forsskål (Forskol), schwed.-finn. Bot., um 1732–63

Forsýthia, f, Oleac.: n. William Forsyth (1737–1804), schott. Gärtner u. Autor; (Goldglöckchen)

Fortuneária, f, Hamamelidac.: n. Robert Fortune (1812–80),

schott. Chinareisender u. Sammler

Fortunélla, f, Rutac.: wie vor

Fothergílla, f, Hamamelidac.: n. John Fothergill (1712–80), engl. Arzt u. Gartenfreund; (Federbuschstrauch)

Fouquiéria, f, Fouqieriac.: n. Pierre Edouard Fouquier (c. 1776–1850), franz. Arzt; (Kerzenstrauch, Ocotillastrauch)

Fourcraéa (u. *Fourcroya*), f. Agavac.: s. *Furcraéa*

Fragária, f, Rosac.; v. lat. *fraga* = Erdbeere

Frailea, f, Cactac.: n. Manuel Fraile (geb. 1850), span.- nordamer. Kakteenspezialist

Francíscea, f, Solanac.: n. Franz II, (1768–1835), Kaiser v. Österreich u. Förd. d. Wiss.

Francóa, f, Sacifragac. (Francoac.): n. Francisco Franco, span. Arzt u. Bot. (Valencia, 16. Jahrh.)

Frángula, f, Rhamnac.: lat. *frangere* = brechen; (Faulbaum)

Frankénia, f, Frankeniac.: n. Johan Frankenius (1590–1661), schwed. Arzt u. Bot.

Frásera, f, Gentianac.: n. John Fraser (1750–1811), schott. Gärtner u. Pflanzensammler (in Nordamerika)

Fráxinus, f, Oleac.: röm. N. d. Esche

Fréesia, f, Iridac.: n. Friedrich Heinrich Theodor Freese († 1876), Dtsch. Arzt (Kiel) u. Freund Ecklons

Frégea, f, Orchidac.: angebl. n.d. Leipziger Kammerrat Frege (19. Jahrh.)

Fremóntia, f, Sterculiac.: n. John Charles Frémont

(1813–90), nordamer. Offizier u. Entdecker

Frérea, f, Asclepiadac.: n. Sir Henry Bartle Frere (1815–84), Verwaltungsbeamter in Indien u. Südafrika, u. Pflanzensammler

Freycinétia, f, Pandanac.: n. Louis Claude de Saulses de Freycinet (1779–1842), franz. Seemann u. Entdeckungsreisender

Fríthia, f, Mesembryanthemac.: n. Frank Frith (1872–1954), engl.-südafrikan. Gärtner u. Sammler

Fritillária, f, Liliac.: v. lat. *fritillus* = Würfelbecher; (Schachblume, Kaiserkrone)

Froelíchia, f, Amaranthac.: n. Joseph Aloys Froelich (c. 1766–1841), dtsch. Arzt u. Naturwissenschaftler

Fúchsia, f, Onagrac.: n. Leonhart Fuchs (1501–66), dtsch. Arzt u. Bot.

Fumána, f. Cistac.: Ableitung unsicher; (Heideröschen)

Fumária, f, Fumariac.: v. lat. *fumus* = Rauch abgel.; (Erdrauch)

Fúnkia, f, Liliac.: n. H. Chr. Fun(c)k, 1771–1839, dtsch. Apotheker

Furcraéa, f, Agavac.: n. Antoine François Fourcroy (1755–1809), franz. Chemiker u. Politiker

G

Gágea, f, Liliac.: n. Sir Thomas Gage (1781–1820), brit. Magistrat u. Förd. d. Wiss.; (Gelbstern)

Gaillárdia, f, Compositae: n. Gaillard de Charentonneau,

franz. Adliger u. Förd. d. Wiss. (Ende 18. Jahrh.); (Kokardenblume)

Galactodéndron, n. Morac.: gr. *galaktos* = Milch, u. *dendron* = Baum; (Milch- od. Kuhbaum)

Galánthus, m, Amaryllidac.: gr. *gala* = Milch, u. *anthos* = Blüte; (Schneeglöckchen)

Gálax, f. Diapensiac.: wie vor, auf Milch od. schneeweiß bezogen; (Bronzeblatt)

Galáxia, f, Iridac.: wie vor

Gálbanum, n, Umbelliferae: röm. Pfl.-N.; (Mutterharzbaum)

Galeándra, f, Orchidac.: lat. *galea* = Helm, u. *andros* = männl. Organ

Galéga, f, Fabac.: anschein. v. „Gallisches Kraut" *(herba galega)* übernommen; (Geißraute)

Galeóbdolon, m, Labiatae: röm. N. einer „Nessel", v. gr. *gale* = Wiesel u. *bdalos* = Gestank; (Goldnessel)

Galeopsis, f, Labiatae: wie vor u. *opsis* = Aussehen; (Hohlzahn, Taubnessel)

Galeórchis, f, Orchidac.: lat. *galea* = Helm, u. Gttgsn. *Orchis;* (Helmorche)

Galeóttia, f, Orchidac.: n. Henri-Guillaume Galeotti (1814–58), belg. Bot.

Galinsóga,, f, Compositae: n. Mariano Martínez de Galinsoga (1766–97), span. Arzt u. Bot.

Gálium, n, Rubiac.: gr. *gala* = Milch (z. Gerinnen d. Milch genutzt); (Labkraut)

Galphímia, f, Malpighiae: Anagramm zu (s.) *Malpighia*

Galtónia, f, Liliac.: n. Sir Francis Galton (1822–1911), engl.

Afrika-Forscher; (Sommerhyazinthe)
Gamólepis, f, Compositae: gr.
gamos = Ehe, Verbindung, u.
lepis = Schuppe
Garcínia, f, Clusiac.: n. Laurent
Garcin (1683–1751), franz.
Bot.
Gardénia, f, Rubiac.: n.
Alexander Garden (1730–91),
schott.-nordamer. Arzt u.
Naturwiss.
Gárrya, f, Garryac.: n. Nicholas
Garry, Sekr. d. Hudson Bay
Co., Anf. 19. Jahrh.; (Becherkätzchen)
Gasterhawórthia, Gttgs. Bastard: *Gastéria* × *Hawórthia*
Gastéria, f, Liliac.: gr. *gaster* =
Bauch (d. bauchigen Blüten
wegen)
Gastrochílus, m, Orchidac.:
wie vor u. *cheilos* = Lippe
Gastrólea, f, Liliac.: ansch.
Hybride: *Gastéria* × *Aloë*
Gaudínia, f, Graminae: n.
J.F.G.Ph. Gaudin (1766–1833),
schweiz. Geistl. u. Bot.
Gaulthéria, f, Ericac.: n.
Jean-François Gaulthier
(c. 1708–56), franz. Arzt u.
Bot. in Kanada; (Scheinbeere)
Gaulthéttia, Gttgs. Bastard:
Gaulthéria × *Pernéttya*
Gáura, f, Onagrac.: gr.
gauros = prächtig; (Prachtkerze)
Gáya, f, Malvac.: n. Jacques
Gay (1786–1864), franz. Bot.
Gaylussácia, f. Ericac.: n.
Joseph Louis Gay-Lussac
(1778–1850), franz. Chemiker;
(Buckelbeere)
Gazánia, f, Compositae: n.
Theodoros Gazes (1398–1478),
byzant. Humanist u. Übersetzer

Geissorrhíza, f, Iridac.: gr.
geisson = Ziegel, u. *rhiza* =
Wurzel
Geitonoplésium, n, Liliac.: gr.
geiton = Nachbar, u. *plesion* =
nahebei
Gelsémium, n, Loganiac.: v.
ital. *gelsomino,* N. d. Jasmin
abgel.; Jasminwurzel
Genísta, f, Fabac.: röm. N.
einer Ginster-Art
Genistélla, f, Fabac.: Diminutiv
zu *Genísta;* (Flügelginster)
Gentiána, f, Gentianac.: n.
König Gentius (Genthios) v.
Illyrien (altes balkan. Reich),
etwa 180–68 v.Chr. (?) genannt; (Enzian)
Gentianélla, f, Gentianac.:
Diminutiv zu *Gentiána*
Geogenánthus, m, Commelinac.: gr. *ge* = Erde, *genes* =
entstanden, u. *anthos* = Blüte
Geónoma, n, Palmae: gr. *geonomos* = „Ackerkundiger"
Georgína, f, Compositae: n.
Johann Gottlieb (Iwan Iwanowitsch) Georgi (1729–1802),
russ. Ethnograph
Geránium, n, Geraniac.: gr.
geranos = Kranich (Schnabel = Fruchtform!); (Storchschnabel)
Gerárdia, f, Scrophulariac.: n.
John Gerard(e), engl. Arzt u.
Bot. (c. 1545–1612)
Gérbera, f, Compositae: n.
Traugott Gerber († 1743),
dtsch. Arzt u. Pflanzensammler (in Rußland)
Gesnéria, f, Gesneriac.: n.
Konrad Gesner (1516–65),
schweiz. Arzt u. Naturforscher
Géum, n, Rosac.: röm. N. d.
Nelkenwurz
Gevuína, f, Proteac.: n. d.
chilen. N. des Baumes
Gíbasis, n, Commelinac.:

wahrsch. Phantasiename,
ohne Klärung
Gibbaéum, n, Mesembryanthemac.: v. lat. *gibbus* = Buckel,
höckrig abgel.
Gigantóchloa, f, Gramineae:
gr. *gigantis* = Riese, u. *chloë*
= Gras; (Riesenbambus)
Gília, f, Polemoniac.: anschein.
n. Felipe Luis Gil (1756–1821),
span. Bot.
Gillénia, f, Rosac.: n. Arnold
Gille (Gillenius), dtsch. Arzt
u. Bot. (17. Jahrh.); (Dreiblatt-
spiere)
Gínkgo,, f, Ginkgoac.: krit. u.
diskutierter Name d. Mäd-
chenhaarbaums, v. japan.
gin = Silber u. *kyo* = Aprikot,
od. direkt v. chines. *kin-ko* =
Goldfruchtbaum abgel.
Gladíolus, m, Iridac.: Diminu-
tiv z. lat. *gladius* = Schwert;
(Schwertlilie)
Glandulicáctus, m, Cactac.: lat.
glandula = Drüse, u. Gttgsn.
Cáctus
Glaucídium, n, Ranunculac.:
Diminutiv z. folgender Art;
(Schöllkraut)
Glaúcium, n, Papaverac.: gr.
glaukion = bläul.- schim-
mernd; (Hornmohn)
Glaux, f, Primulac.: röm. N.
einer milchtreibenden Pfl.;
(Milchkraut)
Glazióva, f, Palmae: n. A. F. M.
Glaziou (1828–1906), franz.-
brasilian. Bot.
Gléchoma, n, Labiat.: gr.
glechon = N. einer Art Minze;
(Gundermann)
Gledítsia, f, Caesalpiniac.: n.
Johann Gottlieb Gleditsch
(1714–86), dtsch. Bot. (Berlin);
(Gleditschie)
Gleichénia, f, Gleicheniac.: n.
Friedrich-Wilhelm v. Gleichen

(1717–83), dtsch. Offizier u.
Naturwiss.
Glóbba, f, Zingiberac.: v. indo-
nes. *galoba* (Pfl.–N.) abgel.
Globulária, f, Globulariac.:
Diminutiv z. lat. *globus* =
Kugel; (Kugelblume)
Globúlea, f, Crassulac.: lat.
„Kügelchen" (s. oben)
Glochídion, n, Euphorbiac.:
Diminutiv z. gr. *glochin* =
Spitze
Gloriósa, f, Liliac.: v. lat. *glo-
riosus* = ruhmvoll; (Ruhmes-
krone)
Glossopétalon, n, Celastrac.:
gr. *glossa* = Zunge, u.
petalon = Kronblatt
Glottiphýllum, n, Mesembryan-
themac.: wie vor u. *phyllon* =
Blatt
Gloxinéra, Gttgs. Bastard: *Glo-
xínia* × *Rechsteinéria*
Gloxínia, f, Gesneriac.: n. Ben-
jamin Peter Gloxin († 1784),
anschein. dtsch. Arzt u. Bot.
Glycéria, f, Gramineae: v. gr.
glykeros = süß abgel.; (Schwa-
den)
Glycíne, f, Fabac.: wie oben
(Sojabohne)
Glycósmis, f, Rutac.: wie vor u.
osme = Duft
Glycyrrhíza, f, Fabac.: wie vor
u. *rhiza* = Wurzel; (Süßholz)
Glyptóstrobus, m, Taxodiac.:
gr. *glyptos* = gestichelt, gra-
viert, u. *strobos* = Wirbel,
Zapfen
Gmelína, f, Verbenac.: d.
Tübinger Gelehrtenfamilie
Gmelin (18. Jahrh.) gewidmet
Gnaphálium, n, Compositae:
gr. *gnaphalon* = Filz, Wolle;
(Ruhrkraut)
Gnétum, n, Gnetac.: Abteilung
unsicher
Gnídia, f, Thymelaeac.: angebl.

aus Gnidus (= Knidos) in Karien, Kleinasien stammend
Godétia, f, Onagrac.: n. Charles H. Godet (1797–1879), schweiz. Bot.
Goéthea, f, Malvac.: Johann Wolfgang v. Goethe (1749–1832), dtsch. Poeten gewidmet
Goldfússia, f, Acanthac.: n. Georg August Goldfuß (1782–1848), dtsch. Zoologe
Gomésa, f, Orchidac.: n. Bernardino Gomes (1769–1823), port.-brasil. Arzt u. Naturforscher
Gompholóbium, n. Fabac.: gr. *gomphos* = Pflock, Nagel, u. *lobos* = Lappen, od. Hülse
Gomphréna, f, Amaranthac.: wahrsch. v. *gomphos* (s. oben) umgebildet; (Kugelamaranth)
Gonatánthus, m, Arac.: gr. *gony* = Knie, Winkel, u. *anthos* = Blüte
Gonátopus, f, Arac.: wie vor u. *pous* = Fuß
Góngora, f, Orchidac.: n. Antonio Caballero y Góngora (1740–1818), Vizekönig v. Neugranada (heute Kolumbien)
Goniophlébium, n, Polypodiac.: gr. *gony* = Knie, Winkel, u. *phlebos* = Ader (auf die Aderung bezogen)
Gonioscýpha, f, Liliac.: wie vor u. *skyphos* = Becher
Gonólobus, m, Asclepiadac.: wie vor u. *lobos* = Lappen, Hülse
Goodénia, f, Goodeniac.: n. Samuel Goodenough (1743–1827), engl. Bischof u. Bot.
Goodia, f, Fabac.: n. Peter Good († 1803), schott. Pflanzensammler
Goodyéra, f, Orchidac.: n. John

Goodyer (1592–1664), engl. Pflanzensammler u. Übersetzer; (Netzblatt)
Gordónia, f, Theac.: n. James Gordon (1708–80), engl. Pflanzenzüchter
Gossýpium, n, Malvac.: v. gr. *gossypion,* klass. N. einer Art Baumwollstaude
Grammángis, f, Orchidac.: v. gr. *gramma* = Buchstabe, Schrift abgel.
Grammánthes, f, Crassulac.: wie vor u. *anthos* = Blüte
Grammatocárpus, m, Loasac.: wie vor u. *karpos* = Frucht
Grammatophýllum, n, Orchidac.: wie vor u. *phyllon* = Blatt
Graphéphorum, n, Gramineae: wahrsch. v. gr. *graphein* = schreiben (od. *graphe* = Schrift) u. *phoros* = tragen
Graphórkis, f, Orchidac.: wie vor u. Gttgsn. *Órchis*
Graptopétalum, n, Crassulac.: gr. *graptos* = bemalt, u. *petalon* = Kronblatt
Graptophýllum, n, Acanthac.: wie vor u. *phyllon* = Blatt
Grátiola, f, Scrophulariac.: Diminutiv zum lat. *gratia* = Gnade; (Gnadenkraut)
Gravésia, f, Melastomatac.: n. C. L. Graves, franz. Pflanzensammler (19. Jahrh.)
Gravísia, f, Bromeliac.: n. Auguste Gravis (1857–1937), belg. Bot.
Graya, f, Chenopodiac.: n. Asa Gray (1810–88), nordamer. Bot.
Greenóvia, f, Crassulac.: n. George Bellas Greenough (1778–1855), engl. Geologe
Greígia, f, Bromeliac.: n. Samuel Alexeivich Greig (1827–87), russ. General u. Präs. d. Gartenbaues.

Grevíllea, f, Proteac.: n. Robert Kaye Greville (1794–1866), schott. bot.; (Silbereiche)

Gréwia, f, Tiliac.: n. Nehemiah Grew (1641–1712), engl. Arzt. u. Bot.

Greýia, f, Melianthac.: n. Sir George Grey (1812–98), brit. Forscher u. Kolonialpolitiker

Griffínia, f, Amaryllidac.: n. William Griffin († 1827), engl. Gärtner u. Sammler

Grindélia, f, Compositae: n. David Hieronymus Grindel (c. 1776–1836), balt. Arzt u. Bot.

Griselínia, f, Cornac. (Griseliniac.): n. Francesco Griselini (1717–83), Venetian. Naturforscher

Grossulária, f, Grossulariac.: wahrsch. v. lat. *grossulus* = kleine unreife Feige abgel.; (Stachelbeere)

Grusónia, f, Cactac.: n. Hermann Gruson (1821–95), dtsch. Industrieller u. Kakteenfreund

Guaiácum, n, Zygophyllac.: v. *guayaco,* westind. (?) Vulgärname abgel.; (Guajakbaum)

Guazúma, f, Sterculiac.: v. einem mexikan. Volksnamen abgel.

Guevína, f, Proteac.: s. *Gevuína*

Guizótia, f, Compositae: n. François Pierre-Guillaume Guizot (1787–1874), franz. Politiker u. Historiker

Gúnnera, f, Gunnerac.: n. Johan Ernst Gunnerus (1718–73), norweg. Bischof u. Bot.

Guránia, f, Cucurbitac.: Anagramm, aus *Angúria* gebildet

Gutierrézia, f, Compositae: n. Pedro Gutiérrez, span. Bot. (Ende 18. Jahrh.)

Guzmánia, f, Bromeliac.: n. Anastasio Guzmán, span. Pflanzensammler (18./19. Jahrh.)

Gymnadénia, f, Orchidac.: gr. *gymnos* = nackt, u. *aden* = Drüse; (Händelwurz)

Gymnanthocéreus, m, Cactac.: wie vor u. *anthos* = Blüte sowie Gttgsn. *Céreus*

Gymnocáctus, m, Cactac.: wie vor u. Gttgsn. *Cáctus*

Gymnocalýcium, m, Cactac.: wie vor u. *kalykion* = kleiner Kelch

Gymnocárpium, f, Aspidiac.: wie vor u. *karpos* = Frucht

Gymnocéreus, m, Cactac.: wie vor u. Gttgsn. *Céreus*

Gymnócladus, f, Caesalpiniac.: wie vor u. *klados* = Zweig; (Geweihbaum)

Gymnográmme, f, Cryptogrammac.: wie vor u. *gramme* = Schrift, od. Strich

Gymnópteris, f, Hemionitidac.: wie vor u. *ptéris* = Farn

Gymnospória, f, Celastrac.: wie vor u. *spora* = Spore, od. Same

Gymnóstachys, f, Arac.: wie vor u. *stachys* = Ähre

Gymnostáchyum, n, Acanthac.: v. obensteh. abgel. (ohne Brakteolen)

Gymnóthrix, f, Gramineae: wie vor u. *thrix* = Haar

Gynandríris, n, Iridac.: gr. *gynandros* = zwittrig, u. Gttgsn. *Iris*

Gynandrópsis, f, Capparidac.: wie vor u. *opsis* = Aussehen

Gynérium, n, Gramineae: gr. *gyne* = Weib, weibl., u. *erion* = Wolle, f. eine Art Pampasgras

Gynúra, f, Compositae: wie vor u. *oura* = Schweif

Gypsóphila, f, Caryophyllac.:

gr. *gypsos* = Gips, u. *philos* = Freund; (Gipskraut, Schleierkraut)

H

Haageocéreus, m, Cactac.: n. Walter Haage (geb. 1899), dtsch. Kakteenforscher u. Züchter

Habenária, f, Orchidac.: lat. *habena* = Zügel; (Riemenlippe)

Habérlea, f, Gesneriac.: n. Karl Konstantin Haberle (1764–1832), österr.-ungar. Bot.

Hablítzia, f, Chenopodiac.: n. Carl Ludwig v. Hablitz (1752–1821), preuß.-russ. Verwaltungsbeamter u. Pflanzensammler

Habránthus, m. Amaryllidac.: gr. *habros* = zart, reizvoll, u. *anthos* = Blüte

Habrothámnus, m, Solanac.: wie vor u. *thamnos* = Strauch

Hacquétia,, f, Umbelliferae: n. Balthasar Hacquet (1740–1815), österr. Arzt u. Naturforscher franz. Herkunft; (Schaftdolde)

Haemadíctyon, m, Apocynac.: gr. *haima* = Blut, y. *diktyon* = Netz

Haemánthus, m, Amaryllidac.: wie vor u. *anthos* = Blüte; (Blutblume)

Haemária, f, Orchidac.: wie vor, mit ableitendem Suffix *arius;* (Blutstendel)

Haematóxylon, n, Caesalpiniac.: wie vor u. *xylon* = Holz; (Blutholzbaum, Campecheholz)

Haemodórum, n, Haemodorac.: wie vor u. *doron* = Gabe, Geschenk

Hagénia,, f, Rosac.: n. Carl

Gottfried Hagen (1749–1829), dtsch. Arzt u. Bot.; (Kosobaum)

Hákea, f, Proteac.: n. Baron Christian Ludwig v. Hake (1745–1818), hannov. Minister u. Förd. d. Bot.

Halenbérgia, f, Mesembryanthemac.: v. Halenberg (bei Lüderitz), in SW-Afrika beschrieben

Halénia, f, Primulac.: wohl n. Jonathan Halen, Bot. aktiv in Ostasien (18. Jahrh.)

Halésia, f, Styracac.: n. Stephen Hales (1677–1761), engl. Geistl. u. Naturwiss.; (Schneeglöckchenbaum)

Halimiocístus, Gttgs.–Bastard: *Halímium* × *Cístus*

Halímium, n, Cistac.: v. gr. *halimos* = salzhaltig abgel.

Halimodéndron, n, Fabac.: wie vor u. *dendron* = Baum; (Salzstrauch)

Halléria, f, Scrophulariac.: n. Albrecht v. Haller (1708–77), dtsch.-schweiz. Arzt, Poet u. Naturwiss.

Halorágis (Halorrhágis), f, Haloragac.: gr. *hals, halos* = Salz (od. auch Meer), u. *rhax, rhagos* = Beere; (Seebeere)

Halóxylon, n, Chenopodiac.: wie vor u. *xylon* = Holz; (Saxaul)

Hamamélis, f, Hamamelidac.: gr. *hama* = zugleich, gleichzeitig, u. *melis* = Apfel(baum), od. gr. N. f. eine (nicht verwandte) Pflanze; (Zaubernuß)

Hamatocáctus, m, Cactac.: gr. *hamatus* = hakig, mit Haken, u. Gttgsn. *Cáctus*

Hamélia, f, Rubiac.: n. Henri Louis du Hamel (Duhamel) du Monceau (1700–82), franz. Autor u. Naturwiss.

Hammárbya, f, Orchidac.:
Hammarby, dem Gutshof
Linnés (bei Uppsala)
gewidmet

Haplopáppus, m, Compositae:
gr. *haplos, haplous* = einfach,
u. *pappus* = Haarkrone

Haplophýllum, n, Rutac.: wie
vor u. *phyllon* = Blatt

Hardenbérgia, f, Fabac.: n.
Gräfin Franziska v. Harden-
berg, Schwester d. Reisenden
u. Sammlers Baron v. Hügel
(1796–1870)

Harióta, f, Cactac.: s. *Hatióra*

Harpálium, n, Compositae: gr.
harpaleos = gierig, raffend

Harpephýllum, n, Anacardiac.:
gr. *harpe* = Sichel, u. *phyllon*
= Blatt

Harrísia, f, Cactac.: n. William
Harris (1860–1920), engl.
Gartendirektor in Jamaica

Hartwégia, f, Orchidac.: n. Karl
Theodor Hartweg (1812–71),
dtsch. Pflanzensammler
(Amerika) in engl. Diensten

Haseltónia, f, Cactac.: n. Scott
E. Haselton, nordamer.
Kakteenkenner u. Hrsg.
(20. Jahrh.)

Hastíngia, f, Liliac.: n. S.
Clinton Hastings, nordamer.
Bot. (um 1875)

Hatióra, f, Cactac.: Anagramm
aus *Harióta*, n. Thomas
Hariot (1560–1621), engl.
Naturforscher

Hawaiiára, f, Orchidac.: den
Hawaii-Inseln gew.

Hawórthia, f, Liliac.: n. Adrian
Hardy Haworth (1768–1833),
engl. Entomol. u. Bot.

Hébe, f, Scrophulariac.: Hebe,
griech. Göttin d. Jugend gew.

Hebeclínium, n, Compositae:
gr. *hebe* = Flaum, Behaarung,
u. *kline* = Bett, Lager

Hebenstreítia, f,
Scrophulariac.: n. Johann
Ernst Hebenstreit
(c. 1702–57), dtsch. Arzt
u. Naturforscher

Héchtia, f, Bromeliac.: n. J. G.
H. Hecht († c.1837), preuß.
Staatsmann u. Förd. d. Wiss.

Hedeósma, f, Labiatae: gr.
hedys = süß, u. *osme* = Duft;
(Amerikan. Polei)

Hédera, f, Araliac.: röm. N. des
Efeus

Hedraeánthus, m,
Campanulac.: s. *Edraiánthus*

Hedýchium, n, Zingiberac.: gr.
hedys = Süß u. *chion* =
Schnee, d. weißen u.
duftenden Blüten wegen

Hedyótis, f, Rubiac.: wie vor u.
otos = Ohr; (Ohrkraut)

Hedýsarum, n, Fabac.: gr.
hedysaron = N. eines
Schotengewächses;
(Hahnenkopf, Süßklee)

Hedýscepe, f, Palmae: gr.
hedys = süß, u. *skepe* =
Decke, Hülle

Heéria, f, Melastomatac.: n.
Oswald Heer (1809–83),
schweiz. Bot.

Heímia, f, Lythrac.: n. Ernst
Ludwig Heim (1747–1834),
Berliner Arzt u. Amateur-
forscher

Helénium, n, Compositae: gr.
helenion, angebl. einer Helena
von Troya gew. Pfl.;
(Sonnenbraut)

Heleócharis, f, Cyperac.: s.
Eleócharis

Heleóchloa, f, Gramineae: gr.
helos = Sumpf, u. *chloë* =
Gras, frisches Grün;
(Sumpfgras)

Heliabrávoa, f, Cactac.: n.
Helia Bravo-Hollis, mexikan.
Kakteenforscherin (20. Jahrh.)

111

Heliámphora, f, Sarraceniac.: anschein. doch zum gr. *helios* = Sonne u. *amphoreus* = Krug

Helianthélla, f, Compositae: Diminutiv zu *Heliánthus*

Heliánthemum, n, Cistac.: gr. *helios* = Sonne, u. *anthemon* = Blume; (Sonnenröschen)

Helianthocéreus, m, Cactac.: viell. (?) aus *Heliánthus* u *Céreus* gebildet

Heliánthus, m, Compositae: gr. *helios* = Sonne, u. *anthos* = Blüte; (Sonnenblume)

Helichrýsum, n, Compositae: wie vor u. *chrysos* = Gold; (Strohblume)

Helicodíceros, m, Arac.: gr. *helix* = Spirale, *dis* = doppelt, u. *keras* Horn; (Hornwurz)

Helicónia, f, Musac. (Heliconiac.): v. Berge Helikon in Böotien (Griechenland), Sitz der Musen

Helicophýllum, n, Arac.: gr. *helix* = Spirale, u. *phyllon* = Blatt

Helictótrichon, n, Gramineae: gr. *heliktos* = gewunden, u. *thrix* = Haar; (Wiesenhafer)

Heliocéreus, m, Cactac.: gr. *helios* = Sonne, u. Gttgsn. *Céreus*

Helióphila, f, Cruciferae: wie vor u. *philos* = Freund; (Sonnenfreund)

Heliópsis, f, Compositae: wie vor u. *opsis* = Aussehen; (Sonnenauge)

Heliospérma, n, Caryophyllac.: wie vor u. *sperma* = Same; (Strahlensame)

Heliotrópium, n, Boraginac.: wie vor u. *trepein* = winden bzw. sich der Sonne zuwenden; (Heliotrop, Sonnenwende)

Helípterum, n, Compositae: wie vor u. *pteron* = Flügel; (Sonnenflügel)

Helléborus, m, Ranunculac.: gr. N. einer Art d. Gattung; (Nieswurz)

Helminthóstachys, f, Ophioglossac.: gr. *helminthos* = Wurm, u. *stachys* = Ähre

Helódea, f. Hydrocharitac.: s. *Elódea*

Helónias, f, Liliac.: v. gr. *helos* = Sumpf (Standort!) abgel.

Heloniópsis, f, Liliac.: Gttgsn. *Helónias*, u. *opsis* = Aussehen

Helosciádium, n, Umbelliferae: gr. *helos* = Sumpf, u. *skiadion* = Schirmdach

Helwíngia, f, Cornac. (Helwingiac.): n. Georg Andreas Helwing (1666–1748), dtsch. Geistl. u. Naturforscher

Helxíne, n, Urticac.: gr. N. einer verwandten Pflanze, angebl. v. *helkein* = zerren, schleifen abgel.; (Bubiköpfchen)

Hemerocállis, f, Liliac.: gr. *hemera* = Tag, u. *kallos* = Schönheit; (Taglilie)

Hemígraphis, f, Acanthac.: gr. *hemi* = halb, u. *graphis* = Schrift, od. Pinsel

Hemionítis, f, Hemionitidac.: vom gr. *hemionos* = Maulesel abgel.

Hemiphrágma, n, Scrophulariac.: gr. *hemi* = halb, u. *phragma* = Zaun, od. Scheidewand

Hemiptélia, f, Ulmac.: wie vor u. *ptelea* = Ulme; (Dornrüster)

Hemitélia, f, Cyatheac.: wie vor u. *telia* = Decke, Dach

Hepática, f, Ranunculac.: v. gr.

hepatos = Leber abgel.;
(Leberblümchen)
Heracléum, n, Umbelliferae:
gr. Pfl.-N., dem Herakles
(Herkules) gew.; (Bärenklau)
Herbértia, f, Iridac.: n. William
Herbert (1778–1847), engl.
Geistl. u. Bot.
Heréroa, f, Mesembryan-
themac.: den Hereros, Volk-
stamm SW-Afrikas gew.
Heritiéra, f, Sterculiac.: n.
Charles-Louis L'Héritier de
Brutelle (1746–1800), franz.
Bot.; (Brettbaum)
Hermánnia, f, Sterculiac.: n.
Paul Hermann (1640 od.
46–95), holländ. Arzt u. Bot.
Hermínium, n, Orchidac.: gr.
hermis, herminos = Stütze,
Pfosten
Hermodáctylus, m, Iridac.: gr.
Hermes = N. d. Götterboten
(auch Merkur genannt), u.
daktylos = Finger; (Wolfs-
schwertel)
Herniária, f, Caryophyllac.: v.
lat. *hernia* = Leistenbruch
abgel.; (Bruchkraut)
Herpéstis, f, Scrophulariac.: gr.
herpein = kriechen (Habitus!)
Hérrea, f, Mesembryan-
themac.: n. Adolar Gottlieb
Julius („Hans") Herre
(1895–1979), dtsch.-südafr.
Gärtner u. Sammler
Herreánthus, m, Mesembryan-
themac.: wie vor u. *anthos* =
Blüte
Herschélia, f, Orchidac.: n. Sir
John Frederick William
Herschel (1792–1871), engl-
südafr. Naturforscher u.
Astronom
Hértia, f, Compositae: n.
Johann Chr. Hert(ius), dtsch.
Bot. (18. Jahrh.)
Hertrichocéreus, m, Cactac.: n.

William Hertrich (1878–1966),
nordamer. Bot. u. Gartendirektor, u. *Céreus* = Gttgsn.
Hesperáloë, f, Agavac.: gr.
hespera = Abend, od. Westen,
u. Gttgsn. *Aloë*
Hesperántha, f, Iridac.: wie vor
u. *anthos* = Blüte (die sich
gegen Abend öffnet!)
Hésperis, f, Cruciferae: wie vor,
od. *hesperos* = abendlich;
(Nachtviole)
Hesperomécon, n, Papaverac.:
wie vor u. *mekon* = Mohn;
(Abendmohn)
Hesperoyúcca, f, Liliac.: wie
vor u. Gttgsn. *Yúcca*
Heteranthéra, f, Pontederiac.:
gr. *heteros* = verschieden, u.
anthera = Staubgefäße
Heterocéntron, n, Melastoma-
tac.: wie vor u. *kentron* =
Sporn
Heteropáppus, m, Composi-
tae: wie vor u. *pappus* =
Haarkrone
Heterótoma, n, Campanulac.:
wie vor u. *tome* = Schnitt bzw.
ungleich geschnitten
Heterótrichum, n, Melasto-
matac.: wie vor u. *thrix, trichos*
= Haar
Heúchera, f, Saxifragac.: n.
Johann Heinrich v. Heucher
(1677–1747), dtsch.-österr.
Arzt u. Bot.; (Purpur-
glöckchen)
Heucherélla, f, Saxifragac., f. d.
Gttgs.-Bastard *Heúchera* ×
Tiarélla
Heúrnia, f, Asclepiadac.: auch
wenn korrekt = s. *Huérnia*
Hevéa, f, Euphorbiac.: wahr-
scheinl. v. peruan. *héve* abge-
leitet; (Kautschukbaum)
Hexacéntris, f, Thunbergiac.:
gr. *hexa* = sechs, u. *kentris* =
Stachel

Hexadésmia, f, Orchidac.: wie vor u. *desmos* = Band, Bündel

Hexísea, f, Orchidac.: wahrsch. v. gr. *exisoein* = gleichmachen

Heydéria, f, Cupressac.: n. E. Heyder (1808–84), dtsch. Kakteenzüchter

Hibbértia, f, Dilleniac.: n. George Hibbert (1757–1837), engl. Bot.

Hibíscus, m, Malvac.: gr. N. einer Malvenart; (Eibisch)

Hickénia, f, Cactac.: N. Cristóbal M. Hicken (1875–1933), argent. Bot.

Hicória, f, Juglandac.: n. einem nordamer. Volksnamen

Hidalgóa, f, Compositae: n. Miguel Hidalgo (1753–1811), mexikan. Patriot

Hierácium, n, Compositae: gr. *hierakion* für einige gelbblüh. Kompositen, wahrsch. v. *hierax* = Habicht abgel.; (Habichtskraut)

Hieróchloë, f, Gramineae: gr. *hieros* = heilig, u. *chloë* = Gras, frisches Grün; (Mariengras)

Higgínsia, f, Rubiac.: anschein. Ambrosio O'Higgins (1720–1801), südamer. Staatsmann irischer Herkunft gew.

Hildewíntera, f, Cactac.: n. Hildegard Winter, der Schwester d. Kakteenspezialisten Friedrich Ritter

Himantoglóssum, n, Orchidac.: gr. *himantos* = Riemen, u. *glossa* = Zunge; (Riemenzunge)

Himantophýllum, n, Amaryllidac.: wie vor u. *phyllon* = Blatt

Hippeástrum n, Amaryllidac.: gr. *hippos* = Pferd, od. *hippeos* = Reiter, u. *astron* = Stern; (Amaryllis, Ritterstern)

Hippeophýllum, n, Orchidac.: wie vor u. *phyllon* = Blatt

Hippocrépis, f, Fabac.: gr. *hippos* = Pferd, u. *krepis* = Schuh; (Hufeisenklee)

Hippóphaë, f, Elaeagnac.: gr. N. einer dornigen Pfl.; (Sanddorn)

Hippúrus, f, Hippuridac.: gr. *hippos* = Pferd, u. *oura* = Schwanz; (Tannenwedel)

Hirschféldia, f, Cruciferae; n. C. C. L. Hirschfeld (1742–92), dtsch. Gärtner; (Bastardsenf)

Hladníkia, f, Umbelliferae: n. F. Hladnik (1773–1844), österr. Bot.

Hoffmánnia, f, Rubiac.: n. Georg Franz Hoffmann (1761–1826), dtsch. Bot. (in Rußland)

Hohenbérgia, f, Bromeliac.: Wilhelm (1781–1864), König v. Württemberg, Graf zu Hohenberg u. Förd. d. Gartenkunst gew.

Hohéria, f, Malvac.: v. einem neuseeländ. (Maori) Namen abgel.

Holboéllia, f, Lardizabalac.: n. Fredrik Ludvig Holbøll (1765–1829), dän. Bot.

Hólcus, m, Gramineae: ursprüngl. gr. N. d. Sorghums; (Honiggras)

Holmskióldia, f, Verbenac.: n. Theodor Holmskiøld (1731–93), dän. Bot.

Holodíscus, m, Rosac.: gr. *holos* = ganz, komplett, u. *diskos* = Scheibe; (Schaumspiere)

Hológyne, f, Orchidac.: wie vor u. *gyne* = Weib, weibl.

Holoschoénus, m, Cyperac.: wie vor u. *schoinos* = Binse; (Glanz- od. Kopfbinse)

Holósteum, m. Caryophyllac.:

gr. *holosteos* = ganz knöchern; (Spurre)

Homalánthus, m, Euphorbiac.: gr. *homalos* = gleichmäßig eben, u. *anthos* = Blüte

Homalocéphala, f, Cactac.: wie vor u. *kephale* = Kopf

Homalocládium, n, Polygonac.: wie vor u. *kladion* = Zweig; (Bandbusch)

Homaloména, f, Arac.: wie vor u. *mena* = Faden (od. *mene* = Mond)

Homéria, f. Iridac.: gr. *homereo* = zusammentreffen

Homógyne, f, Compositae: gr. *homos* = ähnlich, gleich, u. *gyne* = weibl.; (Alpenlattich)

Honckénya, f, Caryophyllac.: n. Gerhard August Honckeny (c. 1724–1805), dtsch. Amtmann u. Bot.; (Salzmiere)

Hoódia, f, Asclepiadac.: n. d. engl. Arzt u. Sukkulentenliebhaber Hood (Anf. 19. Jahrh.)

Hoodiópsis, f, Asclepiadac.: Gttgsn. *Hoódia,* u. *opsis* = Aussehen

Hookera, f, Alliac.: Sir William J. Hooker (1785–1865), engl. Bot. gew.

Hoplóphytum, m, Bromeliac.: gr. *hoplos* = Waffe, u. *phyton* = Pflanze

Hórdeum, n. Gramineae: röm. N. d. Gerste

Hormídium, n, Orchidac.: gr. *hormos* = Kette u. *idion* als Diminutiv

Hormínum, n, Labiatae: gr. N. für eine Art Salbei; (Drachenmaul)

Hornúngia, f, Cruciferae: n. E. G. Hornung (1795–1862), dtsch. Apotheker; (Felskresse)

Horridocáctus, m, Cactac.: lat. *horridus* = schrecklich, sehr stachlig, u. Gttgsn. *Cáctus*

Horténsia, f, Hydrangeac.: die „Gartenhortensie", anschein. nicht n. Hortense v. Nassau sondern einer Hortense Lapeaute († 1788), die an Commersons Entdeckungsreise teilnahm

Hósta, f, Liliac.: n. Nicolaus Thomas Host (1761–1834), österr. Arzt u. Bot.; (Funkie)

Hottónia, f, Primulac.: n. Pieter Hotton (1648–1709), holländ. Arzt u. Bot.; (Wasserfeder)

Houllétia, f, Orchidac.: n. M. Houllet (c. 1811–90), franz. Gärtner u. Sammler

Houstónia, f, Rubiac.: n. William Houston (Houstoun), c. 1695–1733, schott. Arzt u. Sammler (Z-Amerika); (Engelsauge)

Houttuýnia, f, Saururac.: n. Martinus Houttuyn (1720–94), holländ. Arzt u. Naturforscher

Hóvea, f, Fabac.: n. Anton Pantaleon Hove, poln. Bot. u. Sammler (18. Jahrh., in engl. Diensten)

Hovénia, f, Rhamnac.: n. David ten Hove (1724–87), holländ. Senator der Thunbergs Reisen unterstützte

Hóweia Howea), f, Palmae: v. d. Lord Howe Insel, im südwestl. Pazifik

Hóya, f, Asclepiadac.: n. Thomas Hoy (c. 1750–1822), engl. Gärtner; (Wachsblume)

Hudsónia, f, Cistac.: n. William Hudson (1734–93), engl. Apotheker u. Gartenpräfekt

Huegélia, f, Umbelliferae (Hydrocotylac.): n. Karl Alexander Anselm Baron v. Hügel (1796–1870), österr. Diplomat u. Naturforscher

Huérnia, f, Asclepiadac.: n. Justin Heurnius (1587–1652),

holländ. Missionar u. Pflan-
zensammler
Huerniópsis, f, Asclepiadac.:
Gttgsn. *Huérnia,* u. *opsis =*
Aussehen
Húlsea, f, Compositae: n.
G. H. Hulse, nordamer.
Armeearzt u. Pflanzensamm-
ler (19. Jahrh.)
Humáta, f, Davalliac.: lat.
humatus = Erde, Boden (Habi-
tat u. Habitus!)
Humbóldtia, f, Orchidac.: n.
F. W. H. Alexander v. Hum-
boldt (1769–1859), dtsch. Rei-
sender u. Naturforscher
Húmea, f, Compositae: n. Lady
Amelia Hume (1751–1809),
Gattin eines Sir Abraham
Hume
Húmulus, m, Cannabac.: an-
schein. latinisiert v. nieder-
dtsch. N. d. Hopfens
Hunnemánnia, f, Papaverac.: n.
John Hunneman (c. 1760–
1839), engl. Antiquariat u.
Herbarhändler
Huntleýa, f, Orchidac.: n.
J. T. Huntley, engl. Geistl. u.
Orchideenzüchter
(19. Jahrh.)
Huodéndron, n, Styracac.: n.
Shiu-Ying Hu (geb. 1910);
nordamer. Botanikerin chines.
Abstammung
Hura, f, Euphorbiac.: n. einem
südamer. Volksnamen; (Sand-
büchsenbaum)
Hutchínsia, f, Cruciferae: n.
Ellen Hutchins (1785–1815),
irische Botanikerin; (Gems-
kresse)
Hyacinthélla, f, Liliac.: Dimi-
nutiv zu *Hyacínthus*
Hyacínthus, m, Liliac.: gr. *hya-
kinthos,* Gestalt d. griech.
Mythol.; (Hyazinthe)
Hydnocárpus, m, Flacourtiac.:

gr. *hydnon =* geschwollen, od.
auch Trüffel, u. *karpos =*
Frucht
Hydnóphytum, n, Rubiac.: wie
vor u. *phyton =* Pflanze
Hydrangéa, f, Hydrangeac.: gr.
hydor = Wasser, u. *aggos,
aggeion =* Gefäß (Form, d.
Frucht!); (Hortensie)
Hydrástis, f, Ranunculac. (Hy-
drastac.): durch Verwechslung
v. gr. *hydor =* Feuchtigkeit
abgel.
Hydrílla, f, Hydrocharitac.: v.
hydor u. *illein =* drehen, wälzen abgel., od. eine Art Diminutiv v. *hydra =* Wasser-
schlange
Hydrócera, f, Balsaminac.: wie
vor u. *keras =* Horn; (Wasser-
horn)
Hydrócharis, f, Hydrocharitac.:
wie vor u. *charis =* Anmut,
Zierde; (Froschbiß)
Hydrócleys, f, Butomac.: wie
vor u. *kleis =* Schlüssel; (Was-
serschlüssel, Wassermohn)
Hydrocótyle, f, Umbelliferae
(Hydrocotylac.): wie vor u.
kotyle = kleiner Becher, od.
auch Nabel; (Wassernabel)
Hydródea, f, Mesembryanthemac.: v. gr. *hydor =* Wasser abgel., wässrig
Hydrólea, f, Hydrophyllac.: wie
vor u. lat. *olea =* Ölbaum;
(Wasserbläuling)
Hydromýstria, f, Hydrochari-
tac.: wie vor u. gr. *mystrion =*
Löffelchen; (Wasserlöffel)
Hydrophýllum, n, Hydrophyl-
lac.: wie vor u. *phyllon =* Blatt;
(Wasserblatt)
Hydrósme, f, Arac.: wie vor u.
osme = Duft
Hygróphila, f, Acanthac.: gr.
hygros = feucht, u. *phile =*
Freundin; (Wasserfreund)

Hylocéreus, m, Cactac.: gr. *hyle* = Wald, u. Gttgsn. *Céreus*

Hylomécon, f, Papaverac.: wie vor u. *mekon* = Mohn

Hymenaéa, f, Caesalpiniac.: gr. *hymenaios* = Hochzeit, od. hochzeitl.; (Heuschrecken-baum)

Hymenándra, f, Myrsinac.: wie vor u. *andros* = Mann, männl.

Hymenanthéra, f, Violac.: gr. *hymen* = Häutchen, u. *anthera* = Staubgefäß

Hymenocállis, f, Amaryllidac.: wie vor u. *kallos* = Schönheit; (Schönhäutchen)

Hymenócyclus, m. Mesembryanthemac.: wie vor u. *kyklos* = Kreis

Hymenógyne, f, Mesembryanthemac.: wie vor u. *gyne* = Frau, weibl. (s. Herre!)

Hymenólobus, m, Cruciferae: wie vor u. *lobos* = Lappen, od. Schote; (Zartschötchen)

Hymenophýllum, n, Hymenophyllac.: wie vor u. *phyllon* = Blatt; (Hautfarn)

Hymenorebútia, f, Cactac.: wie vor u. Gttgsn. *Rebútia*

Hymenospórum, n, Pittosporac.: wie vor u. *spora* = Same

Hymenóxys, f, Compositae: wie vor u. *oxys* = scharf, spitz

Hyophórbe, f, Palmae: gr. *hys, hyos* = Schwein, u. *phorbe* = Futter; (Futterpalme)

Hyoscýamus, m, Solanac.: gr. N. einer Art "Saubohne", von Linné fürs Bilsenkraut adoptiert

Hyóseris, f, Compositae: gr. *hys* = Schwein, u. *seris* = Salat; (Schweinssalat)

Hypécoum, n, Papaverac. (Hypecoac.): gr. N. einer Art Mohnblume; n. Genaust v. *hypekoos* = gehorsam, unterwürfig; (Lappenblume)

Hyperícum, n, Hypericac.: gr. *hypereikon* = N. d. Johanniskrauts

Hyphaéne, f, Palmae: gr. *hyphainein* = weben

Hypochoéris, f, Compositae: gr. *hypo* = unter u. *choiros* = Ferkel, auf angebl. Vorliebe d. Schweine für die Wurzeln d. Pfl. bezugn.; (Ferkelkraut)

Hypocýrta, f, Gesneriac.: wie vor u. *kyrtos* = krumm, od. bucklig

Hypoéstes, f, Acanthac.: wie vor u. *hestia* = Haus, Hütte; (Hüllenklaue)

Hypólepis, f, Hypolepidac.: wie vor u. *lepis* = Schuppe (Position d. Sori!); (Buchtenfarn)

Hypóxis, f, Hypoxidac.: wie vor u. *oxys* = spitz, scharf; (Härtling)

Hyssópus, m, Labiatae: antiker N. einer Arzneipflanze; (Ysop)

Hýstrix, f, Gramineae: gr. *hystrix* = Igel, Stachelschwein; (Bürstengras)

I

Ibéris, f, Cruciferae: wahrsch. weil v. d. Iberischen Halbinsel beschrieben; (Schleifenblume)

Ibicélla, f, Martyniac.: Diminutiv zu *ibex* = Steinbock, auf die Form d. Frucht bezugn.

Ibóza, f, Labiatae: südafrikan. N. d. Pfl.

Icáco, f, Rosac. (Chrysobalanac.): angebl. d. karib. N. d. Ikakopflaume

Ichnosíphon, m, Marantac.: gr. *ischnos* = verkümmert, u. *siphon* = Röhre

Idésia, f, Flacourtiac.: n. Evert Ides, holländ. Forscher in russ. Diensten, Ende 17. Jahrh.; (Orangenkirsche)

Ílex, f, Aquifoliac. v. röm. N. d. Steineiche übernommen; (Stechpalme)

Iliámna, f, Malvac.: wahrsch. n. einem nordamer. Volksnamen

Illécebrum, n, Caryophyllac. (Illecebrac.): lat. *illecebra* = Lockung, Reizmittel; (Knorpelblume)

Illícium, n, Magnoliac.: lat. *illicere* = anlocken; (Sternanis)

Imitária, f, Mesembryanthemac.: lat. *imitare* = nachahmen

Impátiens, f, Balsaminac.: lat. *impatient* = ungeduldig (empfindliche Früchte!); (Balsamine, Springkraut)

Imperáta, f, Gramineae: n. Ferrante Imperato (1550–1625), neapolitan. Apotheker u. Bot.; (Silbergras)

Imperatória, f, Umbelliferae: lat. *imperator* = Kaiser, Befehlshaber; (Meisterwurz)

Incarvíllea, f, Bignoniac.: n. Pierre d'Incarville (1706–57), franz. Missionar u. Chinaforscher

Indigófera, f, Fabac.: latinis. *indigo* = blauer Farbstoff, u. *fer* = tragen, produzieren; (Indigostrauch)

Ínga, f, Mimosac.: westind. N. dieser Pflanzen

Ínula, f, Compositae: röm. N. d. Alant

Iochróma, f, Solanac.: gr. *ion* = Veilchen, u. *chroma* = Farbe; (Veilchenstrauch)

Ióne, m, Orchidac.: Io (Jone), Geliebte des Zeuss

Ionopsídium, n, Cruciferae: gr. *ion* = Veilchen, u. *opsis* = Aussehen, Ähnlichkeit andeutend; (Scheinveilchen)

Ionópsis, f, Orchidac.: wie vor; (Veilchenstendel)

Ipomoéa, f, Convolvulac.: gr. *ips, ipos* = Wurm, u. *homoios* = ähnlich; (Trichterod. Prunkwinde)

Ipomópsis, f, Polemoniac.: angebl. n. *Ipomoéa*, u. *opsis* = Aussehen

Ípsea, f, Orchidac.: viell. ebenfalls von *ips* = Wurm abgeleitet?

Iresíne, f, Amaranthac.: v. gr. *eiresione* = Erntekranz umgebildet u. auf *eiros (erion)* = Wolle bezugn.

Íris, f, Iridac.: gr. Göttin des Regenbogens; (Schwertlilie)

Ísatis, f, Cruciferae: gr. N. d. Färberwaid

Isláya, f, Cactac.: aus Islay, im Süden Perus

Isméne, f, Amaryllidac.: Tochter des Flußgottes Argos (Strandpfl.!)

Isnárdia, f, Onagrac.: n. Antoine D. d'Isnard, franz. Bot. († c. 1824)

Isochílus, m, Orchidac.: gr. *isos* = gleich, um *cheilos* = Lippe

Isoëtes, f, Isoëtac.: wie vor u. *etos* = Jahr = gleichjährig; (Brachsenkraut)

Isolatocéreus, m, Cactac.: lat. *isolato* = isoliert, abgesondert, u. Gttgsn. *Céreus*

Isólepis, f, Cyperac.: gr. *isos* = gleich, u. *lepis* = Schuppe; (Frauenhaargras)

Isolóma, n, Gesneriac.: wie vor u. *loma* = Rand, Saum

Isopógon, m, Proteac.: wie vor u. *pogon* = Bart

Isopýrum, n, Ranunculac.: wie vor u. *pyros* = Weizen,

wahrsch. ein übernommener Name; (Muschelblümchen)
Isótoma, f, Lobeliac.: wie vor u. *tome* = Schnitt
Isótypus, m, Compositae: gr. = gleichgestaltet
Ítea, f, Saxifragac. (Iteac.): ursprüngl. gr. N. d. Weide, hier d. weidenähnl. Blätter wegen; (Rosmarinweide)
Íva, f, Compositae: anschein. wegen d. günselähnl. *(Ajuga iva)* Geruch; (Sumpfholunder)
Ivésia, f, Rosac.: n. A. W. Ives (1787–1838), nordamer. Arzt u. Forscher
Iwanagára, f, Orchidac.: n. einem japan.-nordamer. Orchideenzüchter E. T. Iwanaga, auf Hawaii
Íxia, f, Iridac.: gr. *ixein* = kleben; (Klebschwertel)
Ixiolírion, n, Amaryllidac.: Gttgsn. *Íxia,* u. *lirion* = Lilie; (Ixlilie)
Ixóra, f, Rubiac.: v. N. einer ind. Gottheit abgeleitet

J

Jaborósa, f, Solanac.: v. arab. *yaboroch* (f. d. Mandragora) abgel.
Jacaránda, f, Bignoniac.: südamer. (tupi-guarani) N. d. Palisanderholzbaums
Jacksonia, f, Fabac.: n. George Jackson (c. 1780–1811), schott. Bot.
Jacobínia, f, Acanthac.: anschein. aus Jacobina, Stadt bei Bahia, im NO Brasiliens
Jacobsénia, f, Mesembryanthemac.: n. Hermann Jacobsen (1898–1978), dtsch. Sukkulentenforscher
Jacquemóntia, f, Convolvulac.:

n. Victor Jacquement (1801–32), franz. Entdecker u. Naturforscher
Jacquínia, f, Theophrastac.: n. Nicolas Joseph Freiherr v. Jacquin (1727–1817), österr.-holländ. Arzt u. Forschungsreisender
Jambósa, f, Myrtac.: v. indomalaiischen *jambu* (od. *schambu),* N. d. Rosenapfels abgel.
Jamésia, f, Saxifragac. (Philadelphac.): n. Edwin James (1797–1861), nordamer. Bot.
Jankaéa, f, Gesneriac.: n. Victor Janka v. Bules (1837–90), ungar. Bot.
Jasióne, f, Campanulac.: gr. N. einer (nicht verwandten!) Pflanze, (Sandglöckchen)
Jasminocéreus, m, Cactac.: Gttgsn. *Jasmínum* u. *Céreus*
Jasmínum, n. Oleac.: wahrsch. v. pers. *yasmin* übernommen; (Jasmin)
Játropha, f, Euphorbiac.: v. gr. *iatros* = Arzt, u. *trophe* = Nahrung: entweder Heilpflanze, oder „Nahrung" f. d. Arzt
Jatrorhíza, f, Menispermac.: wie vor u. *rhiza* = Wurzel (Heilwirkung derselben)
Jeffersónia, f, Berberidac. (Podophyllac.): n. Thomas Jefferson (1743–1826), Präs. d. USA u. Förd. d. Wiss.
Jensenobótrya, f, Mesembryanthemac.: n. Emil Jensen, Farmer in Lüderitz Bay, SW-Afrika (20. Jahrh.), u. gr. *botrys* = Traube
Jonópsis, f, Orchidac.: s. *Ionópsis*
Jovellána, f, Scrophulariac.: n. Gaspar Melchior de Jovellan, span. Staatsminister „de las Indias" (18. Jahrh.) u. Förd. d. Wiss.

Jovibárba, f, Crassulac.: lat.
Jovis = Jupiter, u. *barba* =
Bart
Juanullóa, f. Solanac.: n. d.
span. Forschern Jorge Juan
(1713–73) u. Antonio Ulloa
(c. 1716–95)
Jubaéa, f, Palmae: angebl.
König Juba v. Numidien
(† 46 v. Chr.) gew., obwohl
Abl. v. lat. *iuba* = Mähne nicht
ausgeschlossen; (Mähnen- od.
Honigpalme)
Júglans, f, Juglandac.: lat.
Jovis = Jupiter, u. *glans* =
Eichel; (Walnuss)
Juméllea, f, Orchidac.: n.
H. L. Jumelle (1866–1935),
franz. Bot.
Júncus, m, Juncac.: v. lat. *iun-
cus* abgel., N. d. Binse
Juníperus, f, Cupressac.: röm.
N. d. Wacholder
Jurínea, f, Compositae: n.
André Jurine (1780–1804),
schweiz. Arzt u. Bot.; (Silber-
scharte)
Jussiaéa, f, Onagrac.: n. Ber-
nard de Jussieu (1699–1777),
franz. Bot., bzw. dessen Nach-
kommen
Justícia, f, Acanthac.: n. James
Justice († 1763), schott. Gärtner
Juttadintéria, f, Mesembryanthemac.: n. Jutta Dinter, Gattin d. dtsch. Sukkulentenforschers M. K. Dinter (1868–
1945)

K

Kadsúra, f, Schisandrac.: japan.
N. d. "Kugelfadens"
Kaempféria, f, Zingiberac.: n.
Engelbert Kämpfer
(1651–1716), dtsch. Arzt u.

Forschungsreisender (Japan);
(Gewürzlilie)
Kalánchoe, f, Crassulac.:
wahrsch. v. chines. *calankoe*
abgel.
Kálmia, f, Ericac.: n. Pehr Kalm
(1715–79), schwed.-finn. Bot.;
(Berglorbeer)
Kalmiópsis, f, Ericac.: Gttgsn.
Kálmia, u. *opsis* = Aussehen
Kalópanax, m, Araliac.: gr.
kalos = schön, u. Gttgsn.
Pánax; (Baumkraftwurz)
Karátas, f, Bromeliac.:
wahrsch. v. einem südamer.
Vulgärnamen abgel.
Kaufmánnia, f, Primulac.: n.
Nikolai N. Kauf(f)mann
(1834–70), russ. Pflanzen-
sammler
Kaulfússia, f, gen. mult.: n.
Georg Fr. Kaulfuss (1786–
1830), dtsch. Naturforscher
Kedróstis, f, Cucurbitac.: gr.
N. einer Art Wildrebe
Kefersteínia, f, Orchidac.: n.
einem dtsch. Orchideenzüch-
ter Keferstein, 19. Jahrh.
Kellógia, f, Rubiac.: n. Albert
Kellog (1813–87), noramer.
Arzt u. Bot.
Kennédya, f, Fabac.: n. John
Kennedy (1759–1842), engl.
Pflanzenzüchter
Kensítia, f, Mesembryanthe-
mac.: n. Louisa Bolus geb.
Kensit (1877–1970), südafri-
kan. Sukkulentenforscherin
Kéntia, f, Palmae: anschein. n.
William Kent (c. 1685–1748),
engl. Gartenarchitekt (?)
Kentiópsis, f, Palmae: Gttgsn.
Kéntia u. *opsis* = Aus-
sehen
Kentránthus, m, Valerianac.: s.
Centránthus
Kérnera, f, Cruciferae: n.
Johann Simon v. Kerner

(1755–1830), dtsch. Bot.; (Ku-
gelschötchen)
Kérria, f, Rosac.: n. William
Kerr († 1814), engl. Gärtner u.
Pflanzensammler (S-Asien);
(Kerrie, Ranunkelstrauch)
Keteleéria, f, Pinac.: n. Jean-
Baptiste Keteleer (1813–1903),
belg.-franz. Gärtner
Khádia, f, Mesembryanthe-
mac.: südafr. N. eines Ge-
tränks aus den Wurzeln sol-
cher Pflanzen
Kíckxia, f, Apocynac./
Scrophulariac.: n. Jean Kickx
(1775–1831) u. Sohn Jean
(1803–64), belg. Apotheker u.
Bot.
Kigélia, f, Bignoniac.: angebl. v.
Suaheli-Vulgärnamen abgel.
(Leberwurstbaum, Götzen-
holz)
Kiggelária, f, Flacourtiac.: n.
Frans Kigelaer, holländ. Bot.
(Ende 17./Anf. 18. Jahrh.)
Kirchára, f, Orchidac.: n. einem
Orchideenzüchter William
Kirch, auf Hawaii (20. Jahrh.)
Kirengeshóma, f, Hydrangeac.:
japan. N. einer gelbblüh. Pfl.
Kitaibélia, f, Malvac.: n. Pál
Kitaibel (1757–1817), ungar.
Bot.
Kitchíngia, f, Crassulac.: n.
Langley Kitching (1835–1910),
engl. Pflanzensammler
Kleínia, f. Compositae: n. Jacob
Theodor Klein (1685–1759),
dtsch. Bot.
Klúgia, f, Gesneriac.: n. Johann
Christoph Friedrich Klug
(c. 1775–1856), dtsch. Ento-
mologe
Knaútia, f, Dipsacac.: n. Chri-
stoph Knaut (1638–94) u. Bru-
der Christian (1654–1716),
dtsch. Ärzte u. Bot.; (Witwen-
blume)

Kneíffia, f, Onagrac.: n.
C. Kneiff, dtsch. Naturfor-
scher u. Autor (19. Jahrh.?)
Kniphófia, f, Liliac.: n. Johann
Jeremias Kniphof(f), 1704–63,
dtsch. Anatom u. Naturfor-
scher; (Fackellilie)
Kobrésia, f, Cyperac.: n.
P. v. Kobres (1747–1823),
dtsch. Pflanzensammler;
(Schuppenriet)
Kóchia, f, Chenopodiac.: n.
Wilhelm Daniel Joseph Koch
(1771–1849), dtsch. Bot.;
(Besenkraut, Sommerzypres-
se)
Koeléria, f, Gramineae: n.
Georg Ludwig Koeler
(c. 1760–1807), dtsch. Arzt
u. Bot.; (Schillergras)
Koellensteínia, f, Orchidac.: n.
Kellner v. Koellenstein, österr.
Bot. (19. Jahrh.)
Koellikéria, f, Gesneriac.: n.
Rudolf Albrecht Kölliker
(1817–1905), schweiz. Arzt u.
Zoologe
Koelreutéria, f, Sapindac.: n.
Joseph Gottlieb (Theophil)
Koelreuter (1733–1806), dtsch.
Naturforscher (Karlsruhe);
(Blasenbaum)
Kohléria, f, Gesneriac.: n.
J. Michael Kohler, schweiz.
Lehrer (19. Jahrh.)
Kolkwítzia, f, Caprifoliac.: n.
Richard Kolkwitz (1873–1957),
dtsch. Bot. (Berlin)
Kóniga, f, Cruciferae: n. Carl
(Charles) Dietrich Eberhard
Koenig (1774–1851), engl. Bot.
dtsch. Herkunft
Kostelétzkya, f, Malvac.: n.
Vincenz Franz Kosteletzky
(1801–87), österr. Bot. (in Böh-
men)
Kraínzia, f, Cactac.: n. Hans
Krainz (1906–80), schweiz.

Gärtner u. Sukkulentensammler
Kúhnia, f, Compositae:
n. Adam Kuhn (1741–1817), nordamer. Bot.
Kúnzea, f, Myrtac.: n. Gustav Kunze (1793–1851), dtsch. Arzt u. Bot. (Leipzig)
Kyllínga, f, Cyperac.: n. Peder Kylling (1640–96), dän. Bot.

L

Láblab, f, Fabac.: v. arab. N. einer rankenden Leguminose übern.
Laburnocýtisus, m, Fabac.: Pfropfchimäre *Labúrnum* + *Cýtisus*
Labúrnum, n, Fabac.: röm. N. d. Goldregens
Lacaéna, f, Orchidac.: Lakaina = Beiname der Helena
Lachenália, f, Liliac.: n. Werner de Lachenal (od. de la Chenal), 1736–1800, schweiz. Bot.
Lachnaéa, f, Thymelaeac.: gr. *lachnaios* = wollig, zottig (Genaust)
Lactúca, f, Compositae: lat. *lac* = wegen d. milch. Saft; (Lattich)
Laélia, f, Orchidac.: wahrsch. n. einer d. Vestalinnen benannt
Laeliocattléya, Orchidac. Hybride: *Laélia* × *Cattléya*
Laeliópsis, f, Orchidac.: Gttgsn. *Laélia,* u. *opsis* = Aussehen
Lagarosíphon, n, Hydrocharitac.: gr. *lagaros* = schlaff, dünn, u. *siphon* = Röhre
Lagáscea, f, Compositae: n. Mariano Lagasca y Segura (1776–1839), span. Bot.
Lagenária, f, Cucurbitac.: lat.

lagenos = flaschenähnl. Behälter; (Kalebasse, Flaschenkürbis)
Lagerstroémia, f. Lythrac.: n. Magnus v. Lagerström (1696–1759), schwed. Handelsmann u. Freund Linnés
Lagoécia, f. Umbelliferae: gr. *lagos* = Hase, u. *oikia* = Haus, Nest; (Hasenkümmel)
Lagótis, f, Scrophulariac.: wie vor u. *otis* = Ohr; (Hasenohr)
Lagunária, f. Malvac.: n. Andrés de Laguna (1494–1560), span. Arzt u. Bot.
Lagúrus, m, Gramineae: gr. *lagos* = Hase, u. *oura* = Schwanz; (Sammetgras, Hasenschwanzgras)
Lallemántia, f, Labiatae: n. Julius Leopold Avé-Lallemant (1803–67), dtsch. Bot.
Lamárckia, f, Gramineae: n. Jean-Baptiste de Monet Chevalier de Lamarck (1744–1829), franz. Naturforscher
Lámium, n, Labiatae: röm. N. d. Taubnessel, v. gr. *lamion* = Schlund, Rachen abgel.
Lampránthus, m, Mesembryanthemac.: gr. *lampros* = glänzend, u. *anthos* = Blüte
Lamprocóccus, n, Bromeliac.: wie vor u. *kokkos* = Kern, od. Beere
Lámpsana, f, Compositae: s. *Lápsana*
Landólphia, f, Apocynac.: n. d. franz. Kapitän Landolphe (1765–1825), Expeditionsleiter n. Westafrika
Lánium, n, Orchidac.: viell. v. lat. *lana* = Wolle abgel.
Lantána, f, Verbenac.: ehemal. röm. N. des Schneeballs *(Viburnum);* (Wandelröschen)
Lapagéria, f, Philesiac.: n. Josephine de La Pagerie

(1763–1814), u.a. auch mit Napoleon verheiratet gewesen

Lapeyroúsia, f, Iridac.: wohl n. Baron Philippe Picot de la Peyrouse (1744–1818), franz. Bot.

Lapidária, f, Mesembryanthemac.: lat. *lapis* = Stein, od. Anhäufung v. Steinchen

Lapórtea, f, Urticac.: n. Graf François L. de Laporte de Castelnau (1810–80), franz. Entdecker u. Naturwiss.

Láppa, f, Compositae: röm. N. einer Klettenpflanze

Láppula, f, Boraginac.: Diminutiv zu *Lappa* = Klette; (Igelsame)

Lápsana, f, Compositae: röm. N. einer Art Ackersenf; (Rainkohl)

Lardizabála, f, Lardizabalac.: n. Miguel Lardizabal y Uribe, span. Förd. d. Wiss. (18. Jahrh.)

Lárix, f, Pinac.: röm. N. d. Lärche

Láser, n, Umbelliferae: lat. = harziger Saft; (Roßkümmel)

Laserpítium, n, Umbelliferae: v. gr. N. eines Doldenblütlers abgel., siehe auch *Láser;* (Laserkraut)

Lásia, f, Arac.: gr. *lasios* = rauhbehaart, zottig

Lasiagróstis, f, Gramineae: wie vor u. Gttgsn. *Agróstis;* (Rauhgras)

Lasiándra, f, Melastomatac.: wie vor u. *andros* = Mann, männl.

Lastraéa, f, Aspidiac.: n. Charles Jean Louis Delastre (c. 1792–1859), franz. Bot.

Latánia, f, Palmae: n. einem Volksnamen auf Mauritius

Lathraéa, f, Scrophulariac.: gr. *lathraios* = heimlich, verborgen; (Schuppenwurz)

Láthyrus, m, Fabac.: gr. *lathyros* = abgeflacht, u. N. einer Platterbse

Lauréntia, f, Lobeliac.: n. Marco Antonio Laurenti, ital. Arzt u. Bot. (Anf. 18. Jahrh.)

Laurocerasus, m, Rosac.: aus d. Gttgsn. *Laúrus* u. *Cérasus* gebildet, (Kirschlorbeer, od. Lorbeerkirsche)

Laúrus, f. Laurac.: röm. N. d. Lorbeerbaumes

Lavándula, f. Labiatae: lat. *lavandas* = waschen; viell. röm. N. d. Lavendels

Lavátera, f. Malvac.: n. Johann Heinrich Lavater (1611–91), schweiz. Arzt u. Naturforscher

Lawsónia, f. Lythrac.: n. Isaac Lawson († c. 1747), schott. Arzt u. Helfer Linnés in Leiden; (Hennahstrauch)

Láyia, f, Compositae: n. George Tradescant Lay, († c. 1845), engl. Forschungsreisender

Lécythis, f. Lecythidac.: gr. *lekythos* = Gefäß, Krug; (Krukenbaum)

Ledenbérgia, f, Phytolaccac.: n. A. v. Ledenberg (1798–1855), preuss. Staatsmann

Lédum, n, Ericac.: v. gr. N. *ledon* = eigentl. N. einer Zistrose abgel.; (Porst)

Léea, f, Vitac. (Leeac.): n. James Lee (1715–95), schott. Gärtner; (Wasserrebe)

Leérsia, f, Gramineae: n. Johann Daniel Leers (1727–74), dtsch. Apotheker u. Bot.; (Reisquecke)

Legoúsia, f, Campanulac.: n. einem franz. (?) Bot. Legouz de Gerland; (Frauenspiegel)

Leiochílus, m, Orchidac.: gr. *leios* = glatt, u. *cheilos* = Lippe

Leiophýllum, n, Ericac.: wie

vor u. *phyllon* = Blatt; (Sand-
myrte)

Leipóldtia, f, Mesembryanthemac.: n. C. F. L. Leipoldt
(1880–1947), südafr. Poet u.
Pflanzensammler

Leitnéria, f, Leitneriac.: n. Ed-
ward F. Leitner († 1838), dtsch.
Arzt u. Naturforscher in N-
Amerika

Lemaireocéreus, m. Cactac.: n.
Charles Lemaire (1801–71),
franz. Kakteenspezialist, u.
Gttgsn. *Céreus*

Lemmaphýllum, n, Polypo-
diac.: angebl. v. gr. *lemma* =
Schuppe, u. *phyllon* =
Blatt

Lémna, f, Lemnac.: gr. N.
einer (welcher?) Wasserpfl.;
(Wasserlinse)

Lenophýllum, n, Crassulac.: gr.
lenos = Wanne, Trog u. *phyllon* = Blatt

Léns, f, Fabac.: röm. N. für
Linsen u. verwandte Arten

Leocéreus, m, Cactac.: anscheind. zu gr. *leios* = glatt, u.
Gttgsn. *Céreus*

Leonótis, f, Labiatae: gr. *leon* =
Löwe, u. *otos* = Ohr; (Löwen-
ohr)

Leóntice, f, Berberidac.: ebenf.
auf *leontos* = Löwe bezogen;
(Trapp)

Leóntodon, n, Compositae: wie
vor u. *odous* = Zahn; (Löwenzahn)

Leontopódium, n, Compositae:
wie vor u. *podion* = Füßchen,
ursprüngl. auf eine andere Pfl.
bezogen; (Edelweiß)

Leonúrus, m, Labiatae: wie
vor u. *oura* = Schwanz; (Herzgespann)

Leopóldia, f, Liliac.: Leopold I.
(1790–1865), Belg. König gew.

Lépachis, f, Compositae: gr. *le-

pis = Schuppe u. *pachyrion* =
Spreu

Lépachys, f, Compositae: wie
vor u. *pachys* = dick, stark

Lepánthes, f, Orchidac.: wie
vor u. *anthos* = Blüte

Lepídium, n, Cruciferae: klass.
N. d. Kresse, v. gr. *lepidion* =
Schüppchen abgel.

Lepidocoryphántha, f, Cactac.:
gr. *lepis* = Schuppe, u. Gttgsn.
Coryphántha

Lepidozámia, f, Zamiac.: wie
vor u. Gttgsn. *Zámia*

Lepígonum, n, Caryophyllac.:
wie vor u. *gonos* = gónos =
Same (Genaust); (Schuppen-
miere)

Lepísmium, n, Cactac.: wie vor
od. v. *lepein* = schuppenartig
abgel.

Leptándra, f, Scrophulariac.: gr.
leptos = dünn, zart, u. *aner,
andros* = Mann, männl.

Leptárrhena, f, Saxifragac.: wie
vor u. *arrhen* = männlich (auf
d. Antheren bez.)

Leptinélla, f, Compositae: Diminutiv zu *leptos* = sehr zarter Struktur

Leptocallísia, f, Commelinac.:
wie vor u. Gttgsn. *Callísia*

Leptocéreus, m. Cactac.: gr.
leptos = dünn, u. Gttgsn. *Céreus*

Leptochílus, m, Polypodiac.:
wie vor u. *cheilos* = Lippe

Leptóchloa, f, Gramineae: wie
vor u. *chloë* = Gras, frisches
Grün

Leptocládia, f, Cactac.: wie vor
u. *klados* = Zweig

Leptocladódia, f, Cactac.: wie
vor u. *kladodes* = ästig, voller
Zweige

Leptodérmis, f, Rubiac.: wie
vor u. *derma* = Haut (zarthäu-
tig)

Leptolaélia, Orchidac. Hybride:
Leptótes × *Laélia*
Leptópteris, f, Osmundac.: gr.
leptos = dünn, u. *pteris* = Farn
Leptopýrum, n, Ranunculac.:
wie vor u. *pyros* = Weizen
Leptosíphon, m, Polemoniac.:
wie vor u. *siphon* = Röhre
Leptospérmum, n, Myrtac.
(Leptospermac.): wie vor u.
sperma = Same
Leptósyne, f, Compositae:
gr. = Feinheit, Zartheit
Leptótes, f, Orchidac.: etwa wie
oben
Leptúrus, m, Gramineae: wie
vor u. *oura* = Schwanz;
(Dünnschwanz)
Leschenaúltia, f, Goodeniac.:
n. J.B.L.C.Th. Leschenault de
la Tour (1773–1826), franz.
Reisender u. Wiss.
Lespedéza, f, Fabac.: n. Vicen-
te Manuel de Céspedes, span.
Gouverneur von Florida
(Ende 18. Jahrh.)
Lesquerélla, f, Cruciferae: n.
Leo Lesquereux (1806–89),
nordamer. Paläontologe
Leucadéndron, n, Proteac.: gr.
leukos = weiß, u. *dendron* =
Baum; (Silberbaum)
Leucaéna, f, Mimosac.: v. gr.
leukainein = weißlich, weißge-
färbt abgel.; (Weißfaden)
Leucánthemum, n, Compositae: gr. *leukos* = weiß, u. *anthemos* = Blume; (Marguerite)
Leuchtenbérgia, f, Cactac.:
wahrsch. n. Eugéne de Beau-
harnais, Herzog von Leuch-
tenberg (1781–1824), Stiefsohn
Napoleons u. Förd. d. Gartenkunst
Leucocóryne, f, Liliac.: gr. *leukos* = weiß, u. *koryne* = Kolben, od. Keule
Leucócrinum, f. Liliac.: wie vor

u. Gttgsn. *Crínum;* (Kolorado-
Sandlilie)
Leucohýle, f, Orchidac.: wie
vor u. *hyle* = Wald, Gehölz
Leucójum, n, Amaryllidac.: wie
vor u. *ion* = violet, od. Veil-
chen; (Knotenblume)
Leucophýllum, n, Scrophula-
riac.: wie vor u. *phyllon* = Blatt
Leucóphyta, f, Compositae:
wie vor u. *phyton* = Pflanze
Leucopógon, m, Epacridac.:
wie vor u. *pogon* = Bart
Leucórchis, f, Orchidac.: wie
vor u. Gttgsn. *Órchis*
Leucospérmum, n. Proteac.:
wie vor u. *sperma* = Same
Leucostéle, f, Cactac.: wie vor
u. *stele* = Griffel, Säule
Leucóthoë, f, Ericac.: gr. My-
thol. = eine der Geliebten
Apolls gew.
Leúzea, f, Compositae: n.
Joseph Philippe François
Deleuze (1753–1835), franz.
Naturforscher
Levísticum, n. Umbelliferae:
anschein. v. *Ligústicum* abge-
ändert; (Liebstöckl)
Lewísia, f, Portulacac.: n. Meri-
wether Lewis (1774–1809),
nordamer. Expeditionsleiter;
(Bitterwurzel)
Leycestéria, f, Caprifoliac.: n.
William Leycester
(1775–1831), engl. Richter u.
Förd. d. Bot. in Indien
Léymus, m, Gramineae: s. *Ély-
mus*
Liátris, f, Compositae: Ableitg.
ungewiß; (Prachtscharte)
Libanótis, f, Umbelliferae: gr.
Pfl.-N., viell. auf Weihrauch
bezogen; (Heilwurz)
Libértia, f, Iridac.: n. Marie
A. Libert (1782–1865), belg.
Botanikerin
Libócedrus, f, Cupressac.: gr.

libos = Träne, Tropfen, u. Gttgsn. *Cédrus;* (Flußzeder)

Libónia, f, Acanthac.: n. Joseph Libon (1821–61), belg. Pflanzensammler

Licuála, f, Palmae: n. einem molukkan. Volksnamen

Ligulária, f, Compositae: v. lat. *ligula* = kleine Zunge abgel.; (Goldkolben)

Ligústicum, n. Umbelliferae: ligurisch, v. Liguria, nordital. Prov.; (Mutterwurz)

Ligústrum, n, Oleac.: röm. N. d. Rainweide

Lilaéa, f, Potamogetonac.: angebl. v. Delília, od. Délia (s. letztere) abgel.

Lílium, n, Liliac.: gr. *leirion* = Lilie

Límara, f, Orchidac.: n. Ch. Lim in Malaya (?)

Limnánthemum, n, Menyanthac.: gr. *limne* = Teich, Sumpf, u. *anthemos* = Blume; (Seekanne)

Limnánthes, f, Limnanthac.: wie vor u. *anthos* = Blüte; (Sumpfblume)

Limnóbium n, Hydrocharitac.: wie vor u. *bios* = Leben; (Amerikan. Froschlöffel, Froschbiß)

Limnócharis, f, Butomac.: wie vor u. *charis* = Schönheit; (Sumpflieb)

Limnóphila, f, Scrophulariac.: wie vor u. *philos* = Freund

Limodórum, n. Orchidac.: anschein. aus *haimodoron,* N. einer Schmarotzerpfl. umgebildet; (Dingel)

Limónia, f, Rutac.: v. ital. *limone* (= Zitrone) abgel.

Limoniástrum n, Plumbaginac.: Gttgsn. *Limónium,* u. *astrum* = gewisse Ähnlichkeit

Limónium, n. Plumbaginac.

(Limoniac.): gr. *leimon* = Wiese; (Meerlavendel, Widerstoß)

Limosélla, f, Scrophulariac.: lat. *limosus* = schlammig, sumpfig; (Schlammkraut)

Linánthus, m. Polemoniac.: gr. *Linon* = Lein, u. *anthos* = Blüte

Linária, f, Scrophulariac.: v. lat. *linum* = Lein abgel.; (Leinkraut)

Lindelófia, f, Boraginac.: n. Friedrich v. Lindelof, aus Darmstadt (Mitte 19. Jahrh.); Förd. d. Bot.

Lindenbérgia, f, Scrophulariac.: n. J. B. W. Lindenberg (1781–1851), dtsch. Amtmann u. Moosforscher

Líndera, f, Laurac.: n. Johan Linder (1676–1723), schwed. Arzt u. Bot.

Lindérnia, f, Scrophulariac.: n. Franz Balthaser v. Lindern (1682–1755), dtsch. Arzt u. Bot.

Lindheímera, f, Compositae: n. Ferdinand Jacob Lindheimer (1801–79), dtsch. Exilpolitiker u. Bot.

Lindleýa, f, Rosac.: n. John Lindley (1799–1865), engl. Bot. u. Orchideenspezialist

Lindmánia, f, Bromeliac.: n. Carl Axel Magnus Lindman (1856–1928), schwed. Bot.

Lindsáya, *Lindsaea,* f, Lindsaeac.: n. John Lindsay († 1803), engl. Arzt u. Bot., in Jamaica

Linnáea, f, Caprifoliac.: n. Carl v. Linné (Linnaeus), 1707–78), schwed. Bot. u. Schöpfer d. modernen Nomenklatur

Linneária, Orchidac. Hybr.: vermutl. n. Linné benannt

Linóspadix, f, Palmae: gr. *linon* = Lein u. *spadix* = Kolben

Línum, n, Linac.: gr. *linon,* lat. *linum* = Lein, od. Flachs

Liopónia, Orchidac. Hybr.: Laeliópsis × *Broughtónia*

Líparis, f, Orchidac.: gr. *liparos* = fett, glänzend; (Glanzkraut)

Líppia, f, Verbenac.: wohl n. Auguste Lippi (1678–1703), franz. Arzt u. Bot.; (Zitronenstrauch

Liquidámbar, f, Hamamelidac.: lat. *liquidus* = flüssig, u. *ambar* = Amber; (Amberbaum)

Liriodéndron, n, Magnoliac.: gr. *leirion* = Lilie, u. *dendron* = Baum; (Tulpenbaum)

Liríope, f, Liliac.: in d. gr. Mythol.: Mutter d. Narcissus

Lisiánthus, m, Gentianac.: gr. *leios* = glatt, u. *anthos* = Blüte; (Strandenzian)

Lissochílus, m, Orchidac.: gr. *leios, lissus* = glatt, u. *cheilos* = Lippe

Lístera, f, Orchidac.: n. Martin Lister (c. 1638–1712), engl. Arzt u. Zoologe; (Zweiblatt)

Listróstachys, f, Orchidac.: gr. *listron* = Schaufel, Löffel, u. *stachys* = Ähre

Lítchi, f, Sapindac.: v. chines. Volksnamen übern.; (Litchibaum)

Lithocárpus, f, Fagac.: gr. *lithos* = Stein, u. *karpos* = Frucht

Lithodóra, f, Boraginac.: wie vor u. *doron* = Gabe

Líthops, f, Mesembryanthemac.: wie vor u. *ops* = Auge (*opsis* = Aussehen); (Lebender Stein)

Lithospérmum, n, Boraginac.: wie vor u. *sperma* = Same; (Steinsame)

Littaéa, f, Agavac.: n. A. Litta, ital. Herzog u. Gartenfreund (18./19. Jahrh.)

Littorélla, f, Plantaginac.: Diminutiv zu *littoris* = Strand, Küste; (Strandling)

Litséa, f, Laurac.: v. japan. Vulgärnamen übern.

Littónia, f, Liliac.: n. Samuel Litton (1781–1847), irischer Bot.

Livistóna, f, Palmae: n. Patrick Murray, Baron v. Livingstone (Mitte 17. Jahrh.), schott. Adliger u. Gartenfreund

Llávea, f, Cryptogrammac.: n. P. de la Llave (1773–1833), span. Bot.

Lloýdia, f, Liliac.: n. Edward Lloyd (od. Lhuyd), 1660–1709; brit. Bot.; (Faltenlilie)

Loása, f, Loasac.: südamer. (chilen.?) Volksname

Lobélia, f, Lobeliac.: n. Mathias de l'Obel (Lobelius), (1538–1616), fläm. Bot., u. Arzt in England

Lobívia, f, Cactac.: Anagramm, aus *Bolivia* gebildet

Lobostémon, m, Boraginac.: gr. *lobos* = Lappen, u. *stemon* = Staubfaden; (Schuppenfaden)

Lobulária, f, Cruciferae: lat. *lobulus* = Läppchen, od. Schötchen; (Lappenblume, Duftsteinrich)

Lochnéra, f, Apocynac.: n. M. F. Lochner (1662–1730), dtsch. Bot.

Lockhártia, f, Orchidac.: n. David Lockhart († 1846), engl. Gartenvorsteher auf Trinidad

Lodoícea, f, Palmae: n. Lodoicus (= Louis XV, 1710–74), König v. Frankreich benannt; (Seychellennuß)

Logánia, f, Loganiac.: n. James Logan (1674–1751), irisch. Naturfreund, u. Gouverneur v. Pennsylvania

Loiseleúria, f, Ericac.: n. Jean-Louis Auguste Loiseleur-Deslongchamps (1774–1849), franz. Arzt u. Bot.; (Alpenheide, Zwergporst)

Lólium, n, Gramineae: röm. N. eines Lolchs

Lomándra, f, Liliac.: gr. *loma* = Saum, u. *andros* = Mann, männl.

Lomária, f, Blechnac.: v. obig. *loma* = Saum abgel.; (Rippenod. Saumfarn)

Lomariópsis, f, Lomariopsidac.: Gttgsn. *Lomária,* u. *opsis* = Aussehen

Lomátia, f, Proteac.: gr. *lomation* = kleiner Saum, Rand

Lomátium, n, Umbelliferae: wie oben; (Flügelsamen)

Lomatogónium, n, Gentianac.: gr. *loma* = Saum, u. *gónos* = Same; (Saumnarbe)

Lomatophýllum, n, Liliac.: wie vor u. *phyllon* = Blatt; (Bourbonenlilie)

Lónas, f, Compositae: angebl. gekürztes Anagramm, aus *Santolina* gebildet (Genaust)

Lonchítis, f, Hypolepidac.: gr. *lonche (logche)* = Lanze; (Lanzenfarn)

Lonchocárpus, m, Fabac.: wie vor u. *karpos* = Frucht

Lonicera, f, Caprifoliac.: n. Adam Lonitzer (1528–86), dtsch. Arzt u. Naturwiss.; (Heckenkirsche, Geißblatt)

Lopézia, f, Onagrac.: n. Tomás López, span. Reisender u. Naturforscher (Mitte 16. Jahrh.)

Lophánthus, m, Labiatae: gr. *lophos* = Schopf, Helmbusch, u. *anthos* = Blüte; (Büschelblume)

Lophocéreus, m, Cactac.: wie vor u. Gttgsn. *Céreus*

Lophomýrtus, f, Myrtac.: wie vor u. Gttgsn. *Mýrtus*

Lophóphora, f, Cactac.: wie vor u. *phoros* = tragend; (Peyotl, Schnappskopf)

Lophospérmum, n, Scrophulariac.: wie vor u. *sperma* = Same

Loránthus, m, Loranthac.: gr. *loron* = Riemen, u. *anthos* = Blüte; (Eichenmispel)

Loropétalum, n, Hamamelidac.: wie vor u. *petalon* = Blumenblat; (Riemenblume)

Lótus, f, Fabac.: gr. N. versch. Leguminosen; (Hornklee)

Loúrea, f, Fabac.: n. João de Loureiro (1715–96), portug. Missionar u. Pflanzensammler in SO-Asien

Lourýa, f, Liliac.: n. M. Loury, franz. Gärtner (Ende 19. Jahrh.)

Lowára, Orchidac. Hybride, n. Stuart Henry Low (1826–90), engl. Orchideenzüchter

Lówia, f, Musac. (Lowiac.): n. Sir Hugh Low (1824–1905), engl. Kolonialbeamter u. Pflanzensammler

Loxanthocéreus, m, Cactac.: gr. *loxos* = schräg, schief, *anthos* = Blüte u. Gttgsn. *Céreus*

Lucúlia, f, Rubiac.: v. nepales. Volksnamen abgel.

Lúcuma, f, Sapotac.: v. *lucmo* = peruan. N. d. Pfl. abgel.

Ludóvia, f, Cyclanthac.: wahrsch. María Luisa (1751–1819), Königin v. Spanien gewidmet

Ludwígia, f, Onagrac.: n. Christian Gottlieb Ludwig (1709–73), dtsch. Arzt u. Bot.; (Heusenkraut)

Lueddemánnia, f, Orchidac.: angebl. n. G. A. Lueddemann

(1821–84), dtsch. Gärtner in Paris

Lúehea, f, Tiliac.: n. F. Karl van der Lühe (1751–1801), österr. Bot.

Luétkea, f, Rosac.: n. Feodor Petrowitsch Graf Lütke (russ. Litke), 1797–1882, russ. Admiral u. Naturforscher; (Traubenspiere)

Lúffa, f, Cucurbitac.: v. arab. *loufah,* N. d. Schwammgurke abgel.

Luisánda, Orchidac. Hybride: *Luísia* × *Vánda*

Luísia, f, Orchidac.: angebl. n. Luis Baez de Torres, span. Seefahrer u. Entdeckungsreisender (17. Jahrh.?)

Lunária, f, Cruciferae: lat. *luna* = Mond (Fruchtform!); (Mondviole, Silberblatt)

Lupínus, m, Fabac.: klass. N. d. Lupine, wohl v. lat. *lupus* = Wolf abgel.

Lurónium, n, Alismatac.: wahrsch. v. lat. *lura* = Schlauch abgel.; (Schwimmlöffel)

Lúzula, f, Juncac.: wohl v. ital. *lucciola* = leuchten, scheinen abgel.; (Marbel, Hainsimse)

Lycáste, f, Orchidac.: n. Lykaste, Tochter d. Priam bzw. gr. Frauenname

Lycastéria, Orchidac. Hybride: *Lycáste* × *Bifrenária*

Lychnis, f, Caryophyllac.: gr. *lychnos* = Lampe, Leuchte; (Lichtnelke)

Lycium, n, Solanac.: gr. *lykion,* N. eines Dornstrauchs aus Lykien, in Kleinasien; (Bocksdorn)

Lycopérsicon, n, Solanac.: gr. *lykos* = Wolf, u. *persikon* = persisch (od. Pfirsich? u. dar-

um "Wolfspfirsich"); (Tomate, Liebesapfel)

Lycopódium, n. Lycopodiac.: wie vor u. *podion* = kleiner Fuß; (Bärlapp)

Lycópsis, f, Boraginac.: wie vor u. *opsis* = Aussehen; (Wolfsauge)

Lýcopus, m. Labiatae: wie vor u. *pous, podus* = Fuß; (Wolfstrapp)

Lycóris, f, Amaryllidac.: n. einer röm. Darstellerin u. Geliebte z. B. Marc Antonios

Lygéum, n, Gramineae: gr. *lygos* = Gerte, biegsame Rute; (Falsches Espartogras)

Lygódium, n, Schizaeac.: gr. *lygodes* = schlank, weide-ähnl.; (Schlingfarn)

Lyónia, f, Ericac.: n. John Lyon (c. 1765–1814), schott. Gärtner u. Bot.

Lysichíton, n. Arac.: gr. *lysis* = Trennung, od. *lyein* = lösen, u. *chiton* = Tunika, Kleid

Lysimáchia, f, Primulac.: angebl. n. Lysimachos (um 300 v. Chr.), Feldherr Alexanders u. König von Thrakien; (Gelbweiderich)

Lýthrum, n, Lythrac.: gr. *lythron* = Blut; (Blutweiderich)

M

Maáckia, f, Fabac.: n. Richard Maack (1825–86), russ. Naturforscher

Macadámia, f, Proteac.: n. John Macadam (1827–65), austral. Lehrer u. Naturforscher

Macaírea, f, Melastomatac.: n. Jean-François Macaire (1796–1869), schweiz. Bot.

Machaeranthéra, f, Composi-

tae: gr. *macheira* = Säbel, od.
Schlachtmesser, u. *anthera* =
Staubgefäß
Machaerocéreus, m, Cactac.:
wie vor u. Gttgsn. *Céreus*
Machairophýllum, n, Mesem-
bryanthemac.: wie vor u. *phyl-
lon* = Blatt; (Säbelblatt)
Mackaýa, f, Acanthac.: n.
James Towsend Mackay
(1775–1862), schott. Gärtner u.
Bot., in Irland
Macleánia, f, Ericac.: n. John
Maclean, schott. Kaufmann u.
Pflanzensammler in Peru (Um
1830–55)
Macleaýa, f, Papaverac.: n. Ale-
xander Macleay (1767–1848),
Kolonialminister u. Sekr. d.
Linneischen Ges.; (Feder-
mohn)
Macludránia, Morac. Hybride:
Maclúra × *Cudránia*
Maclúra, f, Morac.: n. William
Maclure (1763–1840), nord-
amer. Geologe; (Osagedorn)
Macódes, f, Orchidac.: v. gr.
makos = Länge abgel.; (Gold-
blatt)
Macomária, Orchidac. Hybri-
de: *Macódes* × *Haemária*
Macrochlóa, f, Gramineae:
gr. *makros* = groß, lang, u.
chloë = Gras; (Espartogras)
Macrochórdium, n, Bromeliac.:
wie vor u. *chorde* = Darm, od.
Saite
Macrodiervílla, f, Caprifoliac.:
wie vor u. Gttgsn. *Diervílla*
Macroméria, f, Boraginac.: wie
vor u. *meros, mereia* = Teil,
Anteil; (Gernegroß)
Macropíper, f, Piperac.: wie vor
u. Gttgsn. *Píper*
Macrotómia, f, Boraginac.: wie
vor u. *tome* = Schnitt
Macrozámia, f, Zamiac.: wie
vor u. Gttgsn. *Zámia*

Maddénia, f, Rosac.: n. Edward
Madden (1805–56), schott.
Offizier u. Pflanzensammler
Mádia, f, Compositae: chilen.
(Mapuche) N. einer ölhalti-
gen Pfl.; (Ölmadie)
Maésa, f, Myrsinac.: v. *maas,*
arab. N. dieser Sträucher ab-
gel.
Magnólia, f, Magnoliac.: n.
Pierre Magnol (1638–1715),
franz. Arzt u. Bot.
Mahérnia, f, Sterculiac.: Ana-
gramm aus *Hermánnia*
Mahobérberis, Berberidac.
Hybr.: *Mahónia* × *Bérberis*
Mahónia, f, Berberidac.: n.
Bernard McMahon (c. 1775–
1816), nordamer. Gärtner
irischer Herkunft; (Mahonie)
Maiánthemum, n, Liliac.: gr.
maios = Mai, u. *anthemon* =
Blume; (Schatten- od. Maiblu-
me)
Maihuénia, f, Cactac.: südchi-
len. Volksname d. Pfl.
Maihueniópsis, f, Cactac.:
Gttgsn. *Maihuenia,* u. *opsis* =
Aussehen
Majánthemum, n, Liliac.: s.
Maiánthemum
Majorána, f, Labiatae: vermutl.
v. Arab. *marjamie* abgel.; (Ma-
joran)
Maláchium, n, Caryophyllac.:
gr. *malakion* = Weichtier;
(Wasserdarm)
Malacocárpus, m, Cactac.: gr.
malakos = weich, u. *karpos* =
Frucht
Maláxis, f, Orchidac.: v. gr. *ma-
lassein* = erweichen abgel.;
(Weichorchis)
Malcólmia, f, Cruciferae: n.
William Malcolm († 1798) u./
od. Sohn William (c. 1768–
1835), engl. Gärtner (z. T.
Schottland)

Malléola, f, Orchidac.: lat. *mal-leolus* = kleiner Hammer
Mallótus, m, Euphorbiac.: gr. *mallotos* = wollig
Málope, f, Malvac.: gr. N. für eine Art Malve; (Trichtermalve)
Malpíghia, f, Malpighiac.: n. Marcello Malpighi (1628–94), ital. Anatom u. Bot.; (Barbadoskirsche)
Málus, f, Rosac.: lat. *malum* = Apfel, Apfelbaum
Málva, f, Malvac: röm. N. d. "Käsepappel" od. Malve
Malvástrum, n, Malvac.: Gttgsn. *Málva,* u. *astrum* = gewisse Ähnlichkeit; (Scheinmalve)
Malvavíscus, m, Malvac.: wie vor u. diskutierter Ableitung; (Beerenmalve)
Mamillária, f, Cactac.: s. *Mammillária*
Mámmea, f, Clusiac.: v. westind. *mamey* = N. einer dieser Arten abgel.; (Mammiapfel)
Mammillária, f, Cactac.: lat. *mammilla* = Warze, Brustwarze; (Warzenkaktus)
Mammillópsis, f, Cactac.: wie vor u. *opsis* = Aussehen
Mammilloýdia, f, Cactac.: aus Gttgsn. *Mammillária* u. *Lloýdia* gebildet
Mandevilla, f, Apocynac.: n. Henry John Mandeville (1773–1861), engl. Gesandter in Argentinien
Mandrágora, f, Solanac.: gr. N. d. Alraunpflanze
Manéttia, f, Rubiac.: n. Xaverio (Saverio) Manetti (1723–85), florent. Mediziner u. Bot.
Mangífera, f, Anacardiac.: v. *manga* = malaiischer N. d. Mangobaums, u. lat. *fer* = tragend

Manglésia, f, Proteac.: n. James Mangles (1786–1867), engl. Marineoffizier u. Pflanzensammler
Mánihot, f, Euphorbiac.: v. *manioc,* südwestbrasil. N. d. Maniok od. Kassavastrauchs
Manúlea, f, Scrophulariac.: lat. *manus* = Hand (handförmig spreizende Krone)
Mapánia, f, Cyperac.: v. einem Volksnamen Guayanas (Südamerika) abgel.
Maránta, f, Marantac.: n. Bartolomeo Maranta (Mitte 16. Jahrh.), venezian. Arzt u. Bot. (Pfeilwurz)
Maráttia, f, Marattiac.: n. Giovanni Francesco Maratti (1723–77), ital. Geistl., Arzt u. Bot.
Marcgrávia, f, Marcgraviac.: n. Georg Markgraf (Marcgravius, c. 1610–44), dtsch. Reisender u. Naturforscher
Marenopúntia, f, Cactac.: n. Maren B. Parsons, d. Entdecker(in) dieser Pflanzen (20. Jahrh.), u. Gttgsn. *Opúntia*
Marginatocéreus, m, Cactac.: lat. *marginatur* = mit Rand versehen, u. Gttgsn. *Céreus*
Margyricárpus, m, Rosac.: v. gr. *margaron* = Perle abgel., u. *karpos* = Frucht; (Perlfrucht)
Márica, f, Iridac.: lt. Genaust = Anagramm aus *„Amerika"* gebildet, lt. Smith = N. einer griech. Nymphe; (Scheinschwertel)
Márlea, f, Alangiac.: wahrsch. n. einem ind. Volksnamen
Marniéra, f, Cactac.: n. Julien Marnier-Lapostolle († 1976), franz. Kakteengärtner u. Sammler

131

Marrúbium, n, Labiatae: röm.
N. des Andorns
Marsdénia, f, Asclepiadac.: n.
William Marsden (1754–1836),
irischer Orientalist u. Pflan-
zensammler
Marshállia, f, Compositae:
n. Humphry Marshall
(1722–1801), nordamer. Bot.
Marshallocéreus, m, Cactac.:
n. W. Taylor-Marshall
(1886–1957), nordamer. Kak-
teenkenner, u. Gttgsn. *Céreus*
Marsílea, f, Marsileac.: n.
Luigi Ferdinando Marsigli
(c. 1656–1730), ital. Adliger u.
Förd. d. Wiss.; (Kleefarn)
Martinézia, f, Palmae: n.
Baltasar Jacobo Martínez,
Erzbischof von Bogotá (Ko-
lumbien) u. Förd. d. Wiss.
(18. Jahrh.)
Martiusélla, f, Sapotac.: n. Karl
Friedrich Philipp v. Martius
(1794–1868), dtsch. Bot. u.
Brasilienreisender
Martýnia, f, Martyniac.: n. John
Martyn (1699–1768), engl.
Arzt u. Bot.; (Gemsenhorn)
Mascaréna, f, Palmae: v. d.
Maskarenen-Inseln (Mauritius
u. Réunion)
Mascarenhásia, f, Apocynac.:
wie vor (v. portug. Mascaren-
has) abgel.
Masdevállia, f, Orchidac.:
n. José Masdevall († 1801),
span. Arzt u. Bot.
Massángea, f, Bromeliac.: n.
M. de Massange, franz. Orchi-
deenzüchter (19. Jahrh.)
Massónia, f, Liliac.: n. Francis
Masson (1741–1804), schott.
Gärtner u. Pflanzensammler
Matricária, f, Compositae:
wahrsch. v. lat. *matrix* = Ge-
bärmutter abgel.; (Kamille,
Mutterkraut)

Matteúccia, f, Onocleac.: n.
Carlo Matteucci (c. 1800–63),
ital. Naturforscher; (Trichter-
farn)
Matthíola, f, Cruciferae: n. Pie-
tro Andrea (Pierandrea) Mat-
tioli (lat. Matthiolus), 1500–77,
ital. Arzt u. Bot.; (Levkoje)
Matucána, f, Cactac.: aus
Matucana, oberh. Lima, Peru
beschrieben
Maurandýa, f, Scrophulariac.: n.
Catarina Pancracia Maurandy
(geb. 1797), Gattin d. span. Bot.
A. Juan y Poveda, in Cartagena
Maurítia, f, Palmae: wahrsch. d.
Prinzen Moritz (Mauritius) v.
Oranien (1567–1625), Statthal-
ter v. Holland etc. u. Förd. d.
Wiss. gewidmet
Maxillária, f, Orchidac.: v. lat.
maxilla = Kinnbacken abgel.
Maximowíczia, f, Cucurbitac.:
n. Carl Ivanovich Maximowicz
(1827–91), russ. Bot.
Mayáca, f, Mayacac.: v. einem
Volksnamen Guayanas über-
nommen
Maýtenus, f, Celastrac.: v.
maitén, chilen. (Mapuche) N.
einer Art
Mázus, m, Scrophulariac.: gr.
mazos = Brustwarze
Mecódium, n, Hymenophyllac.:
Abl. unbekannt
Meconélla, f, Papaverac.: gr.
mekon = Mohn bzw. Diminu-
tiv zum selben
Meconópsis, f, Papaverac.: wie
vor u. *opsis* = Aussehen;
(Scheinmohn)
Medéola, f, Asparagac.: n.
Medeia, berühmte Zauberin
d. gr. Mythol.; (Schlingmyrte)
Medicágo, f, Fabac.: gr. N.
einer Futterpfl., angebl. aus
Medien in Kleinasien stam-
mend; (Schneckenklee)

Medinílla, f, Melastomatac.: n. José de Medinilla y Pineda, span. Gouverneur d. Marianen, um 1820

Mediocáctus, m, Cactac.: lat. *medius* = der mittlere, u. Gttgsn. *Cáctus*

Mediolobívia, f, Cactac.: wie vor u. Gttgsn. *Lobívia*

Megaclínium, n, Orchidac.: gr. *mega* = groß, u. *kline* = Bett, Lager

Megaptérium, n, Onagrac.: wie vor u. *pteron* = Flügel

Megásea, f, Saxifragac.: zum obigen, d. vergrößerten Stengel wegen

Meiracýllium, n, Orchidac.: gr. *meirakyllion* = kleiner Knabe

Melaleúca, f, Myrtac. (Leptospermac.): gr. *melas* = schwarz, u. *leukos* = weiß, mit dunklem Stamm u. hellen Zweigen; (Myrtenheide)

Melampódium, n, Compositae: n. Melampos, Arzt d. gr. Mythol., od. v. *melampous* = schwarzflüssig abgel.

Melampýrum, n, Scrophulariac.: gr. *melas* = schwarz, u. *pyros* = Weizen; (Wachtelweizen)

Melándrium, n, Caryophyllac.: gr. *melandryos* = schwarzer Kern; wahrsch. N. einer Art Nachtnelke

Melanoselínum, n, Umbelliferae: gr. *melas* = schwarz, u. Gttgsn. *Selinum*

Melanóxylon, n, Ebenac.: wie vor u. *xylon* = Holz

Melánthium, n. Liliac.: wie vor u. *anthos* = Blüte

Melástoma, f, Melastomatac.: wie vor u. *stoma* = Mund; (Schwarzmund)

Mélia, f, Meliac.: ursprüngl. gr. N. einer Esche; (Paternosterbaum)

Meliánthus, m, Melianthac.: gr. *meli* = Honig, u. *anthos* = Blüte; (Honigstrauch)

Mélica, f, Gramineae: ursprüngl. N. einer Art Hirse; (Perlgras)

Melilótus, m, Fabac.: gr. *meli* = Honig, u. *Lótus* = Gttgsn.; (Steinklee)

Meliósma, f, Sabiac.: wie vor u. *osme* = Duft

Melíssa, f, Labiatae: gr. *melissa, melitta* = Biene; (Melisse)

Melíttis, f, Labiatae: wie vor; (Immenblatt)

Mélo, m, Cucurbitac.: anschein. Abkürzg. v. *melopepo,* einer Art Melone

Melocáctus, m, Cactac.: gr. *melon* = Apfel bzw. melonenähnl. Frucht, u. Gttgsn. *Cáctus*

Melóthria, f, Cucurbitac.: v. gr. *melothron,* N. einer anderen Pfl. (d. gl. Familie) übern.; (Haarblume)

Menadénium, n, Orchidac.: gr. *mene* = Mond, v. *aden* = Drüse

Meníscium, n, Polypodiac.: gr. *meniskos* = kleiner Mond, od. Halbmond, auf die Form d. Indusien bezogen

Menispérmum, n, Menispermac.: gr. *men, mene* = Mond, u. *sperma* = Same; (Mondsame)

Méntha, f, Labiatae: röm. N. d. Minze

Menthélla, f, Labiatae: Diminutiv zu *Mentha;* (Zwergminze)

Mentzélia, f, Loasac.: n. Christian Mentzel (1622–1701), dtsch. Arzt u. Bot.

Menyánthes, f, Menyanthac.: gr. N. für eine Art Bitter- od. Fieberklee

Menziésia, f, Ericac.: n. Archibald Menzies (1754–1842), schott. Gärtner, Arzt u. Pflanzensammler

Merátia, f, Calycanthac.: n. François-Victor Mérat de Vaumartoise (1780–1851), franz. Arzt und Bot.; (Winterblume)

Mercuriális, f, Euphorbiac.: n. Merkur, dem Götterboten u. Gott d. Händler u. Diebe; (Bingelkraut)

Merendéra, f, Liliac.: v. span. *quitameriendas* (das Mittagsmahl) abgel.; (Irrlichtblume)

Merténsia, f, Boraginac.: n. Franz Karl Mertens (1764–1831), dtsch. Bot.

Merýta, f, Araliac.: wahrsch. v. gr. *merythos* = einrollen, zusammenballen

Mesembryanthemum, n, Mesembryanthemac.: gr. *mesembria* = Mittag, u. *anthemon* = Blume; (Mittagsblume)

Méspilus, f, Rosac.: röm. N. d. Mispel

Mestokléma, n. Mesembryanthemac.: gr. *mestos* = voll, u. *klema* = Ranke od. kleiner Zweig

Metapléxis, f, Asclepiadac.: gr. *metaplekein* = umflechten, od. *metaplektos* = herumgewunden

Metasequóia, f, Taxodiac.: gr. *meta* = hinter, verwandelt, u. Gttgsn. *Sequóia*

Metrosidéros, f, Myrtac. (Leptospermac.): gr. *metra* = Mark, Kern, u. *sideros* = Eisen; (Eisenholzbaum)

Metróxylon, n, Palmae: wie vor u. *xylon* = Holz; (eine Art Sagopalme)

Méum, n, Umbelliferae: gr. N. d. Bärwurz

Meyénia, f, Acanthac. (Thunbergiac.): n. Franz Julius Ferdinand Meyen (1804–40), dtsch. Arzt u. Bot.

Meyerophýtum, n, Mesembryanthemac.: n. G. Meyer, dtsch. Missionar u. Pflanzensammler in SW-Afrika (um 1930), u. *phyton* = Pflanze

Míbora, f, Gramineae: anschein. willkürl. Pfl.-N.; (Zwerggras)

Michaúxia, f, Campanulac.: n. André Michaux (1746–1802), franz. Pflanzensammler, u./od. Sohn François André (1770–1855)

Michélia, f, Magnoliac.: n. Pier Antonio Micheli (1679–1737), florentin. Bot.

Micónia, f, Melastomatac.: n. Francisco Micó (geb. 1528), span. Arzt u. Bot.

Micrámpelis, f, Cucurbitac.: gr. *mikros* = klein, u. *ampelos* = Weinstock

Micrántha, f, Saxifragac.: wie vor u. *anthos* = Blüte

Micránthemum, n, Scrophulariac.: wie vor u. *anthemon* = Blume

Micranthocéreus, m, Cactac.: wie vor, *anthos* = Blüte, u. Gttgsn. *Céreus*

Micrócala, f, Gentianac.: wie vor u. *kalia* = Wohnung

Microcoélia, f, Orchidac.: wie vor u. *koilia* = Bauch, od. Höhlung

Microcoélum, n, Palmae: wie vor

Microcýcas, f, Zamiac.: gr. *mikros* = klein, u. Gttgsn. *Cýcas*

Microglóssa, f, Compositae: wie vor u. *glossa* = Zunge; (Rutenaster)

Microlépia, f, Dennstaedtiac.: wie vor u. *lepis* = Schuppe

Microméles, f, Rosac.: wie vor

u. *meles* = Apfel(baum); (Zwergapfel)

Microméria, f, Labiatae: wie vor u. *meros* = Teil, Anteil

Micrópterum, n, Mesembryanthemac.: wie vor u. *pteron* = Flügel

Micropúntia, f, Cactac.: wie vor u. Gttgsn. *Opúntia*

Mícropus, m, Compositae: wie vor u. *pous* = Fuß; (Falzblume)

Microstýlis, f, Orchidac.: wie vor u. *stylis* = Griffel

Mikánia, f, Compositae: n. Joseph Gottfried Mikan (1743–1814) u./od. Sohn Johann Christian (1769–1844), tschech. Bot.

Míla, f, Cactac.: Anagramm, aus Lima (Hauptstadt Perus) gebildet

Mílium, n, Gramineae: lat. *milium* = Hirse; (Flattergras)

Mílla, f, Alliac.: n. Julian Milla, span. Gärtner (18. Jahrh.)

Milligánia, f, Liliac.: n. Joseph Milligan (1807–83), schott. Kolonialarzt u. Pflanzensammler

Miltássia, Orchidac. Hybr.: *Miltónia × Brássia*

Miltónia, f, Orchidac.: n. Charles William Fitzwilliam (1786–1857), Viscount Milton, u. Förd. d. Wiss.

Miltonídium, Orchidac. Hybr.: *Miltónia × Oncídium*

Miltonióda, Orchidac. Hybr.: *Miltónia × Cochlióda*

Mimetóphytum, n, Mesembryanthemac.: gr. *mimetes* = Nachahmer, u. *phyton* = Pflanze

Mimósa, f, Mimosac.: gr. *mimos* = Darsteller; (Sinnpflanze)

Mímulus, m, Scrophulariac.:

wie vor (Diminutiv) = Gaukler; (Gauklerblume)

Mímusops, f, Sapotac.: wie vor u. *ops* = Auge, Gesicht, Aussehen; (Spitzenblume)

Mína, f, Convolvulac.: n. Francisco Xavier Mina, mexikan. Politiker (19. Jahrh.?)

Minuártia, f, Caryophyllac.: n. Juan Minuart (1693–1768), span. Arzt u. Bot.

Mirábilis, f, Nyctaginac.: lat. *mirabilis* = wunderbar; (Wunderblume)

Miscánthus, m, Gramineae: gr. *miskos* = Stiel, u. *anthos* = Blüte; (Stielblütengras)

Mitchélla, f, Rubiac.: n. John Mitchell (1711–68), nordamer. Arzt u. Bot.; (Rebhuhnbeere)

Mitélla, f, Saxifragac.: Diminutiv zu *mitra* = Mütze; (Bischofskappe)

Mitrária, f, Gesneriac.: lat. *mitra* = Mütze, Bischofskappe; (Mützenstrauch)

Mitriostígma, f, Rubiac.: wie vor u. *stigma* = Narbe

Mitrocéreus, m, Cactac.: wie vor u. Gttgsn. *Céreus*

Mitrophýllum, n, Mesembryanthemac.: wie vor u. *phyllon* = Blatt

Modíola, f, Malvac.: lat. *modiolus* = kleines Maß, Trinkgefäß

Moehríngia, f, Caryophyllac.: n. Paul Heinrich Gerhard Moehring (1710–92), dtsch. Arzt u. Naturwiss.; (Nabel- od. Moosmiere)

Moénchia, f, Caryophyllac.: n. Konrad Mönch (1744–1805), dtsch. Bot.; (Weißmiere)

Móhria, f, Schizaeac.: n. Daniel Matthias Heinrich Mohr (1780–1808), dtsch. Kryptogamenforscher

Molínia, f, Gramineae: n. Juan

Ignacio Molina (1737–1829), chilen. Jesuit u. Bot.; (Pfeifengras)

Molopospérmum, n, Umbelliferae: gr. *molops* = Schramme, Strieme, u. *sperma* = Same; (Striemensamen)

Móltkia, f, Boraginac.: n. Graf Joachim Gadske Moltke (1746–1818), dän. Staatsmann

Molucélla, f, Labiatae: Ableitung unsicher (wohl kaum von den Molukken); (Trichtermelisse)

Momórdica, f, Cucurbitac.: viell. v. lat. *mordere* = beißen abgeleitet; (Beißgurke, Balsamapfel)

Monadénium, n. Euphorbiac.: gr. *monos* = einzeln, allein, u. *aden* = Drüse

Monánthes, f, Crassulac.: wie vor u. *anthos* = Blüte; (Felswurz)

Monárda, f, Labiatae: n. Nicolás Monardes (1493–1588), span. Arzt u. Bot.

Monardélla, f, Labiatae: Diminutiv zu *Monárda*

Monéses, f, Pyrolac.: gr. *monos* = einzeln, allein, u. *esis* = aussenden

Monilária, f, Mesembryanthemac.: v. lat. *monile* = Halsband, Perlschnur abgel.

Monniéra, f, Scrophulariac. (p.p.): n. Louis-Guillaume Le Monnier (1717–99), franz. Naturforscher

Monochaétum, n, Melastomatac.: gr. *monos,* einzeln, allein, u. *chaite* = Borste

Monochória, f, Pontederiac.: wie vor u. *chorizo* = teilen, verschieden

Monodóra, f, Annonac.: wie vor u. *dora* = abgezogene Haut

Monográmma, f, Vittariac.: wie vor u. *gramma* = Schrift

Monólena, f, Melastomatac.: wie vor u. *olene* = Arm, od. Elle

Monoméria, f, Orchidac.: wie vor u. *meros* = Teil, Anteil

Monophyllaéa, f, Gesneriac.: wie vor u. *phyllon* = Blatt = einblättrig

Monópsis, f, Campanulac.: wie vor u. *opsis* = Aussehen; (Sonderkraut)

Monótropa, f, Pyrolac.: wie vor u. *tropos* = Drehung; (Fichtenspargel)

Monsónia, f, Geraniac.: n. Lady Anne Monson (1714–76), engl. Reisende u. Pflanzensammlerin

Mónstera, f, Arac.: Ableitung unklar, viell. v. lat. *monstrum* = Mißgestalt

Montánoa, f, Compositae: n. José Luis Montaña, mexikan. Arzt u. Bot. (Anf. 19. Jahrh.)

Montbrétia, f, Iridac.: n.A.F.E. Conquebert de Montbret (1781–1801), franz. Naturforscher, Begleiter Napoleons in Ägypten

Móntia, f, Portulacac.: n. Giuseppe Monti (1682–1760), ital. Bot.; (Quellkraut)

Monvíllea, f, Cactac.: n. M. de Monville, franz. Kakteenfreund (um 1800)

Moraéa, f, Iridac.: n. Ribert More (1703–80), engl. Reisender u. Freund Linnés

Morawétzia, f, Cactac.: n. Victor Morawetz, nordamer. Kakteenfreund (um 1930)

Moricándia, f, Cruciferae: n. Moise Etienne (gen. Stefano) Moricand (1779–1854), schweiz. Bot.

Morína, f, Dipsacac.: n. Louis

Pierre Morin (1635–1715), franz. Arzt u. Bot.; (Kardendistel)

Morínda, f, Rubiac.: angebl. v. lat. *morum* = Maulbeere, u. *indicus* = indisch

Morínga, f, Moringac.: v. singales. *murunga,* N. d. Pfl. abgel.

Morísia, f, Cruciferae: n. Giuseppe Giacinto Moris (1796–1869), ital. Bot.

Mormódes, f, Orchidac.: gr. *mormo* = Gespenst, u. *odes* = ähnlich; (Gespensterorche)

Mormólyca, f, Orchidac.: wie vor u. *lyke* = Wölfin

Mórus, f, Morac.: röm. N. d. Maulbeerbaums

Moschósma, n, Labiatae: gr. *moschos* = Moschus, u. *osme* = Duft

Móssia, f, Mesembryanthemac.: n. Charles Edward Moss (1870–1930), engl-südafrikan. Bot.

Mucizónia, f, Crassulac.: Ableitung unbekannt

Mucúna, f, Fabac.: brasilian. Volksname d. Pfl.; (Juckbohne)

Muehlenbéckia, f, Polygonac.: n. Henri Gustave Muehlenbeck (1798–1845), elsäss. Arzt u. Bot.

Muhlenbérgia, f, Gramineae: n. G. H. E. Muhlenberg (1753–1815), nordamer. Geistl. u. Bot.

Muíria, f, Mesembryanthemac.: n. John Muir (1874–1947), schott.-südafrikan. Arzt u. Naturforscher

Mulgédium, n, Compositae: lat. *mulgere* = melken (reich an Milchsaft!); (Milchlattich)

Murdánnia, f, Commelinac.: Ableitung kritisch

Murraýa, f, Rutac.: n. Johann

Andreas Murray (1740–91), schwed. Arzt u. Bot., in Deutschl.; (Orangenraute)

Músa, f, Musac.: Abl. umstritten: v. arab. *mouz* = Paradiesbaum, od. Antonius Musa (63–14 v. Chr.), Leibarzt d. Kaisers Augustus gew.

Musánga, f, Morac. (Cecropiac.): wahrsch. westafr. Volksname

Muscadínia, f, Vitac.: anschein. v. franz. *muscadin* = Moschus (?) abgel.

Múscari, n, Liliac.: Abl. zweifelhaft, viell. v. türk. *muscurimi* für solche Pfl. abgel.

Mussaénda, f, Rubiac.: singhales. Volksname

Músschia, f, Campanulac.: n. Jean H. Mussche (1765–1834), belg. Gärtner u. Sammler

Mutísia, f, Compositae: n. José Celestino Mútis (1732–1808), span. Arzt u. Bot., in Kolumbien

Mýagrum, n, Cruciferae: gr. *myagros* = eine Art Fliegenfänger; (Hohldotter)

Mycélis, m, Compositae: viell. v. gr. *mycelium* = Masse feiner Fäden übertragen; (Mauerlattich)

Myóporum, n, Myoporac.: gr. *myo* = zu schließen, u. *poros* = Pore, Loch

Myosotídium, n, Boraginac.: Gttgsn. *Myosótis,* mit Diminutiv *idion* u. trotzdem „Riesenvergißmeinnicht" gen.

Myosótis, f, Boraginac.: gr. *mys* = Maus, u. *otis* = Ohr; (Vergißmeinnicht)

Myosúrus, m, Ranunculac.: wie vor u. *oura* = Schwanz; (Mäuseschwanz)

Myrceugenélla, f, Myrtac.: Diminutiv zu *Myrceugénia*

Myrceugénia, f, Myrtac.: anschein. aus *Mýrcia* u. *Eugénia* zusammengez.

Mýrcia, f, Myrtac.: wohl a. d. gr. Mythol. entnommen

Myrciária, f, Myrtac.: v. *Mýrcia* abgel.

Myríca, f, Myricac.: gr. *myrike* = früh. N. d. Tamariske; (Wachsmyrte, Gagel)

Myricária, f, Tamaricac.: v. *Myríca* abgel.; (Rispelstrauch)

Myriocárpa, f, Urticac.: gr. *myrios* = unzählige, sehr viele, u. *karpos* = Frucht; (Tausendfrucht)

Myriophýllum, n, Haloragac.: wie vor u. *phyllon* = Blatt; (Tausendblatt)

Myrística, f, Myristicac.: gr. *myristikos* = zum Salben geeignet; (Muskatnußbaum)

Myrmecódia, f, Rubiac.: gr. *myrmekodes* = voller Ameisen; (Ameisenknolle)

Myrobálanus, f, Combretac.: gr. *myron* = Balsam, u. *balanus* = Art rundl. Frucht

Myrobróma, f, Orchidac.: wie vor u. *broma* = Speise

Myróxylon, n, Fabac.: wie vor u. *xylon* = Holz; (Balsambaum)

Mýrrhis, f, Umbelliferae: gr. *myrrha* = wohlriechende Myrrhe; (Süßdolde)

Mýrsine, f, Mrysinac.: v. gr. N. d. Myrte übernommen

Myrsiphýllum, m, Asparagac.: wie vor u. *phyllon* = Blatt

Myrtillocáctus, m, Cactac.: lat. *myrtillus* = kleine Myrte, u. Gttgsn. *Cáctus*

Mýrtus, f, Myrtac.: röm./griech. N. d. Myrte

Mystacídium, n, Orchidac.: gr. *mystax* = Schnurrbart, u. *idion* als Diminutiv.

N

Naegélia, f, Gesneriac.: n. Karl Wilhelm v. Nägeli (1817–91), schweiz. Bot.

Nageliélla, f, Orchidac.: n. Otto Nagel, dtsch. Orchideensammmler in Mexiko (19. Jahrh.), u. *iella* als Diminutiv

Nájas, f, Najadac.: n. d. Najaden = griech. Quellnymphen benannt; (Nixenkraut)

Namaquánthus, m, Mesembryanthemac.: vom Namaqualand in Südafrika, u. *anthos* = Blüte

Namíbia, f, Mesembryanthemac.: a. d. Wüste Namib, in SW-Afrika

Nanánthea, f, Compositae: lat. *nanus* = klein, zwerghaft, u. *anthos* = Blüte

Nanánthus, m, Mesembryanthemac.: wie vor

Nandína, f, Berberidac. (Nandinac.): lat. Version d. japan. N. d. Pfl.

Nánnorrhops, f, Palmae: gr. *nannos* = Zwerg, u. *rhops* = Gesträuch

Nanódes, n, Orchidac.: lat. *nanus* = sehr klein

Napaéa, f, Malvac.: wahrsch. v. gr. *napos* = kleines Waldtal abgel.

Napoleóna, f, Lecythidac.: wohl Napoleon Bonaparte (1769–1821) gew.

Narcíssus, m, Amaryllidac.: gr. mythol. u. Pflanzenname; (Narzisse)

Nardóstachys, f, Valerianac.: gr. *nardos* = N. einer arom. Pfl., u. *stachys* = Ähre

Nárdus, f, Gramineae: gr. *nardos* = Narde, arom. Pfl.; (Borstgras)

Narthécium, n, Liliac.: Diminutiv z. gr. *narthex* = Stab, Stecken; (Beinbrech)
Nastúrtium, n, Cruciferae: lat. *nasus tortus* = gedrehte Nase, N. d. Brunnenkresse
Naumbúrgia, f, Primulac.: n. Johann Samuel Naumburg (1768–99), dtsch. Bot.
Nautilócalyx, m, Gesneriac.: gr. *nautilus* = Schiffsschnecke, u. *kalyx* = Kelch
Neánthe, f. Palmae: gr. *ne, neos* = neu, u. *anthos* = Blüte
Nectándra, f, Laurac.: gr. *nektar* = Göttergetränk, u. *andros* = Mann, männl. Organ
Negúndo, f, Acerac.: anschein. v. sanskrit *nirgundo* = N. einer Vitex-Art abgel.
Neíllia, f, Rosac.: n. Patrick Neill (1776–1851), schott. Drucker u. Bot.
Nélia, f, Mesembryanthemac.: n. Gert Cornelius Nel (1885–1950), südafr. Bot.
Nelúmbo, f. Nymphaeac. (Nelumbonac.): v. singhal. *nelumbu* = N. d. Lotosblume abgel.
Nemástylis, f, Iridac.: gr. *nema* = Faden, u. *stylos* = Griffel
Nematánthus, m, Gesneriac.: wie vor u. *anthos* = Blüte
Nemésia, f, Scrophulariac.: v. gr. *nemesion* für eine *Antirrhinum*-Art
Nemopánthus, m, Aquifoliac.: gr. *nema* = Faden, *pous* = Fuß, u. *anthos* = Blüte, auf fadenförm. Stiele bezugn.; (Amerikan. Berghülse)
Nemóphila, f, Hydrophyllac.: gr. *nemos* = Hain, u. *phile* = Freundin; (Hainblume)
Neoabbóttia, f, Cactac.: n. W. L. Abbott (geb. 1860),

Nordamerikaner, u. Förd. d. Wiss., mit Vorsilbe *neo* = neu
Neobenthámia, f, Orchidac.: gr. *neo, neos* = neu (od. umgenannt), u. Gttgsn. *Benthámia*
Neobesseýa, f, Cactac.: wie vor u. n. Charles E. Bessey (1845–1915), nordamer. Bot.
Neobinghámia, f, Cactac.: wie vor u. Gttgsn. *Binghámia*
Neobuxbaúmia, f, Cactac.: wie vor, u. n. Franz Buxbaum (1900–79), österr. Kakteenforscher
Neocardenásia, f, Cactac.: wie vor, u. n. Martín Cárdenas (1899–1973), bolivian. Bot.
Neochilénia, f, Cactac.: wie vor u. früh. Gttgsn. *Chilénia* (aus Chile)
Neocogniaúxia, f, Orchidac.: wie vor, u. n. C. A. Cogniaux (1841–1916), belg. Bot.
Neodawsónia, f, Cactac.: wie vor, u. n. Elmer Yale Dawson (1918–66), nordam. Bot.
Neofinéta, f, Orchidac.: wie vor, u. n. A. E. Finet (1863–1913), franz. Bot.
Neogomésia, f, Orchidac.: wie vor, u. Gttgsn. *Gomésia* (= *Gomésa*)
Neógyne, f, Orchidac.: wie vor u. *gyne* = Weib (= „neubeweibt")
Neohenrícia, f, Mesembryanthemac.: wie vor, u. n. Marg. G. A. Henrici (1892–1971), schweiz.-südafr. Botanikerin
Neolaúchea, f, Orchidac.: wie vor, u. n. W. Lauchet (1827–82), dtsch. Gärtner
Neolemaireocéreus, m, Cactac.: wie vor, u. Gttgsn. *Lemaireocéreus*
Neolloýdia, f, Cactac.: wie vor, u. n. Francis Ernest Lloyd (1868–1947), nordamer. Bot.

Neomammillária, f, Cactac.: wie vor u. Gttgsn. *Mammillária*

Neomárica, f, Iridac.: wie vor u. Gttgsn. *Márica*

Neomoórea, f, Orchidac.: wie vor, u. n. Sir Frederick William Moore (1857–1950), irischer Bot.

Neomuéllera, f, Labiatae: wie vor, u. n. Baron Ferd. v. Mueller (1825–96), dtsch.-austral. Bot.

Neoportéria, f, Cactac.: wie vor, u. n. Carlos E. Porter (1868–1942), chilen. Naturforscher

Neoraimóndia, f, Cactac.: wie vor, u. n. A. Raimondi (1825–90), italo-peruan. Geogr.

Neoregélia, f, Bromeliac.: wie vor u. Gttgsn. *Regélia*

Neorhíne, n, Mesembryanthemac.: wie vor u. *rhine* = Feile

Neóttia, f, Orchidac.: gr. = Nest; (Nestwurz)

Neottiánthe, f, Orchidac.: wie vor u. *anthos* = Blüte

Neowerdermánnia, f, Cactac.: gr. *neos* = neu, u. n. Erich Werdermann (1892–1959), dtsch. Kakteenforscher

Nepénthes, f, Nepenthac.: gr. f. „leidverscheuchende" (offizinelle?) Pflanze; (Kannenpflanze)

Népeta, f, Labiatae: röm. N. d. Katzenminze

Nephélium, n, Sapindac.: gr. *nephelion* = kleine Wolke; (Litschibaum, Zwillingspflaume)

Nephródium, n, Polypodiac. s. lat.: gr. *nephrodes* = nierenartig (Form d. Indusien)

Nephrólepis, f, Nephrolepidac.: gr. *nephros* = Niere, u. *lepis* = Schuppe

Nephthýtis, f, Arac.: ägypt. Göttin u. Mutter v. Anubis

Neptúnia, f, Mimosac.: n. Neptunus, dem Fluß- u. Meergott (auf feuchte Standorte hindeutend)

Neríne, f, Amaryllidac.: Nereine, einer Seenymphe gew.

Nérium, n, Apocynac.: *nerion* = gr. N. d. Oleanders

Nértera, f, Rubiac.: gr. *nerteros* = niedrig, unten, niederliegend; (Korallenbeere)

Nervília, f, Orchidac.: lat. *nervus* = Sehne, Nerv

Néslia, f, Cruciferae: n. J. A. N. de Nesle, franz. Bot.; (Finkensame)

Neurográmme, n, Gymnogrammac.: gr. *neuron* = Sehne, Nerve, u. *gramme* = Strich, Linie, Schrift

Neviúsia, f, Rosac.: n. Ruben Denton Nevius (1827–1913), nordamer. Geistl. u. Pflanzensammler; (Schneelocke)

Nicándra, f, Solanac.: Nicander (gr. Nikandros), gr. Arzt u. Poet, etwa 2. Jahrh. v. Chr.; (Giftbeere)

Nicodémia, f, Buddlejac.: n. Gaetano Nicodemo († 1803), ital. Bot.

Nicotiána, f, Solanac.: n. Jean Nicot (1530–1600), franz. Gesandter in Portugal, der den Tabak nach Frankr. eingef. haben soll

Nidulárium, n, Bromeliac.: Diminutiv z. lat. *nidus* = Nest; (Nestbromelie)

Nierembérgia, f, Solanac.: n. Juan Eusebio Nieremberg (1595–1658), span. Jesuit u. Naturwiss.

Nigélla, f, Ranunculac.: lat. *nigellus* = schwärzlich; (Schwarzkümmel)

Nigritélla, f, Orchidac.: Diminutiv z. lat. *nigrita* = Schwärze; (Kohlröschen)
Nípa, f, Palmae: s. *Nýpa*
Niphaéa, f, Gesneriac.: gr. *niphas* = Schnee
Niphóbolus, m, Polypodiac.: gr. *niphobolos* = schneebedeckt
Nitrária, f, Zygophyllac.: lat. *nitrum* = Natron, Soda; (Salpeterstrauch)
Nivénia, f, Iridac.: n. James Niven (1774–1827), schott. Gärtner u. Pflanzensammler
Nóccaea, f, Cruciferae: n. Domenico Nocca (1758–1841), ital. Bot.
Nolána, f, Nolanac.: lat. *nola* = Schelle, kleine Glocke; (Glockenwinde)
Nolína, f, Agavac.: n. P. C. Nolin, franz. Gartenbauschriftsteller (18. Jahrh.)
Nomócharis, f, Liliac.: gr. *nomos* = Weide, u. *charis* = Anmut, Zier
Nónnea, f, Boraginac.: n. Johann Philipp Nonne (1729–72), dtsch. Arzt u. Bot.; (Mönchskraut)
Nopálea, f, Cactac.: n. d. mexikan. N. dieser Kakteen
Nopalxóchia, f, Cactac.: wie vor u. aztek. *xochitl* = Blume
Nothofágus, f, Fagac.: gr. *nothos* = falsch, unecht, u. Gttgsn. *Fágus;* (Scheinbuche)
Notholaéna, f, Sinopteridac.: wie vor u. *chlaina* = Mantel; (Pelzfarn)
Notholírion, n, Liliac.: wie vor u. *leirion* = Lilie
Nothópanax, m, Araliac.: wie vor u. Gttgsn. *Pánax*
Nothoscórdum, n, Alliac.: wie vor u. *skorodon* = Knoblauch; (Bastardlauch)
Notocáctus, m, Cactac.: gr. *nó-tos* = Süden, u. Gttgsn. *Cáctus*
Notónia, f, Compositae: n. Benjamin Noton (1812–35), engl. Pflanzensammler in Indien
Notoniópsis, f, Compositae: Gttgsn. *Notónia,* u. *opsis* = Aussehen
Notospártium, n, Fabac.: gr. *nótos* = Süden, u. Gttgsn. *Spártium*
Notýlia, f, Orchidac.: gr. *nôton* = Rücken, u. *tyle* = Höcker
Núphar, n, Nymphaeac.: v. arab. *ninufar* = N. d. Teichrose abgel.
Nuttállia, f, Rosac.: n. Thomas Nuttall (1786–1859), engl. Bot., d. in Nordamerika sammelte
Nyctánthes, f, Oleac.: gr. *nyx, nyktos* = Nacht, u. *anthos* = Blüte; (Trauerbaum)
Nycteránthus, m, Mesembryanthemac.: gr. *nykteros* = nächtlich, u. *anthos* = Blüte
Nycterínia, f, Scrophulariac.: gr. *nykterinos* = nächtlich; (Sternbalsam)
Nyctocéreus, m, Cactac.: gr. *nyx, nyktos* = Nacht, u. Gttgsn. *Céreus* (nachts blühend)
Nymánia, f, Sapindac.: n. Carl Fredrik Nyman (1820–93), schwed. Bot.; (Laternenpflanze)
Nymphaéa, f, Nymphaeac.: den Nymphen od. Wassergeistern gewidmet; (Seerose, Wasserrose)
Nymphoídes, f, Menyanthac.: Gttgsn. *Nymphaea,* u. *oides* = ähnlich; (Seekanne)
Nýpa, f, Palmae: indon. N. d. Nypa- od. Nipapalme

Nýssa, f, Nyssac.: N. einer gr. Wassernymphe; (Tupelobaum)

O

Oakesiélla, f, Liliac.: n. William Oakes (1799–1848), nordamer. Bot.

Oberónia, f, Orchidac.: dem Elfenkönig Oberon gewidmet

Obióne, f, Chenopodiac.: wahrsch. v. Ob *(obi)* = Fluß in Sibirien abgel.; (Salzmelde)

Obregónia, f, Cactac.: n. Alvaro Obregon (c. 1877–1928), mexikan. General u. Präsident

Óchna, f, Ochnac.: v. *ochne* = gr. N. einer Wildbirne abgel.; (Nagelbeere)

Ochrocárpus, m, Clusiac.: gr. *ochros* = gelb, u. *karpos* = Frucht

Ochróma, n, Bombacac.: wie vor u. *chroma* = Farbe, od. zu Blässe bezogen; (Balsabaum)

Ochrósia, f, Apocynac.: wie oben bzw. v. *ochros* = Blässe abgel.

Ócimum, n, Labiatae: v. gr. *okimon* für eine aromatische Pfl. abgel.; (Basilienkraut)

Octoméria, f, Orchidac.: gr. *oktos* = acht, u. *meros, mereia* = Teil (m. 8 Pollensäcken)

Octopóma, n, Mesembryanthemac.: wie vor u. *poma* = Dekkel, od. Dach

Odontióda, Orchidac. Hybr.: *Odontoglóssum* × *Cochlióda*

Odontítes, f, Scrophulariac.: gr. *odous, odontos* = Zahn; (Zahntrost)

Odontochílus, m. Orchidac.: wie vor u. *cheilos* = Lippe

Odontocídium, Orchidac.

Hybr.: *Odontoglóssum* × *Oncídium*

Odontoglóssum, n. Orchidac.: gr. *odontos* = Zahn, u. *glossa* = Zunge

Odontonéma, n, Acanthac.: wie vor u. *nema* = Faden (mit gezähnten Filamenten)

Odontónia, Orchidac. Hybr.: *Odontoglóssum* × *Miltónia*

Odontóphorus, m, Mesembryanthemac.: gr. *odous, odontos* = Zahn, u. *phorein* = tragen

Odontospérmum, n, Compositae: wie vor u. *sperma* = Same (mit gezähnten Samen)

Oéhmea, f, Cactac.: n. Hanns Oehme († 1944), dtsch. Maler u. Kakteenfreund

Oenánthe, f, Umbelliferae: gr. *oinos* = Wein u. *anthos* = Blüte; (Rebendolde)

Oenothéra, f, Onagrac.: gr. N. einer (nicht verwandten!) Pflanze; (Nachtkerze)

Oeónia, f, Orchidac.: gr. *oionios* = Raubvogel (Blütenform!)

Oeoniélla, , Orchidac.: Diminutiv zu *Oeónia*

Óftia, f, Myoporac.: Herkunft unklar

Oldenbúrgia, f, Compositae: n. S. Oldenburg, schwed. Pflanzensammler (Ende 18. Jahrh.)

Ólea, f, Oleac.: gr. *elaia* u. röm. N. d. Ölbaums

Oleándra, f, Oleandrac.: d. Oleander-ähnl. Wedel wegen (?)

Oleária, f, Compositae: n. Adam Ölschläger gen. Olearius (1603–71), dtsch. Bibliothekar u. Forschungsreisender; (Baumaster)

Olférsia, f, Aspidiac.: n. Ign. F. W. v. Olfers (1793–1871), dtsch. Konsul in Rio

Oliveránthus, m, Crassulac.: n. George Watson Oliver (1857–1923), nordamer. Landwirtschaftsexperte

Omphalódes, f, Boraginac.: gr. *omphalodes* = nabelähnlich od. -förmig; (Gedenkemein)

Omphalográmma, n, Primulac.: wie vor u. *gramme* = Linie, Strich

Onágra, f, Onagrac.: gr. Pfl.-N.; n. Genaust: *onos* = Esel u. *agra* = *Jagd*

Oncidióda, Orchidac. Hybride: *Oncídium* × *Cochlióda*

Oncídium, n, Orchidac.: v. gr. *onkos:* Haken, Höcker abgel.

Oncóba, f, Flacourtiac.: v. *onkob,* arab. N. d. Pfl. abgel.

Onóbrychis, f, Fabac.: gr. *onos* = Esel, u. *bryche* = kauen; (Esparsette)

Onóclea, f, Onocleac.: v. *onokleia,* gr. N. einer anderen (nichtverwandten) Pfl. abgel.; (Perlfarn)

Onónis, f, Fabac.: gr. N. d. Hauhechel

Onopórdum, n, Compositae: gr. *onos* = Esel, u. *porde* = Blähung (Eselsfurz); (Eselsdistel)

Onóseris, m, Compositae: wie vor u. *seris* = Salat

Onósma, n, Boraginac.: wie vor u. *osme* = Duft; (Lotwurz)

Onosmódium, n, Boraginac.: *Onósma* nahestehend

Onýchium, n, Cryptogrammac.: v. gr. *onyx* = Klaue abgel.; (Klauenfarn)

Oophýtum, n, Mesembryanthemac.: gr. *oon* = Ei, u. *phyton* = Pflanze, weil etwa ei-ähnl.

Ophioglóssum, n, Ophioglossac.: gr. *ophis, ophios* = Natter, u. *glossa* = Zunge; (Natternzunge)

Ophiopógon, m, Liliac.: wie vor u. *pogon* = Bart

Ophiorrhíza, n, Rubiac.: wie vor u. *rhiza* = Wurzel; (Erdgalle)

Óphrys, f, Orchidac.: gr. N. d. Pfl., v. *ophrys* = Braue (samtig behaarte Lippe, lt. Genaust); (Kerfstendel, Ragwurz)

Ophthalmophýllum, n, Mesembryanthemac.: gr. *ophthalmos* = Auge, u. *phyllon* = Blatt

Opithándra, m, Gesneriac.: gr. *ophite* = hinter, u. *andros* = Mann bzw. männl. Organ

Oplísmenus, m, Gramineae: gr. *hoplismos* = bewaffnet; (Stachelspelze)

Oplópanax, m, Araliac.: gr. *hoplon* = Waffe, u. Gttgsn. *Pánax;* (Igelkraftwurz)

Opópanax, m, Umbelliferae: gr. *opos* = milchiger Saft, u. Gttgsn. *Pánax;* (Heilwurz)

Opóphytum, m, Mesembryanthemac.: wie vor u. *phyton* = Pflanze

Opsisánda, Orchidac. Hybr.: *Vandópsis* × *Vánda*

Opúntia, f, Cactac.: gr. N. einer stachligen Pfl. in der Nähe v. Opus (im heut. Griechenland), Stadt d. Locri Opuntii; (Feigenkaktus)

Orbígnya, f, Palmae: n. Alcide Dessalines d'Orbigny (1802–57), franz. Reisender u. Naturforscher

Orchidántha, f, Musac.: Gttgsn. *Órchis* u. gr. *anthos* = Blüte bzw. orchideenblütig

Órchis, f, Orchidac.: gr. *orchis* = Hoden (Form d. Wurzelknollen); (Knabenkraut)

Oreocéreus, m, Cactac.: gr. *oros, oreis* = Berg, u. Gttgsn. *Céreus*

Oreócharis, f, Gesneriac.: wie vor u. *charis* = Anmut, Zierde
Oreodáphne, f, Laurac.: wie vor u. Gttgsn. *Dáphne;* (Berglorbeer)
Oreodóxa, f, Palmae: wie vor u. *doxa* = Ruhm, Gloria; (Königspalme)
Oreópanax, m, Araliac.: wie vor u. Gttgsn. *Pánax;* (Bergaralie)
Oríganum, n, Labiatae: klass. gr. N. dieser Gewürzpfl.; (Dost)
Oríxa, f, Rutac.: japan. N. dieser Sträucher
Orlaýa, f, Umbelliferae: n. Johann Orlay, russ. Arzt (18./19. Jahrh.); (Breitsame)
Ornithídium, n, Orchidac.: v. gr. *ornithion* = Vögelchen abgel.
Ornithocéphalus, m, Orchidac.: gr. *ornis, ornithos* = Vogel, u. *kephale* = Kopf
Ornithochílus, m, Orchidac.: wie vor u. *cheilos* = Lippe
Ornithógalum, n, Liliac.: wie vor u. *gala* = Milch; (Milchstern)
Orníthopus, m, Fabac.: wie vor u. *pous* = Fuß; (Vogelfuß)
Orobánche, f, Orobanchac.: Pfl.-N., v. *orobos* = eine Art Erbse, u. *anche* = würgen abgel.; (Sommerwurz)
Órobus, m, Fabac.: gr. N. einer Art Platterbse
Oróntium, n, Arac.: Ableitung unsicher; viell. mit Orontes = Fluß in Syrien in Verbindg. gebracht; (Goldkeule)
Oróstachys, m, Crassulac.: gr. *oros* = Berg, u. *stachys* = Ähre; (Sternwurz)
Oróxylon, n, Bignoniac.: wie vor u. *xylon* = Holz (obwohl d. Baum auch im Tiefland vorkommt!)

Oróya, f, Cactac.: v. Oroya, Stadt in Zentral-Peru beschrieben
Orphanidésia, f. Ericac.: n. Theodoros Georgios Orphanides (1817–86), griech. Bot.
Órphium, n. Gentianac.: n. Orpheus, Sänger d. griech. Mythologie
Ortégia, f, Caryophyllac.: n. Cas. Gómez Ortega (1740–1818), span. Bot.
Ortgiésia, f, Bromeliac.: n. Karl Eduard Ortgies (1829–1916), schweiz. Garteninspektor
Orthópterum, n, Mesembryanthemac.: gr. *orthos* = aufrecht, gerade, u. *pteron* = Flügel
Orthosíphon, m, Labiatae: wie vor u. *siphon* = Röhre
Orthothýlax, m, Philydrac.: wie vor u. *thylakos* = Beutel
Orthrosánthus, m, Iridac.: gr. *orthros* = Morgen, u. *anthos* = Blüte
Orychophrágmus, m, Cruciferae: gr. *oryche* = Graben, u. *phragmos* = Hecke, Zaun
Orýza, f, Gramineae: anschein. v. arab. *uruz* abgel.; (Reis)
Oryzópsis, f, Gramineae: Gttgsn. *Orýza,* u. *opsis* = Aussehen; (Grannenhirse)
Osbéckia, f, Melastomatac.: n. Pehr Osbeck (1723–1805), schwed. Geistl. u. Reisender
Oscularia, f, Mesembryanthemac.: lat. *osculum* = Mündchen = Ansammlung kleiner Münder
Osmánthus, m. Oleac.: gr. *osme* = Duft, u. *anthos* = Blüte; (Duftblüte)
Osmárea, Oleac. Hybr.: *Osmánthus × Phillýrea*
Osmarónia, f, Rosac.: anschein. zum gr. *osme* =

Duft, u. Gttgsn. *Arónia* beziehend; (Oregonpflaume)
Osmoglóssum, n, Orchidac.: wie vor u. *glossa* = Zunge
Osmúnda, f, Osmundac.: Abl. ungewiß, viell. Osmunder (Beiname d. german. Gottes Thor) gewidmet, od. n. Osmundus, einem skandinav. Runenautor (um 1025); (Rispen- od. Königsfarn)
Osteoméles, f, Rosac.: gr. *osteon* = Knochen, u. *meles* = Apfel; (Steinapfel)
Osteospérmum, n, Compositae: wie vor u. *sperma* = Same, also hartsamig
Ostrówskia, f, Campanulac.: n. Michael Nicholazewitsch v. Ostrowsky, russ. Minister u. Förd. d. Wiss. (Ende 19. Jahrh.); (Prachtglocke)
Óstrya, f, Betulac.: gr. *ostrys* = Baum mit hartem Holz; (Hopfenbuche)
Ostryópsis, f, Betulac.: wie vor u. *opsis* = Aussehen; (Scheinhopfenbuche)
Ósyris, f, Santalac.: wahrsch. gr. N. für eine besenartige Pflanze; (Hornstrauch)
Otánthus, m, Compositae: gr. *ous, otos* = Ohr, u. *anthos* = Blüte
Othónna, f, Compositae: gr. N. einer (nicht-verwandten!) Pfl.
Othonnópsis, f, Compositae; Gttgsn. *Othónna,* u. *opsis* = Aussehen
Otochílus, f, Orchidac.: gr. *otos* = Ohr, u. *cheilos* = Lippe
Ottélia, f, Hydrocharitac.: v. malabar. Volksnamen abgel.
Ourísia, f, Scrophulariac.: n. einem M. Ouris, Gouverneur d. Falkland-Inseln (18. Jahrh.)
Ouvirándra, f, Aponogetonac.:

v. madagass. Volksnamen entlehnt
Óxalis, f, Oxalidac.: v. gr. *oxys* = sauer od. scharf abgel.; (Sauerklee)
Oxyánthus, m, Rubiac.: wie vor u. *anthos* = Blüte
Oxycóccus, m, Ericac.: wie vor u. *kokkos* = Beere
Oxydéndrum, n, Ericac.: wie vor u. *dendron* = Baum; (Sauerbaum)
Oxylóbium, n, Fabac.: wie vor u. *lobos* = Lappen, od. Hülse; (Spitzhülse)
Oxypétalum, n, Asclepiadac.: wie vor u. *petalon* = Kronblatt
Oxýria, f, Polygonac.: gr. *oxys* = sauer; (Säuerling)
Oxýtropis, f, Fabac.: wie vor u. *tropis* = Kiel; (Spitzkiel)
Oxyúra, f, Compositae: wie vor u. *oura* = Schweif

P

Pachíra, f, Bombacac.: Volksname Guayanas, Südamerika
Pachístima, f, Celastrac.: gr. *pachys* = dick, u. *stigma* = Narbe
Pachycéreus, m, Cactac: wie vor u. Gttgsn. *Céreus*
Pachylóphis, f, Onagrac.: wie vor u. *lophos* = Kamm
Pachyphytum, n, Crassulac.: wie vor u. *phyton* = Pflanze
Pachypódium, n, Apocynac.: wie vor u. *pous, podos* = Fuß (Stammsukkulent!)
Pachyrrhízus, m, Fabac.: wie vor u. *rhiza* = Wurzel; (Yamsbohne)
Pachysándra, f, Buxac.: wie vor u. *andros* = Mann, männl. bzw. mit verdickten Staubblättern

Pachystégia, f, Compositae: wie vor u. *stege* = Dach

Pachystóma, f, Orchidac.: wie vor u. *stoma* = Mund

Pachyvéria, Crassulac. Hybr.: *Pachyphýtum* × *Echevéria*

Pádus, m, Rosac.: gr. N. einer Wildkirsche

Paedéria, f. Rubiac.: lat. *paedor* = übler Gestank; (Stinkknackbeere)

Paederóta, f, Scrophulariac.: gr. Pfl.-N., viell. v. *paideros* = Schminke abgel.; (Mänderle)

Paeónia, f, Paeoniac.: via *paionios* = heilsam zu Paeon (Paion), dem Götterarzt d. griech. Mythol. führend; (Pfingstrose)

Palafóxia, f, Compositae: n. José de Palafox y Melci (1776–1847), Herzog v. Zaragoza u. Förd. d. Wiss.

Paláquium, n, Sapotac.: v. philippin. N. d. Pfl. abgel. (Guttaperchabaum)

Palaúa, f, Malvac.: n. Antonio Palau y Verdera († 1793), span. Bot.

Palisóta, f, Commelinac.: n. A. M. F. J. Palisot de Beauvais (1752–1820), franz. Adliger, Bot. u. Forschungsreisender

Paliúrus, m, Rhamnac.: gr. *paliouros* = stachliger Wegdorn; (Christusdorn)

Pánax, m, Araliac.: gr. *panakes* = allheilend; (Gilgen, Kraftwurz)

Pancrátium, m, Amaryllidac.: gr. N. einer Knollenpfl., angebl. v. *pan* = alles u. *kratos* = Kraft abgel.; (Pankrazlilie)

Pándanus, m, Pandanac.: v. *pandan* = malaiischer Volksname abgel.; (Schraubenpalme)

Pandórea, f, Bignoniac.: n.

Pandora, der Allesgebenden d. griech. Mythol. benannt

Panícum, n, Gramineae: röm. N. der Hirse

Papáver, n, Papaverac.: röm. N. des Mohnes

Paphínia, f, Orchidac.: Paphia (Beiname der Venus) gewidmet, u. n. Paphos, Ort auf Zypern

Paphiopédilum, n, Orchidac.: n. Paphia (s. oben), u. *pedilon* = Sandale, od. eine Art Schuh; (Venus- od. Frauenschuh)

Paracáryum, n, Boraginac.: gr. *para* = neben, bei, u. *karyon* = Nuß

Paradísea, f, Liliac.: n. Graf Giovanni Paradisi (1760–1826), ital. Gartenfreund; (Trichterod. Paradieslilie)

Paraquilégia, f, Ranunculac.: gr. *para* = neben, u. Gttgsn. *Aquilégia,* also von jener abgetrennt

Pardánthus, m, Iridac.: gr. *pardos* = Panther, u. *anthos* = Blüte; (Pantherblume)

Parietária, f, Urticac.: lat. *paries, parietis* = Wand, Mauer, auf den bevorzugten Standort deutend; (Glaskraut)

Páris, f, Liliac. (Trilliac.): Abl. unklar; entweder Paris v. Troja gewidmet, od. v. lat. *par* = gleich; (Einbeere)

Parkéria, f, Parkeriac.: n. Charles Sandbach Parker († 1869), schott. Bot.

Párkia, f, Mimosac.: n. Mungo Park (1771–1806), schott. Arzt u. Reisender; (Dourabaum)

Parkinsónia, f, Caesalpiniac.: n. John Parkinson (1567–1650), engl. Apotheker u. bot. Autor

Parmentiéra, f, Bignoniac.: n. Antoine Augustin Parmentier

(1737–1813), franz. Apotheker u. Volkswirt; (Kerzenbaum)

Parnássia, f, Saxifragac. (Parnassiac.): v. Berg Parnassus, in Griechenland; (Herzblatt)

Paróchetus, m, Fabac.: gr. *para* = nahe, neben, u. *ochetus* = Graben, Rinne; (Blauklee)

Paródia, f, Cactac.: n. Domingo Parodi (1823–90), argent. Bot. (ital. Herkunft)

Paronýchia, f, Caryophyllac.: gr. *para* = neben, u. *onychos* = Nagel; (Nagelkraut, Mauerraute)

Paropýrum, n, Ranunculac.: wie vor u. *pyros* = Weizen

Parrótia, f, Hamamelidac.: n. J. J. F. W. v. Parrot (1792–1841), dtsch.-russ. Forschungsreisender

Parrotiópsis, f, Hamamelidac.: Gttgsn. *Parrótia,* u. *opsis* = Aussehen

Párrya, f, Cruciferae: n. Sir William Edward Parry (1790–1855), engl. Forschungsreisender

Parthénium, n, Compositae: gr. Pfl.-N., anschein. v. *parthenos* = Jungfrau abgel.; (Jungfernkraut)

Parthenocíssus, f, Vitac.: gr. *parthenos* = Jungfrau u. *kissos* = Efeu; eine erste Art aus dem US-Staat Virginia beschrieben; (Jungfernrebe, Wilder Wein)

Pasánia, f, Fagac.: Abl. unbekannt (javan. Volksname?)

Páschia, f, Gesneriac.: angeb. n. einem Pflanzenzüchter F. Pasch, in Peru

Páspalum, n, Gramineae: gr. *paspalos* = N. d. Hirse

Passerína, f, Thymelaeac.: v. lat. *passer* = Spatz abgel.; (Spatzenzunge)

Passiflóra, f, Passiflorac.: lat. *passio* = Passion, Leiden, u. *flos* = Blume; (Passionsblume)

Pastináca, f, Umbelliferae: röm. Pfl.-N., angebl. v. lat. *pastus* = Speise abgel.; (Pastinak)

Patersónia, f, Iridac.: n. William Paterson (1755–1810), schott. Offizier u. Pflanzensammler

Patrínia, f, Valerianac.: n. Eugène L. M. Patrin (1742–c. 1814), franz. Asienforscher; (Goldbaldrian)

Paullínia, f, Sapindac.: n. Simon Paulli (1603–80), dän. Arzt u. Bot.

Paulównia, f, Scrophulariac.: d. russ. Prinzessin Anna Paulowna (1795–1865) gewidmet

Pavétta, f, Rubiac.: wahrsch. malabar. Volksname

Pavónia, f, Malvac.: n. José Antonio Pavón y Jiménez (1754–1840), span. Bot. u. Entdeckungsreisender

Paxistíma, f, Celastrac.: wohl entstellter Name *(Pachistima?),* wahrsch. v. gr. *pachys* = dick, u. *stigma* = Narbe

Pecteílis, f, Orchidac.: gr. *pektein* = kämmen

Pectinária, f, Asclepiadac.: lat. *pectinarius* = Kamm

Pediculáris, f, Scrophulariac.: v. lat. *pediculus* = Laus abgel.; (Läusekraut)

Pedilánthus, m, Euphorbiac.: gr. *pedilon* = Sandale, u. *anthos* = Blüte (Blütenform)

Pediocáctus, m, Cactac.: gr. *pedion* = Feld, u. Gttgsn. *Cáctus*

Péganum, n, Zygophyllac.: gr. *peganon* = Raute; (Steppenraute)

Peiréskia, f, Cactac.: s. *Peréskia*

Peireskiópsis, f, Cactac.: s. *Pereskiópsis*

Pelargónium, n, Geraniac.: v. gr. *pelargos* = Storch abgel., für die „Geranie", die eigentl. eine Pelargonie ist

Pelecýphora, f, Cactac.: gr. *pelekys* = Beil, u. *phoros* = tragend; (Beil- od. Asselkaktus)

Peléxia, f, Orchidac.: wahrsch. z. gr. *pelex* = Helm

Palláea, f, Sinopteridac.: gr. *pellaios* = schwärzlich

Pelliónia, f, Urticac.: n. Alphonse Odet Pellion (1796–1868), franz. Marineoffizier u. Entdeckungsreisender

Peltándra, f, Arac.: gr. *pelte* = Schild, u. *andros* = Mann, männl.

Peltária, f, Cruciferae: wie oben abgel.; (Scheibenschötchen)

Peltiphýllum, n, Saxifragac.: wie vor u. *phyllon* = Blatt; (Schildblatt)

Peltóphorum, n, Caesalpiniac.: wie vor u. *phoros* = tragend

Peniocéreus, m, Cactac.: gr. *penion* = Spule, u. Gttgsn. *Céreus*

Pennisétum, n, Gramineae: lat. *penna* = Feder, u. *seta* = Borste; (Federborstengras)

Penstémon, m, Scrophulariac.: gr. *pente* = fünf, u. *stemon* = Kette bzw. Staubfäden; (Bartfaden)

Pentactína, f, Rosac.: wie vor u. *aktinos* = Strahl

Pentadésma, f, Clusiac.: wie vor u. *desmos* = Bündel; (Butterbaum)

Pentaglóttis, f, Boraginac.: wie vor u. *glossa (glotta)* = Zunge

Pentapterýgium, n, Ericac.: wie vor u. *pterygion* = Flügelchen

Pentaráphia, f, Gesneriac.: wie vor u. *raphe* = Naht

Péntas, f, Rubiac.: lat. *pentas* = die Fünfzahl

Pentastémon, m, Scrophulariac.: s. *Penstémon*

Pénthorum, n, Saxifragac.: gr. *pente* = fünf, u. *horos* = Säule?

Peperómia, f, Piperac. (Peperomiac.): gr. *peperi* = Pfeffer, u. *homoios* = ähnlich; (Peperomie, Zwergpfeffer)

Pepínia, f, Bromeliac.: n. Pierre Denis Pépin (c. 1816–76), franz. Gärtner u. Autor

Péplis, f, Lythrac.: gr. *peplos* = Oberkleid; (Zipfelkraut)

Peraphýllum, n, Rosac.: gr. *pera* = übermäßig, u. *phyllon* = Blatt; (Sandbirne)

Peréskia, f, Cactac.: n. Nicolas Claude Fabre de Peiresc (1580–1637), franz. Naturforscher

Pereskiópsis, f, Cactac.: Gttgsn. *Peréskia,* u. *opsis* = Aussehen

Perézia, f, Compositae: n. Lázaro Pérez, span. Apotheker (um 1575, in Toledo)

Perícallis, f, Compositae: gr. *peri* = ringsum, u. *kallos* = Schönheit

Perícome, f, Compositae: wie vor u. *kome* = Schopf, Haar

Perilépta, f, Acanthac.: wie vor u. *leptos* = zart, dünn

Perílla, f, Labiatae: anschein. v. einem ind. Volksnamen abgel.; (Schwarznessel)

Períploca, f, Asclepiadac.: gr. *peri* = ringsum, u. *ploke (plekein)* = umschlingend; (Baumschlinge)

Peristéria, f, Orchidac.: gr. *peristera* = Taube; (Taubenorche)

Perístrophe, f, Acanthac.: gr. *peri* = ringsum, u. *strophe* = drehend; (Gürtelklaue)

Pernéttya, f, Ericac.: n. Antoine Joseph Pernetty (1716–1801), franz. Reisender u. Bot.; (Torfmyrte)

Peróvskia, f, Labiatae: n. V. A. Perowskij (c. 1794–1857), russ. General u. Gouverneur v. Orenburg

Pérsea, f, Laurac.: angebl. v. griech. N. eines ägypt. Baumes übern.; (Avocadobirne)

Persicária, f, Polygonac.: mittelalterl. N. des Knöterichs

Persoónia, f, Proteac.: n. Christian Hendrick Persoon (1761–1836), südafr. Bot. holländ. Herkunft

Pértya, f, Compositae: n. J. A. M. Perty (1800–84), schweiz. Naturforscher

Peruvocéreus, m, Cactac.: aus Peru, u. Gttgsn. *Céreus*

Pescatória, f, Orchidac.: n. J. P. Pescatore (1793–1865), franz. Orchideensammler

Pessópteris, f, Polypodiac.: gr. *pessos* = Damespielbrett, u. *pteris* = Farn

Petalostémon, m, Fabac.: gr. *petalon* = Blumenblatt, u. *stemon* = Staubgefäß; (Prärieklee)

Petasítes, m, Compositae: gr. N. d. Pestwurz, v. *petasos* = hutförmig abgel.

Petivéria, f, Phytolaccac.: n. James Petiver (c. 1664–1718), engl. Apotheker u. Pflanzensammler

Petréa, f, Verbenac.: n. Lord Robert James Petre (1713–42), engl. Gartenfreund u. Förd. d. Bot.; (Purpurkranz)

Petrocállis, f, Cruciferae: gr. *petros* = Fels, u. *kallis* = Schönheit; (Steinschmückel)

Petrocóptis, f, Caryophyllac.:

wie vor u. *koptos* = zerbrechen; (Pyrenäennelke)

Petrocósmea, f, Gesneriac.: wie vor u. *kosmos* = Schmuck

Petróphyes, f, Crassulac.: gr. *petrophyes* = auf Felsen wachsend bzw. alter N. eines Sempervivums

Petróphytum, n. Rosac.: gr. *petros* = Fels, u. *phyton* = Pflanze; (Rasenspiere)

Petroselínum, n, Umbelliferae: wie vor u. Gttgsn. *Selínum;* (Petersilie)

Pettéria, f, Fabac.: n. Franz Petter (1798–1858), österr. Bot.

Petúnia, f, Solanac.: angebl. v. brasilian. *petun* für Tabak übernommen; (Petunie)

Peucédanum, n, Umbelliferae: v. *peukedanon,* gr. N. einer bitteren Doldenpfl.; (Haarstrang, Meisterwurz)

Pfeíffera, f, Cactac.: n. Louis C. G. Pfeiffer (1805–77 od. 78), dtsch. Arzt u. Kakteenkundler

Pháca, f, Fabac.: v. gr. *phake* = Linse; (Berglinse)

Phacélia, f, Hydrophyllac.: gr. *phakelos* = Büschel, Bündel

Phaedranássa, f, Amaryllidac.: gr. *phaidros* = glänzend, u. *anassa* = Königin

Phaedránthus, m, Bignoniac.: wie vor u. *anthos* = Blüte

Phaenócoma, f, Compositae: gr. *phainos* = leuchtend, u. *kome* = Schopf

Phaiocalánthe, Orchidac. Hybr.: *Phaíus* × *Calánthe*

Phaiocymbídium, Orchidac. Hybr.: *Phaíus* × *Cymbídium*

Phaíus (Phájus), m, Orchidac.: gr. *phaios* = schwärzlich

Phalaenópsis, f, Orchidac.: gr. *phalaina* = Nachtfalter, u. *opsis* = Aussehen; (Malaienblume)

Phalángium, n, Liliac.: gr. *phalangion* = Spinne; (Spinnenkraut)

Phaláris, f, Gramineae: gr. Pfl.-N., *phalaros* = glänzend; (Glanzgras)

Phanerophlébia, f, Aspidiac.: gr. *phaneros* = sichtbar, u. *phlebs* = Adern

Pharbítis, f, Convolvulac.: Abl. unklar; viell. v. gr. *pharbe* = Farbe abgel. (?)

Phárus, m, Gramineae: gr. *pharos* = Laken, Hülle

Phaséolus, m, Fabac.: gr. *phaselos,* N. einer „Art Bohne"

Phegópteris, f, Aspidiac./ Thelypteridac.: gr. *phegos* = Buche, u. *pteris* = Farn; (Buchenfarn)

Phelipaéa, f, Orobanchac.: n. Louis Phélypeaux (1643– 1727), franz. Politiker u. Förd. d. Wiss.

Phellodéndron, n, Rutac.: gr. *phellos* = Kork, u. *dendron* = Baum; (Korkbaum)

Phellospérma, f, Cactac.: wie vor u. *sperma* = Same

Pherélobus, m, Mesembryanthemac.: gr. *pherein* = hervorbringen, u. *lobus* = Buckel

Philadélphus, m, Saxifragac. (Philadelphac.): gr. N. für einen Strauch mit wohlriechenden Blüten; (Pfeifenstrauch, Falscher Jasmin)

Philagéria, Züchtungsbastard: *Philésia × Lapagéria*

Philésia, f, Philesiac.: gr. *philein* = lieben; (Kußblume)

Philippicéreus, m, Cactac.: n. d. dtsch.-chilen. Bot. F. A. Philippi (c. 1809–1904), u. Gttgsn. *Céreus*

Phillýrea, f, Oleac.: gr. N. d. Steinlinde

Philodéndron, n, Arac.: gr. *phi-*

los = Freund, u. *dendron* = Baum

Philýdrum, n, Philydrac.: wie vor u. *hydro* = Wasser (Standort!)

Phlebódium, n, Polypodiac.: v. gr. *phlebs* = Vene, Adern abgel.

Phléum, n, Gramineae: gr. N. eines ausdauernden Grases; (Lieschgras)

Phlogacánthus, m, Acanthac.: gr. *phlox, phlogos* = Flamme, u. Gttgsn. *Acanthus*

Phlómis, f. Labiatae: v. gr. *phlomos* = Wollkraut übernommen; (Brandkraut)

Phlomostáchys, f, Bromeliac.: wie vor u. *stachys* = Ähre

Phlóx, f, Polemoniac.: gr. = Flamme; (Flammenblume)

Phoenicaúlis, f, Cruciferae: gr. *phoenikeos* = purpurfarben, u. *kaulos* = Stengel

Phoenicophórium, n, Palmae: wie vor u. *phoros* = tragend

Phoénix, f, Palmae: gr. N. d. Dattelpalme

Pholidóta, f, Orchidac.: gr. *pholidotos* = geschuppt

Pholístoma, n, Hydrophyllac.: gr. *pholis* = Schuppe, u. *stoma* = Mund

Pholiúrus, m, Gramineae: wie vor u. *oura* = Schwanz; (Schuppenschwanz)

Phórmium, n, Agavac.: gr. *phormion* = Matte (= Flechtmaterial!); (Neuseeländ. Flachs)

Photínia, f, Rosac.: gr. *photeinos* = leuchtend; (Glanzmispel)

Phragmipédium, n, Orchidac.: gr. *phragma* = Zaun, Scheidewand, u. *pedium* = Schuh; (Riemenfrauenschuh)

Phragmítes, f, Gramineae: v.

gr. *phragma* = Zaun abgeleitet; (Schilfrohr)

Phreátia, f, Orchidac.: gr. *phrear* = Brunnen

Phrýnium, n, Marantac.: v. gr. *phryne* = Kröte abgel.; (Sumpfmarante)

Phuópsis, f, Rubiac.: gr. *phou* = eine Art Baldrian, u. *opsis* = Aussehen

Phygélius, f, Scrophulariac.: gr. *phygein* = fliehen, u. *helios* = Sonne, d. h. die Pfl. liebt schattige Standorte; (Kap-Fuchsie)

Phýla, f, Verbenac.: gr. *phyle* = tribu, in Bezug auf die gedrängten Blüten

Phýlica, f, Rhamnac.: gr. *phyllikos* = blättrig (?); (Kapmyrte)

Phyllágathis, f, Melastomatac.: gr. *phyllon* = Blatt, u. *agathis* = Knäuel

Phyllánthus, m, Euphorbiac.: wie vor u. *anthos* = Blüte, d. h. mit Blüten an den Blättern/Zweigen

Phýllis, f, Rubiac.: Gestalt d. griech. Mythol., od. auf *phyllis* = Blätterhaufen bezogen

Phyllítis, f, Aspleniac.: v. gr. *phyllon* = Blatt abgel.; (Hirschzunge)

Phyllóbolus, m, Mesembryanthemac.: wie vor u. *ballein* = werfen, abwerfen

Phyllocáctus, m, Cactac.: wie vor u. Gttgsn. *Cáctus;* (Blattkaktus)

Phyllócladus, m, Podocarpac.: wie vor u. *klados* = Zweig; (Blatteibe)

Phyllódoce, f, Ericac.: N. einer griech. Nymphe; (Blauheide, Moosheide)

Phyllóstachys, f, Gramineae: gr. *phyllon* = Blatt u. *stachys* = Ähre

Phyllothámnus, Ericac. Hybr.: *Phyllódoce* × *Rhodothámnus*

Phymatídium, n, Orchidac.: gr. *phymation* = kleine Geschwulst

Phymatódes, m, Polypodiac.: gr. *phyma* = Gewächs, Wucherung, u. *oden* = gewisse Ähnlichkeit

Phymósia, f, Malvac.: wie vor, od. verdickt, bezogen

Phyódina, f, Commelinac.: gr. *phyein* = wachsenlassen, u. *dine* = Wirbel

Phýsalis, f, Solanac.: v. gr. *physa* = Blase abgel.; (Blasenkirsche)

Physária, f, Cruciferae: wie vor (= blasenförmige Früchte!)

Physocárpus, m, Rosac.: wie vor u. *karpos* = Frucht; (Blasenspiere)

Physochlaínia, f, Solanac.: wie vor u. *chlaina* = Decke, Mantel

Physosíphon, n. Orchidac.: wie vor u. *siphon* = Röhre

Physostégia, f, Labiatae: wie vor u. *stege* = Decke, Dach; (Gelenkblume)

Physostígma, n. Fabac.: wie vor u. *stigma* = Narbe; (Gottesurteilbohne)

Physúrus, m. Orchidac.: wie vor u. *oura* = Schwanz

Phytélephas, f. Palmae: gr. *phyton* = Pflanze, u. *elephas* = Elefant; (Elfenbeinpalme)

Phyteúma, n, Campanulac.: angebl. griech. N. jener *Reseda*-Art; (Teufelskralle)

Phytolácca, f, Phytolaccac.: gr. *phyton* = Pflanze, u. ital. *lacca* = Lack; (Kermesbeere)

Piaránthus, f, Asclepiadac.: gr. *piaros* = Fett, u. *anthos* = Blüte

151

Pícea, f, Pinac.: röm. N. d. Fichte (lat. *pix* = Pech)

Picrásma, f, Simaroubac.: gr. *pikrasmos* = Bitterkeit; (Bitterholz)

Pícris, f. Compositae: gr. *pikros* = bitter; (Bitterkraut)

Píeris, f, Ericac.: genereller N. d. gr. Musen

Pílea, f, Urticac.: gr. *pileus* = Kappe, Hut; (Kanonierpflanze)

Pileostégia, f, Hydrangeac.: wie vor u. *stege* = Decke, bedecken

Pilocánthus, m, Cactac.: wie vor u. *anthos* = Blüte

Pilocárpus, m, Rutac.: wie vor u. *karpos* = Frucht

Pilocéreus, m, Cactac.: wie vor u. Gttgsn. *Céreus*

Pilocopiapóa, f, Cactac.: wie vor u. Gttgsn. *Copiapóa*

Pilógyne, f, Cucurbitac.: lat. *pila* = Kugel, u. gr. *gyne* = weibl. Organ

Pilosélla, f, Compositae: v. lat. *pilosus* = behaart abgel.

Pilosocéreus, m, Cactac.: wie vor u. Gttgsn. *Céreus*

Pilulária, f, Marsileac.: lat. *pilula* = Pille, kleine Kugel; (Pillenfarn)

Pimélea, f, Thymelaeac.: v. gr. *pimeles* = fett abgel.; (Glanzstrauch)

Piménta, f, Myrtac.: v. span. *pimento* = Gewürz abgel.; (Pimentbaum)

Pimpinélla, f, Umbelliferae: v. ital. od. neulatein. für Bibernelle abgel.

Pinánga, f, Palmae: malaiischer Volksname; (Pinangpalme)

Pinkneýa, f, Rubiac.: n. Charles C. Pinkney (1746–1825), nordamer. Staatsmann u. Förd. d. Wiss.

Pinéllia, f, Arac.: n. Giovanni Vincenzo Pinelli (1535–1601), neapolit. Gärtn. u. Bot.

Pinguícula, f, Lentibulariac.: v. lat. *pinguiculus* = recht fett (auf die fleisch. Blätter bezogen); (Fettkraut)

Pínus, m, Pinac.: röm. N. d. Pinie

Píper, n, Piperac.: gr. *peperi,* n. einem ind. Namen für Pfeffer

Piptadénia, f, Mimosac.: gr. *pipto* = fallen, u. *aden* = Drüse

Piptanthocéreus, m, Cactac.: wie vor, gr. *anthos* = Blüte, u. Gttgsn. *Céreus*

Piptánthus, m, Fabac.: gr. *pipto* = fallen, u. *anthos* = Blüte

Piptúrus, m, Urticac.: wie vor u. *oura* = Schwanz

Piquéria, f, Compositae: n. Andrés Piquer (1711–72), span. Arzt u. Übersetzer

Pírola, f, Pyrolac.: s. *Pyrola*

Pirus, f, Rosac.: s. *Pyrus*

Piscídia, f, Fabac.: lat. *piscis* = Fisch, u. *caedo* = töten; angew. Fischgift

Pisónia, f, Nyctaginac.: n. Willem Piso (1611–78), holländ. Arzt u. Bot.

Pistácia, f, Anacardiac. (Pistaciac.): v. persischen *pistah* = N. d. Pistazie übernommen

Pístia, f, Arac. (Pistiac.): gr. *pistos* = wässerig; (Wassersalat)

Pistorínia, f, Crassulac.: wohl n. Jacobo Pistorino, span. Arzt (?), 18. Jahrh.

Písum, n. Fabac.: gr./röm. N. d. Erbse

Pitcaírnia, f, Bromeliac.: n. William Pitcairn (1711–91), engl. Arzt u. Gartenfreund

Pithecellóbium, n, Mimosac.:

gr. *pithekos* = Affe, u. *ello-bion* = Ohrring (auf die Form d. Frucht bezogen)

Pithecocténium, n, Bignoniac.: wie vor u. *ktenion* = kleiner Kamm

Pithecolóbium n, Mimosac.: s. *Pithecellóbium*

Pittósporum, n, Pittosporac.: gr. *pitta* = Pech, u. *spora* (*sperma*) = Same; (Klebsame)

Pityrográmma, f, Hemionitidac.: gr. *pityron* = Kleie, u. *gramme* = Schrift

Plagiánthus, m, Malvac.: gr. *plagios* = seitwärts, quer, u. *anthos* = Blüte

Plagiobótrys, f, Boraginac.: wie vor u. *botrys* = Traube

Plagiorhégma, f, Podophyllac.: wie vor, u. *rhegma* = Riß, Spalte

Plagiospérmum, n, Rosac.: wie vor u. *sperma* = Same .

Plánera, f, Ulmac.: n. Johann Jakob Planer (1743–89), dtsch. Arzt u. Bot.; (Wasserulme)

Plantágo, f, Plantaginac.: röm. N. d. Wegerichs, v. *planta* = Fußsohle abgel.

Platanthéra, f, Orchidac.: gr. *platys* = breit, flach, u. *anthera* = Staubbeutel

Plátanus, f, Platanac.: gr. N. d. Platane

Platycárya, f, Juglandac.: gr. *platys* = breit, flach, u. *karya* = Nuß; (Zapfennuß)

Platycérium, n, Polypodiac. (Platyceriac.): wie vor u. *keras* = Horn; (Geweihfarn)

Platyclínis, f, Orchidac.: wie vor u. *kline* = Lager, Bett

Platycódon, n. Campanulac.: wie vor u. *kodon* = Glocke; (Ballonblume)

Platycráter, f, Saxifragac.: wie vor u. *krater* = Gefäß; (Schüsselhortensie)

Platyopúntia, f, Cactac.: wie vor u. Gttgsn. *Opúntia*

Platystáchys, f, Bromeliac.: wie vor u. *stachys* = Ähre

Platystémon, n, Papaverac.: wie vor u. *stemon* = Faden

Platystígma, n, Papaverac.: wie vor u. *stigma* = Narbe

Platythýra, f, Mesembryanthemac.: wie vor u. *thyra* = Tor

Plectógyne, f, Liliac.: gr. *plekte* = Korb, u. *gyne* = Weib(lich)

Plectránthus, m, Labiatae: gr. *plektron* = Sporn, u. *anthos* = Blüte; (Harfenstrauch, Mottenkönig)

Plectrónia, f. Rubiac.: v. gr. *plektron* = Sporn abgel., = dorniger Strauch

Pleioblástus, m, Gramineae: gr. *pleios* = voll, u. *blastos* = Knospe

Pleíone, f, Orchidac.: d. Mutter d. Sieben Plejaden (griech. Mythol.) gew.

Pleiospílos, m, Mesembryanthemac.: gr. *pleios* = voll, u. *spilos* = Flecken, Punkte

Pleurógyne, f, Gentianac.: gr. *pleuron* = Rippe, y. *gyne* = Weib; (Saumnarbe)

Pleurospérmum, n, Umbelliferae: wie vor, u. *sperma* = Same; (Rippensame)

Pleurothállis, f, Orchidac.: wie vor u. *thallos* = Zweig

Plocoglóttis, f, Orchidac.: gr. *plokos* = gefaltet, geflochten, u. *glossa* (*glotta*) = Zunge

Plúchea, f, Compositae: n. Nathan. Antoine Pluche, franz. Geistl. u. Naturforscher (18. Jahrh.)

Plumbágo, f, Plumbaginac.: v.

lat. *plumbum* = Blei abgel.;
röm. N. d. Bleiwurz

Pluméria, f, Apocynac.: n.
Charles Plumier (1646–1704),
franz. Geistl. u. Naturwiss.;
(Frangipani)

Póa, f, Gramineae: gr. für Gras
allgem.; (Rispengras)

Podachaénium, n, Compositae: gr. *podos* = Fuß, u.
akene = trockene Frucht,
Same

Podalýria, f, Fabac.: gr.
Mythol. = n. Podalyrios, Sohn
des Aeskulap

Podángis, f, Orchidac.: gr.
podos = Fuß, u. *aggos, angos* = Gefäß

Podánthum, n, Campanulac.:
wie vor u. *anthos* = Blüte

Podocárpus, m, Podocarpac.:
wie vor u. *karpos* = Frucht;
(Steineibe)

Podochílus, m, Orchidac.: wie
vor u. *cheilos* = Lippe

Podólepis, f, Compositae: wie
vor u. *lepis* = Schuppe; (Stiel-
schuppe)

Podophýllum, n, Berberidac.
(Podophyllac.): wie vor u.
phyllon = Blatt; (Maiapfel)

Podospérmum, n, Compositae:
wie vor u. *sperma* = Same

Poellnítzia, f, Liliac.: n. Karl v.
Poellnitz (1896–1945), dtsch.
Sukkulentenspezialist

Pogónia, f, Orchidac.: v. gr.
pogon = Bart abgel.

Pogostémon, m, Labiatae: gr.
pogon = Bart, u. *stemon* =
Staubfaden

Poinciána, f, Caesalpiniac.: n.
M. de Poinci, franz. Gouverneur d. Antillen u. Förd. d.
Wiss., 17. Jahrh.; (Flamboyant)

Poinséttia, f, Euphorbiac.: n.
Joel R. Poinsette (1775–1851),

nordamer. Diplomat u. Pflanzensammler in Mexiko; (Poin-
settie, Weihnachtsstern)

Polanésia, f, Capparidac.: angebl. v. gr. *polys* = viel, u. *anisos* = ungleich abgl.

Poláskia, f, Cactac.: n. Ch. Po-
laski, nordamer. Kakteenkenner (20. Jahrh.)

Polemónium, n, Polemoniac.:
gr. *polemonion* = N. einer
(ähnl.) Arznei-Pflanze, König
Polemon v. Kappadozien gew.;
(Himmelsleiter, Sperrkraut)

Poliánthes, f, Agavac.: gr. *po-
lios* = weißlich, u. *anthos* =
Blüte; (Tuberose)

Poliothýrsis, f, Flacourtiac.: wie
vor u. *thyrsos* = Strauß

Polybótrya, f, Aspidiac.: gr. *polys* = viel, viele, u. *botrys* =
Traube

Polycarpaéa, f, Caryophyllac.:
wie vor u. *karpos* = Frucht

Polycárpon, n, Caryophyllac.:
wie vor; (Nagelkraut)

Polycnémum, n, Chenopodiac.:
gr. *polyknemos* = schluchten-
reich, knotig, knorpelig;
(Knorpelkraut)

Polycýcnis, f, Orchidac.: gr. *polys* = viel, u. *kyknos* = Schwan

Polýgala, f, Polygalac.: wie
vor u. *gala* = Milch; (Kreuz-
blume)

Polygónatum, n, Liliac.: wie
vor u. *gonatus* = Knie, Knoten; (Salomonssiegel)

Polygonélla, f, Polygonac.:
Diminutiv zu *Polýgonum*

Polýgonum, n, Polygonac.: gr.
polys = viel, u. *gonos* = Samen
od. *gony* = Knie, Winkel;
(Knöterich)

Polymíta, f, Mesembryanthemac.: wie vor u. *mita* = kleine
Blumenblätter

Polypódium, n, Polypodiac.:

wie vor u. *podos* = Fuß; (Tüp-
felfarn)
Polypógon, m, Gramineae: wie
vor u. *pogon* = Bart; (Bürsten-
gras)
Polýpteris, f, Compositae: wie
vor u. *pteron* = Flügel (od.
Farn?)
Polyrrhíza, f, Orchidac.: wie vor
u. *rhiza* = Wurzel
Polýscias, f, Araliac.: wie vor u.
skias = Schirm, Dach, od.
Dolde; (Fiederaralie)
Polystáchya, f, Orchidac.: wie
vor u. *stachys* = Ähre
Polýstichum, n, Aspidiac.: wie
vor u. *stichos* = Zeile, Reihe;
(Schildfarn)
Pomadérris, f, Rhamnac.: gr.
poma = Deckel, u. *derris* =
Fell, Haut
Pomatocálpa, n, Orchidac.: wie
vor, u. *kalpe* = Krug
Poncírus, f, Rutac.: v. franz.
poncire (od. gar. *pome citre*) für
Bitterorange abgel.
Pontedéria, f, Pontederiac.: n.
Giulio Pontedera (1688–1757),
ital. Bot.
Ponthiéva, f, Orchidac.: n. M.
de Ponthieu, franz. Händler,
u. Pflanzensammler in West-
indien (18./19. Jahrh.)
Pópulus, f, Salicac.: röm. N. d.
Pappel
Porána, f, Convolvulac.: an-
gebl. v. *pora-na* = ind. N. d.
Pfl. abgel.
Porfíria, f, Cactac.: n. Porfirio
Díaz (c. 1830–1915), mexikan.
Präsident
Porliéria, f, Zygophyllac.: n. A.
Porlier de Baxamar, span. Ge-
sandter u. Pflanzensammler
(Anf. 19. Jahrh.)
Porphyrócoma, f, Acanthac.:
gr. *porphyra* = purpur, u.
kome = Schopf; (Purpur-
schopf)

Pórtea, f, Bromeliac.: n. Marius
Porte († 1866), franz. Ent-
decker u. Pflanzensammler
Portenschlágia, f, Umbellife-
rae: n. Franz Edler von
Portenschlag-Ledermayer
(1777–1822), österr. Bot.
Portuláca, f, Portulacac.: röm.
N. des Portulaks
Portulacária, f, Portulacac.: v.
Gttgsn. *Portuláca* abgel.;
(Speckbaum)
Potamogéton, m, Potamogeto-
nac.: gr. *potamos* = Fluß, u.
geiton = Nachbar; (Laichkraut)
Potentílla, f, Rosac.: Diminutiv
z. lat. *potens* = mächtig, kräf-
tig; (Fingerkraut)
Potérium, n, Rosac.: gr. N.
einer anderen doch verwand-
ten Pfl.; wohl v. *poterion* =
Becher abgel.; (Becherblume)
Póthos, m, Arac.: angebl. v.
singhal. *potha* (für eine
Grabpfl.) abgel.
Potinára, Orchid.hybr.mult.:
M. Potin, Präs. d. franz. Orchi-
deenges. (1922) gew.
Pourrétia, f, Bromeliac.: n.
Pierre André Pourret
(1754–1818), franz. Geistl. u.
botan. Reisender
Pourthiaéa, f, Rosac.: n. einem
M. Pourthieu (?)
Prángos, n, Umbelliferae: ind.
Volksname; (Steckenkraut)
Poutéria, f, Sapotac.: vom süd-
amer. (Guayana) Volksnamen
abgel.
Prásium, n, Labiatae: gr.
prason = Lauch
Prátia, f, Lobeliac.: n. Ch. L.
Prat-Bernon († 1817), franz.
Marineoffizier u. Sammler
Prémna, f, Verbenac.: gr. *prem-
non* = Baumstumpf
Prenánthes, f, Compositae:
gr. *prenes* = vorübergeneigt,

155

u. *anthos* = Blüte; (Hasenlattich)

Prénia, f, Mesembryanthemac.: v. gr. *prenes* = geneigt, gebeugt abgel.

Prepodésma, f, Mesembryanthemac.: gr. *prepein* = hervortreten, u. *desma* = Bündel

Prescóttia, f, Orchidac.: n. John D. Prescott († 1837), engl. Pflanzensammler (in Rußland)

Prestónia, f, Apocynac.: n. Charles Preston (1660–1711), schott. Arzt u. Bot.

Prímula, f, Primulac.: Diminutiv z. lat. *primus* = der erste, u. klass. N. d. Primel od. Schlüsselblume

Prínglea, f, Cruciferae: n. Sir John Pringle (1838–1911), engl. Sammler (?); (Kerguelenkohl)

Prinsépia, f, Rosac.: wohl n. James Prinsep (1799–1840), brit. Naturforscher in Indien

Priónium, n, Juncac.: gr. *prionion* = kleine Säge; (Palmschilf)

Prionophýllum, n. Bromeliac.: wie vor u. *phyllon* = Blatt

Pritchárdia, f, Palmae: n. W. T. Pritchard, engl. Konsul in Polynesien (19. Jahrh.)

Príva, f, Verbenac.: angebl. z. lat. *privus* = einzeln

Proboscídea, f, Martyniac.: gr. *proboskis* = Rüssel; (Gemshorn)

Promenaéa, f, Orchidac.: Priesterin d. griech. Mythol.

Proserpináca, f, Haloragac.: viell. v. lat. *proserpere* = hervorkriechen abgel. (?)

Prosópis, f, Mimosac.: eigentl. gr. N. d. Klette, bezügl. Bedeutung daher unklar; (Mesquitebaum)

Prostanthéra, f, Labiatae: anschein. n. gr. *prostema* = Anhängsel, u. *anthera* = Staubbeutel

Prótea, f, Proteac.: Proteus, dem Meeresgott, gewidmet; (Schimmerbaum)

Prunélla, f, Labiatae: wahrsch. v. dtsch. Braunelle lateinisiert

Prúnus, f, Rosac.: röm. N. d. Pflaume

Psámma, f, Gramineae: gr. *psammos* = Sand (liebt sandige Böden)

Psammóphora, f, Mesembryanthemac.: wie vor u. *phoros* = tragend

Pseudánanas, f, Bromeliac.: gr. *pseudos* = falsch, Schein, u. Gttgsn. *Ánanas*; (Scheinananas)

Pseuderánthemum, n, Acanthac.: wie vor u. Gttgsn. *Eránthemum*

Pseudocydónia, f, Rosac.: wie vor u. Gttgsn. *Cydónia*

Pseudocýtisus, m, Cruciferae: wie vor u. Gttgsn. *Cýtisus*

Pseudoespóstoa, f, Cactac.: wie vor u. Gttgsn. *Espóstoa*

Pseudólarix, f, Pinac.: wie vor u. Gttgsn. *Lárix*; (Goldlärche)

Pseudolobívia, f, Cactac.: wie vor u. Gttgsn. *Lobívia*

Pseudomammillária, f, Cactac.: wie vor u. Gttgsn. *Mammillária*

Pseudomitrocéreus, m, Cactac.: wie vor u. Gttgsn. *Mitrocéreus*

Pseudonopalxóchia, f, Cactac.: wie vor u. Gttgsn. *Nopalxóchia*

Pseudópanax, m, Araliac.: wie vor u. Gttgsn. *Pánax*; (Unechter Panax)

Pseudorhípsalis, f, Cactac.: wie vor u. Gttgsn. *Rhípsalis*

Pseudosása, f, Gramineae: wie vor u. Gttgsn. *Sása*

Pseudotsúga, f, Pinac.: wie vor u. Gttgsn. *Tsúga*; (Douglasie, Douglasfichte)

Pseudozygocáctus, m, Cactac.: wie vor u. Gttgsn. *Zygocáctus*

Psídium, n, Myrtac.: gr. *psidion*, ursprüngl. wohl N. d. Granatapfels; (Guajavabaum)

Psilocaúlon, n, Mesembryanthemac.: gr. *psilos* = kahl, nackt, u. *kaulos* = Stengel

Psilostémon, m, Boraginac.: wie vor u. *stemon* = Staubfaden

Psilótum, n, Psilotac.: gr. *psilos, psilotos* = kahl, unbedeckt

Psilúrus, m, Gramineae: wie vor u. *oura* = Schwanz

Psorálea, f, Fabac.: gr. *psoraleos* = räudig, krätzig; (Harzklee)

Psychótria, f, Rubiac.: gr. *psyche* = Leben, Seele, u. *trephein* = ernähren; (Brechstrauch)

Psýllium, n, Plantaginac.: gr. *psylla* = Floh; (Flohkraut)

Ptélea, f, Rutac.: ursprüngl. gr. N. einer Art Ulme; (Lederod. Hopfenstrauch)

Pterídium, n, Hypolepidac.: v. gr. *pteridios* = gefiedert, od. (?) Diminutiv zu *pteris* = Farn

Pteridophýllum, n, Papaverac.: gr. *pteris* = Farn, u. *phyllon* = Blatt

Ptéris, f, Pteridac.: klass. N. d. Farns, v. gr. *pteron* = Flügel abgel.

Pterocáctus, m, Cactac.: gr. *pteron* = Flügel, u. Gttgsn. *Cáctus*

Pterocárpus, m, Fabac.: wie vor u. *karpos* = Frucht; (Flügelfruchtbaum)

Pterocárya, f, Juglandac.: wie vor u. *karya* = Nuß; (Flügelnuß)

Pterocéltis, f, Ulmac.: wie vor u. Gttgsn. *Céltis*; (Flügelzürgel)

Pterocéphalus, m, Dipsacac.: wie vor u. *kephale* = Kopf; (Flügelkopf)

Pteróceras, n, Orchidac.: wie vor u. *keras* = Horn

Pterocéreus, m, Cactac.: wie vor u. Gttgsn. *Céreus*

Pterodíscus, m, Pedaliac.: wie vor u. *diskos* = Scheibe

Pterospérmum, n, Sterculiac.: wie vor u. *sperma* = Same

Pterostýlis, f, Orchidac.: wie vor u. *stylis* = Griffel

Pterostýrax, m, Styracac.: wie vor u. Gttgsn. *Stýrax*; (Flügelstorax, Epaulettenbaum)

Pteroxygónum, n, Polygonac.: wie vor, *oxys* = scharf, od. stechend, u. *gony* = Knie, od. Winkel

Ptilótrichum, n, Cruciferae: gr. *ptilon* = Feder, u. *thrix, trichos* = Haar

Ptilótus, m, Amaranthac.: v. gr. *ptilon* = Feder, Flaumhaar abgel.

Ptychógyne, f, Orchidac.: gr. *ptyche* = Falte, u. *gyne* = Weib, weibl.

Ptychóraphis, f, Palmae: wie vor u. *rhapis* = Nadel

Ptychospérma, f, Palmae: wie vor u. *sperma* = Same

Puccinéllia, f, Gramineae: n. Benedetto Luigi Puccinelli (1808–50), ital. Bot.; (Salzschwaden)

Puerária, f, Fabac.: n. Marc Nicolas Puerari (1766–1845), dän. Bot. schweiz. Herkunft; (Koupoubohne)

Pulicária, f, Compositae: lat.

pulex, pulicis = Floh; (Floh-kraut)

Pulmonária, f, Boraginac.: lat. *pulmo* = Lunge; (Lungen-kraut)

Pulsatílla, f, Ranunculac.: lat. *pulso, pulsare* = schlagen, läu-ten; (Kuh- od. Küchenschelle)

Pultenaéa, f, Fabac.: n. Richard Pulteney (1730–1801), engl. Arzt u. Bot.

Punctillária, f, Aizoac.: lat. *punctillum* = Pünktchen

Púnica, f, Punicac.: röm. N. d. Granatapfels, v. *punicum malum* = punischer Apfel abgel.

Púrshia, f, Rosac.: n. Friedrich Traugott Pursch (Pursh), 1774–1820, dtsch. Gärtner u. Forschungsreisender in Nord-amerika

Puschkínia, f, Liliac.: n. Apollos Apollossowitsch Graf Mussin-Puschkin (1760–1805), russ. Wiss. u. Sammler

Púya, f, Bromeliac.: chilen. N. einer Art d. Gattung

Pycnánthemum, n, Labiatae: gr. *pyknos* = dicht, u. *anthemon* = Blume

Pycnóstachys, f. Labiatae: wie vor u. *stachys* = Ähre

Pygmaeocéreus, m, Cactac.: gr. *pygmaios* = zwergig, u. Gttgsn. *Céreus*

Pygmaeolobívia, f, Cactac.: wie vor u. Gttgsn. *Lobívia*

Pyracántha, f, Rosac.: gr. *pyr* = Feuer, u. *akantha* = Dorn; (Feuerdorn)

Pyracoméles, Rosac. Hybr.: *Pyracántha* × *Osteoméles*

Pýrethrum, n, Compositae: gr. *pyrethron* = Feuer; (Goldflieder-Kamille)

Pyrocrataégus, Rosac. Hybr.: *Pýrus* × *Crataégus*

Pýrola, f, Pyrolac.: Diminutiv z.

lat. *Pýrus* = Birnbaum; (Win-tergrün)

Pyrónia, Rosac. Hybr.: *Pýrus* × *Cydónia*

Pyrostégia, f, Bignoniac.: gr. *pyr* = Feuer, u. *stege* = Dach (auf die Blütenfarbe bezogen)

Pyrrheímia, f, Commelinac.: gr. *pyrros* = feuerrot, u. *heima* = Kleid, Überzug

Pyrrhocáctus, m, Cactac.: wie vor u. Gttgsn. *Cáctus*

Pyrrósia, f, Polypodiac.. gr. *pyrros* = feuerrot (Farbe d. „Blät-ter")

Pyrulária, f, Santalac.: Diminu-tiv z. Gttgsn. *Pýrus*

Pýrus, f, Rosac.: röm. N. d. Bir-ne; (Birnbaum)

Pyxidanthéra, f, Diapensiac.: gr. *pyxis* = kleine Büchse, u. *anthera* = Staubbeutel; (Blü-hendes Moos)

Q

Quámoclit, f, Convolvulac.: von einem mexikan. Volksna-men abgel.?; od. v. gr. *kuamos* = Bohne?; (Stern- od. Prunkwinde)

Quássia, f, Simaroubac.: an-gebl. n. Graman Quasi (Grand man Quacy), der Arzneikunst bewandertem Negersklaven in Surinam (17. Jahrh.?); (Bitter-holz, Quassiabaum)

Quekéttia, f, Orchidac.: n. Ed-win John Quekett (1808–47), engl. Arzt u. Bot.

Quércus, f, Fagac.: röm. N. d. Eiche

Quesnélia, f, Bromeliac.: n. M. Quesnel, franz. Verwaltungs-beamter in Cayenne (Guaya-na), Ende 19. Jahrh.

Quiabéntia, f, Cactac.: wahrsch.

v. einem südamer. Volks-
namen abgel.
Quillája, f, Rosac.: v. *quillay,*
chilen. N. d. Art abgel.; (Seifenbaum)
Quisquális, f, Combretac.: v.
malaiischen Volksnamen über
holländ. Ausdrucksweise lateinisierte *quis* = wer?, u.
qualis = was?; (Wunder-
strauch)

R

Rabiéa, f, Mesembryanthe-
mac.: n. W. A. Rabie, südafr.
Geistl. u. Pflanzensammler
(Anf. 20. Jahrh.)
Radícula, f, Cruciferae: Dimi-
nutiv z. lat. *radix* = Wurzel =
Würzelchen
Radíola, f, Linac.: Diminutiv z.
lat. *radius* = Strahl; (Zwerg-
flachs)
Rafflésia, f, Rafflesiac.: n. Sir
Thomas Stamford Bingley
Raffles (1781–1826), engl. Ver-
walter, Gouverneur, Gründer
Singapores u. Förd. d. Wiss.
Raillardélla, f, Compositae: n.
A.M.L. Railliard, franz. Ma-
rineoffizier (Mitte 19. Jahrh.)
Raimánnia, f, Onagrac.: n. Ru-
dolf Raimann (1863–96),
österr. Bot.
Ramíschia, f, Pyrolac.: n.
F. A. Ramisch (1789–1859),
tschech. Bot.
Ramónda, f, Gesneriac.: n.
Louis Francis Ramond Baron
de Carbonniére(s), 1753–1827,
franz. Naturforscher
Rándia, f, Rubiac.: n. Isaac
Rand († 1743), engl. Apo-
theker u. Dir. d. Chelsea Gar-
tens
Rangaéris, f, Orchidac.:

Anagramm, aus *Aerángis* ge-
bildet
Ranúnculus, m, Ranunculac.:
Diminutiv z. lat. *rana* =
Frosch, weil an feuchten
Standorten vorkommend;
(Hahnenfuß)
Ranzánia, f, Berberidac.: n.
Ono Ranzan (1729–1810), ja-
pan. Bot.
Raoúlia, f, Compositae: n.
Edouard Raoul (1815–52),
franz. Arzt u. Bot.
Raphanístrum, n, Cruciferae:
v. *Ráphanus* (s. Gttgsn.)
abgel.
Ráphanus, m, Cruciferae: gr.
raphanos = N. d. Rettichs
Ráphia, f, Palmae: wahrsch. n.
einem madegassischen Volks-
namen; (Bastpalme)
Rapicáctus, m, Cactac.: lat.
rapa = Rübe, u. Gttgsn. *Các-
tus*
Rapístrum, n, Cruciferae: röm.
N. einer senfartigen Pfl.
Rathbúnia, f, Cactac.: n. Ri-
chard Rathbun (1852–1918),
nordamer. Naturforscher
Rauhocéreus, m, Cactac.: n.
Werner Rauh (geb. 1913),
dtsch. Sukkulentenforscher, u.
Gttgsn. *Céreus*
Rauvólfia, f, Apocynac.: n. Le-
onhard Rauwolf (lat. Rauvol-
fius), c. 1540–96, dtsch. Arzt u.
Bot.
Ravenála, f, Musac. (Strelit-
ziac.): v. madegassischen
Volksnamen abgel.; (Baum
der Reisenden)
Reaumúria, f, Tamaricac.: n.
René-Antoine Fourchault de
Réaumur (1683–1757), franz.
Wiss.
Rebútia, f, Cactac.: n. Pierre
Rebut (1830–98), franz. Wein-
bauer u. Kakteenzüchter

Rechsteinéria, f, Gesneriac.: n. einem Herrn Rechsteiner (1797–1858), schweiz.Geistl. u. Bot.

Rectanthéra, f, Commelinac.: lat. *rectus* = aufrecht, gerade, u. *anthera* = Anthere od. Staubbeutel

Reevésia, f, Sterculiac.: n. John Reeves (1774–1856), engl. Tee-Inspektor in China, u. Förd. der Bot.

Regélia, f, Myrtac. (Leptospermac.): n. Eduard August v. Regel (1815–92), dtsch. Bot. in Rußland

Regnellídium, n, Marsileac.: n. A. Fred. Regnell (c. 1807–84), schwed. Bot. u. Reisender in Südamerika

Rehderodéndron, n, Styracac.: n. Alfred Rehder (1863–1949), dtsch.-amerikan. Dendrologe, u. *dendron* = Baum

Rehmánnia, f, Scrophulariac.: n. Joseph Rehmann († 1831), dtsch.-russ. Arzt u. Staatsrat

Reicheocáctus, m, Cactac.: n. Carl (Carlos) Reiche (1860–1929), dtsch. Bot. in Chile, u. Gttgsn. *Cáctus*

Reinéckea, f, Liliac.: n. Johann Heinrich Julius Reinecke (c. 1799–1871), dtsch. Gärtner

Reinwárdtia, f, Linac.: n. Caspar Georg Carl Reinwardt (1773–1854), holländ. Bot. dtsch. Herkunft

Relhánia, f, Compositae: n. Richard Relhan (1754–1823), engl. Geistl. u. Bot.

Remusátia, f, Arac.: n. J. P. Abel Rémusat (1788–1832), franz. Naturforscher u. Sinologe

Renánda, Orchidac. Hybr.: *Renanthéra* × *Aránda*

Renantánda, Orchidac. Hybr.: *Renanthéra* × *Vánda*

Renanthéra, f, Orchidac.: lat. *ren, renes* = Niere, u. *antheros* = Staubbeutel

Renanthópsis, Orchidac. Hybr.: *Renanthéra* × *Phalaenópsis*

Reséda, f, Resedac.: lat. *resedo, resedare* = heilen; (Wau, Reseda)

Réstio, m, Restionac.: lat. *restis* = Seil; (Seilgras)

Restrépia, f, Orchidac.: n. Juan Manuel Restrep, span. Geogr. in Südamerika (18./19. Jahrh.)

Retáma, f, Fabac.: v. arab. *retem,* N. d. Pfl., abgel.

Retinóspora, f, Cupressac.: gr. *retine* = Harz, u. *spora* = Spore, Same

Rhabdothámnus, m, Gesneriac.: gr. *rhabdos* = Rute, u. *thamnos* = Strauch

Rhagadíolus, m, Compositae: v. gr. *rhagas* = Risse, Schrunde abgel.; (Schrundenkelch)

Rhamnélla, f, Rhamnac.: Diminutiv von *Rhamnus*

Rhámnus, m, Rhamnac.: gr. *rhamnos* = N. verschied. Dornsträucher; (Kreuzdorn, Faulbaum)

Rhaphidóphora, f, Arac.: gr. *rhaphis* = Nadel, u. *phoros* = tragend

Rhaphiólepis, f, Rosac.: wie vor u. *lepis* = Schuppe; (Traubenapfel)

Rhaphithamnus, m, Verbenac.: wie vor u. *thamnos* = Strauch; (Nadelstrauch)

Rhapidophýllum, n, Palmae: wie vor u. *phyllon* = Blatt; (Nadelpalme)

Rhápis, f, Palmae: wie vor u. gr. N. d. Rattan- od. Rutenpalme

Rhapónticum, n, Compositae:

Abl. z. T. unsicher, viell. zu
rha = alter N. d. Wolga, u.
pontikus = pontisch, Landsch.
am Schwarzen Meer
Rheédia, f, Clusiac.: n. Henrik
Rheede tot Draakensteen
(1635–91), Gouverneur d. Holländ. Ostindien Co. u. Förd. d.
Wiss.
Rhektophýllum, n, Arac.: gr.
rhektos = zerrissen, zerspalten,
u. *phyllon* = Blatt
Rhéum, n, Polygonac.: gr.
rheon = N. des Rhabarbers (u.
seiner Eigenschaften)
Rhéxia, f, Melastomatac.: gr.
rhexis = Bruch; (Bruchheil)
Rhinánthus, m, Scrophulariac.:
gr. *rhinos* = Nase, u. *anthos* =
Blüte; (Klappertopf)
Rhinephýllum, n, Mesembry-
anthemac.: gr. *rhine* = Feile,
u. *phyllon* = Blatt
Rhipidópteris, f, Lomariopsi-
dac.: gr. *rhipidos* = Fächer, u.
pteris = Farn; (Fächerfarn)
Rhipsalidópsis, f, Cactac.:
Gttgsn. *Rhípsalis*, u. *opsis* =
Aussehen
Rhípsalis, f, Cactac.: gr. *rhips,
rhipos* = Rute, Binse, Rohr,
(Ruten- od. Binsenkaktus)
Rhizóphora, f, Rhizophorac.:
gr. *rhiza* = Wurzel, u. *pho-
ros* = tragend; (Manglebaum,
Mangrove)
Rhodánthe, n, Compositae: gr.
rhodon = Rose, u. *anthos* =
Blüte (auf die Blütenfarbe be-
zogen)
Rhódea, f, Liliac.: s. *Róh-
dea*
Rhodíola, f, Crassulac.: Dimi-
nutiv z. gr. *rhodon* = Rose
Rhodocáctus, m, Cactac.: gr.
rhodon = Rose, u. Gttgsn.
Cáctus
Rhodochíton, n, Scrophula-

riac.: wie vor u. *chíton* = Kleid,
Umhang
Rhododéndron, n, Ericac.:
wie vor u. *dendron* = Baum;
(Alpenrose)
Rhodohypóxis, f, Hypoxidac.:
wie vor u. Gttgsn. *Hypóxis*
Rhodomýrtus, f, Myrtac.: wie
vor u. Gttgsn. *Mýrtus*
Rhódora, f, Ericac.: wohl v. gr.
rhodon = Rose abgel.
Rhodorrhíza, f, Convolvulac.:
gr. *rhodon* = Rose, u. *rhiza* =
Wurzel
Rhodospátha, f, Arac.: wie vor
u. *spatha* = Scheide
Rhodosphaéra, f, Anacardiac.:
wie vor u. *sphaira* = Kugel
Rhodóstachys, f, Bromeliac.:
wie vor u. *stachys* = Ähre
Rhodothámnus, m, Ericac.:
wie vor u. *thamnos* = Strauch;
(Zwergalpenrose)
Rhodótypos, m, Rosac.: wie
vor u. *typos* = Bild, Gestalt;
(Kaima- od. Jambukistrauch)
Rhóeo, f, Commelinac.:
wahrsch. Rhoio = Gestalt d.
griech. Mythol. gew.
Rhoicíssus, f, Vitac.: angebl. v.
gr. *rhus* = Sumach, u. *kissos* =
Efeu abgel.
Rhombophýllum, n, Mesem-
bryanthemac.: gr. *rhombos* =
Raute, u. *phyllon* = Blatt
Rhopalobláste, f, Palmae: gr.
rhopalon = Keule, u. *blaste* =
Sproß, Keim, od. Zweig
Rhopalocýclus, m, Aizoac.:
wie vor u. *kyklos* = Kreis,
Scheibe
Rhopalostýlis, f, Palmae: wie
vor u. *stylis* = Kolben; (Nikan-
palme)
Rhús, f, Anacardiac.: gr. *rhois* =
N. d. Sumachs
Rhynchánthus, m, Zingiberac.:
gr. *rhynchos, rhygchos* =

161

Schnabel, u. *anthos* = Blüte
Rhynchelýtron, n, Gramineae: wie vor u. *elytron* = Hülle, Behälter
Rhynchlaélia, f, Orchidac.: wie vor u. Gttgsn. *Laélia*
Rhynchósia, f, Fabac.: v. gr. *rhynchos* = Schnabel auf die Blütenform bezogen
Rhynchospérmum, n, Apocynac.: wie vor u. *sperma* = Same
Rhynchóspora, f, Cyperac.: wie vor u. *spora* = Spore, od. Same
Rhynchostýlis, f, Orchidac.: wie vor u. *stylos* = Griffel
Rhytidophýllum, n, Gesneriac.: gr. *rhytis, rhytidos* = Falte, Runzel, u. *phyllon* = Blatt
Ríbes, n, Grossulariac.: wahrsch. v. einem arab. od. pers. N. abgel.; (Johannisbeere)
Richárdia, f, Arac.: angebl. n. Richard Richardson (1663–1741), engl. Arzt u. Naturforscher
Ríchea, f, Epacridac.: n. Claude-Antoine Gaspard Riche (1762–97), franz. Arzt u. Naturforscher
Rícinus, m, Euphorbiac.: lat. für Ungeziefer, Zecke; (Wunderbaum)
Ridleyára, f, Orchidac.: n. Henry Nicholas Ridley (1855–1956!), engl. Bot.
Rigidélla, f, Iridac.: Diminutiv z. lat. *rigidus* = starr, steif
Rimária, f, Mesembryanthemac.: v. lat. *rima* = Spalt, Ritze abgel.
Ríndera, f, Boraginac.: n. A. Rinder, Arzt u. Pflanzensammler (in Rußland, 19. Jahrh.)

Ritterocéreus, m, Cactac.: n. Friedrich Ritter (geb. 1898), dtsch. Kakteenkenner, u. Gttgsn. *Céreus*
Rivína, f, Phytolaccac.: n. Augustus Quirinus Rivinus (1652–c.1722), dtsch. Arzt u. Bot.
Robínia, f, Fabac.: n. Jean Robin (1550–1629), franz. Hofgärtner, bzw. dessen Sohn Vespasien (1579–1662), Bot.; (Robinie, Scheinakazie)
Robiquétia, f, Orchidac.: n. Pierre Jean Robiquet (1780–1840), franz. Apotheker u. Chemiker
Róchea, f, Crassulac.: n. Daniel de la Roche (1743–1813), schweiz. Arzt u. Bot. (in Paris)
Rodgérsia, f, Saxifragac.: n. John L. Rodgers (1812–82), nordamer. Admiral u. Expeditionsleiter
Rodricídium, f, Orchidac. Hybr.: *Rodriguézia* × *Oncídium*
Rodriguézia, f. Orchidac.: wahrsch. n. Demetrio Rodríguez, span. Bot. (Anf. 19. Jahrh.)
Rodritónia, Orchidac. Hybr.: *Rodriguézia* × *Miltónia*
Roeméria, f, Papaverac.: n. Johann Jakob Roemer (1763–1819), schweiz. Arzt u. Naturforscher
Roéttlera, f, Gesneriac.: n. Johan Peter Roettler (1749–1836), dän. Missionar u. Pflanzensammler
Róhdea, f, Liliac.: n. Michael Rohde (1782–1812), dtsch. Arzt u. Bot.
Rolfeára, f, Orchidac.: n. Robert Allen Rolfe (1855–1921), engl. Orchideenspezialist

Rollínia, f, Annonac.: n. Charles Rollin (1661–1741), franz. Historiker

Romanzóffia, f, Hydrophyllac.: n. Prinz Nikolas Romanzoff (1754–1826), Förd. d. Kunst u. Wiss.

Romnéya, f, Papaverac.: n. Thomas Romney Robinson (1792–1882), Irischer Astronom

Romúlea, f, Iridac.: Romulus, dem sagenhaften Gründer Roms gewidmet

Rondelétia, f, Rubiac.: n. Guillaume Rondelet (1507–66), franz. Naturforscher

Rorídula, f, Roridulac.: v. lat. *roridus* = betaut abgel.; (Taupflanze)

Roríppa, f, Cruciferae: anschein. v. Rorippen, niederdtsch. Pflanzenname abgel.

Rósa, f, Rosac.: klass. N. d. Rose (gr. *rhodon*)

Roscóea, f, Zingiberac.: n. William Roscoe (1753–1831), engl. Bankier, Jurist u. Förd. d. Wiss.

Roseocáctus, m, Cactac.: n. Joseph Nelson Rose (1862–1928), nordamer. Kakteenforscher, u. Gttgsn. *Cáctus*

Roseocéreus, m, Cactac.: wie vor u. Gttgsn. *Céreus*

Rosmarínus, m, Labiatae: röm. N. d. Rosmarins, von *ros, roris* = Tau u. *marinus* = Meer abgel.

Rosulária, f, Crassulac.: Diminutiv zu *Rosa*

Roúpala, f, Proteac.: v. einem südamer. (Guayana) Volksnamen übernommen

Royéna, f, Ebenac.: n. Adriaan van Royen (c. 1704–99), holländ. Arzt u. Bot.

Roystónea, f, Palmae: n. Roy

Stone (1836–1905), nordamer. Ingenieur u. Armeeoffizier

Rúbia, f, Rubiac.: lat. *ruber* = rot; (Krapp, Färberröte)

Rúbus, m, Rosac.: röm. N. d. Brombeere

Rudbéckia, f, Compositae: n. Olof Rudbeck (1630–1702), schwed. Arzt u.Bot.

Rudolfiélla, f, Orchidac.: n. (Fr. R.) Rudolf Schlechter (1872–1925), dtsch. Orchideenspezialist

Ruéllia, f, Acanthac.: n. Jean Ruel (de la Ruelle?), 1474–1537, franz. Kräuterkundiger

Rulíngia, f, Sterculiac.: n. Johann Philipp Rüling (geb. 1741), dtsch. Arzt u. Bot.

Rúmex, f, Polygonac.: röm. N. d. Ampfers

Rumóhra, f, Aspidiac.: n. Carl Friedrich v. Rumohr (1785–1843), dtsch. Reisender u. Kunsthistoriker

Rúppia, f, Ruppiac.: n. Heinrich Bernhard Rupp (1688–1719), dtsch. Bot.

Rúschia, f, Mesembryanthemac.: n. Ernst Rusch (1867–1957), Farmer bei Windhuk, SW-Afrika

Ruschiánthemum, n, Mesembryanthemac.: n. Ernst Rusch jun. (Sohn d. obigen), Windhuk, u. *anthemon* = Blume

Ruschiánthus, m, Mesembryanthemac.: wie vor u. *anthos* = Blüte

Rúscus, m, Ruscac.: röm. N. d. Mäusedorns

Russélia, f, Scrophulariac.: n. Alexander Russell (c. 1715–68), schott. Arzt u. Naturforscher in Syrien

Rúta, f, Rutac.: röm. N. d. Raute

Rydbérgia, f, Compositae: n. Per Axel Rydberg (1860–1931), schwed.-nordamer. Bot.

S

Sabadilla, f, Liliac.: anscheind. mexikan. Volksname; Abl. v. *cebadilla* (Genaust) ungewiß; (Läusesamen)

Sábal, f, Palmae: wahrsch. karib. N. d. Palmettopalme

Sabátia (*Sabbátia*), gen. u. fam. mult.: n. Liberato Sabbato (geb. c. 1714), ital. Bot.

Sábia, f, Sabiac.: anschein. v. ind. *sabja-lat* entlehnt

Sabína, f, Cupressac.: röm. N. d. Sadebaumes (s. Artnamen)

Sáccharum, n, Gramineae: gr. *sakcharon* = Zuckerrohr

Saccolábium, n, Orchidac.: lat. *saccus* = Sack, u. *labium* = Lippe

Sadléria, f, Blechnac.: n. Joseph Sadler (1791–1849), ungar. Bot.

Sagénia, f, Aspidiac.: gr. *sagene* = Fischernetz

Sagerétia, f, Rhamnac.: n. Auguste Sageret (1763–1851), franz. Bot.

Sagína, f, Caryophyllac.: lat. für Mastkraut, Mästung

Sagittária, f, Alismatac.: lat. *sagitta* = Pfeil; (Pfeilkraut)

Saintpaúlia, f, Gesneriac.: n. Baron Walter v. Saint-Paul Hilaire (Illaire), 1860–1910, dtsch. Entdeckungsreisender

Salácca, f, Palmae: n. einem molukkan. N. dieser Palmen

Salicórnia, f, Chenopodiac.: lat. *sal* = Salz, u. *cornu* = Horn; (Glasschmalz)

Salisbúria, f, Ginkgoac.: n. Richard Anthony Markham (gen. Salisbury), 1761–1829, engl. Bot.

Sálix, f, Salicac.: röm. N. d. Weide

Salpíchroa, f, Solanac.: gr. *salpinx* = eine Art Trompete, u. *chroa* = Haut

Salpiglóssis, f, Solanac.: wie vor u. *glossa* = Zunge; (Trompetenzunge)

Salpínga, f, Melastomatac.: v. gr. *salpinx (salpigx)* = Trompete abgel.

Sálsola, f, Chenopodiac.: Diminutiv z. lat. *salsus* = salzig; (Salzkraut)

Sálvia, f, Labiatae: röm. Pfl.-N., vom lat. *salvare* = heilen abgeleitet

Salvínia, f, Salviniac.: n. Antonio Maria Salvini (1633–1729), florentin. Philologe; (Schwimmfarn)

Sambúcus, f, Caprifoliac.: röm. N. d. Holunders

Sámolus, m, Primulac.: röm. N. d. Bunge

Samuéla, f, Agavac.: n. Samuel Farlow Trelease (1892–1958), nordam. Bot.

Sanchézia, f, Acanthac.: n. José Sánchez, span. Bot. (18. Jahrh.?)

Sanderára, f, Orchidac.: n. Louis L. Sander (1878–1936), engl.-belg. Orchideenzüchter

Sandersónia, f, Liliac.: n. John Sanderson (c. 1820–81), schott. Pflanzensammler in Südafrika

Sandóricum, n, Meliac.: v. malaiischen Volksnamen abgel.

Sanguinária, f, Papaverac.: lat. *sanguis* = Blut; (Blutwurz)

Sanguisórba, f, Rosac.: wie vor u. *sorbere* = aufsaugen; (Wiesenknopf)

Sanícula, f, Umbelliferae: lat. *sanare* = heilen; (Sanikel)

Sanseviéria, f, Dracaenac.: n. Raimondo di Sangro, Fürst von Sanseviero (1710–71), ital. Gelehrter u. Förd. d. Wiss.; (Bogenhanf)

Sántalum, n, Santalac.: gr. *santalon* (= Sandelbaum), wahrsch. von einem arab. od. altind. N. abgel.

Santolína, f, Compositae: lat. *sanctum linum* = Heiligenkraut

Sanvitália, f, Compositae: n. F. Sanvitali (1704–61), ital. Bot.

Saphésia, f, Mesembryanthemac.: gr. *saphes* = deutlich, od. verschieden

Sapíndus, m, Sapindac.: lat. *sapo* = Seife, u. *indicus* = aus Indien; (Seifenbaum)

Sápium, n, Euphorbiac.: röm. N. einer (nicht-verwandten!) harzhaltigen Pflanze

Saponária, f, Caryophyllac.: lat. *sapo* = Seife; (Seifenkraut)

Sapóta, f, Sapotac.: n. einem wahrsch. mexikan. Volksnamen

Sarácha, f, Solanac.: n. Isidoro Saracha (1733–1803), span. Geistl. u. Bot.

Sarcánthus, m, Orchidac.: gr. *sarx, sarkos* = Fleisch, u. *anthos* = Blüte

Sarcóbatus, m, Chenopodiac.: wie vor u. *batos* = Dornstrauch; (Fettholz)

Sarcocápnos, n, Fumariac.: wie vor u. *kapnos* = Dampf, Rauch

Sarcocaúlon, n, Geraniac.: wie vor u. *kaulos* = Stengel; (Dickstengel, Buschmannskerze)

Sarcocéphalus, m, Rubiac.: wie vor u. *kephale* = Kopf

Sarcochílus, m, Orchidac.: wie vor u. *cheilos* = Lippe

Sarcocócca, f, Buxac.: wie vor u. *kokkos* = Beere

Sarcódes, f, Pyrolac.: gr. = fleischig, fleischähnl.

Sarcoglóttis, f, Orchidac.: gr. *sarx* = Fleisch, u. *glotta* = Zunge

Sarcophagóphilus, m, Asclepiadac.: wie vor, *phagos* = Fresser, u. *philos* = Freund

Sarcopódium, n, Orchidac.: wie vor u. *podos* = Fuß

Sarcostémma, n, Asclepiadac.: wie vor u. *stemma* = Krone, Kranz

Sargentodóxa, , Lardizabalac.: n. Charles Sprague Sargent (1841–1927), nordamer. Bot., u. *doxa* = Ruhm

Sarothámnus, m, Fabac.: gr. *saros* = Besen, u. *thamnus* = Strauch; (Besenginster)

Sarracénia, f, Sarraceniac.: n. Michael Sarrasin (lat. Sarracenus), 1659–c.1734, franz. Arzt u. Naturwissensch. in Kanada; (Krugblatt, Schlauchpflanze)

Sása, f, Gramineae: japan. N. für niedere Bambus-Arten; (Zwergbambus)

Sássafras, n, Laurac.: wahrsch. aus einer nordamer. od. karib. Sprache entlehnt; (Fieberbaum, Sassafras)

Saturéja, *Saturéia,* f, Labiatae: röm. N. d. Bohnen- od. Pfefferkrauts

Satýrium, n, Orchidac.: gr. *satyrion* = Satyr, griech. Waldgott; (Fratzenstendel)

Saurómatum, n, Arac.: gr. *sauros* = Echse, u. unerklärl. Nachsilbe; (Echsenwurz)

Saururópsis, f, Saururac.: wie *Saururus* (= Gttgsn.), u. *opsis* = Aussehen

Saurúrus, m, Saururac.: gr.
sauros = Echse, u. *oura* =
Schwanz; (Molchschwanz)
Saussúrea, f, Compositae: n.
Horace Bénedict de Saussure
(1740–99), Genfer Naturwiss.
u. Alpinist, u. d. Sohn Nicolas
Théodore (1767–1845), ebenf.
Naturwiss.
Saxegothaéa, f, Podocarpac.:
Prinz Albert v. Saxen-Coburg-
Gotha (1819–61), Prinzgemahl
d. engl. Königin Victoria u.
Förd. d. Wiss.
Saxífraga, f, Saxifragac.: lat.
saxum = Fels, u. *frangere* =
brechen; (Steinbrech)
Scabiósa, f, Dipsacac.: lat. *sca-
bies* = Grind, Krätze; (Grind-
kraut)
Scaévola, f, Goodeniac.: lat.
scaevus = verkehrt, schief;
(Spaltglocke)
Scándix, n, Umbelliferae: gr.
skandix u. N. eines Dolden-
blütlers; (Nadelkerbel)
Scaphosépalum, n, Orchidac.:
gr. *skaphos* = Trog, Kahn, u.
sepalum = Kelchblatt
Scaphyglóttis, f, Orchidac.: wie
vor u. *glotta* = Zunge
Scelétium, n, Mesembryanthe-
mac.: gr. *skeletos* = Mumie,
Skelett
Schauéria, f, Acanthac.: n.
Johann Conrad Schauer
(1813–48), dtsch. Bot.
Scheélea, f, Palmae: n. Karl
Wilhelm Scheele (1742–86);
schwed. Chemiker (dtsch. Ab-
stammung)
Schéfflera, f, Araliac.: n. Jacob
Christian Scheffler, dtsch.
(Danziger) Bot., Anf.
18. Jahrh.
Scheuchzéria, f, Scheuchze-
riac.: n. Johann Jacob
Scheuchzer (1672–1733),

schweiz. Geistl., Arzt u.
Naturforscher, u. d. Bruder
Johann (1684–1738)
Schínus, m, Anacardiac.: v. gr.
schinos = N. d. Therebinth
übernommen; (Pfefferbaum)
Schisándra, f, Schisandrac.: gr.
schizein = spalten, trennen, u.
aner, andros = Mann, männl.
Organ; (Bärentraube)
Schismatoglóttis, f, Arac.: gr.
schismas = Spalt, Trennung, u.
glotta = Zunge
Schiveréckia, f, Cruciferae: n.
S. B. Schivereck (1782–1815),
poln. Bot.
Schizaéa, f, Schizaeac.: v. gr.
schizein = spalten abgel.
Schizándra, f, Schisandrac.: s.
Schisándra
Schizánthus, m, Solanac.: gr.
schizein = spalten, u. *anthos* =
Blüte; (Spaltblume)
Schizobasópsis, f, Liliac.:
Schizobásis (Liliac.-Gttg.), u.
opsis = Aussehen
Schizocápsa, f, Taccac.: gr.
schizein = spalten, u. *kapsa* =
Kapsel
Schizocásia, f, Arac.: wie vor
u. (?) *Colocásia* = Gttgsn.
Schizocéntron, n, Melastoma-
tac.: wie vor u. *kentron* =
Sporn
Schizocódon, n, Diapensiac.:
wie vor u. *kodon* = Glocke;
(Spaltglocke)
Schizolóbium, n, Caesalpiniac.:
wie vor u. *lobos* = Lappen, od.
Hülse
Schizopétalon, n, Cruciferae:
wie vor u. *petalon* = Blumen-
blatt; (Spaltblume)
Schizophrágma, n, Hydran-
geac.: wie vor u. *phragma* =
Zaun, Wand; (Spalthortensie)
Schizostýlis, f, Iridac.: wie vor
u. *stylis* = Griffel; (Spaltgriffel)

Schkúhria, f, Compositae: n. Christian Schkuhr (1741–1811), dtsch. Universitätsmechaniker u. Bot.

Schlechteránthus, m, Mesembryanthemac.: n. Max Schlechter (1874–1960), dtsch.-südafr. Händler u. Pflanzensammler, u. gr. *anthos* = Blüte

Schlímmia, f, Orchidac.: n. einem M. Schlimm, engl. Pflanzensammler (Mitte 19. Jahrh.)

Schlumbérgera, f, Cactac.: n. Frederick Schlumberger (1804–65), belg. Gärtner u. Sammler

Schoenórchis, f, Orchidac.: gr. *schoinos* = Binse, u. Gttgsn. *Órchis*

Schoénus, m, Cyperac.: lat. *schoenus,* gr. *schoinos* = Binse, Kopfriet

Schombocattléya, Orchidac. Hybr.: *Schombúrgkia* × *Cattléya*

Schombúrgkia, f, Orchidac.: n. Sir Robert Hermann Schomburgk (1804–65), dtsch.-engl. Forschungsreisender

Schótia, f, Caesalpiniac.: n. Richard van der Schot († 1819), österr. Gärtner u. Pflanzensammler

Schránkia, f, Mimosac.: n. Franz v. Paula v. Schrank (1745–1835), dtsch.-österr. Bot.

Schubértia, f, Asclepiadac.: n. Gotthilf Heinrich v. Schubert (1780–1860), dtsch. Arzt u. Naturforscher

Schwantésia, f, Mesembryanthemac.: n. M. H. Gustav Schwantes (1881–1960), dtsch. Historiker u. Bot.

Sciadócalyx, m, Gesneriac.: gr. *skias, skiados* = Schirm, od. Dolde, u. *kalyx* = Kelch

Sciadópitys, f, Taxodiac.: wie vor u. *pitys* = Fichte; (Schirmtanne)

Scílla, f, Liliac.: lat. *squilla* u. gr. *skilla* = N. d. Meerzwiebel; (Blaustern)

Scindápsus, m, Arac.: gr. N. f. eine (nicht verwandte!) Efeuähnl. Pfl.

Scírpus, m, Cyperac.: röm. N. (eigentl.) der Binse; (Simse)

Sclaréa, f, Labiatae: n. Genaust v. spätlat. *sclareia,* für Scharlei bzw. einen „Scharlachsalbei" übern.

Scleránthus, m, Caryophyllac.: gr. *skleros* = trocken, hart, dürr, u. *anthos* = Blüte; (Knäuelkraut)

Sclerocáctus, m, Cactac.: wie vor u. Gttgsn. *Cáctus*

Scleróchloa, f, Gramineae: wie vor u. *chloë* = Gras; (Hartgras)

Sclerópoa, f, Gramineae: wie vor u. Gttgsn. *Póa*; (Starrgras)

Scolóchloa, f, Gramineae: gr. *skolos* = Stachel, u. *chloë* = Gras; (Schwingelschilf)

Scolopéndrium, n, Aspleniac.: gr. *skolopendrion* = eine Art Tausendfüßler, auf d. Reihen d. Sori bezogen; (Hirschzunge)

Scólymus, m, Compositae: gr. *skolymus,* für eine Art Artischoke; (Golddistel)

Scopólia, f, Solanac.: n. Giovanni Antonio Scopoli (1723–88), ital. Naturwiss.; (Tollkraut)

Scórdium, n, Scrophulariac.: gr. *skordion* = eine Art Knoblauch

Scorpiúrus, m, Fabac.: gr. *skorpios* = Skorpion, u. *oura* = Schwanz

Scorzonéra, f, Compositae: v. franz. *scorzone* = Giftschlange abgel., bzw. als Gegenmittel

gegen Schlangenbisse be-
kannt; (Schwarzwurzel)
Scrophulária, f, Scrophulariac.:
v. lat. *scrophulae* = Halsge-
schwülste abgel. bzw. gegen
solche empfohlen; (Braun-
wurz)
Scutellária, f, Labiatae: lat.
scutellum = Tellerchen, od.
Schildchen; (Helmkraut)
Scuticária, f, Orchidac.: lat.
scutica = Peitsche; (Peitschen-
orche)
Scyphánthus, m, Loasac.: gr.
skyphos = Becher, u. *anthos* =
Blüte; (Becherblume)
Scyphulária, f, Davalliac.: lat.
scyphulus = kleiner Becher,
od. Pokal
Seafórthia, f, Palmae: n. Francis Mackenzie Humberston,
Lord Seaforth u. Mackenzie
(1754–1815), schott. Offizier,
Gouverneur von Barbados u.
Pflanzensammler
Secále, n, Gramineae: röm. N.
d. Roggens
Séchium, n, Cucurbitac.: v.
gr. *sykios* = Gurke entstellt,
od. v. einem karib. Vulgärnamen abgel.; (Chayote, Stachel-
gurke)
Securígera, f, Fabac.: lat. *secu-
ris* = Beil, u. *ger* = tragend
(Form d. Frucht!); (Beilwicke)
Securínega, f, Euphorbiac.:
wie vor u. *negare* = ablehnen,
widerstehen; (Hartholz)
Sédum, n. Crassulac.: röm. N.
sukkulenter Pflanzen; (Fett-
henne)
Selaginélla, f, Selaginellac.: Diminutiv v. *Selago* (s. Gttgsn.)
u. röm. N. einer moosähnl.
Pflanze; (Mooskraut)
Selágo, f, Scrophulariac.: röm.
N. einer (dieser?) Heilpfl.
Selénia, f, Cruciferae: gr. *sele-*

ne = Mond (der kreisrunden
Samen wegen)
Selenicéreus, m, Cactac.: wie
vor u. Gttgsn. *Céreus*
Selenipédium, n, Orchidac.:
wie vor u. *pedilon* = Sandale
Selenocypripédium, Orchidac.
Hybr.: *Selenipédium* × *Cypripédium*
Selínum, n, Umbelliferae: gr.
selinon = Doldenblütler mit
eßbarer Wurzel; (Silge)
Selliéra, f, Goodeniac.: n. François Noël Sellier
(1737–c.1800), franz. Graveur
Semecárpus, m, Anacardiac.:
gr. *sema* = Zeichen u. *karpos* = Frucht; (Tintenbaum)
Sémele, f, Ruscac.: griech.
Mythol.: Mutter des Dionysos
(röm. = Bacchus)
Semiaquilégia, f, Ranunculac.:
lat. *semi* = halb u. Gttgsn.
Aquilégia, mit welcher nahe
verwandt
Semiarundinária, f, Gramineae: wie vor u. Gttgsn. *Arundinária*
Semnánthe, f, Mesembryanthemac.: gr. *semnos* = er-
habend, prunkend, u. *anthos* =
Blüte
Sempervivélla, f, Crassulac.:
Diminutiv zu *Sempervívum*
Sempervívum, n, Crassulac.:
lat. *semper* = immer, u.
vivus = lebend; (Hauswurz)
Senebiéra, f, Cruciferae: n.
Jean Senebièr (1742–1809),
schweiz. Geistl. u. Naturforscher
Senécio, m, Compositae: v. lat.
senex = Greis abgel.; (Greis-
od. Kreuzkraut)
Sequoía, f, Taxodiac.: n.
Sequoia od. Sequoiah
(1770–1843), eigentl. wohl George Gist, Halbblut u. Schöp-

fer des Cherokee-Alphabetes;
(Redwood, Küstensequoia)
Sequoiadéndron, n, Taxodiac.:
Gttgsn. *Sequoia,* u. *dendron =*
Baum; (Mammutbaum, Big-
Tree)
Serápias, f, Orchidac.: Serapis,
ägypt. Gottheit gewidmet;
(Stendelwurz)
Sericógraphis, f, Acanthac.: gr.
serikos = seidig, u. *graphis =*
Griffel (*graphein = schreiben*)
Seríssa, f, Rubiac.: vom ind.
N. d. Busches abgel.
Serjánia, f, Sapindac.: n. Philip-
pe Sergeant, franz. Geistl. u.
Bot. (Anf. 18. Jahrh.)
Serrátula, f, Compositae: v. lat.
serrula = kleine Säge abgel.;
(Scharte)
Sésamum, n, Pedaliac.: gr. *se-
samon,* wohl, v. semit. N. die-
ser Ölpfl. abgel. (Sesam)
Sesbánia, f, Fabac.: n. d. arab.
N. dieser Pfl.
Séseli, n, Umbelliferae: v. gr.
N. einer (anderen) Umbelli-
ferae übern.; (Sesel, Bergfen-
chel)
Sesléria, f, Gramineae: n. Leo-
nardo (Leonhard) Sesler
(† 1785), dtsch.-stämmiger
Arzt in Venedig, mit bot. Gar-
ten; (Kopf- od. Blaugras)
Setária, f, Gramineae: lat.
seta = Borste; (Borstenhirse)
Setcreásia, f, Commelinac.:
Ableitung unsicher
Seticéreus, m, Cactac.: lat.
seta, saeta = Borste, steifes
Haar, u. Gttgsn. *Céreus*
Setiechinópsis, f, Cactac.: wie
vor u. Gttgsn. *Echinópsis*
Shephérdia, f, Elaeagnac.: n.
John Shepherd (c.1764–1836),
engl. Gärtner; (Büffelbeere)
Sherárdia, f, Rubiac.: n.
William Sherard (Sherwood),

c.1658–1728, engl. Diplomat,
Bot. u. Reisender; (Ackerröte)
Shibataéa, f, Gramineae: n.
Keita Shibata (c.1877–1949),
japan. Bot.
Shórtia, f, Diapensiac.: n.
Charles W. Short (1794–1863),
nordamer. Bot.; (Winterblatt)
Sibbáldia, f, Rosac.: n. Sir
Robert Sibbald (1641–1722),
schott. Arzt u. Bot.
Sibiraéa, f, Rosac.: aus Sibirien
stammend; (Blauspiere)
Sibthórpia, f, Scrophulariac.: n.
Humphrey Waldo Sibthorp
(c.1713–97), engl. Bot., u.
Vater d. bekannten Bot. John
Sibthorp (1758–96)
Sicána, f, Cucurbitac.: v. *seca-
na,* d. peruan. N. d. Pfl. abgel.
Sícyos, m, Cucurbitac.: v. gr.
sikyos, N. d. Gurke übernom-
men; (Haargurke)
Sída, f, Malvac.: ursprüngl.
griech. N. einer Wasserpfl.;
(Sammetpappel)
Sidálcea, f, Malvac.: s. Gttgsn.
Sída u. *Álcea*; (Doppelmalve)
Siderásis, f, Commelinac.:
wahrsch. v. gr. *sideros =* Eisen,
u. *sisura =* Ziegenfell abgel.
Siderítis, f, Labiatae: gr. N. ei-
ner Heilpflanze, anschein. v.
sideros = Eisen abgel.; (Glied-
kraut)
Sideróxylon, n, Sapotac.: wie
oben u. *xylon =* Holz; (Eisen-
holz)
Siegesbéckia, f, Compositae:
s. *Sigesbéckia*
Sieglíngia, f, Gramineae:
angebl. n. einem Erfurter
Gelehrten Siegling (Anf.
19. Jahrh.)
Sievérsia, f, Rosac.: n. Erasmus
Sievers († 1795), russ. Bot. u.
Reisender; (Petersbart)
Sigesbéckia, f, Compositae:

anschein. bewußte Falsch-
schreibg. d. Namens v. Johann
Georg Siegesbeck (1686–
1755), dtsch. Arzt u. Bot. in
russ. Diensten

Sigmatógyne, f, Orchidac.: gr.
sigma = Buchstabe „S", u.
gyne = Weib, weibl. Organ

Sigmatóstalix, f, Orchidac.: wie
vor u. *stalix* = Pfahl, Säule

Sílaum, n, Umbelliferae: v.
röm. N. einer ander. Pfl. übernommen; (Wiesensilge)

Siléne, f, Caryophyllac.: gr. N.
einer (anderen) Pfl., n. Silen,
mythol. Begleiter des Bacchus; (Leimkraut)

Síler, n, Umbelliferae: röm. N.
einer medizinellen Pfl.; (Roßkümmel)

Sílphium, n, Compositae: gr.
Pfl.-N., ursprüngl. einer and.
Art; (Kompaßpflanze)

Sílybum, n, Compositae: gr.
silybon = N. einer eßbaren
Distel; (Mariendistel)

Simaroúba, f, Simaroubac.:
wohl westind. (od. guayan.)
Volksname; (Bitteresche)

Simmóndsia, f, Simmondsiac.:
n. Thomas Williams Sim-
monds († 1804), engl. Arzt u.
Naturforscher; (Jojoba)

Sinápis, f, Cruciferae: röm. N.
d. Senfpflanzen

Sinarundinária, f, Gramineae:
gr. *sinai* = Chinesen, u.
Gttgsn. *Arundinária*

Sinníngia, f. Gesneriac.: n. Wilhelm Sinning (1794–1874),
dtsch. Gärtner; (Gartengloxi-
nie)

Sinocrássula, f, Crassulac.: lat.
sino = chinesisch, u. Gttgsn.
Crássula

Sinofranchétia, f, Lardizabalac.: wie vor u. n. Adrien Franchet (1834–1900), franz. Bot.

Sinojáckia, f, Styracac.: wie vor
u. n. J. G. Jack (1861–1949),
nordamer. Bot.

Sinoménium, n, Menispermac.:
wie vor u. gr. *mene* = Mond

Sinowilsónia, f, Hamamelidac.: wie vor u. n. Ernest
Henry Wilson (1876–1930),
engl. -nordamer. Dendrologe
u. Reisender

Siphocámpylos, m, Lobeliac.:
gr. *siphon* = Röhre, u. *kampylos* = gekrümmt

Siphonosmánthus, m, Oleac.:
wie vor u. Gttgsn. *Osmánthus*

Sisýmbrium, n, Cruciferae:
ursprüngl. griech. N. einer
wohlriechenden Pfl., später
auf Raukensenf übertragen

Sisyrínchium, n, Iridac.: gr.
sisyrinchion = N. einer Zwie-
belpfl.; (Binsenlilie)

Síum, n, Umbelliferae: gr.
sion = ursprüngl. N. einer
Sumpfpfl.; (Merk)

Skiatóphytum, n, Mesembryanthemac.: gr. *skias, skiados* = Schatten, u. *phyton* =
Pflanze

Skímmia, f, Rutac.: v. japan.
skimmi = N. dieser Sträucher
abgel.

Smelówskya, f, Cruciferae: n.
T. Smelowskij († 1815), russ.
Bot.

Smicrostígma, f, Mesembryanthemac.: gr. *smicros* = klein, u.
stigma = Narbe

Smilacína, f, Liliac.: Diminutiv zu *Smílax*; (Schattenblu-
me)

Smílax, f, Smilacac.: gr. N. d.
Stechwinden

Smithiántha, f, Gesneriac.: n.
Matilda Smith (1854–1926),
engl. Pflanzenmalerin, u.
anthos = Blüte

Smýrnium, n, Umbelliferae: gr.

smyrnion = N. d. Myrrhe; (Gelbdolde)

Soboléwskia, f, Cruciferae: n. Grigori Fedor. Sobolewskij (1741–1807), russ. Arzt u. Bot.

Sobrália, f, Orchidac.: n. Francisco Martínez Sobral, span. Naturforscher (Ende 18. Jahrh.)

Soehrénsia, f, Cactac.: n. Johann Soehrens († 1934), dtsch. Bot. in Chile

Sója, f, Fabac.: v. japan. N. d. Sojabohne abgel.

Solándra, f, Solanac.: n. Daniel Carl Solander (1733–82), schwed. Bibliothekar (in England) u. Entdeckungsreisender

Solánum, n, Solanac.: vermutl. röm. N. d. Schwarzen Nachtschattens

Soldanélla, f, Primulac.: wohl Diminutiv z. ital. *soldo* = frühere kl. Münze, der rundl. Blätter wegen; (Troddelblume)

Soleirólia, f, Urticac.: n. Joseph François Soleirol († 1863), franz. Pflanzensammler

Solenángis, f, Orchidac.: gr. *solen* = Röhre, u. *angos, aggos* = Gefäß

Solenánthus, m, Boraginac.: wie vor u. *anthos* = Blüte; (Riesenboretsch)

Solenómeles, m, Iridac.: wie vor u. *melos* = Glied

Solidágo, f, Compositae: v. lat. *solido, solidus* = heil- od. festmachen abgel.; (Goldrute)

Solidáster, Compos. Hybr.: *Solidágo* × *Áster*

Solísia, f, Cactac.: n. Octavio Solís, mexikan. Kakteenspezial., Anf. 20. Jahrh.

Sóllya, f, Pittosporac.: n. Richard Horsman Solly (1778–1858), engl. Pflanzenphysiol.

Sónchus, m, Compositae: gr. N. (*sonchos, sogchos*) der Gänse- od. Saudistel

Soneríla, f, Melastomatac.: v. *soneri-ila,* dem malabar. Volksnamen abgel.

Sonnerátia, f, Sonneratiac.: n. Pierre Sonnerat (1748–1814), franz. Bot.

Sophóra, f, Fabac.: v. *sofera* = arab. Pfl.-N. abgel.; (Schnurbaum)

Sophrocattlaélia, Orchidac. Hybr.: *Sophronítis* × *Cattléya* × *Laélia*

Sophrocattléya, Orchidac. Hybr.: *Sophronítis* × *Cattléya*

Sophrolaélia, Orchidac. Hybr.: *Sophronítis* × *Laélia*

Sophrolaeliocattléya, Orchidac. Hybr.: *Sophronítis* × *Laeliocattléya*

Sophronítis, f, Orchidac.: u. trotz obigem v. gr. *sophron* = züchtig, keusch

Sorbária, f, Rosac.: v. Gttgsn. *Sórbus* abgel.; (Fiederspiere)

Sorbarónia, Rosac. Hybr.: *Sórbus* × *Arónia*

Sorbocotoneáster, Rosac. Hybr.: *Sórbus* × *Cotoneáster*

Sorbopýrus, Rosac. Hybr.: *Sórbus* × *Pýrus*

Sórbus, f, Rosac.: röm. N. d. Eberesche od. Mehlbeere

Sórghum, n. Gramineae: v. ital. *sorgo* = N. d. Mohrenhirse abgel.

Sparáxis, f, Iridac.: gr. *sparasso, sparassein* = zerreißen; (Fransenschwertel)

Spargánium, n. Sparganiac.: gr. *sparganion* = N. d. Igelkolbens

Sparmánnia, f, Tiliac.: n. Andreas Sparrman (1748–1820), schwed. Bot. u. Entdeckungsreisender; (Zimmerlinde)

Spártina, f, Gramineae: gr.
sparton = Tau, Seil
Spártium, n, Fabac.: von wie
oben bzw. *esparto* abgel.; (Bin-
senginster)
Spartocýtisus, m, Fabac.:
Gttgsn. *Spártium* u. *Cýtisus*
Spathicárpa, f, Arac.: gr.
spathe = Blatt- od. Blüten-
scheide, u. *karpos* = Frucht
Spathiphýllum, n. Arac.: wie
vor u. *phyllon* = Blatt
Spathódea, f, Bignoniac.: wie
vor u. *odes* = -artig, auf die
Kelchform d. Blüten bezogen;
(Westafrikan. Tulpenbaum)
Spathoglóttis, f, Orchidac.: wie
vor u. *glotta* = Zunge
Speculária, f, Campanulac.: v.
lat. *speculum* = Spiegel abgel.;
(Venusspiegel)
Spegazzínia, f, Cactac.: n.
Carlos Spegazzin (1858–1926),
italo-argent. Bot.
Speirántha, f, Liliac.: gr.
speira = Geflecht, u. *an-
thos* = Blüte
Spencéria, f, Rosac.: n. Spen-
cer le Marchant Moore
(1851–1931), engl. Bot.
Spérgula, f, Caryophyllac.: Ab-
leitg. unsicher; franz. *spergule,*
dtsch. *Spark,* engl. *Spurrey*
Spergulária, f, Caryophyllac.:
Diminutiv zu *Spérgula*;
(Spärkling)
Sphaerálca, f, Malvac.: gr.
sphaira = Kugel, u. *alcea* =
Malve; (Kugelmalve)
Sphaerítis, f, Crassulac.: wie
vor bzw. von Kugel abgel.
Sphaerociónium, n, Hymenophyllac.: wie vor u. *kionion* =
kleiner Fuß, od. kl. Säule
Sphaerogyne, f, Melastomatac.: wie vor u. *gyne* = Weib,
weibl.
Sphaerosícyos, m, Cucurbi-

tac.: wie vor u.*sikyos* = Gurke; (Kugelgurke)
Sphalmánthus, m, Mesembryanthemac.: gr. *sphalma* =
Fehler, u. *anthos* = Blüte
Spigélia, f, Loganiac.: n. Adriaan van den Spieghel (lat.
Spigelius; 1578–1625), nordamer. Pfl. einem holländ. Arzt
in Italien gewidmet; (Nelkenwurz)
Spilánthes, f, Compositae: gr.
spilos = Flecken, u. *anthos* =
Blüte; (Parakresse)
Spinácia, f, Chenopodiac.: lateinis. (span.?, ital.?, arab.?) N.
des Spinats
Spinovítis, f, Vitac.: lat. *spina* =
Dorn u. Gttgsn. *Vítis*
Spiraéa, f, Rosac.: v. gr.
speira = Windung, Gewinde
abgel., zugl. gr. N. einer f. Gir-
landen benutzten Pfl.; (Spier-
strauch)
Spiraeánthus, m, Rosac.: wie
vor u. *anthos* = Blüte
Spiránthes, f, Orchidac.: Abl.
wie oben; (Wendelähre)
Spirodéla, f, Lemnac.: wie vor
u. *delos* = deutlich, sichtbar;
(Teichlinse)
Spironéma, n, Commelinac.:
wie vor u. *nema* = Fa-
den
Spóndias, f, Anacardiac.: alter
griech. N. eines Pflaumenge-
wächses; (Balsampflaume)
Sporóbolus, m, Gramineae: gr.
spora = Spore, Same, u. *bolos*
= werfend; (Fallsame)
Sprekélia, f, Amaryllidac.: n.
Johann Heinrich v. Sprekelsen
(1691–1764), Hamburger Rats-
sekretär u. Amateurbot.; (Ja-
kobslilie)
Stachyphrýnium, n. Marantac.:
gr. *stachys* = Ähre, u. Gttgsn.
Phrýnium

Stáchys, f, Labiatae: gr./lat. = Ähre; (Ziest)

Stachytárpheta, f, Verbenac.: wie vor u. *tarphys* = dicht, auf knäuelige Ähren bezogen

Stachyúrus, m, Stachyurac.: wie vor u. *oura* = Schwanz; (Schweifähre)

Staehelína, f, Compositae: n. Benedikt Stähelin (1695-1750), schweiz. Bot.

Stangéria, f, Cycadac. (Stangeriac.): n. Wilhelm Stanger, (1812-54), engl. Arzt u. Naturforscher

Stanhópea, f, Orchidac.: n. Philip Henry, Earl Stanhope (1781-1855), Präs. d. Londoner Mediz.-Bot. Ges. u. Förd. d. Wiss.

Stapélia, f, Asclepiadac.: n. Jan Bode van Stapel († c. 1636), holländ. Naturhistoriker; (Aasblume)

Stapeliópsis, f, Asclepiadac.: Gttgsn. *Stapélia,* u. *opsis* = Aussehen

Staphyléa, f, Staphyleac.: gr. *staphyle* = Traube; (Pimpernuß)

Státice, f, Plumbaginac. (Limoniac.): v. gr. *statike* = die Zusammenziehende abgel. (?); antiker N. d. Strandflieders

Stauntónia, f, Lardizabalac.: n. Sir George Leonard Staunton (1737-1801), irischer Arzt u. Naturforscher

Staurópsis, f, Orchidac.: gr. *stauros* = Pfahl, od. Kreuz, u. *opsis* = Aussehen

Steironéma, n, Primulac.: gr. *steira* = unfruchtbar, u. *nema* = Faden

Stélis, f, Orchidac.. ursprüngl. griech. N. einer Schmarotzerpfl.

Stellária, f, Caryophyllac.: lat.

stella = Stern, auf die Blütenform bezogen; (Sternmiere)

Stéllera, f, Thymelaeac.: n. Georg Wilhelm Steller (1709-46), dtsch.-russ. Naturforscher

Stenáctis, m, Compositae: gr. *stenos* = eng, schmal, u. *aktis* = Strahl

Stenándrium, n, Acanthac.: wie vor u. *aner, andros* = Mann, männl.

Stenánthium, n. Liliac.: wie vor u. *anthos* = Blüte

Sténia, f, Orchidac.: v. gr. *stenos* = schmal abgel.

Stenocáctus, m, Cactac. wie vor u. Gttgsn. *Cáctus*

Stenocárpus, m, Proteac.: wie vor u. *karpos* = Frucht

Stenocéreus, m, Cactac.: wie vor u. Gttgsn. *Céreus*

Stenochlaéna, f, Blechnac.: wie vor u. *chlaina* = Umhang, Mantel

Stenoglóttis, f, Orchidac.: wie vor u. *glotta* = Zunge

Stenolóbium, n, Bignoniac.: wie vor u. *lobos* = Lappen, od. Hülse

Stenophrágma, n, Cruciferae: wie vor u. *phragma* = Wand, Zaun; (Schmalwand)

Stenorrhýnchos, m, Orchidac.: wie vor u. *rhynchos* = Schnabel

Stenosémia, f, Aspidiac.: wie vor u. *sema* = Zeichen, Fahne

Stenospermátion, n, Arac.: wie vor u. *spermation* = kleiner Same

Stenotáphrum, n, Gramineae: wie vor u. *taphros* = Graben; (Hohlspelze)

Stephanándra, f, Rosac.: gr. *stephanos* = Kranz, Krone, u. *aner, andros* = Mann, männl.; (Kranzspiere)

173

Stephánia, f, Menispermac.: n.
Christian Friedrich Stephan
(1757–1814), dtsch.-russ. Bot.
Stephanocéreus, m, Cactac.:
gr. *stephanos* = Kranz, Krone,
u. Gttgsn. *Céreus*
Stephanophýsum, n, Acan-
thac.: wie vor u. *physa* = Blase
Stephanótis, f, Asclepiadac.:
wie vor u. *ous, otos* = Ohr;
(Kranzschlinge)
Stercúlia, f, Sterculiac.: lat.
stercules = Dung, u. röm.
Gottheit d. Fruchtbarkeit;
(Stinkbaum)
Stereospérmum, n, Bigno-
niac.: gr. *stereos* = fest, starr,
u. *sperma* = Same
Sternbérgia, f, Amaryllidac.: n.
Kaspar Maria Graf v. Stern-
berg (1761–1838), österr. Ge-
lehrter
Stetsónia, f, Cactac.: n. Francis
Lynde Stetson (Anf.
20. Jahrh.), nordamer. Kak-
teenkenner
Steúdnera, f, Arac.:
n. H. Steudner (1832?–63),
dtsch. Bot.
Stevensónia, f, Palmae: n. Sir
William Stevenson, 1857–63
Gouverneur von Mauritius
Stévia, f, Compositae: n. Pedro
Jaime Esteve (lat. Stevius;
† 1566), span. Arzt u. Bot.
Stewártia, f, Theac.: n. John
Stuart, Earl von Bute (1713–
92), brit. Politiker u. Förd. d.
Wiss.; (Scheinkamellie)
Stillíngia, f, Euphorbiac.: n.
Benjamin Stillingfleet
(1702–71), engl. Bot.; (Talg-
baum)
Stípa, f, Gramineae: gr. *stype,*
stuppe = Werg, u. nicht wie
bei Genaust; (Federgras)
Stoebéria, f, Mesembryanthe-
mac.: n. E. Stöber, aus Lüde-

ritz, Namibia, SW-Afrika (Anf.
20. Jahrh.)
Stokésia, f, Compositae:
n. Jonathan Stokes (1755–
1831), engl. Arzt u. Bot.
Stomátium, n, Mesembryan-
themac.: v. gr. *stoma* =
Rachen, Schlund abgel.
Strangweía, f, Liliac.: anschein.
n. William Th. H. Fox-
Strangways (1795–1865), Earl
v. Ilchester, brit. Diplomat u.
Hobbygärtner
Stranvaésia, f, Rosac.: wie vor-
stehend gewidmet
Stratiótes, m. Hydrocharitac.:
gr. für Soldat; (Krebsschere,
Wasseraloe)
Strelítzia, f, Strelitziac.:
Charlotte v. Mecklenburg-
Strelitz (1744–1818), Gattin d.
engl. Königs Georg III gewid-
met; (Paradiesvogelblume)
Streptocályx, m, Bromeliac.:
gr. *streptos* = gedreht od. ge-
wunden, u. *kalyx* = Kelch
Streptocárpus, m, Gesneriac.:
wie vor u. *karpos* = Frucht;
(Drehfrucht)
Stréptopus, m, Liliac.: wie vor
u. *pous* = Fuß; (Knoten-
fuß)
Streptosólen, m, Solanac.: wie
vor u. *solen,* Röhre; (Dreh-
krone)
Strobilánthes, f, Acanthac.: gr.
strobilos = Zapfen, u. *anthos* =
Blüte
Strománthe, f, Marantac.: gr.
stroma = Bett, Lager, u.
anthos = Blüte; (Blumen-
marante)
Strombocáctus, m, Cactac.: gr.
strombos = Kreisel, u. Gttgsn.
Cáctus
Strophánthus, m. Apocynac.:
gr. *strophos* = gedrehter
Faden, u. *anthos* = Blüte

Strophocáctus, m. Cactac.: wie vor u. Gttgsn. *Cáctus*

Stropholírion, n, Liliac.: wie vor u. *leirion* = Lilie

Struthióptéris, f, Onocleac.: gr. *struthos* = Strauß, u. *pteris* = Farn; (Straußfarn)

Strýchnos, f, Loganiac. (Strychnac.): griech. N. verschied. Giftpfl.; (Brechnußbaum)

Stuártia, f, Theac.: s. *Stewártia*

Stultítia, f, Asclepiadac.: lat. *stultitia* = Einfalt, Torheit

Stúrmia, f, Orchidac.: n. Jakob Sturm (1771–1848), dtsch. Kupferstecher

Stylídium, n, Stylidiac.: gr. *stylos* = Säule, Griffel; (Säulenblume)

Stylóphorum, n, Papaverac.: wie vor u. *phoros* = tragend

Stylophýllum, n, Crassulac.: wie vor u. *phyllon* = Blatt

Stypándra, f, Liliac.: gr. *stype* = Werg, u. *aner* = Mann, Staubgefäß

Styphélia, f, Epacridac.: gr. *styphelos* = hart, fest; (Hartheide)

Stýrax, m, Styracac.: gr. N. d. Storaxbaums

Suaéda, f, Chenopodiac.: v. arab. *suad,* od. *suwwad* abgel.; (Sode)

Subpilocéreus, m, Cactac.: lat. *sub* = fast, etwas, beinahe, unter, u. Gttgsn. *Pilocéreus*

Subulária, f, Cruciferae: lat. *subula* = Pfriem; (Pfriemenkresse)

Succísa, f, Dipsacac.: lat. *succisus* = unten abgeschnitten; (Abbiss)

Sulcorebútia, f, Cactac.: lat. *sulcus* = Furche, u. Gttgsn. *Rebútia*

Sútera, f, Scrophulariac.: n. Johann Rudolf Suter

(1766–1827), schweiz. Arzt u. Bot.

Sutherlándia, f, Fabac.: n. James Sutherland (c. 1639–1719), schott. Bot.

Swainsónia, f, Fabac.: n. Isaac Swainson (1746–1812), engl. Arzt u. Gartenbesitzer

Swártzia, f, Caesalpiniac.: n. Olaf Swartz (1760–1818), schwed. Reisender u. Bot.

Swértia, f, Gentianac.: n. Emanuel Swert (Sweerts, 1552–1612), holländ. Gärtner; (Tarant)

Swieténia, f, Meliac.: n. Gerard van Swieten (1700–72), österr. Arzt u. Bot. holländ. Abkunft; (Mahagonibaum)

Syágrus, n, Palmae: v. gr. *syagros* = Wildschwein (?) abgel.

Sýcopis, f, Hamamelidac.: gr. *sykon* = Feige, u. *ops* = Aussehen

Sympágis, f, Acanthac.: gr. *sympages* = zusammengewachsen

Symphoricárpos, m, Caprifoliac.: gr. *symphoros* = vereinigt, u. *karpos* = Frucht; (Schneebeere)

Symphyándra, f, Campanulac.: gr. *symphuio* = verwachsend, u. *andros* = Mann, od. Staubgefäß; (Steinglocke)

Sýmphytum, n, Boraginac.: v. gr. *symphyein* = zusammenwachsend abgel.; (Beinwell, Wallwurz)

Symplocárpus, m, Arac.: gr. *symploke* = Verflechtung, u. *karpos* = Frucht; (Stinkkohl)

Sýmplocos, f, Symplocac.: gr. *symplokos* = zusammengeflochten; (Rechenblume)

Synadénium, n, Euphorbiac.: gr. *syn* = mit, gemeinsam, zu-

sammen, u. *aden* = Drüse;
(Milchbaum)

Synándra, f, Labiatae: wie vor
u. *aner, andros* = Mann,
männl.

Synandróspadix, m, Arac.:
Gttgsn. *Synándra,* u. *spadix* =
eingebettete fleischige Infloreszens

Synaptophýllum, n, Mesembryanthemac.: gr. *synaptos* =
knorrig, u. *phyllon* = Blatt

Syncárpia, f, Myrtac.: gr. *syn* =
gemeinsam, u. *karpos* =
Frucht

Syndésmon, n. Ranunculac.:
wie vor u. *desmos* = Bündel,
Joch

Synechánthus, m, Palmae: gr.
syneches = zuammenhalten, u.
anthos = Blüte

Syngónium, n, Arac.: gr. *syn* =
gemeinsam, u. *gone* = Zeu-
gungsorgane

Sýnthyris, f, Scrophulariac.:
wie vor u. *thyra* = Öffnung,
kleine Tür

Syrínga, f, Oleac.: gr. *syrigga* =
Röhre, Flöte, ursprüngl. N. d.
Pfeifenstrauchs (Flieder)

Systeloglóssum, f, Orchidac.:
gr. *systellein* = zusammenzie-
hen, u. *glossa* = Zunge

Syzýgium, n, Myrtac.: gr. *syzy-
gios* (od. *suzugos*) = verbunden; (Jambos)

T

Tabebúia, f, Bignoniac.: v. brasilian. Volksnamen abgel.

Tabernaemontána, f, Apocynac.: n. Jacobus Theodorus
Tabernaemontanus
(c. 1520–90), aus Bergzabern,
dtsch. Arzt u. Bot.

Tácca, f, Taccac.: v. *taka*, dem

malaiischen Volksnamen abgeleitet

Tacínga, f, Cactac.: Anagramm
aus Catinga (NO-brasil. Trok-
kenlandschaft) gebildet

Tacsónia, f, Passiflorac.:
peruan. N. einer Passionsblume

Taeniophýllum, n, Orchidac.:
gr. *tainia* = Band, u. *phyllon* = Blatt

Tagétes, f, Compositae: Tages,
Gottheit d. griech. Mythol.
gew.; (Samt- od. Studenten-
blume)

Taínia, f, Orchidac.: gr. *tainia* =
Band, od. liniiert

Tainiópsis, f, Orchidac.: wie vor
u. *opsis* = Aussehen

Taiwánia, f, Taxodiac.: v. d. Insel Taiwan (ex-Formosa), Ostasien

Taláuma, f, Magnoliac.: wahrscheinl. westind. Volksname

Taligálea, f, Verbenac.: v. einem Volksnamen Guayanas
(Südamerika) abgel.

Talínum, n, Portulacac.: angebl.
v. gr. *telinos* (N. einer nichtverwandten Pfl.) übernommen

Tamaríndus, f, Caesalpiniac.: v.
arab. *tamar hindi* = indische
Dattel entlehnt; (Tamarinde)

Támarix, f, Tamaricac.: röm. N.
d. Tamariske

Támus, f, Dioscoreac.: wahrsch.
v. lat. *tamnus* = N. einer
schlingenden Pfl. abgel.;
(Schmerwurz)

Tanacétum, n, Compositae: v.
mittelalterl. *tanazita* (N. d.
Rainfarns) abgel.

Tanakaéa, f, Saxifragac.: n.
Yoshio Tanaka (1838–1916), japan. Bot.

Tanakára, f, Orchidac.: angebl.
n. einem B. Tanaka, Orchideengärtner auf Hawaii

Tapíscia, f, Staphyleac.: Anagramm, aus *Pistacia* gebildet

Taráxacum, n, Compositae: anschein. v. einem arab. N. für „bitteres Kraut" abgel.; (Löwenzahn, Kuhblume)

Tarchonánthus, m, Compositae: wahrsch. üb. lat. *tarchon* v. arab. *tarhun* (f. Estragon) abgel., u. *anthos* = Blüte; (Totenstrauch)

Tasmánnia, f, Winterac.: entwed. v. Tasmania (Insel u. Staat südl. Australiens) beschrieben, od. direkt Abel J. Tasman (1603–59), d. holländ. Entdeckungsreis. gew.

Tavarésia, f, Asclepiadac.: n. José Tavarés de Macedo, portug. Regierungsbeamter in Angola (19. Jahrh.)

Taxódium, n, Taxodiac.: lat. *taxus* = Eibe, u. *eidos* = Ähnlichkeit; (Sumpfzypresse)

Táxus, f, Taxac.: röm. N. d. Eibe

Tchihatchéwia, f, Cruciferae: n. Pjotr Alex. Tschihatschow (Tchihatchev), 1808–90, russ. Naturforscher

Tecóma, f, Bignoniac.: v. mexikan. Volksnamen dies. Sträucher abgel.; (Trompetenstrauch)

Tecomária, f, Bignoniac.: v. *Tecóma* (Gttgsn.) abgel.

Tecophiláea, m, Tecophilaeac.: n. Tecofila (Tecophila) Billotti, ital. Pflanzenmalerin, u. Tochter v. L. Colla (1766–1848), ital. Bot.; (Chile-Krokus)

Tectária, f, Aspidiac.: lat. *tecte* = bedeckt, auf die Indusien bezogen

Téctona, f, Verbenac.: südind. N. d. Teakbaums

Teesdália, f, Cruciferae: n. Robert Teesdale (c. 1740–

1804), engl. Gärtner; (Rahle)

Telanthéra, f, Amaranthac.: gr. *teleios* = vollendet, u. *anthera* = Staubbeutel

Telékia, f, Compositae: n. S. Teleki v. Szék, ungar. Adliger u. Förd. d. Bot. (19. Jahrh.)

Teléphium, n, Caryophyllac.: gr. Pfl.-N. *(telephion)*, angebl. Telephos, einem König Kleinasiens gew.; (Zierspark)

Telfaíria, f, Cucurbitac.: n. Charles Telfair (1778–1833), irischer Arzt u. Bot.; (Talerkürbis)

Telíne, f, Fabac.: gr. N. einer ginsterähnl. Pfl.

Téllima, f, Saxifragac.: Anagramm, aus *Mitélla* gebildet

Telópea, f, Proteac.: gr. *telopos* = von fern gesehen

Templetónia, f, Fabac.: n. John Templeton (1766–1825), irisch. Bot.

Tephrocáctus, m, Cactac.: gr. *tephros* = aschgrau, u. Gttgsn. *Cáctus*

Tephrósia, f, Fabac.: v. gr. *tephra* = Asche abgel.; (Surinam-Giftbaum)

Terminália, f, Combretac.: v. lat. *terminus* = Spitze, Ende abgel.; (Almond)

Ternstroémia, f, Theac.: n. Christopher Tärnström (1703–46), schwed. Entdeckungsreisender

Testudinária, f, Dioscoreac.: lat. *testudinis* = Schildkröte, bzw. deren Panzer; (Schildkrötenpflanze, Elefantenfuss)

Tetracéntron, n, Magnoliac.: gr. *tetra* = vier, u. *kentron* = Sporn

Tetraclínis, f, Cupressac.: wie vor u. *kline* = Lager (Blattstellung, Form d. Frucht!); (Gliederzypresse)

177

Tetradýmia, f, Compositae: gr. *tetradymos* = vierfach

Tetragónia, f, Tetragoniac.: gr. *tetra* = vier, u. *gonia* = Ecke, Winkel; (Neuseeländ. Spinat)

Tetragonólobus, m, Fabac.: wie vor = vierwinklig, u. *lobos* = Hülse; (Schotenklee)

Tetrámicra, f, Orchidac.: gr. *tetra* = vier u. *mikros* = klein

Tetranéma, f, Scrophulariac.: wie vor u. *nema* = Faden

Tetraneúris, f, Compositae: wie vor u. *neuron* = Ader, Nerv

Tetrápanax, m, Araliac.: wie vor u. Gttgsn. *Pánax;* (Reispapierbaum)

Tetrastígma, n, Vitac.: wie vor u. *stigma* = Narbe

Teúcrium, n, Labiatae: gr. *teukrion,* wahrsch. n. Teukros, trojan. Held

Thália, f, Marantac.: n. Johann Thal(ius), 1542–83, dtsch. Arzt u. Bot.

Thalíctrum, n, Ranunculac.: gr. *thaliktron* = grünes Kraut; (Wiesenraute)

Thamnocálamus, m, Gramineae: gr. *thamnos* = Strauch, u. Gttgsn. *Cálamus*

Thápsia, f, Umbelliferae: gr. N. eines Doldengewächses; (Purgierdolde)

Théa, f, Theac.: v. *t'e,* chines. N. d. Tee abgel.; (Teestrauch)

Thecophýllum, n, Bromeliac.: gr. *theke* = Behälter, u. *phyllon* = Blatt

Thélasis, f, Orchidac.: v. gr. *thele* = Warze, Zitze abgel.

Thelespérma, n, Compositae: gr. *thele* = Brustwarze, u. *sperma* = Same; (Warzensame)

Thelocáctus, m, Cactac.: wie vor u. Gttgsn. *Cáctus*

Thelýmitra, f, Orchidac.: gr. *thelys* = weibl., u. *mitra* = Haube

Thelýpteris, f, Thelypteridac.: eigentl. gr. N. d. Frauenfarn, später f. d. Sumpffarn übern.

Theobróma, n, Sterculiac.: gr. *theos* = Gott, u. *broma* = Speise, also göttl. od. Götterspeise; (Kakaobaum)

Theophrásta, f, Theophrastac.: dem griech. Philosophen u. Bot. Theophrastos (c. 371–287 v. Chr.) gew.

Thermópsis, f, Fabac.: gr. *thermos* = Lupine, u. *opsis* = Aussehen; (Fuchsbohne)

Thésium, n, Santalac.: gr. u. röm. Pfl.-N. (Leinkraut)

Thespésia, f, Malvac.: gr. *thespesios* = göttlich, herrlich

Thevétia, f, Apocynac.: n. André Thévet (1502–90 od. 92), franz. Geistl. u. Südamerikareisender; (Schellenbaum, Gelber Oleander)

Thibaúdia, f, Ericac.: n. Thibaud de Chauvalon (1725–88), franz. Bot.

Thladiántha, f. Cucurbitac.: gr. *thladias* = d. Gequetschte, od. Eunuch, u. *anthos* = Blüte; (Quetschgurke)

Thláspi, f, Cruciferae: gr. N. einer Art Kresse (Pfennigkraut)

Thomásia, f, Sterculiac.: den Gebrüdern Peter u. Abraham Thomas, schweiz. Pflanzensammler (Anf. 19. Jahrh.) gew.

Thrínax, f, Palmae: gr. *thrinax* Dreizack; (Schilfpalme)

Thrixanthocéreus, m, Cactac.: gr. *thrix* = Haar, *anthos* = Blüte, u. Gttgsn. *Céreus*

Thrixspérmum, n, Orchidac.: wie vor u. *sperma* = Samen (mit behaarten Samen)

Thryállis, f, Malpighiac.: ursprüngl. gr. N. einer anderen, nicht verwandten Pfl.

Thúja, f, Cupressac.: gr. *thyia,*
od. *thuia,* N. einer Art
Wacholder, nunmehr f. d
Lebensbaum übern.

Thujópsis, f, Cupressac.:
Gttgsn. *Thúja,* u. *opsis* = Aussehen; (Hiba)

Thunbérgia, f, Thunbergiac.: n.
Carl Peter (Pehr) Thunberg
(1743–1828), schwed. Arzt,
Bot. u. Reisender

Thúnia, f, Orchidac.: wahrsch.
n. Franz A. Graf v. Thun u.
Hohenstein (1786–1873),
österr. Staatsmann u. Förd. d.
Wiss.

Thymelaéa, f, Thymelaeac.: gr.
thymelaia = eigentl. N. f. einen Strauch mit abführenden
Früchten; (Purgierstrauch)

Thýmus, m, Labiatae: gr. N. d.
Thymians u. verwandten Arten

Thyrsacánthus, m, Acanthac.:
gr. *thyrsus* = Stab, Stengel, u.
Gttgsn. *Acánthus;* (Strauß-
klaue)

Thysanótus, m, Liliac.: gr.
thysanotos = gefranst.

Tiarélla, f, Saxifragac.: Diminutiv zum lat. *tiara* = kleine
Tiara, kl. Turban; (Schaum-
blüte)

Tibouchína, f, Melastomatac.:
Pfl.-N. in Guayana, Süd-
amerika

Tigrídia, f, Iridac.: lat. *tigris* =
Tiger; (Tigerblume)

Tília, f, Tiliac.: alter röm. N. d.
Linde

Tillaéa, f, Crassulac.: n. Michelangelo Tilli (1653–1740), ital.
Bot.

Tillándsia, f, Bromeliac.: n.
Elias Tillands (Til-Landz),
1640–93, schwed. Arzt u. Bot.,
in Finnland; (Luftnelke)

Tinántia, f, Commelinac.: n.

François A. Tinant (1803–53
od. 58), luxemburg. Dendrologe

Tipuána, f, Fabac.: v. südamer.
(brasilian.?) Volksnamen abgeleitet

Tischléria, f, Mesembryanthemac.: n. Georg F. L. Tischler
(1878–1955), dtsch. Bot.

Titanópsis, f, Mesembryanthemac.: gr. *titanos* = Kalk, u. *opsis* = Aussehen, auf die
verkalkt-scheinenden Blätter
bezogen

Tithónia, f, Compositae: Titho-
nos, in d. griech. Mythol. Ge-
liebter der Aurora, gewidmet

Tithýmalus, m, Euphorbiac.: gr.
tithymalon, alter N. einer
Wolfsmilch

Tocóca, f, Melastomatac.:
Volksname in Guayana, Südamerika

Tódea, f, Osmundac.: n. Heinrich Julius Tode (1733–97),
dtsch. Bot.

Tofiéldia, f, Liliac.: n. Thomas
Tofield (1730–79), engl. Bot.;
(Liliensimse)

Tolmiéa, f, Saxifragac.: n. William Fraser Tolmie (1812–86),
schott.-kanad. Arzt u. Naturforscher; (Tolmie)

Tólpis, f, Compositae: Ableitung unklar; (Bartpippau)

Toóna, f, Meliac.: v. ind. N. d.
Surenbaums übern.

Tordýlium, n, Umbelliferae: gr.
N. einer (nicht identischen)
Doldenpflanze; (Zirmet)

Torénia, f, Scrophulariac.: n.
Olof Toren (1718–53) schwed.
Geistl. u. Asienreisender

Tórilis, f, Umbelliferae: Ableitung unbekannt; (Kletten-
kerbel)

Torreýa, f, Taxac.: n. John

179

Torrey (1796–1873), nordamer. Bot.; (Stink- od. Nußeibe)

Touméya, f, Cactac.: n. James William Toumey (1865–1932), nordamer. Bot.

Tournefórtia, f, Boraginac.: n. Joseph Pitton de Tournefort (1656–1708), franz. Arzt u. Bot.

Tourrétia, f, Bignoniac.: n. M. A. L. Claret de La Tourette (1729–93), franz. Bot.

Továría, f, Liliac.: n. Simón Tovar († 1596), span. Arzt u. Bot.

Townséndia, f, Compositae: n. David Townsend (1787–1858), nordamer. Bot.

Toxicodéndron, n, Anacardiac.: gr. *toxikon* = Gift, u. *dendron* = Baum; (Giftsumach)

Toxicophlaéa, f, Apocynac.: wie vor u. *phloios* = Rinde

Tózzia, f, Scrophulariac.: n. Luca Tozzi (c. 1633–1717), ital. Arzt u. Bot.

Trachélium, n, Campanulac.: gr. *trachelos* = Hals, Genick; (Halskraut)

Trachelospérmum, n, Apocynac.: wie vor u. *sperma* = Same; (Sternjasmin)

Trachycárpus, m, Palmae: gr. *trachys* = rauh, u. *karpos* – Frucht; (Hanfpalme)

Trachyméne, f, Umbelliferae: wie vor u. *meninx* = Membrane; (Rauhdolde)

Trachystémon, m, Boraginac.: wie vor u. *stemon* = Staubfaden; (Rauhling)

Tradescántia, f, Commelinac.: n. John Tradescant (senior, † 1638), engl. Hofgärtner

Trágia, f, Euphorbiac.: n. Hieronymus Bock (latin. Tragus), um 1489–1554, dtsch. Geistl. Arzt u. Bot.

Tragopógon, m, Compositae: gr. *tragos* = Bock, u. *pogon* = Bart; (Bocksbart)

Trágus, m, Gramineae: v. gr. *tragos* = Bock abgel.; (Klettengras)

Trápa, f, Trapac.: anschein. v. lat. *calcitrappa* = Fußangel gekürzt; (Wassernuß)

Trautvettéria, f. Ranunculac.: n. Ernst Rudolf v. Trautvetter (1809–89), russ. Bot. dtsch. Abstammung.

Trevésia, f, Araliac.: n. den Treves di Bonfigli, ital. Adelsfamilie (Padua, 18. Jahrh.) u. Förd. d. Wiss.

Trevirána, f, Gesneriac.: n. Gottfried Reinhold Treviranus (1776– 1837), dtsch. Arzt u. Naturforscher

Trianaéa, f, Hydrocharitac.: n. José Triana (1834–90), span. Bot.

Trías, f, Orchidac.: lat./gr. *trias* = die Dreizahl

Tríbulus, m, Zygophyllac.: gr. *tri* = drei, u. *bolis* = Zacken, auf die Fruchtform bezogen; (Burzeldorn)

Trichília, f, Meliac.: wie vor bzw. v. *tricha* = in drei Teilen

Trichínium, n, Amaranthac.: gr. *trichinos* = haardünn

Trichocaúlon, n, Asclepiadac.: gr. *thrix, trichos* = Haar, u. *kaulos* = Stengel

Trichocéntrum, n, Orchidac.: wie vor u. *kentron* = Sporn

Trichocéreus, m, Cactac.: wie vor u. Gttgsn. *Céreus*

Trichócladus, m, Hamamelidac.: wie vor u. *klados* = Zweig, mit behaarten Zweigen

Trichócyclus, m, Aizoac.: wie vor u. *kyklos* = Scheibe, Kreis

Trichodiadéma, n, Mesembryanthemac.: wie vor u. *dia-dema* = Diadem, Band

Trichoglóttis, f, Orchidac.: wie vor u. *glotta* Zunge

Tricholaéna, f, Gramineae: wie vor u. *chlaina* = Kleid, Umhang

Trichománes, f, Hymenophyllac. (Trichomanac.): wie vor u. *manes* = Becher; (Haarfarn)

Trichóphorum, n, Cyperac.: wie vor u. *phoros* = tragend; (Haargras)

Trichopília, f, Orchidac.: wie vor u. *pilion* = eine Art Filzhut; (Haarhütchen)

Trichosánthes, f, Cucurbitac.: wie vor u. *anthos* = Blüte; (Haarblume, Schlangenhaargurke)

Trichósma, f, Orchidac.: wie vor u. *chosma* = Wall, Damm (Genaust!)

Trichósporum, n, Gesneriac.: wie vor u. *spora* = Spore od. Same

Trichostéma, n, Labiatae: wie vor u. *stemon* = Staubfaden

Trichostígma, f, Phytolaccac.: wie vor u. *stigma* = Narbe

Trichotósia, f, Orchidac.: gr. *trichitos* = haarig

Trichovánda, f, Orchidac. Hybr.: *Trichoglóttis* × *Vánda*

Tricuspidária, f, Elaeocarpac.: gr. *treis, tri* = drei, u. lat. *cuspis* = Spitze

Tricýrtis, f, Liliac.: wie vor u. *kyrtos* = höckerig, bucklig; (Höckerblume, Krötenlilie)

Tridáctyle, f, Orchidac.: wie vor u. *daktylos* = Finger, also dreifingrig

Trídax, f, Compositae: alter griech. N. d. Lattichs

Trientális, f, Primulac.: lat. *trientalis* = vierzöllig = ein Drittel eines Fußes; (Siebenstern)

Trifólium, n, Fabac.: lat. = dreiblättrig; (Klee)

Triglóchin, n, Scheuchzeriac.: lat. *tri* = drei u. gr. *glochis* = Spitze; (Dreizack)

Trigonélla, f, Fabac.: Diminutiv z. lat. *trigonus* = dreieckig; (Bockshornklee)

Trigonídium, n, Orchidac.: ähnl. Vorstehendem

Tríllium, n, Trilliac.: zum lat. *tri* u. gr. *treix* = drei, dreifach gehörig; (Wachslilie)

Trimórpha, f, Compositae: wie vor u. *morphe* = Form, Gestalt

Trínia, f, Umbelliferae: n. Karl Bernhard v. Trinius (1778–1844), dtsch.-russ. Bot.

Triódia, f, Gramineae: gr. *triodos* = dreizähnig; (Dreizahn)

Triólena, f, Melastomatac.: lat./gr. *tri, treix* = drei, u. *olene* = Elle, Arm

Triósteum, n, Caprifoliac.: wie vor u. *osteon* = Knochen; (Fieberwurz)

Tripetaleía, f, Ericac.: wie vor u. *petalon* = Blumenblatt

Triphásia, f, Rutac.: gr. *triphasios* = *dreifach*

Tríplaris, f, Polygonac.: wie vorstehend

Tripleurospérmum, n. Compositae: gr. *tripleuros* = dreiseitig, od. dreirippig, u. *sperma* = Same

Tripogándra, f, Commelinac.: Kombination v. gr. *tri* = drei, *pogon* = Bart u. *andros* = männl. Organe

Trípsacum, n, Gramineae: angebl. v. gr. *tripsis* = reiben, dreschen abgel.; (Sesamgras)

Tripterýgium, n, Celastrac.: gr. *tri* = drei u. *pteryx, pterygos* = Flügel

Trisétum, n, Gramineae: wie

vor u. *saeta* = Borste; (Gold-
hafer)
Tristánia, f, Myrtac. (Leptosper-
mac.): n. Jules Tristan
(1776–1861); franz.
Bot.
Triteleía, f, Alliac.: gr. *tri* = drei
u. *teleios* = vollendet; (Früh-
lingsstern)
Trithrínax, f, Palmae: wie vor u.
Gttgsn. *Thrínax*
Tríticum, n, Gramineae: röm.
N. d. Weizens
Trítoma, n, Liliac.: gr. *trito-
mos* = dreiteilig, od. dreimal
geschnitten
Tritónia, f, Iridac.: Ableitung
kritisch; n. Triton, Meergott d.
griech. Mythol.?
Triumfétta, f, Tiliac.: n. Gio-
vanni Battista Trionfetti (latin.:
Triumfettius), 1658–1708, ital.
Bot.
Trochocárpa, f, Epacridac.: gr.
trochos = Rad, u. *karpos* =
Frucht
Trochodéndron, n, Trochoden-
drac.: wie vor u. *dendron* =
Baum; (Radbaum)
Tróllius, m, Ranunculac.: an-
schein. v. altnord. *troll, trolle* =
Berggeist, Tölpel lateinis.;
(Trollblume)
Tropaéolum, n, Tropaeolac.:
Diminutiv z. lat. *tropaeum* =
Siegeszeichen; (Kapuziner-
kresse)
Tróximon, n, Compositae: gr.
troximos = eßbar; (Ziegen-
zichorie)
Tsúga, f, Pinac.: japan. N. einer
dieser Hemlocks- od. Schier-
lingstannen
Tsusiophýllum, n, Ericac.: v.
tsutsui, japan. N. einer „Art"
Rhododendron abgel., u. *phyl-
lon* = Blatt

Tuberária, f, Cistac.: lat. *tuber,*
auf die knolligen Wurzeln
deutend; (Sandröschen)
Tulbághia, f, Alliac.: n. R. Tul-
bagh (Tulbogh), 1699–1771,
holländ. Gouverneur der Kap-
Provinz, Südafrika
Túlipa, f, Liliac.: wahrsch. v.
türk. od. arab. N. des Turbans
übern.; (Tulpe)
Tumbóa, f, Welwitschiac.: süd-
westafrikan. Volksname
Túnica, f, Caryophyllac.: lat.
tunica = Hülle, Unterkleid;
(Felsennelke)
Túpa, f, Lobeliac.: chilen.
(Mapuche) Volksname
Turbinicárpus, m, Cactac.: lat.
turbo, turbineus = kreiselförmig, u. *karpos* = Frucht
Túrnera, f, Turnerac.:
n. William Turner (1508–68),
engl. Arzt u. Bot.
Turpínia, f, Staphyleac.:
n. Pierre J.-F. Turpin (1775–
1840), franz. Pflanzenmaler
Turráea, f, Meliac.: n. Giorgia
della Turre (1607–88), ital. Bot.
Turrítis, f, Cruciferae: lat.
turris = Turm; (Turmkraut)
Tussilágo, f, Compositae: lat.
tussis = Husten; die Pfl. soll
gegen Husten helfen; (Huflattich)
Twéedia, f, Asclepiadac.: n.
John Tweedie, (1775–1862),
schott. Gärtner, in Argentinien
Tydaéa, f, Gesneriac.: N. d.
griech. Mythol.
Týpha, f, Typhac.: griech. N. d.
Rohr- od. Lieschkolbens
Typhónium, n. Arac.: gr. Pfl.-N.
zweifelhafter Erklärung
Typhonodórum, n. Arac.: viell.
zu *Typhónium,* u. *doron* =
Geschenk

U

Úgni, f, Myrtac.: chilen. N. einer Art Scheinmyrte

Úlex, m, Fabac.: röm. N. d. Stechginsters

Ullúcus, m, Basellac.: v. *ulluco,* dem peruan.-bolivian. Volksnamen abgel.

Ulmária, f, Rosac.: v. *Úlmus* (s. Gttgsn.) abgel.

Úlmus, f, Ulmac.: röm. N. d. Ulme (od. d. Rüsters)

Umbellulária, f, Laurac.: Diminutiv z. lat. *umbella* = Schirm; (Berglorbeer)

Umbilícus, m, Crassulac.: lat. *umbilicus* = Nabel; (Nabelkraut)

Ungnádia, f, Sapindac.: angebl. n. Baron David v. Ungnad, 1576–1582 österr. Gesandter in Kleinasien

Uníola, f, Gramineae: röm. Pfl.-N.; (Plattährengras)

Uráchne, n, Gramineae: gr. *oura* = Schwanz, u. *achne* = Spreu

Uragóga, f, Rubiac.: wahrsch. südamer. Volksname einer Art Brechwurzel

Urbínia, f, Crassulac.: n. einem Manuel Urbina (?)

Urceolína, f, Amaryllidac.: v. lat. *urceolus* = kleiner Krug abgeleitet

Uréna, f, Malvac.: malabar. Volksname

Úrera, f, Urticac.: lat. *ure* = brennen

Urgínea, f, Liliac.: den Beni Urgin, Berberstamm d. heutigen Algeriens gewidmet; (Meerzwiebel)

Uropétalum, n, Liliac.: gr. *oura* = Schwanz, u. *petalon* = Blumenblatt

Urospérmum, n, Composi-

tae: wie vor u. *sperma* = Same

Urostáchys, m, Lycopodiac.: wie vor u. *stachys* = Ähre

Ursínia, f, Compositae: n. Johannes Heinrich Ursinus (1608–67), dtsch. Geistl. u. Autor

Úrtica, f, Urticac.: röm. Pfl.-N., v. lat. *urere* = brennen; (Brennessel)

Utáhia, f, Cactac.: aus dem US-Staat Utah beschrieben

Utriculária, f, Lentibulariac.: Diminutiv z. lat. *uter,* = kleiner Schlauch; (Wasserschlauch)

Uvária, f, Annonac.: lat. *uva* = Traube

Uvulária, f, Liliac.: lat. *uvula* = Gaumenzäpfchen

V

Vaccária, f, Caryophyllac.: lat. *vacca* = Kuh, gutes Futter; (Kuhkraut)

Vaccínium, n, Ericac.: Pfl.-N. griech. Ableitg., nunmehr die Heidel- u. Preißelbeeren bezeichnend

Vaillántia, korrekt s. nächste, wenn auch mutiliert

Valántia, f, Rubiac.: n. Sébastien Vaillant (1669–1722), franz. Arzt u. Bot.

Valeriána, f, Valerianac.: mittelalterl. Pfl.-N., viell. (?) v. *valere* = zu heilen abgel.; (Baldrian)

Valerianélla, f, Valerianac.: Diminutiv zu *Valeriána* (Gttgsn.); (Feldsalat, Rapünzchen)

Valláris, f, Apocynac.: lat. *vallus* = Palisade, od. *vallare* = umgeben (weil in SO-Asien als Zaun genutzt)

Vallisnéria, f, Hydrocharitac.: n. Antonio Vallisniero de Vallisnera (1661–1730), ital. Arzt u. Naturforscher; (Wasserschraube)

Vallóta, f, Amaryllidac.: n. Pierre Vallot (1594–1671), franz. Arzt u. Bot.

Vancouvéria, f, Berberidac.: n. George Vancouver (1758–98), brit. Marineoffizier u. Entdeckungsreisender

Vánda, f, Orchidac.: einem ind. (Hindi) Volksnamen entlehnt

Vandáchnis, Orchidac. Hybr.: *Vánda × Aráchnis*

Vandaenópsis, Orchidac. Hybr.: *Vánda × Phalaenópsis*

Vandenbóschia, f, Hymenophyllac. (Trichomanac.): n. R. Benj. van den Bosch (1810–62), holländ. Bot.

Vandópsis, f, Orchidac.: Gttgsn. *Vánda*, u. *opsis* = Aussehen

Vanguéria, f, Rubiac.: v. einem madagass. Volksnamen abgel.

Vanheérdia, f, Mesembryanthemac.: n. Pit van Heerde, aus Springboek, südafr. Pflanzensammler (Anf. 20. Jahrh.)

Vaniéra, f, Morac.: n. Jacques de Vanière (1664–1739), franz. Geistl. u. Gelehrter

Vanílla, f, Orchidac.: v. span. *vainilla* = Schötchen, kleine Hülse übern. u. d. Vanille angepaßt

Vanzíjlia, f, Mesembryanthemac.: Mrs. Dorothy van Zijl, Gattin d. Südafrikan. Justizpräs. (Anf. 20. Jahrh.) gew.

Vatéria, f, Dipterocarpac.: n. Abraham Vater (1684–1751), dtsch. Arzt u. Bot.; (Ostind. Kopalbaum)

Vatricánia, f, Cactac.: n. L. Vatrican, Leiter d.

Exotengartens von Monaco (20. Jahrh.)

Vauánthes, f, Crassulac.: Buchstabe „V", u. *anthos* = Blüte; (Schriftblume)

Veítchia, f. Palmae: den Inhabern d. Fam. Veitch, engl. Pflanzenzüchtern (19./20. Jahrh.) gewidmet

Vélla, f, Cruciferae: n. einem wahrsch. kelt. N. einer Art Kresse

Vellózia, f, Velloziac.: n. J. M. da Conceicão Vellozo (1742–1811), brasilian. Bot.

Veltheímia, f, Liliac.: n. August Ferdinand Graf v. Veltheim (1741–1801), Förd. d. Wiss.

Venídium, n, Compositae: wohl v. lat. *vena* = Ader, Rippe abgeleitet

Ventenáta, f, Gramineae: n. Etienne-Pierre Ventenat (1757–1808), franz. Bot. u. Bibliothekar; (Grannenhafer)

Verátrum, n. Liliac.: röm N. dieser Lilie; (Germer)

Verbáscum, n. Scrophulariac.: röm. N. d. Königskerze

Verbéna, f, Verbenac.: klass. N. (lat.) für gewisse Pflanzenteile, die bei Zeremonien u. in der Medizin genutzt wurden; (Eisenkraut)

Verbesína, f, Compositae: d. Blattähnlichk. wegen wohl v. *Verbena* abgel.

Vernónia, f, Compositae: n. William Vernon († c. 1711), engl. Pflanzensammler in Nordamerika

Verónica, f, Scrophulariac.: wohl d. Heiligen Veronica (c. 1445–97) gewidmet; (Ehrenpreis)

Veronicástrum, n, Scrophulariac.: Vergröberungsform v. *Verónica*

Verschafféltia, f, Palmae: n. Ambrose Coll. Alex. Verschaffelt (1825–86), belg. Pflanzenzüchter u. Autor

Vesicária, f, Cruciferae: lat. *vesica* = Blase; (Blasenschötchen)

Vibúrnum, n, Caprifoliac.: röm. N. eines Schneeballstrauchs

Vícia, f, Fabac.: röm. N. d. Wicke

Victória, f, Nymphaeac. (Euryalac.): d. engl. Königin Victoria (1819–1901) gew.; („Königl. Wasserlilie")

Vieusseúxia, f, Iridac.: einem schweiz. Arzt Vieusseux (18. Jahrh.) gew.

Vígna, f, Fabac.: n. Domenico Vigna, Bot. in Pisa (Anf. 17. Jahrh.); (Spargel- od. Catjangbohne)

Villarésia, f, Icacinac.: n. Matías Villares, span. Geistl. u. Bot. in Chile (Ende 18. Jahrh.)

Villársia, f, Menyanthac.: n. Dominique Villars (1745–1814), franz. Bot.

Viminária, f, Fabac.: v. lat. *vimen, viminis* = Rute, Flechtwerk abgel.

Vínca, f, Apocynac.: v. *vincapervinca,* röm. N. d. Immergrüns gekürzt

Vincetóxicum, n, Asclepiadac.: lat. *vincere* = überwinden, u. *toxicum* = Gift; (Schwalbenwurz)

Víola, f, Violac.: bereits röm. N. süßduftender doch verschiedener Pflanzen, später auf die Veilchen beschränkt

Virgília, f, Fabac.: dem röm. Dichter Virgil (70–19 v. Chr.) gewidmet

Viscária, f, Caryophyllac.: v. lat. *viscum* = Leim, Vogelleim abgel.; (Pechnelke)

Víscum, n, Loranthac.: *viscum* = Vogelleim, röm. N. d. Mistel

Vísnea, f, Theac.: anschein. n. Giraldo Visne, od. Visme, portug. Kaufmann wohl franz. Abstammung (18. Jahrh.); (Mocanbaum)

Vitaliána, f, Primulac.: angebl. n. Vitaliano Donati (1717–62), ital. Bot., od. einem Antonius Vitalianus (17. Jahrh.) gew.

Vitellária, f, Sapotac.: v. lat. *vitellum* = Eidotter abgel.; (Butterbaum)

Vítex, f, Verbenac.: röm. N. f. d. Keuschbaum

Vítis, f, Vitac.: röm. N. d. Rebe, Weinstock

Vittadínia, f, Compositae: n. Carlo Vittadini (1800–65), ital. Arzt u. Mykologe

Vittária, f, Vittariac.: v. lat. *vitta* = Band abgel.; (Bandfarn)

Voandzeía, f, Fabac.: anschein. Volksname auf Madagascar; (Erderbse)

Volutária, f, Compositae: wohl v. lat. *voluta* = eingerollt abgel.

Vriésia, *Vriésea,* f, Bromeliac.: n. Willem H. de Vriese (c. 1806–62), holländ. Bot.

Vúlpia, f, Gramineae: n. Johann Sam. Vulpius, dtsch. Apotheker u. Bot. (18. Jahrh.); (Fuchsschwingel)

Vuylstekeára, f, Orchidac.: n. Charles Vuylsteke (1844–1927), belg. Orchideenzüchter

W

Wachendórfia, f, Haemodorac.: n. Everardus Jacobus van Wa-

chendorff (1702–58), holländ.
Bot.
Wahlenbérgia, f, Campanulac.:
n. Göran Wahlenberg
(1780–1851), schwed. Bot.
Waítzia, f, Compositae: n. Fr.
Aug. Carl Waitz (1768 od.
74–1848), holländ. Arzt u. Bot.
dtsch. Abstammung
Waldsteínia, f, Rosac.:
n. Franz de Paula Adam
Graf v. Waldstein-Wartenburg
(1759–1823), österr. Bot.
Wallíchia, f, Palmae: n. Nathaniel Wallich (eigentl. Nathan
Wolff), 1786–1854, engl. Arzt
u. Bot. dän. Herkunft
Wárrea, f, Orchidac.: n. Frede-
rick Warre, engl. Pflanzen-
sammler in Südamerika, Anf.
19. Jahrh.
Warscewiczélla, f, Orchidac.: n.
Joseph v. Warsczewicz (od.
Warszewicz), (1812–66), poln.
Gärtner, u. Sammler in Südamerika
Washingtónia, f, Palmae:
George Washington (1732–
99), erster Präs. d. USA gewidmet; (Priesterpalme)
Watsónia, f, Iridac.:
n. Sir William Watson (1715–
87), engl. Arzt u. Bot.
Weberbauerocéreus, m, Cactac.: n. August Weberbauer
(1871–1948), dtsch. Bot. in
Peru, u. Gttgsn. *Céreus*
Weberocéreus, m, Cactac.: n.
F. A. C. Weber (1830–1903),
franz. Arzt u. Kakteenkenner,
u. Gttgsn. *Céreus*
Wedélia, f, Compositae: n.
Georg Wolfgang Wedel
(1645–1721), dtsch. Bot.
Weígela, f, Caprifoliac.: n. Christian Ehrenfried v. Weigel
(1748–1831), dtsch. Naturwiss.
Weingaertnéria, f, Gramineae:

angebl. n. einem Erfurter
Lehrer Weingärtner, Anf.
19. Jahrh.
Weingártia, f, Cactac.: n. Wil-
helm Weingart (1856–1936),
dtsch. Kakteenkenner
Weinmánnia, f, Cunoniac.: n.
Johann Wilhelm Weinmann,
dtsch. Apotheker u. Autor,
Mitte 18. Jahrh.
Weldénia, f, Commelinac.: n.
Ludwig v. Welden
(1780–1853), österr. Offizier u.
Alpenforscher
Wellingtónia, f, Taxodiac.: d.
Herzog v. Wellington
(1769–1852) gew.
Welwítschia, f, Welwitschiac.:
n. Friedrich Welwitsch
(1806–72), österr.-portug. Arzt
u. Bot.; (Welwitschie)
Werckleocéreus, m, Cactac.:
n. C. Werckle (1866–1924),
einem Pflanzensammler
in Z-Amerika, u. Gttgsn.
Céreus
Westríngia, f, Labiatae: n.
Johan Peter Westring (1753–
1833), schwed. Arzt u.
Bot.
Whípplea, f, Saxifragac.: n.
Amiel W. Whipple (1812–62),
nordamer. Offizier u. Pflan-
zensammler
Whitfíeldia, f, Acanthac.: n.
Thomas Whitfield, engl.
Pflanzensammler in West-
afrika (Mitte 19. Jahrh.)
Widdringtónia, f, Cupressac.: n.
Samuel Edward Widdrington
(1787–1856), engl. Marineoffi-
zier u. Sammler
Wigándia, f, Hydrophyllac.: n.
Johannes Wigand (1523–87)
einem Bischof v. Pommern u.
botan. Autor; nicht n. einem
Hamburger Arzt J. H. Wi-
gand!

Wigginsia, f, Cactac.: n. Ira L. Wiggins (geb. 1899), nordamer. Bot.

Wikstroémia, f, Thymelaeac.: n. Johan Em. Wikström (1789–1856), schwed. Bot.

Wilcóxia, f, Cactac.: n. Timothy E. Wilcox, nordamer. General u. Pflanzensammler (Ende 19. Jahrh.)

Willemétia, f, Compositae: n. Rémy Willemet (c. 1725–1807), franz. Bot.

Wilmáttea, f, Cactac.: n. Wilmatte P. Cockerell, nordamer. Pflanzensammlerin (19./20. Jahrh.)

Wilsonára, f, Orchidac.: n. Alfred Gurney Wilson (c. 1878–1957), engl. Orchideenzüchter

Wíntera, f, Winterac.: n. einem Kapitän William Winter, früher Entdeckungsreisender

Wintéria, f, Cactac.: s. *Hildewíntera*

Wistéria, f, Fabac.: n. Caspar Wister (Wistar), 1761–1818, nordamer. Anatom, u. Gartenbesitzer; (Wisterie, Glyzine)

Witsénia, f, Iridac.: n. Nichol. Witsen, holländ. Magistrat u. Förd. d. Wiss. (18. Jahrh.)

Wíttia, f, Cactac.: n. N. H. Witt (Anf. 20. Jahrh.), Kakteensammler in d. Peruan.-brasilian. Region

Wittmáckia, f, Bromeliac.: n. Max Carl Ludwig Wittmack (1839–1929), dtsch. Bot. u. Hsgb. d. „Gartenflora"

Wólffia, f, Lemnac.: wahrsch. n. Joh. Fr. Wolff (1778–1806), dtsch. Arzt u. Bot.; (Zwergwasserlinse)

Woódsia, f, Woodsiac.: n. Joseph Woods (1776–1864), engl. Architekt u. botan. Autor; (Wimperfarn)

Woodwárdia, f, Blechnac.: n. Thomas Jenkinson Woodward (1745–1820), engl. Bot.; (Kettenfarn)

Wulfénia, f, Scrophulariac.: n. Franz Xaver Freih. v. Wulfen (1728–1805), österr. Geistl. u. Bot.; (Kuhtritt)

Wúrmbea, f, Liliac.: n. F. van Wurmb, holländ. Kaufmann in Indonesien u. Förd. d. Naturwiss., 18. Jahrh.

Wyéthia, f, Compositae: n. Nathaniel J. Wyeth (1802–56), nordamer. Bot.

X

Xantheránthemum, n, Acanthac.: gr. *xanthos* = gelb, u. Gttgsn. *Eránthemum*

Xanthísma, f, Compositae: v. gr. *xanthisma* = gelb(lich), gelbfärben abgel.

Xánthium, n, Compositae: gr. *xanthos* = gelb u. gr. N. d. Spitzklette

Xanthóceras, f, Sapindac.: wie vor u. *keras* = Horn; (Gelbhorn)

Xanthorhíza, f, Ranunculac.: wie vor u. *rhiza* = Wurzel; (Gelbwurz)

Xanthorrhóea, f, Xanthorrhoeac.: wie vor u. *rhoë, rhoie* = Fluß, fließen; (Grasbaum, Harzaffodil)

Xanthosóma, n, Arac.: wie vor u. *soma* = Leib, Körper; (Goldnarbe)

Xanthóxylon, *Xanthóxylum,* n, Rutac.: s. *Zanthóxylum*

Xeránthemum, n. Compositae: gr. *xeros* = trocken, u. *anthemon* = Blume; (Spreu-, Trocken- od. Papierblume)

Xerophýllum, n, Liliac.: wie vor

u. *phyllon* = Blatt; Truthahn-
bart

Xiphídium, n, Haemodorac.: gr.
xiphidion = kurzes Schwert

Xíphium, n, Iridac.: gr. *xiphos* =
Schwert; (Schwertlilie)

Xolísma, f, Ericac.: Ableitung
ungeklärt

Xylóbium, n, Orchidac.: gr.
xylon = Holz, u. *bios* = Leben
bzw. auf Holz (epiphytisch)
lebend

Xylophýlla, f, Euphorbiac.: wie
vor u. *phyllon* = Blatt; der
blattähnl. Zweige wegen

Xylópia, f, Annonac.: wie vor u.
pikros = bitter; (Mohren-
pfeffer)

Xylopleúrum, n, Onagrac.: wie
vor u. *pleuron* = Rippe, mit
rippigen u. verholzten Kapseln

Xylósma, f, Flacourtiac.: wie
vor u. *osme* = Duft, od.: mit
aromatischem Holz

Xylósteum, *Xylósteon,* n, Caprifoliac.: wie vor u. *osteon* =
Knochen

Xýris, n, Xyridac.: v. gr. N.
einer gewürzigen, schwertli-
lienähnl. Pfl. abgel.

Y

Yamadára, f, Orchidac.: anschein. n. M. Yamada,
amerikan.-japan. Orchideen-
kenner, auf Hawaii (20. Jahrh.)

Yervamóra, f, cf. Amaranthac.:
kanar. Volksname (span. *hier-
ba mora* = schwarzes Kraut)

Ypsílopus, f, Orchidac.: gr.
ypsilon = Buchstabe „Y", u.
pous = Fuß

Yúcca, f, Agavac.: fälschl. bezo-
gener karib. Name, ursprüngl.
u. z. T. noch immer für *Mani-
hot* verw.; (Palmlilie)

Z

Zacíntha, f, Compositae: v. d.
ionisch. Insel Zakynthos
(Griechenland) beschrie-
ben

Zahlbrúcknera, f, Saxifragac.:
n. Johann Baptist Zahlbruck-
ner (1782–1851), österr. Bot.;
(Glimmersteinbrech)

Zalácca, f, Palmae: s. *Salácca*

Zaluziánskya, f, Scrophulariac.:
n. Adam Zaluziansky v. Zalu-
zian (1558–1613), wahrsch.
tschech. Arzt u. Bot.; (Sternbalsam)

Zámia, f, Zamiac.: v. gr.
zamiae = Verlust, Schaden
abgel.

Zamiocúlcas, f, Arac.: Gttgsn.
Zámia u. *Culcásia*

Zannichéllia, f, Zannichelliac.:
n. G. Zannichelli (1662–1729),
venezian. Apotheker u. Bot.;
(Teichfaden)

Zanónia, f, Cucurbitac.: n. Gia-
como Zanoni (1615–82), ital.
Bot.

Zantedéschia, f, Arac.: n.
Francesco Zantedeschi
(c. 1773–1846), ital. Naturforscher; (Zimmerkalla)

Zanthorhíza, f, Ranunculac.: s.
Xanthorhíza

Zanthóxylum, n, Rutac.: gr.
xanthos = gelb, u. *xylon* =
Holz; (Gelbholz, u. somit
richtiger unter „X")

Zauschnéria, f, Onagrac.: n. Johann G. Zauschner (1737–99),
böhm. Gelehrter; (Kolibri-
trompete)

Zéa, f, Gramineae: ursprüngl.
griech. N. einer Getreideart;
(Mais)

Zebrína, f, Commelinac.: v.
portug. *zebra* abgel.

Zehnéria, f, Cucurbitac.: n. Joseph Zehner, österr. Pflanzenmaler (Anf. 19. Jahrh.)

Zehntnerélla, f, Cactac.: n. Leo Zehntner, Naturforscher in Brasilien (Anf. 20. Jahrh.), u. Diminutiv

Zélkova, f, Ulmac.: n. dem kaukas. Vulgärnamen einer Art d. Gattung

Zenóbia, f, Ericac.: wohl Zenobia, einer Königin v. Palmyra (3. Jahrh.) gewidmet

Zephyránthes, f, Amaryllidac.: gr. *zephyros* = West- od. Frühlingswind, u. *anthos* = Blüte; (Zephyrblume)

Zeuktophýllum, n, Mesembryanthemac.: gr. *zeuktos* = eng verbunden, u. *phyllon* = Blatt

Zeuxíne, f, Orchidac.: gr. *zeuxis* = Überbrückung

Zigadénus, m, Liliac.: gr. *zygos* = Joch, u. *aden* = Drüse (paarweise!)

Zíngiber, n, Zingiberac.: v. *singivera,* ind. Volksnamen abgel.; (Ingwer)

Zínnia, f, Compositae: n. Johann Gottfried Zinn (1727–59), dtsch. Arzt u. Bot.

Zizánia, f, Gramineae: gr. *ziza-*

nion = N. einer wilden Getreidepfl.; (Wasserreis)

Ziziphus, f, Rhamnac: v. gr. *zizyphon* = N. dieser stachl. Pfl. abgel. doch fast sicher arab. Ursprungs; (Judendorn)

Zostéra, f, Zosterac.: gr. *zoster* = Gürtel, der Blattform wegen; (Seegras)

Zoýsia, f, Gramineae: n. Karl v. Zoys (1756–1800), österr. Bot.

Zygadénus, m, Liliac.: s. *Zigadénus*

Zygobatemánnia, Orchidac. Hybr.: *Zygopétalum* × *Batemánnia*

Zygocáctus, m, Cactac.: gr. *zygon* = Joch, u. Gttgsn. *Cáctus;* (Gliederkaktus)

Zygocáste, Orchidac. Hybr.: *Zygopétalum* × *Lycáste*

Zygocólax, Orchidac. Hybr.: *Zygopétalum* × *Cólax*

Zygopétalum, n, Orchidac.: gr. *zygon* = Joch, u. *petalon* = Kronblatt

Zygophýllum, n, Zygophyllac.: wie vor u. *phyllon* = Blatt; (Doppel- od. Jochblatt)

Zygosépalum, n, Orchidac.: wie vor u. *sepalum* = Kelchblatt

Zýzyphus, f, Rhamnac.: s. *Zíziphus*

Verzeichnis der Artnamen

Das Artnamenverzeichnis kann nur eine Auswahl aus der Gesamtheit aller vorkommenden Artnamen enthalten. Ein möglichst vollständiges Verzeichnis aller Artnamen würde weit über den Rahmen dieses Taschenwörterbuchs hinausgehen.

Es sind im wesentlichen nur Artnamen aufgenommen worden, mit denen Farn- und Blütenpflanzen benannt wurden. Dabei wurde besonderer Wert darauf gelegt, die Artnamen solcher Pflanzen zu erfassen, die sich in gärtnerischer, forstlicher oder landwirtschaftlicher Kultur befinden. Es mußte hier jedoch auf eine überaus große Zahl von Artnamen verzichtet werden, die erst in unserer Zeit, etwa seit dem Ende des 19. Jahrhunderts, hinzugekommen sind und die vorwiegend auch nur auf eine einzige Art zutreffen. Es handelt sich dabei um Namen, die in der Folge taxonomischer Forschung und monographischer Bearbeitung einzelner Familien, wie der *Cactáceae* oder der *Mesembryanthemáceae* (= *Aizoáceae* oder *Ficoidáceae*) zur Anwendung kamen oder um Namen, die den vielen neuentdeckten Arten einzelner Gattungen, wie *Rhododéndron* oder *Prímula,* gegeben wurden.

Die Artnamen sind in allen genannten Gruppen sehr häufig von geographischen Namen aus ihren Heimatgebieten entnommen, oder sie sind von Personennamen abgeleitet. Die Namen geographischer Herkunft sagen uns sehr häufig gar nichts, denn sie sind oft völlig unbekannt und kaum in den Namenverzeichnissen großer Atlanten oder in großen Lexika zu finden, ebenso wenig sagen uns in den meisten Fällen die Namen, die von Personennamen abgeleitet wurden und mit denen der Autor seinen Lehrer, Freunde, Helfer usw. ehren wollte.

Aber auch die Zahl der sprachlichen Neubildungen, insbesondere Zusammensetzungen aus mehreren Wörtern der lateinischen oder der griechischen Sprache, ist groß, wobei häufig recht merkwürdige Wortzusammensetzungen festzustellen sind, die nur mit den nicht ausreichenden Kenntnissen der modernen Autoren in den alten Sprachen erklärt werden können.

Ob Artnamen von geographischen Namen oder von Personennamen abgeleitet sind, läßt sich gewöhnlich an ihren Endsilben oder wenigstens Endungen erkennen. Im Falle der geographischen Herkunft können diese lauten: – ensis, -ense, -iensis, -iense, seltener auch -anus, -ana, -anum. Artnamen, die von Personennamen abgeleitet wurden, enden auf -i, -ii, – iae, -iani, -ianum, -iorum.

Verzeichnis der Artnamen

An einigen Beispielen sollen diese Artbenennungen erläutert werden:

	Artnamen
geographischer Herkunft	von Personennamen abgeleitet

Familie *Cactáceae*
    coahuilensis   *backebergii*
    cochabambénsis   *dybówskii*
    famatiménsis   *eichlámii*
    huanacénsis   *engelmannii*
    mezcalénsis   *jajoiána*
    queretaroénsis   *ritteri*

Familie *Mesembryanthemáceae*
    beaufortensis   *bolussii*
    griquensis   *erniána*
    karasmontána   *muíri*
    swartbergensis   *nelii*
    urikosénsis   *ruschiórum*

Gattung *Rhododéndron*
    litiénse   *amésiae*
    pemakoénse   *hodgsónii*
    saluenénsis   *hunnewelliánum*
    taronénse   *ririéi*
    yakusimanum   *trailliánum*

Gattung *Prímula*
    lichiangénsis   *beesiánum*
    palinúri   *littoniána*
    tsarongénsis   *poissonii*
    yargongénsis   *sinolísteri*

Gattung *Rósa*
    burgundensis   *afzeliana*
    californica   *roxburghii*
    omeiensis   *vilmorinii*

Ein „-" **hinter** einer Silbe oder einem Wort bedeutet, daß dieses in Zusammensetzungen als Vorsilbe oder als erstes Wort vorkommt; ein „-" **vor** einem Wort heißt, daß es in Zusammensetzungen als Endwort gebraucht wird.

In der folgenden Liste sind **Eigenschaftswörter,** die im männlichen Geschlecht auf „-us", im weiblichen auf „-a" und im sächlichen Geschlecht auf „-um" enden, stets nur in der männlichen Form angegeben. Bei Eigenschaftswörtern mit anderer Endung sind meist alle drei Geschlechter angegeben bis auf diejenigen, die in allen Geschlechtern gleich lauten.

A

a-, ab-, abs- (*an-* vor a, e, i, o, u, *ar-* vor r) als Vorsilbe meist von verneinender Bedeutung, also „un-, ohne, gegen" usw., selten von verstärkender Bedeutung, also „sehr"
abbreviátus, abgekürzt
abchásicus, aus Abchasien (Region des NW. Kaukasus) stammend
abelmóschus, s. Gttgsn.
abérrans, abweichend
abies, s. Gattungsname
abiétinus, tannenartig
abnórmis, ungewöhnlich, vom Normalen abweichend
abortívus, fehlgeschlagen, verkümmert, keine Früchte tragend
abrotanifólius, Eberraute (*Artemisia abrótanum*) -blättrig
abrotanoídes, der Eberraute (*Artemísia abrótanum*) ähnlich
abrótanum, gr. Name der Eberraute
abrupte-, abrúptus, abgebrochen-, abgebrochen
abschásicus, aus Abchasien (Kaukasus) stammend
abscíssus, abgebissen
absinthioídes, dem Wermut (*Artemísia absínthium*) ähnlich
absínthium, gr., Pfl.n., Wermut
absolútus, vollständig, losgelöst
abstémius, enthaltsam, nüchtern
abutiloídes, der Sammetmalve (*Abútilon*) ähnlich
abyssínicus, aus Abessinien (= Äthiopien) stammend
acanthi-, acantho-; acanthos, acanthus in Zusammensetzungen: stachel-
acánthus, s. Gttgsn.
acanthifólius, bärenklau- (*Acánthus*) blättrig

acánthium, Stachel, Dorn
acanthocárpus, stachelfrüchtig
acanthócladus, stachelästig
acanthócomus, stachelschopfig
acanthócrater, wie oben, u. krater = Krug
acanthoídes, acanthodes, dem Bärenklau (*Acánthus*) ähnlich
acanthophlégmus, stachelnetzig
acanthophýllus, stachelblättrig
acanthópodus, stachelstielig
acanthóstachys, stachelährig
acanthostéphus, stachelumkränzt
acanthúrus, mit schweifartigen Stacheln versehen
acárifer, acarífera, acaríferum, acaríferus, milbentragend
acaūlis, stengellos, ungestielt
accédens, accessórius, hinzukommend, hinzugekommen
accomodátus, angepaßt
accréscens, fortwachsend
accúmbens, anliegend
acéphalus, kopflos
ácer, ácris, ácre; acer-, acri-, scharf, beißend; siehe auch Gattungsname
acérbus, unreif
acerifólius, ahorn- (*Acer*) blättrig
aceroídes, ahorn- (*Acer*) ähnlich
acerósus, steif, spreuartig
acérrimus, sehr scharf oder beißend
acervátus, gehäuft
acetabulifórmis, napfförmig
acetoséllus, säuerlich
acetósus, sauer
-áceus, in Zusammensetzungen = artig
achátinus, achatfarbig

193

achilleifólius, garben-
(*Achilléa*) blättrig
achilleoídes, garben- (*Achilléa*)
ähnlich
achimenoídes, *Achimenes*-
ähnlich
achlamýdeus, ohne Blütenhülle
áchras, wilder Birnbaum
achróus, farblos
achyranthoídes, spreublumen-
(*Achyránthes*) ähnlich
ac, aci-, in Zusammensetzungen = spitz, spitzig
aciánthus, spitzblütig
aciculáris, aciculátus, spitz-
nadlig, nadelspitzig
acídulus, säuerlich
ácidus, sauer
ácifer, nadeltragend
acifólius, spitz- od. nadelblättrig
acináceus, säbelförmig
acinacifólius, säbelblättrig
acinacifórmis, säbelförmig
ácinos, wohlriechendes Kraut
acinósos, lat.: kleine Beere
aciphýllus, nadelblättrig
ackermánnii, n. einem Georg
Ackermann, der 1834 den
Kaktus in Mexico sammelte.
acladódes, zweiglos
acmenótrichus, spitzhaarig
acmodóntus, spitzzähnig
acmophýllus, spitzblättrig
acocanthéra = acokanthera =
s. Gttgsn.
aconitifólius-, eisenhut-
(*Aconítum*) blättrig
acoroídes, kalmus- (*Acorus*)
ähnlich
acránthus, mit zugespitzten
Blüten
ácris, áre s. ácer
acro-, in Zusammensetzun-
gen = spitz-, spitzig
acróbotrys, spitztraubig
acrocárpus, spitzfrüchtig

acropétalus,spitzkronblättrig
acrostáchys, spitzährig
acrostichoídes, mangrovefarn-
(*Acróstichum*) ähnlich
acrótrichus, spitzhaarig
actinacánthus, strahlenstache-
lig
actinomórphus, strahlenförmig
actinophýllus, strahlenblättrig
acuátus, scharfspitzig
aculeatíssimus, sehr oder äußerst stachelig
aculeátus, stachelig
acuminátus, zugespitzt
acut-, acuti-, in Zusammensetzungen: spitz-, scharf-
acutángulus, spitz- od. scharfkantig
acutátus, gespitzt, geschärft
acutifidus, spitz- od. schmal-
spaltig
acutiflórus, spitzblütig
acutifólius, spitzblättrig
acútifrons, spitzlaubig
acutílobus, spitzlappig
acutipétalus, spitzkronblättrig
acutíssimus, sehr spitz
acútus, spitz
adámii, n. J. C. Adam, franz.
Kakteenzüchter (Anf.
19. Jahrh.)
adansónii, n. Adanson
(s. Gttgsn.)
adaúctus, vermehrt
adélphicus, brüderlich, verbrü-
dert
aden-, adeno-; adénus,
drüsen-, drüsig
adenánthus, drüsenblütig
adenócalyx, kelchdrüsig
adenocárpus, drüsenfrüchtig
adenocaúlis, adenocaúlon,
drüsenstielig
adenódes, drüsenknotig
adenógynum, drüsengrifflig
adenóphorus, drüsentragend
adenophýllus, drüsenblättrig
adenópodum, drüsenfüßig

adenópteris, drüsenflüglig
adenorrháchis, drüsenspinde-
lig, drüsenrippig
adenótrichus, adenothrix, drü-
senhaarig
adfínis, verwandt
adhaērens, anhaftend
adiantifólius, frauenhaarfarn-
(*Adiántum*) blättrig
adiantifórmis, Frauenhaar
(*Adiantum*) -förmig, auf die
Blätter Bezug nehmend
adiantoídes, frauenhaarfarn
(*Adiántum*) ähnlich
adiantum-nígrum, schwarz
(stengliges) Frauenhaarfarn
adipósus, fettig, schleimig
adlígans, anhaftend
admirábilis, bewundernswert
adnáscens, anwachsend
adnátus, angewachsen
adnéxus, angeheftet
adólphi, nach Adolf Engler
(1844–1930), dtscher Bot.; s.
auch *engleri*
adonifólius, *Adonis* (= Gttgsn.)
-blättrig
adornátus, geschmückt
adpréssus, angedrückt
adscéndens, ansteigend, aufsteigend
adspérsus, bestreut, bespren-
kelt
adstríngens, zusammenziehend
adsúrgens, aufgerichtet
adulterínus, falsch, verfälscht
adúltus, erwachsen, herangewachsen
adúncus, gebogen, hakigge-
krümmt
adústus, brandig, dunkelbraun
adventítius, fremd, von außen
kommend
advénus, fremd, neu herge-
kommen
adversális, gegenüberstehend
adversárius, entgegenstehend

advérsus, zugewendet
aechmophýllum, gr. *aichme* =
Spitze, u. *phyllon* = Blatt: mit
gespitzten (od. scharfen) Blättern
aegirophýllus, meergrünblätt-
rig
aegrótans, wunderlich, krankhaft
aegyptíacus, aegýpticus, ägyp-
tisch, aus Ägypten
aēmulans, ähnelnd
aēemulus, ähnlich
aéneus, kupferfarbig
aequális, gleich, gleichmäßig
aēquans, gleich, gleichgroß
aequatoriális, vom Äquator
stammend
aequi-, in Zusammensetzungen
gleich, gleichmäßig
aequidístans, gleichmäßig entfernt
aequilaterális, gleichseitig
aequílobus, gleichlappig
aequinoctiális, a. d. Tropen
stammend
aequipétalus, gleichkronblättrig
aequitríloba, „gleichdreilappig"
aequóreus, see- od. meerbewohnend
aéreus, aérius, in der Luft befindlich, schwebend
aerugíneus, aeruginósus,
grünspanfarbig
aesculifólius, roßkastanien-
(*Aesculus*) blättrig
aestivális, aestívus, sommerlich, im Sommer blühend
oder wachsend
aēstuans, brandend,
wankend
aētheo-, in Zusammen-
setzungen = brandschwarz
aethiópicus, aus Äthiopien
stammend, od. s. *aethiops*
aethiops, wahrsch. v. gr.
aithiops = Mohr, d. h. von
dunklem Aussehen

aethiópum, der Äthiopier (Mehrzahl)
aetnénsiş, aethnensis, vom Vulkan Atna (Sizilien) stammend
áfer, afrikanisch
affínis, affíne, verwandt
affíxus, angeheftet
afghanicus, afghanistanicus, afghanisch, aus Afghanistan (Vorderasien) stammend
africánus, áfra, áfrum, aus Afrika stammend, afrikanisch
afzélii, afzeliana, s. *Afzelia* (= Gttgsn.)
ágamus, geschlechtslos, unfruchtbar
aganóphilus, die Schönheit liebend
agapétus, liebenswert
agárdhii, n. J. G. Agardh (1813–1901), schwed. Bot.
agástachys, starkährig
agathólepis, schönschulferig, schönschuppig
agathophýllus, schönblättrig
agavifólium, *Agave-* (s. Gttgsn.) blättrig
agavoídes, *Agave-*ähnlich
ageratifólius, leberbalsam- (*Ageratum*) blättrig
ageratoídes, leberbalsam- (*Agératum*) ähnlich
agglomerátus, zusammengehäuft, zusammengedrängt
agglutinátus, angeklebt, angeleimt
aggregátus, gehäuft
agnátus, verwandt
agnínus, lammartig
ágnus-cástus, keusch, Keuschlamm
agrárius, agréstis, Äcker bewohnend
agrifólius, spitz- od. grasblättrig
agrimonioídes, odermennig- (*Agrimónia*) ähnlich

agriostáphis, *staphis agria,* gr. Pflanzenname
agríppinus, wahrsch. n. Agrippina = röm. Frauenname
agróphilus, feld- od.ackerliebend
agrostídeus, straußgras (*Agróstis*) ähnlich
agrostifólius, straußgras- (*Agrostis*) blättrig
agyrátus, unberingt
ailanthifólius, götterbaum- (*Ailánthus*) blättrig
aitchisónii, n. James Edw. Tierney Aitchison (1836–98), brit. Arzt und Bot.
aizoídes, *Aizoon-*ähnlich
aizóon, immer lebendig, immer grünend (s. Gttgsn.)
ajácis, des Ajax, zugl. gr. Pfl.n.
ajanénsis, aus Ajan (Ostsibirien) stammend
ajugaefólius, günsel- (*Ajúga*) blättrig
akebioídes, *Akebia-*ähnlich
akiténsis, Akita = Präfektur in N. Honshu, Japan
alabaménsis, aus Alabama (südl. USA) stammend
alacriportánus, aus Porto Alegre (Brasilien) stammend
alamosánum, von Alamos, Sonora, NW-Mexico
aláris, achselständig
alatérnus röm. N. für *Rhámnus alatérnus*
alátus, geflügelt
alb-, albi-, albo-, in Zusammensetzungen = weiß-
albanénsis, aus Albany (USA) od. St. Albans (England) stammend
albánus, albánicus, aus Albanien, od. vom Albanergebirge (Italien) stammend
albátus, weiß gekleidet
albéllus, álbens, weißlich, matt weiß

albénsis, aus dem Elbegebiet stammend

albértii, Prinz Albert (1819–61) gewidmet, od. n. Albert v. Regel (s. *Regelia*) benannt

albéscens, weiß werdend

álbicans, weißlich

albicaūlis, weißstengelig

albicóma, weißhaarig

albicostátus, weißrippig

álbidi-, álbido-, in Zusammensetzungen weißlich-

albídulus, álbidus, weißlich

albiflórus, álbiflos, weißblütig

álbifrons, weißlaubig

albiguttátus, weiß betropft

albilanátus, weißwollig

albilineátus, weißgestrichelt

albimaculátus, weißgefleckt

albimarginátus, albomarginatus, weiß gerandet

albinervus, weißadrig

albinótus, weißgezeichnet

albi-róseus, weißrosa

albipunctátus, weiß punktiert

albisétus, weißborstig

albispáthus, weißhüllig

albispinus, weißstachelig

albíssima, sehr oder rein weiß

albivaginátus, weißscheidig

albivenósus, weißadrig

albocínctus, weißgegürtelt

albonítens, weißglänzend

albopícta, weißbemalt

albopilósum, weißbehaart

alboróseum, hellrosa, od. rosenrot

albo-sinénsis, weißlich, aus China

albospíca, weiß-ährig

albo-violáceum, hellviolet

albréchtii, n. M. Albrecht (19. Jahrh.), dtsch.-russ. Marinearzt u. Pflanzensammler, in Ostasien

álbulus, weißlich

albuminósus, eiweißhaltig

álbus, weiß

álcea, gr. N. einer Malvenart; s. auch Gttgsn.

alcicórnis, elchgeweihartig

alcockiána, Sir Rutherford Alcock (1809–97), brit. Diplomat, gewidmet

aldenhaménsis, in Aldenham (bei London) gezüchtet

aléppicus, aus Aleppo (Syrien) stammend; s. *halepensis*

aleurítes, mehlartig, mehlig

aleúticus, von den Aleuten, Inselgruppe im SW Alaskas, (Nordamerika) stammend

alexánderi, Edw. Johnston Alexander (geb. 1901), nordamerikan. Bot.

alexándrae, n. d. engl. Königin Alexandra (1844–1925)

alexandrínus, aus Alexandria (Ägypten) stammend

alexetérius, schützend, giftabtreibend

algeriénsis, aus Algier od. Algerien (Nordafrika) stammend

álgidus, kalt, Kälte ertragend

alicástrum, Spelt- od. Kraftmehl

alíciae, n. d. Prinzessin Alice Maud Mary v. Hessen (1843–78), Förderin d. Gartenkunst

aliénus, fremd, ausländisch

alismatifólius, froschlöffel- (*Alísma*) blättrig

alismoídes, froschlöffel- (*Alísma*) ähnlich

alkekengi, wahrscheinlich vom arab. Namen der Art abgeleitet

allagophýllus, verschiedenblättrig

allantoídes, a. d. Franz. übernommen: wurstförmig

allárdii, v. E. J. Allard im Bot. Garten Cambridge gezogen (c. 1877–1918)

alleghaniénsis, aus dem

Allegheny-Gebirge (im O. der USA) stammend

alliáceus, lauch (*Állium*) artig

alliáriae, auf das Lauchkraut (*Alliaria*) bezogen

alliariaefólius, lauchkraut- (*Alliária*) blättrig

álligans, anhaftend

alliodórus, lauch- (*Állium*) duftend

alliónii, s. *Allionia* (Gttgsn.)

allophýllus, mit fremdartig geformten Blättern

álmus, nährend

alnícola, erlenbewohnend, bei Erlen wachsend

alnifólius, erlen- (*Alnus*) blättrig

alnobétula, eine an *Betula* (Birke) erinnernde Erle

álnus, röm. N. der Erle

aloídes, *Áloë*-ähnlich

aloifólius, *Áloe*-blättrig

alopecuroídes, fuchsschwanz- (*Alopecúrus*) ähnlich

alopecúros, Gttgsn.

alpéster, alpéstris, alpéstre, aus den Alpen (od. and. Hochgebirgen) stammend

alpícola, die Alpen bewohnend

alpígenus, in den Alpen entstanden

alpínus, aus den Alpen stammend

alsáticus, a. d. Elsaß stammend

alseuosmoídes, *Alseuosma-* (s. Gttgsn.) ähnlich

alstónii, n. Edw. G. Alston (Ende 19. Jahrh.), südafrikan. Landwirt u. Pflanzensammler

altaclarénsis, aus HighClerk, Hamshire (England) stammend

altáicus, altaiénsis, a. d. Altai-Gebirge (Innerasien) stammend

altensteínii, Karl Freih. v. Stein

zu Altenstein (1770–1840), preuß. Staatsmann

altern-, alterni-, in Zusammensetzungen: wechsel-

altérnans, abwechselnd

alternátus, abgewechselt

alterniflórus, wechselblütig

alternifólius, wechselblättrig

altérnus, abwechselnd

altescándens, hochkletternd

altha͞eifolius, stockmalven- (*Althǣa*) blättrig

althaeoídes, stockmalven- (*Althǣa*) ähnlich

alti-, in Zusammensetzungen: hoch

altifólius, hochblättrig

áltifrons, hoch belaubt

áltilis, gemästet

altíssimus, sehr hoch

áltus, hoch

aluminósus, alaunhaltig

alutáceus, weichledrig, ledergelb

alútipes, weichstielig

alveolátus, grubig

álypum, alter N. für eine *Globularia* bzw. schmerzlindernde Pfl.

alyssoídes, steinkraut- (*Alýssum*) ähnlich

amábilis, lieblich

amáliae, wahrsch. Amalie (1818–75), Königin von Griechenland, gewidm.

amáncaes, peruan. N. schöner Lilien

amaniénsis, aus Amani (im Usambaragebirge, Ostafrika) stammend

amánus, vom Berge Amanos (Kleinasien) stammend

amapóla, n. d. span. Volksnamen f. d. Klatschmohn

amaranthícolor, amarantícolor, amaranth- (*Amaránthus*) farbig

amaranthínus, amarantínus,

amaranth- (*Amaránthus*) artig
amaranthoídes, amaranth-
(*Amaránthus*) ähnlich
amaréllus, bitterlich
amaricaūlis, bitterstielig
amárus, bitter
amaryllidifólius, ritterstern-
(*Amaryllis*) blättrig
amaūrus, dunkel, unkenntlich
amazónicus, amazonum, vom
Amazonenstrom (Brasilien)
stammend
ámbiens, umgebend
ambíguus, zweifelhaft, unbeständig
ambly-, amblyo, in Zusammensetzungen stumpf-
amblyándrus, mit abgestumpf-
ten Staubbeuteln
amblyánthus, mit stumpfen
(abgerundeten) Blättern
amblýlepis, stumpfschuppig
amblyocárpus, stumpffrüchtig
amblýodon, amblyodóntus,
stumpfzähnig
amblyonémus, stumpffädig
amblyópterus, stumpfflügelig
amblyogónus, stumpfkantig
amblyopétalus, stumpfkron-
blättrig
amblyophýllus, stumpfblättrig
amblyótus, stumpfohrig
amboinénsis, von Amboina
(Molukken, Indonesien) stammend
ambráceus, bernsteinfarbig
ambrosíacus, ambrósius, nach
Ambra duftend
ambrosiifólius, Traubenkraut-
(*Ambrosia*) blättrig
ambrosioídes, ambraartig
**amecamecánum, amecamén-
sis,** von Amecameca, Stadt
südl. Mexico City, Z. Amerika, stammend
ameliorátus, verbessert
amelloídes, *Amellus*-ähnlich

améllus, röm. Pfl.-N.
amentáceus, mit Kätzchen versehen
americánus, aus Amerika
(meist N. Amerika) stammend
amesiána, amésiae, n. Oakes
Ames (1874–1950), nordam.
Bot. u. Orchideenspezialist
amethýstea, amethýstinus,
amethystfarbig
amethystoglóssa, mit ame-
thystfarbener Zunge
amherstiána, s. *Amherstia*
(= Gttgsn.)
amiántinus, asbestfarbig
amíctus, umhüllt, verkleidet
ámmak, wahrsch. n. einem
arab. Volksnamen
ammifólius, *Ammi*-blättrig
ammoníacus, salpeterhaltig
ammóphilus, sandliebend
ammótrophus, im Sand wachsend
amoēnulus, zierlich
amoēnus, anmutig, gefällig
amómum, Gewürzpflanze
(s. Gttgsn.)
amórphus, formlos, ungestaltet
ampélinus, die Weinrebe betreffend
ampelóprasum, Weinbergs-
lauch
amphi-, in Zusammensetzungen ringsum-, beiderseits-
amphíbius, sowohl auf dem
Lande wie im Wasser lebend
amphídasys, ringsum behaart
oder wollig
amphígenus, ringsum befindlich
amphipléctens, umfassend
amphipléctus, umfaßt
amphistémus, amphistémon,
doppelstaubfädig
amphístomus, doppelrachig
amphítropus, doppelwendig
amplexi-, amplectens, in Zusammensetzungen -umfassend

amplexicaúlis, stengelumfassend

amplexifólius, blattumfassend

ampléxus, umfassend

ampliátus, erweitert, vergrößert

amplíssimus, sehr weit oder beträchtlich

ámplus, weit, beträchtlich

ampulláceus, flaschenförmig

ampullárius, „flaschenproduzierend"

amsónia, s. Gttgsn.

amurénsis, vom Amurgebiet (Ostsibirien) stammend

amygdalifórmis, Mandel- (*Amygdalus*) förmig

amygdálinus, amygdaloídes, mandelartig

amygdalo-pérsicus, Zuchthybride zw. *Prunus amygdalus × persica* (= *Amygdalus communis × persica*)

amýgdalus, s. Gttgsn. Mandelbaum

amyláceus, stärkemehlartig

amýleus, mehlig

anabióticus, wiederauflebend

anacámpseros, s. Gttgsn.

anacámptus, umgebogen

anacánthus, stachellos

anagállis, gr. Pfl.n., Gauchheil

anagalloídes, gauchheil- (*Anagállis*) ähnlich

anagénsis, v. Anaga-Gebirge, Tenerife, Kanar. Ins.

anagyroídes, stinkstrauch (*Anágyris*) ähnlich

analépticus, kräftigend, erfrischend

anamíticus, aus Annam (= Vietnam) stammend

anastómosans, ineinander laufend, miteinander verbunden

anátherus, grannenlos

anatólicus, aus Anatolien (Türkei) stammend

anatómicus, durchscheinend, zergliedernd

anátropus, umgewendet, gegenläufig

ánceps, zweischneidig, doppelköpfig

anchusifólius, ochsenzungen- (*Anchúsa*) blättrig

anchusoídes, ochsenzungen- (*Anchúsa*) ähnlich

ancíle, Schild

ancistracánthus, hakendornig

ancistrifólius, hakenblättrig

ancistrocárpus, hakenfrüchtig

ancistroídes, hakenartig

ancistrophórus, hakentragend

ancistrophýllus, hakenblättrig

ancýleus, krumm, gebogen

ancylétus, krummohrig

andamánicus, von den Andamanen-Inseln (Golf von Bengalen) stammend

andelyénsis, v. Les Andelys, zw. Rouen u. Paris, N. Frankreich

andersoniána, andersónii, n. Th. Anderson (1832–70), schott. Pflanzensammler (Indien)

andícola, andínus, die Anden (Südamerika) bewohnend

andráchne, s. Gttgsn.

andrachnoídes, erdbeerbaum- (*Arbútus andráchne*) ähnlich

andreánum, andréae, E. F. André (1840–1911), franz. Landschaftsgärtner u. Autor, gewidmet

andréwsii, n. Henry C. Andrews (c. 1770–1830), engl. Bot. u. Pfl.Maler

andro-, -andros, in Zusammensetzungen = mann-; -männig

andrógynus, mannweibig, zwittrig

andromediflórus, gränke- (*Andrómeda*) blütig

androsáceus, mannsschild- (*Andrósace*) ähnlich

androsaemifólius, *An-drosaemum*-blättrig
androsaēmum, gr. Pfl.n., eigentl. Männer- = Menschenblut
anemoniflórus, windröschen- (*Anemóne*) blütig
anemonifólius, windröschen- (*Anemone*) blättrig
anemonoídes, windröschen- (*Anemóne*) ähnlich
anethifólius, dill- (*Anéthum*) blättrig
anethoídes, dill- (*Anethum*) ähnlich
anfractuósus, gewunden, gekrümmt
angiocárpus, bedecktfrüchtig
angiosánthus, bedecktblütig
angiospérmus, bedecktsamig
ánglicus, Anglia, = englisch
angolénsis, aus Angola (SW. Afrika) stammend
anguífugus, schlangenvertreibend, gegen Schlangenbiß wirksam
anguíneus, anguínus, schlangenartig
anguláris, -anguláris, anguláre, angulátus, angulósus, eckig, kantig, winklig
angúliger, angúlisans, eckenbildend
angúria, s. Gttsgn.
angustátus, verschmälert
angústidens, lat.: schmalzähnig bzw. mit schmalen Zähnen besetzt
angustifólius, schmalblättrig
angústifrons, schmallaubig
angustílobus, schmallappig
angustíssimus, sehr schmal
angústus, schmal, eng
anisacánthus, ungleichstachelig
anisánthus, ungleichblütig
anisátus, anisduftend
anisodórus, lat.: nach Anis duftend

anisólobus, ungleichlappig
anisómeris, ungleichzählig
anisophýllus, ungleichblättrig
anisópodus, ungleich gestielt
anisópterus, ungleich geflügelt
anisóstichus, s. Gttgsn.
anisótrichus, ungleich behaart
anísum, röm. Pfl.n., Anis
annéctens, anknüpfend, verbindend
annósus, bejahrt
annótinus, vorjährig
annuláris, anuláris, ringförmig
annulátus, beringt, geringelt
ánnuus, einjährig
anocárpus, ohnfrüchtig
anómalus, ungewöhnlich, vom Normalen abweichend
anomocárpus, abnormfrüchtig
anomophýllus, abnormblättrig
anoplánthus, nacktblütig
anóplus, unbewaffnet
anópterus, aufwärtsgerichtet, geflügelt
anósmus, geruchlos
anserínus, auf Gänse bezogen
antárcticus, aus dem Südpolargebiet stammend
antennárius, fühlerartig
antennátus, mit Fühlern versehen
anténnifer, antennífera, antenníferum, fühlertragend
anteuphórbium, anti-euphorbium = gegen Wolfsmilchgift
anth-, antho-, -ánthemos, -ánthus, = blütig
anthelmínticus, gegen Würmer gebraucht
anthemoídes, hundskamillen- (*Ánthemis*) ähnlich
anthéra, Staubbeutel
anthericoídes, graslilien- (*Anthéricum*) ähnlich
anthóceras, anthócerus, hornblütig
anthódeus, blütenartig

anthoídeus, blütenähnlich
anthophýllus, blumenblättrig
anthopógon, bartblütig
anthóra, gegen Gift
ánthos, Blüte, Blume
anthrácinus, kohlenschwarz
anthriscifólius, kerbel-
(*Anthríscus*) blättrig
anthropomórphus, menschen-
ähnlich geformt
anthropóphorus, Menschenge-
stalt (Gesicht) zeigend
anthyllidifólius, wundklee-
(*Anthyllis*) blättrig
anti-, in Zusammensetzun-
gen = gegen
antiacánthus, widerhakig
antíades, drüsen- od. mandelartig
ánticus, der Vordere
antidotális, giftwidrig
antidysentéricus, ruhrstillend,
ruhrwidrig
antillárum von den Antillen
stammend
antílogus, widersprechend
antióchicus, aus Antioch
(= Antakya, im S. d. Türkei)
stammend
antioquiénsis, aus Antioquía:
Stadt und Provinz Kolumbi-
ens, Südamerika
antipódum, entgegenstehend
von den Antipoden (der ent-
gegengesetzten Erdhälfte)
stammend
antipyréticus, feuererstickend,
fieberlindernd
antiquórum, a. der Alten Welt
(= Mittlere Osten)
antíquus, alt, altzeitlich
antirrhiniflórus, löwenmaul-
(*Antirrhínum*) blütig
antiscorbúticus, gegen Skor-
but wirksam
antítropus, voneinander gewendet
antoinii, Franz Antione

(1815–86), Wiener Bot. gewidmet
anuláris, ringförmig
anulátus, geringelt
aoracánthus, schwertstachelig
aparíne, gr. Pfl.n., Klebkraut
aparinoídes, klebkraut- (*Gálium aparíne*) ähnlich
apennínus, von dem Apennin
(Bergzug Italiens) stammend
apértus, offen, geöffnet
apétalus, kronblattlos, ohne
Blumenblätter
apháca, gr. N. einer Legumino-
senart
áphanes, unscheinbar, übersehen
aphelandriflórus, mit
Aphelandra-ähnlichen Blüten
aphlébius, ohne Adern
aphrodisíacus, zur Wollust
reizend
aphyllánthes, s. Gttgsn.
aphýllus, blattlos
apiáceus, sellerie- (*Apium*)
artig
apicális, gipfelständig
apicátus, mit einer Spitze
versehen
apiciflórus, gipfelblütig
apiculátus, zugespitzt
ápifer, apífera, apíferum, bie-
nentragend, zumindest auf die
Blütenform bezogen
apiifólius, sellerie- (*Apium*)
blättrig
apiocárpus, birnfrüchtig
apióphorus, birnentragend
ápios, Erdbirne (s. Gttgsn.)
apocárpus, mit getrennten
Karpellen
apocynoídes, hundsgift- (*Apócynum*) ähnlich
apodéctum, gr. *apodektos* = ak-
zeptiert, willkommen
ápodus, fußlos, stengellos
apollínis, des Apoll
aponíus, müßig, untätig

apophysátus, herausgewachsen, Ausläufer treibend
aporéticus, áporus, zweifelhaft, zweideutig
appendiculátus, mit Anhängsel versehen, verlängert
applanátus, abgeflacht
applicátus, angefügt, aufgelegt
appressifólius, angedrücktblättrig
appréssus, angefügt, aufgelegt
appropínquans, sich nähernd
approximátus, genähert, angenähert
ápricus, in sonniger Lage wachsend
ápterus, flügellos
apúlicus, apúlus, aus Apulien (Süditalien) stammend
ápus, fußlos, stengellos
apyrénus, kernlos
aquáticus, aquátilis, im Wasser lebend
áquëus, wasserhell
aquicandídula, Bastardform zw. *Mahonia aquifolium*) u. *Berberis candidula*
aquifoliáceus, stechpalmen- (*Ilex aquifólium*) artig
aquifólius, röm. N. d. Stechpalme
aquígenus, im Wasser erzeugt, entstanden
aquilegiaefólius, akelei- (*Aquilégia*) blättrig
aquilínus, adlerartig
aquisargéntii, Bastardform zw. *Mahonia aquifolium* u. *Berberis sargentiana*
aquósus, wässerig
arábicus, arabisch, aus Arabien stammend
arachnítes, spinnenartig
arachnoglóssum, wie vor, u. *glossa* = Zunge
arachnoídes, arachnoídeus, spinnwebartig

aragonénsis, aus Aragon, Region N-Spaniens stammend
aragónii, n. J. E. V. Arago (1790–1855), franz Bot.
aralénsis, vom Aralsee (Z. Asien) stammend
araliaefórmis, aralien- (*Arália*) artig
aranéifer, araneífera, araneíferum, spinnentragend (auf die Blütenform bezogen!)
araucánus, aus der Provinz Arauco (Chile) stammend
araucarioídes, *Araucaria*-ähnlich
aráxinus, vom Fluß Araxes (Araks) (Armenien) stammend
árbor, -arbor, Baum, baumartig
arboréscens, arbóreus, baumartig
arbúsculus, bäumchenartig
arbutifólius, erdbeerbaum- (*Arbútus*) blättrig
arcadiénsis, aus Arcadius (Arkadia), Landschaft Südgriechenlands, stammend
arcansánus, s. *arkansánus*
arcánus, geheim, heimlich
archángelus, Erzengel
archéri, Joseph Archer (1871–1954), engl.-südafrikan. Gartenfreund, gewidmet
archispérmus, „ursamig"
árcticus, arktisch
arctóphilus, kälte, die Arktik liebend
arctótis, Bärenohr
árctous, arktisch
arctúrus, „bärschwänzig" = die Staubfäden ähneln einem Bärenschwanz
arcuátus, bogenförmig
árdens, feurig, brennend
ardentíssimum, sehr glühend (lebende Farbe!)
ardoínii, H. J. B. Ardoino (1819–74), franz. Bot. gewidmet

arduennénsis, a. d. Ardennen (Bergland in SO-Belgien/ NO-Frankreich) stammend
arduínus, s. Gttgsn.
arechavalétai, n. José Arechavaleta y Balpardo (1838–1912), span.-uruguayischer Bot.
arécinus, betelpalmen- (*Aréca*) artig
arenárius, auf Sandboden lebend
arendsií, Georg Arend (1863–1952), dtscher. Pflanzenzüchter (Wuppertal), gewidmet
arenícola, Sandbewohner
arenósus, sandig
areolátus, gefeldert, netzartig
areolósus, schwach gefeldert
arequipénsis, aus Arequipa, Stadt im südöstl. Perú
aretioídes, *Aretia*- (Gttgsn.) ähnlich
argāēus, vom Berg Argäus (Argaei, Kleinasien) stammend
argemóne, Stachelmohn, eigentl. Augenfleck
argentátus, versilbert
argéntei-, in Zusammensetzungen silber-, silbrig-, weiß-
argénteo-guttáta, silbrigtropfig = mit silbrigen Flecken
argénteus, silberweiß
argentiflórus, silberblütig
argentínicus, argentínus, aus Argentinien stammend
argilláceus, ton- od. lehmgelb
argophýllus, hellblättrig, silbrig
argotāēnius, hell gebändert
árguens, sich zeigend
argunénsis, vom Fluß Argun, in Manchuria (Ostasien) stammend
árgus, wahrsch. v. Argos, Gestalt d. gr. Mythologie
argútus, ausgeprägt, spitzzähnig, spitzig

argylláceus, grauweiß
argyráceus, argyrāēus, silbrig, silberfleckig
argyrítes, silberfleckig
argyro-, in Zusammensetzungen = silber
argyrocályx, mit silbrigem Kelch
argyrólepis, silberschuppig
argyroneurus, silberadrig
argyróphanes, silbrig scheinend
argyrophýllus, silberblättrig
argyrópsis, silberäugig
argyróspilus, silberfleckig
argyrostígmus, silbernarbig
argyróstomus, silberschlundig
argyrótrichus, silberhaarig
arrhízus, wurzellos
ária, gr. Pfl.n., Mehlbeere
ariaefólius, mehlbeer- (*Sórbus ária*) blättrig
áridus, trocken, dürr
arietínus, widderhörnig, gehörnt
arifólius, zehrwurz- (*Árum*) blättrig
arillátus, bemäntelt
aristátus, begrannt
aristifólius, grannenblättrig
aríza, n. einem kolumbianischen Volksnamen
aristósus, grannig
arizónicus, aus Arizona (Staat der USA) stammend
arkansánus, aus Arkansas (Staat der USA) stammend
armándii, Pater Armand David (1826–1900), franz. Missionar u. Pflanzensammler (in China), gewidmet: s. auch *Davidia*
armátus, bewaffnet
armeníacus, arménus, aus Armenien stammend; s. auch Gttgsn.
arméria, s. Gttgsn.
armerioídes, grasnelken- (*Arméria*) ähnlich

ármiger, armígera, armíge-
rum, waffentragend
armilláris, armringartig
armillátus, mit Armschmuck
versehen
armípotens, schwer bewaffnet
armoracioídes, meerrettich-
(*Armorácia*) ähnlich
armstróngii, für südafrikan.
Pflanzen: n. William Arm-
strong, Pflanzensammler
(19. Jahrh.)
arnacánthus, wollstachelig
arnicoídes, wohlverleih- (*Arni-
ca*) ähnlich
arnoldiána, n. Nic. Jos. Arnold
(geb. 1860), belg. Kolonialbeamter
arocárpus, zehrwurz- (*Árum*)
früchtig
aroídes, aroídeus, zehrwurz-
(*Árum*) ähnlich
aromáticus, aromatisch,
gewürzig
arquátus, bogig, gewölbt
arrábidae = s. *Arrabidaea*
(Gttgsn.)
arréctus, aufgerichtet
arrhenóbasis, grundstark
arrhízus, wurzellos
árrigens, sich aufrichtend
artátus, eingeengt, verkürzt
artemisiaefólius, beifuß- (*Artemísia*) blättrig
artemisioídes, beifuß- (*Artemísia*) ähnlich
arthrótrichus, arthróthrix, glie-
derhaarig
articulátus, gegliedert
arúncus, Geißbart, s. Gttgsn.
arundináceus, rohr- od. schilf-
artig
arválís, arvénsis, ackerbewoh-
nend
arvernénsis, aus der Auvergne
(Frankreich)
arvícola, Ackerbewohner
arvínus, fettig

ása fŏĕtida, s. *assa-foetida*
asarifólius, haselwurz-
(*Ásarum*) blättrig
asárinus, s. *Asarina* (Gttgsn.)
asaroídes, haselwurz-
(*Ásarum*) ähnlich
asbéstinus, asbestfarbig
ascalónicus, aus Askalon
(Askelon im S. Israels)
stammend
ascéndens, aufsteigend
ascidiífer, ascidiífera, ascidií-
ferum, einen Blattschlauch
tragend
ascidiifórmis, schlauchförmig
asciócalyx, schlauchkelchig
asclepiádeus, seidenpflanzen
(*Asclépias*) artig
ascotiénsis, in Ascot, England,
gezogen
asellifórmis, asselförmig
asémus, zeichen- od. fahnen-
los
asépalus, ohne Kelchblätter
asiáticus, asiatisch, aus Asien
aspalathoídes, *Aspalathus*-
(Gttgsn.) ähnlich
asparagoídes, spargel- (*Aspáragus*) ähnlich
ásper, asperátus; asperi-,
rauh; rauh-
asperiflora, rauhblütig
asperifólius, rauhblättrig
asperiúsculus, zu asper, mit
verkleinerndem Suffix: biß-
chen rauh
aspérmus, samenlos
aspérrimus, sehr rauh
aspérsus, übersprengt
asperuloídes, waldmeister-
(*Aspérula*) ähnlich
aspérulus, etwas rauh
aspirátus, hingeweht, hinge-
haucht
asplenifólius, milzfarn- (*Asplénium*) blättrig
asplenioídes, milzfarn- (*Asplénium*) ähnlich

aspréllus, rauhschuppig
assa-foetida, Teufelsdreck, ekelstinkend
assámicus, aus Assam, Region Indiens stammend
assímilis, recht ähnlich
assúrgens, aufstrebend
assyríacus, aus Assyrien, klass. Region d. heutigen Irak, stammend
aster-, astero-, astr-, astro-, in Zusammensetzungen: stern-
-aster, -astrum, in Zusammensetzungen als Endsilbe = gewisse Ähnlichkeit andeutend
astérias, Seeigel
asterocárpus, sternfrüchtig
asteroídes, zu *Aster* gehörig, *A.*-ähnlich
asterótrichus, asteróthrix, sternhaarig
asthenóstachys, schwachährig
asthénus; asthéno-, schwach, in Zusammensetzungen schwach-
asthmáticus, Atemnot lindernd
astilboídes, *Astilbe*-ähnlich
astrachánicus, aus Astrachan (Astrakhan), Region im Wolga-Delta (Südrußland), stammend
astragálinus, tragant- (*Astrágalus*) artig
astroídes, sternförmig
ástylus, griffellos
atamásco, wahrsch. indian. Pflanzenname
átavus, uralt, sehr alt
ataxacánthus, unregelmäßig bestachelt
áter, átra, átrum, schwarz
atérrimus, tiefschwarz
athamánticus, augenwurz- (*Athamánta*) artig
athanásiae, s. *Athanásia* (= Gttgsn.)
athenensis, atheniénsis, aus Athen, Griechenland, stammend
áthous, vom Berge Athos (Griechenland) stammend
athránthus, gedrängtblütig
atkínsii, n. James Atkins (1804–84), engl. Pflanzenzüchter
atkinsoniána, n. einem G. F. Atkinson (1854–1918), od. William Atkinson, von Grove End, engl. Gartenarchitekt
atlánticus, vom Atlasgebirge (Nordafrika) od. v. d. atlantischen Inseln stammend
atomárius, feinpunktiert
átomochlaēnus, feinhüllig
atractosórus, spindelig gehäuft
atrátus, geschwärzt
atri-, auch **atro-,** in Zusammensetzungen = schwarz, dunkel
átrichus, unbehaart
atriplicifólius, melden- (*Atriplex*) blättrig
atrirúbens, s. *atrorubens*
atrispinósa, schwarzgestachelt
atrococcíneus, dunkel scharlachrot
atrofúscus, schwärzlich braunrot
atrolineáris, dunkel gestrichelt
atropódes, atropoídes, tollkirschen- (*Atropa*) ähnlich
atropurpúreus, dunkelpurpurrot
atrorúbens, dunkelrot
atrosanguíneus, dunkelblutrot
atrosquámeum, schwarzbeschuppt
atrostriátus, dunkel gestreift
atrovioláceus, schwarzviolett
atrovíridis, atróvirens, schwärzlich grün
attenuátus, verdünnt, verschmälert
átticus, aus Attika, klass. Landschaft Griechenlands stammend

aubértii, n. George Aubert, franz. Missionar (in China; Ende 19. Jahrh.)
aubletiána, J. B. C. F. Aublet (1720–78), franz. Bot. u. Guayana-Forscher, gewidmet
aubretioídes, Blaukissen- (*Aubretia*) ähnlich
aucámpiae, n. B. Aucamp, südafrikan. Pflanzensammler (19. Jahrh.)
auchéri, n. P. M. R. Aucher-Eloy (1792–1838), franz. Bot. u. Orientreisender
aúctus, vermehrt, vergrößert
aucubaefólius, *Aucuba*-blättrig
aucupárius, zum Vogelfang dienend
auerswáldii, n. d. dtsch. Bot. Auerswald (1818–70)
augustánus, aus Augsburg, oder Augusta, auf Sizilien, stammend
augustiána, Auguste Linden, belg. Pflanzenzüchter (19. Jahrh.) gewidmet
augustíni, n. Augustine Henry (1857–1930), engl. Dendrologe u. Chinaforscher; s. auch *henryanum*
augustíssimus, sehr erhaben
augústus, erhaben, majestätisch
aulacogónus, furchenkantig
aulacolóbus, furchenlappig
aulacophýllus, furchenblättrig
aulacospérmus, furchensamig
aulacothélis, furchenwarzig
aúlicus, hoffähig, fürstlich
auranítida, lat. *aura*: Hauch, Schimmer, u. *nitidus*: glänzend
aurantiaciflórus, orangenblütig, od. mit orangefarbenen Blüten
aurantíacus, orangefarbig
aurantifólius, goldblättrig
aurántius, orangerot

aurátus, vergoldet, goldfarbig
aureiflórus, mit goldgelben Blüten
aureilanátus, golden-wollig
aureíspina, mit goldgelben Dornen
aureo-, auch **aúrei-,** in Zusammensetzungen = gold-, goldgelb-
aúreolineatus, goldstreifig
auréolus, etwas goldig
aúreomaculátus, goldfleckig
aúreomarginátus, goldrandig
aúreonítens, goldglänzend
aúreoreticulátus, goldig genetzt
aureospicáta, gold-ährig, od. mit goldfarbenen Zapfen
aúreovariegátus, goldbunt
aúreovittátus, goldig gebändert
auréscens, goldgelb werdend
aúreus, goldgelb
aurícolor, goldfarbig
aurícomus, goldschopfig
aurícula, Öhrchen
auriculaefólius, mit geöhrten Blättern
auriculáris, auriculátus, kleinöhrig
aúrifer, aurífera, auríferum, ohrentragend
aurihamátus, mit goldgelben Haken, Dornen, Stacheln
aurítus, geöhrt
aurivíllus, goldzottig
auróra, orange(gold)farben
ausána, von Aus, in Namibia, SW-Afr.
aurósus, golden
aústerus, streng, herb
australasiácus, aus Australien od. d. südl. Asien stammend
austrális, südlich, a. d. Süden
austríacus, österreichisch
austrínus, südlich
austromontána, aus südlichen (süd-orientierten) Bergen

autumnális, herbstlich
avasmontána, v. d. Auas-
Bergen, Namibia
avellána, aus Abella (Italien)
beschrieben
avenáceus, hafer- (*Avéna*) artig
avénius, aderlos
avernénsis, a. d. Auvergne
(Frankreich) stammend
aversiflórus, abgewendetblütig
avérsus, abgewendet
aviculáris, von Vögeln gern
genommen
ávium, der Vögel
ávolans, fortfliegend
axánthus, achsenblütig
axilláris, blatt- od. achselwin-
kelständig
axilliflórus, blattwinkelblütig
ayacahuíte, mexikan. Volksn. f.
eine *Pinus*-Art
azaleoídes, Azalea-
(*Rhododéndron*) ähnlich
azarólus, Azaroldorn (*Cratae-
gus azarolus*)
azédarach, arab. Pfl.n.
azóricus, von den Azorenin-
seln (Atl. Ozean) stammend
azúreus, himmelblau

B

babylónicus, aus Babylon, alte
Stadt am Euphrat, stammend
bácca báca, Beere
báccans, beerenartig werdend
baccátus, mit Beeren versehen
**báccifer, baccífera, baccífe-
rum,** beerentragend
baccifórmis, beerenförmig
bachemiána, ansch. n. Herrn
Bachem, einstmals Kölner
Bürgermeister (19. Jahrh.)
bacilláris, stäbchenförmig
backebérgii, s. *Backebérgia*
(Gttgsn.)

**bacúlifer, baculífera, baculífe-
rum,** stab- od. steckentragend
badénsis, badisch, aus Baden
stammend
bádipus, braunstielig
bádius, kastianenbraun
baéticus, a. d. bätischen Gebirge (Süd-Spanien) stammend
bahiénsis, aus Bahia, Staat in
Ost-Brasilien stammend
baicalénsis, vom Baikalsee
(Innerasien) stammend
baileyána, n. Frederick
Manson Bailey (1827–1915),
engl.-austral. Bot.
baileyi, n. Vernon Bailey,
nordamer. Offizier u. Kakteensammler (Anf. 20. Jahrh.); s.
auch Autorenregister!
bainésii, Thomas Baines, engl.
Reisender u. Pflanzensammler
(1820–1875) gewidmet
baínii, n. Thomas C. Bain,
Pflanzensammler in Südafrika
(Mitte 19. Jahrh.)
bakeri, bakeriána, John Gil-
bert Baker (1834–1920), engl.
Bot. u. Autor, gewidmet
balanocárpus, eichelfrüchtig
balanomórphus, eichelförmig
balanóphorus, eicheltragend
balánsae, n. Benedict Balansa
(1825–91), franz. Pflanzensammler
balcánus, balcánicus, vom
Balkangebiet stammend
baldáccii, Antonio Baldacci
(1867–1950), ital. Bot., gewidmet
baldénsis, vom Monte Baldo
(Norditalien) stammend
baldschuánicus, aus Bald-
schuan (Mittelasien) stammend
baldwínii, n. William Baldwin
(1779–1819), nordamerik.
Pflanzensammler
baleáricus, von den Balearen-

Inseln (westl. Mittelmeer) stammend

balfouriána, balfourii, Sir Isaac Bayley Balfour (1853–1922), schott. Bot., od. dessen Vater John Hutton Balfour (1808–84), gewidmet

balkánus, v. Balkan (s. auch *balcánicus*)

balsámeus, balsámicus, balsamisch

balsamína, s. Gttgsn.

balsámifer, balsamífera, balsamíferum, Balsam tragend od. liefernd

balsamíneus, balsamartig

balsamíta, v. spätlatein. *balsamum* abgeleitet

balsasoídes, wahrsch. v. span. *balsa* (leichtes Holz) abgeleitet

bálticus, a. d. baltischen Gebiet stammend

bambusaefólius, bambus- (*Bambúsa*) blättrig

bambusárum, der Bambuseen = bambusartig

bambusoídes, bambusáceus, bambus- (*Bambúsa*) ähnlich

banáticus, a. d. Banat (ungarn. rumän. Region) stammend

bánksii, bánksiae, s. *Banksia* (Gttgsn.); od. Lady Dorothea Banks, Gattin Sir Josephs, gewidmet

barbadénsis, falls amerikan. Pflanzen: von der Insel Barbados (Westindien) stammend

bárba-jóvis, Jupiters Bart

barbaróssa, rotbärtig, mit bartähnl. rotem Haar

bárbarus, fremd, barbarisch

barbátulus, etwas bärtig

barbátus, bärtig, gebartet

barbellátus, kleinbärtig

barbérae, Mrs. F. W. Barber (geb. Bowker), 1818–99, südafr. Pflanzenmalerin, gewidmet

barbéyi, n. Wm. Barbey-Boissier (1842–1914), Genfer Bot.

bárbifer, bárbiger, barbígera, barbígerum, barttragend

barbinérvis, bartnervig

barbulátus, etwas bärtig

barclayána, s. *Barclaya* (Gttgsn.)

bárklyi, Sir Henry Barkly (1815–98), schott. Staatsmann u. Sammler

barnhártii, n. John Hendley Barnhart (1871–1949), engl. Pflanzensammler (S. Asien)

barométz, angebl. tartar. für Lamm

barreliéri, n. Jacques Barrelier (1606–73), franz. Geistl. u. Bot.

bárteri, n. C. Barter († 1859), engl. Pflanzensammler (W-Afr.)

bartonioídes, *Bartonia*-ähnlich

barýstachys, schwerährig

basális, grundständig

baselloídes, *Basella*-ähnlich

basiánthus, grundständig blühend

basiláris, grundständig

básilaterális, seitlich am Grunde

basílicum, s. Gttgsn.

basimaculátus, am Grunde gefleckt

basipétalus, am Grunde des Blumenblattes

basiphýllus, grundblättrig

basjóo, n. dem japan. N. einer *Musa*-Art

batátas, Volksn. einer *Ipomoea*-Art auf Haiti

batávinus, batávus, von Batavia (= Djakarta, Java) stammend

batemánnii, s. *Batemannia* (Gttgsn.)

209

batésii, n. John Th. Bates
(1882–1966), engl. Soldat u.
Sukkulentenzüchter
batrachioídes, wasserhahnen-
fuß- (*Ranúnculus batráchium*)
ähnlich
battandiéri, J. A. Battendier
(1848–1922), franz. Arzt u.
Bot. (N. Afr.), gewidmet
bauera, wahrsch. mit *Bauera*
(Gttgsn.) identisch
bauerí, n. F. A. Bauer
(1758–1840), österr. Pflanzenmaler
baumánnii, E. N. Baumann,
dtscher. Pflanzensammler
(Bolivien), od. den Gebr. Baumann, Gärtner in Bollweiler
(19. Jahrh.) gewidmet
baumii, n. Hugo Baum
(1867–1950), dtsch. Gärtner u.
Forschungsreisender (SW-
Afr.)
baváricus, bayrisch, aus Bayern
stammend
bavósus, ansch. v. *babosa,*
mexik. Vulgärn. abgel.
báxteri, n. William Baxter
(1787–1871), engl. Bot.
beálei, Th. Chay Beale, portug.
Konsul in Shanghai (19.
Jahrh.) u. Helfer Fortunes
beanii, Wm. Jackson Bean
(1863–1947), engl. Dendrologe, gewidmet
beatrícis, n. Beatrice Hops,
südafr. Pflanzenmalerin
(um 1920)
beaucárnei, s. *Beaucárnea*
(Gttgsn.)
beauforténsis, aus Beaufort,
Kap-Prov., Südafr.
beccariánus, n. Odoardo
Beccari (1843–1920), ital. Bot.
(Palmenspez.)
beddómei, n. Richard H. Bed-
dome (1830–1911), engl. Offizier u. Bot.

bedinghaúsii, angebl. n. M.
Beddinghaus, von Mors
(um 1863)
beesiánum: der Gärtnerfamilie
Bees, in Cheshire (England),
gewidmet
beetzii, n. Dr. Beetz, Geol. in
Südafr. (Anf. 20. Jahrh.)
beccabúnga, Bachbunge
begoniaefólius, schiefblatt-
(*Begónia*) blättrig
beguínii, n. d. franz. Abt.
Beguin (geb. 1886), Kakteenspezialist
beharénsis, wahrsch. v. Beha-
ra, im Süden Madagascars
beissneri, n. Ludwig Beissner
(1843–1927), dtscher. Dendrologe
belángeri, Ch. P. Belanger
(1805–81), franz. Offizier u.
Sammler
bélgicus, belgisch, aus Belgien
stammend
belladónna, eigentl. schöne
Dame
bellátulus, niedlich
bellidiástrum, s. Gttgsn.
bellidiflórus, maßlieb- (*Béllis*)
blütig
bellidifólius, maßlieb- (*Béllis*)
blättrig
bellidioídes, gänseblümchen-
(*Bellis*) ähnlich
béllulus, niedlich
béllus, bellinus, schön
belmoreána, d. Grafen v. Bel-
more gewidmet, 1868 Gouverneur von NSW, Australia
belophýllus, spießblättrig
benedíctus, gesegnet, heilkräftig
bengalénsis, benghalénsis,
aus Bengalen (Indien) stammend
benjamína, lat. v. ind. *banyan*
bensóniae, der Frau d. engl.
Sammlers Rob. Benson
(1822–94) gewidmet

benthámi, s. *Benthámia*
(Gttgsn.)
béntii, Theodore Bent, Pflanzensammler in Arabien (Ende 19. Jahrh.)
benzoífer, benzoífera, benzoíferum, benzoëliefernd
berberifólia, berberitzen- (*Berberis*) blättrig
bérgeri, bergeriána, n. Alwin Berger genannt; s. *Bergeránthus*
bergiána, O. C. Berg (1815–66), dtsch. Bot. u. Apotheker
berlándiéri, n. J. L. Berlandier (1805–51), belg. Bot. u. Sammler
bermudiánus, von den Bermuda-Inseln (Westindien) stammend
berolinénsis, aus Berlin stammend, bzw. B. gewidmet
berthelótii, berthelotiánum, n. Sabin Berthelot (1794–1880), franz. Naturforscher, u. Konsul auf Tenerife
bertolónii, Antonio Bertoloni (1775–1869), ital. Arzt u. Bot., gewidmet
bessarábicus, aus Bessarabien (SO-Europa: Rumänien) stammend
besseriána, s. *Bessera*
(Gttgsn.)
betáceus, beete- od. Rüben (*Béta*) artig
bétle, malabarischer N. f. e. Pfefferart (?)
betónica, s. Gttgsn.
betonicifólius, *Betonica*-(s. Gttgsn.) blättrig
betulifólius, birkenblättrig
betulínus, an Birken erinnernd
betuloídes, birken- (*Betula*) ähnlich
bétulus, birkenähnlich belaubt
beúcheri, n. d. belg. Sammler Beucher (19. Jahrh.)

bi-, in Zusammensetzungen: zwei-, doppel-, doppelt-
bialátus, zweiflügelig
biarcuátus, doppelbogig
biaristátus, doppelgrannig, zweigrannig
biaurítus, zweiöhrig
bibracteátus, doppeldeckblättrig
bicalcarátus, zweispornig
bicallósus, zweischwielig
bicalyculátus, doppelkelchig
bicamerátus, zweiräumig
bicampanuláta, doppelglockig, od. mit zwei Glocken(blüten)
bicapsuláris, zweikapselig
bicarinátus, zweikielig
bíceps, zweiköpfig
bíceras, doppelhörnig, zweihörnig
bícolor, zweifarbig
bicompósitus, doppelt zusammengesetzt
biconjugátus, doppeljochig
biconvéxus, doppelt gewölbt
bicórnis, bicornútus, doppelhörnig, zweihörnig
bicrenátus, doppeltgekerbt
bicristátus, doppelkämmig
bicrúris, zweischenkelig
bictoniénsis, aus Bicton, Devon (England) stammend
bicuspidátus, bicúspis, zweispitzig
bídens, bidentátus, zweizähnig
bidwíllii, n. J.C. Bidwill (1815–53), engl. Bot. u. Sammler (Australien, N. Seeland)
biebersteinii, biebersteiniána, s. *Biebersteinia* (= Gttgsn.)
biénnis, zweijährig
bifárius, zweireihig
bífer, bífera, bíferum, zweimal blühend oder tragend
bífidus, zweispaltig
biflexuósus, doppelt gebogen
bíflorus, zweiblütig
bifólius, zweiblättrig

biformátus, bifórmis, zweigestaltig
bifoveolátus, doppelgrubig
bífrons, doppelseitig, od. gar zweifarbig
bifurcátus, bifúrcus, zweigabelig od. -zackig
bigarádia, bunt, gesprenkelt
bigelówii, s. *Bigelowia* (= Gttgsn.)
bigeminátus, bigéminus, zweipaarig
bigibbósus, bigíbbus, zweihöckerig
biglandulósus, zwei- od. doppeldrüsig
biglobósus, zweikugelig
biglúmis, zweispelzig
bignonioídes, *Bignonia*-ähnlich
bihái, indian. N. einer *Heliconia*-Art
bihamátus, zweihakig
bíjugis, bíjugus, zweipaarig, doppeljochig
bilabiátus, zweilippig
bilammelátus, zweihäutig
bilaterális, zweiseitig
biligulátum, wie vor, u. *ligula*: doppelzüngig
bilínguis, zweizüngig
biliótii, Alfred Biliotti, brit. Konsul (u. Sammler) in der Türkei (19. Jahrh.) gewidmet
billbergioídes, *Billbergia*- (s. Gttgsn.) ähnlich
bilobátus, bílobus, zweilappig
biloculáris, zweifächerig
bilúcidus, doppelt, d. h. stark glänzend
bimaculátus, zweifleckig
bimámma, bimámmus, zweiwarzig
binátus, zweiteilig
binervátus, binérvis, binervosum, zweinervig
binghamiána, s. *Binghámia* (Gttgsn.)
binoculáris, zweiäugig

binótii, n. M. P. Binot, Pflanzensammler in Südamerika (19. Jahrh.)
bipartítus, zweiteilig
bipennifólium, s. *bipinnatus*
bipénnis, zweischneidig
bipétalus, doppelkronblättrig
bipinnatífidus, doppeltfiederspaltig
bipinnátus, doppelt gefiedert
biplanátus, zweiflächig
biplicátus, doppelt gefaltet
bipontínus, aus Zweibrücken stammend
bipunctátus, doppelt punktiert
biradiátus, zweistrahlig
bisaccátus, zweihakig
biséctus, zweispaltig, zweischnittig
biscutátus, zweischildig
biseriális, doppelreihig
biseriátus, zweireihig
biserrátus, doppelt gesägt
bisetósus, bisétus, zweiborstig
bispinósus, zweidornig
bistórtus, doppelt gedreht
bistriátus, doppelt gestreift
bisulcátus, bisúlcus, zweifurchig
bitchinénse, a. d. Prov. Bitchin, Japan
biternátus, doppelt dreizählig
bithýnicus, aus Bithynien (klass. Landschaft Kl. Asiens) stammend
bituberculátus, zweihöckerig
bituminósus, asphaltartig
biválvis, zweiklappig
bivélus, zweisegelig
bivittátus, zwei- od. doppelbänderig
bivónae, n. Antonio Bivona-Bernardi (1778–1837), ital. Bot.
blackburniána, Benj. C. Blackburn (geb. 1908), nordamerik. Bot., gew.
blagayána, dem Grafen Blagay,

Pflanzensammler d. 19. Jahrh. gew.

blanchetiána, n. J. S. Blanchet (1807–75), franz. Pflanzensammler

blanckii, P. A. Blanck, Berliner Apotheker (19. Jahrh.) u. Freund d. Kakteenforschers Poselger

blándus, gewinnend, angenehm

blastocárpus, in der Frucht keimend

blattária, röm. Pfl.n., Schabenkraut

blattarioídes, schabenkraut-(*Verbáscum blattária*) ähnlich

bléo, brasil. Vulgärn. für eine Kaktusart

blepharánthus, wimperblütig

blepharócalyx, mit gewimpertem Kelch

blepharochlaénus, mit Wimpern bekleidet

blepharoídes, wimperähnlich

blepharóphorus, wimpertragend

blepharophýllus, wimperblättrig

blepharópodus, blepharópus, wimperstielig

bletchleyénsis, aus Bletchley, bei Fenny Stratford, Buckingham, England

blireána, aus Bléré, Ort östl. v. Tours, Frankreich

bloomeriánum, n. H. G. Bloomer (1821–74), nordamerik. Bot.

blossfeldiána, blossfeldiórum, n. Harry Blossfeld (1914–44), engl. Bot., u./od. Robert Blossfeld (geb. 1882), Potsdamer Pflanzenzüchter

bloudówii, M. v. Bloudow gew., einstmals Präsident d. Petersburger Akad. d. Wiss.

blúmei, n. Carl Ludwig v. Blume (1796–1862), dtscher. Bot. u. Forschungsreisender (in holländ. Diensten)

blumenávia, aus Blumenau, in Süd-Brasilien

bocasána, aus Las Bocas, Sonora, NW-Mexiko

bóckii, T. M. Bock, dtsch. Konsul in Oslo (Ende 19. Jahrh.) gew.

bodiniéri, n. Emile M. Bodinière (1842–1901), franz. Missionar u. Pflanzensammler, in China

boedeckeriánus, Friedrich Bödecker (1867–1937), Kölner Kakteenspezialist, gew.

boeóticus, aus Böotien (Griechenland) stammend

bogorénsis, bogoriénsis, aus Bogor (früher Buitenzorg, Java) stammend

bogoténsis, aus Bogotá (Kolumbien) stammend

bohémicus, böhmisch, aus Böhmen stammend

boissieriánum, boissiérii, n. Edmond Boissier (1810–85), bek. Schweizer Bot.

boivínii, L. H. Boivin (1808–52), franz. Bot., gew.

bójeri, n. Wenzel Bojer (1797–1856), böhm. Bot. (auf Mauritius)

bolánderi, H. N. Bolander (1831–97), kaliforn. Pflanzensammler, gew.

boláris, bolusartig, Fetton-artig

boliviánus, boliviénsis, aus Bolivien (Südamerika) stammend

bolleána, s. *Bollea* (Gttgsn.)

bollwilleriánus, aus Bollweiler (Elsaß) stammend

boloniénse, aus Bologna, Stadt Norditaliens

bolúsii, der (od. einer Person d.) Familie Bolus, südafrikan. Sukkulentenforsch., gew.

213

bombýcinus, seidenartig
bombýlifer, bombylífera, bom-
bylíferum, seidig, seidetragend
bóna-nóx, gute Nacht, nächtlich schön
bonariénsis, aus Buenos Aires,
Argentinien (Südamerika)
stammend
bonaróta, bonarotiána, n. M.
Angelo Buonarotti (1661–
1733), florentin. Gartenbesitzer
bonátea, s. *Bonátea* (Gttgsn.)
bonducéllus, a. d. arab., etwa
kleine Nuß
bonduéllii, n. M. Bonduelle
(c. 1813–70), franz. Arzt u.
Pflanzensammler
bonnétii, Charles Bonnet
(18. Jahrh.), franz. Naturforsch. in Südamerika gew.
bononiénsis, aus Bologna (Italien) stammend
bonplandii, s. *Bonplandia*
(= Gttgsn.)
boottii, dem anglo-amerik. Bot.
Fr.M.B. Boott (1792–1863) gew.
boraginoídes, boragíneus,
boretsch- (*Borágo*) ähnlich
borbónicus, von der Insel
Bourbon (jetzt Réunion im
Stillen Ozean) stammend, od.
dem Hause Bourbon gew.
boreális, bóreus, nördlich
borneénsis, von Borneo (Indonesien) stammend
bornmuelleri, n. J.Fr.N. Bornmüller (1862–1948) dtscher
Bot. und Reisender
borréri, William Borrer
(1781–1862), engl. Bot.
boryána, J.B.G.V.M. Bory de
Saint Vincent (1780–1846),
franz. Offizier u. Naturforsch.,
gew.
boscheánus, n. R.B. v.d.
Bosch: s. *Vandenboschia*
(Gttgsn.)

bosníacus, bosnisch, aus Bos-
nien (Jugoslawien) stammend
bostoniénsis, aus Boston, im
O. der USA (Nordamerika)
stammend
botnanténse, in Botnant Gardens (Tal-y-Caf, Denbigshire,
Wales) gezüchtet
botryápium, Traubeneppich
botrycéphalus, traubenköpfig
botryoídes, traubenähnlich
botryóphorus, traubentragend
bótrys, Traube
botrýtis, traubig
bóttnicus, bottnisch (nördl.
Ostseegebiet)
botulifórmis, wurstförmig
bourbónicus, s. *borbónicus*
bourgátii, n. M. Bourgat, franz.
Pflanzensammler (Pyrenäen,
Mitte 19. Jahrh.)
bourgeaúi, bourgeauánum,
Eugéne Bourgeau (c. 1813–
77), franz. Reisender u.
Sammler, gew.
boveána, n. M. Bové, franz.
Sammler (Mitte 19. Jahrh.)
bowdénii, n. A. Bowden, (Ende
19. Jahrh.) dem Sammler, u.
seiner Mutter, die jene Nerine
in Kultur nahmen
bowieána, bowiei, s. *Bowiéa*
(Gttgsn.), od. James Bowie
(c. 1789–1869), engl. Sammler,
gew.
bowringiána, bowríngia, n.
J.C. Bowring (1821–93), engl.
Orchideenzüchter
boxállii, William Boxall
(c. 1844–1910), engl. Orchideenzüchter, gew.
boyntónii, n. Frank Ellis Boynton (geb. 1859), nordamerikan.
Bot.
brachiális, armlang
brachiátus, armförmig, ästig
brachy-, in Zusammensetzungen: kurz

brachyacánthus, kurzdornig
brachyándrus, mit kurzen
Staubfäden
brachyanthérus, mit kurzen
Staubbeuteln
brachyánthus, kurzblütig
brachyárthrus, kurzgliedrig
brachyátherus, kurzgrannig
brachýbotrys, kurztraubig
brachycárpus, kurzfrüchtig
brachycaūlis, brachycaūlon,
kurzstengelig
brachycéntrus, kurzspornig
brachýceras, kurzhörnig
brachychaētus, kurzborstig
brachyglóssus, kurzzüngig
brachýglobus, kurzlappig
brachyneūrus, kurznervig
brachyodóntus, kurzzähnig
brachyótus, kurzohrig
brachypétalus, kurzkronblätt-
rig
brachyphýllus, kurzblättrig
brachýpodus, kurzstielig
brachýpterus, kurzflügelig
bráchypus, kurzfüßig
brachyrhýnchus, kurzschnäbelig
brachýstachys, brachystá-
chyus, kurzährig
brachystémus, mit kurzen
Staubfäden
brachystéphanus, kurzkronig
brachýstylus, kurzgriffelig
brachýtrichus, kurzhaarig
brachyúrus, kurzschwänzig
bracteoláris, bracteátus, deck-
blättrig
bracteolátus, bracteósus,
deckblattartig
bractéscens, deckblattartig
werdend
brádei, n. Alex. Curt Brade
(1881–1971), dtsch.-brasil. Bot.
bradtiána, brádtii, Georg M.
Bradt. nordamer. Garten-
freund u. Publizist (Ende
19. Jahrh.) gew.

brandégeei, n. T.S. Brandegee
(1843–1925), nordamerik.
Pflanzensammler u. Autor
brasiliana, brasiliénsis, aus
Brasilien (Südamerika) stammend
brassávolae, s. *Brassávola*
(= Gttgsn.)
brassicaefólius, kohl- (*Brássica*) blättrig
brassicaefórmis, kohl- (*Brássica*) förmig
braúnii, n. Alex. C.H. Braun
(1805–77), dtsch. Bot.
brephógeus, neugeboren, neu-
weltlich
bretschneideri, Emil Bret-
schneider, Arzt d. Russ. Ge-
sandschaft in Peiping (Ende
19. Jahrh.) gew.
brevi-, in Zusammensetzungen: kurz-
brevialátus, kurzgeflügelt
breviaristátus, kurz begrannt
breviarticuláta, kurzgliedrig
brevicaudátus, kurzschwänzig
brevicaūlis, kurzstielig
brevicóllis, kurzhalsig
brevicórnis, kurzhörnig
brevicúspis, kurzspitzig
brevifólius, kurzblättrig
brévifrons, kurzlaubig
brevihamátus, kurzhakig
brevimámma, kurzwarzig
brévipaniculátus, kurzrispig
brevipedicellátus, kurzgestiel-
ter Blütenstand
brévipedunculátus, kurz gestielt
brévipes, kurzstielig
brevirámeus, kurzästig
breviróstris, kurzschnäbelig
brévis, kurz
breviscápus, kurzschäftig, od.
kurzstengelig
brevisétus, kurzborstig
brevispáthus, kurzschneidig
brevispínus, kurzdornig

brevíssimus, sehr kurz
brevístylus, kurzgriffelig
brevitúbus, kurzröhrig
breviúsculus, ziemlich kurz
breweriána, brewerii, n. William H. Brewer (1828–1910), nordamerik. Bot.
breyniána, s. *Breynia* (= Gttgsn.)
bridgésii, n. Thomas L. Bridges (1807–65), Pflanzensammler in Südamerika
brigantíacus, von Bregenz am Bodensee oder aus Briançon in Frankreich stammend
brilliantíssimus, sehr glänzend
británnicus, britisch, von den Britischen Inseln stammend
britteniána, Grace V. Britten (geb. 1904), südafrikan. Botanikerin, gew.
britzénsis, aus Britz (Berlin) beschrieben
brizaefórmis, zittergras- (*Bríza*) förmig
brizoídes, zittergras- (*Bríza*) ähnlich
bromeliáceus, bromelienartig
bromeliaefólius, *Bromelia*-blättrig
bromelioídes, *Bromelia*-ähnlich
bromoídes, trespen- (*Brómus*) ähnlich
bronchiális, angebl. gegen Bronchitis wirksam
brongniartiánum, A. Th. Brongniart (1801–76), franz. Reisender u. Bot., gew.
bronxénsis, aus Bronx, Stadtteil New Yorks, beschrieben (dort berühmter Bot. Garten)
brookei, Sir James Brooke (1803–68), Radscha von Sarawak (N. Borneo), gew.
broomii, n. Robert Broom (1866–1951), schott.-südafr. Arzt u. Naturforscher

broussonétii, s. *Broussonétia* (= Gttgsn.)
brównii, n. Robert Brown (1773–1858), schott. Bot., od. N. E. Brown (s. *Brownánthus*)
bruántii, Mme. Georges Bruant (1842–1912), ansch. franz. Botanikerin
brumális, winterlich
brunelloídes, braunellen- (*Prunélla*) ähnlich
brúneus, brúnneus, tiefbraun
bruniifólius, *Brunia*-blättrig (C. de Bruyn, holländ. Bot., 17. Jahrh.)
brunoniánus, Robert Brown (1773–1858), schott. Bot. u. Entdeckungsreisender, gew.
brútius, brúttius, n. d. Landschaft Brutia (in Kalabrien, Süditalien)
bryánthus, „moosblütig" aussehend
brymeriánum, n. W. E. Brymer, Pflanzensammler in SO-Asien (19. Jahrh.)
bryoídes, moosähnlich
bryoniaefólius, zaunrüben- (*Bryónia*) blättrig
bryóphilus, moosliebend
bubalínus, gr. *boubales* = Gazelle, auf verzweigte Areolen Bezug nehmend
búccifer, buccífera, buccíferum, trompetentragend
buccinátor, bucinátor, der Trompeter
buccinatórius, trompetenförmig
bucephalóphorus, ochsenkopftragend (Blütenform!)
bucéphalus, ochsenköpfig
búceras, búcerus, ochsenhörnig
buchanánii, n. John Buchanan (1819–98), engl. (?) Bot. in N. Seeland
bucháricus, aus Buchara od.

Bokhara (Mittelasien) stammend
buciniflórus, trompetenblütig
buciniförmis, trompetenförmig
buddleifólium, schmetterlingsstrauch- (*Buddleja*) blättrig
buddleioídes, *Buddleia* = *Buddleja*-ähnlich
buergeri, n. Th. J. Buergers (geb. 1881), dtsch. Bot.
bufónius, krötenartig
buglóssis, ochsenzüngig, großzüngig
bugulaefólius, angebl. günsel- (*Ajuga*) blättrig
búlbiceps, zwiebelköpfig
búlbifer, bulbífera, bulbíferum, búlbiger, bulbígera, bulbígerum, zwiebelchentragend
bulbíllifer, bulbillífera, bulbillíferum, zwiebeltragend
bulbispérmus, mit zwiebelförmigem Samen
bulbispínus, mit zwiebelförmigen Stacheln
bulbocályx, mit zwiebelförmigem Kelch
bulbocodioídes, lichtblumen- (*Bulbocódium*) ähnlich
bulbocódium, s. Gttgsn.
bulbósus, bulbulósus, zwiebelig
bulgáricus, bulgarisch, aus Bulgarien stammend
bulláceus, bullátus, bullósus, blasig
bulleyána, A.K. Bulley (1861–1942), engl. Gärtner u. Züchter, gewidmet
bumálda, n. Jo. Antonius Bumaldus Ovidio Montalbani (1601–71), ital. Bot.
bumámma, dickwarzig
-bundus, in Zusammensetzungen: voll-, reich-
bungeána, bungei, n. Aleks. A. v. Bunge (1803–90), russ. Arzt und Bot.

bungeróthii, M. E. Bungeroth, Pflanzensammler in Südamerika (19. Jahrh.) gew.
bunioídes, erdknollen- (*Búnium*) ähnlich
bunóphilus, hügelliebend
buphthalmoídes, ochsenaugen- (*Buphthálmum*) ähnlich
bupleurifólius, hasenohr- (*Bupleūrum*) blättrig
bupleuroídes, hasenohr- (*Bupleūrum*) ähnlich
burchéllii, s. *Burchéllia* (= Gttgsn.)
burejáeticus, n. d. Burjaten, Mongolenstamm genannt
burfordiénse, aus Burford Lodge, Dorking, Surrey, England
búrkei, n. D. Burke (1854–97), Sammler für Veitsch in SO-Asien
burkwoodii, n. Albert Burkwood (Burkwood & Skipwith, bek. engl. Pflanzenzüchter) bzw. dessen Bruder Arthur (1888–1951).
burmánicus, aus Burma od. Birma (SO-Asien) stammend
burmánnii, s. *Burmánnia* (= Gttgsn.)
burnátii, n. Emile Burnat (1828–1920), franz.-schweiz. Bot.
bursaefólius, taschenblättrig
búrsa-pastóris, Hirtentasche
bursárius, taschen- oder börsenartig
burseriána, Joachim Burser (s. *Bursera*)
bursiculátus, mit kleinen Taschen versehen
bursifórmis, taschenförmig
buschiánum, n. N. A. Busch (1869–1941), russ. Bot.
buttiána, n. Mrs. R. V. Butt, die 1910 in Südamerika sammelte

butyráceus, butterartig
butyrósus, butter- od. fettreich
buxifólius, buchs- (*Búxus*) blättrig
byssáceus, festfaserig, feinwollig
byssisédus, mit Fasern befestigt
byzantínus, aus Byzanz (Konstantinopel = Istanbul) stammend

C

cacaliáster, cacalioídes, *Cacália*-ähnlich
cacáo, mexikan. (aztek.) Name des Kakaobaumes
cachemiriánus, cachemíricus, aus Kaschmir (Himalaya-Region) stammend
cactáceus, kaktusartig
cactifórmis, kaktusförmig
cáctipes, = kakteenfüßig
cadiéri, n. R. P. Cadière, franz. Bot. (Indochina), Anf. 20. Jahrh.
cadúcus, hinfällig, leicht abfallend
cǽduus, haubar, fällbar
caelátus, gestichelt, herausgemeißelt
caelestínus, caeléstis, himmelblau
caerúleo-, in Zus.setzg. blau-
caeruléscens, bläulich, blau werdend
caerúleus, blau, himmelblau
caesáreus, kaiserlich
cǽsius, blaugrau, hechtblau
caespíticus, caespitósus, rasig, rasenbildend
cǽsulus, etwas abgeschnitten, behauen
cǽsus, behauen
cáffer, cáffra, cáffrum, cáffrus,

a. d. Kaffernlande (Südafrika) stammend
caffrórum, der Kaffern
cainíto, westindischer Pflanzenname
cal-, cali-, calo-, in Zus.setzg. = schön-
cálaber, calábricus, aus Kalabrien (Süditalien) stammend
calacánthus, schönstachelig
calahariénsis, a. d. Wüste Kalahari (Südwest-Afrika) stammend
calamagróstis, s. Gttgsn.
calamárius, rohrartig
calamifólius, rohrblättrig
calamifórmis, rohrförmig
calaminthoídes, bergminzen- (*Calamíntha*) ähnlich
calamistrátus, gekräuselt, lockig
calamitósus, elend, armselig
calamósus, rohrig
cálamus, Rohr
calánthus, schönblütig
calathifórmis, korbförmig
caláthinus, korbähnlich
calcarátus, gespornt
calcáreus, kalkliebend
calceifórmis, schuhförmig
calceoláris, calceolátus, schuh- oder pantoffelförmig
calcéolus, kleiner Schuh
cálceus, Schuh
cálciger, calcígera, calcígerum, kalkführend
calcíphilus, kalkliebend
calcítrapa, Fußangel; lat. *calcis* = Ferse, u. *trappa* = Falle
cálculus, lat.: Steinchen
caldásii, n. F.J. de Caldas (c. 1771–1816), span.- kolumbian. Naturwiss.
calenduláceus, ringelblumen- (*Caléndula*) artig od. -farbig
calendulaeflórus, ringelblumen- (*Caléndula*) blütig
cálidus, warm

califórnicus, aus Kalifornien (westliches Nordamerika) stammend
caliginósus, düster, umnebelt
calisáya, aus einer südamerk. Sprache
call-, calli-, callo-, in Zus.setzungen: schön-, aber auch schwielen-
callaefólius, schweinsohr- (*Cálla*) blättrig
callibótrys, schöntraubig
callicánthus, schönstachelig
callíceras, schönhörnig
callichrómus, callichróus, schönfarbig
calliánthus, schönblütig
callícomus, schönschopfig
callichrýsos, schöngoldig
callidíctyus, schönnetzig
cállifer, callífera, callíferum, schwielentragend
calliglóssa, schönzüngig
callilépis, schönschuppig
callimíschon, schönstielig
callimórphum, schöngestaltet
calliopsidéa, auf *Calliópsis* (Gttgsn.) bezogen
callípteris, schönflügelig
callístachys, schönährig
callistegioídes = s. *calystegioídes*
callistémon, schöngriffelig
callistoglóssa, mit sehr schöner Zunge
callitrichoídes, wasserstern- (*Callítriche*) ähnlich
callítrichos, schönhaarig
callizónus, schön gegürtelt
callóchrous, schönfarbig
callóphorus, schwielentragend
callophýllus, schwielenblättrig
callópsis, schönäugig
callósus, schwielig
calocárpus, schönfrüchtig
calocéphalus, schönköpfig
calóceras, schönhörnig
calochílus, schönlippig

calochlórus, gelblich-grün
calochrómus, schönfarbig
calócomus, schönschopfig
calodíctyus, schönnetzig
calólepis, schönschuppig
calomélanus, schön schwarz
calophýllus, schönblättrig
calóphytum, gr.: schöne Pflanze
calópsis, schönäugig
calópterus, schönflügelig
calóptilus, schönfederig
calóstachys, calostáchyus, schönährig
calóstomus, schönschlundig
calostrótus, schön-bedeckt
calothýrsus, schönsträußig
calothéca, schön umhüllt
calozónus, schön geringelt od. umsäumt
calpodéndron, gr. *kalpos* = Krug, Schale, u.*dendron* = Baum
calthaeflórus, dotterblumen- (*Cáltha*) blütig
calthaefólius, dotterblumen- (*Cáltha*) blättrig
calummátus, kapuzenartig, verschleiert
calúrus, schönschwänzig
calvéscens, kahl werdend
cálvifrons, kahllaubig
cálvus, kahl, haarlos
caly-, calyc-, calyci-, calyco-, -calyx, in Zus.setzungen: kelch-, -kelchig
calycánthemus, calycánthus, kelchblütig
calycárpus, kelchfrüchtig
calyciflórus, kelchblütig
calycifórmis, kelchförmig
calýcinus, kelchartig, mit einem Kelch versehen
calycópterus, flügelkelchig
calycósus, großkelchig
calycótrichus, mit einem behaarten Kelch versehen
calyculáris, calyculátus, mit einem Hüllkelch versehen

calymnátus, mützenförmig
calýptra, Haube
calyptraefórmis, haubenförmig
calyptrátus, mit einer Haube
versehen
calyptrógenus, eine Haube bildend
calýstachys, hüllkelchährig
calystegioídes, *Calystégia*-ähnlich
cályx, Kelch
camánchicus, ansch. n. d.
Camanches in Kalifornia
(Nordamerika) genannt
cámara, südamerk. Vulgärname
camarguénsis, aus der Camargue, in Südfrankreich, od. Camargo (Cinti), in Bolivien
stammend
cambessedésii, n. Jacques
Cambessedes (1799–1863),
franz. Bot.
cambodgénsis, aus Kambodscha stammend = Kampuchea, SO-Asien
cámbricus, aus Cambrien (jetzt
Wales, Großbritannien) stammend
camelliaeflórus, kamelien-
(*Camellia*) blütig
camelórum, der Kamele
camerátus, gewölbt
cámmarus, cámmorus, schädlich, verderblich
campaniflórus, glockenblütig
campanifórmis, campanuláceus, campanulárius, campanulátus, glockenförmig
campanúlinus, glockig
campanuloídes, glockenblumen- (*Campánula*) ähnlich
campbellii, n. Archibald Campbell (1805–74), Gouverneur
einer nordind. Region, der
1849 J. Hooker nach Sikkim
begleitete

campechiánus, aus Campeche,
Staat und Stadt in Mexiko
campéster, campéstris, campéstre, feldbewohnend
cámphora, Kampfer
camphorátus, nach Kampfer
duftend
campórum, der Felder oder
Ebenen
campto-, in Zus.setzungen:
gebogen-, bogen-
camptocárpus, gebogenfrüchtig
camptóceras, bogenhörnig
camptócladus, bogenzweigig
camptólepis, bogenschuppig
camptopétalus, mit verbogenen Blumenblättern
camptósorus, mit ineinanderlaufenden Sporenhäufchen
camptótrichus, mit gekrümmten Haaren (Borsten)
campyl-, campylo-, in Zus.setzungen: krumm-
campylánthus, krummblütig
campylóbotrys, krummtraubig
campylócalyx, krummkelchig
campylocánthus, krummstachelig
campylocárpus, krummfrüchtig
campylógynum, mit gekrümmten Ovarien
campyloneūrus, krummnervig
oder -adrig
campylópodus, krummfüßig
oder -stielig
campylópterus, campylópteris, krummflügelig
campylorrhýnchus, krummschnäbelig
campylósiphon, wie vor, u.
siphon = Röhre, od. mit gekrümmten Blüten
campylospérmus, krummsamig
campylótropus, krummbogig
campylótus, krumm- oder
schiefohrig

campylúrus, krummschwänzig od. -schweifig

camtchatcénsis, camtscháticus, v. d. Halbinsel Kamtschatka, in Ostsibirien stammend

canadénsis, aus Kanada (Nordamerika) stammend

canaértii, Canaert d'Hamale, aus Mechelen, Belgien, gewidmet (Mitte 19. Jahrh.)

canaliculátus, rinnenförmig

canálipes, hohlfüßig od. -stielig

canariénsis, kanarisch, v. d. Kanarischen Inseln stammend

canbyi, n. William Marriott Canby (1831–1904), nordamerk. Bot.

cancellátus, gitterförmig

candelabrifórmis, armleuchterförmig

candelábrum, Armleuchter

candelílla, Verkleinerungsform d. span. *candela:* Kerze, od. kleine (Blüten)kerzen

cándens, weißwerdend

cándicans, weißwerdend, weiß aussehend

candídissimus, glänzend weiß

candídulus, schön weiß

cándidus, reinweiß

canéscens, ergrauend, grau aussehend

caniáter, caniátra, caniátrum, grauschwarz

canínus, hundsgemein, gemein

cannábinus, hanf- (*Cánnabis*) artig

cannaefólius, canniifólius, blumenrohr- (*Cánna*) blättrig

cannibrunéus, rohrbraun

canónicus, regelmäßig

cantábile, lat.: besingens- (lob)-würdig

cantábricus, aus Kantabrien, Landschaft in N-Spanien stammend

cantabrigiénsis, aus Cambridge (England) stammend

canterburyána, einem Vicomte Canterbury gewidmet

cántium, aus Kent (England) stammend

cantoniénsis, aus Kanton, in Kwangchow (= Guangshow, SO-China) stammend

cánus, aschgrau, greisgrau

capénsis, vom Kap der Guten Hoffnung (Südafrika) stammend

caperátus, gekräuselt, gerunzelt

capilláceus, haarförmig

cappilláris, haarfein

capillátus, fein behaart

capillifórmis, haarförmig

capíllipes, mit behaarten Stielen

capíllus, Haar

capíllus-véneris, Venushaar, Frauenhaar

capitátus, kopfförmig, kopfig

capitellátus, kleinköpfig

capitulátus, capitulifórmis, kopfförmig

capitulígerus, kopftragend

capnoídes, rauchartig

cappadócius, aus Kappadozien, alte Landschaft Kleinasiens, stammend

caprarósus, ziegenhaarig

capreátus, zu Ziegen gehörig

capreolátus, gabelrankig

cápreus, Ziegen zur Nahrung dienend

capricórnis, ziegenhörnig

caprifoliáceus, geißblatt- (*Lonícera caprifólium*) artig

caprifólinm, Geißblatt

caprínus, ziegenartig od. bei Ziegen beliebt

caproniánus, anscheinend früher Druckfehler für *apronianus,* dem Römer Lucius Apronius gewidmet

capsélla, Kapselchen, kleine Kapsel
capsicástrum, capsicoídes, *Cápsicum*-ähnlich
capsuláris, kapselartig
cáput, Kopf, Haupt
cáput-medúsae, Medusenhaupt
caracálla, v. lat. = Kapuze
caracasánus, aus Caracas (Venezuela) stammend
caramánicus, aus Karaman, Stadt im Süden der Türkei, stammend
carataviénsis, v. d. Karataugebirge (Transkaspien) stammend
carbonáceus, kohleartig, kohlig
cardaminifólius, schaumkraut-(*Cardámine*) blättrig
cardamómum, gr. Name einer Gewürzpfl.
cárderi, n. John Carder, († 1908) engl. Pflanzenzüchter u. Sammler gew.
cardi-, cardio-, in Zusammensetzungen. = herz-
cardíacus, Herz oder Magen heilend
cardinális, kardinal- oder scharlachrot
cardiochlǣnus, herzförmig umhüllt
cardioglóssa, herzförmige Zunge
cardiopétalus, mit herzförmigen Kronblättern
cardiophýllus, herzblättrig
cardiostígma, mit herzförmigen Narben
carduáceus, distel- (*Carduus*) artig
carduchórum, der Kurden, aus Kurdistan (Vorderasien) stammend
carduifólius, distel- (*Carduus*) blättrig

cardúnculus, Verkleinerungsform von *Carduus,* Kardone
cárens, fehlend
carélica, aus Karelien: finnisch-russ. Landschaft
caribǣeus, von den Karibischen Inseln (Mittelamerika) stammend
caricaefólius, melonenbaum-(*Cárica*) blättrig
caricifólius, riedgras- (*Cárex*) blättrig
carícinus, riedgras- od. seggenartig
caricósus, feigen- (*Fícus cárica*) artig
cáricus, cariénsis, aus Karien (Kleinasien) stammend
carinális, zum Schiffskiel gehörend
cárinans, kielbildend
carinátus, gekielt
carínifer, carinífera, caríniferum, kieltragend
carinthíacus, aus Kärnten stammend
cariósus, morsch, faul
carlcéphalum, für einen *Viburnum*-Bastard: *carlésii × macrocéphalum*
carlésii, n. William R. Carles (c. 1848–1929), brit. Konsul u. Sammler, in China
carlinoídes, eberwurz- (*Carlína*) ähnlich
carmichaélii, s. *Carmichaélia* (Gttgsn.)
carminátus, carmíneus, karminfarbig
carnéolus, fleischartig, gefärbt
carnerosána, vom Carnero-Pass, in Mexico
cárneus, carnícolor, fleischfarben
cárnica, wahrsch. v. *carnis* = Fleisch abgel.; fleischig
carniólicus, aus Krain (Kranj, Slovenien) stammend

carnivórus, fleischfressend
carnósulus, etwas fleischig
carnósus, fleischig
carolínae, n. Karoline Louise (1723–83), Gattin d. Großherzogs v. Baden
carolinénsis, caroliniánus, aus Karolina (2 Staaten der USA) stammend
caroliniaefolius, *caroliniae*-blättrig, sich auf eine verwandte Art beziehend
caróta, Karotte
carpháticus, aus den Karpaten stammend
carpetánus, aus d. Region der Carpetani, bei Toledo (Spanien) stammend
-carpha, in Zus.setzungen: -spreuig, -strohig
cárpicus, zur Frucht gehörig
carpinifólius, hainbuchen- (*Cárpinus*) blättrig
cárptus, gerupft
-cárpus, in Zus.setzungen: -früchtig
carriérei, s. *Carriérea* (= Gttgsn.)
carsónii, n. Alexander Carson (1850–96), Pflanzensammler in O-Afr.
carthaginénsis, aus Karthago (Nordafrika) od. Cartagena in SO-Spanien stammend
carthamoídes, safflor- (*Cárthamus*) ähnlich
carthusianórum, zu Ehren der Karthäuser-Mönche od. v. Grande Chartreuse, bei Grenoble, Frankreich
cartilagíneus, knorpelig
carunculátus, fleischwarzig
cárvi, ital. u. franzos. N. des Kümmels
carvifólius, kümmel- (*Cárum cárvi*) blättrig
caryocarpus, nußfrüchtig
caryophylláceus, caryophýl-

leus, gewürznelken- oder nelkenartig
caryophyllátus, gewürznelkenartig
caryophylloídes, nelkenähnlich
caryophýllus, v. gr. N. d. Nelke abgeleitet; s. auch Gttgsn.
caryotaefólius, brennpalmen- (*Caryóta*) blättrig
caryotídeus, caryotoídes, brennpalmen- (*Caryóta*) ähnlich
caschmiriánus, cashemiriánus, aus Kaschmir (Region N-Indiens) stammend
caseoláris, käseartig
cáspicus, cáspius, vom Kaspischen Meer stammend
cássia, s. Gttgsn.
cassídeus, helmähnlich
cassinifólius, *Cassíne*-blättrig
cassinoídes, *Cassíne*-ähnlich
cassúbicus, aus der Kaschubei (ehemals Westpreußen) stammend
cássus, leer, taub
cassýtha, s. Gttgsn., eigentl. Zusammenflicken
cassythoídes, *Cassýtha*-ähnlich
castaneaefólius, kastanien- (*Castánea*) blättrig
castaneoídes, kastanien- (*Castánea*) ähnlich
castáneus, kastanienbraun
castellánus, aus Kastilien (Spanien) stammend
castrátus, verschnitten, geschlechtslos
castrénsis, das Lager betreffend
cástus, keusch, fehlerlos
catacánthus, mit abwärts gerichteten Stacheln
catacólobus, steiflappig
catalaūnicus, aus Catalunya, Region NO-Spaniens u. angrenzender franzos. Gebiete stammend

catálpa, indian. Volksname, Trompetenbaum

catalpaefólius, trompetenbaum- (*Catálpa*) blättrig

catamarcénsis, aus Catamarca, Stadt u. Prov. in NW-Argentinien

cataphráctus, gepanzert

catáppa, v. malaiischen Vulgärnamen abgel.

cataractárum, am Gießbach wachsend, an Wasserfällen

catárius, auf Katzen wirkend

catawbiénsis, vom Catawbafluß, Carolina, im O. der USA stammend

cátechu, ind. Volksname

catenulátus, verkettet

catenocárpus, kettenfrüchtig

catesbaei, n. Mark Catesby (1674 od. 82–1749), engl. Historiker

cathárticus, abführend, reinigend

cathayánus, cathayénsis, aus Cathay (= China) stammend

cathcártii, s. *Cathcártia* (= Gttgsn.)

cathecú = s. *catéchu*

catherínae, von der Insel St. Catherina (?) (Brasilien), aus dem Staat Sta. Catarina, od. v. Catherine-Berg, auf Jamaika, stammend

catingícola, die Catingas, im Osten Brasiliens, bewohnend

catóphorus, kettentragend

catópterus, kettenflügelig

cattleiánum, wahrsch. W. Cattley gew. (s. *Cattleya,* Gttgsn.)

cattleyánus, *Cattláeya*-ähnlich

caucásicus, aus dem Kaukasus, Geb. Südrußlands

caudátus, geschwänzt

caudéscens, stammbildend

caudicifórmis, stammförmig

caudícius, geschwänzt

caudiculátus, klein geschwänzt

caudifórmis, schwanzförmig

caudínus, schwanzartig

caul-, cauli-, caulo-, -caulis, in Zus.setzungen: stengel-, -stengelig

cauléscens, stengeltreibend

caulialátus, flügelstengelig

cauliculátus, kleinstengelilg

cauliflórus, stengel- oder stammblütig

caulifórmis, stengelförmig

caulinus, stengelständig

caulis, Stiel, Stengel

caulocárpus, stengelfrüchtig

caulólepis, schuppenstielig

caulópterus, flügelstielig

caulorrhízus, stengelwurzelnd

causticus, ätzend

cautícola, felsen- od. klippenbewohnend

cautleoídes, *Cautleya-* (= Gttgsn.) ähnlich

cavanillésii, n. Antonio José Cavanilles (1745–1804), Dir. d. Bot. Garten Madrid

cavendíshii, cavendishiánum, s. *Cavendíshia* (= Gttgsn.)

cavernósus, ausgehöhlt

cavicaulis, hohlstengelig

cávus, hohl

cayennénsis, aus Cayenne, Guiana, (Südamerika) stammend

cayeuxii, n. M. H. Cayeux, im Bot. Garten Lissabon (Ende 19. Jahrh.)

ceanothifólius, säckelblumen- (*Ceanóthus*) blättrig

cebennénsis, vom Cévennes, Bergzug im Zentralmassiv, Frankreich

cecidóphorus, gallentragend

cedroénsis, von der Cedro-Insel Niederkaliforniens stammend

celastrifólius, baumwürger- (*Celástrus*) blättrig

celatocaūlis, mit versteckten Stengeln
celébicus, von der Insel Celebes (jetzt Sulawesi, Indonesia) stammend
cellulàris, zellig
cellulósus, faserstoff- oder zellulosehaltig
celosioídes, hahnenkamm- (*Celósia*) ähnlich
célsii, celsiánus, n. Jacques P. M. (c. 1743–1806) u. Sohn François Cels (1771–1832), franz. Gärtner (Montrouge bei Paris)
célsior, célsius, höher
celsíssimus, sehr hervorragend
célsus, hoch
célticus, keltisch
celtidifólius, zürgelbaum- (*Céltis*) blättrig
cémbra, vom ital. Volksnamen abgeleitet
cembroídes, zirbelkiefer- (*Pínus cémbra*) ähnlich
cenísius, vom Mont Cenis (West-Alpen) stammend
cenopléurus, hohlrippig
centaureoídes, flockenblumen- (*Centauréa*) ähnlich
centaurioídes, tausend-güldenkraut- (*Centaūrium*) ähnlich
centaūrium, s. d. Gttgsn.
centetérius, v. gr. *kenteterion* = Pfriem, auf die Bestachlung bezugnehmend
centifólius, hundert od. vielblättrig
centigránus, Hundertkorn
centrális, mittelständig
centránthus, spornblütig
centricírrhus, mittelrankig
centri-, Zusammensetzungen: mittel-
centrifugális, centrifúgus, vom Mittelpunkt sich entfernend

centripetális, entrípetus, zum Mittelpunkt strebend
centrispínus, mittelstachelig oder -dornig
centro-, -centron, in Zus.setzungen: sporn-, -spornig
centrochlórus, grünspornig
centroídes, spornähnlich
centropétalus, mit gespornten Blütenblättern
centrotérius, stumpfspornig
cépa, die Zwiebel
cepáceus, zwiebelartig
cepaēa, Zwiebelpfeffer
cephalánthus, kopfblütig
cephaloídes, kopfähnlich
cephalónicus, von der Insel Kephalonia (Griechenland) stammend
cephalóphorus, köpfchentragend
cephalótes, großköpfig
-cephalus, -ceps, in Zusammensetzungen: -köpfig
cepifólius, zwiebel- (*Állium cépa*) blättrig
cepifórmis, zwiebel- (*Állium cépa*) förmig
ceráceus, wachsartig
ceraeflórus, wachsblütig
ceramicárpus, krugfrüchtig
ceranthérus, mit wachsartigen Staubfäden
cerásifer, cerasífera, cerasíferum, kirschentragend
cerasifólius, kirschblättrig
cerasifórmis, kirschenförmig
cerásinus, kirschenartig oder -farbig
cerasoídes, kirschen- (*Cerasus*) ähnlich
cerastioídes, hornkraut- (*Cerástium*) ähnlich
cérasus, die Kirsche (s. Gttgsn.)
cerátinus, wachsartig
cerat-, cerato-, in Zus.setzg.: hornig-, gehörnt

225

ceratítes, wahrsch. v. gr. *keratítes* = hornförmig
ceratocárpus, hornfrüchtig
ceratocaūlis, hornstengelig
ceratóphorus, horntragend
ceratophýllus, hornblättrig
ceratosánthes, ceratosánthus, hornblütig
ceratospérmus, hornsamig
cercidifólius, mit *Cercidium-* (s. Gttgsn.) ähnl. Blättern
cereális, Getreide betreffend
cerebellínus, hirnförmig
cerébrifer, cerebrífera, cerebríferum, gehirnstärkend
cerefólius, wachsblättrig
ceréifer, cereífera, cereíferum, wachs- od. kerzentragend
cereifórmis, *Cereus-* od. kerzenförmig
céreus, wachsartig, wachsgelb; Wachskerze s. auch Gttgsn.
cereúsculus, einer kleinen Wachskerze od. kleinem *Cereus* ähnlich
ceri-, in Zus.setzung: wachs-
cérifer, cerífera, ceríferum, wachstragend
ceriflórus, wachsblütig
cerinthoídes, wachsblumen- (*Cerínthe*) ähnlich
cérinus, wachsgelb
cérnuus, übergebogen, nickend
cerocárpus, wachsfrüchtig
ceroídes, wachsähnlich
cerophýllus, wachsblättrig
cerospérmus, wachssamig
cérris, röm. N. d. Zerreiche
cerussátus, bleiweißfarbig
cervantésii, Vic. de Cervantes (1755–1829), span.-mexikan. Bot., gewidmet
cervárius, dem Hirsche
cervicórnis, hirschhörnig
cerviculáris, cerviculátus, kropfartig, den Nacken betreffend

cervínus, hirschartig
cervispínus, hirschhornstachelig
cespitósus, rasenartig
ceylánicus, ceylónicus, von der Insel Ceylon (= Sri Lanka=) stammend
chaerophylloídes, kälberkropf- (*Chaerophýllum*) ähnlich
chaerophýllus, zartblättrig
chaet-, chaeto-; -chaetus, in Zusammensetzungen: -borsten, - borstig
chaetocárpus, borstenfrüchtig
chaetocéphalus, borstenköpfig
chaetodóntus, borstig gezähnt
chaetophýllus, borstenblättrig
chaetoráchis, chaetorháchis, borstenspindelig od. -rippig
chaetostrómus, borstenlagerig
chaíxii, Dominique Chaix (c. 1730–99), franz. Geistl. u. Bot., gewidmet
chalaránthus, schlaffblütig
chalcedónicus, aus Chalzedon (Landschaft Kleinasiens) stammend
chálceus, erzfarbig
chalcítes, kupferfarbig
chalepénsis, aus Aleppo (Syrien) stammend
chalybeifórmis, stahlhart
chalybaeus, stahlblau, stählern
chamae-, chamai-, in Zusammensetzungen: zwerg-, niedrig-, erd-
chamaebúxus, zwergbuchsartig
chamaecérasus, zwergkirschartig
chamaecístus, zwergzistrosenartig
chamaecyparíssus, zwergzypressenartig

chamaedryfólius, gamander-
(*Teŭcrium chamaedrys*)
blättrig
chamaedryoídes, gamander-
(*Teŭcrium chamaeaedrys*)
ähnl.
chamaedrys, Zwergeiche
chamaeíris, Zwergschwertlilie
chamaejásme, Zwergjasmin
chamaeméspilus, Zwerg-
mispel
chamaemorus, Zwerg-
maulbeer
chamaepeūuce, s. Gttgsn.
chamaepítys, griech. Pfl.n.:
Bodenfichte, Erdkiefer
chamaerépens, niedrig
kriechend
chamberlainiánum, n. Joseph
Chamberlain (1836–1914),
engl. Gartenfreund
chamissoniánum, n. Adelbert
v. Chamisso (1781–1838),
dtsch. Dichter, Bot. u.
Weltreisender
chamomílla, lat. N. d. Kamille
chantriéri, den Chantrier-
Brüdern, franz. Gärtnern in
Mortefontaine (19. Jahrh.)
gewidmet
charántia, vorlinneischer
Pfl.n.
- charis, in Zus.setzungen:
-freund, -liebend
chariánthum, mit lieblicher
Blüte
charleswórthii, s. *Charleswór-
thia* (= Gttgsn.)
chartáceus, papierartig
chartophýllum, papierblättrig
chartostégius, papierartig
bedeckt
chasmánthus, offenblütig
chasmatocóleus, offen-
scheidig
chathámica, v. d. Chatham-
Inseln, östl. Neuseeland
gelegen

cheilanthifólius, *Cheilanthes-*
(Farngattung) blättrig
cheilánthus, lippenblütig
cheiranthiflórus, goldlack-
(*Cheiránthus*) blütig
cheiranthifólius, goldlack-
(*Cheiránthus*) blättrig
cheiranthoídes, goldlack-
(*Cheiránthus*) ähnlich
cheiri, arab. N.; s. auch
Cheiránthus
cheirifólius, goldlack- (*Cheiránthus cheiri*) blättrig
cheirólepis, handförmig
beschuppt
cheiróphorus, hand- oder fingertragend, handförmig
cheirophýllus, hand- oder
fingerblättrig
chelidonifólius, schöllkraut-
(*Chelidonium*) blättrig
chelidonioídes, schöllkraut-
(*Chelidónium*) ähnlich
chelidonúrus, schwalben-
schwanzartig, -schwänzig
chenaúltii, n. Léon Chenault
(1853–1930), franz. Pflanzenzüchter (in Orléans)
chénde, wahrsch. mexikan.
Volksname
chenopodioídes, gänsefuß-
(*Chenopódium*) ähnlich
cherimóla, v. span. *cherimolia*
abgeleitet
chestertónii, n. J. Henry Che-
sterton, engl. Pflanzensammler in Südamerika (–1883)
chiapénsis, von Chiapas
(Mexiko) stammend
chichípe, mexikan. Vulgärn.
chilénsis, aus Chile (Südamerika) stammend
chiliadénus, lippendrüsig
chiloénsis, von der Insel Chi-
loë (Südchile) stammend
chiloglýphis, chiloglýphus,
offenlippig
-chilos, in Zus.setzungen: -lippig

chimaērus, sagenhaft, übertragen: Mischlingspflanze
chimboracénsis, vom Chimborazo, Vulkan Ekuadors, beschrieben
chinénsis, chinesisch, aus China stammend
chionaēus, schneeartig
chionánthus, s. Gttgsn.
chióneus, schneeig
chionóphilus, schneeliebend
chionophýllus, schneeweißblättrig
chionosphaērus, schneeballartig
chiriquénse, v. Chiriquí, in Pánama
chirónium, n. Cheiron, einem Kentauren
chiróphorus, hand- od. fingertragend, handförmig
chirophýllus, hand- od. fingerblättrig
-chiton, in Zus.setzungen: -kleid
chítria, indischer Pfl.n.
chíus, von der Insel Chios (Ägäisches Meer) stammend
-chlaēna, in Zus.setzungen: – granne, -grannig; od. Mantel
chlaenópteris, grannenflügelig
chlamy-, chlamydo-; -chlamys, in Zus.setzung:- hüll-, mantel-, – hüllig
chlamydoblástus, hüllkeimig
chlamydocárpus, hüll- oder mantelfrüchtig
chlamydóphorus, manteltragend, umhüllt
chloódes, gelblichgrün
chloracánthus, grünstachelig
chloráceus, grünlich
chlor-, chloro-, in Zus.setzgn.: grün-, blaßgrün-, grünlich
chloraeflórus, Chlora- (= Gttgsn.) blütig
chloránthus, grünblütig

chlóris, grün; s. auch Gttgsn.
chlórisans, grünlich
chlorocárpus, grünfrüchtig
chlorocéphalus, grünköpfig
chlorochílus, grünlippig
chloróchrysus, grüngoldig
chlorocýanus, grünlichblau
chlorogónus, grünkantig
chloroídes, Chlora- (= Blackstonia) ähnlich
chloroleūcus, grünlichweiß
chlorolómus, grün gesäumt
chloronémus, grünfädig
chloroneūrus, grünadrig
chloróphanus, grün scheinend
chloróphorus, grün liefernd oder färbend
chlorophthálmus, grünäugig
chlorophýllus, grünblättrig
chlorópterus, grünflügelig
chlórops, chlorópsis, grünäugig, grünfleckig
chlorostíctus, grün gepunktet
chloróticus, bleichsüchtig, blaßgrün
chlórus, bleich
chólla, mexikan. Pflanzenname
chondro-, in Zus.setzungen: -knorpelig, knorpel-
chondrophýllus, knorpelblättrig
chontalensis, v. Chontales, in Nicaragua
chordátus, strick- od. sehnenartig
chordophýllus, strick- od. sehnenblättrig
chordorhízus, fadenwurzelig
chori-, in Zus.setzungen: getrennt-
coriphýllus, getrenntblättrig
chorizánthus, getrennt- od. spaltblütig
chorizemifólia, Chorizema- (Gttgsn.) blättrig
chorophýllus, kreisblättrig

chosicénsis, aus Chosica, im SW Perus

chromatéllus, schwach gefärbt

chromo-, -chromus, in Zus.setzungen: -farbig, -gefärbt; auch gelb-

chromochaētus, farbigborstig, gelbborstig

chromodóntus, farbig gezähnt

chromólepis, farbig beschuppt, gelbschuppig

chrooséphalus, hautkelch- blättrig

chrys-, chryso-; -chrysos, in Zus.setzungen: gold-, -goldig

chrysacánthus, chrysacán- thion, goldstachelig

chrysanthemiflórus, wucher- blumen- (*Chrysánthemum*) blütig

chrysanthemoídes, wucherblu- men- (*Chrysánthemum*) ähnlich

chrysánthus, goldblütig

chrysátherus, goldgrannig, goldährig

chrysénterus, goldfleischig

chrýseus, goldig

chrysóbotrys, gold- od. gelbtraubig

chrysocárpus, gold- od. gelbfrüchtig

chrysocéntrus, goldspornig

chrysocéphala, goldköpfig

chrysócharis, goldliebend

chrysócomus, goldschopfig

chrysocraspédus, goldig umsäumt

chrysógonum, „goldener Ab- stammung"; s. auch Gttgsn.

chrysográphes, goldgestreift, goldbeschrieben

chrysólepis, goldschuppig

chrysoleūcus, gelblichweiß

chrysomállum, Goldvließ

chrysophýllus, goldblättrig

chrýsops, goldig aussehend

chrysópteris, chrysópterus, goldflügelig

chrysoráchis, goldrippig

chrysorhoēus, gelbflüssig

chrysóstachys, chryso- stáchyus, goldährig

chrysostíctus, goldpunktiert

chrysóstomus, goldschlundig

chrysotóxum, goldbogig

chrysotrichómus, chryso- tríchus, goldhaarig

chúmbyi, a. d. Chumby-Tale, im Norden Indiens

chytróphorus, gefäß- oder grubentragend

cibárius, eßbar, zur Speise dienend

cicatricátus, narbig

cicatricósus, blaunarbig

cícer, Kichererbse

cichoriáceus, wegwarten- (*Cichórium*) artig

cíclus, sizilianisch, aus Sizilien stammend

cicónius, langschnäbelig, storchschnabelartig

cicutárius, wasserschierling- (*Cicúta*) artig

cicutifólius, wasserschierling- (*Cicúta*) blättrig

cigarettíferus, „zigarettentra- gend", zigarettenartig

ciliáris, bewimpert

ciliatiflórus, wimperblütig

ciliatopétalus, mit gefransten Blütenblättern

ciliátulus, etwas gefranst

ciliátus, gewimpert

cilícicus, ciliciénsis, aus Cilicia, Landschaft d. südl. Türkei, stammend

ciliicályx, mit gewimpertem Kelch

cilinóde, mit bewimperten Knoten

ciliolátus, ciliolósus, ciliósus, feinbewimpert

ciliospinósus, mit bewimper- ten Stacheln

cimicínus, wanzenartig

cimicíphorus, wanzentragend
cincinnátus, gekräuselt
cincínnus, wickelig
cínctus, umgürtet, gesäumt
cinerária, s. d. gleichn.
  Gattungsn.
cinerariifólius, aschenpflanzen-
  (*Cinerária*) blättrig
cineráscens, aschgrau
  werdend
cinéreus, aschgrau
cíngens, umgebend, umgürtend
cinnabárinus, zinnoberrot
cinnamóchrous, zimtfarbig
cinnamómeus, zimtbraun
cinnamomifólius, zimt- (*Cinnamómum*) blättrig
cinnamómum, s. Gttgsn.
circelláris, gegittert
circinális, schneckenartig
  eingerollt
círcinans, kreisbildend
circinátus, kreisförmig
  eingerollt
circuláris, kreisförmig
circumcínctus, umgürtet,
  umrandet
circúmdatus, rund umgeben
circumfléxus, umgebogen
circumnátus, rings um-
  wachsen
circumscíssus, rings-
  umschnitten
cirrhátus, wickelrankig
círrhifer, cirrhífera, cirrhífe-
  rum, rankentragend
cirrhiflórus, rankenblütig
círrhipes, rankenstielig
cirrhósus, wickelrankig
cirsioídes, kratzdistel- (*Cir-
  sium*) ähnlich
cisalpínus, diesseits d. Alpen
cismontánus, diesseits der
  Berge
cisplatínus, diesseits des La
  Plata (Argentinien/Uruguay)
cissifólius, klimmen- (*Císsus*)
  blättrig

cissoí des, klimmen- (*Císsus*)
  ähnlich
cistiflóra, zistrosen- (*Cistus*)
  blütig
cistoídes, zistrosen- (*Cístus*)
  ähnlich
citrátus, zitronenartig
cítreus, zitronengelb
citrifólius, zitronen- (*Cítrus*)
  blättrig
citrifórmis, zitronen- (*Cítrus*)
  förmig
cítrinus, zitronengelb
citriodórus, citrósmus, nach
  Zitronen duftend
citrósmum, zitronenartig
  duftend
citrullifólius, wassermelonen-
  (*Citrúllus*) blättrig
citrullifórmis, wassermelonen-
  (*Citrúllus*) förmig
citrúllinus, citrulloídes, wasser-
  melonen- (*Citrúllus*) ähnlich
citrúllus, Wassermelone
civílis, bürgerlich, verbessert,
  kultiviert
cladóleptus, dünnzweigig
cladostémmus, zweigebe-
  kränzt
chladótrichus, zweighaarig
clanbrassiliána, n. Lord
  Clanbrassil, schott. Förderer,
  d. Gartenkunst
clandestínus, verborgen,
  versteckt
clandonénsis, in West-Clandon,
  Surrey, England, gezeugt
clarípola, hell-, gelblich-perlig
clárkei, Ch. Baron Clarke
  (1832–1906), engl. Bot. (in Indien) gewidmet
clathrátus, gegittert
cláūdens, schließend
cláūdus, mangelhaft, unvollständig, gebrechlich, lahm
cláūsus, geschlossen
cláva hérculis, Herkuleskeule;
  lat. *clava* = Keule

clavarioídes, keulenähnlich
clavátus, keulenförmig
clavéllinus, etwas keulig
clavénae, n. Niccolo Chiavena
(Lat.: Clavena), ital. Apotheker u. Bot. († 1617)
clavi-, in Zusammensetzungen: keulen-
claviculátus, etwas keulenartig
clavifólius, keulenblättrig
clavifórmis, keulen-, auch nagelförmig
cláviger, clavígera, clavígerum, keulen- od. kolbenführend
clávipes, keulen- od. nagelstielig
clavúnculus, riegelartig
claytoniána, n. John Clayton (1694–1773), engl. Sammler
cleióstomus, verschlossenrachig
cleist-, in Zus.setzungen: verschlossen-
cleistógamus, verschlossenblütig
clematídeus, waldreben- (*Clématis*) ähnlich
clématis, s. Gttgsn.
clematítis, waldreben- (*Clématis*) artig
clementínae, Mrs. Clementine Forrest, Gattin d. Sammlers George Forrest (s. *forrestii*), gewidmet
clethroídes, scheineller- (*Cléthra*) ähnlich
clevelándii, n. Mr. Cleveland, kaliforn. Sammler (Ende 19. Jahrh.)
clinólepis, schlaffschuppig
clinophýllus, schlaffblättrig
clinopodioídes, wirbeldost- (*Clinopódium*) ähnlich
clivórum, der Hügel, auf Hügeln wachsend
clowésii, John Clowes (1777–1846), engl. Geistl. u. Orchideenzüchter, gewidmet

clusiaefólia, *Clúsia-* (s. Gttgsn.) blättrig
clusiána, s. *Clúsia* (= Gttgsn.)
clýmenum, rankend
clypeátus, schildartig
clypeolátus, schildchenartig
cnemidóphorus, schienentragend
cneórum, s. Gttgsn.
cnidioídes, brenndolden- (*Cnídium*) ähnlich
coacervátus, gehäuft
coadunátus, zusammengewachsen, vereinigt
coaetáneus, gleichaltrig, gleichzeitig
coágulans, zusammenlaufend, gerinnend
coahuilénsis, aus Coahuila, Staat im Norden Mexikos
coaléscens, zusammenwachsend
coálitus, verbunden, vereinigt
coarcátus, gedrungen, verengt
cobaéa, s. d. Gttgsn.
cóca, v. kkoka, peruan.-indian. Volksname
cóccifer, coccífera, coccíferum, scharlachbeerig, beerentragend
coccíneus, scharlachrot
coccolobifólius, seetrauben- (*Coccolóba*) blättrig
cochabambénsis, aus Cochabamba, Stadt in Bolivien stammend
cóchal, mexikan. Pflanzenname
cochenéllifer, cochinellífera, cochinellíferum, Cochenille-Schildläuse tragend
cochinchinénsis, aus Cochinchina (SO-Asien) stammend
cochlearifólius, löffelkraut- (*Cochlearia*) blättrig
cochleáris, löffelartig oder -förmig
cochlearispáthus, löffelscheidig

cochleátus, schneckenförmig
cochlídeus, schneckenähnlich
cocíferus, Kokosnüsse tragend
cockburniánus, n. H. Cockburn (1859–1932), brit. Konsul in China, od G. Cockburn, schott. Missionar u. Sammler (China)
cocomílio, Volksn. f. versch. Pflanzen
codonánthus, glockenblütig
codonoídes, glockenartig
codophýllus, glockenblättrig
coelestínus, coeléstis, himmelblau
cōēli-rósa, Himmelsröschen
coelógyne, s. Gttgsn.
coelonēūron, hohlsehnig
coelopódius, hohlstengelig
coelospérmus, hohlsamig
coenópodus, gleichfüßig
coenópteris, gr. *koinos* = gewöhnlich, u. *ptéris,* = Farn
coerul-, coerúleo-, in Zus.setzungen: blau-
coerulans, bläulich
coeruléscens, bläulich werdend
coerúleus, blau
coggýgria, entstellter gr.Pfl.n., Perückenstrauch
cognátus, verwandt
cógnitus, bekannt
cohāērens, zusammenhängend
cohúne, südamerikan. Pflanzenname
coignétiae, Mme. Coignet, franz. Pflanzensammlerin (Japan: Ende 19. Jahrh.)
coilópodus, hohlstielig
-cola, in Zus.setzungen: – bewohnend
colchésteri, colchesterénse, v. Colchester, Essex, England beschrieben
colchiciflórus, zeitlosen-(*Cólchicum*) blütig

cólchicus, cólchis, aus der Colchis, Landschaft am Schwarzen Meer, stammend
colénsoi, n. William Colenso (1811–99), brit. Geistl. u. Bot. (Neuseeland), od. Bischof John W. Colenso (1814–83), südafrik. Pflanzenkenner
coleoídes, scheidenartig
coleophýllus, scheidenblättrig
coleóstachus, coleostáchyus, scheiden- od. hüllährig
colifórmis, stengelförmig
collápsis, hinfällig
colláris, den Hals betreffend
collaterális, nebenständig
colléttii, Sir Henry Collett (1836–1901), engl. Offizier u. Sammler, in China, gew.
collicósus, hügelig
colliculósus, etwas hügelig
collíncola, Hügelbewohner
collínus, hügelbewohnend
collitínus, cóllitus, beschmiert, bestrichen
collocátus, ausgestattet, verheiratet
colmánii, n. Sir Jeremiah Colman (1859–1942), engl. Orchideenzüchter
colobódes, verstümmelt
colobódus, stummelzähnig
colocasiifólius, *Colocasia*-blättrig
colocýnthis, v. gr. *kolokynthis,* für eine rundliche Kalabasse
-color, in Zus.setzungen: – farbig
coloradénsis, aus Colorado (Nordamerika) stammend
colórans, färbend
colorátus, farbig, gefärbt
colóreus, colórus, bunt
colosséus, colóssus, riesig
colpódes, busenartig
columbária, v. lat. *columba* = Taube abgel.
columbiánus, aus Brit. Colum-

bia (Canada); seltener: aus Kolumbien (Südamerika) stammend
columbínus, die Tauben betreffend, taubengrau
columelláris, pfeiler- oder pfostenartig
colúmnae, s. *Columnéa* (Gttgsn.)
columnáris, columnárius, säulenartig
colúmnifer, columnífera, columníferum, säulentragend
colúrna, Haselstrauch
colurnoídes, dem Baumhasel (*Corylus colurna*) ähnlich
colvíllei, James Colville (1777–1837), engl. Gentlemangärtner, gew.
com-, in Zus.setzungen: mit, zusammen, gleich-
coma-; -coma, -come, -comus, in Zus.setzungen: -schopfig
coma-aúrea, „Haargold" = Goldhaar
coménchicus, vom Comanchefluß (Texas, Nordamerika) stammend, bzw. den Comanches gewidmet
cománthus, schopfblütig
comátus, schopfig
combinátus, vereinigt
cómedens, auffressend, sich verzehrend
cométes, schweifhaarig
commelínii, s. *Commelína* (Gttgsn.)
commersónii, n. Philib. Commerson (1727–73), franz. Arzt u. Naturwiss.
commérsus, untergetaucht
commíxtus, vermischt
cómmodus, gefällig
commúnis, gewöhnlich, gemein
commutátus, verändert, verwechselt

comoséllus, etwas schopfig
comósus, schopfartig, schopfig
compáctus, dicht, dichtgedrängt
cómpar, gleichartig
complanátus, verflacht, geebnet
compléctus, umfassend
complétus, vollkommen, vollständig
compléxus, verschlungen
cómplicans, complicátus, zusammengefaltet
compósitus, zusammengesetzt
compressicaūlis, flachstengelig (zusammengedrückt)
compréssus, zusammengedrückt
comptogónus, unterbrochen kantig, zackig kantig
comptoniána, Lady Northampton (geb. Compton), Northampton, England gew. (19. Jahrh.)
comptónii, n. Rob. H. Compton (1886–1979), engl.-südafr. Bot.
cómptus, geschmückt
con-, in Zus.setzungen: mit, zusammen, gleich-
concatenátus, concatenans, zusammengekettet
concávus, ausgehöhlt, vertieft
concavifólius, hohlblättrig
concéntricus, mit gemeinsamem Mittelpunkt
conchaefólia, conchifólius, mit muschelähnlichen (förmigen) Blättern
conchátus, muschelartig
cónchifer, conchífera, chonchíferum, muscheltragend
conchiflórus, muschelblütig
conchifólius, muschelblättrig
conchifórmis, muschelförmig
conchoídeus, muschelähnlich
concínnus, gefällig, angenehm
cóncolor, gleichfarbig

concórdia, Eintracht
concrétus, zusammenge-
wachsen
condensátus, gedrängt, dicht
condúctus, vereinigt,
zusammengezogen
conduplicátus, verdoppelt
condylocárpus, beulen- oder
gliederfrüchtig
condyloídes, knorrig, beulig
conéctilis, conéxus, verbunden, vereinigt
confertiflórus, gedrängtblütig
confertifólius, gedrängtblättrig
confértus, dichtgedrängt,
gehäuft
confínis, verwandt
confíssus, gespalten
cónfluens, zusammenfließend
confórmis, gleichgestaltig
confragósus, holperig, uneben
confúsus, verwechselt,
verkannt
cóngener, verwandt
congénsis, vom Congo (od.
Zaïre), in Zentralafrika
congestiflórus, gedrängtblütig
congéstus, gedrängt, gehäuft
conglobátus, zusammengeballt
conglomerátus, geknäuelt,
gehäuft
conglutinátus, zusammenge-
klebt
congregátus, zusammenge-
schart
cóngruus, gleichartig
cónicus, kegelförmig
cónifer, conífera, coníferum,
zapfentragend
coniflórus, zapfenblütig
conígenus, zapfenbildend
coniifólius, schierlings- (Coni-
um) blättrig
conimámma, kegelwarzig
conioneūrus, pudernervig
cónivens, zusammenneigend
conjugális, conjugátus, gepaart, verbunden

conjúnctus, verbunden,
vereinigt
conjúgens, verbindend
connátus, verwachsen
connéctilis, connéxus, verbunden, vereinigt
connívens, zusammenneigend
conocárpus, kegelfrüchtig
conogónus, kantenzapfig
conoídeus, kegelähnlich
conopéus, conópseus,
mücken- oder fliegenähnlich
conorrhízus, kegelwurzelig
conóstalix, kegelstielig
conothélis, kegelwarzig
conradínae, Conradine, Gattin
d. dtsch. Bot. B.A.E. Koehne
(s. *koehneána*) gewid-
met
consanguíneus, verschwistert
blutsverwandt
consenéscens, veralternd,
greisenhaft
consímilis, ähnlich
consístens, stehen bleibend,
ruhend
consóbrinus, Geschwisterkind
consociális, consociátus,
gemeinschaftlich
consólidus, sehr fest, hart
conspérsus, bestreut
conspícuus, ansehnlich,
auffallend
conspurcátus, befleckt,
verunreinigt
cónstans, feststehend
constátus, unverändert
constríctus, zusammenge-
schnürt
constrúctus, zusammengefügt
consuláris, stattlich
consútus, zusammengenäht
contáctus, berührt
contáminans, contaminátus,
fleckig, befleckt
contérminus, benachbart,
angrenzend
contéxtus, verwebt, verflochten

contíguus, sich berührend, angedrückt

contínuus, fortlaufend, ununterbrochen

contórtuplicátus, gedrehtfaltig

contórtus, gedreht, geschraubt, gewunden

contráctus, zusammengezogen, verengt

contrárius, entgegengesetzt

contrajérvus, v. span. contrayerva = Gegenkraut od. Antidot

contristátus, verdunkelt

controvérsus, umstritten

contrúsus, zusammengedrängt

convallária, s. d. Gttgsn.

convallariaefólius, maiglöckchen- (Convallária) blättrig

convallarioídes, maiglöckchen- (Convallária) ähnlich

convallátus, vom Tal umgeben, umwallt

convéxus, gewölbt, erhaben

convolútus, zusammengerollt

convolvuloídes, winden- (Convólvulus) ählich

convólvulus, convolvuláceus, Winde, zusammengewunden

conýza, s. Gttgsn.

conyzoídes, Conýza ähnlich

cookii, cookiánum, n. Capt. James Cook (1728–79), engl. Marineoffizier u. Entdeckungsreisender

cooperi, Thomas Cooper (1815–1913), engl. Sammler u. Züchter

copállinus, kopalliefernd

cophólepis, stumpfschuppig

copiapénsis, aus Copiapó (N-Chile) stammend

copiósus, reichlich, im Überfluß

copróphilus, kotliebend

cópticus, koptisch

coptonogónus, scharfwinklig, -kantig

coquimbána, coquimbénsis, aus Coquimbo, Stadt u. Prov. in N-Chile

coracánus, aus Korakan (Indien) stammend

corácinus, rabenschwarz

coracínus, rabenartig

coraeénsis, von der Halbinsel Korea (Ostasien) stammend

corállifer, corallífera, corallíferum, korallentragend

corallifórmis, korallenförmig

coríllinus, korallenrot

corallocárpus, korallenfrüchtig

coralloídes, korallenähnlich

corallorrhízus, korallenwurzelig

corbariénsis, v. d. Corbières-Bergen, bei Perpignan, S-Frankreich

córbula, lat.: Körbchen

corcovadénse, v. Corcovado, Bergmassiv bei Rio de Janeiro, Brasilien

corcyrénsis, von Corcyra, alter N. für Korfu, griech. Insel

cord-, cordi-, in Zusammensetzung.: herz-

cordátus, herzförmig

cordifólus, herzblättrig

cordifórmis, herzförmig

córdiger, cordígera, cordígerum, herztragend

cordillerárum, von d. Kordilleren (od. Anden, Südamerika) stammend

cordióchilus, herzlippig

cordiséctus, herzförmig geschnitten

cordobénsis, aus Cordoba (Spanien) stammend

corethróstachys, besenährig

coriáceus, lederartig

coriandrifólius, koriander- (Coriándrum) blättrig

coriárius, zum Gerben verwendbar

coridifólius, corifólius,

stachelträubchen- (*Córis*)
blättrig
coriifólium, *Coris-* (= Gttgsn.)
blättrig
corinthíacus, corínthius, aus
Korinth (Griechenland)
stammend
corióphorus, wanzentragend
coriophýlla, mit *Coris-*ähnl.
Blättern
córis, Wanze
cormoídes, stammartig
cormophýllus, stammblättrig
cormósus, stammartig
cornéolus, córneus, hornartig
corniculátus, gehörnt
**córnifer, cornífera, cornífe-
rum,** horntragend
cornifólius, hartriegel- (*Córnus*)
blättrig
cornifórmis, hornförmig
**córniger, cornígera, corníge-
rum,** horntragend
-cornis, in Zus.setzungen: –
hörnig
cornimámma, hornwarzig
cornubiénsis, keltisch, von der
Halbinsel Cornwall (SW-
England) stammend
cornucópiae, gr. Mythol.:
Horn der Ziege Amaltheia;
Sinnbild des Überflusses
cornucopioídes, s. oben, u.
ähnlich
cornúti, Jacques Cornutus
(1606–51), franz. Arzt u. Reisender (Kanada) gew.
cornútus, gehörnt
corolláceus, blumenblattartig
corollárius, corollátus, blumenkronenartig
coróllinus, blumenkronenartig
coromandeliána, v. d. Coro-
mandelküste, im SO d. Indi-
schen Halbinsel
coróna, Krone, Kranz
corónans, krönend
coronárius, kronen- oder
kranzartig

coronátus, gekrönt, bekränzt
**corónifer, coronífera, coroní-
ferum,** kronentragend
coronifólius, kronenblättrig
coronifórmis, kronenförmig
coronílla, Kronwicke,
s. Gttgsn.
coronillaefólius, kronwicken-
(*Coronílla*) blättrig
coronopifólius, krähenfuß-
(*Corónopus*) blättrig
corónopus, Krähenfuß
corpuléntus, dick, beleibt
corréctus, verbessert
corrugatívus, corrugátus, runzelig, zerknittert
corrugósus, vielrunzelig
córsicus, corsicánus, von der
Insel Korsika (westl. Mittelmeer) stammend
corsiniánum, n. Graf Bardo
Corsi Salvati (19/20. Jahrh.),
ital. Gartenfreund
corticális, rindig, auf Rinde
wachsend
corticátus, berindet
cortíceus, rinden- od. korkartig
cortícola, Rindenbewohner
corticósus, reich- od.
dickrindig
córticula, kleine Rinde
cortinátus, schleierartig
cortusaefólius, heilglöckchen-
(*Cortúsa*) blättrig
cortusoídes, heilglöckchen-
(*Cortúsa*) ähnlich
corúscans, blitzend,
schimmernd
corvínus, rabenartig, rabenschwarz
cory-, corys, in Zus.setzung.:
helm-
coryándrus, helmmännig
corylifólius, haselnuß- (*Córylus*) blättrig
**corýmbifer, corymbífera, co-
rymbíferum,** ebenstraußtra-
gend

corymbiflórus, ebenstraußblütig, doldentraubenblütig
corymbósus, ebensträußig, doldentraubig
corymbulósus, etwas ebensträußig od. doldentraubig
corynacánthus, keulenstachelig
corýne, v. gr. *koryne* = Kolben, Keule (kolbenförmig)
corynéphorus, keulentragend
corynocályx, keulenkelchig
corynocárpus, keulenfrüchtig
corynoídes, corynódes, keulen- oder kolbenartig
corynóstylus, keulengriffelig
cosmétus, geschmückt
cosmophýllus, schönblättrig
costális, rippig
costaricénsis, aus Costa Rica (Mittelamerika) stammend
costátus, gerippt, gerieft
cothurnális, erhaben
cotinifólius, perückenstrauch-(*Cótinus*) blättrig
cotinoídes, perückenstrauch-(*Cótinus*) ähnlich
cótinus, s. Gttgsn.
cótticus, a. d. Kottischen Alpen (Westalpen) stammend (?)
cotoneáster, s. Gttgsn.
cottétii, n. Michel Cottet (1825–96), franz. Pflanzensammler
cótula, s. Gttgsn.
cotúlifer, cotulífera, cotulíferum, gefäßtragend
cotylédon, s. Gttgsn.
cotylifórmis, cotyloídes, napfförmig
coultéri, coulteriána, n. Thomas Coulter (1793–1843), irischer Arzt u. Bot. (sammelte in Kalifornien)
coúrbaril, a. einer Indianersprache Westindiens übernommen
coúrtii, v. William Court, (1843–88) (bei Veitsch), in England gezogen

cóus, coum, von der griech. Insel Cos (Kos) stammend
crácca, eine Wicke
cracoviénsis, cracóvica, aus Krakau (Polen) stammend
craibeána, Wm. Grant Craib (1882–1933), schott. Bot., gewidmet
craígii, n. Rob. T. Craig (1847–1927), nordamer. Bot.
cramboídes, crambeoídes, meerkohl- (*Crámbe*) ähnlich
craspédus, umsäumt
crassátus, verdickt
crasseaculeáta, dickstachlig (dornig)
crassicaúlis, dickstengelig
crassicostátus, dickrippig
crássidens, dickzähnig
crassifólius, dickblättrig
crassihamátus, dickhakig (mit fleischigen Dornen)
crassimarginátus, dickrandig
crassinérvus, dickadrig
crassinódus, dickknotig
crássipes, dickfüßig, dickstielig
crassisépalus, mit dicken (fleischigen) Kelchblättern
crassispáthus, dickscheidig
crassispínus, dickdornig
crassistípulus, mit dicken Nebenblättern
crassiúsculus, dicklich
crássus, dick
crataegifólius, weißdorn-(*Cratáegus*) blättrig
cratáeginus, crataegoídes, weißdorn- (*Cratáegus*) artig
craterifórmis, becherförmig
crateródes, crateroídes, becherähnlich
créber, crébra, crébrum, gedrängt, gehäuft
crebripunctátus, dicht punktiert
crebrispínus, dichtdornig
cremastógyne, hängegriffelig
cremnóphilus, Höhen oder Abhänge liebend

237

cremocárpus, hängefrüchtig
cremophýllus, hängeblättrig
crenátidentátus, gekerbt-gezähnt
crenátiserrátus, gekerbtgesägt
crenatiflórus, kerbblütig
crenátus, gekerbt, kerbig
crenifólius, kerbblättrig
crenóphilus, Quellen liebend
crenulátus, fein gekerbt
creóphilus, fleischliebend
crepidátus, mit Sandalen bekleidet
crepidifólius, pippau- (Crépis) blättrig
crépitans, knallend, zerplatzend
cretáceus, kreideartig, kreideweiß
creténsis, créticus, von der Insel Kreta (östl. Mittelmeer) stammend
cribrátus, cribrósus, siebartig durchlöchert, siebförmig
crinális, haarartig
crinicáulis, behaartstengelig
crínifer, crinífera, criníferum, haartragend
críniger, crinígera, crinígerum, s. oben
crínipes, behaartstielig
crinítus, behaart, langhaarig, mähnig
crinulósus, stark behaart
crínum-úrsi, Bärenhaar
críppsii, Thomas Cripps (1809–88), engl. Gärtner, gewidmet
crispátulus, etwas gekräuselt
crispátus, gekräuselt
crispiflórus, krausblütig
crispifólius, krausblättrig
críspulus, fein gekräuselt
críspus, kraus
crísta, Kamm
crísta-gálli, Hahnenkamm
cristatéllus, fein kammartig

cristátus, kammartig, kammförmig
crithmifólius, meerfenchel- (Críthmum) blättrig
croáticus, aus Kroatien, Republik Jugoslawiens
crocátus, safranfarbig
crócei-, cróceo-, in Zus.setg.: safran-, safrangelb-
cróceilanátus, safrangelbwollig
cróceus, safrangelb
crocidátus, safrangebend
crociflórus, safran- (Crócus) blütig
crocosmiiflórus, Crocósmia- (= Montbretia) blütig
crocosmioídes Crocósmia -ähnlich (s. oben!)
crocothýrsus, lat. croceus = safrangelb, u. gr. thyrsos = Stengel, Strunk
crossopétalus, gefranstblütenblättrig
cruciátus, cruciana, gekreuzt
crúcifer, crucífera, crucíferum, kreuztragend
crucifórmis, kreuzförmig
crúciger, crucígera, crucígerum, kreuzführend
cruckshánksii, n. Alexander Cruckshanks, Pflanzensammler i. d. Anden (Anf. 19. Jahrh.)
cruéntus, blutrot, schmutzigrot
cruickshánksii, = s. cruckshánksii
crumenátus, wie ein Geldbeutel
crúriger, crurígera, crurígerum, schenkel- od. dornbildend
crús, Schenkel, Dorn
crús gálli, Hahnensporn
crustáceus, krustig, rindenartig
crustátus, krustenartig berindet
crymóphilus, kälteliebend
crypt-, crypto-, in Zus.setg.: verborgen-, versteckt-

cryptátherus, verstecktährig
cryptocárpus, verborgen-
    früchtig
cryptóceras, cryptócerus, ver-
    steckthörnig
cryptógamus, verborgenehig
cryptomerioídes, sicheltannen-
    (*Cryptomeria*) ähnlich
cryptopétaius, mit versteckten
    Blütenblättern
cryptóphilus, das Verborgene
    liebend, höhlenbewohnend
crystállinus, kristallartig
ctenochlǣnus, kammhüllig
ctenoídes, kammartig
cubéba, ansch. v. arab. *kubaba*
    abgel., Bratengewürz
cubénsis, von der Insel Cuba
    (Westindien) stammend
cubícola, aus Cuba (*cubensis,*
    u. *colere* = Bewohner)
cucúlliferus, „kapuzentragend",
    a. d. Form d. Blüten bezogen
cúbicus, würfelig
cubitális, ellenlang
cucubaloídes, taubenkopf-
    (*Cucúbalus*) ähnlich
cucullária, kappen- oder
    kapuzenartig
cúculi, des Kuckucks
cucullátus, kapuzenartig
cúcullibracteátus, kappen-
    deckblättrig
cucullifórmis, kapuzen-
    förmig
cucumerifólius, gurken-
    (*Cúcumis*) blättrig
cucumérinus, gurken-
    (*Cúcumis*) artig
cucumeroídes, gurken-
    (*Cúcumis*) ähnlich
cucurbitáceus, cucurbitínus,
    kürbis- (*Cucúrbita*) artig
culictifórmis, polsterförmig
culináris, zur Küche gehörig
cúlmeus, halmständig
-culmis, in Zus.setzungen:
    -halmig

cultórum, gezüchtet, der
    Züchter
cultrátus, cultrifórmis, messer-
    förmig oder -artig
cúltus, angebaut
-culus, in Zus.setzungen: eine
    Verkleinerung bedeutend
cumanénsis, aus Cumana (Ve-
    nezuela, Südamerika)
cumíngii, cumingiána, n. Hugh
    Cuming (1791–1865), brit.
    Pflanzensammler
cuminoídes, kreuzkümmel-
    (*Cúminum*) ähnlich
cúminum, Kreuzkümmel
cumulátus, gehäuft
cumuliflórus, haufenblütig
cunctátor, der Zauderer
-cundus, in Zus.setzungen:
    -reich, -stark
cuneátus, keilförmig
cuneifólius, keilblättrig
cuneifórmis, keilförmig
cunninghámii, n. Allan
    (1791–1839), u/od. Richard
    (1793–1835) Cunningham,
    engl. Botaniker in Australien
    u. Neuseeland
cunónia, viell. zu *Cunónia*
    (= Gttgsn.)
cupaniánus, n. Francisco Cu-
    pani (1657–c. 1710), ital.
    Geistl. u. Bot.
cuprárius, kupferig
cupreátus, kupferfarbig
cupressifólius, zypressen-
    (*Cupréssus*) blättrig
cupressifórmis, zypressen-
    (*Cupréssus*) förmig
cupréssinus, zypressenartig
cupressoídes, zypressen-
    (*Cupréssus*) ähnlich
cúpreus, kupferfarbig
cupuláris, becherartig
cupulátus, mit einem Becher
    versehen
**cupúlifer, cupulífera, cupulífe-
    rum,** bechertragend

cupulifórmis, becher- oder
napfförmig
curágua, v. chil. *cura* = Stein,
u. *hua* = Maiz: gegen Nieren-
od. Blasensteine angewandt
curassávicus, von der Insel
Curacao (Westindien)
cúrcas, ansch. früh. N. d.
Jatropha
curculigoídes, rüssellilien-
(*Curcúligo*) ähnlich
cúrdicus, aus Kurdistan (Vorderasien) stammend
curiósus, sonderbar
curtátus, abgekürzt
curtipéndulus, kurz
herabhängend
curtísii, n. Ch. Curtis
(1853–1928), Gartendirektor in
Malaya
curtopétalus, mit kurzen
Blütenblättern
curtsiána, s. *Cúrtsia*
(= Gttgsn.)
cúrtulus, etwas kurz
cúrtus, kurz
cúrvans, bogig
curvátus, gebogen, gekrümmt
curvicaūlis, krummstengelig
curvicórnis, krummhornig
curvidentátus, krummzähnig
curviflórus, krummblütig
curvifólius, krummblättrig
curvinérvius, krummadrig
curviróstris, krummschna-
belig
curvispínus, krummdornig
cúrvulus, schwach gekrümmt
cúrvus, krumm
cuscuária, frhr. Gttgsn.
cusíckii, W. C. Cusick, nordamerikan. Pflanzensammler
(19. Jahrh.?) gew.
cuspidátus, zugespitzt
-cuspis, in Zus.setzungen: –
-spitzig, spitz-
cuticuláris, feinhäutig
cútleri, n. Manasseh Cutler

(1742–1823), nordam. Bot. u.
Reisender
cyan-, cyano-, in Zus.setzung.
dunkelblau
cyánthus, blaublütig
cyáneus, dunkelblau,
kornblumenblau
cyanocárpus, blaufrüchtig
cyanochílus, blaulippig
cyanochróus, dunkelblau
gefärbt
cyanocládus, blauzweigig
cyanocrócus, dunkelblau-
safrangelb
cyanoídes, kornblumen- (*Cen-
taūrea cýanus*) ähnlich
cyanophýllus, blaublättrig
cyanóstachys, cyanostáchyus,
blauährig
cyanótrichus, blauhaarig
cýanus, Kornblume
cyatheifórmis, becherfarn-
(*Cyáthea*) förmig
cyathifórmis, becherförmig
cyathistípula, mit becherförmi-
gen Nebenblättern
cyathóphorus, bechertragend
cycadifólius, palmfarn- (*Cýcas*)
blättrig
cycádinus, palmfarn- (*Cýcas*)
ähnlich
cycl-, cyclo-, in Zus.setzung.:
kreis-, rund-
cyclamíneus, alpenveilchen-
(*Cýclamen*) artig
cýclicus, rundfrüchtig
cyclocárpus, rundfrüchtig
cyclodóntus, rundzähnig
cyclophýllus, mit rundlichen
Blättern
cýclops, kreisförmig, rund
cyclópterus, rundflügelig
cýcneus, den Schwan
betreffend
cycnórum, der Schwäne
cycnostális, schwanenhalsartig
cydoniaefólius, quitten-
(*Cydónia*) blättrig

cydonioídes, quitten- (*Cydónia*) ähnlich
cylindráceus, cylíndricus, walzenförmig, zylindrisch
cylindróstachys, walzenährig
cymatoídes, trugdoldig
cymbalária, s. Gttgsn.
cymbárius, kahnförmig
cymbicárpus, zimbelfrüchtig, kahnfrüchtig
cymbifórmis, zimbelförmig, gefäßförmig
cymbostégius, bootförmig gedeckt
cýmiger, cymígera, cymígerum, trugdoldig
cýminum, Roßkümmel
cymóchilus, wulst- oder kräusellippig
cymósus, trugdoldig
cymúliger, cymulígera, cymulígerum, kleintrugdoldig
cynánchicus, von Hundebräune (*Cynánchum*) betroffen
cynapioídes, hundspetersielien- (*Aethúsa cynápium*) ähnl.
cynápium, Hundspetersilie
cynaroídes, artischocken- (*Cynára*) ähnlich
cynophallophórus, hunderutentragend, langfrüchtig
cýnops, Hundsauge, Hundskopf?
cynorrhízus, hundeschwanzwurzelig
cynósbati, gr. Pfl.n., Hundsbrombeere
cynosuroídes, kammgras- (*Cynosúrus*) ähnlich
cyparíssias, zypressenartig
cyperifólius, zypergras- (*Cypérus*) blättrig
cyperoídes, zypergras- (*Cypérus*) ähnlich
cyphacánthus, krummstachelig
cyphánthus, krummblütig

cyphopléctus, krumm geflochten
cýpreus, kupfern
cypríacus, cýprius, von der Insel Zypern (östl. Mittelmeer)
cyrtanthiflórus, *Cyrtánthus*-blütig
cyrtanthoídes, *Cyrtánthus*-ähnlich
cyrtólobus, krumm- oder bogenlappig
cyrtópodus, krumm- oder bogenstielig
cyrtópterus, krumm- oder bogenflügelig
cyrtóstylus, krummgriffelig
cýrtus, krumm
cystocárpus, blasenfrüchtig
cystopteroídes, blasenfarn- (*Cystópteris*) ähnlich
cystotégius, blasig bedeckt
cytisoídes, geißklee- (*Cýtisus*) ähnlich

D

dacrydioídes, *Dacrýdium*--ähnlich
dacryoídes, tropfenförmig, tränenartig
dactýlifer, dactylífera, dactylíferum, datteltragend
dactylifólius, fingerblättrig
dactýlinus, gefingert, fingerartig
dactyloídes, knäuelgras- (*Dáctylis*) ähnlich
-dactylítis, i. Zus.setzungen: fingerig
dactylothélis, fingerwarzig
dáctylus, fingerig
daedáleus, daēdalus, bunt, kunstvoll
daemoniórum, wahrsch. v. gr. *daimon* (= Dämon) abgeleitet
daenikeriánus, Alb. Ulbr. Däniker (1894–1957), schweiz. Bot., gewidmet

daghestánicus, aus Daghestan (Kaukasus) stammend
dahliaeflórus, dalien- (*Dahlia*) blütig
dahlioídes, *Dahlia*-ähnlich
dahúricus, aus Dahurien, Daurien (Sibirien) stammend
daigremontiána, Mme. & M. Daigremont, franz. Sammler (Ende 19. Jahrh.) gew.
daímio, Artname einer Eiche, eigentl. japan. N. einer Adelskaste
dalecárlicus, aus Dalekarlien, Prov. Schwedens, stammend
dalechámpii, s. *Dalechámpia* (= Gttgsn.)
dalhousieánum, dalhousiae, Lady Dalhousie (1786–1839), Gattin eines Generalgouverneurs v. Indien gewidmet
dallimórei, n. William Dallimore (1871–1959), engl. Bot.
dalmaisiána, M. Dalmais, franz. Züchter (Anfg. 19. Jahrh.) gewidmet
dalmáticus, aus Dalmatien, Jugoslawien stammend
damascénus, aus Damaskus (Syrien) stammend
dámmara, frhr. Gttgsn., eigentlich Harz
dámmeri, n. C.L.U. Dammer (1860–1920), dtsch. Gärtn. u. Bot. (Berlin)
dampiéri, Capt. Wm. Dampier (1651–1715), brit. Weltumsegler, gew.
dámsii, n. Erich Dams, Bibliothekar in Berlin (Anfg. 20. Jahrh.)
danfórdiae, Mrs. C. G. Danford, die um 1877 in Kleinasien sammelte, gew.
dánicus, dänisch, aus Dänemark stammend

daphnoídes, daphnoídeus, seidelbast- (*Dáphne*) ähnlich
darleyénsis, a. d. Gärtnereien von Darley Dale, Derbyshire, England
darwínii, Charles R. Darwin (1809–82), engl. Reisender u. Naturforscher gew.
dasy-, in Zus.setzungen: rauh- rauhhaarig-
dasyacánthus, rauhstachelig
dasyánthus, rauhblütig
dasycárpus, rauhfrüchtig
dasýcladus, rauhzweigig
dasyglóttis, rauhzüngig
dasýlepis, rauhschuppig
dasylirioídes, rauhschopf- (*Dasylirion*) ähnlich
dasyphýllus, rauhblättrig
dasypleūrus, seitlich rauhhaarig
dasýstachys, dasystáchyus, rauh- oder behaartährig
dasystémon, mit behaarten Staubfäden
dasýstylus, rauhgriffelig
dasytýlis, rauhwarzig
dasytúrus, rauhschwänzig
daturoídes, stechapfel- (*Datúra*) ähnlich
daubenyána, n. Charles Daubeny (1795–1867), engl. Bot.
daucifólius, möhren- (*Daucus*) blättrig
daucoídes, möhren- (*Daucus*) ähnlich
daúricus, s. **dahuricus**
davallioídes, *Davállia*-ähnlich
daveauána, n. Jules A. Daveau (1852–1929), franz. Bot. u. Dir. Bot. Garten Lissabon
davidiána, davídii, s. *Davídia* (= Gttgsn.)
davidsoniánum, davidsónii, Dr. u. Mrs. W. H. Davidson, Missionare in Sichuan, China (19. Jahrh.) gewidmet
davísiae, n. Miss. N. J. Davis,

Pflanzensammlerin in Kalifornien (Mitte 19. Jahrh.)

davísii, n. Walter Davis (1847–1930), engl. Pflanzensammler in Südamerika

davúricus, s. **dahúricus**

dáwei, M. T. Dawe (1880–c.1943), Forstbeamter in Uganda gewidmet

dawsoniána, n. Jackson T. Dawson (1841–1916), engl.-nordam. Bot.

dayánum, n. John Day (1824–88), engl. Pflanzensammler

dealbátus, weiß bestäubt

deámii, s. *Deámia* (= Gattgsn.)

débilis, schwach

debilispínus, schwachdornig

deca-, in Zus.setzung.: zehn-

decaísnei, decaisneána, s. *Decaisnea* (= Gttgsn.)

decálvans, kahlend

decalvátus, kahl

decándrus, zehnmännig

decapétalus, zehnkronblättrig

decasépalus, mit zehn Sepalen

decem-, in Zus.setzungen: zehn-

decémfidus, zehnspaltig

decéptrix, lat. *decipere* = betrügen, vortäuschen

décidens, decíduus, abfällig, hinfällig

decípiens, täuschend, trügerisch

declarátus, beschrieben, erklärt

declinátus, gebeugt, geneigt

declívis, abschüssig

décolor, decolorátus, decolórus, entfärbt, gebleicht

decolórans, sich entfärbend

decompósitus, zerlegt, mehrfach zusammengesetzt

décorans, schmückend

decorátus, geschmückt, geziert

decórticans, die Rinde abwerfend

decorticátus, rindenlos bzw. entrindet

decórus, geschmückt, schön

decréscens, kleiner werdend, abnehmend

decumánus, ansehnlich, groß

decúmbens, liegend, niedergebogen

decúrrens, hinablaufend

decursíve-pinnátus, hinablaufend-gefiedert

decursívus, herablaufen

decurtátus, verkürzt, verstümmelt

decurvátus, decúrvus, herabgekrümmt

decussátus, kreuzgegenständig

defíciens, fehlend

definítus, bestimmt

defíxus, hineingewachsen

defléctens, herabbiegend, zurückbiegend

deflexicályx, mit zurückgebogenem Kelch

deflexispínus, mit zurückgebogenen Dornen

defléxus, zurückgeschlagen

deflorátus, abgeblüht, verblüht

defoliátus, entblättert

deformátus, defórmis, mißgestaltet, formlos

defóssus, vergraben, versenkt

degenerátus, entartet

deglúptus, deglýptus, geschält, hautlos

degrátus, herabgedrückt

degroniánum, n. M. Degron, franz. Beamter u. Sammler, in Japan (Mitte 19. Jahrh.)

dehíscens, aufspringend, sich öffnend

deinacánthus, starkstachelig

dejéctus, niedergebeugt

delaétii, n. Frantz de Laet, belg. Kakteenhändler (19. Jahrh.)

delagoénsis, vom Küstenland d. Delagoa-Bucht (Maputo), Mozambik

delaváyi, delavayánum, n. Pater Jean M. Delavay (1834–95), franz. Missionar u. Sammler, in China
delápsus, herabgefallen
deléctus, gewählt, beliebt
delicatíssimus, sehr zart, fein
delicátulus, fein, zart
delicátus, köstlich, zart
deliciósus, köstlich, sehr wohlschmeckend
deliliánus, wahrsch. n. A. Raffeneau Delile (1778–1850), franz. Bot.
deliquéscens, zerfließend, vergehend
délphicus, aus Delphi (Griechenland) stammend
delphinénsis, aus der Dauphiné (SO-Frankreich) stammend
delphiniifólius, rittersporn-(*Delphínium*) blättrig
delphinioídes, rittersporn-(*Delphínium*) ähnlich
deltoídes, deltoídeus, deltaförmig, dreieckig
déltodon, deltodóntus, dreieckig gezähnt
deltoglóssus, mit dreieckiger Zunge
demérsus, untergetaucht, versenkt
deminúta, lat.: kleiner, vermindert
demíssus, herabhängend, niedrig
demíttens, fallen lassend, ausstreuend
dendrícola, baumbewohnend
dendrifórmis, baumförmig
dendrítica, gr. *dendrites:* verzweigt, verästelt
dendro-, in Zus.setzungen: baum-
dendrócharis, sich des Baumes erfreuend
dendroídes, dendroidium, baumähnlich

dendromórphus, baumartig gestaltet
-dendron, -dendrum, in Zus.setzungen: -baum, baum-
denhámii, n. Capt. Denham, Leiter einer Südsee-Expedition (Mitte 19. Jahrh.)
denigrátus, geschwärzt
déns, – déns, Zahn, in Zus.setzungen: -zähnig
densátus, gedrungen, verdichtet
déns-cánis, Hundszahn
densícomus, dichtschopfig
densiflórus, dichtblütig
densifólius, dichtblättrig
densirámeus, dichtzweigig
densispína, lat.: dichtbedornt, -bestachelt
dénsus, dicht, gedrängt
dent-, denti-, in Zus.setzung.: zahn-
dentátus, -dentátus, gezähnt, in Zus.setzungen: -gezähnt
denticulátus, gezähnelt
denticulósus, mit vielen kleinen Zähnen
déntifer, dentífera, dentíferum, zahntragend
dentósus, dicht- oder vielzähnig
denudátus, entblößt, nackt
deódara, Gottesbaum
deoperculátus, ohne Deckel, unbedeckt
deórsum, abwärts gerichtet
depástus, abgeweidet, abgefressen
depauperátus, verarmt
depéndens, herabhängend
depileátus, depilósus, enthaart
deplanátus, abgeflacht
dépluens, abtröpfelnd, abregnend
depolítus, geglättet
déppei, n. M. Deppe († 1828), Pflanzensammler in Zentralamerika

depressiúsculus, etwas niedergedrückt

depréssus, niedergedrückt

derásus, abgeschabt, abgeschoben

dereménsis, aus Derema (Usambara, Tanzania, O-Afrika) stammend

derenbérgii, s. *Derenbergiélla* (= Gttgsn.)

descéndens, abwärtssteigend, Abkömmling

desertórum, der Steppen u. Wüstengebiete

deserticola, wüstenbewohnend

desértus, verlassen, wüst

desmánthus, büschel- oder schopfblütig

desmátus, schopfig

desmetiána, n. Louis de Smet (Desmet), belg. Gärtner u. Züchter (1813–87)

desmocéphalus, büschelköpfig

desmódus, bündelig

desmoncoídes, hakenpalmen- (*Desmóncus*) ähnlich

desolátus, öde, einsam

desolútus, unfrei, ungelöst

despéctus, gering geschätzt, verachtet

desquamátum, entschuppt (schuppenlos)

destillatórius, tropfensammelnd, tröpfelnd

destilútus, beraubt, entblößt

detérgens, abführend

determinátus, bestimmt, entschieden

detérsilis, abführend

detérsus, gereinigt

détinens, abhaltend, zurückhaltend

detónsus, geschoren

detrítus, ausgetreten, abgerieben

detrucátus, stamm- oder stützenlos

deústus, brandfarbig, verbrannt

devansayeánum, M. A. de la Devansaye, franz. Gartenfreund (19. Jahrh.) gewidmet

devérsus, abgewendet

devéxus, herabgeneigt oder -gekrümmt

deviátus, abwegig

devolútus, herabgerollt, rückschlägig

devoniánum, devoniénsis, aus Devon (Devonshire, SW-England), od. Wm. G. Spencer Cavendish (1790–1858), Herzog v. Devonshire gew.

devosiána, Cornelius de Vos (1806–95), holländ. Sammler in Brasilien gewidmet

dextrórsum, rechts herum (z.B. windend)

di-, dia-, in Zus.setzungen: zwei-, doppelt-

dia-, in Zus.setzungen auch: durch-

diabólicus, teuflisch

diacánthus, zweistachelig, doppelstachelig

diacéntrus, zwei- od. doppelspornig

diadélphus, zweibrüderig

diademátus, diadémus, geziert, gekrönt

dialypétalus, getrenntkronblättrig

dialyphýllus, getrenntblättrig

diánae, der Diana

diándrus, zweimännig

diántherus, zweistaubbeutelig

dianthiflorus, nelken- (*Diánthus*) blütig

dinathifólius, nelken- (*Diánthus*) blättrig

dianthoídes, dianthoídeus, diánthus, nelken- (*Diánthus*) ähnlich

dianthóphorus, zweiblütig

diapensioídes, *Diapénsia-* (s. Gattgsn.) ähnlich

diaphanacánthus, durchsichtig bestachelt
diáphanus, durchsichtig, durchscheinend
diaphoréticus, diaphóricus, schweißtreibend
diaprépes, lat.: ausgezeichnet, hervorragend
diástrophis, verdreht, verkrüppelt
diátherus, zweigrannig
diatrétus, durchbohrt, durchlöchert
diatrýpus, gedrechselt, durchlöchert
dicárpa, zwei- od. doppelfrüchtig
dichlamýdeus, zweihüllig
dichótomus, zweiteilig, gabelig
dichracántus, zweifarbig bestachelt
dichroánthus, zweifarbig blütig
dichrómus, dichróus, zweifarbig
dickieána, n. d. schott. Bot. George Dickie (1812–82)
dicksoniána, s. *Dicksonia* (= Gattgsn.)
diclínicus, diclínus, getrenntgeschlechtig
dicóccus, zweibeerig
dicotyledóneus, dicotýleus, zweisamenlappig
dicranoídes, *Dicranum-* (einem Gabelmoos) ähnlich
dicranóphorus, gabeltragend
dicranótrichus, gabelzahnhaarig
dictámnus, Diptam, s. Gttgsn.
dictyocárpus, netzfrüchtig
dictyóphorus, netztragend
dictyophýllus, netzblättrig
dictyópterus, netzflügelig
dictyospérmus, netzsamig
dictyótus, genetzt
dícyclus, zweiwendig
didymátus, verdoppelt
didymóstachys, doppelährig

dídymus, zweifach, doppelt
didynámus, zweimächtig
dielsiána, n. Friedr. Ludw. Emil Diels (1874–1945), dtsch. Bot. (Berlin)
dífferens, sich unterscheidend
difficilis, schwierig
diffínis, bestimmt
difíssus, zweigespalten
dífluens, zerfließend
difförmis, ungestaltig
difráctus, zerbrochen
diffúndens, sich ausbreitend
diffúsus, ausgebreitet
digbyána, Edward St. V. Digby, engl. Orchideenzüchter (19. Jahrh.) gew.
digéstus, verteilt, zerteilt
digitaliflórus, fingerhut- (*Digitális*) blütig
digitális, Fingerhut, s. Gttgsn.
digitátus, gefingert
digitéllus, wie ein Fingerchen geformt
digitifólius, fingerblättrig
digitifórmis, fingerförmig
dígynus, zweiweibig, zweigriffelig
dijéctus, herabgesenkt
dilábens, zerfallend
dilacerátus, zerrissen, zerfetzt
dilátans, ausbreitend
dilatátus, ausgebreitet, erweitert
diléctus, auserlesen
dilliénii, s. *Dillenia* (= Gttgsn.)
dilóris, zweistreifig
dilútus, blaß, dünn
dímerus, zweizählig, zweigliederig
dimidiátus, halbseitig, halbiert
diminútus, verkleinert
dimorphántus, doppelgestaltig blühend
dimórphus, zwei- oder verschiedengestaltig
dináricus, a. d. dinarischen Alpen (a. d. Balkan) stammend

dínteri, n. Moritz Kurt Dinter (1868–1945), dtsch. Bot. (SW-Afrika)

diodóntus, zweizähnig

dioécus, dioícus, zwei-häusig

diorísticus, unterschieden be-grenzt

dioscoreaefólius, jamswurzel-(*Dioscórea*) ähnlich

dioscórides, s. *Dioscórea* (= Gttgsn.)

diosmaefólius, götterduft-(*Diósma*) blättrig

diosmoídes, götterduft-(*Diósma*) ähnlich

diotiflórus, mit zweiohrigen Blüten

diotóstephus, zweiohrig um-kränzt

dipétalus, zweikronblättrig

diphterólobus, leder- oder hautlappig

diphteróscyphus, doppelhaut-becherig

diphýllus, zweiblättrig

dipl-, diplo-, in Zus.setzung.: doppel-

diplándrus, doppelmännig

diplóscyphus, doppelbecherig

diplodúrus, diplúrus, doppel-schwänzig

diplostephioídes, s. *Diplo-stephium* (= Gttgsn.)

diplotríchus, mit verschieden-förmigen Haaren

dípodus, zweistielig

dippeliána, Leopold Dippel (1827–1914), dtsch. Dendro-loge (Darmstadt) gew.

dipsáceus, karden- (*Dípsacus*) artig

dipsacoídes, karden- (*Dípsa-cus*) ähnlich

diptándrus, mit zwei Staub-gefäßen

dipterocárpus, mit zweiflügeli-gen Früchten

dípterus, dipterýgius, zwei-flügelig

dípus, zweistielig

dipyrénus, zweikernig

diréctus, gerade

disánthus, zweiblütig

díscedens, sich trennend

disciformis, scheibenförmig

díscipes, scheibenstielig

discoidális, discoidéus, schei-benähnlich, scheibenartig

díscolor, verschiedenfarbig, bunt

discrépans, nicht überein-stimmend

discrétus, getrennt, unter-schieden

disépalus, zweikelchblättrig

disjúnctus, abgetrennt, los-gelöst

dispánsus, ausgedehnt, ausge-breitet

díspar, ungleich, unähnlich

dispergátus, zerstreut

dispérmus, zweisamig

dispérsus, zerstreut, ausge-breitet

dispósitus, geordnet

disrúmpens, zerplatzend, auf-platzend

disséctus, zerschnitten, zer-schlitzt

díssidens, unähnlich, getrennt sitzend

dissíliens, zerplatzend, auf-springend

dissímilis, unähnlich, ungleich-artig

dissitiflórus, lockerblütig

dissítus, zerstreut abgesondert

dissolúbiens, zertrennlich, auf-lösbar

dissolútus, aufgelöst, schlaff

dissomórphus, zweigestaltig

dissospérmus, zweisamig

distáchys, zweiährig

dístans, entfernt, abste-hend

disténtus, ausgedehnt oder vollgefüllt
distichánthus, zweizeilig blühend
distichophýllus, zweizeilig beblättert
dístichus, zweizeilig, zweireihig
distínctus, deutlich, unterschieden
dístomus, doppelmäulig
distórtus, verdreht
dístylus, zweigriffelig
dítior, reicher
dítis, reichlich
ditíssimus, sehr reichlich
diuréticus, harntreibend
diúrnus, am Tage blühend·
diútinus, diutúrnus, lange dauernd, lange lebend
divaricátus, ausgespreizt, sperrig
divérgens, auseinanderlaufend
diversícolor, verschiedenfarbig
divérsidens, ungleich gezähnt
diversiflórus, verschiedenblütig
diversifólius, verschiedenblättrig
diversifórmis, verschiedengestaltig
divérsifrons, verschieden belaubt
diversílobus, verschiedenlappig
diversispínus, verschiedenstachelig
díves, reich, fruchtbar
divínus, göttlich
divíssimus, prächtig
divísus, geteilt
divitíssimus, sehr reich
divúlsus, zerrissen, getrennt
dívus, göttlich
dixánthus, doppelblütig
dodecágynus, zwölfgriffelig
dodecándrus, zwölfmännig
dodecaneúra, zwölfnervig
dodonaei, s. *Dodonaea* (= Gttgsn.)
dodrantális, spannenlang

doelliána, n. Joh. Chr. Döll (1808–85), dtsch. Bot.
doelziána, n. Bruno Dölz († 1945), dtsch. Jurist u. Kakteenkenner
doerfleri, n. Ignaz Dörfler (1866–1950), österr. Bot. (Balkan-Spezialist)
dolabrátus, dolabrifórmis, beilförmig
dolabrifólius, beilblättrig
dolabripétalus, beilkronblättrig
dólens, klagend
doliáris, faßförmig
dolichocánthus, langstachelig
dolichocárpus, langfrüchtig
dolichocéntrus, langspornig
dolichoídes, faselbohnen (*Dólichos*) ähnlich
dolichóstachys, langährig
doliifórmis, faßförmig
dolomíticus, auf Dolomitgestein wachsend
dolósus, täuschend, trügerisch
dombéyi, s. *Dombeya* (= Gttgsn.)
domésticus, häuslich, zum Hause gehörend
domingénsis, von Santo Domingo (Hispaniola, Westindien) stammend
domínii, dominiána, n. Karel Domin (1882–1953), tschech. Bot., od. d. Gärtner Dominy (bei d. Fa. Veitch), engl. Pflanzenzüchter
donax, lat. N. eines Rohrs, Pfahlrohr
dón(c)kelaari, n. André Donckelaar (1783–1858), belg. Bot. (in Gent)
donerailénsis, aus Doneraile (Irland) stammend
doradóxylon, Speer- oder Lanzenholz
dorcóceras, dorcócerus, gazellenhörnig
dória, a. d. französ. „golden"?

dormanniána, n. Charles Dorman, engl. Orchideenzüchter (Ende 19. Jahrh.)

dórmiens, schlafend

doronicoídes, gemswurz- (*Dorónicum*) ähnlich

dorónicum, s. Gttgsn.

doronthéae, Dorothea Schwantes gewidment (s. *Dorotheánthus* = Gttgsn.)

dorsális, rückenständig

doryóphorus, doryphorus, speer- od. lanzentragend

doryphýllus, spießblättrig

dósua, v. Dosi-swa, einem nordindischen Namen übernommen

douglasii, n. d. schott. Sammler David Douglas (1799–1834)

dovastoniána, n. John F. Dovaston, aus West Felton (b. Shrewsbury, England; 1782–1854)

dowiána, J. M. Dow, Kapitän d. amerikan. Paketdienstes (c. 1866) gewidmet

drába, scharf, brennend

drabifólius, felsenblümchen- (*Drába*) blättrig

dracaenoídes, drachenbaum- (*Dracaéna*) ähnlich

dráco, Drache

dracocéphalus, drachenköpfig

dracomontánus, von Drakensberg in Natal (Südafrika) stammend

dracónis, des Drachen

draconópterus, drachenflügelig

dracóntium, s. Gttgsn.

dracunculoídes, schlangenwurz- (*Dracúnculus*) ähnlich

dracúnculus, s. Gttgsn.

drásticus, drastisch, wirksam

drégei, n. Joh. Fr. Drège (1794–1881), dtsch. Reisender u. Sammler (S.Afrika)

drepanocárpus, sichelfrüchtig

drepanoídes, sichelähnlich

drepanólobus, sichelig gelappt

drepanophýllus, sichelblättrig

drepanópterus, sichelflügelig

drépanum, Sichel

drépanus, sichelig

drúdei, K. G. O. Drude (1852–1933), dtsch. Bot., gew.

drummóndii, n. James Drummond (1784–1863), irischer Bot.

drúryi, n. W. H. Drury, engl. Sammler (20. Jahrh.)

drupáceus, steinfruchtartig

drusórum, der Drusen (syrischer Volksstamm)

dryméius, im Wald wachsend

drymóphilus, waldliebend

dryóphilus, eichenliebend

dryópteris, s. Gttgsn. Eichenfarn

dschorochénsis, a. d. Tschorukgebiet (Armenien) stammend

duális, lat.: Doppel, doppelt

dúbius, zweifelhaft, unsicher

duchártrei, P. E. S. Duchartre (1811–94), franz. Bot. gew.

duchésnei, s. *Duchésnea* (= Gttgsn.)

duclouxii, docloxiánus, n. Fr. Ducloux (geb. 1864), franz. Geistl. u. Sammler

dúffii, Sir Mountstuart Elphinstone Grant Duff (1829–1906) gew., Amateurbot. u. Gouverneur von Madras, Indien

duinénsis, aus Duino (Golf von Triest, Italien) stammend

dulcamárus, bittersüß

dúlcis, süß

dumális, dumetórum, gestrüpp- od. heckenliebend

dumícola, im Gebüsch wohnend

dumortiéri, Graf Barth. Ch. J. Dumortier (1797–1878), belg. Bot., gewidmet

dumósus, gebüschartig, buschig
dúnnii, n. Edward John Dunn (1844–1937), engl. Naturforscher
dúplex, doppelt
duplicátus, verdoppelt
durábilis, ausdauernd
durácinus, hartbeerig, knorpelig
durándii, n. Th. A. Durand (1855–1912), belg. Bot.
durangénsis, aus Durango, Stadt u. Prov. im NW Mexikos
dúreus, dúrius, hölzern
duriúsculus, härtlich
dúrus, hart
dybówskii, n. Wladyslaw Dybowski (c. 1838–1910), franz. Generalinspektor d. Kolonialen Landwirtschaft
dyeriána, dyerae, Lady Thistleton-Dyer (geb. Hooker), 1854–1945, Gatt. d. damal. Dir. v. Kew Gardens gew.
dysánthus, mißblütig, trübblütig
dysentéricus, ruhrbringend, abführend

E

e-, in Zusammensetzungen: aus-, un-; -los; ohne
ebenacánthus, schwarzstachelig oder -dornig
ebenáceus, ebenholzartig
ebéneus, ebenholzschwarz
ebéninus, ebenholzartig
ebenoídes, ebenholzähnlich
eberlánzii, s. *Eberlánzia* (= Gttgsn.)
eborínus, elfenbeinartig
ebracteátus, deckblattlos
ébulifólius, attich- (*Sambúcus ébulus*) blättrig

ébulus, röm. Name einer Holunderart
ebúrneus, elfenbeinweiß
ecalcarátus, spornlos
ecalyculátus, hüllkelchlos
ecarinátus, kiellos
ecaudátus, schwanzlos
écea, n. Mrs. E. C. Aitchison (E. C. A.); s. auch *aitchisónii*
echídne, Otter od. Natter
echináceus, echinátus, igelborstig, stachelig
echinifórmis, igelförmig
echinocárpus, igelfrüchtig
echinocactoídes, igelkaktus- (*Echinocáctus*) ähnlich
echinocéphalus, igelköpfig, stachelköpfig
echinoídes, igelartig
echinópodus, stachelstielig
echinosépalus, stachelkelchblättrig
echinospérmus, echinósporus, igelsamig
echínus, igelartig, igelstachelig
echioídes, s. Gttgsn.
ecklónii, ecklónis, Chr. Fr. Ecklon (1795–1868), dtsch.-dän. Apotheker u. Sammler (in S.Afrika) gew.
ecornútus, ungehörnt
ecoronátus, kronlos, ohne Blumenkrone
ecorticátus, unberindet, rindenlos
ecostátus, rippenlos
éctypum, gr. *ektypos* = erhaben
ecuadorénsis, aus Ecuador (Südamerika) stammend
edentátus, zahnlos
edéntulus, ungezähnelt
edgariánum, n. J. H. Edgar, Missionar in Tibet (Anf. 20. Jahrh.)
edgewórthii, s. *Edgewórthia* (= Gttgsn.)
edúlis, eßbar

edwárdsii, s. *Edwárdsia*
(= Gttgsn.)
efasciátus, bindenlos
effíciens, bewirkend, erregend
effigurátus, verziert
efformátus, ausgestaltet
effúsus, ausgebreitet, flatterig
egénus, dürftig
eglandulósus, drüsenlos
eglantéria, französ. = wilde
Rose
egrégia, egrégius, auserlesen,
vortrefflich, hervorragend
ehrenbérgii, n. Karl. Aug.
Ehrenberg (1801–49), dtsch.
Pflanzensammler (Z.Amerika)
eichlámii, n. Fr. Eichlam
(† 1911), dtsch. Kakteen-
sammler
eíchlerí, eichleriánum, n. Wilhelm Eichler, Sammler im
Kaukasus (19. Jahrh.), od.
Aug. Wilh. Eichler (1839–87),
dtsch. Bot.
ejugátus, unverbunden
elábens, ausfallend
elachoglóssus, kleinzüngig
elachophýllus, kleinblättrig
elaeagnifólius, elaeagrifólius,
ölweiden- (*Elaeágnus*) blättrig
elaeagnoídes, ölweiden- (*Elaeágnus*) ähnlich
elásticus, elastisch, gummilie-
fernd
elatérius, schnellend, sprin-
gend
elátine, s. Gttgsn.
elatinoídes, tännel- (*Elatine*)
ähnlich
elátior, elátius, höher
elatostemmoídes, fichten-
kranzähnlich
elátus, hoch, erhaben
electracánthus, bernsteinfarbig
bestachelt
élegans, zierlich, fein
elegantíssimus, sehr zierlich
oder fein

elegántulus, niedlich, nett
elephánticeps, elefantenköpfig
elephántidens, elefantenzäh-
nig, elfenbeinartig
elephantínus, elfenbeinartig
elephántipes, elephantopus,
Elefantenfuß, elefantenfuß-
artig
eleutherocóccus, getrennt-
beerig
eleutheropétalus, getrenntkronblättrig
eleutherophlébius, getrennt-
aderig
eleútheros, frei
elevátus, erhöht
elíshae, n. d. Gattin v. G. Eli-
sha, aus Canonburg Park
(19. Jahrh.)
elizabéthae, Königin Elizabeth
von Rumänien (1843–1916)
gewidmet
ellacombiánum, n. Henry N.
Ellacombe (1822–1916), engl.
Geistl.
elliottiána, ellióttii, n. W. Elliott
(1792–1858), engl. Missionar
u. Sammler (in Südafr.), od.
Stephan Elliott (1771–1830),
nordamerikan. Bot.
ellipsoídeus, ellípticus, ellip-
tisch, oval
ellísii, Ch. Ellis, von Frensham
Hall, Surrey, England
(1839–1906), engl. Gartenfreund, gewidmet
ellwangeriána, n. George Ell-
wanger (1816–1906), dtsch.-
nordamerik. Züchter
ellwoodii, n. A. E. Ellwood
(1870–1952), Gärtner in Swan-
more Park, Bishop's Waltham,
Gr. Brit.
elódes, sumpfbewohnend
elongátus, verlängert, gestreckt
elongéllus, schwach verlängert
elóngus, länglich

elutérius, elútus, ausgewaschen, ohne Saft

elwesiánus, elwésii, Henry John Elwes (1846-1922), engl. Dendrologe, gewidmet

elytródes, elytroídes, deckenähnlich

elytrophýllus, deck- oder hüllblättrig

emárcidus, verwelkt

emarginális, emarginatus, ausgerandet

emendátus, verbessert

emérgens, hervor- od. emporkommend

emeriflórus, angenehm blütig

emeroídes, emeroídeus, z. B. kronéwicken- (*Coronílla emerus*) ähnlich

emérsus, hervor- od. emporgekommen, aufgetaucht

émerus, gezähmt od. veredelt

eméticus, brechenerregend

éminens, hervorragend, stattlich

emíssus, entlassen, hervorgekommen

emíttens, entlassend, hervorkommend

émodi, vom Berg Emodus (gr. N. d. Himalaja) stammend

emórtuus, abgestorben

empetrifólius, krähenbeeren- (*Empetrum*) blättrig

empetrifórmis, krähenbeeren- (*Empetrum*) förmig

empetroídes, krähenbeeren- (*Empetrum*) ähnlich

emulsívus, milchig

enátus, herangewachsen

encaūstus, eingebrannt

encelioídes, *Encelia-* (= Gttgsn.) ähnlich

endecaphýllus, elfblättrig

endémius, einheimisch, einem Lande eigen

endívia, Endivie

endlicheriánum, n. Stephan L. Endlicher (1804-49), österr. Bot.

endo-, in Zus.setzungen: innen-

endócharis, innen schön

endogénus, innen-, von innen erzeugt

endorrhízus, innenwurzelig

endréssii, P. A. C. Endress (1806-31), dtsch. Pflanzensammler (Pyrenäen) gewidmet

enérvis, enérvius, ader- oder nervenlos

engelmánnii, n. Georg Engelmann (1809-84), dtsch.-nordamerikan. Bot.

éngleri, engleriána, n. (H. G.) Adolf Engler (1844-1930), deutscher Bot. (Berlin)

enneacánthus, neundornig

enneagónus, neunkantig, neunseitig

enódis, knotenlos

enópla, v. gr. *énoplos* = bewaffnet

enórmis, übermäßig groß

enneándrus, neunmännig

enneaphýllus, neunblättrig

ensátus, schwertförmig

enséte, s. Gttgsn.

énsifer, ensífera, ensíferum, schwerttragend

ensifólius, schwertblättrig

ensifórmis, schwertförmig

énsiger, ensígera, ensígerum, schwertführend

enterophóra, gr. *énteron* = Eingeweide, u. *phoros* = tragen, hervorbringen

entomóphilus, Insekten liebend

entomophýllus, schlitz- oder kerbblättrig

entophýtus, im Pflanzeninneren lebend

entóxylon, im Holz eingewachsen

enýsii, n. John D. Enys

(1837–1912), neuseeländ. Richter u. Sammler

epacroídes, *Epácris*-ähnlich

ephedroídes, meerträubel- (*Ephedra*) ähnlich

ephémerus, eintägig, kurzlebig

epíchnous, oberflächlich, oben wollig

epigaēus, epigēíos, oberirdisch, am Boden

epiglóttis, auf der Zunge, oberflächlich

epígynus, oberständig

epiléius, oberseits glatt

epilínum, auf Lein wachsend

epilobioídes, weidenröschen- (*Epilóbium*) ähnlich

epinátans, oben schwimmend

epipáctis, s. Gttgsn.

epipétalus, auf dem Kronblatt eingefügt

epiphýllus, auf dem Blatt wachsend

epíphytus, epiphytisch, auf Pflanzen wachsend

epípsilus, oberseits kahl oder nackt

epípterus, auf dem Flügel, flügelständig

episcopális, bischöflich

epithymoídes, *epithymum*-ähnlich

epithýmum, auf Thymian wachsend

epruinósa, eigentlich: unbereift

equéster, equéstris, equéstre, v. lat. equus = Pferd

equínans, reitend

equínus, Pferde betreffend

equisetifólius, schachtelhalm- (*Equisétum*) blättrig

equisetifórmis, schachtelhalm- (*Equisétum*) förmig

equisétinus, schachtelhalm- (*Equisétum*) artig

eránthemus, frühblühend

erásus, abgekratzt

erectacánthus, aufrecht stachelig

erectiúsculus, etwas aufrecht

erectocéntrus, aufrecht gespornt

eréctus, aufrecht, gerade

eremíticus, einsiedlerisch

eremocárpus, einzelfrüchtig

eremóphilus, Einsamkeit liebend

eria-, eri-, in Zus.setzungen: woll-

eriacánthus, wollstachelig

eriadénius, wolldrüsig

eriándrus, eriántherus, wollstaubblätterig

eriánthus, wollblütig

ericaefólius, ericifólius, heide- (*Eríca*) blättrig

ericaēus, ericetórum, heideliebend, in der Heide wachsend

ericoídes, heide- (*Eríca*) ähnlich

ericssónii, n. Chr. Ericsson, schwed. Sammler in SO-Asien (Ende 19. Jahrh.)

erígens, sich aufrichtend

erináceus, igelartig, igelstachelig

erinoídes, leberbalsam- (*Érinus*) ähnlich

érinus, n. d. gleichn. Gttgsn.

erióbasis, wollgrundig

erioblástus, wollig keimend

erióbotrys, wolltraubig

eriócalyx, wollkelchig

eriocárpus, wollfrüchtig

eriocaulis, wollstengelig

eriocéphalus, wollköpfig

eriócomus, wollschopfig

eriógonus, wollknotig

eriogónus, wollkantig

eriógynum, wollgrifflig

eriólepis, wollschuppig

eriónotus, wollig gezeichnet

erióphorus, wolltragend

eriophýllus, wollblättrig

eriópodus, wollstielig, wollfüßig

253

eriópterus, wollflügelig
eríopus, wollstielig
eriorhábdus, wollstengelig
eriorhízus, wollwurzelig
eriospátha, wollscheidig
eriospérmus, wollsamig
eriosphaērus, wollkugelig
eriostachys, wollährig
eriostémon, wollstaubfädig
eríotrychus, wollhaarig
ermánii, n. G. A. Erman
  (1806–77), dtsch. Pflanzensammler
ermíneus, hermelinartig
ernésti-augusti, wahrsch. Ernst
  August (1771–1851), König v.
  Hannover u. Herzog v. Cum-
  berland gewidmet
ernéstii, n. Ernest Henry Wilson (s. *Sinowilsónia*)
erniána, n. F. S. Erni
  (1878–1952), schweiz. Hotelier
  u. Farmer in SW- Afr.
eróphilus, frühlingsliebend
erostrátus, ungeschnäbelt
eróstris, schnabellos
erósus, ausgenagt, ausge-
  fressen
erráticus, errátus, verirrt,
  herumschweifend
éru, wahrsch. südafrikan. Vulgärname
erubéscens, rot werdend
erúca, Rauke
erucaefórmis, rauken- (*Erúca*)
  förmig
erúmpens, aus- oder hervor-
  brechend
ervília, röm. Name einer Hül-
  senfruchtart
eryngioídes, mannstreu- (*Erýngium*) ähnlich
erysimoídes, schöterich- (*Erýsimum*) ähnlich
erythraēus, s. *erythreus*
erythranthérus, mit roten
  Staubbeuteln
erythránthus, rotblütig

erythréus, rötlich od. aus
  Eritréa (am Roten Meer)
  stammend
erýthrinus, korallenrot
erýthro-, in Zus.setzungen: rot-
erythroblástus, rot austreibend
erythrocályx, rotkelchig
erythrocárpus, rotfrüchtig
erythrocaūlis, rotstengelig
erythrocéphalus, rotköpfig
erythrochaētus, rotborstig
erythrócladus, rotzweigig,
  rotästig
erythrocóccus, rotbeerig
erythrocóleus, rotscheidig
erythrócorys, rothelmig
erythrolépis, rotschuppig, rot-
  schülferig
erythronémus, rotfädig
erythrophýllus, rotblättrig
erythrópodus, erýthropus, rotstielig, rotfüßig
erythrópteris, rotflügelig
erythrosépalus, rotkelchig
erythrosórus, rothaufig (rote
  Sori)
erythrospérmus, rotsamig
erythróstachys, rotährig
erythrostýlus, wie vor, u. Griffel = mit rötl. Griffeln
erythrótrichus, rothaarig
erythróxylon, Rotholz
escharoídes, schorfähnlich,
  schorfig
esculéntus, genießbar, eßbar
ésculus, röm. N. einer
  Eichenart
esmerálda, smaragdgrün
espadína, a. d. romanischen
  spadina (Schwert) übernommen
esquamátus, schuppenlos
essentiális, wesentlich
esserteauána, Dr. Esserteau,
  Bakteriologe (Anf. 20. Jahrh.),
  der Ernest Wilson in China
  half, gewidmet
estremadurénsis, a. d. Land-

schaft Estremadura (Iberische Halbinsel) stammend
estriátus, ungestreift
ésulus, scharf, saftig, genießbar
estrúscus, aus Etrurien (jetzt Toskana, Italien) stammend
etuberósus, knollenlos
euánthema, a. d. griech.: blütenreich
eubaeus, euboēus, von Euböa (griech. Insel) stammend
eucaliptána, v. *Eucalyptus* (= verborgen) abgeleitet
eucalyptoídes, *Eucalýptus* – ähnlich
eūceras, schönhörnig
euchílus, schönlippig
euchlórus, freudig grün
euclástus, zerbrechlich
eugenioídes, *Eugénia*-ähnlich
eugénius, edel
euglóssus, schönzüngig
euleūcus, schön weiß
eumórphus, wohlgestaltet
euneūrus, schönnervig
euonymoídes, spindelbaum-(*Euónymus*) ähnlich
euópis, schönäugig, schönes Gesicht
euóplus, gut bewaffnet
euósmus, gut duftend
eupatorioídes, *Eupatorium* (= Gttgsn.) ähnlich
eupatórium, s. Gttgsn.
euphlébius, schönaderig
euphémine, n. Euphemia, Gattin d. belg. Prof. Morren (19. Jahrh.)
euphorboídes, wolfsmilch (*Euphórbia*) ähnlich
euphrasioídes, augentrost-(*Euphrásia*) ähnlich
euphráticus, vom Euphrat (Fluß Vorderasiens) stammend
euphýllus, schönblättrig
euracánthus, breitstachelig
europaēus, europäisch, aus Europa stammend

euryándrus, breitmännig
euryacánthus, breitstachelig
eurychílus, breitlippig
eurýcladus, breitzweigig
eurýnotus, breit gezeichnet
eurýpterus, breitflügelig
eurýsiphon, breitröhrig
eusórus, schönhaufig
eūstachys, eustáchyus, schönährig
evácinus, filzkraut- (*Évax*) artig
eválvis, klappenlos
evanéscens, verschwindend
evansiána, n. Thomas Evans, engl. Gärtner u. Sammler in Ostasien (Anf. 19. Jahrh.)
evéctus, aufgetrieben
evénius, ungeadert
evérnius, gut wachsend, wohl gewachsen
evérsus, vernichtet, zerstört
évidens, deutlich
evitátus, vermieden
evittátus, ungebändert
evolútus, ausgerollt, entwickelt
evólvens, entwickelnd
evonymoídes, spindelbaum-(*Euónymus*) ähnlich
ewérsii, J. P. G. Ewers (1781–1830), dtsch.-russ. Staatsmann u. Förd. d. Wiss. gew.
ex-, in Zus.setzungen: aus-, un-; -los; ohne
exalátus, ungeflügelt
exalbuminósus, ohne Eiweiß
exaltátus, hochgewachsen, erhöht
exannulátus, unberingt
exarátus, ausgefurcht, gekerbt
exareolátus, ungefeldert
exarillátus, ohne Samenmantel
exaristátus, unbegrannt
exarticulátus, ungegliedert
exasperátus, rauhborstig od. -haarig
exauriculátus, ungeöhrt
excavátus, ausgehöhlt
excédens, überragend

excéllens, emporragend
excélsior, höher, erhabener
excélsus, hoch, erhaben
excéntricus, außerhalb
excipulátus, von einem Behälter umgeben
excísus, ausgeschnitten
excoriátus, entrindet
excortátus, excorticatus, entrindet, rindenlos
excúrrens, auslaufend
exésus, ausgefressen
éxhibens, darstellend
exíguus, unansehnlich, gering, klein
exílis, dünn, unbedeutend, schwächlich
exímius, ausgezeichnet
exógenus, außen erzeugt
exolétus, veraltet, verblüht
exoniénsiś, aus Exeter (in Devon, England)
exorrhízus, frei wurzelnd
exortívus, nach Osten liegend, östlich
exósus, verhaßt
exóticus, ausländisch
expállens, erblassend, erbleichend
expánsus, ausgedehnt
explanátus, ausgebreitet, deutlich
explódens, platzend, aufspringend, explodierend
expósitus, ausgesucht, offen
exquisítus, ausgesucht
exscápus, schaftlos, stengellos
exscúlptus, ausgestochen, hervorgehoben
exsérens, exsértus, hervorstehend, herausgestreckt
exsiccátus, ausgetrocknet
exstínctus, ausgelöscht
exstipulátus, nebenblattlos
exsúccus, saftlos
exsúdans, ausschwitzend
éxsul, exsulátus, heimatlos, verbannt; s. auch *exsul*

exsúlcus, ausgefurcht
exsúltans, prahlend
exsúrgens, sich aufrichtend
exténsus, ausgestreckt, weitläufig
extérior, extérius, der äußere
extérnus, außen befindlich
éxtimus, ganz außen, der äußerste
extinctórius, auslöschend
extraaxilláris, außer der Achse befindlich
extrafoliáceus, blattunterständig
extráneus, fremd
extrémus, der äußerste
extrórsus, auswärts angeheftet
éxul, exulátus, heimatlos, verbannt; s. auch *exsul*
exunguiculátus, ungenagelt, ohne Nagel
exuviátus, ab- oder ausgehäutet
eyriésii, n. Alexander Eyries, aus Havre, franz. Sammler (19. Jahrh.)

F

faassénii, n. J. H. Faassen, holländ. Züchter (Tegelen; 19. Jahrh.)
fába, die Bohne (s. Gttgsn.)
fabáceus, fabárius, puffbohnen- (*Vícia fába*) artig, bohnenartig
fabágo, mit bohnenähnlichen Samen
facétus, artig, fein
faciliflórus, leichtblütig
fácilis, leicht, gefällig
fadyénii, s. *Fadyénia* (= Gttgsn.)
fagifólius, buchen- (*Fágus*) blättrig
fagíneus, buchen- (*Fágus*) artig
fairrieánum, Mr. Fairrie, engl.

Pflanzenzüchter gewidmet (19. Jahrh.?)

falcárius, falcátus, sichelförmig

falciculátus, kleinsichelig

falcifólius, sichelblättrig

falcifórmis, sichelförmig

falcinéllus, kleinsichelig

falcipétalus, sichelkronblättrig

falcóneri, n. Hugh Falconer (1808–65), schott. Arzt u. Naturforsch. (Indien)

falklándica, v. d. Falkland Inseln (= Malvinas), im Südatlantik

fallácinus, fallaciósus, fállax, trügerisch, täuschend

fallowiána, n. George Fallow (1890–1915), schott. Gärtner u. Sammler

falsinérvius, falsch, d. h. scheinbar genervt

fálsus, falsch, gefälscht

fálx, Sichel

famatiménsis, von Famatima, Stadt u. Bergzug in NW-Argentinien

familiáris, häuslich, vertraut, gemeinschaftlich lebend

fárctus, vollgestopft

fárfara, wahrsch. zu mehlbestäubt

farfúgium, s. Gttgsn.

fárgesii, Paul Farges (1844–1912), franz. Missionar u. Sammler (in China) gewidmet

farináceus, mehlig, bestäubt

farínifer, farinífera, faríniferum, mehlgebend

farinósus, mehlig

farleyénse, beschrieben v. Landsitz Farley Hill, auf Barbados, Westindien

farnesiánus, vom Palast der Farnese in Rom stammend

farnétto, ital. N. einer Eichenart

farréri, Reginald J. Farrer

(1880–1920), engl. Pflanzensammler, gewidmet

fártus, vollgestopft

fasciátus, gebändert

fasciculáris, fasciculátus, büschelig, gebündelt

fáscifer, fascífera, fascíferum, bündeltragend

fascifórmis, bündelförmig

fascinátor, der Zauberer

fascíneus, bezaubernd

fasciolátus, lat. *fasciola* = kleine Bündel

fastidíbilis, ekelhaft, unangenehm

fastidiósus, ekelerregend, widerlich

fastigiátus, spitzig, in die Höhe gerichtet

fastuósus, prächtig, stolz

fátuus, unschmackhaft

fauciális, schlund- od. rachenartig

faūcidens, schlundzähnig

fauciflórus, schlund- oder rachenblütig

fauríei, faurei, Pater Urbain Faure (1847–1915), franz. Missionar u. Sammler (in Japan) gewidmet

faūstus, glücklich

favedútus, kleinwabig

faveósus, wabig

faviflórus, wachsscheibenblütig

febrífugus, Fieber vertreibend

fébruus, reinigend

fecundíssimus, sehr fruchtbar

fecúndus, fruchtbar

fedtschenkoi, d. russ. Botanikerfamilie Fedtschenko gewidmet: Aleksej Pavl. (1844–74), Ehefrau Olga Aleks. (1845–1921) u. Sohn Boris Aleks. (1872–1947)

fejeénsis, v. d. Fidschi-Inseln (*fijeénsis*)

felínus, katzenartig

félix, glücklig od. fertil

femíneus, feminínus, féminus, weiblich
féndleri, s. *Fendlera* (= Gttgsn.)
fenestrális, fenestrátus, fensterartig, gitterartig durchbrochen
féninus, heuartig
fénnicus, finnisch, aus Finnland stammend
fenzliánum, n. Eduard Fenzl (1808–79), österr. Bot.
-fer, -fera, -ferum, in Zus.setzungen: -tragend
férax, fruchtbar
ferdinándi-coburgii, Ferdinand (1861–1948), König v. Bulgarien gew., der alpine Pflanzen studierte; s. auch *regisferdinandi*
fergusónae, n. E. Ferguson, südafr. Pflanzensammler (20. Jahrh.)
fernándoi-cóstae, n. einem Fernando Costa, Pflanzensammler in Brasilien
férox, stark bewehrt, furchtbar
férreus, eisern
ferrugíneus, rostfarbig
ferrugiósos, rostrot, rostfarbig
fértilis, fruchtbar
feruláceus, steckenkraut- (*Férula*) artig
ferulaefólia, steckenkraut- (*Ferula*) blättrig
férus, wild, ungezähmt
férvens, glühend
festális, festalis, festlich
festínus, eilig, schleunig
festívus, angenehm, hübsch, festlich
festucáceus, festucoídes, schwingel- (*Festúca*) ähnlich
féstus, festlich
feuillei, Louis Feuillée (1660–1732), franz. Astronom u. Naturforscher (Südamerika)
fibríllifer, fibrillífera, fibrillíferum, faserführend

fibrillósus, fibrósus, faserig
fibulifórmis, schnallenförmig
ficariaefólius, scharbockskraut- (*Ranúnculus ficária*) blättrig
ficarioídes, scharbockskraut- (*Ranúnculus ficária*) ähnlich
ficárius, feigen- (*Fícus cárica*) artig; s. auch Gttgsn.
ficifólius, feigen- (*Ficus cárica*) blättrig
ficoídes, s. *Mesembryanthemum*
fictolácteum, falsches *lacteum* (od. nicht milchig)
ficus-índica, indische Feige (= Kakteenart!)
-fidus, in Zus.setzungen: -spaltig
fiebrigii, n. Carl Fiebrig (1879–1951), Museums- u. Gartendirektor in Paraguay
fígo, nordind. (oder südchin.) Volksname
figurátus, gestaltet, gebildet
fijeénsis, v. d. Fidschi-Inseln stammend
filamentáceus, staubfadenartig
filamentósus, staubfädig
filáris, faden- od. seilartig
filicátus, farnartig
filicaūlis, fadenstielig, fadenstengelig
filicifólius, farnblättrig
filicifórmis, farnförmig
filícinus, farnartig
filicoídes, farnähnlich
filiculósus, wie ein kleiner Farn
filíferus, fadentragend
filifólius, fadenblättrig
filifórmis, fadenartig
filipendulifólium, mädesüß- (*Filipendula*) blättrig
filipendúlinus, mädesüß- (*Filipéndula*) artig
filipéndulus, an Fäden hängend
fílipes, fadenstielig
fílix, Farn
filix-fémina = Frauenfarn

filix-más, *Dryopteris,* N. des („männlichen") Wurmfarns
fimbriátus, gefranst, gewimpert
fimbrillátus, gefranst, spreuhaarig
fimbríllifer, fimbrillífera, fim-brillíferum, Fransen od. Spreuhaare tragend
fimbrílliger, fimbrillígera, fim-brillígerum, Fransen oder Spreuhaare führend
fimetárius, auf Mist wachsend
finedonénsis, aus Finedon-Hall (England) stammend
fíngens, sich verstellend
finítimus, angrenzend, ähnlich
finmárchicus, aus Finmarken (Schweden) stammend
firmándus, festigend
firmátus, befestigt
firmifólius, fest- oder hartblättrig
firmus, fest, hart, derb
físcelárius, fiscellátus, zusammengeflochten
fischeriána, físcheri, Friedr. Ernst L. v. Fischer (1782–1854), dtsch.-russ. Bot. gew.
físsidens, spaltzähnig
fissifólius, spaltblättrig
físsilis, spaltig
fissioídes, lat. = spaltähnlich
físsipes, spaltfüßig
fissiróstris, spaltschnäbelig
fissurátus, físsus, gespalten
fistuliflórus, röhrenblütig
fistulósus, röhrig, hohl
fistulifólius, röhrenblättrig
fítchii, n. W. R. Fitch, nordam. Kakteensammler (mit Rose, Anf. 20. Jahrh.)
fixus, befestigt, festgewachsen
flabellátus, fächerartig
flabéllifer, flabellífera, flabellí-ferum, fächertragend
flabellifólius, fächerblättrig
flabellifórmis, fächerförmig
flabellulátus, kleinfächerig

flabéllus, fächerig
fláccidus, fláccus, schlaff, welk
fladnizénsis, von den Fladnitzer Alpen (Kärnten) stammend
flagelláceus, flagelliferus, peitschenartig, Ausläufer bildend
flagelláris, flagellátus, peitschen- oder pinselartig
flagelliflórus, peitschenblütig
flagellifórmis, flagrifórmis, peitschen- od. geißelförmig
flámmeus, feuerrot, geflammt
flámmifer, flammífera, flammí-ferum, flammentragend, feurigrot
flámmula, das Flämmchen
flámmulus, brennend scharf
flanagánii, Henry Georg Flanagan (1861–1919), südafr. Farmer u. Pflanzensammler
flav-, flavi, flavo- , in Zus.setzungen: gelb-
flávens, flavéscens, gelb werdend
flavéolus, gelblich
flavícomus, gelbschöpfig
flávidus, blaßgelb, gelblich
flaviflórus, gelbblütig
flávipes, gelbfüßig
flavipunctátus, gelb punktiert
flavirámeus, gelbzweigig
flavispínus, gelbdornig oder -stachelig
flavîssimus, stark gelb
flavivírens, gelbgrün
flavo- purpuráscens, lat. *flavus* = gelb, u. *purpurascens* = purpurfarben
flavorúfum, gelblich-rot (also etwa orangefarben)
flávus, reingelb
fléckii, n. E. Fleck, dtsch. Geologe u. Pflanzensammler (Ende 19. Jahrh.)
fleischeriánum, fleischeri, n. M. Fleischer (1861–1930),

Gärtner u. Züchter in Mentone (Ohio, USA)
flétcheri, J. C. B. Fletcher, engl. Geistl. u. Gartenfreund in Chichester, od. H. R. Fletscher, Leiter d. Bot. Gart. in Edinburgh gewidmet
flexíbilis, biegsam
flexicaūlis, krumm- oder bogenstengelig
flexifólius, krummblättrig
fléxilis, biegsam, gekrümmt
fléxipes, krummstielig
flexípilis, krummhaarig
flexispínus, krummstachelig oder -dornig
flexuósus, hin- u. hergebogen
fléxus, gebogen, gekrümmt
flóccidus, flócciger, floccígera,floccígerum,flockentragend
floccósus, flockig
flocculósus, etwas flockig
florális, die Blüten betreffend
flórens, -flórens, blühend, in Zus.setzungen: -blühend
florentínus, aus Florenz (Italien) stammend
flóre pléno, mit gefüllter Blüte, gefülltblütig
floréscens, blühend
flóreus, voll Blüten, blumig
floribúndus, reichblühend
florícomus, blumenhaarig, od. „wie mit Blumen besät"
floridánus, aus Florida (USA) stammend
florídulus, hübsch blühend
flóridus, reich blühend
flórifer, florífera, floríferum, blütentragend
flóriger, florígera, florígerum, blütenführend
floríndae, n. Florinda, erste Frau des engl. Forschungsreisenden Kingdon-Ward
floruléntus, kleinblütig
-florus, in Zus.setzungen: -blütig

flós, die Blume
flós-cúculi, Kuckucksblume
flosculósus, blütenreich
flósculus, Blütchen, Blümchen
flós-jóvis, Jupiterblume
flúctuans, wogend, schwimmend, fließend
fluctuósus, wellenförmig schwankend
flueggeoídes, *Flueggia-* (= Gttgsn.) ähnlich
flúitans, schwimmend, flutend
fluminénsis, von Flüssen od. aus Rio de Janeiro (Brasilien) stammend
fluviális, fluviáticus, fluviátilis, im od. am Fluß lebend
flúxilis, fließend
foecúndus, fruchtbar
foēminus, weiblich
foeniculáceus, fenchel- (*Foeniculum*) artig
foenínus, heuartig
foēnum Heu
foēnum- graēcum, griechisches Heu
foētens, übelriechend, stinkend
foetidíssimus, sehr übelriechend, entsetzlich stinkend
foētidus, übelriechend, stinkend
foli-, in Zus.setzung.: blättrig, beblättert
foliáceus, blattartig
foliáris, blattständig
foliátus, beblättert
foliífer, foliífera, foliíferum, blattragend
foliifórmis, blattförmig
fóliis, mit Blättern
foliolátus, blättchentragend
foliolósus, blättchenreich
foliosíssimus, sehr blattreich
foliósus, blattreich
folliculáris, balgartig, sackartig, balgkapselig
fomentárius, zunderartig

fontanésii, n. R. L. Desfontaines (1750–1833), franz. Bot. (s. auch *Desfontainia*)
fontánus, quellenliebend
fontenayénsis, aus Fontenay (Frankreich) stammend
fontígenus, in Quellen erzeugt oder wachsend
fontinális, in Quellen wachsend
foraminulósus, kleinlöcherig
forátus, löcherig
fórbesii, wahrsch. James Forbes (1773–1861), engl. Gärtner u. Autor gew.
forcipátus, zangenförmig
fórdii, n. Charles Ford (1844–1927), Dir. d. Bot. Gart. v. Hongkong
foremánii, gezüchtet bei Foreman, in Dalkeith, Schottland
forficátus, scherenförmig
forgétii, forgetiána, n. Louis Forget († 1915), franz. Pflanzensammler
formicaefórmis, ameisenförmig
formicárum, v. lat. *formica* = Ameise
-formis, in Zus.setzungen: – förmig
formosánus, von der Insel Formosa (= Taiwan, Ostasien) stammend
formosíssimus, sehr schön gestaltet, sehr schön
formósus, schön gestaltet, schön
fornicátus, gewölbt
forréstii, forrestiánum, n. George Forrest (1873–1932), schott. Pflanzensammler (China)
forskálei, forskóhlii, s. *Forsskaolea* (Gttgsn.)
forsteckénsis, in den Forstecker Baumschulen, Forsteck bei Kiel, entstanden
forsteriána, forsterána, n. J. R.

Forster (1729–98) u/od. des Sohn J. G. Forster (1754–94), deutsche Bot. u. Reisende
fórtis, lat.: stark, resistent
fortunátus, beglückt, glücklich
fortúnei, n. Robert Fortune (1812–80), engl. Reisender u. Sammler (Ostasien)
fossulátus, rinnig, kleinrinnig
fóssus, gefurcht, rinnig
fosteriána, Sir Michael Foster (1836–1907), engl. Arzt u. *Iris*-Züchter, gewidmet
fothergíllii, s. *Fothergilla* (= Gttgsn.)
fourcroýdes, *Fourcroya-* (= *Furcraea*) ähnlich
fourniéri, n. Eug. P. N. Fournièr (1834–84), franz. Arzt u. Bot.
foveáris, grubig
foveátus, grubig vertieft
fóvens, umarmend, umschließend
foveolátus, kleingrubig
foveósus, grubig
fractiseriális, getrenntreihig
fractuósus, gebrochen, schwach
fragarioídes, erdbeeren- (*Fragária*) ähnlich
frágifer, fragífera, fragíferum, Erdbeeren tragend oder mit ähnl. Früchten
fragilifólius, mit zerbrechlichen Blättern
frágilis, zerbrechlich
fragilíssimus, sehr zerbrechlich
frágrans, wohlriechend, duftend
fragrantíssimus, sehr wohlriechend
-fragus, in Zus.setzungen: -brechend
fraileána, s. *Frailea* (= Gttgsn.)
frainétto, (unrichtiger) ital. N. ein. Eichenart
framésii, P. Ross Frames

261

(1863–1947), südafr. Sammler u. Züchter gew.

franchétii, franchetiánum, n. Adrien R. Franchet (1834–1900), franz. Bot.

francofurténsis, aus Frankfurt am Main stammend

frangulaefólius, faulbaum- (*Rhámnus frángula*) blättrig

franguloídes, faulbaum- (*Rhámnus frángula*) ähnlich

frángulus, brüchig

franzosínii, einem Signor Franzosini, ital. Gärtner gewidmet

fráseri, n. John Fraser (1750–1811), schott. Pflanzensammler (N-Amerika)

fratérnus, brüderlich, verwandt

frauduléntus, trügerisch

fraxinélla, Verkleinerungsform von *Fráxinus,* der Esche

fraxíneus, eschenartig

fraxinifólius, eschen- (*Fráxinus*) blättrig

frederícii, Friedrich Welwitsch gew.; s. *Welwitschia*

femóntii, n. John Ch. Fremont (1813–90), nordam. Offizier u. Entdecker

freneloídes, *Frenéla*-ähnlich

freyniána, freýnii, n. Joseph F. Freyn (1845–1903), österr. Bot.

friábilis, zerreibbar

frícii, Alb. V. Frič (1882–1944), tschech. Kakteenspezialist gewidmet

friedríchiae, fridríchii, H. Friedrich (geb. 1925), dtsch. Sukkulentenforscher, od. Frl. Marg. Friedrich, aus Warmbad (Südafrika) gewidmet

frígidus, kalt, in kalten Gebieten wachsend

frikártii, n. Karl Ludwig Frikart (1879–1964), schweiz. Pflanzenzüchter

fritillárius, schachbrettartig

froebélii, Karl Otto Fröbel

(1844–1906), schweiz. Pflanzenzüchter gew.

frondéscens, sich belaubend

frondifórmis, laubförmig

frondósus, belaubt, laubig

-frons, in Zus.setzungen: -belaubt

frúctifer, fructifera, fructíferum, fruchttragend

fructíficans, fruchtend

fructígenus, auf der Frucht erzeugt

frúctu, mit Frucht oder Früchten

fructuárius, fruchtbar

fructuósus, sehr fruchtbar

fructuspína, fructus-píni, stachlige Frucht od. (2) auf Kieferzapfen deutend

frumentáceus, Getreide gebend

frustráneus, täuschend

frustulósus, zerstückelt, zerbröckelt

frutéscens, halbstrauchig

frútex, der Strauch

frúticans, strauchig

fruticohýbridus, für einen Komplex von Bastardformen d. Gatt. *Calceolaria*

fruticósus, strauchig, buschig

fruticulósus, kleinstrauchig

fucatifólius, fucatophýllus, geschminktblättrig

fucátus, geschminkt, verfälscht

fuchsifoliósa, f. die Hybride *fuchsioídes x foliósa*

fúchsii, s. *Fúchsia* (= Gttgsn.)

fuchsioídes, fuchsien- (*Fuchsia*) ähnlich

fuciflórus, hummelblütig

fucifórmis, hummelförmig

fucoídes, tang- (*Fúcus*) ähnlich

fugacíssimus, sehr hinfällig

fúgax, vergänglich, hinfällig

fúlcidus, fulcrátus, gestützt

fúlgens, fúlgidus, leuchtend, glänzend, strahlend

fulhaménsis, aus Fulham (England) stammend
fuligíneus, fuliginósus, rußig, rußfarbig
fuligíneus, fulignósus, rußig, rußfarbig
fúlleri, n. Claude Fuller (1872-1928), austral.-südafr. Entomologe u. Sammler
fullónum, der Weber
fúltus, gestützt
fulvéscens, braunrot werdend
fulvibárbis, braunrot gebartet
fúlviceps, braunköpfig
fulvipílis, braunhaarig
fulvispínus, braundornig
fúlvo-setulósa, mit bräunlichen Borsten
fulvósus, bräunlich
fúlvus, gelbrot, braunrot, gelbbraun
fumánus, rauchgrau
fumariaefólius, erdrauch- (*Fumária*) blättrig
fumarioídes, erdrauch- (*Fumária*) ähnlich
fumárius, rauchig
fumátus, geräuchert
fúmens, fúmeus, fumigátus, rauchgrau
fúmidus, rauchfarbig
fumósus, angeräuchert
funális, strickförmig
funárius, gedreht
fúnckii, s. *Fúnckia* (= Gttgsn.)
funébris, funéreus, trauernd, Leichen betreffend
funéstus, trauervoll, traurig
fungífera, lat. schwamm- od. pilztragend
fungifórmis, pilzförmig
fungósus, pilzig, schwammig
funiculáris, nabelstrangartig
funiculátus, mit Nabelstrang versehen
fúnifer, funífera, funíferum, schnurtragend

funifórmis, strang- od. strickförmig
furcátus, gabelförmig, gabelteilig
furcellátus, kleingabelig
fúrcifer, furcífera, furcíferum, gabeltragend
fúrens, wütend
furfuráceus, kleiig, kleieartig
furfuósus, kleiig
furiósus, rasend
fúrvus, dunkel
fuscátus, bräunlich, gebräunt
fuscéscens, rotbraun werdend
fuscilineátus, (rot)braungestrichelt
fuscitínctus, (rot)braungefärbt
fuscoáter, fuscoátra, fuscoátrum, braunschwarz
fúscipes, braunstielig
fúsco-, in Zus.setzungen: braun-
fuscomaculátus, braunfleckig
fuscopunctátus, braunpunktiert
fúscus, rotbraun
fusifórmis, spindelförmig
fúsipes, spindelstielig
-fúsus, in Zus.setzungen: -fließend
futúrus, zukünftig
fyfiána, n. John Fyfe, schott. Gärtner (Mitte 19. Jahrh.)

G

gaértneri, J. Gärtner (1732-91), Tübinger Arzt u. Bot. od. dessen Sohn C. F. v. Gärtner (1772-1850: Gaertn. f.) gew.
gagnepaínii, n. François Gagnepain (1866-1952), franz. Bot.
galacifólius, *Gálax*- blättrig
galácteus, galáctinus, milchweiß
galactodéndron, Milchbaum

galánga, südasiat. Pflanzenname d. Galgant

galanthoídes, schneeglöckchen- (*Galánthus*) ähnlich

galapágius, von den Galapagosinseln (im Pazifik) stammend

galbánifer, galbanífera, galbaníferum, Mutterharz liefernd

galbánus, galbínus, gelblich, grünlich

galbulósus, beerenzapfenartig

gále, engl. Volksn. für *Mýrica gále*

galéatus, behelmt

galegifólius, geißrauten- (*Galéga*) blättrig

galeifórmis, helmförmig

galeóbdolon, s. Gttgsn.

galeóttei, galeottiána, d. belg. Bot. H. Galeotti (1814–58) gewidmet

galericulátus, kleinbehelmt, kleinhaubig

galioídes, labkraut- (*Gálium*) ähnlich

gállicus, aus Gallien (Frankreich) stammend

galpínii, n. Ernst Edw. Galpin (1858–1941), südafr. Bankier u. Bot.

gamo-, in Zus.setzungen: vereint, verwachsen, verbunden

gamocárpus, mit verwachsenen Früchten

gamopétalus, mit verwachsenen Kronblättern

gamophýllus, verwachsenblättrig

gamosépalus, mit verwachsenen Kelchblättern

gandavénsis, aus Gent (Belgien) stammend

gangéticus, am Ganges, Indien wachsend

ganglóneus, knotenästig

ganophlōēus, glanz- oder schönrindig

gardeniaefólius, *Gardenia*- (s. Gttgsn.) blättrig

gardénii, n. Rob. J. Garden (geb. 1821), engl. Offizier u. Sammler (in Südafrika), od. Alexander Garden (1730–91): s. *Gardenia*

gardenioídes, *Gardénia*-ähnlich

gardneriánum, gárdneri, ansch. n. Edw. Gardner (geb. 1784), engl. Verwalter u. Pflanzensammler (in Nepal)

gargánicus, vom Monte Gargano (Süditalien) stammend

garrexiánus, von Garrezo (Italien) stammend

gaskelliána, n. Holbrook Gaskell, engl. Orchideenzüchter (19. Jahrh.)

gástropus, bauchig, gestielt

gaudichaudiána, gaudichaudii, n. Ch. Gaudichaud-Beaupré (1789–1854), franz. Bot. u. Reisender

gaudínii, n. J. Fr. G. Ph. Gaudin (1766–1833), schweiz. Bot.

geánthus, an der Erde blühend

gebánga, indischer Volksname

gelatinósus, gallertig

gélidus, eisig, in kalten Gebieten wachsend

gemelliflórus, zwillingsblütig

geméllus, zwillingsartig, gleich

geminárius, geminátus, verdoppelt, paarig

geminiflórus, zweiblütig

geminisétus, doppelborstig

geminispínus, doppelstachelig

géminus, gepaart, zweifach, doppelt

gémma, die Knospe

gemmáceus, knospenartig

gemmátus, knospig, mit Knospen versehen

gémmifer, gemmífera, gemmíferum, knospentragend

gemmifórmis, knospenförmig

gemmilósus, kleinknospig
-gémmis, -gémmius, in
Zus.setzungen: -knospig
generális, allgemein, auf einen
Komplex hindeutend
generatívus, zur Zeugung
gehörig
genevénsis, aus Genf (Genève,
Schweiz) stammend
geniánthus, bartblütig
geniculátus, gekniet, gelenkig
genistélloídes, flügelginster-
(*Genistella*) ähnlich
genistifólius, ginster- (*Genísta*)
blättrig
genistoídes, ginster- (*Genísta*)
ähnlich
génkwa, japan.-chines.
Volksname
gentianoídes, enzian- (*Gentiána*) ähnlich
gentílis, edel
genufléxus, knieförmig
gebogen
genuínus, echt, natürlich
geoídes, nelkenwurz- (*Géum*)
ähnlich
geométrizans, geometrisch,
gleichmäßig
geonomifórmis, *Geonoma*-
(s. Gttgsn.) förmig
georgiánus, aus Georgia (Staat
der USA)
geranifólius, storchschnabel-
(*Geránium*) blättrig
geranioídes, storchschnabel-
(*Geránium*) ähnlich
gerardiána, n. Patrick Gerard,
(1795–1835) engl. Offizier u.
Pflanzensammler (in China)
germánicus, germanisch,
deutsch
gérminans, keimend
gesneraeflórus, *Gésneria*-blütig
gesneriána, s. *Gesneria*
(= Gttgsn.)
gesnerioídes, *Gesneria*-ähnlich
géum, s. Gttgsn.

geýeri, A. L. Geyer (1894–
1969), südafrikan. Diplomat u.
Pflanzensammler gew.
ghiesbreghtiána, ghiesbrégh-
tii, n. A. B. Ghiesbreght
(1810–93), belg. Pflanzensammler (Mexiko)
gibberósus, höckerig
gibbérulus, kleinhöckerig
gibbiflórus, höckerblütig
gibbulósus, kleinhöckerig
gíbbus, höckerig
gibraltáricus, aus Gibraltar
stammend
gibsónii, Mr. Gibson, Begleiter
Lugards (in Ostafrika, Ende
19. Jahrh.) gewidmet
gigantéus, riesenhaft, riesig
gigantifólius, riesenblättrig
gígas, riesig, Riese
gílvus, isabellfarbig, fahlgelb
ginnála, Volksn. einer Ahornart
im Amurgebiet (Ostasien)
gínseng, chines. Volksn. einer
Pánax-Art
giraldiánus, giráldii, n. Pater
Giuseppe Girald, ital. Missionar in China (Ende 19. Jahrh.)
githágo, frhr. Gttgsn.
glabéllus, gláber, glábra, glá-
brum, glatt, kahl, unbewehrt
glabérrimus, sehr glatt, völlig
kahl
glabrátus, kahlgeworden
glabréscens, kahl werdend
glabriflórus, glatt- od. kahl-
blütig
glábrior, glábrius, kahler
glabriúsculus, fast kahl oder
unbehaart
glaciális, gletscherliebend, an
der Schneegrenze vor-
kommend
gladiátus, d. schwertähnl. Blättern wegen
gladiifólius, schwertblättrig
gladioláris, schwertartig

gladioloídes, siegwurz- (*Gladíolus*) ähnlich

glándifer, glandífera, glandíferum, nuß- od. eicheltragend

glandúlifer, glandulífera, glandulíferum, drüsentragend

glanduliflórus, drüsenblütig

glandúliger, glandulígera, glandulígerum, drüsenführend

glandulosipilósus, drüsig behaart

glandulósus, drüsig

glareósus, kiesliebend, kiesbewohnend

glastifólius, waid- (*Ísatis*) blättrig

glauc-, glauci-, glauco-, in Zus.setzungen: blaugrün-

glaucacánthus, blaugrün bestachelt

glaucéscens, blaugrünlich od. graubläulich werdend

glaucifólius, blaugrünblättrig

glauciifólius, hornmohn- (*Glaúcium*) blättrig

glaūcinus, blaugrünlich

glaucistípes, blaugrünstielig

glaucóchrous, bläulich-farbig

glauco-coerúleus, „bläulich-blau"

glaucoídes, blaugrünlich, graubräunlich

glaucopéplum, mit graublauem Mantel

glaucophýllus, blaugrün- oder graugrünblättrig

glaucópsis, blaugrünäugig

glaūcopus, blaugrünstielig oder -füßig

glaūcus, blaugrün, graugrün, meergrün

glaziówii, A. F. M. Glaziou (1828–1906), franz. Bot. (in Brasilien) gew.

glebárius, anhaftend, erdschollenartig

glebifórmis, schollenförmig

glechonophýllus, polei- (*Glechoma*) blättrig

gléhnii, n. Peter v. Glehn (1835–76), dtsch.-russ. Bot. u. Reisender

globátus, geballt

globicárpus, kugelfrüchtig

globicórnus, kugelhörnig

glóbifer, globífera, globígerum, kugeltragend

globósus, kugelförmig, kugelig

globulariaefólius, kugelblumen- (*Globulária*) blättrig

globuláris, kugelartig

globúlifer, globulífera, globulíferum, kügelchen- oder pillentragend

glóbulus, Kügelchen

glochídeus, glochidiátus, widerhakig

glomerátus, knäuelförmig, geknäuelt

glomerósus, knäuelartig

glomulátus, kleinknäuelig

glomúlifer, glomulífera, glomulíferum, knäuelchentragend

glomerulósus, mit kleinen Knäueln versehen

gloriosoídes, der *Gloriosa*-Lilie ähnlich

gloriósus, herrlich, rühmlich

glossóceras, glossóceros, glossócerus, zungenhörnig

glossoídes, zungenähnlich

gloxiniaeflórus, *Gloxínia*-blütig

gloxinioídes, *Gloxinia*-ähnlich

glumáceus, spelzenartig

glumelláceus, mit einem kleinen Balg versehen

glumifórmis, balgförmig

glutinárius, klebend

glutinósus, klebrig

glycinoídes, glyzinen- (*Wistária*) ähnlich

glycocósma, mit süßl. Duft, geschmückt

glycycárpus, süßfrüchtig

glycycáryus, süßnüssig

glycymórphus, süß-, d. h. schön gestaltet
glycyósmus, süßduftend
glycyphýllus, süßblättrig bzw. mit *Glycyrrhiza*-ähnl. Blättern
glycyrhízus, süßwurzelig
glyptocárpus, rinnen- oder furchenfrüchtig
glýptodens, glyptodóntus, Kerbzahn, kerbzähnig
glyptostroboídes, *Glyptóstrobus*-ähnlich
gmélinii, s. *Gmelina* (= Gttgsn.) od. einem der 5 Gmelins gewidmet
gnaphalioídes, ruhrkraut- (*Gnaphálium*) ähnlich
gnémon, malayischer Pfl.n.
gnídium, s. *Gnídia* (= Gttgsn.)
gnomónicus, gewinkelt
góbicus, gobínus, a. d. Wüste Gobi (Innerasien) stammend
godefróyae, M. Godefroy-Leboeuf, franz. Pflanzensammler (1852–1903) gew.
godrónii, n. D. A. Godron (1807–80), franz. Bot.
godseffiána, n. Joseph Godseff (c. 1846–1921), wahrsch. engl. Sammler
goebelii, K. Chr. Tr. Goebel (1794–1851), dtsch. Bot., od. Karl Eberh. v. Goebel (1855–1932) gewidmet
goëgoënsis, aus Goegoe, auf Sumatra stammend
goldieána, n. Hugh Goldie, schott. Missionar u. Pflanzensammler (19. Jahrh.)
gomphocarpus, nagelkopffrüchtig
gomphocéphalus, nagelköpfig
gomphophýllus, gr. *gomphos* = Nagel (od. auch Zahn), u. *phyllos* = Blatt
gomphospérmus, nagel-ähnl. Samen

gomphrenoídes, kugelamarant- (*Gomphréna*) ähnlich
gon-, gony-, in Zus.setzungen: knie-, od. winkel-
gonacánthus, winklig bestachelt
gonocládus, gr. *gonos* = Knie, Winkel, u. *klados* = Sproß, Zweig
gonatoídes, knieähnlich, knotig
gongylocárpus, rundfrüchtig
gongyloídes, rundlich, rübenähnlich
goniacánthus, kantigstachlig
gonio-, in Zus.setzungen: -winklig, -kantig, -knotig
goniócalyx, kantenkelchig
goniocaūlis, kantenstielig
goniócladus, kantenzweigig
goniophýllus, kantenblättrig
goniospérmus, gonospérmus, kantensamig
gonocárpus, kantenfrüchtig
-gonus, in Zus.setzungen: -winklig, -kantig, -seitig
goochiae, von Barker Webb (s. *webbii*) seiner Mutter Hannah Gooch (geb. Barker) gew.
gordoniánum, n. James Gordon (s. *Gordónia*), od. Alexander Gordon, engl. Gärtner
gordónii, Robert Jacob Gordon (1743–95), holländ. Offizier u. Naturforscher (Südafr.)
gorgónias, gorgónis, v. gr. *gorgonis* = Meduse: grausig, furchterregend
gosseliniána, n. Robert Roland-Gosselin (1854–1925), franz. Sukkulentenforscher
gotoána, Sukichi Goto, d. Univ. Tokyo gew.
gottingénsis, in Göttingen gezogen
gouldiána, n. John Gould Veitch (1839–70), engl. Pflanzenzüchter

graciléntus, schlank, schlicht
graciléscens, schlank oder
schmächtig werdend
gracilidelineáta, feinskizziert,
-umrissen
gracilifólius, schlank-, schmal-,
dünnblättrig
gracílipes, schlankstielig
grácilis, schlank, zierlich
gracilispínus, dünn- oder
schlankstachelig
gracilistýlum, lat.: mit schlan-
kem Griffel
gracíllimus, sehr schlank, sehr
zierlich
gradátus, abgestuft, stufig
graebneriána, K. O. R. P. P.
Graebner (1871–1933), Berliner Bot. gewidmet
graēcus, griechisch, aus Griechenland stammend
graéllsii, n. M. de la Paz
Graells (1809–98), span. Naturwiss.
graeophýllus, graublättrig
graéseri, Robert Gräser, Nürn-
berger Kakteenzüchter
(19. Jahrh.) gew.
grahamiána, grahámii, n.
Georg John Graham (1803–
78), schott. Pflanzensammler
gramíneus, grasartig
graminifólilus, grasblättrig
graminoídes, grasähnlich
graminósus, grasig
grammatosórus, mit schriftzei-
chenähnlichen Sporenlagern
grámmitus, liniiert, schriftartig
grammoídes, schriftähnlich,
linienartig
grammosépalus, linienkelch-
blättrig
granadensis, granaténsis, aus
Granada (Spanien) stammend
od. aus Nueva Granada, alter
N. f. Kolumbien
granátus, vielkernig

grandi- , in Zus.setzungen:
groß-
grandicéphalus, grándiceps,
großköpfig
grandicórnis, großhörnig
grandicúspis, langspitzig
grándidens, grandidentátus,
großzähnig
grandiflórus, großblütig
grandifólius, großblättrig
grandifórmis, von großer Form
oder großem Umfang
grandilobáta, großlappig
grandinósus, hagelkorn- oder
schlossenartig
grandipunctátus, groß-
punktiert
grándis, groß
gránifer, granífera, granífe-
rum, korntragend
graníticus, granitliebend, auf
Granit wachsend
grant-dúffii, Sir M. E. Grant-
Duff (1829–1906), Gouverneur
v. Madras gew.
grántii, n. James A. Grant
(1827–92), schott. Forschungsreisender (Ostafr.)
granuláris, granulátus,
körnig
granulósus, etwas körnig
gratianopolitánus, aus Gratia-
nopolis, röm. N. f. Grenoble
(Frankreich)
gratioloídes, gnadenkraut-
(Gratíola) ähnlich
gratíssimus, sehr dankbar, od.
sehr angenehm
grátus, dankbar, angenehm
gravéolens, stark duftend
grávidus, angefüllt, trächtig
grávis, schwer
gregális, gregárius, vergesell-
schaftet
gréggii, n. J. Gregg, Pflanzensammler in Mexiko (Ende
19. Jahrh.)
gregoryána, gregóri, n. J. W.

Gregory, engl. Pflanzensammler in Ostafrika (1864–1932)
greigii, s. *Greigia* (= Gttgsn.)
greyi, s. *Greyia* (= Gttgsn.)
griersoniánum, n. R. C. Grierson, einst Zollbeamter in China u. Freund von George Forrest
griffithii, griffithiána, William Griffith (1810–45), engl. Arzt u. Bot. gew.
grignonénsis, bei Grignone (Frankreich) gefunden
griquénsis, a. d. Griqualand, Kap Prov., Südafrika
grisebáchii, Aug. Heinr. Rud. Grisebach (1814–79), dtsch. Bot. gew.
gríseo-argéntea, silbergrau
gríseus, grau
grisophýllus, graublättrig
gróbyi, Lord Grey of Groby († 1836), Förd. d. Gartenbaus gewidmet
groenlándicus, aus Grönland stammend
grossedentátus, grob gezähnt
gróssei, n. Hugo Gross, dtsch. Pflanzensammler (19/20. Jahrh.)
grósseri, wahrsch. W. C. H. Grosser (geb. 1869), dtsch. Bot. gewidmet
grosseserrátus, grob gesägt
grossulárius, s. *Grossularia* (= Gttgsn.)
grossulariaefólius, stachelbeer-(*Grossulária*) blättrig
grossulariaefórmis, stachelbeer-(*Grossulária*) förmig
grossularioídes, stachelbeer-(*Grossulária*) ähnlich
gróssus, dick, groß
gruínus, kranichschnabel-(*Eródium gruínum*) artig
grumósus, klumpig
grusoniánus, grusónii, s. *Grusonia* (= Gttgsn.)

grýllus, die Grille
guadalupensis, von Guadalupe, Stadt NW v. S. Luis Potosi, in Mexiko
guajáva, südamer. Volksn. einer *Psídium*-Art
guatemalénsis, aus Guatemala (Mittelamerika) stammend
gueldenstaedtiána, n. A. J. v. Güldenstädt (c. 1741–85), der im Kaukasus sammelte
guianénsis, aus Guyana (Südamerika) stammend
guilfoylei, n. W. R. Guilfoyle (1840–1912), engl.-austral. Bot.
guineénsis, aus Guinea (Westafrika) stammend
gúmmifer, gummífera, gummíferum, gummieliefernd
gummósus, gummiartig
gunniána, gúnnii, n. Ronald Campbell Gunn (1808–81), austral. Pflanzensammler
gussónii, n. Giovanni Gussone (1787–1866), ital. Bot.
guttátus, betropft, getüpfelt
gúttifer, guttífera, guttíferum, tropfentragend
guttiflórus, tropfenblütig
guttulátus, etwas betröpfelt
gutturátus, gekehlt
guyanénsis, aus Guyana s. *guianensis*
gymn-, gymno-, in Zus.setzungen: nackt-
gymnándrus, nacktmännig
gymnanthéra, gr. *gymnos* = nackt, u. *antheros* = blühend
gymnanthus, nacktblütig
gymnocárpus, nacktfrüchtig
gymnócladus, nacktzweigig
gymnócomus, nacktschopfig
gymnogrammoídes, schriftfarn-(*Gymnográmme*) ähnlich
gymnópodus, gýmnopus, nacktstielig
gymnorrhízus, nacktwurzelig
gymnospérmus, nacktsamig

gyn-, gyno-, in Zus.setzungen:
-weibig
gynándrus, mannweibig,
zwitterig
-gynus, in Zus.setzung.:
-weibig
gypsícola, Gipsbewohner, auf
Gips wachsend
gypsophiloídes, gipskraut-
(*Gypsóphila*) ähnlich
gyr-, gyro-; -gyrus, in Zus.set-
zungen: kreis-, spiralig-
gyracánthus, drehstachelig, gedreht bestachelt
gýrans, sich kreisförmig
drehend
gyrátus, geringelt, spiralig
gyrofléxus, ringförmig gebogen
-gyrus, in Zusammensetzungen: spiralig

H

haageána, haagei, n. J. N.
Haage (1826–78), Züchter in
Erfurt
háas, oriental. Name einer
Eichenart
haástii, Sir Johann F. J. von
Haast (1824–87), Geologe u.
Pflanzensammler in Neuseeland gew.
hadróceras, hadrócerus, stark-
hörnig
hadrosómus, stark gebaut
haemáctinus, blutrotstrahlig
haemáleum, blutig (auf d. Blütenfarbe bezugnehmend)
haemanthifólia, blutblume-
(*Haemanthus*) blättrig
haemánthus, blutrot blühend
haemanthoídes, blutblumen-
(*Haemánthus*) ähnlich
haemástomus, blutrot
schlundig
haematacánthus, blutrot
bestachelt

haematánthus, blutrotblütig
haemáticus, blutrot
haematócalyx, blutrotkelchig
haematocárpus, blutrot-
früchtig
haematocéphalus, mit blutro-
tem Kopf
haematóchilus, blutrotlippig
haematóchrous, blutfarbig
haematódes, blutähnlich
haematophýllus, blutrotblättrig
haematópodus, haemátopus,
blutrotstielig
haematópteris, blutrot
geflügelt
haematostígmus, blutrotnarbig
haematóstomus, blutrot-
schlundig
haematótrichus, mit blutroten
Haaren
hafniénsis, aus Hafniae = Kopenhagen (Dänemark)
stammend
hahniána, hahnii, n. Adolf
Hahn, Berliner Kakteengärtner (19. Jahrh.)
hakeafólius, *Hákea*-blättrig
hálei, n. J. P. Hale, Farmer u.
Kakteensammler in Kalifornien (Ende 19. Jahrh.)
halepénsis, aus Aleppo (= Haleb, Syrien) stammend
halicácabum, herzsamen-(*Cardiospérmum*) artig
halimifólius, keilmelden- (*Átriplex hálimus*) blättrig
hálimus, salzig
haliphlōēos, Salzringe
hálleri, Albrecht v. Haller
(1708–77), schweiz. Arzt u.
Bot. gewidmet
halliána, hállii: nomenklator.
Komplex denn hier Elihu Hall
(1822–82), nordamer. Bot.
(amerik. Pflanzen); H. C. van
Hall (1801–74), holländ. Bot.
(indones. Pflanzen); G. R.
Hall (1820–99), nordam. Arzt

u. Reisender (japan. Pflanzen), od. H. Hall (1906–86), engl. Gartenkundiger

halonátus, hofartig (Mondhof), randfleckig

halodéndron, halodéndrum, Salzbaum

halóphilus, salzliebend, salinenliebend

halterátus, hantelförmig

hamatacánthus, hakenstachelig

hamátus, hakig, angelhakenförmig

hamelínii, n. M. Hamelin, franz. Pflanzensammler (Madagascar), Ende 19. Jahrh.

hamósus, hakenförmig

hamulátus, hamulósus, kleinhakig

hamúliger, hamulígera, hamulígerum, Haken führend

hanburyána, D. Hanbury (1825–75), engl. Pflanzensammler gewidmet

hanceánum, n. H. Fletcher Hance (1827–86), engl. Bot., u. Konsul in China

hansónii, Peter Hanson, nordamerikan. Gärtner u. Pflanzensammler (19. Jahrh.) gew.

hapalacánthus, gr.: zart- od. weichstachlig

hapalánthus, weich- oder zartblütig

haplocárpus, nur einmal fruchtend

haplóstachys, haplostáchyus, mit einfacher Ähre

harisónii, n. George F. Harison († 1846), nordamerikan. Rosenzüchter

hármala, arab. N., Raute

harpeoídes, widerhaken- oder harpunenähnlich

harpophýllus, widerhakenblättrig

harringtónia, dem Earl of Har-

rington, Förderer d. Wiss. (19. Jahrh.) gewidmet

harrisóniae, harrisoniána, Mrs. Mary Harrison, (1788–1875) engl. Pflanzenmalerin (Liverpool) gewidmet

harryáno-crispum, *Odontoglossum*-Hybride (*harryanum* × *crispum*)

harryánum, Sir Harry James Veitch (1840–1924), engl. Pflanzenzüchter gew.

hartwégii, n. Carl Theodor Hartweg (1812–71), dtsch.-engl. Pflanzensammler (Zentralamerika)

háspan, Volksname in Ceylon (= Sri Lanka)

hastátus, spießig, speerartig

hástifer, hastífera, hastíferum, spießtragend

hastifólius, spießblättrig

hástiger, hastígera, hastígerum, speerführend

hastilábius, spießlippig

hástilis, spieß- oder lanzenförmig

hastulátus, kleinspießig

hastúlifer, hastulífera, hastulíferum, einen kleinen Spieß tragend

hatfiéldii, n. T. D. Hatfield, vom Hunnewell Pinetum, Wellesley, Mass. (USA); Anf. 20. Jahrh.

hausmánnii, Franz v. Hausmann (1810–78) gew.

haussknéchtii, n. Heinr. Carl Haussknecht (1838–1903), dtsch. Bot., Sammler in Iran

havanénsis, aus Havanna (= Habana, Cuba) stammend

hawórthii, s. *Hawórthia* (= Gttgsn.)

haygárthii, n. Walter Jacques Haygarth (1862–1950), südafr. Sammler u. Zeichner

haynaldiánum, haynáldii, St.

271

Fr. Ludw. Haynald (1816–91), Bischof v. Koloesa (u. Bot.) gewidmet

haýnei, n. Friedrich Gottlob Hayne (1763–1832), Berliner Bot.

heáthii, n. Rd. Heath († 1940), engl. Sukkulentenforscher

hebécalyx, flaumkelchig

hebecárpus, flaumfrüchtig

hebécladus, flaumzweigig

hebégynus, flaum- oder stumpfgriffelig

hebélepis, flaumschuppig

hébes, stumpf

hebráicus, hebräisch

hecatánthus, hundertblütig, reichblütig

héctori, Sir James Hector (1834–1907), schott. Naturforscher (in Neuseeland)

hederáceus, efeu- (*Hédera*) artig

hederaefólius, efeu- (*Hédera*) blättrig

hedraeánthus, mit sitzenden, ungestielten Blüten

hedranophýllus, stützblättrig

hedrocéntrus, mit sitzendem Sporn

hedrophýllus, mit sitzenden Blättern

hedyánthus, süßblütig

hedyósmus, süß duftend

hedysaroídes, süßklee (*Hedýsarum*) ähnlich

héerii, s. *Heeria* (= Gttgsn.)

heldreíchei, n. Theod. v. Heldreich (1822–1902), dtsch. Bot. (Griechenland)

helénae, Ellen, d. Gattin v. Ernest H. Wilson (s. *wilsónii*) gewidmet

heleniifólius, alant- (*Helénium*) blättrig

helenioídes, sonnenbraut- (*Helénium*) ähnlich

helénium, s. Gttgsn.

heleócharis, Sumpfzierde

helianthemifólius, sonnenröschen- (*Heliánthemum*) blättrig

helianthemoídes, sonnenröschen- (*Heliánthemum*) ähnlich

helianthoídes, sonnenblumen- (*Heliánthus*) ähnlich

helichrysoídes, strohblumen- (*Helichrýsum*) ähnlich

heliconiaefólius, *Helicónia*blättrig

heliólepis, gold- (sonnen-) schuppig

helioscópius, heliotrópus, sonnenwendig

hélios, die Sonne

heliotropioídes, sonnenwenden- (*Heliotrópium*) ähnlich

hélix, gewunden, spiralig

helleborifólius, nieswurz- (*Helléborus*) blättrig

hellénicus, hellenisch oder griechisch

helminthochórtus, zum Wurmabtreiben verwendet

helódes, sumpfliebend

helodóxa, gr. *helos* = Sumpf, u. *doxa* = Zier

helóphorus, nagelkopftragend

helvéticus, aus Helvetia, der Schweiz stammend

hélvolus, honiggelb

hemi-, in Zus.setzungen: halb-, zur Hälfte

hemichrýsus, halbgoldgelb

hemileūcus, halbweiß

heminális, gefäßartig

hemiphloēus, halbberindet

hemípterus, halbgeflügelt

hemisphaēricus, halbkugelig

hemitrichótum, lat.: halbbehaart, od. einseitig behaart

hemítropus, halbgewendet

hempeliána, hémpelii, n. G. Hempel (1847–1904), dtsch. Kakteensammler

hemsleyánum, Wm. Botting

Hemsley (1843–1924), engl. Bot. (in Kew)

henchmánnii, Mr. Henchman, engl. Pflanzenzüchter (Middlesex, 19. Jahrh.) gew.

hendersónii, n. Louis, F. Henderson (1853–1942), engl. Pflanzensammler (N-Amerika)

henkeliánus, J. B. Henkel (1815–71), dtsch. Bot. gewidmet

hénryi, henryána, n. Aug. Henry (1857–1930), engl. Dendrologe u. Sammler (O-Asien)

hepaticaefólius, leberblümchen- (*Anemóne hepática*) blättrig

hepáticus, leberbraun, leberartig

heptagónus, siebenkantig

heptalóbus, siebenlappig

heptanguláris, siebeneckig

heptangulátus, heptángulus, siebenkantig

heptaphýllus, siebenblättrig

heracleicótyle, für einen *Begonia*-bastard: *heracleifólia × hydrocotylifolia*

heracleifólius, bärenklau- (*Herácleum*) blättrig

heracleoídes, bärenklau- (*Herácleum*) ähnlich

herácleum, s. Gttgsn.

heráldicus, heraldisch, auf Wappen gebräuchlich

hérba, das Kraut

herbáceus, krautig, krautartig

hérba-vénti, Windhalm, Windkraut

herbeo-hýbridus für einen *Calceolaria*-komplex

herbértii, s. *Herbértia* (= Gttgsn.)

hérbidus, krautreich

hercýnicus, im Harz wachsend

hereroënsis, aus dem Hereroland (Südafrika)

herimpéria, *Begónia*-bastard: *heracleifólia × imperiális*

heritiéri, s. *Heritiéra* (= Gttgsn.)

hermaphrodítus, zwitterig, zweigeschlechtig

herméticus, abgeschlossen

herpésticus, kriechend, sich ausbreitend

herreánus, herrei, s. *Herrea* (= Gttgsn.)

hérteri, Wilhelm F. Herter (1884–1958), dtsch.-uruguayischer, Bot. gew.

hertrichiána, s. *Hertrichocéreus* (Gttgsn.)

herzogiánus, n. Theodor Herzog (1880–1961), dtsch. Bot. (Jena)

hesperidiflórus, nachtviolen- (*Hésperis*) blütig

hésperis, hespérius, abendländisch, westlich

héssei, Paul Hesse, dtsch. Bot. u. Reisender (Ende 19. Jahrh.) gewidmet

héter-, hétera-, hétero-, in Zus.setzungen: verschieden-, anders-

heteracánthus, verschieden- od. ungleichstachelig

heterándrus, mit verschiedenen Staubgefäßen

heteránthus, verschiedenblütig

heterocárpus, verschiedenfrüchtig

heterócerus, verschiedenspornig

heterochaḗtus, verschieden- oder ungleichborstig

heterochrómus, heteróchrous, verschiedenfarbig

heteróclitus, verschieden biegen

heterócyclus, verschiedenkreisig, ungleich-

heterodáctylus, verschiedenfingerig

hetérodon, heterodóntus, verschieden- od. ungleichzähnig
heterodrómus, verschiedenläufig
heterógamus, verschiedenehig
heterogéneus, ungleichartig
heteroglóssus, verschiedenzüngig
heteroidéus, verschiedengestaltig
heterólepis, verschiedenschuppig
heteromállus, einseitig wollig oder zottig
heterómeris, verschiedenteilig oder -zahlig
heteromórphus, verschiedengestaltig
heteronémus, verschiedenfädig
heteronēūrus, verschieden- oder ungleichnervig
heteropétalus, ungleichkronblättrig
heterophýllus, verschieden- oder ungleichblättrig
heterópodus, ungleichstielig
heterópterus, ungleichflügelig
heterosépalus, ungleichkelchblättrig
heterospérmus, verschieden- oder ungleichsamig
heterostégius, verschiedendeckig
heterótomus, verschieden gestellt
heterótrichus, verschiedenhaarig
heucherifólia, *Heuchera-* (= Gttgsn.) blättrig
heuffeliánus, heufférlii, n. János Heuffel (1800–57), ungar. Arzt u. Bot.
hexacánthus, sechsstachelig
hexaedróphorus, sechswürflig, sechseckig
hexáēdrus, sechsflächig
hexagonópterus, sechskantig geflügelt

hexagónus, sechskantig
hexágynus, sechsgriffelig, sechsweibig
hexándrus, sechsmännig
hexanguláris, sechswinklig
hexánthus, sechsblütig
hexapétalus, sechskronblättrig
hexaphýllus, sechsblättrig
hexasépalus, sechskelchblättrig
hexástichus, sechszeilig
híans, klaffend
hibernális, den Winter überdauernd
hibérnicus, aus Hibernia = Irland stammend, irisch
hibérnus, winterlich, den Winter überdauernd
hibiscifólius, eibisch- (*Hibíscus*) blättrig
híbridus, bastardartig
hickenii, C. M. Hicken gew. (s. Gttgsn.)
hícksii, a. d. Hicks Gärtnereien, Westbury, Long Island (USA)
hiemális, winterlich
hieraciifólius, habichtskraut- (*Hieracium*) blättrig
hieracioídes, habichtskraut- (*Hierácium*) ähnlich
hierochúnticus, aus Hierichus = Jericho (Palästina) stammend
hieroglýphicus, schriftzeichenartig, sinnbildlich
hierrénsis, v. d. Insel Hierro (Kanarische Inseln) stammend
highdownénsis, in Highdown, England, gezüchtet
hiláris, hilárus, heiter, fröhlich
hildebrandiána, Arthur H. Hildebrand (1852–1918), Amtmann u. Pflanzensammler in Burma
hildebrándtii, J. M. Hildebrandt, dtsch. Pflanzensammler in Ostafrika (19. Jahrh.)
hillebrándtii, n. Franz Hille-

brandt (1805–60), dtsch. (od. österr.) Pflanzensammler
hilliéri, Hillier & Sons, engl. Gärtnereibetrieb gewidmet
híllii, hilliána, wahrsch. n. Sir John Hill, engl. Arzt u. Bot. (1707–75) benannt.
hilocárpus, nabelfrüchtig
himaláicus, himalayénsis, vom Himalaya stammend
himantophýllus, riemenblättrig
híndsii, n. Richard B. Hinds, engl. Arzt u. Bot. (1812–47)
hippocástanum, Roßkastanie
hippocrepifórmis, hufeisenförmig
hippománica, *Hippomane* (Gttgsn.: „Rossbrunst") etwa ähnlich
hippomárathrum, Pferdefenchel
hippophaeifólius, sanddorn- (*Hippóphaë*) blättrig
hippophaeoídes, sanddorn- (*Hippophae*) ähnlich
hippuroídes, tannwedel- (*Hippúris*) ähnlich
hircánum, aus Hyrcanum (Altpersien) stammend
hircínus, bockartig stinkend
hircósus, bockartig
hírculus, Böckchen, lat. *hircus* = Bock
hirsuticaúlis, mit borstigem Stengel
hirsutíssimus, sehr rauhhaarig
hirsútulus, etwas rauhhaarig
hirsútus, rauhhaarig
hirtéllus, kurzborstig
hirtiflórus, borstenblütig
hirtifólius, borstenblättrig
hirtifórmis, borstenförmig
hírtipes, borstenfüßig oder -stielig
hírtus, rauh, zottig
hislópii, n. Alexander Hislop, (c. 1880–1945), engl. Sammler, in Zimbabwe

hispánicus, spanisch, aus Spanien stammend
hispidíssimus, sehr steifhaarig
hispídulus, etwas steifhaarig
híspidus, steifhaarig
hístrio, lat. für Schauspieler, Gaukler (der Farbenfreude wegen)
histrioídes, *hístrio*-ähnlich
hladnikiána, s. *Hladníkia* (= Gttgsn.)
hoanghénsis, vom Hoangho, wahrsch. in China, (Ostasien) stammend
hodgsónii, n. Brian H. Hodgson (1800–94), Verwalter d. Ost-India-Ges. in Nepal, u. Pflanzensammler
hoffmannséggii, Johann Cent. Graf v. Hoffmannsegg (1766–1849), dtsch. Bot. (Dresden) gewidmet.
hofmánnii, n. E. Hofmann (1802–75), wahrsch. österr. Bot.
hohenáckeri, Rud. Friedr. v. Hohenacker (1798–1874), Schweiz. Geistl. u. Bot. gewidmet
holacánthus, ganz- oder völlig bestachelt
hóldtii, n. Fredr. v. Holdt, nordamer. Pflanzenzüchter (19. Jahrh.)
hollándica, aus Holland (Niederlande) stammend
holo-, in Zus.setzung.: ganz-
holocárpus, ganzfrüchtig
holochrýsus, ganz goldig oder goldgelb
holódasys, ganz wollig
hololeúcus, ganz weiß
holopétalus, ganzkronblättrig
holólophus, ganzbuschig, ganzkämmig
holophýllus, ganzblättrig
holópteris, ganzflügelig
holoschoénus, griech. Name einer Binsenart

holosépalus, ganzkelchblättrig
holoseríceus, ganz seidenhaarig, sammetartig
holósteus, knochenhart
holótrichus, ganz behaart
hólstii, C. H. E. W. Holst (1865–94), dtsch. Pflanzensammler (O-Afr.) gewidmet
holúbyi, n. Jos.Holuby (1836–1923), wahrsch. tschech. Bot.
homalocárpus, eben- oder glattfrüchtig
homalophýllus, eben- oder flachblättrig
homocárpus, gleichfrüchtig
homógamus, gleichehig
homogéneus, gleichartig
homoídeus, gleichgestaltig
homólepis, gleichschuppig
homomállus, gleichzottig
homomórphus, gleich gestaltet
homonémeus, im Walde zusammen wachsend
homostégius, gleichdeckig
homótropus, gleichwendig
hondoënsis, von der Insel Hondo (= Honshu, Japan) stammend
hondurénsis, aus Honduras, Zentralamerika
honéstus, ehrenwert, ansehnlich, schön
hongkongiénsis, aus Hongkong, östl. China
hoogiána, n. John Hoog, der Tubergen-Gärtnerei, od. Thomas Hoog, holländ. Knollenzüchter
hookeriána, Hookeri, Sir Joseph Dalton Hocker (1817–1911), engl. Bot. (Kew) gewidmet
hoopésii, n. Thomas Hoopes, d. 1859 im westl. Nordamerika sammelte, od. Josiah Hoopes (1832–1904), nordamer. Pflanzenzüchter
hopeána, Thomas Hope

(1770–1831), engl. Bot. gewidmet
hoppeánum, n. David Heinrich Hoppe (1760–1846), Regensb. Apotheker u. Bot.
hoppenstédtii, einem Sr. Hoppenstedt, Landbesitzer in Mexiko gewidmet
hordáceus, hordeifórmis, gersten- (*Hórdeum*) artig
hordeístichus, gerstenzeilig
horizontális, waagerecht
horizonthalónius, waagerecht geringelt
hórminum s. Gttgsn.
hormóphous, gr. *hormos* = Kette, u. *phoros* = tragend
hornibrookii, n. Murray Hornibrook (1874–1949), engl. Bot.
hornótinus, hórnus, heurig, diesjährig
horríbilis, schrecklich, schauderhaft
horrídulus, rauh, stark stachlig
hórridus, schrecklich, starrend
horrípilus, von Haaren starrend
horsfálliae, Mrs. Ch. Horsfall, Liverpool, engl. Pflanzenmalerin gewidmet (Anf. 19. Jahrh.)
horsfiéldii, Thomas Horsfield (1773–1859), nordamerikan. Bot.
horténseae, Hortense Muir, Tochter John Muirs (s. *Muiria*) gewidmet
horténsis, zum Garten gehörend, im Garten gedeihend *Hortensia*; doch s. Gttgsn.
hortícolum, Gartenbewohner
hortórum, der Gärten
hortulanórum, der Gärtner
hortulánus, d. Gärten gehörig
hóspitus, gastlich, gastfrei
hóssei, n. Carl Curt Hosseus (1878–1950), dtsch. Bot. u. Pflanzensammler
hóstii, s. *Hóstia* (= Gttgsn.)

hottentóttus, aus dem Hottentottenland (S. Afrika) stammend

houllétii, houlletiána, s. *Houllétia* (= Gttgsn.)

houlstónii, n. John Houlston, engl. Pflanzensammler (Mitte 19. Jahrh.)

houstoniánum, s. *Houstónia* (= Gttgsn.)

houtteána, n. Louis van Houtte (1810–76), belg. Pflanzenzüchter u. Gelehrter

hovéyi, n. Charles Mason Hovey (1810–87), nordamerikan. Pflanzenzüchter.

howéllii, n. Thomas Howell (1842–1912), engl. Pflanzensammler (N-Amerika)

huáscha, anscheind. mexikan. Volksname

hudsónia, William Hudson (1734–93), engl. Apotheker u. Bot., gewidmet

hudsónicus, vom Hudson (Nordamerika) stammend

hugónis, Pater Hugh (Hugo) Scallan, Missionar in China (Ende 19. Jahrh.) gew.

humbóldtii, s. *Humbóldtia* (= Gttgsn.)

humblótii, n. Leon Humblot, franz. Bot. (19. Jahrh.), auf Madagascar

humeána, n. David Hume († 1914), schott. Gärtner u. Sammler (in China)

humícolus, feuchte Stellen bewohnend

humídulus, etwas feucht od. naß

húmidus, feucht, naß

humifúsus, niedergestreckt

húmilis, niedrig

humistrátus, am Boden ausgebreitet

humulifólius, hopfen- (*Húmulus*) blättrig

hungáricus, ungarisch, aus Ungarn stammend

hunnemánii, s. *Hunnemánnia* (= Gttgsn.)

hunnewelliánum, d. Gärtner-Fam. Hunnewell in Wellesbey (Neu-England, Anf. 19. Jahrh.) gew.

hupehénsis, aus der Provinz Hupeh (= Hubei, China) stammend

hyacinthiflórus, hyazinthen- (*Hyacínthus*) blütig

hyacínthinus, hyazinthen- (*Hyacínthus*) artig

hyacinthoídes, hyazinthen- (*Hyacínthus*) ähnlich

hyalacánthus, durchsichtig bestachelt

hyálinus, durchsichtig, durchscheinend, glasartig

hyalocárpus, mit durchscheinenden Früchten

hyaloídes, durchscheinend

hyalótrichus, mit glasigen Haaren

hybocéntrus, buckel- oder krummspornig

hybógonus, buckel- oder krummkantig

hybogónus, krummknieig

hybopleúrus, verschiedenseitig, verschiedenrippig

hýbrido-gagnepainii, ein *Berberis*-Bastard mit *B. gagnepainii*

hýbridus, Mischling, Bastard, aus einer Kreuzung entstanden, unecht

hydnoídes, *Hýdnum*-ähnlich

hydrangeoídes, *Hydrangéa*-ähnlich

hydrocotylifolia, wassernabel- (*Hydrocotyle*) blättrig

hydrocotyloídes, wassernabel- (*Hydrocótyle*) ähnlich

hydrolápathum, Wasser- oder Flußampfer

hydróphilus, wasserliebend
hydróphorus, wasserhaltig, wässerig
hydrópiper, Wasserpfeffer
hyeánum, n. Jules Hye-Lessen, Orchideenzüchter (19. Jahrh.?)
hyemális, winterlich
hygrométricus, Feuchtigkeit anzeigend oder messend
hygróphilus, nässe- od. feuchtigkeitsliebend
hygroscópicus, Feuchtigkeit anzeigend
hylaēus, den Wald bewohnend
hylóphilus, waldliebend
hymenándrus, mit häutigen Staubblättern
hymenántherus, mit häutigen Staubbeuteln
hymenánthus, mit häutigen Blüten
hymenoídes, hautähnlich
hymenólepis, hautschuppig
hymenóphorus, hauttragend
hymenophylloídes, hautfarn- (*Hymenophýllum*) ähnlich
hymenóphyllus, hautblättrig
hymenorrhízus, hautwurzelig
hymenosépalus, hautkelchblättrig
hymenostéphanus, hautkronig
hyoseridifólius, schweinssalat- (*Hyóseris*) blättrig
hypacánthus, unterseits stachelig
hypargyraēus, unterseits silberig
hyper-, in Zus.setzung.: über, zwischen, übermäßig
hyperbóreus, im äußersten Norden
hypericifólius, hartheu- (*Hyperícum*) blättrig
hypericina, zu *Hyperícum* gezogen
hypericoídes, johanniskraut- (*Hyperícum*) ähnlich

hypertróphica, abnormal vergrössert
hyperxánthus, tiefgelb, sattgelb
hypnoídes, astmoos- (*Hýpnum*) ähnlich
hypo-, in Zus.setzung.: unterseits, unterhalb
hypochionaēus, unterhalb der Schneegrenze wachsend
hypochióneus, unterseits schneeweiß
hypochlórus, unterseits gelblich- od. bleichgrün
hypochondríacus, düster
hypochrýsus, unterseits goldig
hypocraterifórmis, stiellerförmig
hypocyrtiflórus, etwas od. schwach krummblütig
hypocýrtus, schwach gekrümmt
hypogaeus, unterirdisch
hypoglaūcus, unterseits blaugrün
hypogloeoídes, unterseits klebrig
hypoglóssus, unter der Zunge
hypógynus, unterständig, mit unterständigem Fruchtknoten
hypokérina, unterseits wächsern, wachsgelb
hypolámprus, unterseits glänzend
hypoleūcus, unterseits weiß
hypophaēus, unterseits braun
hypophégeus, unter Buchen wachsend, buchenliebend
hypophloēus, unterrindig, unterfarbig
hypophýllus, unter dem Blatte
hypópitys, unter Fichten wachsend, fichtenliebend
hyporrhódius, unterseits rosa
hypothéius, unterseits schwefelgelb
hýpsipes, hýpsopus, hochstielig, hochgehend
hypsóphilus, die Höhe liebend

hyptiacánthus, krallenstachelig

hyrcánus, aus d. Lande der Hyrkaner (am Kaspischen Meer) stammend

hyssopifólius, ysop- (*Hýssopus*) blättrig

hysteránthius, n. d. Blüte sich entfaltend

hystrichacánthus, stachelschwein- oder borstenstachelig

hystrichocéntrus, borstenspornig

hystrichoídes, borstengras- (*Hýstrix*) ähnlich

hýstrix, Stachelschwein, igelstachelig

I

iánthinus, violett, veilchenblau

ianthothéle, violettwarzig

ibéricus, von der Iberischen Halbinsel stammend, od. aus Iberia, alte Landsch. Georgiens, in südl. Kaukasus

iberídeum, schleifenblumen- (*Iberis*) ähnlich

iberidifólius, schleifenblumen- (*Íberis*) blättrig

ibólium, ansch. Bastard zw. *Ligustrum ibota* (= *obtusifólium* hort.) × *ovalifólium*

ibóta, lt. japan. Name eines Liguster

ibycínus, die Kraniche betreffend

ichangénsis, aus Ichang (China) stammend

ichnocárpus, folgefrüchtig

ichorátus, mit Blutwasser gefärbt

ichthyóstomus, fischmaulartig

icónicus, ebenbildlich

icosándrus, zwanzigmännig, mit 20 Staubgefäßen

icosagónus, zwanzigkantig oder -seitig

ictéricus, ictérinus, ictérius, gelbsüchtig

-icus, in Zus.setzung.: -lich, -lisch, -ich, -ig

idaēus, vom Idagebirge (Kleinasien) stammend

ida-maia, Ida May Burke, nordamerikan. Sammlerin (19. Jahrh.) gewidmet

-ides, idius, in Zus.setzung.: -ähnlich

idolátricus, götzenbildartig, gespenstig

ignéscens, feurig od. feurigrot werdend

ígneus, feurig, feuerrot

igniárius, feuerspendend, feuerfarbig

ignorátus, verkannt, übersehen

ignótus, unbekannt

-ignus, in Zus.setzung.: -artig

ílex, Stechpalme

ilicifólius, stechpalmen- (*Ilex*) blättrig

-ilis, in Zusammensetzungen: -lich, -bar

illecebrósus, illécebrum, lockend, anlockend

illegítimus, ungesetzlich, falsch

illépidus, unfein, unzart

illibátus, unversehrt, unvermindert

íllitus, überstrichen, bemalt

illúdens, schmückend, spielend

illustrátus, erleuchtet, berühmt

illústris, herrlich, prachtvoll

illýricus, aus Illyrien, alte Landschaft d. heutigen Jugoslaviens

ilvénsis, von der Insel Elba (Mittelmeer) stammend

im-, in Zus.setzungen: un-, -los, ohne

ímbe, brasilian. Volksname

imbecíllis, schwach, schwächlich

imbéllis, friedsam, ruhig

imbérbis, bartlos
imbricárius, imbricatívus, im-
bricátus, schindelartig, dach-
ziegelig
imeréticus, imerétinus, aus
Imeretien (Kaukasus) stammend
immaculátus, ungefleckt
immarginátus, ungerändert
immatúrus, unreif
immérsus, untergetaucht
immóbilis, unbeweglich
immunítus, unbewaffnet
immutábilis, unveränderlich
immutátus, unverändert
impállens, erbleichend
imparipinnátus, unpaarig gefiedert
ímpar, unpaarig
impátiens, ungeduldig
impedítus, behindert, schwer
zugänglich
impellúcidus, undurchsichtig
imperáti, s. Imperata
(= Gttgsn.)
imperátus, beherrscht
imperféctus, unvollkommen
impériahybrida, für einen
Komplex von imperialis-
Bastarden (Begónia)
imperiális, kaiserlich
impérvius, unwegsam
impetioláris, impetiolátus,
ohne Blattstiel
impexícomus, wirrschopfig
impléxus, verflochten, verschlungen
implicátus, verflochten, verworren
impolítus, ungeglättet, unvoll-
endet
impónens, aufsetzend, aufstel-
lend
importúnus, lästig, unbequem,
ungünstig
impósitus, aufgestellt, aufgesetzt
impréssus, eingedrückt

impúbis, unbehaart, nicht
mannbar
impudícus, schamlos
impunctátus, unpunktiert
impustulátus, ohne Bläschen
imschootiána, n. A van Im-
schoot, belg. Pflanzenzüchter
(Ende 19. Jahrh.)
ímus, der Unterste
in-, in Zus.setzungen: un-, -los,
ohne, nicht
in-, in Zus.setzungen: auf,
in … hinein
inaequábilis, inaequális, ungleich, uneben, unähnlich
inaequalifólius, ungleichblättrig
ináequidens, ungleich gezähnt
inaequilaterális, ungleichseitig
inaequilóngus, ungleich lang
inamœ̄nus, unschön, reizlos
inánis, leer, hohl
inapértus, ungeöffnet
incanéscens, grau werdend
incántans, bezaubernd
incantátus, geweiht, bezaubert
incánus, aschgrau, weißlichgrau
incarnátus, fleischrosa
incerátus, mit Wachs überzogen
incértus, ungewiß, zweifelhaft
inchoátus, unvollständig, unvollkommen
incisifólius, mit eingeschnitte-
nen Blättern
incíso-, in Zus.setzungen: eingeschnitten
incísus, eingeschnitten
inclāūdens, nicht einschließend!
inclinátus, nach innen geneigt
inclúdens, einschließend
inclúsus, eingeschlossen
incomparábilis, unvergleich-
bar
incomplétus, unvollständig
incómptus, ungeschmückt

inconcéssus, unstatthaft, sonderbar
inconspícuus, unansehnlich
incónstans, inconstantia, unbeständig
incrassátus, verdickt
incrustátus, krustig, verkrustet
incúmbens, aufliegend
incúbus, oberschlächtig
incúltus, ungepflegt, unbebaut
incubáceus, aufliegend
incúrrens, anstoßend, zulaufend
incurvátus, incúrvus, einwärts gekrümmt
indecórus, schmucklos, unschön
indefinítus, unbestimmt
indehíscens, nicht aufpringend
indentátus, ungezähnt
indeterminátus, unbestimmt, unbezeichnet
índicus, aus Indien stammend
indígenus, einheimisch
indigéstus, ungeordnet
indistínctus, undeutlich
indivísus, ungeteilt
induplicátus, einwärts gefaltet oder verdoppelt
indúrans, verhärtend
indurátus, verhärtet, abgehärtet
induréscens, hart werdend
indusiátus, verschleiert
indútus, bekleidet, bedeckt
induviátus, mit Fruchtdecke versehen
inébrians, trunken machend, berauschend
inérmis, unbewaffnet, unbestachelt
-íneus, in Zus.setzungen: -artig, so beschaffen wie
infaústus, unglücklich
infectórius, färbend, zum Färben dienend
inférior, der untere
ínferus, unterständig
inféstans, schädigend

inféstus, schädlich, gefährlich
infidélior, unzuverlässiger, untreuer
infidélis, unzuverlässig, untreu
ínfimus, der unterste
infírmus, schwach, unbeständig
inflátus, aufgeblasen
infléxus, einwärts gebogen
infortunátus, unglücklich
ínfra, unterhalb
infráctus, eingeknickt, gebrochen
infundibulifórmis, infundibulum, trichterförmig
íngens, außerordentlich groß
ingrámii, Collingwood Ingram (geb. 1880), engl. Reisender u. Gartenfreund gewidmet
ingrátus, undankbar, unangenehm
innátus, eingewachsen, od. angeboren
innominátus, unbenannt, namenlos
innóvans, verjügend, erneuernd
innóxius, unschädlich, doch nur weil unbewehrt!
inocárpus, faserfrüchtig
inodórus, duftlos
inopértus, unbedeckt, bloß
inophýllus, aderblättrig, faserblättrig
inópleus, inoplus, unbewaffnet, waffenlos
ínops, armselig, gering, unvollständig
inordinátus, ungeordnet
inornátus, schmucklos
inquilínus, eingebürgert, Einwohner
injuínans, beschmutzend, befleckend
inquinátus, beschmutzt, befleckt
insánus, ungesund
inscríptus, beschrieben

inscúlptus, eingestochen, ein-
geprägt, eingegraben
**inséctifer, insectífera, insectí-
ferum,** Kerbtiere (Insekten)
tragend, d. Blütenform u.
-farbe wegen!
insértus, eingefügt, eingepfropft
insídens, einnistend, aufsitzend
insígnis, ausgezeichnet
insípidus, unschmackhaft, fade
insitítius, eingepfropft, nicht
einheimisch
ínsitus, aufgepfropft
insólidus, schwach, haltlos
inspérsus, eingestreut
instrúctus, eingerichtet, geordnet
insuávis, anmutlos
insúbricus, aus Insubria, alpine
Landsch. zw. d. Lago Maggiore u. Luzern
insuétus, ungewöhnlich
insuláris, inselbewohnend
insúlsus, fade, geschmacklos
intáctus, unversehrt
ínteger, íntegra, íntegrum,
ganz, ungeteilt
integérrimus, völlig, ganz,
ganz- oder glattrandig
integrifólius, ganzblättrig
integrilóbus, ganzlappig
integripétalus, mit ungeteilten
Kronblättern
inténsus, verbreitet, ausgedehnt
inter-, in Zusammensetzungen:
zwischen-
intercaláris, eingeschaltet
intercéptus, unterbrochen
interessanta (*Begonia*),
wahrsch. von einem Kultivar
abgeleitet
interfoliáceus, zwischen-
blättrig
interfurcális, zwischengabelig,
gabelständig
intérior, der innere

interjéctus, zwischengelagert,
zerstreut
intermédius, zwischen etwas
stehend, der mittlere
intermíxtus, untermischt, ein-
gemischt
internódus, zwischenknotig,
zwischen den Stengelknoten
(Blattknoten)
internúbius, umwölkt
intérnus, innerlich, der oder
das Innere
interpetioláris, zwischen den
Blattstielen stehend
interplicátus, zwischengefügt,
zwischengefaltet
interpósitus, dazwischenge-
stellt oder -gesetzt
interrégnus, zwischenzeitlich
interruptipinnátus, unterbrochen gefiedert
interrúptus, unterbrochen
intertéxtus, zwischengewebt,
durchflochten
intervalláris, zwischenräum-
lich, getrennt
interválvis, intervalvuláris, zwi-
schenklappig
intestinális, darmartig
intextinális, intéxtus, eingefügt, eingewoben
íntimus, der oder das Innerste
intónsus, ungeschoren, bärtig
intórtus, gedreht, gewunden
intrafoliáceus, zwischen-
blättrig
intramarginális, innenrandig
intrapetioláris, blattwinkelstän-
dig
intricatíssima, sehr verworren
intricátus, verworren
introfléxus, einwärts gebogen
intrórsus, einwärtsgekehrt,
nach innen gerichtet
intrúsus, eingestoßen
intuméscens, anschwellend,
sich aufblasend
íntus, innen

intybáceus, zichorienartig, endivienartig
íntybus, eingeschnitten
inuloídes, alant- (*Ínula*) artig
inuncátus, angehakt, eingehäkelt
inúnctus, bestrichen, eingesalbt
inundátus, überschwemmt, im Schwemmland wachsend
invérsus, umgekehrt, zurückgebogen
invéstiens, bekleidend, bedeckend
invicíbilis, unbesiegbar
invíctus, unüberwindlich
invísus, unsichtbar, feindselig
involucrátus, eingehüllt, mit Hüllblättern umgeben
involútus, eingerollt, eingehüllt
invólvens, einrollend, einhüllend
ioénsis, a. d. US-Staat Iowa; s. auch *iowénsis*
ionánthus, Viola-, blütig, od. violettfarben
ioníacus, iónicus, aus Ionien (Kleinasien) stammend
ionócalyx, violettkelchig
ionónemus, violettfädig
ionóneurus, violettnervig
ionópterus, violett geflügelt
ionósmus, veilchenduftend
iowénsis, a. d. Staate Iowa (d. USA) stammend
ipecacuánha, portugiesisch: kleines brechenerregendes Kraut
iridéscens, regenbogenfarbig, irisierend
iridiflórus, schwertlilien- (*Íris*) blütig
iridoídes, schwertlilien- (*Iris*) ähnlich
irioídes, regenbogenartig, regenbogenfarbig
irramósus, unverzweigt
irreguláris, unregelmäßig
irrigátus, benetzt, bewässert

irríguus, gewässert
irritábilis, reizbar
irrorátus, betaut
irrugátus, gerunzelt, runzlig
isabéllae, n. Isabel Forrest, Gattin d. Sammlers George Forrest (s. *Forrestia*)
isabéllinus, isabellfarbig, fahlgelb
isándrus, isanthérus, mit gleichartigen Staubblättern
isatídeus, waid- (*Ísatis*) artig
isatifólius, waid- (*Ísatis*) blättrig
ischǽmon, ischǽmum, blutstillendes Kraut
ischnoídes, schwachgliedrig, dünngliedrig
islayénsis, s. *Islaya* (= Gttgsn.)
isoëtifólius, brachsenkraut- (*Isoëtes*) blättrig
isogónus, gleichkantig
isolaterális, gleichseitig
isolátus, vereinzelt, vereinsamt
isopétalus, mit gleichen Kronblättern
isophýllus, gleichblättrig
isóporus, gleichsporig
isóptera, gr. *isos* = gleich; gleichflüglig
isótypus, s. Gttgsn.
ispahánicus, a. d. Gegend von Ispahan (Persien) stammend
-íssimus, als Endsilbe: sehr
isthmocárpus, schmalfrüchtig, engfrüchtig
istríacus, ístrius, aus Istrien (am Adriatischen Meer) stammend
itálicus, itálius, ítalus, aus Italien stammend
iteoídes, weidenähnlich
iteophýllus, weidenblättrig
-ítes, als Endsilbe: ähnlich
iuláceus, kätzchenartig
iúlifer, iulífera, iulíferum, kätzchentragend
iuliflórus, kätzchenblütig

ixanthérus, mit klebrigen
Staubblättern
ixioídes, *Íxia*-blütig
ixoídes, klebrig
ixoraefórmis, *Ixora*-förmig
íxtli, wahrsch. mexikan. Pflanzenname
ixtlioídes, ixtli-ähnlich

J

jaburán, japan. Pfl. name
jacéa, viell. vom ital. Wort für
Stiefmütterchen
jáckii, n. John Georg Jack
(1861–1949), kanad. Dendrologe
jackmánii, n. G. Jackman,
Pflanzenzüchter in Woking,
England (1837–1887)
jacobāēus, am St. Jakobstag
blühend (?)
jacobiánum, G. A. v. Jacobi
(1805–74), dtsch. Bot. gew.
jacobsénia, s. Gttgsn.
jacquiniaeflóra, mit *Jacquínia*-
(s. Gttgsn.) ähnlichen Blüten
jacquínii, s. *Jacquínia* (=
Gttgsn.)
jacquiniánus, s. oben
jaculatórius, zum Werfen od.
Schleudern dienend
jaculifólius, mit wurfspießför-
migen Blättern
jajoiána, n. Bedrich Jajó, Kakteenspezialist (Anf. 20. Jahrh.)
jalápa, jalapénsis, n. d. mexikan. Stadt Xalapa (= Jalapa)
jaliscénsis, a. d. Staate Jalisco,
in W. Mexiko
jamacáru, v. einem brasil.
Volksnamen abgel.
jamaicénsis, von der Insel Jamaica (Westind.) stammend
jambolána, v. ind. *jamboli* (f.
eine oliven-ähnl. Frucht) abgeleitet

jámbos, (s. Gttgsn.) *Jambósa*
jamesiánum, n. James Forrest,
der mit George F. in Ostasien
sammelte
jamésii, s. *Jamésia* (= Gttgsn.)
jamesónii, n. Robert Jameson
(1832–1919), südafr. Bot., od.
William Jameson (1796–1873),
schott. Bot. in Ecuador
janseniánus, n. P. J. Jansen
(geb. 1872) od. P. Jansen
(1882–1955), holl. Bot., od.
J. A. Jansen (geb. 1911), holl.
Sukkulentenspez. gew.
japónicus, aus Japan stammend
japurénsis, vom Yapurafluß, in
Brasilien (Südamerika) stammend
jasmínea, an Jasmin erinnernd
jasminiflórus, jasmin- (*Jasmi-
num*) blütig
jasminoídes, jasmin- (*Jasmi-
num*) ähnlich
jasminiodórus, nach Jasmin
duftend
jaspídeus, jaspisartig
jatrophaefólius, *Játropha*-blätt-
rig
jatrophoídes, *Játropha*-
ähnlich
javanénsis, javánicus, von der
Insel Java (Indonesia) stammend
jeddoënsis, jedoënsis, von
Jedo (jetzt Tokio, Japan) stammend
jéffreyi, n. John Jeffrey
(1826–54), schott. Gärtn. u.
Sammler
jejúnus, nüchtern, mager
jeménicus, vom Jemen (Arabi-
sche Halbinsel) stammend
jenénsis, aus Jena (b. Halle)
stammend
jenmánii, George S. Jenman
(1845–1902), engl. Bot. (in Jamaica) gew.

jezoënsis, von der Insel Jezo = Jesso (Japan) stammend

johnstónii, n. Edwin J. Johnston (c. 1886–1917), engl. Gärtner (in Portugal)

jonesiánum, jonésii, n. Morgan Jones, brit. Orchideenzüchter (19. Jahrh.)

jongheána, jónghei, jónghii, Messrs. de Jonghe, belg. Orchideenzüchter gew. (19. Jahrh.)

jonquílla, binsenblättrig, *Júncus*-ähnlich

jonquilloídes, jonquilla- (binsen) ähnl.

jonthláspi, Veilchentäschelkraut

josikāēa, n.e. Freifrau Rosa von Josika, Anf. 19. Jahrh.

jouiniána, n. E. Jouin, ehemal. Leiter d. Simon-Louis Gärtnereien, in Metz

juarézii, Benito Pablo Juarez (1806–72), Präs. v. Mexiko, gewidmet

jubátus, bemähnt

jubifórmis, mähnenförmig

jucúndus, angenehm, ergötzlich

judáicus, aus Juda, Palästina stammend

jugátus, gepaart, jochig

juglándeus, walnußbaum- (*Júglans*) artig

juglandifólius, walnuß- (*Júglans*) blättrig

jugósus, jochartig

-júgus, in Zus.setzungen: -jochig

jújuba, Jujube, span.-franz. Pfl.name

jujuyénsis, aus Jujuy, Stadt in NW-Argentinien

júliae, Julia Ludovicowna Meokossjewitsch, russ. Pflanzensammlerin (Anf. 20. Jahrh.) gewidmet

juliánae, n. Juliana, 1. Frau d. Dtsch. Dendrol. C. K. Schneider (1876–1951).

juliánus, im Juli blühend

julibríssin, a.d. Persischen: gül-i-abrishim = Flockseide

juliflórus, kätzchenblütig

julifórmis, kätzchenförmig

jumentórum, der Zugtiere, der Lasttiere

juncáceus, júnceus, binsen- (*Júncus*) artig

juncifólius, binsen- (*Júncus*) blättrig

juncifórmis, binsen- (*Júncus*) förmig

júncinus, binsen- (*Júncus*) artig

jundzíllii, n. Józef (1794–1877) od. Stan.B. (1761–1847) Jundzill, Pflanzensammler in W-Asien

juniínus, im Juni blühend

juniperifólius, wacholder- (*Juníperus*) blättrig

junipérinus, wacholder- (*Juniperus*) artig

juniperoídes, wacholder- (*Juniperus*) ähnlich

jurineoídes, silberscharten- (*Jurínea*) ähnlich

jurisícii, Z. J. Jurisič (1863–1921), jugoslav. Bot. gewidmet

jussieui, s. *Jussiaea* (= Gttgsn.)

jústi-corderóyi, n. Justus Corderoy, Sukkulentensammler aus Blewbury (wahrsch. Oxon., England).

júttae, n. H. Jutta Dinter (s. *Juttadintéria*)

juvenális, jugendlich

juvénculus, ziemlich jung

júvenis, jung

K

kachéticus, aus Kachetien (Kaukasus ?) stammend

kaémpferi, s. *Kaempféria* (= Gttgsn.)

kahíricus, kahirínus, aus Kairo (Ägypten) stammend

káki, japan. N. einer *Dióspyros*-Art

kalaharica, kalahariénsis, a. d. Wüste Kalahari (Südwestafrika) stammend

kalbreýeri, n. M. W. Kalbreyer (1847–1912), Pflanzensammler in Westafrika

káli, a. d. Arabischen: Asche von Salzpflanzen

kalmiaeflórus, lorbeerrosen-(*Kálmia*) blütig

kamerunénsis, aus Kamerun, (trop. Westafrika) stammend

kamtscháticus, von der Halbinsel Kamtschatka (Ostasien) stammend

kansuënsis, aus Kansu (China) stammend

karasmontána, v. d. Karasbergen, im südl. Namibia (SW-Afr.)

káratas, westind. Name einer *Bromélia*-Art

karataviénsis, vom Karataugebirge (Turkestan) stammend

karlsruhénsis, aus Karlsruhe stammend bzw. dort gezeugt

karwinskiána, W. Karwinsky v. Karwin (1780–1855), dtsch. Bot. u. Reisender (trop. Amerika) gew.

kashmiriánus, aus Kashmir (Himalaja) stammend

katharínae, n. Katharine Saunders (1824–1901), engl.-südafr. Pflanzensammlerin

kaufmanniána, N. N. Kauf(f)-mann (1834–70), russ. Bot. gewidmet; s. Gttgsn.

kaulfússii, n. G. F. Kaulfuss (s. Gttgsn.)

keáki, japan. N. für *Zélkowa*-Arten

kegeliána, n. A. H. H. Kegel (1819–56), holl. Gärtner u. Sammler

keískei, Itoo Keiske (= Keisuku Ito: 1803–1901), japan. Arzt u. Bot. gew.

keléticum, gr.: bezaubernd

kélleri, n. Robert Keller (1854–1939), schweiz. Bot.

kélseyi, Harlan P. Kelsey (1872–1958), nordamer. Pflanzenzüchter gew.

keniénsis, aus Kenya (Ost-Afrika) stammend

kentroídes, spornähnlich

kerchoveána, kerchóvei, n. O. Ch. E. M. Ghislain de Kerchove (1844–1906), belg. Gärtn. u. Autor

kermesínus, karmesinrot

kerneriánum, kérneri, Joh. Simon v. Kerner (1755–1830), Stuttgarter Bot., od. A. Jos. Kerner v. Marilaun (1831–98), Wiener Bot. gewidmet; s. auch *Kernera* (Gttgsn.)

kérrii, n. A. F. G. Kerr (1877–1942), Pflanzensamml. in SO-Asien, od. s. auch *Kérria* (Gttgsn.)

kerrioídes, ranunkelstrauch-(*Kérria*) ähnlich

kesselringiána, n. Jakob (1835–1909), schweiz. Gärtner in Leningrad od. Sohn Friedr. Wilhelm (1876–1966), Gärtner in Darmstadt gewidmet

kewénsis, aus Kew bei London stammend od. dort entstanden

khamiesbergénsis, v. K(h)amiesberg in der Kap Prov., Südafrika

khasiánus, vom Khasigebirge (Assam, Indien) stammend

kiautschóvicus, wahrsch. v. Kiao-chow, Bucht b. Tsingtao, NO-China

kimballiána, n. W. S. Kimball (1837–95), nordam. Orchideenzüchter

kingiánum, Capt. P. G. King, Gouverneur v. NSW (Australien) gew. (19. Jahrh.), od. n. Sir George King (1840–1909), Dir. d. Bot. Gart. v. Kalkutta, Indien

kilimandscháricus, vom Kilimandscharo (Ostafrika) stammend

kirgísicus, aus der Kirgisensteppe (Mittelasien) stammend

kirilówii, n. Ivan Kirilow (c. 1821–42), russ. Bot.

kírkii, Sir John Kirk (1832–1922), schott. Diplomat u. Pflanzensammler, gew.

kitaibeliána, s. *Kitaibélia* (= Gttgsn.)

kleinia, s. Gttgsn.

kleinioídes, *Kleinia*- (s. Gttgsn.) ähnlich

klissingiána, n. C. L. Klissing, dtsch. Kakteenhändler (19. Jahrh.?)

knáppii, n. Jos. A. Knapp (1843–99), österr. Bot.

knippeliána, Karl Knippel, einem dtsch. Kakteenhändler gewidmet

knuthiána, n. Reinhard G. P. Knuth (1874–1957), dtsch. Bot. (Berlin)

kóbus, v. japan. *kobushi,* N. einer *Magnólia*-Art abgeleitet

kochiána, , n. Karl Heinr. E. Koch (1809–79), dtsch. Dendrologe (Berlin); s. auch *Kochia* (= Gttgsn.), p.p.

koehneána, n. Bernh. Ad. Emil Koehne (1848–1918), dtsch. Bot. (Berlin)

koenígii, n. J. G. König (c. 1728–85), baltischer Arzt u. Naturwiss.

kokánicus, aus Kokan (Turkestan) stammend

kólbei, Fr. C. Kolb (1854–1936), südafr. Geistl. u. Pflanzensammler gewidmet

kolenatiána, kolenátii, n. F. A. Kolenati (1813–64), Prager Naturforscher

kolomícta, mandschurischer Name einer *Actinídia*-Art

kolpakowskyánum, n. G. Alexz. Kolpakowsky († 1890), Gouverneur v. Russ. Turkestan

kopaonikénse, v. d. Kopaonik-Bergen, im serbischen Jugoslavien

korethroídes, gr. *korethron* = besenähnlich

koraiánus, koraiénsis, koreánus, koreénsis, von der Halbinsel Korea (Ostasien) stammend

korolkówii, n. Gen. Nik. Iwan Korolkow (geb. 1837), Gouverneur von Sirdarja, Turkestan

korthálsii, Pieter W. Korthals (1807–92), holl. Bot. gew.

kosanínii, Prof. N. Košanin (1874–1934), jugoslav. Bot. gewidmet

kosterána, n. Henry Koster (1793–1820), engl. Bot.

kotschoubeyánus, einem Prinz Kotschubey, Förderer d. Gartenkunst gewidmet

kotschyánus, kotschyi, n. K. G. Th. Kotschy (1813–66), österr. Bot. u. Sammler (Iran)

koúsa, japan. Pflanzenname

krainziána, s. *Krainzia* (= Gttgsn.)

krámeri, n. Carl Cramer († 1882), belg. Gärtn. u. Sammler (Ostasien!)

krameriánum, vielleicht wie vor (?)

kraussiána, n. C. F. Krauss (1817–90), dtsch. Zoologe

kubusánus, kubusbergénsis, kubusénsis, vom Kubusberg (Südafrika) stammend

kuibisénsis, v. Kuibis, zw. Lüderitz u. Keetmanshoop, Namibia (SW-Afr.) stammend

kumasasa, von kumasaça, japan. Vulgärnamen abgeleitet

kummeriána, n. Ferd. Kummer (1820–70), dtsch. Pflanzensammler in Südamerika

kunthiánus, n. Karl Sigismund Kunth (1788–1850), dtsch. Bot. (Berlin)

kúntzei, C. E. O. Kuntze (1843–1907), dtsch. Bot. (Berlin) gewidmet

kúnzei, n. Richard Ernest Kunze (1838–1919), dtsch.-amerikan. Kakteenforscher

kupperiána, n. Walter Kupper (1874–1953), dtsch. Bot. (München)

kúrdicus, aus Kurdistan (Vorderasien) stammend

kurilénsis, von den Kurilen, Inseln in Ostasien

kúrroo, nordind. Pflanzenname

kwánso, ostasiatischer Pflanzenname

L

labellátus, kleinlippig

labiatiflórus, lippenblütig

labiátus, lippig

lábilis, hinfällig, vergänglich

labiósus, großlippig, starklippig

láblab, s. Gttgsn.

labouretiána, J. Labouret, franz. Kakteenspezialist (19. Jahrh.) gewidmet

labrúsca, lat.: wilde Weinrebe

laburnifólius, goldregen- (*Labúrnum*) blättrig

labúrnum, s. Gttgsn.

labyrínthicus, verwirrt, verwikkelt

labyrinthifórmis, labyrinthförmig, verworren

láccifer, laccífera, laccíferum, Gummilack liefernd

lácer, lácera, lácerum, zerschlitzt

lacerátus, zerrissen

lacertínus, eidechsenartig

lácerus, zerschlitzt

lachnoídes, wollig

lachnophýllus, wollblättrig

lachnópodus, láchnopus, wollstielig

lachnosphaērus, wollkugelig

laciniátus, zerteilt, zerstückelt

laciniósus, vielzipfelig

lacinulátus, fein zerschlitzt

lacrimabúndus, stark tränend oder weinend

lácrimans, tränend

lácryma, Träne

lácryma- jóbi, Jupiterträne

lactárius, lactéscens, milchend, Milchsaft führend

lacteocapitáta, weißköpfig

lácteus, milchweiß, mit Milchsaft versehen

lactícolor, milchfarbig

láctifer, lactífera, lactíferum, milchend, Milchsaft führend

lactiflórus, milchweißblütig

lacunósus, grubig, lückig

lacúster, lacústris, lacústre, teich- oder seebewohnend

ladánifer, ladanífera, ladaníferum, Ladanum tragend, Harz liefernd

ládanum, wohlriechendes Harz

laetecoccínea, lebhaft scharlachrot

laetevírens, lebhaft grün

laetiflórus, freudig od. üppig blühend

laētus, freudig, lebhaft
laevicāūlis, glattstielig
laevigátus, glatt, geglättet
lāēvipes, glattfüssig
lāēvis, glatt, eben
laeviúsculus, etwas glatt
lafaldénse, von La Falda, Stadt
NW von Córdoba, Argentina
lagáscae, s. Lagáscea
(= Gttgsn.)
lagenárius, flaschenartig
lageniförmis, flaschenförmig
lagenócalyx, mit flaschenför-
migem Kelch
lággeri, n. Franz Josef Lagger
(1802–70), schweiz. Arzt u.
Bot.
lagodechiánus von Lagodechi,
Stadt am Kaukasus stammend
lágopus, Hasenfuß
lagunénsis, v. La Lagúna auf
Tenerife od. v. d. Philippinen
stammend
lamarckiána, s. Lamárckia
(= Gttgsn.)
lambertiána, n. Aylmer B.
Lambert (1761–1842), engl.
Bot.
lamellátus, lamellenartig,
plättchenartig
laméllifer, lamellífera, lamel-
líferum, Lamellen tragend
lamelliförmis, lamellenförmig,
plättchenförmig
lamélliger, lamellígera, lamellí-
gerum, Lamellen führend
lamellósus, lamellenreich
lamiifólius, taubnessel- (Lámium) blättrig
laminaeformis, plattenförmig
laminaris, plattenartig
laminátus, plattig, mit Platten
versehen
lamponga, wahrsch. v. einem
indones. Vulgärnamen abgel.
lámpro-, in Zus.setzung.:
glänzend-, glanz-
lamprocárpus, glanzfrüchtig

lamprocāūlis, glanzstielig
lamprochlórus, glänzendgrün
lamprophýllus, glanzblättrig
lamprospérmus, glanz-
samig
lanátus, wollig
lancastriénsis, aus der Graf-
schaft Lancaster (England)
stammend
lanceifólius, lanzettblättrig
lanceolátus, lanzettlich
lánceus, lanzenförmig
láncifer, lancífera, lanciferum,
lanzentragend
lancifólius, lanzettblättrig
lanéstris, láneus, wollig
langleyénsis, aus Langley, Sitz
der Veitch-Gärtnereien, (England) stammend
langsdórffii, G. H. v. Langs-
dorff (1774-1852), dtsch. Arzt
u. Bot. (u. russ. Konsul in Brasilien) gewidmet
lánifer, lanífera, laníferum,
Wolle tragend
laniflórus, wollblütig
lániger, lanígera, lanígerum,
Wolle führend
lánipes, wollstielig
lanósus, voller Wolle
lantána, vgl. Gttgsn.
lantanoídes, wandelröschen-
(Lantána) ähnlich
lantoscánus, a. d. Lantoscatal
(Seealpen) stammend
lanugíneus, lanuginósus,
wollflaumig
lánzae, Domenico Lanza
(1868–1940), wahrsch. ital.
Pflanzensammler
lapampaénsis, von La Pampa,
südöstl. v. Tránsito, Atacama,
N-Chile stammend
lapathifólius, sauerampfer-
(Rúmex patiéntia) blättrig
lapáthum, röm. Pfl.n., Sauer-
ampfer
laphámii, Increase Allen La-

pham (1811–75), nordamerik. Naturforscher gewidmet
lapidéscens, steinhart werdend
lapídeus, steinhart, steinern
lapidifórmis, lat.: steinförmig
lapidósus, steinig
láppa, s. Gttgsn.
lappáceus, kletten- (*Láppa*) artig
lappónicus, lappónum, aus Lappland stammend
láppula, kleine Kette
laredénsis, von Laredo (nördl. Trujillo), in Peru stammend
largiflórus, reichblütig
laricifólius, lärchen- (*Lárix*) blättrig
larícinus, lärchen- (*Lárix*) artig
larício, Lärchenkiefer
láro, wahrsch. ostafrikan. Vulgärname
larpéntae, Lady Larpent, Roehampton (London), England gew. (19. Jahrh.)
larvátus, maskenblütig, larvenblütig
lascívus, üppig
laserpitiifólium, laserkraut- (*Laserpitium*) blättrig
laserpitioídes, laserkraut- (*Laserpítium*) ähnlich
lasi-, lasio-, in Zus.setzung.: -zottig, zottel-, rauh-
lasiacánthus, zottig bestachelt
lasiándrus, mit zottigen Staubblättern
lasiánthus, zottelblütig
lasiésthes, rauh bekleidet
lasiocárpus, rauhfrüchtig, zottelfrüchtig
lasióchlamys, zottelhüllig rauhhüllig
lasioglóttis, rauhzüngig
lasiopétalus, mit rauhen oder zotteligen Kronblättern
lasiophýllus, rauhblättrig
lasiópteris, rauhflügelig
lasiorrhýnchus, rauhrüsselig

lasiosépalus, mit rauhen Kelchblättern
lasiosórus, mit rauhen Sporenhäufchen
lasióspathus, rauhscheidig
lasiospérmus, rauhsamig
lasiótipes, rauhstielig, zottelstielig
lasióstomus, rauhschlundig
lásius, rauh, zottig
latebracteátus, latebracteósus, mit breiten Hochblättern
latebrósus, versteckt, überschattet
látens, verborgen
laterális, seitlich, seitenständig
lateriflórus, seitenblütig
laterifólius, nebenblattständig
latéripes, seitenstielig
laterítius, ziegelrot
latevaginata, mit breiter Scheide
lathra͞eus, heimlich
lathyrifólius, platterbsen- (*Láthyrus*) blättrig
láthyris, gr. N. einer Wolfsmilch
lathyroídes, platterbsen- (*Láthyrus*) ähnlich
lati-, in Zus.setzungen: breit-
latialátus, breitflügelig
latiaristátus, breitgrannig
latícomus, breitschopfig
laticostátus, breitrippig
latidentátus, breitzähnig
latifólius, breitblättrig
látifrons, breitlaubig
latilabiátus, breitlippig
latilobátus, latílobus, breitlappig
latimaculátus, breitfleckig
latimammátus, latímammus, breitwarzig
latinérvius, breitnervig
latínus, lateinisch, römisch
látior, breiter
látipes, breitstielig
latipétalus, breitkronblättrig

latisépalus, breitkelchblättrig

latisiliquósus, latisíliquus, breitschotig

latispínus, breitdornig

latisquamósus, latisquámus, breitschuppig

latíssimus, sehr breit, umfangreich

latiúsculus, ziemlich breit

latizónus, breitgürtelig

látus, breit, umfangreich

laucheánum, n. Wilhelm Georg Lauche (1827–83), dtsch. Landschaftsgärtner

laurentiánus, vom St. Lorenzstrom (N.-Amerika) stammend (?)

lauréntiánum, lauréntii, Emile Laurent (1861–1904), belg. Bot. gewidmet

lauréola, kleiner Lorbeer

laūreus, lorbeerähnlich

laurifólius, lorbeer- (Laūrus) blättrig

laūrinus, laūrus, lorbeerartig

laurocérasus, s. Gttgsn.

lavanduláceus, lavendel- (Lavándula) artig

lavandulaefólius, lavendel- (Lavándula) blättrig

lavateroídes, strauchpappel- (Lavátera) ähnlich

lavállei, n. P. Alph. Lavallée (1836–84), franz. Dendrologe

lavísii, May G. Lavis (= O'Connor-Fenton), geb. 1903; südafrikan. Botanikerin gewidmet

lawrenceánum, Sir Trevor Lawrence (1831–1913), einstiger Präs. d. Roy. Hort. Society gew.

lawsoniána, Charles Lawson (1794–1873), schott. Gärtner u. Züchter

láxans, abführend

laxiflórus, lockerblütig, schlaffblütig

laxifólius, lockerblättrig, schlaffblättrig

laxitéxtus, locker gewebt

láxus, locker, schlaff

lázicus, vom Pontus Lazicus (Kaukasus) stammend

lázuli, himmelblau, ultramarin

leachiána, Mr. & Mrs. Leach, die 1930 jene Kalmiópsis in Oregon entdeckten, gew.

leána, Lamb. W. Lee (1845–87), nordamer. Gärtner (in Oregon)

lébbek, arab. Pfln.n.

lechuguílla, Verkleinerungsform von (span.) lechuga = Salat

ledeboūri, n. C. Fr. v. Ledebour (1785–1851), dtsch. Bot.

lediénii, F. Ledien, dtsch. Gärtner u. Bot. (Dresden, Anf. 20. Jahrh.)

ledifólius, porst- (Lédum) blättrig

leendértziae, n. Reino Leendertz (= Mrs. Pott), 1869–1965, holl.-südafr. Botanikerin

legítimus, gesetzlich, echt

leguminósus, hülsenartig

lehmanniánus, lehmánnii, Joh. Georg Chr. Lehmann (1792–1860), dtsch. Bot. (Hamburg) gewidmet

lei-, leio-, li-, in Zusammensetzung.: glatt

leiánthus, glattblütig

leichtlínii, n. Max Leichtlin (1831–1910), dtsch. Gartenbauer

leióbotrys, glattraubig

leiobúlbus, glattzwiebelig

leiocárpus, glattfrüchtig

leiócladus, glattzweigig

leiogónus, glattseitig, glattkantig

leiógonus, glattknieig, glattknotig

leioméris, gr. leios = glatt, u.

meros = Teil, bzw. teilweise unbehaart

leioneūrus, glattnervig

leiophýllus, glattblättrig

leiópteris, leiópterus, glattflügelig

leiorhízum, wie vor u. *rhizon,* mit glatten, unbedeckten Wurzeln

leiospérmus, glattsamig

leióstachys, leiostáchyus, glattährig

leipóldtii, s. *Leipóldtia* (= Gttgsn.)

lemaireánus, s. *Lemaireo(cereus),* Gttgsn.

lembifórmis, kahnförmig

lemnáceus, wasserlinsen- (*Lémna*) artig

lemniscátus, bandgeschmückt, schleifenartig

lemoínei, P. L. Victor Lemoine (1823–1911) u. Nachfolger, franz. Pflanzenzüchter gew.

lenitívus, lindernd

lentágo, alt. Pfl.n., wegen der biegsamen Zweige

lentéscens, klebrig oder zähe werdend

lenticuláris, lentifórmis, linsen- (*Lens*) förmig

léntiger, lentígera, lentígerum, linsentragend

lentiginósus, sommersprossig, linsenfleckig

lentiscifólius, mastixbaum- (*Pistácia lentíscus*) blättrig

lentíscus, röm. N. d. Mastixbaums

léntus, zähe, langsam, dickflüssig

leodiénse, aus Liège (Belgien) bzw. jener Stadt gewidmet

leonénsis, von der Sierra Leone (W-Afrika) stammend

leonínus, löwenhaarig

leóntinus, löwenfarbig

leontínus, von Lienz (Kärnten) stammend

leontodontoídes, löwenzahn- (*Leóntodon*) ähnlich

leontoglóssus, löwenzungig

leontopetalódes = Löwenblatt, Löwentrapp

leontopodioídes, edelweiß- (*Leontopódium*) ähnlich

leonuroídes, herzgespann- (*Leonúrus*) ähnlich

leonúrus, vgl. Gttgsn.

leopardínus, leopardartig gefleckt

leopóldii, d. König Leopold I. von Belgien (1790–1865), Förd. d. Wiss. gewidmet

lepánthus, lepidánthus, schilfer- od. schuppenblütig

lepidioídes, kresse- (*Lepídium*) ähnlich

lepidocárpus, mit schuppigen Früchten

lepidocaūlis, mit schuppigen Stengeln

lepidophýllus, schuppenblättrig

lepidópterus, schuppenflügelig

lepidospérmus, mit schuppigen Samen

lepidótrichus, schuppenhaarig

lepidótus, schülferschuppig

lépidus, zierlich, niedlich

lepódinus, Rinden zerstörend

leporínus, „Hasenohr"

leprósus, rissig, grindig, od. schorfig

lept-, in Zus.setzungen: dünn-

leptacánthus, dünnstachelig

leptáceus, verkleinert, verfeinert

leptáleus, zart, schlank

leptánthus, zartblütig

leptárthrus, zartgliedrig

lepto-, in Zusammensetzung: dünn-, zart-

leptobálanus, mit dünner Eichel

leptocárpus, dünnfrüchtig

leptocaúlis, dünnstengelig
leptocéphalus, dünnköpfig
leptóceras, dünnhornig
leptochílus, dünnlippig
leptocladus, dünnzweigig
leptoclínus, dünnbettig, dünnlagerig
leptólepis, dünnschuppig
leptoneúrus, dünnervig
leptopétalus, mit dünnen Blütenblättern
léptophis, *leptos,* u. *ophis =* Schlange, auf die Wuchsform bezugnehmend
leptophlýctis, dünnblasig, zartblasig
leptophýllus, dünnblättrig
leptópodus, léptopus, fein- od. dünnstielig
leptorrháchis, dünnspindelig
leptorrhízus, dünnwurzelig, zartwurzelig
leptosépalus, mit zarten Kelchblättern
leptosíphon, leptosíphus, dünnröhrig
leptospádix, dünnkolbig
leptóstachys, leptostáchyus, dünnährig
leptotrícha, dünn- od. feinhaarig
lésliei, n. Th. N. Leslie (1858–1942), engl.-südafr. Baumeister u. Pflanzensammler
letális, létifer, letífera, letíferum, todbringend, tödlich
lettónica, bei Riga in (ex)Lettland entstanden
leuc-, leuco-; -leucus, in Zus.setzungen: weiß-; -weiß
leucacánthus, weißstachelig
leucándrus, mit weißen Staubgefäßen
leucánthemus, weißblütig
leucanthérus, mit weißen Staubgefäßen
leucánthus, weißblütig
leucáspis, mit weißem Schild

leucáster, weißsternig
leucóbasis, weißgrundig
leucóbotrys, weißtraubig
leucócalyx, weißkelchig
leucocárpus, weißfrüchtig
leucocéphalus, weißköpfig
leuchochílus, weißlippig
leucochlaénus, weißhüllig
leucochrómus, weißfarbig
leucócladus, weißzweigig
leucocómus, weißschopfig, weißwollig
leucocónius, weiß bestäubt
leucocostátus, weißrippig
leucodérmis, weißhäutig, weißrindig
leucodictus, weißnetzig
leúcodon, leucodóntus, weißzähnig
leucoglóssus, leucoglóttis, weißzungig
leucográmmus, weiß gestrichelt
leucográphus, weiß bemalt, weiß gezeichnet
leucólepis, weißschuppig
leucomálla, gr. *leukomallos:* mit weißem Fell
leucomélus, weißschwarz, schwarzweiß
leuconeúreus, weißnervig
leucophaéus, weiß mit braun
leucophloéus, weißrindig
leucophlýctis, weißblasig
leucophráctus, weiß umsäumt
leucophthálmus, weißäugig
leucophýllus, weißblättrig
leucopírus, Weißbirne
leucópsis, weißäugig
leucópterus, weißflügelig
leucorhodántha, weißrosigblühend bzw. mit weißer rosenförmiger Blüte
leucorhódon, leucorhódus, weißrosig
leucorrhízus, weißwurzelig
leucosíphon, leucosíphus, weißröhrig

293

leucosórus, mit weißen Sporenhäufchen
leucospérmus, weißsamig
leucospórus, weißsporig
leucóstachys, leucostáchyus, weißährig
leucostípes, weißstielig
leucóstomus, weißschlundig
leūcothrix, leucótrichus, weißhaarig
leucóstomus, weiß durchscheinend
leucoxánthus, weißgelb
leucóxylon, leucóxylus, weißholzig
leucúrus, weißschwänzig
leveillei, Pater A. A. Hector Léveille (1863–1918), franz. Missionar u. Chinaforscher gewidmet
lévior, lévius, glatter
lévis, glatt, eben
levisánus, Pastor Georg Lewis gewidmet, d. Ende 17. Jahrh. in Südafrika sammelte
lewisiánus, lewísii, n. Capt. Meriw. Lewis (1774–1809), engl. Entdeckungsreisender
l'heritiéri, s. *Heritiéra* (= Gttgsn.)
lhotzkyána, n. John Lhotzky (1739–1843 laut Dict. RHS), Wiener Bot. u. Reisender
liánthus, glattblütig
libanénsis, líbani, libanóticus, vom Libanon (Vorderasien) stammend, od. v. Monte Libán, Prov. Oriente (Kuba)
libanótis, gr. Pfl. n., Weihrauch
líber, líbera, líberum, frei
liberiénsis, libéricus, aus Liberia, (West-Afrika) stammend
liboniána, s. *Libónia* (= Gttgsn.)
libúrnicus, aus Liburnien (Istrien) stammend
lichenoídes, flechtenähnlich
lichiangénsis, aus den Lichiang (Likiang) Bergen, in Yunnan, Südchina
liebmanniánum, liebmánnii, Fred. M. Liebmann (1813–56), dän. Bot. gew.
lietzei, n. A. Lietze, Pflanzenzüchter in Rio de Janeiro (19. Jahrh.)
ligaminátus, mit einer Binde versehen
ligátus, gebunden, verbunden
lignéolus, hölzern
lignéscens, holzig werdend, verholzend
lignícolus, holzbewohnend
lignósus, holzig
ligtu, n. d. chilen. Vulgärnamen („liuto")
ligulátus, mit kleinen Zungen oder Häutchen versehen
liguliflórus, zungenblütig
ligulósus, zungenartig
ligusticifólius, liebstöckel- (*Levísticum*) blättrig
ligustrifólius, liguster- (*Ligústrum*) blättrig
ligústrinus, liguster- (*Ligústrum*) artig
likiangénsis, v. d. Likiang-Bergen, Yunnan, China
lilácinus, lilafarbig
liliáceus, lilien- (*Lílium*) artig
liliágo, lilien- (*Lílium*) treibend
liliástrum, lilien- (*Lílium*) gleich
liliiflórus, lilien- (*Lílium*) blütig
liliifólius, lilien- (*Lílium*) blättrig
lilio-asphódelus, zusammenges. a.d. Gttgsn. *Lílium* u. *Asphódelus*
liliputánus, winzig
limacínus, nacktschneckenartig
limátulus, gefeilt, verfeinert
limátus, vervollkommnet, gefeilt
limbátus, gesäumt, gerändert
limbospérmus, saumsamig

limbósus, gesäumt, umrändert
limifólia, mit feile-ähnl. Blättern
limitátus, begrenzt, umgrenzt
limnóbius, limnógenus, teich-oder sumpfbewohnend
limnóphilus, sumpfliebend
limón, limónia, auf Limone (*Citrus*) bezugnehm.
limoniifólius, widerstoß- (*Limónium*) blättrig
limónius, auf Wiesen wachsend; doch s. auch *Limónium* (Gttgsn.)
limósus schlammig
límpidus, hellflüssig, klar
limprichtii, Hans Wolfg. Limpricht (geb. 1877), wahrsch. dtsch. Pflanzensammler, gew.
lináceus, lein- (*Línum*) artig
linariaefólius, leinkraut- (*Linária*) blättrig
linarioídes, leinkraut- (*Linária*) ähnlich
lindávicum, n. Gustav Lindau (1866–1923), dtsch. Bot. (Berlin), od. Lindau am Bodensee gewidmet
lindeniána, lindénii, n. Jean Jules Linden (1817–98), belg. Gärtner u. Sammler
lindheimeri, s. *Lindheimera* (= Gttgsn.)
lindleyánum, lindléyi, s. *Lindléya* (= Gttgsn.)
líndneri, n. E. Lindner, dtsch. Entdeckungsreisender (Bolivien, Anf. 20. Jahrh.)
lindsáyi, s. *Lindsáya* (= Gttgsn.)
linearifólius, linearblättrig
linearílobus, linear od. schmalgelappt
lineáris, linienförmig, linear
lineáti-, lineáto-, in Zus.setzungen: gestreift
lineatifólius, gestreift-blättrig
lineátus, gestrichelt, liniert
lineolátus, feingestrichelt

língua, Zunge, Band
linguifólius, zungenblättrig
linguifórmis, lingulátus, zungenförmig
linícolus, zwischen od. auf Lein (*Línum*) wachsend
liniflórus, lein- (*Línum*) blütig
linifólius, lein- (*Línum*) blättrig
linítus, beschmiert
linkiánus, Heinr. Friedr. Link (1767–1851), dtsch. Bot. (Dir. in Berlin) gewidmet
linnaeoídes, erdkrönchen (*Linnǽa*) ähnlich
linogríseus, leingrau, flachsgrau
linoídes, lein- (*Línum*) ähnlich
linophýllus, lein- (*Línum*) blättrig
linósyris, gr. Pfl.n. aus *Linum* und *Osýris* gebildet
linteárius, leinwandartig
lio-, in Zus.setzungen: glatt-
liocárpus, glattfrüchtig
liocládus, glattzweigig
liógonus, glattknotig
liogónus, glattkantig
lioneūrus, glattnervig
liophýllus, glattblättrig
liópterus, glattflügelig
liospérmus, glattsamig
lióstachys, liostáchyus, glattährig
lípsicus, lipsiénsis, aus Leipzig stammend
liquaminósus, brühig saftig
líquens, líquidus, flüssig, fließend
lirátus, gefurcht
liss-, lisso-, in Zus.setzungen: glatt-
lissocárpus, glattfrüchtig
lissochiloídes, *Lissochílus*-ähnlich
lissochílus, glattlippig
lissospérmus, glattsamig
listróstachys, löffelährig

literátus, gezeichnet od. schriftartig
lithóphilus, steinliebend
lithospermifólius, steinsamen- (*Lithospérmum*) blättrig
lithospérmus, steinsamig
lithotrípticus, Stein zerreibend
lithuánicus, aus Litauen stammend
litiénse, von Liti, in Yunnan, Südchina
litigiósus, strittig, streitig
litorális, litóreus, auch littoralis, strand- oder küstenbewohnend
litterátus, gezeichnet, schriftartig
littoniána, Mr. Litton, engl. Konsul in Tengyueh (China, 19. Jahrh.) gew.
lituiflórus, krummblütig, zinkenblütig
liturátus, ausgestrichen, beschmutzt
lívidus, bläulich, bleifarbig
livingstoniána, wahrsch. d. schott. Missionar u. Entdeckungsreisenden David Livingston (1813–73) gewidmet
liukiuénsis, von den Liukiu-Inseln (Japan) stammend
livónicus, livioniénsis, aus Livland stammend
lízei, d. Fam. Lizé Frères in Nantes (Frankreich) gew., die 1910 die *Fatshedera* schuf
llávae, s. *Llávea* (= Gttgsn.)
lloýdii, n. F. E. Lloyd (1868–1947), nordam. Bot.
lobátus, -lobátus, gelappt, in Zus.setzungen: -gelappt
lobbiánum, lóbbii, William (1809–64) u. Thomas (1820–94) Lobb gew., Sammler f. Veitch & Söhne
lobélii, s. *Lobelia* (= Gttgsn.)
lobelioídes, lobelioídeus, *Lobélia*-ähnlich

lobocárpus, gelapptfrüchtig
lobóphorus, lappentragend
lobophýllus, gelapptblättrig
lobuláris, lobulátus, klein gelappt
-lobus, in Zus.setzungen: -gelappt, -lappig
loculáris, loculátus, loculósus, voller Fächer, gefächert
locupletíssimus, sehr reich, überreich
locuplicídus, fachspaltig
loddigésii, n. Conrad Loddiges (1739–1826), engl. Gärtner, bzw. Sohn George (1784–1846)
lodénse, latinisiert aus engl. low und lat. dense und als solcher ein sogen. „Boernerismus"
loeselii, n. Johann Loesel (1607–57), dtsch. Bot. (in Königsberg)
loeséneri, Ludw. Ed. Th. Loesener (1865–1941), dtsch. Bot. (Berlin) gew.
loliáceus, lolch- (*Lólium*) artig
lologénsis, v. Lolog-See, bei Bariloche in Südargentinien
lomariifólius, rippenfarn- (*Lomaria* = *Blechnum*) blättrig
lomarioídes, rippenfarn- (*Lomaria* = *Bléchnum*) ähnlich
lomáto-, in Zus.setzung.: gesäumt-, saum-
lomatocárpus, saumfrüchtig
lomatopéltis, gesäumtschildig
lomatophýllus, saumblättrig
lomátopus, gesäumtstielig
lomatorrhízus, saumwurzelnd
lomentáceus, gliederhülsig
lomentifórmis, gliederhülsenförmig
lonchitifórmis, spießförmig
lonchítis, s. Gttgsn.
lonchoídes, spießähnlich
lonchóphorus, spießtragend
lonchophýllus, spießblättrig

longaēvus, langlebig, betagt
long-, longi-, in Zus.setzung.:
lang-
longiána, n. F. R. Long
(1884–1961), engl.-südafr.
Gärtner u. Bot.
longiaristátus, langgrannig
longibracteátus, mit langen
Deckblättern
longicaudátus, langschwänzig
bzw. v. caulis = Stengel abgel.
longicórnis, langhörnig
longicúspis, langspitzig
longifíssum, lat.: lang-
spaltig
longiflórus, langblütig
longifólius, langblättrig
lóngifrons, langlaubig
longigémmis, longigemmátus,
langknospig
longiglándis, mit lang. Eichel
bzw. Drüse
longihamátus, langhakig
longilaminátum, lat.: langblättrig
longilóbus, langlappig
longimámma, langwarzig od.
-brüstig
longipedunculátus, mit langen
Blütenstielen
lóngipes, langstielig
longipétalus, mit langen Kronblättern
longipíla, wahrsch. v. lat.
pilus = Haar u. darum langhaarig
longipinnátus, langfiedrig
longiracemósus, langtraubig
longiróstris, langschnabelig
longiscápus, langschäftig
longisétus, langborstig
longisíliquus, langschotig
longispáthus, mit langen Blü-
tenscheiden
longispínus, langdornig
longíssimus, am längsten, sehr
lang
longístylus, langgriffelig

longitudinális, der Länge nach,
längslaufend
longiúsculus, ziemlich lang
longivaginátus, langscheidig
lóngulus, ziemlich lang
lóngus, lang
lonícera, vgl. Gttgsn.
lophacánthus, büschelstachelig
lophánthus, büschelblütig
loph-, lopho-, in Zus.setzg.:
kamm-, auch schopf-
lophocárpus, kammfrüchtig
lophogónus, kammkantig
lophógynus, mit kammartigen
Narben
lophophoroídes, schnapskopf-
(Lophophora) ähnl.
lophóphorum, wie vor, u. pho-
rus = tragend
lophópteris, lophópterus,
kammflügelig
lophospérmus, s. Gttgsn.
lophóstomus, kammschlundig
lophothéle, lophothélos,
kammwarzig
loranthifólius, riemenblumen-
(Loránthus) blättrig
lorátus, riemenartig
lóreus, riemenförmig
loricátus, gepanzert
loríceus, panzerartig
lorifólius, riemenblättrig
lorifórmis, riemenförmig
lorígerus, Riemen bildend
lortétii, Louis Charles Lortet
(1836–1909), franz. Bot. gew.
lotoídes, hornklee- (Lótus)
ähnlich
lótos, lótus, gr. Pfl.n. für verschiedene meist fruchttra-
gende Pflanzen; s. auch
Gttgsn.
louísae, der Königin Louise
von Belgien, Gattin Leopold I.,
gewidmet
louisiána, louisiánica, aus
Louisiana, Staat im Süden der
USA

loureiri, J. de Loureiro
(1710–96), portug. Missionar
u. Bot. (SO-Asien) gew.
lowii, Sir Hugh Low
(1824–1905), auf Borneo, od.
Hugh Low & Co., engl. Gar-
tenunternehmen gewidmet
loxocárpus, schrägfrüchtig,
schieffrüchtig
lubbersiánus, lubbersii, n. C.
Lubbers (1832–1905), belg.
Gärtner
lubricális, lúbricus, schlüpfrig,
schmierig
lucanusiánus, vom Hirschkäfer
(*Lucanus cervus*) über-
nommen
lúcens, lúcidus, glänzend,
leuchtend
luciáni, n. Lucien Linden, einem (belg.?) Orchideenspezialist
lucífugus, lichtfliehend, licht-
scheu
lucíliae, Mme. Lucile Boissier
(1822–49), Gatt. d. schweiz.
Bot. Edmond Boissier gew.
luckhóffii, Carl Aug. Lückhoff
(1914–61), südafr. Arzt u.
Pflanzensammler gew.
lucombeána, n. William Lu-
combe (c. 1696–1794), engl.
Pflanzenzüchter (in Exeter)
lucórum, der Haine, hainliebend
lucrósus, gewinnbringend
luctuósus, kläglich, traurig
luculéntus, herrlich
lúdens, lat.: spielend; für eine
Abart
ludoviciánus, aus Louisiana
(Staat d. südl. USA) stammend
lugardiána, lugárdae, n. E. J.
Lugard (1865–1944), engl. Offizier u. Pflanzensammler
(Südafrika)
lúgens, trauernd

lúgubris, trauernd, kläglich
luísae, Harriet Margaret Louisa
Bolus (1877–1970), südafr.
Bot. u. Sukkulentenforscherin
gewidmet
lúma, südchilen. (Mapuche)
Vulgärnamen einiger
Myrtaceen
lumbricoídes, regenwurmähn-
lich
luminíferus, lichttragend
luminósus, lichtreich
lunariifólius, silberblatt- *(Luna-
ria)* blättrig
lunarioídes, silberblatt- *(Lunária)* ähnlich
lunáris, mondförmig, monatlich
lunárius, lunátus, mondförmig
lundénsis, aus Lund (Schweden) stammend od. v. Lund
a. S., in Österreich)
lunulátus, halbmondförmig gekrümmt
lupátus, mit Wolfszähnen versehen
lúpina, lat. Wolf, wölfisch
lupináster, falsche Lupine
lupulifórmis, lupúlinus,
hopfen- *(Húmulus)* förmig
lupulínus, wölfchenartig
lúpulus, ital. lupulo, Hopfen
lúridus, schmutzigbraun, fahlgelb
lusáticus, a. d. Lausitz stammend
lusitánicus, aus Lusitania =
Portugal stammend
lutei-, luteo-, in Zus.setzung.:
gelb-
luteo-álbus, gelbweiß
luteoconcávus, gelbhöhlig
lúteo-grandiflóra: *lúteus* ×
grandiflórus
lutéolus, lutéscens, gelblich,
gelb werdend
luteo-oculátus, gelbäugig
luteo-variegátus, gelbbunt

lúteo-víridis, gelbgrün
lutetiánus, aus Lutetia, röm.
N. f. Paris, stammend
lúteus, gelb
lutósus, lehmgelb, kotig
lutuléntus, besudelt, kotig
luxátus, verrenkt
luxúrians, verschwenderisch,
üppig
luzuoídes, hainsimse- *(Lúzula)*
ähnlich
lyállii, n. David Lyall (1817–95),
brit. Bot.
lychnídeus, lichtnelken- *(Lých-
nis)* artig
lychnítis, röm. Pfln.n., leuchtend
lychnoídes, lichtnelken- *(Lých-
nis)* ähnlich
lycioídes, bocksdorn- *(Lýcium)*
ähnlich
lýcium, vgl. Gttgsn.
lycóctonus, wolftötend
lycopérsicum, gr. Pfln.n., jetzt
Tomate
lycopifólius, wolfstrapp- *(Lýcopus)* blättrig
lycopodioídes, bärlapp- *(Lycopódium)* ähnlich
lycópsis, s. Gttgsn.
lýdius, lydiae, aus Lydien,
klass. Landsch. Kleinasiens
stammend
lýnchii, n. R. Irwin Lynch
(1850–1924), engl. Bot.
lyónii, s. *Lyónia* (= Gttgsn.)
lyratipinnatiséctus, leierför-
mig-fiederschnittig
lyratifólius, leierblättrig
lyrátus, leierförmig
lyriflórus, leierblütig
lysicéphalus, freiköpfig
lysimachioídes, felberich- *(Lysimáchia)* ähnlich
lysisépalus, mit freien Kelchblättern
lythroídes, weiderich- *(Lýthrum)* ähnlich

M

maackiánum, s. *Maackia*
(= Gttgsn.)
macarthuri, Sir William Mac-
arthur, der in Australien sammelte (1800–1882) gew.
macdonáldiae, n. d. US-
General Macdonald, der auch
Kakteen einführte
macdowéllii, n. J. A. Mac-
Dowell, Kakteensammler in
Mexiko (19/20. Jahrh.)
macedoiána, n. M. de Macedo
Costa, brasil. Bot. (Ende
19. Jahrh.)
macedónicus, aus Mazedonien
(Balkanhalbinsel) stammend
mácer, maćra, mácrum, mager
maciléntus, mager, abgemagert
máckaii, n. James Townsend
MacKay (c.1775–1862), irischer Bot.
mackénii, Mark J. McKen
(1823–72), schott.-südafr. Gärtner u. Sammler gew.
macnabiána, n. William
McNab (1780–1848), schott.
Gärtner
macowánii, macowánum, Peter MacOwan (1830–1909),
engl. Chemiker u. Bot. gew.
macquí, chilen. (Mapuche)
Pflanzenname
macr-, macro-, in Zusammen-
setzg.: groß-
**macracánthus, macroacan-
thus,** großstachelig
macradénius, großdrüsig
macrándrus, macranthérus,
mit großen Staubblättern
macránthus, macranthon,
großblütig
macróbotrys, macrobótryus,
großtraubig
macrobúlbus, großzwiebelig,
großknollig

macrócalyx, großkelchig
macrocárpus, großfrüchtig
macrocéntrus, großspornig, großstachelig
macrocéphalus, großköpfig
macróceras, großhörnig
macrocháētus, großborstig
macrochāūrus, großhändig
macrochéle, gr. *makrochelos* = großklauig
macrochílus, großlippig
macrócladus, großzweigig
macróclonus, großtriebig, langtriebig
macrocúlmis, groß- od. langhalmig
macrodáctylus, großfingrig
macrodíscus, mit großer Scheibe
mácrodon, macrodóntus, groß- od. langzähnig
macrogónus, langseitig, lang- od. großkantig
macrólepis, großschuppig
macrólophus, großschopfig
macrómeris, langgliedrig, großgliedrig od. -teilig
macropétalus, mit großen Kronblättern
macrophlébius, großaderig
macrophýllus, großblättrig
macrópodus, großstengelig, langstengelig
macropógon, großbärtig
macrópteris, macrópterus, großflügelig
mácropus, großstengelig, langstengelig
macrorrhízus, großwurzelig
macrorrhýnchus, großschnäbelig
macrosépalus, mit großen Kelchblättern
macrosíphon, großröhrig
macrospérmus, großsamig
macrospórus, großsporig
macrospílus, großfleckig

macróstachys, macrostáchyus, großährig
macrostégius, großhüllig, großdeckig
macrostémmus, großkränzig
macrostémon, macrostémus, mit langen oder großen Staubfäden
macrostéphanus, großkronig
macrostíbas, v. gr. *makros,* u. *stibas* = Streu, auf d. dichtfilzige Oberfl. bezugnehmend
macróstichus, groß- od. langzeilig, großreihig
macróstylus, großgriffelig, langgriffelig
macrothélis, großwarzig
macróterus, fern
macrótis, großohrig
macrótrichus, langhaarig
macrōūrus, macrúrus, groß- od. langgeschwänzt
maculacánthus, mit gefleckten Stacheln
maculátus; -maculátus, gefleckt; in Zus.setzungen: – gefleckt, -fleckig
maculifólia, mit „befleckten" Blättern
maculósus, reich gefleckt
madagascariénsis, von der Insel Madagaskar, östl. Afrika, stammend
maddénii, n. Edward Madden (1805–1856), brit. Offizier u. Pflanzensammler (in Indien)
maderaspatána, aus Madras, Stadt u. Staat im Südosten Indiens
maderénsis, von der Insel Madeira im östl. Atlantik stammend
mádidus, feucht, mürbe, überreif
madriténsis, aus Madrid (Spanien) stammend
maeandrifórmis, hin- u. hergeschlängelt

maenúrus, fischschwänzig
maëstus, traurig
mafáffa, n. d. südamerikan. Volksnamen
magdeburgénsis, bei Magdeburg (Mitteldeutschl.) gefunden od. dort gezüchtet
magellánicus, von der Magellanstraße (Patagonien, Südamerika) stammend
magellénsis, majellénsis, vom Majellaberg (Abruzzen, Ital.) stammend
mágicus, zauberisch
magn-, magni-, in Zus.setzg.: groß-
magníficus, großartig, prächtig, rühmlich
magniflórus, großblütig
magnimámma, großwarzig
magnisulcátus, magnisúlcus, großfurchig, starkfurchig
magnifoliolósus, mit großen Fiederblättern
magnoliaefólius, magnolien- *(Magnolia)* blättrig
mágnus, groß
mágus, zauberisch, magisch
máhaleb, a. d. Arabischen, Weichselkirsche
maidifólius, mais- *(Zéa máys)* blättrig
mainiána, Mrs. F. M. Main, engl. Sukkulentensammlerin gewidmet
majális, im Mai blühend
majésticus, majestätisch, erhaben
májor, május, größer
majorána, Majoran, Mairan
majúsculus, etwas größer, ziemlich groß
makínoi, n. T. Makino (1862–1957), Japan. Bot. u. Pflanzenmaler
makoyánus, Jakob Makoy (1790–1873), belg. Pflanzenzüchter gewidmet

malabáricus, von der Malabarküste, im Süden Indiens stammend
malabáthricum, gr. *malabathron* = gewürzhaftes Blatt (Genaust)
malaccénsis, von der Halbinsel Malakka in SO-Asien stammend
malacénsis, vielleicht von Malaga (Spanien) stammend (= malacitanus)
malachánthus, malvenblütig
malachíticus, malachitgrün
maláchius, malvenfarbig
malac-, malaco-, malach-, malacho-, in Zus.setzung.: weich-
malachioídes, malacoídes, malvenähnlich
malacodéndron, eigtl. Weichbaum, Weichholz
malacodérmis, weichhäutig
malácodon, malacodóntus, weichzähnig
malacophýllus, weichblättrig
malefícus, übel, schädlich
maléolens, übelriechend
maliflóra, apfelblütig
malifórmis, apfelförmig
malleátus, gehämmert, hammerartig
malléifer, malleífera, malleíferum, hammertragend
malleolátus, mit Schößlingen versehen
mallocóccus, geschwollene Beeren
maloídes, apfelähnlich
malonyána, bei Malonya (heute Mlynany), in der Slowakei entstanden
malváceus, malvenartig
malvaeflórus, malvenblütig
malvavíscus, s. Gttgsn.
malzínei, n. M. Omer de Malzini, belg. Pflanzensammler (19. Jahrh.)

mámei, ekuatorian. Volksname

mámmifer, mammífera, mammíferum, warzentragend, zitzentragend

mammifórmis, warzenförmig, zitzenförmig

mammiláris, mammilátus, brustwarzenförmig, zitzenförmig

mammillarioídes, *Mammillaria-*(Gttgsn.) ähnlich

mammilósus, (mamilosus), kleinwarzig, kleinzitzig

mammósus, starkzitzig, od. mit vielen Zitzen

mammulósos, lat.: mit kleinen Warzen od. Zitzen

máncus, unvollständig, verstümmelt

mandarinórum, der Mandarine (chines. Staatsbeamte)

mandiocánus, mandioccana, mandioka- *(Mánihot)* artig

mandchúricus, mandschúricus, a. d. Mandschurei (Ostasien) stammend

manescávi, n. M. Manescau, Ital. (?) Händler u. Sammler († 1875) in Südfrankreich

manettiaeflórus, *Manéttia- (= Gttgsn.)* blütig

manéttii, s. *Manéttia* (= Gttgsn.)

mángifer, mangífera, mangíferum, mangotragend

mángle, v. franz. (od. span.) Vulgärnamen d. f. Mangrove abgeleitet

manglésii, Capt. James Mangles (1786–1867), u./od. Robert Mangles, engl. Gärtner u. Sammler († 1860) gew.; s. auch *Manglésia* (= Gttgsn.)

mangostána, v. malaiischen Volksnamen der Mangostane abgel.

mangungénsis, v. Mangunga, unterh. der Usambara-Berge, in Tanzania

manicátus, stulpenartig, manschettenartig

maniféstus, sichtbar, deutlich

mánihot, s. Gttgsn.

manilénsis, von der Stadt Manila (Philippinen) stammend

manipuláris, bündelweise

manipuliflórus, bündelblütig

manipurána, manipurénsis, aus Manipur, Prov. in Assam, NO-Indien

mánnifer, mannífera, manníferum, mannatragend

mánnii, n. Gustav Mann (1836–1916), dtsch. Pflanzensammler u. Forstmann

manriqueórum, d. Fam. Manrique de Lara, auf Gran Canaria gewidmet

manchuriénsis, s. *manchúricus*

mantegazziánum, Paolo Mantegazzi (1831–1910), ital. Anthropol. u. Reisender gew.

manubriátus, mit Griff versehen

manzaníta, nordamer. Vulgärn. einer „Bärentraube"

mapimiénsis, v. d. Sierra de Mapimi, in Zentral-Mexiko

maracaibénsis, aus Maracaibo (Venezuela, Südamerika) beschrieben

marántae, n. e. ital. Arzt Maranta, 16. Jahrh., s. Gttgsn.

marantifólius, pfeilwurz- *(Maranta)* blättrig

marántinus, pfeilwurz- *(Maránta)* ähnlich

marásca, Strauchweichsel; vom lat. *amarasca* (= herbe Kirsche) abgel.

marattioídes, *Maráttia-* (s. Gttgsn.) ähnlich

marcéscens, welkend, verwelkend

márcidus, welk, schlaff

margaritáceus, perlenartig
margarítae, Frl. Marguerite Closon, belg. Gärtnerin (19. Jahrh.) gew.
margarítifer, margaritífera, margaritíferum, perlentragend
marginális, randständig
márginans, umrandend
marginátus; -marginátus, gerändert; in Zus.setzungen: -randig
márgo, Rand
marginéllus, etwas gerändert
mariánus, zur Hl. Maria gehörend, od. aus Maryland (USA: Terra Mariana)
maríae-órffiae, Maria Orff, Gattin Prof. Alwin Seiferts gewidmet (1928)
mariésii, n. Charles Maries (c.1851–1902), engl. Pflanzensammler
marifólius, katzengamander-(*Teúcrium marum*) blättrig
marilándicus, aus Maryland (USA) stammend
marínus, meerbewohnend
máripa, Volksn. aus Guiana, Südamer.
maríscus, griech. Pflanzenname, eine Art Binsen, wahrsch. v. gröber od. größer abgel.
marítimus, Meerstrand bewohnend
markotterae, Erika I. Markotter (geb. 1905), südafr. Botanikerin gew.
marlóthii, H. W. R. Marloth (1855–1931), dtsch.-südafr. Chemiker u. Bot. gewidmet
marmorátus, marmoriert
marmóreus, marmorartig
marmorophýllus, marmoriertblättrig
maroccánus, aus Marokko (N.-Afrika) stammend
marrubiástrum, falscher Andorn (*Marrúbium*)

marrubioídes, andorn- (*Marrúbium*) ähnlich
marshalliánum, marshállii, n. H. Marshall (s. *Marshállia*, 1758–1813), od. Wm. Marshall, engl. Orchideenzüchter (1835–1917)
marsupiánthus, marsupiiflórus, mit beutelartigen Blüten
mársus, wild
mártagon, Türkenbund
martensiána, marténsii, n. Martin Martens (1797–1863), belg. Bot.
márthae, Martha Erni, Gattin F. S. Erni's (s. *erniána*) gewidmet
martiális, kriegerisch
martiána, n. K. F. Ph. v. Martius (1794–1868), dtsch. Bot. u. Brasilienreisender
martinicénsis, von der Insel Martinique (Westindien) stammend
martínii, n. Claude Martin (1731–1800), wahrsch. franz. Kakteensammler
márum, v. lat. *maron* = stark duftend; Amberkraut
marylándicus, aus Maryland (USA) stammend
más, männlich
mascarénsis, mascarenénsis, von den Mascareninseln (östlich Afrika) stammend
maschalacánthus, Achselstachel
maschalánthus, achselblütig
masculínus, másculus, männlich
masoniána, L. Maurice Mason gewidmet, der 1957 jene Begonie nach Europa brachte
massangeána, s. *Massangéa* (= Gttgsn.)
massiliénsis, aus Massilia = Marseille (S. Frankreich) stammend

massulátus, klumpig
mastacánthus, Lippenblüte;
v. gr. *mastac* = Lippe
mastersiánum, mastersii, n.
M. T. Masters (1833–1907),
engl. Bot.
mastoídes, brustähnlich, zit-
zenähnlich
masúca, n. einem nordindischen Volksnamen
mathssónii, n. Albert Maths-
son († 1898), Kakteensammler
in Mexiko
matricális, die Gebärmutter
betreffend
matricarioídes, kamillen- *(Matricária)* ähnlich
matronális, mütterlich, matro-
nenhaft
matsudána, Sad. Matsuda
(1857–1921),japan. Bot. gew.
matthióli, s. *Matthiola*
(= Gttgsn.)
matúrus, reif, frühzeitig
matutínus, am Morgen blü-
hend
maughánii, s. *Maughánia*
(Gttgsn.)
maulei, n. Wm. Maule aus Bri-
stol, engl. Pflanzenzüchter
(19. Jahrh.)
maurandioídes, *Maurándia-
(s. Maurandya* = Gttgsn) ähnlich
mauritánicus, aus Mauritania
(Nordafrika) stammend
mauritiaefómis, *Maurítia-
(s. Gttgsn.) ähnlich
mauritiánus, von der Insel
Mauritius (östl. Afrika) stammend
maurórum, der Mauren
maweánus, n. George Maw
(1832–1912), engl. Drogist u.
Pflanzensammler
maxilláris, maxillátus, kinnbak-
kenförmig; s. auch *Maxillaria*
(Gttgsn.)

maximiliáni, n. Max Schlechter
(s. *Schlechteránthus,* Gttgsn.)
maximowicziána, maximo-
wíczii, s.*Maximowíczia*
(= Gttgsn.)
máximus, der größte
maxónii, Wm. Ralph Maxon
(1877–1948), nordam. Bot.
(Washington) gew.
maxwéllii, in der Baumschule
d. T. C. Maxwell Bros., Gene-
va (New York) entstanden
máys, zentralamer. Volksn. für
Zéa máys
mazanénsis, aus Mazán, Ort u.
Fluß im Osten von Peru, od.
aus Mazán in NW-
Argentinien
meábilis, durchdringend, gangbar
meádia, n. Richard Mead
(1673–1754), engl. Arzt u.
Förd. d. Wiss.
meccánus, aus Mekka (Arab.)
stammend
meddiánum, n. George Medd,
der um 1920 in NW-Burma
sammelte
medeoloídes, *Medéola-
(s. Gttgsn.) ähnlich
mediális, mittelständig
mediánus, in der Mitte befindlich, halb
medicaginoídes, schnecken-
klee- *(Medicágo)* ähnlich
medica, medicátus, heilsam
medicinális, heilsam, als Arznei gebraucht
médicus, zum Heilen dienend
mediócris, mittelmäßig
mediodisjúnctus, in der Mitte
getrennt
medio-lúteus, in der Mitte
gelb, gelbäugig
medio-pícta, der Mitte zu
(oder halb) bemalt
medióximus, mittelständig, in-
mitten

mediterráneus, im Mittelmeergebiet wachsend
médius, der mittlere, in der Mitte befindlich
mediválvis, mittelklappig
medulláris, medullósus, markig, mit Mark oder Kern versehen
medúseus, medusenartig
medwediéwii, J. S. Medwediew (Medwedew), 1847–1923, russ. Bot. (Kaukasus) gew.
mega-, megalo-, in Zusammensetzungen: groß-, übergroß-, stark
megácalyx, großkelchig
megacánthus, großstachelig
megacárpus, großfrüchtig
megacéphalus, großköpfig
megalánthus, großblütig
megalocýstis, großblasig
megalophýllus, großblättrig
megalopoliтánus, aus Mecklenburg stammend (?), od. aus Megalopolis, in Griechenland
megalospérmus, großsamig
megalothélis, großwarzig
megaphýllus, großblättrig
megapotámicus, , vom Rio Grande (Mexiko/USA, Uruguay, od. Brasilien) stammend
megarhízus, großwurzlig
megaseaefólius, *Bergénia-* (früher *Megásea*) blättrig
megástachys, megastáchyus, großährig
megastígma, mit großer Narbe
megerátum, gr.: sehr liebenswert
megistocárpus, riesenfrüchtig
meiacánthus schwach stachelig, gering bestachelt
meifólius, bärwurz- *(Méum)* blättrig
mela-, melan-, melano-, -melanus, in Zus.setzung.: schwarz-
melaleūcus, schwärzlichweiß

melámpodus, schwarzstielig
melanacánthus, schwarzstachelig
melanadénus, schwarzdrüsig
melanándrus, mit schwarzen Staubgefäßen
melanánthus, schwarzblütig
melanárius, geschwärzt
melanchólicus, düster, melancholisch
melánidus, schwarzfleckig, schwärzlich
melanócalyx, schwarzkelchig
melanocárpus, schwarzfrüchtig
melanocaūlis, mit schwarzen Stengeln
melanocéntrus, schwarzspornig
melanochaēnus, schwarzhüllig
melanochaētus, schwarzborstig
melanochlámys, schwarzmantelig
melanochrýsus, schwarzgolden
melanocóccus, schwarzbeerig, schwarzkörnig
melanocýclus, schwarz geringelt
melanodíscus, schwarzscheibig
melanolásius, schwarzzottig
melanoleūcus, schwärzlichweiß
melanolómus, schwarz gesäumt
melanoneūrus, schwarznervig
melanophloēus, schwarzsplintig, schwarzrindig
melanophthálmus, schwarzäugig
melanópodus, melánopus, schwarzstengelig
melanorhóda, „schwarze Rose"
melanospérmus, schwarzsamig
melanostíctus, schwarz getupft
melanostýle, mit schwarzem Griffel (Säule)

melanótrichus, schwarzhaarig
melanóxylon, schwarzholzig
melanthérus, mit schwarzen
Staubblättern
melánthus, schwarzblütig
melanúrus, schwarzschwänzig
mélas, schwarz
melátherus, schwarzgrannig
meleágris, wie ein Perlhuhn
gefleckt
meleguéta, wahrsch. westafrikan. Volksname
meliánthus, melianánthus,
honigblütig; s. Gttgsn.
melílobus, süßhülsig, süßfrüchtig
melinoídes, honigartig
mélinus, quittenartig
melioídes, honigähnlich
meliodórus, honigduftend
mélior, mélius, besser
meliorátus, verbessert
melissoídes, melissen- *(Melíssa)* ähnlich
melissophýllus, melissen- *(Melíssa)* blättrig
meliténsis, von der Insel Malta
(Mittelmeer) stammend
melittifólius, immenblatt- *(Melíttis)* blättrig
mélleus, honigartig, honiggelb
méllifer, mellífera, melliferum,
honigtragend, produzierend
mellinoídes, méllinus, honigartig
melliodórus, honigduftend
mellítus, honigsüß
mélo, s. Gttgsn.
melocactifórmis, *Melocáctus-*
(Gttgsn.) förmig
melocárpus, melonenfrüchtig,
apfelfrüchtig
melonifórmis, melofórmis,
melonenförmig, apfelförmig
melóngena, Aubergine, Eier-
frucht
melopépo, eine Art „Melonen-
Kürbis"

membranáceus, feinhäutig,
dünnhäutig
**membránifer, membranúlifer,
membranulífera, membranu-
líferum,** eine feine Haut besitzend
mendeliánum, mendélii, n.
einem Mr. Mendel, engl. Orchideenzüchter in Manchester
(Ende 19. Jahrh.)
mendocína, aus Mendoza,
Stadt u. Prov. im westl. Argentinien
mendósus, fehlerhaft
meniscátus, meniscoídes,
halbmondförmig
meniscifólius, mit halbmond-
förmigen Blättern
ménstruus, monatlich, einen
Monat lang dauernd oder blühend
menthoídes, minze- *(Méntha)*
ähnlich
méntiens, täuschend, trügerisch
mentorénsis, in einer Gärtnerei bei Mentor, Ohio (USA)
erzeugt
mentósus, kinnartig, kinn-
bärtig
menyanthoídes, fieberklee-
(Menyánthes) ähnlich
menziésii, n. Archibald Menzies (1754-1842), schott. Arzt
u. Bot.
meoídes, bärwurz- *Méum)* ähnlich
meonacánthus, kleinstachelig
mérckii, n. H. J. Merck, Hamburger Senator u. Pflanzenzüchter (Mitte 19. Jahrh.)
merdárius, kotig
meriána, Maria Sibylla Merian
(1647–1717), dtsch.-holländ.
Pflanzenmalerin gewidmet
meridiánus, mittägig, südlich
meridionális, mittags blühend
od. d. Süden zu

-meris, in Zus.setzungen: -teilig, -gliedrig

merismáticus, aufgeteilt

merríllii, n. Elmer Drew Merrill (1876–1956), nordamer. Bot.

mertensiána, s. *Merténsia* (= Gttsgn.)

mesacánthus, mittelstachelig

mesembryanthemoídes, mittagsblumen- *(Mesembryánthemum)* ähnlich

mesembryanthemópsis, mit gewisser Ähnlichkeit zu *Mesembryánthemum*

mesenterifórmis, eingeweideartig, gekröseartig

mesochlǣnus, in der Mitte bekleidet

mésnyi, William Mesny (1842–1919), Bewohner d. Kanal-Inseln, General d. chines. Armee, u. Pflanzensammler gewidmet

mesochlórus, in der Mitte grün

mesogǣus, in der Erde wachsend

mesoleūcus, mit Weiß gemischt

mesopotámicus, aus Mesopotamien, dem „Zwischenstromland" (Vorderasien) stammend

mespilifólia, mispel- *(Méspilus)* blättrig

mespiloídes, mispel- *(Méspilus)* ähnlich

méssus, abgemäht, abgeschnitten

metachrous, die Farbe wechselnd

métake, japan. N. einer Bambus-Art

metállicus, metallisch

metamórphus, umgestaltet, verwandelt

métel, n. einem arab. Pfl. n.

meteloídes, N. einer *Datura*-art

meténsis, aus Metz (Lothringen) stammend

methýsticus, berauschend

metterníchii, Prinz Clem. L. W. Metternich (1773–1859), österr. Staatsmann gewidmet

metúlifer, metulífera, metulíferum, kleine Spitzsäulen (Pyramiden) tragend

méum, Bärwurz

mexicánus, aus Mexiko (Mittelamerika) stammend

meyeniánum, meyénii, n. Franz J. F. Meyen (1804–40), dtsch. Arzt u. Bot.

meyerae, meyeri, Heinrich Meyer, dtsch.-südafr. Arzt u. Pflanzensammler (19. Jahrh.) gew., od. n. A. B. Meyer (1840–1911), Arzt u. Naturwiss. in SO-Asien

mezcalaénsis, mezcalénsis, aus Mezcala, in der Guerrero Prov., Mexiko

mezeréum, latein. v. Persischen Volksnamen des Seidelbast

miacánthus, mianacánthus, gering bestachelt

micáceus, glimmerartig

mícans, schillernd, schimmernd, funkelnd

michauxii, s. *Michauxia* (= Gttgsn.)

micheliánus, michélii, s. *Michélia* (= Gttgsn.)

micholitziána, micholítzii, n. W. Micholitz, der 1890–95 in Neuguinea sammelte

mickbergénsis, vom Mickberg, in Namibia (SW-Afr.)

micr-, micro-, in Zus.setzung.: klein-

micracánthus, kleinstachelig

micradénus, kleindrüsig

micrancístrus, kleinhakig

micranthidifólius, *Micrantha-* (s. Gttgsn.) blättrig

micranthoídes, *Micránthus-*
ähnlich
micránthus, kleinblütig
micróbotrys, kleintraubig
micrócalyx, kleinkelchig
microcárpus, kleinfrüchtig
microcéphalus, kleinköpfig
micróceras, kleinhörnig
microchíton, kleinhüllig
microchlámys, kleinmantelig
micródasys, kleinhaarig, kleinborstig
microdíctus, kleinnetzig
microdíscus, mit kleiner
Scheibe
mícrodon, microdóntus, klein-
zähnig
microglóchinus, mit kleinen
Widerhaken
microglóssus, kleinzüngig
microhélia, gr. *mikros* = klein,
y. *helios* = Sonne; wahrsch.
der strahlenförmigen Dornen
wegen
microheliópsis, wie vor, u.
opsis = Aussehen
micrólepis, kleinschuppig
micromálus, kleiner Apfel (od.
kleinfrüchtiger A.)
micrómeris, kleinteilig
micropétalus, mit kleinen
Kronblättern
microphýllus, kleinblättrig
micrópterus, kleinflügelig
microrrhízus, kleinwurzelig
micróscias, kleinschirmig,
kleindachig
microsépalus, mit kleinen
Kelchblättern
microspérmus, kleinsamig
microsphǣricus, klein-
kugelig
micróstachys, microstáchyus,
kleinährig
microstégius, kleinhäusig
microstígma, kleinnarbig
micróstomus, kleinschlundig
microthélis, kleinwarzig

micrugosa, Bastardform: *mic-*
rantha × *rugosa*
mittendorffiánum, mitten-
dórffii, Alexander Th. v. Mit-
tendorff (1815–94), dtsch.-russ.
Arzt u. Pflanzensammler gewidmet
mikanoídes, *mikánia-*ähnlich
miliáceus, hirseartig
miliáris, die Hirse betreffend,
hirsekörnig, kleinkörnig
mílii, anschein. n. M. Millius,
seinerzeit Gouverneur d. Insel
Bourbon
militáris, soldatenartig, in
Menge zusammen wachsend
milleflórus, tausendblütig, vielblütig
millefoliátus, millefólius, tausendblättrig, vielblättrig
millegránus, tausendkörnig,
vielkörnig
mímicus, den Schein erwek-
kend nachahmend
mimosaefólius, mimosen- *(Mi-*
mósa) blättrig
mimosoídes- mimosen- *(Mi-*
mósa) ähnlich
mimuliflórus, gauklerblumen-
(Mímulus) blütig
mimuloídes, gauklerblumen-
(Mímulus) ähnlich
mínans, drohend
mínax, überragend, bedrohlich
miniátus, mennigfarbig
minimíflora, mit sehr kleinen
Blüten
mínimus, der kleinste, sehr
klein
mínor, mínus, kleiner, weniger
minúsculus, ziemlich klein,
klein
minutiflórus, sehr keinblütig
minutíssimus, am allerklein-
sten
minútus, sehr klein
mionacánthus, wenig bestachelt

miqueliána, miquélii, F. A. W. Miquel (1811–71), holländ. Bot. gew.
mirábilis, wunderbar; s. Gttgsn.
mirabúndus, ganz wundervoll
mirándus, wunderbar
mírbelii, n. Ch. Fr. Mirbel (1776–1854), franz. Bot.
mírus, selten, wunderbar
miscelláreus, vermischt
miséllus, elend
míser, mísera, míserum, dürftig, kümmerlich
mississippiénsis, am Mississippi (Nordamerika) vorkommend
missouriénsis, am Missouri wachsend bzw. im US-Staat Missouri vorkommend
mitchelliána, s. *Mitchélla* (= Gttgsn.)
mitellifórmis, mützenförmig, haubenförmig
mítis, sanft, mild
mitrátus, mitrifórmis, mützenförmig, mit einer Kopfbinde versehen; „Bischofsmütze"
míxtus, gemischt
mlokosewítschii, n. Ludw. Franz Mlokosewitsch (1831–1909), russ. Pflanzensammler
mnioídes, sternmoos- *(Mnium)* ähnlich
móbilis, beweglich, schnell, biegsam, veränderlich
mocanéra, n. d. kanar. N. f. d. Mocanbaum
mociniána, n. José Mariano Mociño, y Losada (1757–1820, mexikan. Bot.)
mocupénsis, v. Mocupe, im Sana-Tal, Peru
moderábilis, gemäßigt
moderátus, maßvoll, gemäßigt
modéstus, bescheiden
módicus, mäßig, gering
moesíacus, aus Moesia, früh.

N. d. nördl. Teils d. Balkan-Halbinsel
moéstus, traurig
mogadorénsis, von Mogador (= Essaouira), Marokko
mohavénsis, aus der Mohave (Mojave) Wüste, im südl. Kalifornien, USA
moláris, mühlsteinartig
moldávicus, aus der Moldau, Landschaft Rumäniens stammend
molendénsis, mollendénsis, von Mollendo, Hafenstadt in Südperu
moléstus, unangenehm, schädlich
mólle, vom lat. *móllis* = weich abgeleitet, od. südamerikan. Vulgarname
mollicaúlis, weichstengelig
mollicéps, weichköpfig
mollícomus, weichschopfig
mollículans, weich werdend
mollículus, weichlich
mollifólius, weichblättrig
móllis, weich, geschmeidig
molíssimus, weich, sehr zart, sehr geschmeidig
mollúgo, wahrsch. v. *mollis* abgel.
molopospérmus, molospérmus, striemensamig
moluccánus, von den Molukkeninseln (Indonesien) stammend
móly, gr. N. eines Zauberkrautes
molýbdinus, bleiern, bleiartig
mon-, mona-, mono-, in Zus.setzungen: einzeln, ein-, allein
monacánthus, einstachelig
monacénsis, monachénsis, aus München stammend
monáchius, einsiedlerisch
monadélphus, einbrüderig, mit bündelartig verwachsenen Staubgefäßen

monándrus, einmännig, mit einem Staubgefäß
monánthemus, monánthus, einblütig
monanthérus, mit einem Staubblatt
monátherus, eingrannig
mongólicus, mongholicus, aus der Mongolei (Ostasien) stammend
monílifer, monilífera, monilíferum, eine Perlenschnur od. ein Halsband tragend
monilifórmis, perlschnurartig, halsbandartig
monniéra, s. Gttgsn.
monocárpus, einfrüchtig
monocáulis, einstielig
monocéphalus, einköpfig
monóchlamys, einhüllig, mit Kronkelch versehen
monoclínus, einbettig, zwitterig
monocóccus, einbeerig, einkernig
mónodon, Einzahn
monodóntus, einzähnig
monoécus, monóicus, einhäusig, monözisch
monógynus, eingriffelig
monómeris, einzählig, aus einem Stück bestehend
monopétalus, mit nur einem Kronblatt
monophýllus, einblättrig
monópteris, monópterus, monopterýgius, einflügelig
monopyrénus, einkernig, einsteinig
monórchis, mit nur einer Knolle
monosépalus, mit einem Kelchblatt
monosorátus, mit einzelnen Sporenhäufchen
monospérmus, einsamig
monóstachys, monostáchyus, einährig

monóstichus, einreihig, od. einzeilig
monspeliénsis, monspessulánus, aus Montpellier (Südfrankreich) stammend
monstrósus, monstruosus, ungeheuerlich, mißgestaltet, monströs
montánus, auf Bergen wachsend od. a. d. US-Staat Montana stammend
monteiróae, monteiroi, n. J. J. Monteiro (1833–78) u/od. dessen Gattin; portug. Naturforsch.
montenegrína, aus Montenegro, im südl. Jugoslawien
montevidénsis, aus Montevideo (Uruguay) stammend
montícola, bergbewohnend
montis-dracónis, v. d. Drachenbergen, im Südosten Südafrikas
montis-móltkei, vom „Moltkeblick" in den Auas-Bergen, SW-Afrika
monumentális, denkmalartig, monumental
monvíllei, s. Monvíllea (= Gttgsn.)
mooreánum, moorei, Thomas Moore (1821–87), engl. Bot. (Farnspezialist) gewidmet, od n. C. Moore, austral. Bot.
moraéa, s. Gttgsn.
moranénsis, v. Moran, Ort nördl. v. Mexiko City.
morávicus, aus Mähren (CSR) stammend
morawetziánus, s. Morawétzia (= Gttgsn.)
morbillósus, krankhaft, ungesund
mórdax, beißend, bitter, scharf schmeckend
morélii, n. Francisque Morel, franz. Gärtner (19./20. Jahrh.)
morélla, lat.: kleine Maulbeere

morifólius, maulbeerbaum- (*Mórus*) blättrig
mório, Narr, narrenkappenartige Blüte
moritziána, Karl Moritz (1796–1866), dtsch. Pflanzensammler (in Südamerika) gew.
mormónicus, mormonisch (?)
morocárpus, maulbeer- (*Mórus*) früchtig
moroídes, maulbeer- (*Morus*) ähnlich
morósus, verdrießlich, unangenehm
morreniána, n. Charles-François Antoine Morren (1807–58), belg. Bot., od. d. Sohn Charles Jacques Edouard (1833–86)
morrisonensis, morrisonicolus, a. d. Morrison-Berg auf Taiwan (Ostasien) wachsend
morrówii, James Morrow, Arzt d. Perry Expedition nach Ostasien (um 1870) gewidmet
mórsitans, beißend, zusammenziehend
mórsus-ranae, Froschbiß
mortefontanénsis, angebl. a. d. Chantrier-Gärtnerei, Mortefontaine, Frankreich
mosáicus, mosaikartig
moschatéllinus, etwas nach Moschus oder Bisam duftend
moschátus, moschēūtos, n. Moschus duftend
moseriánum, n. einem M. Moser, franz. Pflanzenzüchter (19. Jahrh.)
móssiae, einer Mrs. Moss, aus Otterspool bei Liverpool, engl. Orchideengärtnerin (um 1830) gewidmet
moupinénsis, aus Moupin (= Pooksing, W-China) stammend
mōūtan, chines. N. einer Päonienart

moyésii, n. J. Moyes, Missionar u. Sammler in China (Anf. 20. Jahrh.)
múcidus, schimmelig, kahmig
mucilagíneus, schleimig
mucórifer, mucorífera, mucoríferum, schimmeltragend
mucósus, schleimig, schimmelig
mucronátus, mit einer Spitze versehen
mucronifólius, spitzblättrig
mucronulátus, mit kleiner Spitze versehen
muehlenpfórdtii, n. F. Muehlenpfordt, dtsch. Arzt u. Bot. (Hannover; 19. Jahrh.)
múgo, múghus, N. der Bergkiefer in den südl. Alpen
muíri, s. *Muíria* (= Gttgsn.)
mult-, multi-, in Zus.setzungen: viel-, reich-
multanguláris, vieleckig
multibracteátus, mit vielen Deckblättern
multibulbósus, vielzwiebelig
multicávus, voller Löcher (oder Mulden)
multicāūlis, vielstengelig
múlticeps, vielköpfig
multícolor, vielfarbig
multicostátus, vielrippig
multidentátus, vielzähnig, reich gezähnt
multífidus, vielteilig
multiflórus, vielblütig, reichblütig
multifórmis, vielgestaltig
multifoveolátus, mit vielen Grübchen
multifurcátus, vielgabelig
multíjugus, vieljochig, vielpaarig
multilineátus, vielstreifig, reich gestrichelt
multiloculáris, vielfächerig
multinátus, vielzählig
multinérvis, vielnervig

multipartítus, vielteilig
múltiplex, vielfach
multiplicábilis, vielfaltig
multipunctátus, reich punktiert
multiradiátus, vielstrahlig
multirámeus, vielästig
multiséctus, vielfach eingeschnitten
multiseriális, vielreihig
multiserrátus, mit vielen Säge-
zähnen
multisétus, vielborstig, viel-
grannig
multisiliquósus, vielschotig,
vielhülsig
multiválvis, vielklappig
múme, japan. N. f. e. Pfirsich-
od. Aprikosen-Art
múndtii (od. múndii?), Joh.
Ludw. Leop. Mund
(1791–1831), dtsch.-südafr.
Pflanzensammler gew.
múndulus, hübsch, nett
múndus, sauber, nett, zierlich
múngo, portugies. N. für Ich-
neumon
múniens, schützend, sichernd
munítus, bewaffnet, geschützt
munroána, n. William Munro
(1818–80), engl. Offizier u.
Pflanzensammler
murális, murárius, an Mauern
wachsend
muricátus, purpurschnecken-
förmig, spitzig
muricéllus, mit kleinen weichen Spitzen
muríelae, n. Muriel, Tochter d.
engl. Sammlers Ernest G.
Wilson (1876–1930)
murináceus, mausgrau
murínus, mausartig
murórum, an Mauern wach-
send
murrayána, n. Andrew Murray
(1812–78), schott. Bot.
musaefólius, bananen- (*Músa*)
blättrig

musáicus, mosaikartig, gefleckt
muscadínia, s. Gttgsn.
muscarioídes, traubenhyazin-
then- (*Múscari*) artig
muscárius, fliegenartig, Fliegen betreffend
muscaviénsis, aus Muskau
(Lausitz) stammend
múscifer, muscífera, muscífe-
rum, fliegentragend
muscifórmis, moosförmig
muscígenus, moosbewohnend
muscípula, Fliegenfalle, auch
Mäusefalle
muscitóxicus, Fliegen vergiftend
muscívorus, fliegenfangend,
fliegenfressend
muscoídes, moosähnlich
muscósus, moosartig, moosig
musculínus, musculósus, fleischig
musifólius, bananen- (*Músa*)
blättrig
musschiánum, s. *Musschia*
(= Gttgsn.)
mussínii, Graf Apollos Apollo-
losowitsch Mussin-Puschkin
(1760–1805), russ. Chemiker
u. Entdeckungsreisender gewidmet
mustéllinus, wieselfarbig
mutábilis, veränderlich, wechselnd
mútans, abändernd
mutátus, verändert
mutellinoides, muttern-
ähnlich
mutellínus, anscheinend (?) la-
tinisierung des Schweizer
Volksn. Muttern
múticus, unbewehrt, grannenlos
mutilátus, mútilus, verstümmelt, gestutzt
myacánthus, rinnenstachelig
mýconis, n. e. mythol. Bären-
namen = zottelig

myágrum, gr.: Fliegenfänger (klebend)
myioídes, fliegenähnlich
myoídes, mäuseähnlich
myoporioídes, *Myoporum-* (s. Gttgsn.) ähnlich
myosotidiflórus, vergißmein-nicht- (*Myosótis*) blütig
myosotoídes, vergißmeinnicht-*Myosótis*) ähnlich
myosuroídes, mäuseschwanz-*Myosúrus* ähnlich
myosúrus, Mäuseschwanz
myrépsicus, zur Balsamberei-tung dienend
myria, myrio-, in Zus.setzung.: tausend-, viel-, reich-
myriacánthus, reichstachelig
myricoídes, gagel- (*Myríca*) ähnlich
myróbotrys, vieltraubig
myriocárpus, vielfrüchtig
myriocládus, viel-, reichzwei-gig (*kladion*)
myriophylloídes, tausendblatt-(*Myriophýllum*) ähnlich
myriophýllus, tausendblättrig, vielblättrig
myrióstachys, myriostáchyus, vielährig
myriostígma, vielnarbig
myrística, s. Gttgsn.
myrmecóphilus, ameisen-freundlich
myrmóctonus, ameisentötend
myrobálanus, Gewürzeichel
myrrhidifólius, süßdolden-*Mýrrhis*) blättrig
myrsinítes, v. *Myrsine* (=Gttgsn.) abgel.
myrsinoídes, *Myrsine*-ähnlich
myrtifólius, myrtiphýllus, myrten- (*Mýrtus*) blättrig
myrtilloídes, heidelbeeren- (*Vac-cínium myrtíllus*) ähnlich
myrtíllus, myrtenähnlich
mysorénsis, v. Mysore, Stadt in Südindien

mystáceus, mystácinus, schnurrbärtig, bärtig
mytilínus, muschelartig
myúrus, Mäuseschwanz
mýxa, Schleim, Brei

N

naegelioídes, *Naegélia-* (s. Gttgsn.) ähnlich
naeviánus, naēvius, naevó-sus, ein Muttermal oder einen Fleck besitzend
nagi, nageia, japan. Pflanzen-namen
namaquánus, namaquénsis, a. d. Namaqualand (Südafrika) stammend
nanceiánus, nancyánus, aus Nancy (NO-Frankreich) be-schrieben
nanhoénsis, a. d. Nan-ho Tal, Kansu Prov., i. W.-China
nankinénsis, aus Nanking (O-China) stammend
nanocárpus, zwergfrüchtig, kleinfrüchtig
nánus, zwergig, klein, niedrig
napaēus, Waldtäler bewoh-nend
napaulénsis, aus Nepal, Himalaya-Staat
napellifólius, sturmhut- (*Aconí-tum*) blättrig
napéllus, kleine Rübe
napifórmis, rübenförmig
nápinus, rübenartig
napulígerum, rübchen-tragend, od. solchen ähnlich
nápus, Rapskohl
narbonénsis, aus der Stadt Narbonne (S-Frankreich) stammend
narcissiflórus, narzissen- (*Nar-císsus*) blütig
narcissoídes, narzissen- (*Nar-císsus*) ähnlich

narcóticus, betäubend, giftig
nardifórmis, borstengras- (*Nárdus*) förmig
nardoídes, borstengras- (*Nárdus*) ähnlich
nárthex, Stab, Stecken
náscens, entstehend, heranwachsend
nasturtioídes, brunnenkresse- (*Nastúrtium*) ähnlich
nasútus, großnasig
natalénsis, aus Natal (Südafrika) stammend
natális, die Geburt betreffend
nátans, schwimmend
natháliae, d. Königin Nathalie, Gattin d. Balkan-Königs Milan gewidmet
nátrix, Natter
naucínus, naúcus, unbeachtet, gering
nauseósus, Brechen erregend, Ekel erregend
navicellátus, schiffchenartig
naviculáris, naviculátus, kahnförmig
nealeána, Walter T. Neale, engl. Kakteenhändler (Anf. 20. Jahrh.) gew.
neapolitánus, aus Neapel (Italien) stammend
nebrodénsis, vom Nebrogebirge (Sizilien) stammend
nebrównii, N. E. Brown (1849–1934), dem Bot. in Kew gewidmet
nebuláris, verschleiert, neblig
nebulósus, nebelhaft
necessárius, notwendig
nectárifer, nectarífera, nectaríferum, Nektar oder Honig tragend
nectarífluus, Nektar oder Honig absondernd
nectarifórmis, nektarienförmig, honiggrubenförmig
negátus, verneint, übersehen

negléctus, unbeachtet, übersehen, vernachlässigt
negúndo, s. Gttgsn.
neilgheriénsis, vom Nilgirigebirge (Indien) stammend
neilreichii, n. August Neilreich (1803–71), österr. Gärtner
nekbúdu, anschein. n. einen zentralafrikan. Volksnamen
neliána, nélii, s. *Nélia* (Gttgsn.)
nelsónii, n. William Nelson (1852–1922), engl.-südafr. Pflanzenzüchter u. Sammler
nelumbiifólius, lotus- (*Nelúmbo*) blättrig
nelúmbo, s. Gttgsn.
nematocaúlis, fadenstielig
nematódes, nematoídes, fadenähnlich
nematophýllus, fadenblättrig
nemolápathum, Hainampfer
nemóphilus, hainliebend
nemorális, nemorénsis, nemorósus, hainbewohnend
némorum, der Haine, Haine bewohnend
neo- in Zus.setzungen: neu-
neocelsiánus, ein neues (umgetauftes) *celsiánus*
neocinnamómea, auf eine (neue) *cinnamómea* bezugnehmend
neocumíngii, eine „neue" *cumíngii* bzw. von jener abgeleitet
neogranaténsis, aus Neugranada (ehem. N. v. Kolumbien, Südamerika) stammend
neoguineénsis, aus Neuguinea (Insel nördlich Australiens) stammend
neomexicánus, aus Neumexiko (USA) stammend
neoperuviána, eine neue (abweichende bzw. ähnliche) *peruviána*
nepalénsis, aus Nepal (Staat am Himalaja) stammend

nepenthoídes, kannenpflanzen- (*Nepénthes*) ähnlich
nepetifólius, katzenminzen- (*Népeta*) blättrig
nepetoídes, katzenminzen- *Népeta)* ähnlich
nephrocárpus, nierenfrüchtig
nephroídeus, nierenförmig
nephrólepis, s. Gttgsn.
neriiflórus, oleander- (*Nérium*) blütig
neriifólius, oleander- (*Nérium*) blättrig
nervális, nervátus, genervt, nervig
nérviger, nervígera, nervígerum, nervenführend
nervillósus, ziemlich stark genervt
nervósus, nervig
nervulósus, stark nervig
nesóphilus, inselliebend
nétus, gesponnen, übersponnen
neubértii, Wilhelm Neubert (1808–1905), dtsch. Gärtner gewidmet
neurocályx, aderkelchig
neurocárpus, aderfrüchtig
neuroídes, nervenartig, nervig, sehnig
nevadénsis, aus dem US-Staat Nevada stammend, od. v. d. Sierra Nevada in Südspanien, od. in Kalifornien
newbérryi, n. John Strong Newberry (1822–92), engl. (od. nordam.?) Sammler
newmánnii, Edward Newman (1801–76), engl. Bot. gew.
niamniaménsis, a. d. „Land der Niamniam", im Ghasalquellengebiet (südl. Sudan)
nicaeénsis, aus Nizza (Südfrankreich) stammend
nicaraguénsis, aus Nicaragua (Mittelamerika) stammend
nichóllsii, einem Mr. Nicholls,

neuseeländ. Pflanzensammler gewidmet
nicobáricus, von den Nikobareninseln (südöstl. v. Indien) stammend
nicodémii, s. *Nicodémia* (= Gttgsn.)
nícolai, dem Zaren Nikolas I (1796–1855) von Rußland gewidmet
nicotianaeflórus, tabak- (*Nicotiána*) blütig
nicotianaefólius, tabak- (*Nicotiána*) blättrig
níctans, níctitans, blinkend, winkend
nidíficus, nestbildend
nidiflórus, nestblütig
nidifórmis, nestförmig
nidorósus, duftend, dampfend
nídulans, nistend
niduláris, nidulárius, nestartig
nídus, Nest
nidus-ávis, Vogelnest
niedzwetzkyána, n. d. russ. Richter Niedzwetzky (19. Jahrh.), der in Sibirien sammelte
nigellátus, schwärzlich
nigelloídes, schwarzkümmel- (*Nigélla*) ähnlich
nigéllus, schwärzlich
níger, nígra, nígrum, schwarz
nigérrimus, sehr schwarz, am schwärzesten
nigrátus, geschwärzt
nigréscens, nígricans, schwarz werdend, schwärzlich
nigricáulis, schwarzstielig
nígriceps, schwarzköpfig
nigricórnis, schwarzhörnig
nígripes, schwarzstielig
nigripilis, schwarzhaarig
nigrispínus, schwarzdornig
nigritéllus, nigritus, schwärzlich
nigrofasciátus, schwarz gebändert

nigrofúlvus, schwarzgelb
nigrofúscus, schwarzbraun
nigrohórridus, schwarzbewehrt (schrecklich stachlig)
nigrolineátus, schwarz gestreift
nigromaculátus, schwarzflekkig
nigronotátus, schwarz gezeichnet
nigropaleáceus, schwarzschuppig
nigropíceus, pechschwarz
nigropíctus, schwarz gemalt
nigropilósus, schwarzhaarig
nigropubéscens, schwarzflaumig
nigropunctátus, schwarz punktiert
nigrospársus, schwarz gefleckt
nigrosignátus, schwarz gezeichnet
nigrostriátus, schwarz gestreift
nigrosulcátus, schwarz gefurcht
nigrovioláceus, schwarzviolett, dunkelviolett
nigrovittátus, schwarz gebändert
nikoënsis, aus d. Gebiet d. Nikko Nat. Parks, Honschu (Japan) stammend
nil, anscheinend a. d. persischen übernommen: blau, indigo (Blütenfarbe)
nilóticus, am Nil (Nordost-Afrika) wachsend
niphárgum, gr.: schneeweiß
niphoboloídes, Niphobolus- (s. Gttgsn.) ähnlich
niphóbolus, mit Schnee bedeckt
nipónicus, nippónicus, aus Nippon (Japan) stammend
nirúri, nach einem drawid. (ind.) Vulgärnamen
nítens, blinkend, glänzend, gleißend
nitéscens, erglänzend

nitidíssimus, stark glänzend
nitídulus, etwas glänzend
nítidus, glänzend, schimmernd
nivális, níveus, schneeweiß
nivéllei, nach einem Commander Nivelle, der in Marokko sammelte (19. Jahrh.)
nivósus, beschneit, schneeig
nivúlea, v. niveus = schneeweiß abgeleitet
njegérre, Volksn. einer Císsus-Art in Usambara (Afrika)
nóbilis, vornehm, edel
nobilíssimus, sehr vornehm oder edel
noctiflórus, noctúrnus, nachts blühend, nächtlich
noctilúcus, in der Nacht leuchtend
nodiflórus, knotenblütig
nodósus, knotig
noeánus, n, Friedr. Wilh. Noë († 1858), dtsch. Bot. (in Kleinasien)
noezliánum, n. John Noezli (wahrsch. engl. Pflanzensammler, Ende 19. Jahrh.)
noisettiána, n. L. Cl. Noisette (1772–1849), franz. Pflanzenzüchter
nóli-tángere, „rühr-mich-nicht-an"
noliflórus, nicht blühen wollend
nonperforátus, icht durchlöchert
nonscríptus, unbezeichnet, nicht beschrieben
nonstriátus, ungestreift
nootkánus, nootkaténsis, von der Nootka-Halbinsel, im Westen Kanadas stammend
nordmanniána, Alexander v. Nordmann (1803–66), dtsch.-russ. Naturforscher gewidmet
nóricum, aus Noricum (Illyrien, im Osten Österreichs)

normális, regelmäßig, gewöhnlich, typisch
northiána, Marianne North
(1830–90), engl. Pflanzenmalerin gewidmet
norvégicus, aus Norwegen
stammend
notábilis, bemerkenswrt, ausgezeichnet
notábus, bezeichnet
nóthus, unecht, bastardiert
notorrhízus, rückenwurzelig
novae-ángliae, aus Neu-
England (im Osten Nord-
amerikas) stammend
novae-caledóniae, aus Neu-
Kaledonien (Inseln östl. Australien) stammend
novaehollándiae, aus Neu-
Holland (jetziges Australien)
stammend
novaezealándiae, aus Neu-
Seeland (New Zealand) stammend
noveboracénsis, a. *Novum
Eboracum* = New York (Nordamerika) stammend
novem-, i. Zus.setzung.: neun-
novemfoliátus, neunblättrig
novemnérvus, neunnervig,
neunadrig
novempunctátus, neunpunktig
novi-bélgii, aus Neu-Belgien
(ehemal. N. v. New York)
stammend
novogranaténse, aus Neu-
Granada, früh. Name Kolum-
biens, Südamerika
nóvus, neu
nóx, Nacht
nubeculósus, wolkig gefleckt
nubícolus, Wolken bewohnend, wolkig
núbicus, nubiénsis, aus Nubi-
en (Nordostafrika) stammend
nubígenus, in der Wolkenzone
entstanden
núbilis, mannbar, heiratsfähig

núbilus, umnebelt, wolkig, düster
nucáceus, nucamentáceus,
nußartig
núcifer, nucífera, nucíferum,
nußtragend
nucleátus, mit einem Kern versehen
**nucléifer, nucléifeira, nucléife-
rum,** kernbildend, kerntragend
nudátus, entblößt, kahl
nudicárpa, nacktfrüchtig
nudicāúlis, nacktstengelig
nudiflórus, nacktblütig
nudiúsculus, fast entblößt, fast
nackt
núdus, nackt, entblößt
nuecénsis, v. Nueces-Fluß, im
Süden von Texas, USA
nullinérvius, nervenlos, aderlos
núllus, nichts, fehlend
numerósus, zahlreich
numídicus, aus Numidien
(jetzt Algerien, Nordafrika)
stammend
numismátus, an Geld erinnernd
nummariifólius, mit münzen-
artigen Blättern
nummulárius, münzenartig
**nussbaumeriánum, nussbaú-
meri,** n. Ernst Nussbaumer,
dtsch. Gärtner (Bremen;
19. Jahrh.)
nútans, nickend
nutantiflórus, mit nickenden
Blüten
nutkánus, nutkaténsis, s. *nootkánus*
nuttallii, s. *Nuttállia* (= Gttgsn.)
núx, Nuß
núx-vómica, Brechnuß
nyctagíneus, nächtlich
nyctaginiflórus, nachts blühend
**nyctélius, nyctérinus, nyuctícá-
lis,** nächtlich
nyctícallus, nächtlich schön

nymphaeifólius, seerosen-
(*Nymphaea*) blättrig
nymphaeoídes, seerosen-(*nymphǽa*) ähnlich
nymphális, nymphódes, nymphenartig

O

oaxacácum, oaxénsis, aus Oaxaca, Stadt u. Staat in südl. Mexiko
ob-, in Zus.setzung.: verkehrt-, ab-, vor-, dagegen
obássia, v. japan. N. einer *Stýrax*-Art abgeleitet
obbátus, krugförmig
obcompréssus, am Rücken zusammengedrückt
obconéllus, etwas verkehrt kegelförmig
obcónicus, verkehrt kegelförmig
obcordátus, verkehrt herzförmig
obcordéllum, diminutiv zu *obcordátum* = verkehrt herzförmig
obcuneátus, verkehrt keilförmig
obdúctus, überzogen, verhüllt
obdúrans, ausdauernd
obésus, feist, dick, geschwollen
obfuscátus, angebräunt, angedunkelt
oblátus, breitrund
obliquátus, abgeschrägt
oblíque-truncátus, schief gestutzt
oblíquus, schief, schräg
obliterátus, oblitterátus, verwischt, ausgelöscht, vergessen
oblitéscens, sich verbergend
oblítus, verschmiert, bestrichen
oblongátus, verlängert
oblongifólius, länglichblättrig
oblongiovátus, länglich eirund
oblóngus, länglich

oboválus, verkehrt eiförmig
obovátus, verkehrt eirund
obrepándus, leicht auf- oder rückwärts gebogen
obrieniánum, James O'Brien (1842–1930), wahrsch. irischer Orchideenzüchter, gewidmet
obrístii, n. Johann Obrist (1854–1903), österr. Gärtner (Innsbruck)
obscoēnus, häßlich, schändlich, schamlos
obscúrus, dunkel, verborgen
obséssus, auf etwas aufgesetzt
obsítus, gesät, gepflanzt
obsolétus, veraltet, abgenützt
obtéctus, bedeckt, beschützt
obtéxtus, überwebt, bedeckt
obtruncátus, abgeschnitten, abgestutzt
obtusángulus, stumpfwinklig
obtusátus, abgestumpft
obtusifólius, stumpfblättrig
obtusilobátus, obtusílobus, stumpflappig
obtúsior, abgestumpft
obtusipétalus, mit stumpfen Kronblättern
obtusisquámus, stumpfschuppig
obtusiúsculus, stumpflich
obtúsus, stumpf
obúmbrans, beschattend, verdunkelnd
obvalláris, obvallátus, verschanzt, verhüllt
obvérsus, abgewandt, hin- und hergewendet
obvolútus, eingewickelt, verhüllt
occidentális, westlich, abendländisch
occúltans, verbergend
occultátus, occúltus, verborgen, versteckt
óccupans, einnehmend, besetzend

oceánicus, ozeanisch, ozean-
bewohnend
ocellátus, geäugelt, mit Augenfleck versehen
ochoterénai, Isaac Ochoterena
(geb. 1885), südamerikan.
Pflanzensammler gew.
ochracánthus, gelbstachelig
ochráceus, ockergelb, bräun-
lichgelb
ochránthus, gelbblütig
ochreátus, stiefelartig, tüten-
artig
ochroleúcus, gelblichweiß,
fahlgelb
ochrostémon, ochrostémus,
mit gelblichen Staubblättern
ochrótrichus, gelbhaarig
ochtódes, hügelig, uneben
ocimoídes, basilienkraut-
(*Ócimum*) ähnlich
ocreátus, stiefelartig, tüten-
artig
oct-, octi-, octo-, in Zus.set-
zung: acht-
octacánthus, achtstachelig
octándrus, mit acht Staubblättern
octiflórus, achtblütig
óctipes, achtstielig
octogónus, achteckig, acht-
kantig
octógonus, achtknotig
octojúge, achtjochig
octonérvius, achtnervig
octónus, zu acht, je acht
octopétalus, mit acht Kronblättern
octosépalus, mit acht Kelchblättern
oculáris, oculátus, äugig,
geäugt
óculus, Auge
óculus-chrísti, Christusauge
óculus-sólis, Sonnenauge
ocymoídes, s. *ocimoídes*
-odes, in Zus.setzungen:
-ähnlich

odessánus, aus Odessa (am
Schwarzen Meer) stammend
odontálgicus, Zahnschmerzen
lindernd
odontítes, Zahntrost
odontóceras, odontócerus,
mit gezähnten Hörnern
odontochílus, mit gezähnter
Lippe
odontoglossoídes, *Odontoglóssum*-ähnlich
odontólepis, mit gezähnten
Schuppen
odontolómus, gezähntrandig
odontophýllus, gezähnt-
blättrig
odontópterus, mit gezähnten
Flügeln
odontosépalus, mit gezähntem
Kelch
odontospérmus, mit gezähnten Samen
odontostéphanus, zahnkranz-
artig
odoratíssimus, sehr wohlriechend
odorátus, wohlriechend, duftend
odórifer, odorífera, odorífe-
rum, dufttragend
odórus, duftend
oeconómicus, wirtschaftlich,
im Haushalt verwendet
oehmeánus, s. *Oehméa*
(= Gttgsn.)
oelándicus, von der Insel Oe-
land (Schweden) stammend
oenánthus, weinrot blühend
oenénsis, im Inngebiet (Österreich) vorkommend
oenobárbus, weinrotbärtig
oenotheroídes, nachtkerzen-
(*Oenothéra*) ähnlich
oerstediána, n. A. S. Ørsted
(1816–72), dän. Bot.
oertendáhlii, I. A. Örtendahl
(1870–1935), schwed. Gärtner
u. Sammler gew.

officinális, arzneilich, als Arznei gebräuchlich
officinárum, der Apotheken, in Apotheken verwendet
ohioénsis (ohiénsis?), aus dem US-Staat Ohio
ohlendórffii, n. Th. Ohlendorff, Gärtnereibetrieb bei Hamburg (Mitte 19. Jahrh.)
-oides, oideus, in Zus.setzung.: -ähnlich, -artig
ólbia, olbiénsis, aus Olbia alter N. f. Hyères (Süd-Frankreich) stammend
oldhámii, n. Richard Oldham (1837–64), engl. Gärtner u. Sammler (in Ostasien)
oleaefólius, oleifólius, ölbaum- (*Ólea*) blättrig
oleánder, röm. Name des Oleanders
oléifer, oleífera, oleíferum, ölgebend
oleoídes, ölbaum- (*Ólea*) ähnlich
oleospérmus, ölsamig
oleósus, ölreich
oleráceus, gemüseartig, als Gemüse verwendet
ólgae, Olga A. Fedtschenko (1845–1921), russ. Botanikerin gewidmet
olíbanum, Weihrauch
ólidus, übelriechend, stinkend
olig-, oligo-, in Zus.setzungen: wenig-
oligacánthus, wenigstachelig
oligándrus, mit wenigen Staubblättern
oligánthus, wenigblütig
oligárchus, herrschsüchtig, unterdrückend
oligocárpus, wenigfrüchtig
oligocéphalus, wenigköpfig
oligodóntus, wenigzähnig
oligogónus, wenigeckig, wenigkantig

oligosórus, mit wenigen Sporenhäufchen
oligospérmus, wenigsamig
oligóstachys, oligostáchyus, wenigährig
oligótrichus, schwach behaart
olitórius, Küchengewächse betreffend
oliváceus, olivgrün, olivenartig
olivaefórmis, olivifórmis, olivenförmig
olivána, einst in Oliva bei Danzig gezeugt
olivéri, n. Daniel Oliver (1830–1916), engl. Bot. (Kew)
oliviéri, Guill. Ant. Olivier (1756–1814), franz. Pflanzensammler gew.
olívifer, olivífera, olivíferum, Oliven tragend
ollárius, ollátus, topfartig, topfförmig
ollulifórmis, töpfchenförmig
olorínus, schwanenartig, schwanenweiß
olusátrum, schwarzes Kraut
olympíacus, olýmpicus, vom Olymp (Berg in Griechenland) stammend, od. v. bithynischen Olymp in Anatolien
olyssiponénsis, (auch *ollissiponénsis*) aus Olisipo, früh. N. f. Lisboa (= Lissabon, Portugal)
omeiénsis, vom Omei-shan, Bergmassiv in Sechuan, China
omíssus, nachlässig, übersehen
omniflórus, reichblütig
omnivórus, überall gedeihend
omórika, bosnischer Volksname f. *Pícea omórika*
omphalo-, in Zus.setzungen: nabel-
omphaloídes, nabelähnlich
oncidioídes, *Oncídium*-ähnlich
oncinophýllus, hakenblättrig
oncócalyx, wulstkelchig
oncocárpus, wulstfrüchtig

oncocládus, mit wulstähnlich eingeschnürten Zweigen
oncótrichus, wulsthaarig
onerárius, eine Last tragend
onóbrychis, s. Gttgsn.
onoseroídes, eselssalat- (*Onoseris*) ähnlich
onosmaeflórus, lotwurz- (*Onósma*) blütig
ontariénsis, a. d. Provinz Ontario (Canada) stammend
ontólepis, reichbeschuppt, reichschülfrig
onústus, überladen, bepackt
onýchinus, krallig
onychiophýllus, krallenblättrig
oocárpus, eifrüchtig
oocéphalus, mit eiförmigem Kopf
oódes, eiähnlich, länglichrund
oóphorus, eitragend
oothélis, mit eiförmigen Warzen
opácans, beschattend
opáceus, beschattet
opácus, schattig, dunkel, finster
opalína, opalartig
operculátus, bedeckt, mit Deckel versehen
opercúlifer, operculífera, operculíferum, deckeltragend
opérians, bedeckend, einschließend
opértus, bedeckt, verborgen
ophiocárpus, schlangenfrüchtig
ophiocéphalus, schlangenköpfig
ophioglossifólius, natterzungen- (*Ophioglóssum*) blättrig
ophioglossoídes, natterzungen- (*Ophioglóssum*) ähnlich
ophioscórodon, Schlangenlauch
ophiúnculus, einer kleinen Schlange ähnlich
opíifer, opiífera, opiíferum, Opium liefernd

opímus, fruchtbar, reich, fett
opíparus, herrlich, prächtig
oporánthus, herbstblühend
opórinus, herbstlich, hundstägig
oppositifólius, mit gegenständigen Blättern
oppósitus, gegenüber, gegenständig, entgegengesetzt
opsiánthus, spätblühend
ópticus, sehenswert
óptimus, der beste, am besten
ópulens, opuléntus, reich, voll, fruchtbar, herrlich
opulifólius, schneeball- (*Vibúrnum ópulus*) blättrig
opuloídes, schneeball- (*Vibúrnum ópulus*) ähnlich
ópulus, alter röm. N. d. Gemeinen Schneeballs
opúntia, s. Gttgsn.
orális, mündlich
orbátus, verwaist, beraubt
orbicularifólius, kreisrundblättrig
orbiculáris, orbiculátus, kreisförmig
orbillátus, kleinkreisig
orchídeus, orchódes, orchioídes, *Órchis*-artig
orchótomus, entmannt, kastriert
ordinátus, geordnet
oréades, óreas, bergbewohnend, od.: d. Bergnymphen
oregónus, oregonénsis, oregána, aus Oregon (Staat im NW d. USA) stammend
oréllana, vom Orelhanafluß (= Rio Marañón, in Südamerika) stammend
oreócharis, bergbewohnend, bergliebend
oreodóxus, bergzierend
oreogétus, auf Bergen entstanden
oreóphilus, bergliebend

oreópogon: „Bergbart"; gr.
oreios = Berg, u. *pogon* = Bart
oreópteris, Bergfarn
oreoselínum, Bersilge
oreotréphes, auf Bergen wachsend
organénsis, vom Orgelgebirge in Ost-Brasilien stammend
orgyális, orgyiális, klafterlang
orientális, östlich, morgenländisch
origanifólius, dost- (*Oríganum*) blättrig
origanoídes, dost- (*Oríganum*) ähnlich
oriúndus, abstammend
órnans, schmückend
ornatíssimus, reich geschmückt
ornátus, geschmückt
ornifólius, mannaeschen- (*Fráxinus órnus*) blättrig
ornítheus, vogelartig
ornithocéphalus, vogelköpfig
ornithoídes, ornithoídeus, vogelähnlich
ornithogaloídes, milchstern- (*Ornithógalum*) ähnlich
ornithóphorus, vogeltragend
ornithopodioídes, vogelfuß- (*Orníthopus*) ähnlich.
ornithópodus, orníthopus, vogelkrallig, vogelfüßig
ornithópterus, vogelflügelig
ornithorhýnchus, Vogelschnabel, vogelschnäbelig
órnus, röm. N. d. Mannaesche
orobanchoídes, sommerwurz- (*Orbánche*) ähnlich
oroboídes, walderbsen- (*Láthyrus,* früher *Órobus*) ähnlich
oróntium, s. Gttgsn.
oróphilus, bergliebend
orpénii, Kate (1870–1943) u/od. Lilian (1866–1947) Orpen gewidmet, südafrikan. Pflanzensammlerinnen

orphanídea, s. *Orphanidésia* (= Gttgsn.)
orphánus, beraubt, verlassen
ortegioídes, *Ortégia*- (s. Gttgsn.) ähnlich
ortgiésii, s. *Ortgiésia* (= Gttgsn.)
orth-, ortho-, in Zus.setzung.: gerad-, gerade-
orthacánthus, geradstachelig
orthánthus, geradblütig
orthóbotrys, orthobótryus, geradtraubig
orthocárpus, geradfrüchtig
orthocéphalus, geradköpfig
orthóceras, geradhörnig
orthochílus, geradlippig
orthocládus, mit geraden (aufrechten) Zweigen
órthodon, orthodóntus, geradzähnig
orthopléctron, mit geraden Spitzen u. Spornen
orthoplóceus, geradfaltig
orthópteris, geradflügelig
orthosépalus, mit aufrechten Kelchblättern
orthospérmus, geradsamig
orthóstachys, geradährig
orthóstichus, geradreihig
orthótrichus, geradhaarig
orthótropus, geradläufig, gerade gerichtet
órtus, entstanden
orurénsis, aus Oruro, Stadt u. Prov. in Bolivien
orvála, französ. N. einer Salbei-Art
oryzaefórmis, reis- (*Orýza*) förmig
orýzinus, reis- (*Orýza*) artig
oryzoídes, reis- (*Orýza*) ähnlich
osbéckii, s. *Osbéckia* (= Gttgsn.)
osmánthus, s. Gttgsn.
osmundáceus, osmundoídes, königsfarn- (*Osmúnda*) artig

osseifórmis, knochenförmig
ósseus, knöchern
ossiculósus, mit Steinkern versehen
ossificátus, verknöchert
ossifórmis, knochenförmig
ossifrágus, knochenbrüchig od. Knochenbrüche heilend
osteospérmus, mit knochenhartem Samen
ostiolátus, mit Öffnung(en) versehen
ostreátus, rauhschalig oder muschelförmig
ostrínus, purpurn
ostrowskiánum, s. *Ostrówskia* (= Gttgsn.)
ostrúthium, n. einem antiken Pflanzennamen
óstrya, s. Gttgsn.
otáksa, japan. N. einer *Hydrangéa*-Art
otítes, ohrähnlich, geöhrt
otólepis, mit schuppigem Ohr
otóphorus, ohrtragend
ottawénsis, aus Ottawa (Canada) stammend
ottónis, n. Eduard Otto (1812-85), Sammler im trop. Amerika, od. dessen Vater Chr. Friedr. Otto (1783-1856), dtsch. Gärtn. (Berlin) gew.
otzeniána, n. M. Otzen, südafr. Beamter u. Pflanzensammler (Anf. 20. Jahrh.)
ovalifólius, ovalblättrig
ovális, ovátus, oval, eirund
ováto-peltáta, lat.: ovalschildförmig
óvifer, ovífera, ovíferum, Eier tragend
ovifórmis, eiförmig
óviger, ovígera, ovígerum, Eier tragend bzw. v. eierähnlichem Aussehen
ovimámmus, eiwarzig
ovínus, für Schafe geeignet, zu Schafen gehörig

ovoídeus, eiähnlich, länglichrund
oxaloídes, sauerklee- (*Óxalis*) ähnlich
oxyacanthoídes, weißdorn- (*Cratǣgus oxyacántha*) ähnlich
oxyacánthus, spitzdornig
oxycardius, wie vor u. *kardia* = Herz: jähzornig auct.
oxycárpus, spitzfrüchtig
oxýcedrus, Baumwacholder, Spitzzeder
oxýceras, spitzhörnig
oxycóccus, s. Gttgsn.
oxyglóttis, spitzzüngig
oxygónus, spitzkantig
oxýlobus, spitzlappig
oxýodon, oxyodóntus, spitzzähnig
oxyótus, spitzöhrig
oxypétalus, mit spitzen Kronblättern
oxyphýllus, spitzblättrig
oxyprórus, wie vor, u. *prôra* = Bug bzw. vorn zugespitzt
oxýpterus, spitzflügelig
oxyrrhýnchus, spitzschnäbelig
óxys, gr. f. spitz, scharf, od. sauer
oxysépalus, mit spitzen Kelchblättern
oxystégia, wie vor, u. *stege* = Hülle, Umhang (od. mit Stacheln besetzt)
oxýtomus, spitz- od. scharf geschnitten
oxyúrus, geradschwänzig

P

pabuláris, Futter gebend
pacalaénsis, bei Pacala (Peru) gesammelt
pacátus, friedlich, ruhig
pachy-, i. Zus.setzg.: dick-
pachyacánthus, dickstachelig

pachyándrus, mit dicken Staubblättern
pachyánthus, dickblütig
pachybúlbus, dickzwiebelig
pachycéntrus, dickspornig
pachýceras, pachycórnis, dickhörnig
pachýcladus, dickzweigig
pachydérmis, dickhäutig, dickrindig, dickwandig
pachygónus, dickkantig, dickseitig
pachýgonus, dickknotig
pachyphýllus, dickblättrig
pachyphytoídes, *Pachyphytum-* (= Gttgsn.) ähnl.
pachýpterus, dickflügelig
páchypus, wie *pachypodos* = dickfüßig
pachyrrháchis, dickspindelig, dickrippig
pachyrrhízus, dickwurzelig
pachýstachis, pachystáchyus, dickährig
pachýstylus, dickgriffelig
pachythélis, dickwarzig
pachýtrichus, dickhaarig
pacíficus, vom Stillen Ozean (= Pazifik) stammend
padifólius, traubenkirschen- (*Prúnus pádus*) blättrig
pádus, gr. Name einer wilden Kirsche
paeoniflórus, pfingstrosen- (*Paeónia*) blütig
pagánus, ländlich, bäuerlich
págeae, Mary Maud Page (1867–1925), engl.-südafr. Pflanzenmalerin gewidmet
paláceus, spatenartig, randstielig
palaestínus, aus Palästina (Vorderasien) stammend
paláris, pfahlartig
palátifer, palatífera, palatíferum, gaumentragend
palatifórmis, gaumenartig, gewölbt

palátinus, aus der Rheinpfalz stammend
paleáceus, spreuig, spreublättrig
paleátus, mit Spreublättern versehen
paleifólius, spreublättrig
paleolátus, paleolósus, mit Spreublättchen versehen
palibiniánum, Iv. Vlad. Palibin (1872–1949), russ. Bot. (Leningrad) gew.
palinúri, v. Kap Palinuro, an der Westküste Süditaliens
pallasiána, pallásii, n. Peter S. Pallas (1741–1811), dtsch.-russ. Arzt u. Bot.
pállens, bleich, blaß
palléolus, ziemlich bleich
palléscens, bleich werdend, erblassend
palliátus, bemäntelt
pallidesignátus, blaß gezeichnet
pallidícolor, von blasser oder bleicher Farbe
pallidicórnis, blaßhörnig
pallidiflórus, blaßblütig
pallidifólius, bleichblättrig
pallídior, blasser, bleicher
pallidispínus, blaßdornig
pallidíssimus, sehr blaß oder bleich
pállidus, blaß, bleich
pálliger, pallígera, pallígerum, eine Hülle tragend
palliolátus, mit kleiner Hülle versehen
palmáceus, handförmig
palmáris, handbreit
palmatífidus, handförmig gespalten
palmatílobus, handförmig gelappt
palmatipartítus, handförmig geteilt
palmatiséctus, handförmig eingeschnitten

palmátus, handförmig
palménsis, von der Insel La Palma (Kanarische Inseln) stammend
pálmeri, n. E. Jesse Palmer (1875–1962), engl.- nordamer. Bot.
palmétto, Palmettopalme
palmifólius, palmenblättrig
palmílobus, handförmig gelappt
palminérvius, handförmig geadert
pálmipes, plattfüßig
palmíto, Zwergpalme
palpebrátus, mit Augenlidern versehen, gewimpert
paludósus, sumpfig
palúster, palústris, palústre, sumpfbewohnend
pampaénsis, v. einer Pampa Argentiniens beschr.
panácinus, kraftwurz- (*Pánax*) artig
panaménsis, aus Panama (Mittelamerika) stammend
pandanifólius, schraubenpalmen- (*Pandanus*) blättrig
pandanoídes, schraubenbaum- (*Pándanus*) ähnlich
pandurátus, geigenförmig
pandurifólius, geigenblättrig
pandurifórmis, geigenförmig
pándus, krumm, gebogen
paníceus, hirse- (*Pánicum*) artig
paniculáceus, panuculátus, rispig
paniculiflórus, rispenblütig
panicúliger, paniculígera, paniculígerum, Rispen tragend
paníficus, Brot gebend
pánneus, wolltuchartig
pannifólius, wollblättrig
pannónicus, aus Pannonien, alte Landsch. d. heutig. Ungarn u. NO-Jugoslavien
pannósus, dichtfilzig, zerlumpt

panormitánus, aus Palermo (Sizilien) stammend
panoplaeátus, panoplítis, stark bewaffnet
pantherínus, pantherfleckig
pantótrichus, pántothrix, ganz behaart
papáver = s. Gttgsn.
papaveráceus, mohn- (*Papáver*) artig
papaverifólius, mohn- (*Papáver*) blättrig
papáya, v. einem karibischen Pfl.n., Melonenbaum
papeyansiána, papeiansiánus, Th. F. M. P. Papeians de Morchoven (1792–1846), belg. Naturforscher u. Sammler gewidmet
papílio, Schmetterling
papilionáceus, schmetterlingsartig
papilláris, papillátus, papillósus, warzig, mit Papillen versehen
pappifórmis, haarkranzförmig, haarkronenförmig
pappósus, mit einem Haarkranz versehen
-pappus, in Zus.setzg.: -haarkronig
papulifórmis, bläschenförmig, blatterförmig
papulósus, mit Bläschen oder Blattern überzogen
papyracánthus, papierstachelig
papyráceus, papierartig
papýrifer, papyrífera, papyríferum, Papier liefernd
papyrifórmis, papyrusförmig
papyrínus, wie aus Papier gemacht
papýrus, Papyrus, = Papier
parabólicus, parabolisch, krummlienig
paracorollátus, mit Nebenkrone versehen
paradisíacus, paradiesich

paradóxus, seltsam, sonderbar, widersinnig

paraguariénsis, v. Paraguari, Stadt u. Prov. in Paraguay (Südamerika)

paraguayénsis, aus Paraguay (Südamerika) stammend

parallelinérvus, parallelnervig, oder -adrig

paralleliséptus, parallelwandig

parallélus, parallel, gleichlaufend

parapetiénsis, v. Parapetí-Fluß, im Südosten Boliviens stammend

parasíticus, schmarotzend

parcéllii, einem Mr. Parcell, austral. Pflanzensammler (19. Jahrh.) gew.

párcius, kleiner, sparsamer

párcus, klein, sparsam

pardaliánches, angebl. „Panther würgend"

pardalínus, pardális, pardínus, pantherfleckig

pari-, i. Zus.setzung.: paarweise-

parietális, parietárius, wandständig

pariétinus, Mauern oder Wände bewachsend

párilis, gleich, gleichförmig

paripinnátus, paarweise gefiedert

paríshii, n. Ch. S. Pollock Parish (1822–97), engl. Geistl. u. Orchideensammler

parisiénsis, aus Paris (Frankreich) stammend

parkinsoniánum, parkinsónii, n. John Parkinson, brit. Konsul in Mexiko (1772–1847) u. Pflanzensammler

parkmánii, Francis Parkman, engl. Historiker (19. Jahrh.) gewidmet

parlatórei, Filippo Parlatore

(1816–77), ital. Arzt u. Bot. gewidmet

parmátus, rundschildig

parmulárius, Schildfreund

parmulátus, mit rundem Schild

parnássicus, parnássus, vom Berg Parnaß (Griechenland) stammend

parnassiaefólius, parnassiifólius, herzblatt- (*Parnássia*) blättrig

párqui, od. *pálqui,* chilen. (Mapuche) Name jener Pflanze

parrasána, von Parras, Stadt u. Bergzug in Zentral-Mexiko

parryánum, párryi, n. Charles C. Parry (1823–90), engl.-nordam. Bot.

parryórum, N. E. Parry u. Gattin, engl. Kolonialbeamte in Indien (Anf. 20. Jahrh.) gew.

partheneion, gr.: jungfräulich

partheniifólius, *Parthénium-* (s. Gttgsn.) blättrig

parthenioídes, *Parthénium-* ähnlich

parthénium, s. Gttgsn.

partiális, teilweise

-partítus, i. Zus.setzg.: -teilig

parvi-, i. Zus.setzg.: klein-

parvibracteátus, mit kleinen Deckblättern

parviflórus, kleinblütig

parvifólius, kleinblättrig

parvilóbus, kleinlappig

parvimámma, kleinwarzig

parvisétus, kleinborstig

parvíssimus, der kleinste, sehr klein

párvulus, ziemlich klein, ziemlich wenig

párvus, klein

paschális, um Ostern, zu Ostern blühend (od. v. d. Osterinsel stammend)

páscuus, zur Weide dienlich

passerínus, sperlingartig

pástoris, des Hirten

patagónicus, aus Patagonien (Südamerika) stammend

patágua, chilen. (Mapuche) Pflanzenname

patávinus, aus Patavium = Padua (Ital.) stammend

patelláris, patellifórmis, tellerförmig, schalenförmig

pátens, abstehend, offen, ausgebreitet

patentíssimus, weit abstehend, geöffnet und ausgebreitet

paterifórmis, tellerförmig, schalenförmig

patersónii, s. *Patersónia* (= Gttgsn.)

patiéntia, Geduld, Nachsicht, Genügsamkeit

pátschouli, indisch. Volksn. einer *Pogostémon-* Art

pattoniána, n. George Patton (1803–69), schott. Landlord u. Förd. d. Wiss.

pátulus, ausgebreitet, abstehend

pauci-, in Zus.setzg.: wenig-, arm-

pauciareolátus, lat. *pauci* = wenige, u. *areola* = kleiner Platz (Genaust)

paucicrenátus, wenigkerbig

paucicúspis, wenigspitzig

paūcidens, paucidentátus, wenig gezähnt

pauciflórus, armblütig

paucifólius, armblättrig, wenig beblättert

pauciradiátus, wenigstrahlig

paucisétus, armborstig

paucispínus, wenigdornig

paucistamíneus, mit wenig Staubblättern

paūcus, klein, wenig, arm

paulénsis, aus São Paulo, Brasilien

pauli-guilélmii, wahrsch. n.

Paul Wilhelm, einst Herzog v. Württemberg

paulii, n. William Paul (1822–1905), engl. Rosenzüchter

paūper, arm

paupérculus, kümmerlich, ärmlich

pauperifólius, armblättrig

paupertínus, kümmerlich, ärmlich

pávia, Pawie (n. Peter Paaw, lat. Petrus Pavius, 1564–1617, holl. Arzt u. Bot. benannt)

pavónii, s. *Pavónia* (= Gttgsn.)

pavonínus, pavonius, pfauartig gefärbt

paxiána, Ferdinand H. Pax (1858–1942), dtsch. Bot. (in Breslau)

paxtoniána, paxtónii, Sir Joseph Paxton (1803–65), engl. Gartenarchitekt gew.

peacóckii, n. J. T. Peacock, engl. Pflanzensammler (19. Jahrh.)

peárcei, n. R. W. Pearce († 1868), engl. Sammler im trop. Amerika

pearsónii, Henry H. Welch Pearson (1870–1916), engl.-südafr. Bot. gewidmet

pécan, nordamer. Volksn. f. die Nüsse einiger *Carya-*Arten

pécten, Kamm

pecten-aboríginum, lat.: „Kamm der Eingeborenen"

pécten véneris, Venuskamm

pectináceus, pectinátus, kammartig, gekämmt

pectinéllus, wie ein kleiner Kamm

pectinifórmis, kammförmig

pectorális, der Brust dienlich

peculiáris, lat.: sehr eigen, speziell

pedális, fußlang, fußhoch

pedatífidus, fußspaltig

pedatifórmis, fußförmig

pedatipartítus, fußteilig
pedatiséctus, fußschnittig
pedátus, fußförmig, gestielt
pedemontánus, aus Piemont (Region NW-Italiens) stammend, od. am Fuße der Berge vorkommend
pedicellátus, mit kl. Füßen od. Blütenstielen versehen
pediculátus, gestielt
pedíformis, fußförmig
pedunculáris, pedunculátus, mit gestielter Blüte
pedunculiflórus, stielblütig
pedunculósus, mit vielen Blütenstielen
pedúnculus, Blütenstiel
peersii, V. St. Peers (1874–1940), austral.-südafr. Beamter u. Naturforscher gew.
peetersiána, Heer Peeters, belg. Gärtner aus St. Giles bei Brüssel gewidmet
pekinénsis, aus Peking (= Beijing, Hauptstadt Chinas) stammend
pelargoniifólius, pelargonienblättrig
pelecýphorus, beiltragend
pelecyrháchis, gr. *pelekys* = Beil, u. *rhachys* = Rücken: scharfkantig
pelegrínus, siehe *peregrínus*
peliócladus, grauästig, dunkelästig
peliorrhýnchus, grauschnäbelig
pélius, schwarzgrau
pélliger, pellígera, pellígerum, pelztragend
pellítus, pelzartig, mit Pelz versehen
pellúcidus, pellucens, durchscheinend, durchschimmernd
peloponnesiácum, von Peloponnés, Halbinsel Südgriechenlands
peltásticus, peltástus, mit Schildchen versehen

peltátus, schildartig
peltifórmis, schildförmig
péltiger, peltígera, peltígerum, schildtragend
peltinérvus, schildnervig
peltóphorus, schildtragend
pelvifórmis, becken- od. schüsselförmig
pemakoénse, aus der Prov. Pemako, in SO-Tibet
péndens, hängend
pendiculátus, überhängend
penduliflórus, mit hängenden Blüten
pendulifólius, mit hängenden Blättern
pendulínus, herabhängend
péndulus, hängend, überhängend
penicillátus, pinselartig
penicillifórmis, pinselförmig
penna-marína: „Meerfeder", auf die Ähnlichkeit d. Wedel bezugnehmend
pennatifólius, gefiederte Blätter, fiederblättrig
pennátus, federartig, gefiedert
pennátulus, fein gefiedert
pénniger, pennígera, pennígerum, fiedertragend
penninérvis, penninérvius, fiedernervig
pennispinósa, mit pinselartigen Dornen
pénnula, Federchen
pénsilis, herabhängend, schwebend
pensylvánicus, aus Pennsylvanien (Staat d. USA) stammend
pent-, penta-, in Zus.setzung.: fünf-
pentacánthus, fünfstachelig
pentacárpus, fünffrüchtig
pentacéntron, pentacéntrus, fünfspornig
pentachaēton, fünfborstig
pentactínus, fünfstrahlig

pentacýclus, fünfkreisig
pentadáctylus, fünffingerig
pentadénius, fünfdrüsig
pentaedróphorus, gr.: fünfflächig (tragend)
pentáēdrus, fünfflächig
pentaglóttis, fünfzüngig
pentagónus, pentagonia, fünfkantig, fünfseitig
pentágynus, fünfgriffelig
pentálobus, fünflappig
pentálophus, fünfkämmig
pentámeris, pentámerus, fünfzählig, fünfteilig
pentándrus, mit fünf Staubgefäßen
pentanguláris, fünfeckig
pentánthus, fünfblütig
pentapétalus, mit fünf Kronblättern
pentaphýllus, fünfblättrig
pentápterus, fünfflügelig
pentáspilus, fünffleckig
pentlándi, dem Pentland-Haus eines Mr. White gewidmet
pénzigii, n. Otto Penzig (1856–1929), Pflanzensammler in Südafrika
peperítus, pfefferartig, gepfeffert
peperocárpus, pfefferfrüchtig
peploídes, wolfsmilch- (*Euphórbia péplus*) ähnlich
péplus, röm. Pfl.n.
pépo, v. *melopepo,* auf den Kürbis übertragen
peponifólius, kürbis- (*Cucurbita pepo*) blättrig
peponifórmis, kürbisförmig
per-, in Zus.setzung.: sehr, durch, hindurch-
peracérbus, sehr herb
perácer, perácris, perácre, sehr scharf
peracútus, sehr spitz
peráēquus, gleich, gleich groß oder lang
perarmátus, gut bewaffnet, stark bewaffnet

peramōēnus, sehr lieblich od. angenehm
perbéllus, sehr schön
percárneum, lat.: sehr fleischfarben (die Blütenfarbe betreffend), od. fleischig
percivaliána, n. John Percival (1863–1949), engl. Bot.
percrebéscens, sich sehr ausbreitend
percússus, durchbohrt
perdúctus, durchzogen
perdúrans, ausdauernd, sehr dauerhaft
peregrínus, fremd, fremdartig
perélegans, sehr zierlich
perénnans, dauernd
perénnis, ausdauernd, das ganze Jahr hindurch dauernd
peréskia, s. Gttgsn.
perexíguus, sehr gering oder sehr klein
perféctus, perfectior, vollkommen
perfoliátus, mit durchwachsenen Blättern
perforátus, durchlöchert
perfóssus, durchbohrt
pergamáceus, pergamentáceus, pergamentartig
peri-, in Zus.setzung.: um-, herum-, rings-
periacánthus, ringsum stachelig, ringsum bestachelt
periclymenoídes, geißblatt- (*Lonicera*) ähnlich
periclýmenus, geißblattartig herumrankend
periculósus, gefährlich
perigoniális, zur Blütenhülle gehörig
perígynus, halboberständig
periphéricus, im Randgebiet, am Rande, umrändert
peristéreus, täubchenartig
peristeroídes, täubchenähnlich
pérlatus, sehr breit

329

perligulósus, vielzüngig, stark-
züngig
perlúcidus, durchsichtig,
durchleuchtet
perlúteus, echt gelb
permadéscens, erschlaffend
permaturéscens, ganz ausrei-
fend
permírus, ganz wunderbar
permíxtus, ganz vermischt
permóllis, sehr weich
perniciósus, verderblich, gefährlich
pernótus, sehr bekannt
pernýi, n. Pater Paul Hubert
Perny (1818–1907), franz. Missionar u. Sammler (China)
perofskiánum, V. A. Perofsky
(c.1794–1857), russ. Pflanzensammler (Afghanistan) gew.;
hierzu auch (?) *Perovskia*
peronátus, genagelt
**perpendiculáris, perpendicu-
lósus,** senkrecht, lotrecht
perpétuus, fortdauernd, ohne
Unterbrechung
perpléxus, verflochten
perpusíllus, winzig klein
perralderiánum (= *perraudiéri*),
H. R. le Tourneux de la Per-
raudière (1831–61), franz. Naturforscher gewidmet
perríngii, n. Wilhelm Perring
(1838–1907), dtsch. (?) Pflanzensammler (Kleinasien)
perrínii, Henry Perrine
(1797–1840), nordam. Arzt u.
Naturforscher gew.
persicarioídes, flohknöterich-
(*Polýgonum persicária*) ähnlich
persicárius, pfirsichartig
persicaefólius, persicifólius,
pfirsich- (*Amygdalus persica*)
blättrig
persícinus, pfirsichartig
pérsicus, aus Persien = Iran
(Asien) stammend
persímilis, sehr ähnlich

persístens, bleibend
persolútus, sehr locker, aufgelöst
personátus, maskiert
perspícuus, augenfällig, deutlich, durchsichtig
persubtílis, ehr fein
perténuis, sehr dünn
perterebrátus, durchbohrt
pértinax, festhaltend
pertúsus, durchbrochen,
durchstoßen
**perúifer, peruífera, peruífe-
rum,** Perubalsam liefernd (?)
perulátus, eine Knospendecke
tragend
peruviánus, aus Peru (Südamerika) stammend
pérvius, offen gangbar
pés, Fuß
pés-cáprae, Ziegenfuß
pescatórei, s. *Pescatória*
(= Gttgsn.)
pés-córvi, Rabenfuß
pestalózzae, J. A. Pestalozzi-
Bürkli (1871–1937), schweiz.
Sammler u. Gärnter gew.
petaloídes, kronblattartig
pétalum, Kronblatt
-pétalus, in Zus.setzung.:
-kronblättrig
petasítes, s. Gttgsn.
petiginósus, voller Ausschlag,
räudig
petioláceus, blattstielartig
petioláris, blattstielständig
petiolátus, gestielt (bei Blättern
angewendet)
petíolus, Blattstiel
petivéri, s. *Petivéria* (= Gttgsn.)
petraēus, steinig, felsig, auf
Felsen wachsend
petricósus, felsig
pétriei, n. Donald Petrie
(1846–1925), neuseel. Schulin-
spektor u. Amateurbot.
petrógenus, auf Felsen entstanden

petróphilus, felsliebend, stein-liebend

petropolitánus, aus St. Peters-burg (= Petrograd) in Rußland stammend, od. aus Petropolis, in Brasilien

petrósus, sehr felsig oder stei-nig

petúlcus, stoßend

pēūce, Kienbaum

peucedanifólius, haarstrang-(*Peucédanum*) blättrig

peucedanoídes, haarstrang-(*Peucédanum*) ähnlich

pfeifferi, s. *Pfeiffera* (= Gttgsn.)

pfitzeriána, n. W. Pfitzer, Pflanzenzüchter in Stuttgart, od. E. H. H. Pfitzer (1846–1906), Heidelberger Bot. gew.

phacorrhízus, mit Knöllchen-wurzeln

phaeacánthus, mit braunroten Stacheln

phaeánthus, mit braunroten Blüten

phaenánthus, mit leuchtenden Blüten

phaenógamus, mit sichtbaren Blütenorganen

phaenopyrum: „glänzende Bir-nen" jedoch lt. Genaust: die Samenkörner schauen an der Spitze heraus

phaeocárpus, braunfrüchtig

phaeóchlamys, braunhüllig

phaeopáppus, mit braunroter Federkrone

phaeophýllus, braunblättrig

phaeostémus, mit braunen Staubfäden

phaeostáphis, mit braunroten Trauben

phaerátus, mit Brustschmuck versehen

phaēūs, braunrot, dunkel-braun

phagedāēnicus, ätzend, um sich greifend

phalaenópsis, nachtfalterartig

phalángifer, phalangífera, phalangíferum, Spinnen tra-gend

phalaráthus, geschmückt (Helmschmuck)

phalaroídes, glanzgras- (*Phála-ris*) ähnlich

phállifer, phallífera, phallífe-rum, Kolben tragend, Phallus tragend

phallocárpus, kolbenfrüchtig, phallusfrüchtig

phaneranthérus, mit sichtba-ren Staubgefäßen

phanerophlébius, mit sichtba-ren Adern oder Nerven

pharetrátus, köchertragend

pharetrifórmis, köcherförmig

phatnospérmus, gr. *phatnoein* = ausgehöhlte (oder gerillte) Samen

phegópteris, s. Gttgsn.

phellándrium, Wasserfenchel

phellocárpus, korkfrüchtig

phellodérmus, korkhäutig

phellománus, *phellos* = Kork, u. *manos* = locker, od. dünn

phéllos, ork

phellospérmus, korksamig

phenophýllus, glanzblättrig

phenótrichus, glanzhaarig

philadélphicus, aus Philadel-phia (Pennsylvania, USA) stammend

philadélphius, geschwisterlich

philāēus, erdliebend

philippiána, Rud. A. Philippi (1808–1904), dtsch.-chilen. Na-turforscher gewidmet

philippinénsis, von den Philip-pinen (Ostasien) stammend

phillyreaefólius, phillyreifólius, steinlinden- (*Phillýrea*) blättrig

phyllyraeoídes, phillyreoídes, steinlinden- (*Phillýrea*) ähnl.

philónotis, Feuchtigkeit lie-bend

philyrátus, mit Bast versehen
phleboídes, aderähnlich
phlebóphorus, adertragend
phlebophýllus, aderblättrig
phlebótrichus, mit behaarten Adern
phlegmária, Brand, Schleim
phleoídes, lieschgras- (*Phléum*) ähnlich
phlogifólius, flammenblumen- (*Phlóx*) blättrig
phlogopappus, mit feuerroter Federkrone
phlogótrichus, mit feuerroten Haaren
phlomoídes, brandkraut- (*Phlómis*) ähnlich
phlyctídeus, blasig
phoenicánthus, mit purpurnen Blüten
phoeníceus, purpurn, hochrot, scharlachrot
phoenícius, aus Phönizien, antike Landsch. Vorderasiens stammend
phoenicolásius, mit purpurroten Zotten
pholidótus, schuppenohrig
photëinophýllus, mit glänzenden (leuchtenden) Blättern
phrýgius, aus Phrygien, klass. Landsch. Kleinasiens
phrynioídes, sumpfmaranten- (*Phrýnium*) ähnlich
phú, v. gr. phou, Name einer Baldrianart
phylicaefólius, kapmyrten- (*Phýlica*) blättrig
phylicoídes, kapmyrten- (*Phýlica*) ähnlich
phyllacánthus, mit blattartigen Stacheln
phyllámphora, Kannenblatt
phyllánthus, mit blattständigen Blüten
phyllanthoídes, blattblumen- (*Phyllánthus*) ähnlich

phyllitídis, hirschzunge- (*Phyllitis*) ähnlich
phyllo-, in Zus.setzung.: blatt-
phyllóbolus, blattabwerfend
phyllocárpus, blattfrüchtig
phyllocéphalus, blattköpfig
phyllochílus, blattlippig
phyllodíneus, blattartig gestaltet, blättrig
phyllomaniáca: „wild ins Laub schiessend" (Genaust)
phyllománicus, blattwütig, grünblütig
phyllomégus, großblättrig
phyllophorus, blattragend
phýllopus, blattstielig
phyllóstachys, phyllostáchyus, blattährig, od mit belaubten Ähren
-phyllus, in Zus.setzungen: -blättrig
phymatochílus, wulstlippig, dicklippig
phymatódes, phymatoídes, geschwulstähnlich, höckrig
phymatoglóssus, phymatoglóttis, mit geschwollener Zunge, dickzungig
phymatothélis, dickwarzig, höckerwarzig
physalodes, blasenkirschen- (*Phýsalis*) ähnlich
physánthus, mit blasenähnl. Blüten
physocárpus, blasenfrüchtig, mit blasigen Früchten
physódes, aufgeblasen, blasenartig
physopétalus, mit blasigen Kronblättern
physóphorus, blasentragend
phytëúma, gr. Pfl.n.
phytolaccoídes, kermesbeeren- (*Phytolácca*) ähnlich
piasézkii, n. P. Y. Piasezki, russ. Armeearzt u. Pflanzensammler (wahrsch. 19. Jahrh.)

picáceus, mit Pech beschmiert oder nach Pech schmeckend
pícea, Fichte
píceus, pícinus, pechschwarz, pechartig
pichinchénsis, (pichinénsis? sic!), vom Vulkan Pichincha, oberh. Quito, Ekuador
pícifer, picífera, picíferum, Pech tragend
pícreus, bitter
picrocárpus, bitterfrüchtig
picrocóccus, bitterbeerig, bitterkernig
picroídes, bitterkraut- (Pícris) ähnlich
picrophlóeus, bitterrindig
pictaviénsis, aus Pictavei (= Poitiers), in West-Frankreich
pictifólius, mit bemalten Blättern
pictórius, Malern dienlich, Malerfarbe gebend
picturátus, gemalt, bunt, gestickt
píctus, bemalt, gefleckt, gezeichnet
pigmentáceus, gefärbt, geschminkt
pilánthus, mit behaarten Blüten
pileátus, mit einer Filzkappe versehen
pileifórmis, hut- od. kappenförmig
pílifer, pilífera, pilíferum; píliger, pilígera, pilígerum, haartragend, haarig
pillánsii, Nev. St. Pillans (1884–1964), südafr. Bot. gewidmet
pilocárpus, mit behaarten Früchten
pilólobus, behaartlappig, behaarthülsig
pilonémus, mit behaarten Fäden

pilóphorus, haartragend
piloselloídes, habichtskraut- (Pilosélla) ähnlich
piloséllus, behaart
pilosiúsculus, feinfilzig, feinhaarig
pilósus, weichhaarig
piluláris, pillenartig
pilúlifer, pilulífera, pilulíferum, pillentragend
pilulósus, mit Pillen versehen
pimelioídes, glanzstrauch- (Pimélia) ähnlich
pimpinellifólius, bibernell- (Pimpinélla) blättrig
pimpinelloídes, bibernell- (Pimpinélla) ähnlich
pináster, Strand- od. „Wild"-Kiefer
pinceána, Robert Taylor Pince (c.1804–71), engl. Pflanzenzüchter gewidmet
pindícola, v. d. Pindus- (Pindhos) Bergen, in Thessalien, Nordgriechenland
pineoídes, pinien- (Pínus pínea) ähnlich
pinetórum, in Nadelwäldern wachsend
píneus, nadelartig, kiefern- (Pínus) artig
pinguifólius, mit fleischigen (fettigen) Höckern
pínguis, fett, fettig
pinifólius, kiefern- (Pínus) blättrig
pinnatífidus, fiederspaltig
pinnatifólius, seltene Version f. pinnatifidus
pinnátifrons, mit gefiedertem Laub
pinnatilobátus, pinnatílobus, fiedrig gelappt
pinnatipartítus, fiederteilig
pinnáti-pinnatífidus, gefiedert-fiederspaltig
pinnatiséctus, fiederschnittig
pinnatisétus, fiederborstig

pinnátus, gefiedert
pinnifórmis, federförmig
pinninérvis, fiedernervig, fiederartig
pinnósus, reich gefiedert
pinnulátus, kleinfiedrig
pinoídes, kiefern- (*Pínus*) ähnlich
pinsápo, spanischer N. jener Tanne
piperátus, piperítus, gepfeffert, nach Pfeffer schmeckend
piráster, Wildbirne
pirifólius, birnblättrig
pirínicum, aus Pirin Planina, Hochland in SW-Bulgarien u. NO-Griechenland
piriodórus, nach Birnen duftend
piscatórius, zum Fischfang dienend, Fische fangend
piscinális, in Fischteilchen wachsend
písifer, pisífera, pisíferum, erbsentragend
pisifórmis, erbsenförmig
pisocárpus, erbsenfrüchtig
pistilláris, griffelartig, keulenartig
pistioídes, *Pistia*-ähnlich
pistorinia, s. *Pistorínia* (= Gttgsn.)
pítcheri, n. Z. Pitcher (1797–1872), nordamer. Armeearzt (u. Sammler)
pittiéri, H. F. Pittier (1857–1950), venezol. Bot. (franz. Abstamm.) gew.
pituitósus, voller Schleim
pitýreus, kleieartig, schorfig
pityrophýllus, mit schorfigen Blättern
pityúsus, kleieartig (?); wahrscheinl. aber auf die Pityusen (Balearen) hindeutend
píus, fromm, rechtschaffen
placábilis, versöhnlich
placátus, sanft, friedlich

plácens, gefallend
placentifórmis, kuchenförmig, scheibenförmig
plácidus, sanft, mild, ruhig
plácitus, angenehm, gefällig
plagátus, beulig, verwundet
plagiátus, nachgemacht
plagioneura, schiefnervig
plagiophýllus, schiefblättrig
plagiópteris, schiefflügelig
plagiostémus, mit schiefen Staubfäden
plagiostéphanus, schiefkronig, schief bekränzt
plagióstomus, schiefmundig
planicaúlis, flachstengelig, plattstielig
plániceps, flachköpfig
planicúlmis, planicúlmus, flachhalmig, platthalmig
planiflórus, flachblütig
planifólius, flachblättrig
plánifrons, flach belaubt, od.: ausgebreitetes Blattwerk
planiglúmis, flachspelzig
planilábius, flachlippig
planinérvius, flachnervig, flachadrig
plánipes, flachfüßig, breit-
planisíliquus, flachschotig, flachhülsig
planispínus, flach- od. breitdornig
planiúsculus, etwas abgeflacht
plantagíneus, wegerich- (*Plantágo*) artig
plantaginifólius, wegerich- (*Plantago*) blättrig
plantago-aquatica: „Wasser-Wegerich" = Froschlöffel
plantierénsis, aus Plantières bei Metz stammend
plántii, n. Robert W. Plant († 1858), engl. Gärtner u. Sammler
plánus, flach, eben, glatt
platanifólius, platanen- (*Plátanus*) blättrig

platanoídes, platanen- (*Plátanus*) ähnlich
platanthérus, mit breiten Staubblättern
platénse, Küstenregion des Río de la Plata, Argentinien/Uruguay
platinospínus, lat. mit silbrigen Dornen
platy-, i. Zus.setzg.: breit-
platyacánthus, breitstachelig
platyánthus, breitblütig
platycárpus, breitfrüchtig
platycaūlis, breitstielig
platycéntron, platycéntrus, breitspornig
platýceras, breithornig
platýchlamys, breitmantelig
platýcladus, breitzweigig
platyglóssus, breitzungig
platýlepis, breitschuppig
platyneūrus, breitnervig, breitadrig
platynótus, breitrückig
platýodon, platyodóntus, breitzähnig
platyótis, breitohrig
platypétalus, mit breiten Kronblättern
platyphýllus, breitblättrig
platýpterus, breitflügelig
platýpus, breitstielig
platyráphis, breitnadelig
platyrrhýnchus, breitschnabelig
platysépalus, mit breiten Kelchblättern
platyspérmus, breitsamig
platýstachys, latystáchyus, breitährig
platystémon, s. Gttgsn.
platystígmus, breitnarbig
platytaēnius, breit gebändert
plebéjus, gemein, gering, gewöhnlich
plectacánthus, mit verwachsenen Stacheln

plectólepis, mit verwachsenen Schuppen
plectranthoídes, harfenstrauch- (*Plectránthus*) ähnlich
plectránthus, spornblütig
plectrocárpus, spornfrüchtig
pleiánthus, gr. *pleios* = voll, u. *anthos* = Blüte; voll-blühend, od. mit gefüllter Blüte
pleiocéphalus, dichtköpfig
pleiogónus, dichtkantig, dichtseitig
pleiophýllus, dichtblättrig
pleiosórus, mit Sporenhäufchen dicht besetzt
pleiospérmus, wie vor, u. *sperma* = Same
pleiótomus, vielschnittig, vielteilig
pleníssimus, dicht gefüllt, völlig gefüllt
plénus, voll, gefüllt
pleuracánthus, mit gerippten Stacheln
pleuránthus, rippenblütig
pleurocárpus, rippenfrüchtig
pleurorrhízus, rippenwurzelig
pleuróstachys, pleurostáchyus, rippen- od. seitenährig
pléxipes, geflochtenstielig
pléxus, geflochten
plicátilis, faltbar, fächerig zu falten
plicátus, gefaltet
pliniána, wahrsch. n. Plinius Sec. d. Älteren (23/24–79), röm. Offizier u. Autor gewidmet
plumárius, plumátus, federartig, federig
plumbaginifólius, bleiwurz- (*Plumbágo*) blättrig
plumbaginoídes, bleiwurz- (*Plumbágo*) ähnlich
plúmbeus, bleigrau
plumiéri, s. *Pluméria* (= Gttgsn.)
plúmifer, plumífera, plumíferum, federtragend

plumósus, federig
pluri-, i. Zussetzg.: viel-, vielfach-
pluriangulátus, vieleckig
pluricāule, vielstengelig
plúriceps, vielköpfig
plúridens, vielzähnig
pluriflórus, vielblütig
plurifólius, vielblättrig
plurijúga, vieljochig, mit vielen Blattpaaren
pluriramósus, vielzweigig
pluviális, Regen anzeigend
pluviátilis, Regen bringend
pluviósus, beregnet
plúvius, Regen
pneumonánthe, Lungenblume
poánthus, rispengras- (*Póa*) blütig
pocillósus, mit kleinen Bechern versehen
pocúlifer, poculífera, poculíferum, Becher tragend
poculiflórus, becherblütig
poculifórmis, becherförmig
podagrárius, Podagra (Gicht) heilend
podágricus, angeschwollen, an Fußgicht leidend
podalyriaefólius, *Podalýria-* (s. Gttgsn.) blättrig
podánthus, mit bodenständigen, gestielten Blüten
podocárpus, mit bodenständigen, gestielten Früchten
podocéphalus, mit gestielten Köpfen
podólicus, aus Podolien, westukrain. Landschaft stammend
podophýllus, stielblättrig
podosphāērus, gestieltkugelig
podótrichus, stielhaarig
poecilánthus, buntblütig
poēcilis, poēcilus, bunt gefärbt
poeppigii, Ed. Friedr. Poeppig (1798–1868), dtsch. Bot. u.

Forschungsreisender (Amerika) gew.
poëtárum, der Dichter (Mehrz.)
poëticus, dichterisch
pogonánthus, bartblütig
pogonioídes, *Pogónia-* (s. Gttgsn.) ähnlich
pogonóptilis, bartflaumig
pogonostígmus, mit bärtigen Narben
pohliána, póhlii, J. E. Pohl (1782–1834), österr. Pflanzensammler (Brasilien) gewidmet
poissónii, n. J. Poisson (1833–1919), franz. Bot.
poiretiána, poirétii, J. L. M. Poiret (1755–1834), franz. Bot. gewidmet
poláris, aus der Polarzone stammend
polifólius, polei- (*Teúcrium pólium*) blättrig
poliocéphalus, grauköpfig
poliophýllus, graublättrig
poliótrichus, grauhaarig
politurátus, polítus, geglättet, glänzend
pólius, grau
pólium, griech. N. eines duftenden Gamander
pollicáris, zollgroß, daumendick
pollútus, verunreinigt, besudelt
pollvérius, aus Bollweiler (Elsaß) stammend
polónicus, polnisch, aus Polen stammend
poly-, in Zus.setzung.: viel-, reich-
polyacánthus, vielstachelig
polyadélphus, vielbrüderig
polyancístrus, vielhakig
polyándrus, vielmännig
polyánthemus, polyánthus, vielblütig
polycámptus, vielbogig
polycárpus, vielfrüchtig

polycéntrus, vielspornig
polycéphalus, vielköpfig
polýceras, vielhörnig
polychrómus, polychróus, vielfarbig
polýcladus, vielzweigig
poladáctylus, vielfingerig
polyëdrus, vielflächig
polygalaefólius, kreuzblumen- (*Polýgala*) blättrig
polygaloídes, kreuzblumen- (*Polýgala*) ähnlich
polýgamus, vielehig
polygonális, vielknotig, vielknieig
polygonátum, s. Gttgsn.
polygonoídes, knöterich- (*Polýgonum*) ähnlich
polygónus, vielkantig
polýgonus, polygónatus, vielknotig, vielknieig
polygrámmus, vielstrichelig
polýgynus, vielgriffelig
polýlepis, vielschuppig
polýlophus, vielkämmig
polýmeris, vielgliedrig, vielteilig
polymórphus, vielgestaltig
polýodon, polyodóntus, vielzähnig
polypétalus, mit vielen Kronblättern
polyphlébius, vieladerig
polyphýllus, vielblättrig
polypodioídes, tüpfelfarn- (*Polypódium*) ähnlich
polýpterus, vielflügelig
polýptychus, vielfaltig
polypyrénus, vielkernig
polýraphis, vielnadelig
polyrrhízus, vielwurzelig
polysépalus, mit vielen Kelchblättern
polyspérmus, vielsamig
polýstachys, polystáchyus, vielährig
polýstichus, vielzeilig, vielreihig

polythélis, vielwarzig
polýtomus, vielschnittig
polytrichioídes, *Polýtrichum*- (Moos) ähnlich
polyxánthus, stark gelb
pomáceus, apfelartig
pomeridiánus, nachmittags blühend
pómifer, pomífera, pomíferum, apfel- (Obst) tragend
pomifórmis, apfelförmig
pomeránicus, aus Pommern stammend
pomósus, obstreich
pompónicus, pompónius, prunkend, prächtig
ponderósus, gewichtig
poneránthus, wenig blühend, armblütig
pónticus, pontisch, am Schwarzen Meer wachsend
popayanénse, aus Popayán, Stadt in Kolumbien
populifólius, pappel- (*Pópulus*) blättrig
populinus, popúlneus, pappelartig
porcínus, den Schweinen dienlich
porifer, porífera, poríferum, Löcher tragend od. zeigend
porophýllus, porenblättrig
porósus, löcherig, porös
porphyracánthus, purpurstachelig
porphyránthus, purpurblütig
porphyráthus, purpurn gefärbt
porphýrius, purpurn
porphyróbaphis, purpurn gefärbt
porphyroblástus, purpurknospig
porphyrocárpus, purpurfrüchtig
porphyronēuron, porphyronēurus, purpurnervig
porphyrophýllus, purpurblättrig

porréctus, ausgestreckt

pórreus, lauch- (*Állium pórrum*) ähnlich

porrifólius, lauch- (*Állium pórrum*) blättrig

pórrigens, sperrig, sich ausdehnend

pórrum, Lauch

portátilis, tragbar

porteána, pórtei, n. Marius Porte, franz. Reisender u. Sammler (19. Jahrh.)

portéllae, n. Francisco Portella, brasilian. Pflanzensammler (Ende 19. Jahrh.)

portenschlagiána, Franz Edler v. Portenschlag-Ledermeyer (1772–1822), österr. Bot. gew.

portentíficus, wunderbar, Wunder wirkend

portentósus, absonderlich, übernatürlich

porteriána, Sir Robert Ker Porter (1777–1842), brit. Konsul in Caracas (Venezuela) gew.

portoricénsis, von der Insel Puerto Rico (Westindien) stammend

pórtula, verstümmelt aus *Portuláca,* Portulak

portulácea, portulacoídes, portulak- (*Portuláca*) ähnlich

porulósus, vielporig

poscharskyána, n. Gustav Adolf Poscharsky (1832–1914), Garteninspektor in Dresden

poselgéri, poselgerána, Heinrich Poselger († 1883), Berliner Arzt u. Kakteenzüchter gew.

postícus, hinten, hinten befindlich

potamóphilus, flußliebend, am Fluß wachsend

potanínii, n. Grigori Nik. Potanin (1835–1920), russ. Entdecker u. Sammler

potatórum, trinkbar, od. bis berauschend

potentilloídes, fingerkraut- (*Potentílla*) ähnlich

potosínus, aus Potosi, Prov. Boliviens, Südamerika, stammend

póttsii, n. John Potts († 1822), od. F. H. Potts (1824–88), engl. Pflanzensammler, od. G. H. Potts (1877–1948), engl.-südafr. Pflanzensammler gewidmet

poukhanénse, von Pouk Han (Poukhan-san), Korea

powéllii, C. Baden-Powell, engl. Pflanzenzüchter (19. Jahrh.) gewidmet

prae-, in Zus.setzg.: sehr-, früh-, stark-, etc.

praeáltus, sehr hoch, erhaben

praecanéscens, sehr schnell, früh ergrauend

praecéllens, vortrefflich, vorzüglich

praecélsus, sehr hoch

praecínctus, umgürtet

praecipitátus, herablaufend, herabgestürzt

praecípuus, besonders, vorzüglich

praecísus, abschüssig, knapp, abgeschnitten

praeclárus, sehr hell, herrlich

praeclúsus, verschlossen, versperrt

praecociflórus, frühblühend

prāēcox, frühzeitig

praedúlcis, sehr süß

praedúrus, sehr hart

praeférox, sehr wild

praeflórens, vorher blühend

praégeri, n. R. Lloyd Praeger (1865–1953), irischer Bibliothekar u. Bot.

praegnacánthus, dichtstachelig

prāēgnans, trächtig, schwanger

praelóngus, sehr lang

praelústris, sehr ansehnlich

praemórus, abgebissen
praenítens, hervorleuchtend
praepándus, ausgebreitet verbreitet
praepartúriens, frühzeitig gebährend, frühreif
praepárvum, altern. f. *pygmaeum* = sehr klein
praepilátus, vorn spießig, mit Spieß versehen
praepínguis, praepinque, sehr fett
praerádians, hervorstrahlend
praerósus, vorn benagt
praerúptus, abgebrochen
praescíssus, vorn zerschlitzt
praestábilis, praēstans, vorzüglich, außerordentlich, vortrefflich
praestantíssimus, unübertroffen
praestríctus, zugeschnürt
praesútus, vorn zugenäht, verhüllt
praetéritus, übergangen, vergessen
praetervísus, übersehen
praetéxtus, verbrämt, geschmückt
praeúmbrans, Schatten gebend, verdunkelnd
praēvalens, vorherrschend, überwiegend
prasiánthus, lauchblütig
prasinátus, lauchgrün gefärbt
prásinus, lauchgrün
praténsis, auf Wiesen wachsend
prattigósa: Rosenbastard – *práttii* × *rugosa*
práttii, n. Antwerp E. Pratt, brit. Zoologe u. Entdeckungsreisender (China: 19. Jahrh.)
precatórius, bei Gebeten verwendet
prehénsilis, anfassend, eine Stütze ergreifend
preissii, n. Joh. Ludw. Preiss

(1811–83), dtsch. Pflanzensammler (S.Afr. u. Australien)
prenanthoídes, hasenlattich- (*Prenánthes*) ähnlich
prestoniénsis, prestóniae, in Preston (Lancashire, England) gezeugt, od. d. Gärtnerei von Isabelle Preston, Ottawa, Kanada gewidmet
pretiósus, wertvoll, kostbar
primárius, als erster, vornehm, vorzüglich
primavéris, im Vorfrühling
primígenus, ursprünglich, erstgeboren
primósii, n. R. Primos, südafrikan. Pflanzensammler (Anf. 20. Jahrh.) gewidmet
prímula, s. Gttgsn.
primulaeflórus, primel- (*Primula*) blütig
primulaefólius, primulifólius, primel- (*Prímula*) blättrig
primúlinus, primuloídes, primel- (*Prímula*) artig
prínceps, fürstlich, Fürst
principíssimus, der allererste, od. der vornehmste
prínglei, C. G. Pringle (1838–1911), nordamer. Pflanzensammler gew.
prinoídes, gerbereichen- (*Quércus prínus*) ähnlich
prinophýllus, gerbereichen- (*Quércus prínus*) blättrig
prínos, prínus, Gerbereiche
prionánthus, gesägtblütig
prionémus, mit gesägten Staubfäden
prionophýllus, mit gesägten Blättern
prionótes, gesägt
príscus, uralt, urweltlich
prismáticus, prismatisch
prismatocárpus, prismafrüchtig
prívus, einzeln, eigen, je ein

probábilis, tauglich, Beifall verdienend
probátus, bewährt, gut, erprobt
proboscídeus, rüsselartig, s. auch Gttgsn.
procérus, lang, hoch, vorragend
procúmbens, niederliegend
procúrrens, fortlaufend
prodigiális, prodigiósus, unnatürlich, abenteuerlich, wunderbar
pródigus, reich, verschwenderisch
prodúctus, verlängert
profúsus, freigebig, verschwenderisch, auch hervorsprossend
prólifer, prolífera, prolíferum; prolíficus, sprossend, Brut bildend
prolíxus, ausgedehnt, weitschweifend
prolongátus, verlängert
próminens, hervorragend, hervorspringend
promíssus, vielversprechend, auch: lang herabhängend
proniflórus, schrägblütig, geneigtblütig
propagíneus, sprossend, sich fortpflanzend
propéndens, herabhängend, hervorhängend
propénsus, geneigt, herabhängend
propéxus, herabgekämmt
prophetárum, der Propheten
propínquus, nahe verwandt, nahe
próprius, eigentümlich, ureigen, beständig
prorépens, hervorkriechend
proscíssus, zerrissen, zerschnitten
proserpinacoídes, v. *Proserpináca* (= Gttgsn.) abgel.
prosérpinae, s. *Proserpináca* (= Gttgsn.)

prósperus, glücklich, günstig, beglückend
prostrátus, niedergestreckt, flach ausgebreitet
protanthérus, zuerst männlich blühend
protéctus, bedeckt, beschützt
proténdus, proténsus, ausgedehnt
proteoídes, *Prótea*-ähnlich
proteranthérus, sich vor der Blüte entwickelnd
proterophýllus, sich vor den Blättern entwickelnd
próteus, wandelbar
protogénitus, zuerst erzeugt
protótypus, urbildlich, zuerst gebildet
protrácus, verlängert, vorgezogen
protrúsus, vorgeschoben, vorgestoßen
protúberans, hervorschnellend
provinciális, aus der Provence (Südfrankreich) stammend
próximus, nächst verwandt
pruhoniciána, bei Pruhonice (bei Prag) gefunden od. gezüchtet
pruinátus, pruinósus, bereift, mit Reif bedeckt
prúnifer, prunífera, pruníferum, pflaumentragend
prunifólius, pflaumen- (*Prunus*) blättrig
prunifórmis, pflaumenförmig
prúriens, juckend, Jucken erregend
pruténicus, pruthénicus, preußisch
przewálskii, Nic. Mikh. Przewalski (1839–88), russ. Entdeckungsreisendem gewidmet
psammóphilus, sandliebend, auf Sandboden wachsend
pseud-, pseudo-, in Zus.setzungen: schein-, falsch, unecht

pseudácorus, Scheinkalmus
pseudoacácia, Scheinakazie
pseudoármeria: unglückl. nomenklator. Kombination: eine „falsche" Grasnelke für eine echte Grasnelke
pseudo-baselloídes, falsche (od. ähnliche) *baselloídes* (s. Gttgsn.)
pseudocachénsis: der eigentlichen *cachénsis* ähnlich
pseudocáctus, für eine kaktusähnl. Euphorbie
pseudo-camellia, falsche Kamelie (bzw. einer solchen ähnlich)
pseudocápsicum, ein „falsches" bzw. naheverwandtes *cápsicum*
pseudocerásus: „falsche Kirsche" bzw. kirschenähnlich
pseudocóccifer, pseudococcífera, pseudococcíferum, scheinscharlachbeerig
pseudococcíneus, eine „falsche" *coccínea* oder der echten ähnlich
pseudodeminúta, die „falsche" *deminuta*
pseudodónax, falsches Pfahlrohr
pseudoelátior, eine falsche (ähnl. od. subsp. von) *elatior*
pseudogínseng: falscher *ginseng* (ungült. Name!)
pseudogyrátus, falsch beringt
pseudolanuginósus, falsche (od. scheinbar) *lanuginósus*
pseudolaterális, scheinbar seitenständig
pseudolycopodioídes, falsche, od. scheinbare *lycopodioídes*
pseudomacrochéle, „falsche" großklauige
pseudo-más, falscher Wurmfarn
pseudomelanostéle, eine „falsche" *melanostéle*

pseudominúsculus, in „falscher" *minúsculus* doch ebenfalls sehr klein
pseudonarcíssus, falsche (unechte) Narzisse
pseudo-nebrównii, falsche (siehe) *nebrównii*
pseudoparasítica, falscher od. scheinbarer Parasit
pseudopectináta, scheinbar kammförmig
pseudophyllomaniáca, für eine „falsche" (ähnliche, siehe) *phyllomaniáca*
pseudoplátanus, falsche Platane (eine *Acer*-art)
pseudopúmila, scheinbare *púmula*
pseudoreicheánus, falsche (doch ähnliche) *reicheánus*; s. auch *Reicheocáctus*
pseudoscáber, wie vor, u. *scaber:* rauh, krätzig
pseudosúber, Falsche od. Schein- Korkeiche
pseudotruncatéllus, scheinbar abgeschnitten oder kurz gestielt
pseudotúrneri, eine „falsche" *túrneri,* n. einem Mr. Turner, Pflanzenzüchter bei Manchester (Ende 19. Jahrh.), od. s. *Túrnera* (= Gttgsn.)
psílacros, kahlspitzig, kahlgipflig
psilo-, i. Zus.setzung.: nackt-, kahl-
psilocárpus, kahlfrüchtig
psilólepis, kahlschuppig, kahlschülfrig
psilophýllus, kahlblättrig
psilópterus, kahlflügelig
psilosépalus, mit kahlen Kelchblättern
psilóstachys, psilostáchyus, kahlährig
psilistémon, mit nackten, einfachen Staubfäden

psilúrus, nacktschwänzig
(s. auch Gttgsn.)
psittácinus, papageienfarbig
psittacórum, der Papageien,
von Papageien aufgesucht
psoráleus, krätzig, räudig
psychróphilus, kälteliebend
psýllium, Flohkraut, s. Gttgsn.
psyllýphorus, flohtragend
ptarmicoídes, bertramgarben-
(*Achilléa ptármica*) ähnlich
ptármicus, Niesen erregend
pteracánthus, mit geflügelten
Stacheln
pteragónus, für einen Rosenbastard: *omeiensis* f. *pteracan-
tha* × *hugónis*
pteránthus, mit geflügelten
Blüten
pteridifólius, adlerfarn- (*Pterídium*) blättrig
pteridioídes, adlerfarn- (*Pterídium*) ähnlich
pterigoídeus, flügelförmig
ptérinus, pterítus, geflügelt
ptero-, in Zus.setzung.: flügel-,
flügelig-
pterocárpus, flügelfrüchtig
pterocaúlis, flügelstielig
pterócladus, mit geflügelten
Zweigen
pterodóntus, flügelig gezähnt
pterogónus, flügelkantig
pteroídes, flügelähnlich
pterólophus, flügelkämmig
pteroneūrus, flügelnervig
pteróphorus, flügeltragend
pterópodus, ptéropus, flügelstielig
pterorrháchis, flügelrippig, mit
geflügelter Spindel
pterospérmus, flügelsamig
pterótus, beflügelt, befiedert
pterygospérmus, flügelsamig
ptílodon, ptilodóntus, Haar-
zahn, mit behaarten Zähnen
ptilophýllus, flaumblättrig
ptilóstylus, flaumgriffelig

ptychocárpus, faltenfrüchtig
ptychophýllus, faltenblättrig
ptychorrhízus, faltenwurzelig
ptychospérmus, faltensamig
púbens, weichhaarig werdend
púber, púbes, mannbar
pubérulus, schwach flaumhaa-
rig
pubéscens, flaumig werdend
pubicályx, mit flaumhaarigem
Kelch
pubiflórus, flaumblütig
púbiger, pubígera, pubígerum,
flaumbildend
pubirrháchis, flaumig gerippt
pudibúndus, verschämt
pudícus, schamhaft
pudorínus, verschämt
pugionacánthus, dolchstache-
lig
pugionifórmis, dolchförmig
pugiunculósus, mit kleinen
Dolchen versehen
pulchéllus, niedlich, hübsch
púlcher, púlchra, púlchrum,
schön
pulchérrimus, am schönsten,
sehr schön
pulegioídes, poleiminze-
(*Méntha pulégium*) ähnlich
pulégium, röm. Pfl.n., Polei-
minze
pulicáris, pulicárius, flohartig
pullátus, dunkelfarbig, schmutzig
púllus, schwärzlich, dunkel
pulmonarioídes, lungenkraut-
(*Pulmonária*) ähnlich
pulpósus, breiig, fleischig
pulsatílla, s. Gttgsn.
pulsatilloídes, küchenschellen-
(*Pulsatílla*) ähnlich
pulveráceus, bestäubt, bepudert
pulvéreus, stäubend
pulveruléntus, voller Staub, bestäubt
púlviger, pulvígera, pulvíge-
rum, stauberzeugend

pulvíllifer, pulvillífera, pulvillíferum, polstertragend
pulvinális, pulvinárius, pulvinátus, gepolstert
pulvínifer, pulvinífera, pulviníferum, polstertragend, kissentragend
pulvinifórmis, polsterförmig
pulvíniger, pulvinígera, pulvinígerum, polsterführend
pulvinósus, stark gepolstert
pulvinulíferus, kleine Polster tragend
pumílio, Zwerg
púmilus, zwergig
punctátus, punktiert
punctílobus, lappigpunktiert
punctórius, stechend
punctulátus, fein oder klein punktiert
punctulósus, reich punktiert
púngens, stechend
punicaefólius, granatbaum- (*Púnica*) blättrig
puniceo-díscus, mit scharlachroter Scheibe
puníceus, granatrot, hochrot
punicoídes, granatbaum- (*Púnica*) ähnlich
púnicus, phönizisch, punisch
purdómii, William Purdom (1880–1921), engl. Pflanzensammler (in China) gewidmet
púrgans, reinigend, abführend
purpuráscens, purpurn werdend
purpurátus, purpurn übergossen, -gefärbt
purpúrei-, purpúreo-, in Zus.setzung.: purpur-
purpúreo-caerúleus, purpurblau
purpúreifúscus, purpurbraunrot
purpúreo-róseus, purpurrosa
purpúreus, purpurn
purpúsii, purpusórum, n. J. A. Purpus (1860–1932) od. dess.

Bruder C. A. (c.1851–1914), Bot. u. Sammler in Mexiko
purshiána, F. T. Pursh (Friedr. Pursch), 1774–1820; dtsch.-kanad. Bot.
púrus, rein, unverfälscht
puschkinioídes, *Puschkínia* (= Gttgsn.) ähnl.
pusíllus, winzig
pustulátus, blatterartig, pustelartig
pustulósus, voller Blattern oder Pusteln
putaminátus, putamíneus, hartschalig, steinschalig
puteáneus, Brunnen oder Gruben bewohnend
púter, pútris, pútre, faul, morsch, stinkend
pútridus, morsch, angefault
putzéysii, n. J. A. A. H. Putzeys (1809–82), belg. Bot.
pycnacánthus, dicht bestachelt
pycnánthus, dichtblütig
pycno-, in Zus.setzung.: dicht-
pycnocárpus, dichtfrüchtig
pycnocéphalus, dichtköpfig
pycnólepis, dichtschuppig
pycnophýllus, dichtblättrig
pycnosórus, mit dichtstehenden Sporenhäufchen
pycnóstachys, pýcnostáchyus, dichtährig
pycnoxípheus, dichtschwertig
pygmáēus, zwerghaft
pylzowiánum, pylzówii, n. M. Alex. Pylzov, russ. Beamter, u. Begleiter Przewalkis in China (1870–73)
pyracánthus, feuerrot bestachelt
pyramidális, pyramidátus, pyramidenartig
pyráster, birnenartig
pyrenáēus, pýrenáicus, a. d. Pyrenäen, französ.-span. Grenzgebirge stammend
pyrítus, feuerrot

pyro-, in Zus.setzung.: feuer-
rot-
pyrocéntron, pyrocéntrus, mit
feuerrotem Sporn
pyrocéphalus, mit feuerroten
Köpfen
pyrochrómus, pyróchrous,
feuerfarben
pyrócladus, mit feuerroten
Zweigen
pyrógalus, mit feuerrotem
Milchsaft
pyrólepis, mit feuerroten
Schuppen
pyroloídes, wintergrün- (Pyrola) ähnlich
pyrólophus, feurig rotkämmig
pyropāēus, feurig
pyrophýllus, mit feurigroten
Blättern
pyrorrháchis, mit feuerroten
Spindeln
pyrothécus, mit feuerroten
Kapseln
pyrótrichus, feurig rothaarig
pyrrho-, in Zus.setzung.: feuer-
rot-
pyxidáris, pyxidátus, büchsen-
artig
pyxídifer, pyxidífera, pyxidífe-
rum, büchsentragend

Q

quadranguláris, quadrangulá-
tus, vierkantig, viereckig
quadrángulispínus, mit vier-
kantigen Dornen
quadrángulus, viereckig, vierkantig
quadráticus, quadrátus, viereckig, quadratisch
quadri-, i. Zus.setzung.: vier-
quadrialátus, vierflügelig
quadriaristátus, viergrannig
quadriaúritus, vierohrig
quadrícolor, vierfarbig

quadricórnis, vierhörnig
quadricostátus, vierrippig
quadridentátus, vierzähnig
quadrifárius, vierfach
quadrífidus, vierspaltig
quadrifoliolósus, mit vier
Blättchen versehen
quadrifólius, vierblättrig
quadrifurcátus, quadrifúrcus,
viergabelig
quadríjugus, vierpaarig
quadrilaterális, vierseitig
quadrilobátus, quadrílobus,
vierlappig
quadriloculáris, vierfächerig
quadrímus, vierjährig
quadrinátus, vierzählig
quadripartítus, vierteilig
quadripedális, vier Fuß lang
quadripinnátus, vierfach gefiedert
quadríqueter, quadríquetra,
quadríquetrum, vierseitig
quadrispínus, vierdornig
quadriválvis, vierklappig
quádrus, viereckig
quaesítus, erforscht, gesucht
qualifórmis, korbförmig
quámash, wahrsch. indian. N.
der Art
quámoclit, s. Gttgsn.
quartzítica (quarziticus), auf
Quarzgestein
quassiaefólius, bitterholz-
(Quássia) blättrig
quaternátus, quaternéllus,
vierzählig
quaternifólius, vierblättrig
quatérnus, zu je vier
quebecénsis, aus Quebec (Kanada) stammend
quehliánum, quéhlii, n. Leopold Quehl (1849–1923),
dtsch. Kakteenzüchter (in
Halle)
quercetórum, der Eichenwäl-
der, in Eichenwäldern
quérceus, eichenartig

quercícola, Eichenbewohner
quercifólius, eichen- (*Quércus*)
blättrig
quercínus, eichenartig
quercoídes, eichen- (*Quércus*)
ähnlich
queretaroénsis, von Queretaro,
Stadt in Zentral-Mexiko stammend
queribúndus, klagend
quérneus, quérnus, Eichen zu-
gehörig
quihoui, M. Quihou, Garteninspektor in Paris (Mitte
19. Jahrh.) gew.
quinárius, fünf enthaltend bzw.
fünfzählig
quinátus, fünfzählig, fünfteilig
quínoa, peruanischer (que-
chua) Name f. e.
Chenopódium-Art
quinquanguláris, fünfeckig,
fünfkantig
quinque, in Zus.setzungen:
fünf-
quinquecolórus, fünffarbig
quinquecórnis, fünfhörnig
quinquefárius, fünfreihig
quinquefídus, fünfspaltig
quinqueflórus, fünfblütig
**quinquefoliátus, quinquefó-
lius,** fünfblättrig
**quinquelobátus, quinqueló-
bus,** fünflappig
quinqueloculáris, fünffächerig
quinquenérvus, fünfnervig
quinquepartítus, fünfteilig
quinquevúlnerus, fünfwundig,
fünffleckig
quintuplinérvus, fünffach-
nervig
quíntuplus, fünffach
quínus, zu je fünf
quisquiliáris, Schutt oder Un-
rat bewohnend
quiténsis, quitoénsis, aus Quito (Ekuador) stammend
quotidiánus, täglich

R

**racémifer, racemífera, racemí-
ferum,** Trauben tragend
racemiflórus, traubenblütig
**racémiger, racemígera, race-
mígerum,** Trauben erzeugend
racemósus, traubig
racemulósus, kleintraubig
racémus, Traube, Blütentraube
raddeána, G. F. R. J. Radde
(1831–1903), dtsch.-russ. Naturwissenschaftler gew.
raddiána, n. Guiseppe Raddi
(1770–1839), ital. Bot. u. Reisender
rádens, schabend, kratzend,
glatt machend
radiális, strahlig
rádians, strahlend
radiátus, -radiátus, strahlenar-
tig, in Zus.setzungen: -strahlig
radicális, wurzelständig
radícans, wurzelnd, kriechend,
kletternd
radicantíssimus, stark wurzelnd oder kletternd
radicátus, bewurzelt
radicifórmis, wurzelförmig
radícinus, wurzelartig
radicósus, reich bewurzelt
radícula, Würzelchen
radiculátus, kleinwurzelig
radiiflórus, strahlenblütig
radiósus, reichstrahlig
rádulus, raspelförmig
raēticus, aus Graubünden
(Schweiz) stammend
rafinésquei, Const. Sam.
Rafinesque-Schmaltz (1783–
1840), ital.-nordamer. Bot.
gewidmet
rafflesiána, s. *Rafflésia*
(= Gttgsn.)
ragusína, von Ragusa (jetzt
Dubrovnik), a. d. dalmati-
schen Küste Jugoslaviens
raíneri, n. Moritz v. Rainer

(1793–1847), österr. Bot., od.
d. Großherzog Rainer von
Österreich (1783–1864) gew.
rájah, ostind. Wort für König,
etwas Schönes od. Großes
ramális, auf Ästen wachsend
ramentáceus, knospenschuppig, spreuästig
rámeus, astartig
rámifer, ramífera, ramíferum,
zweigtragend
ramíficans, sich verzweigend
ramiflórus, zweigblütig bzw.
mit verzweigten Blüten(stän-
den)
**rámiger, ramígera, ramíge-
rum,** zweigtragend
ramipréssa, lat. *ramus* =
Zweig, u. *pressus* = zusammengedrückt, abgeflacht
ramispínus, zweigdornig
ramondioídes, *Ramónda*-
ähnlich
ramosíssimus, vielästig, vielzweigig
ramósus, ästig, verzweigt
rámpans, kletternd, kriechend
**ramúlifer, ramulífera, ramulífe-
rum,** kleine Zweige tragend
ramuliflórus, an kleinen Zweigen blühend
ramulósus, kleinzweigig, klein-
ästig
ranárius, zu Fröschen gehörend
rangiferínus, für Rentiere
dienlich
ránifer, ranífera, raníferum,
froschtragend, froschartig
rantonnétii, Messr. Rantonnet,
franz. Pflanzenzüchter (Mitte
19. Jahrh.) gewidmet
ranunculiflórus, hahnenfuß-
(*Ranúnculus*) blütig
ranunculoídes, hahnenfuß-
(*Ranúnculus*) ähnlich
rápa, Rübe
rapáceus, rübenartig

raphanifólius, rettich- (*Ráphanus*) blättrig
rapháninus, retticharting
raphanístrum, rettichgleich
raphanoídes, rettich- (*Ráphanus*) ähnlich
raphidacánthus, nadelstachelig
raphidoídeus, nadelähnlich
raphidóphorus, nadeltragend
raphiodóntus, nadelzähnig,
spitzzähnig
rapíferus, rübentragend
rapifórmis, rübenförmig
rapónticum, pontische Rübe
(gr. *rha* = Wurzel, *Pontikus* =
Schwarzes Meer)
raptoídes, nahtförmig
rapunculoídes, rapunzel-
(*Campánula rapúnculus*) ähnl.
rapúnculus, Rapunzel, kleine
Rübe
raréscans, locker od. dünn
werdend
rariflórus, einzel-, wenig- od.
seltenblütig
rárior, rárius, seltener
raríssimus, sehr selten, äußerst
selten
rárus, selten
rásilis, glatt
rastráceus, rástreus, einer Hak-
ke ähnlich
rásus, geschabt, geglättet
ratisbonénsis, aus Ratisbona,
röm. N. f. Regensburg
raūcus, rauh, hohl
ravénnae, aus Ravenna (Itali-
en) stammend
rávidus, graugelb
ravíllus, graugelblich
rávus, graugelb, gelblich
recédens, zurückstehend
récens, frisch, neu
receptaculáris, fruchtboden-
ständig, grundständig
reciprócus, wieder zurückge-
hend, wechselseitig
recísus, zurückgeschnitten

reclinátus, reclínis, zurückgebogen
reclúsus, aufgeschlossen, geöffnet
recógnitus, wiedererkannt, anerkannt
reconcinnátus, wieder hergestellt, ausgebessert
recónditus, verborgen, versteckt
rectangulátus, rectángulus, rechtwinklig
réctidens, geradzähnig
rectiflórus, geradblütig
rectilineátus, geradlinig
rectinérvius, geradnervig, parallelnervig
réctipes, geradstielig, od. straffstielig
rectispínus, geraddornig
rectiúsculus, fast gerade
réctus, gerade, aufrecht
recúrvans, zurückkrümmend
recurvátus, zurückgekrümmt
recurviflórus, krummblütig
recurvifólius, krummblättrig
recurvispínus, krummstachelig
recúrvus, zurückgekrümmt, zurückgeschlagen
recussátus, recússus, zurückgerollt
recutítus, stumpf, beschnitten
redivívus, wieder auflebend, ausdauernd
rédolens, Geruch verbreitend
redouteána, P. J. Redoute (1759–1840), belg. Pflanzensammler gewidmet
redúctus, zurückgeführt, verringert
redúncus, rückwärts od. einwärts gebogen
reevesiána, n. John Reeves (1774–1856), engl. Tee-Inspektor in China
reflexicaúlis, mit zurückgebogenem Stiel

refléxus, zurückgebogen, herabgebogen
refloréscens, wiederblühend
refráctus, zurückgeknickt
refúlgens, zurückstrahlend
regális, königlich
regélii, s. *Regélia* (= Gttgsn.)
regenerátus, wieder geboren, wieder hergestellt
regérminans, wieder austreibend, sprossend
regína, Königin
regínae, der Königin
regínae-amáliae, der Königin Amalie von Griechenland gewidmet
regis-ferdinándi, König Ferdinand v. Bulgarien gewidmet; s. auch *ferdinándi-cobúrgii*
régius, königlich
régnans, herrschend
regnéllii, n. A. F. Regnell (s. *Regnellídium,* d. Gttgsn.)
reguláris, regelmäßig
rehderiána, n. Alfred Rehder (1863–1949), dtsch.-nordam. Bot. (Arnold Arboretum)
rehmánnii, n. Anton Rehman(n), (1840–1917), österr.-poln. Bot.
reichei, n. Karl Reiche (s. *Reicheocáctus*)
reichenbáchii, Heinr. Gottl. Ludw. Reichenbach (1793–1879), dtsch. Bot. gewidmet
reinwárdtii, s. *Reinwárdtia* (= Gttgsn.)
reláxans, erleichternd, lindernd, lösend, mildernd
relaxátus, erleichtert, gelindert, erschlafft
religiósus, verehrt, heilig gehalten
relúcens, zurückleuchtend
remánens, zurückbleibend
remíssus, sanft, schlaff
remóntans, wieder blühend

remotiflórus, entferntblütig
remotifólius, entferntblättrig
remotíjugus, entferntjochig
remotiúsculus, ziemlich voneinander entfernt
remótus, entfernt stehend, frei-
stehend
rénda, wahrsch. indones.
Volksname
renídens, schimmernd, glänzend
renifólius, nierenblättrig
renifórmis, nierenförmig
repándulus, schwach ausgeschweift
repándus, ausgeschweift, aufwärts gekrümmt
répens, kriechend
replétus, aufgefüllt, gehäuft
replicatívus, replicátus, zu-
rückgefaltet, umgeschlagen
réptans, kriechend, wurzelnd
requíenii, n. Esprit Requien
(1788-1851), franz. Bot.
reséctus, abgeschnitten, verkürzt
resedaeflórus, Reséda-
(s. Gttgsn.) blütig
resendeána, n. Flavio de Re-
sende (1907-67), portug. Bot.
resíduus, rückständig, übrigge-
blieben
résimus, zurückgebogen, auf-
wärtsgebogen
resínifer, resinífera, resinífe-
rum, Harz liefernd
resinósus, harzig, harzreich
resístens, widerstehend, wider-
standsfähig
respíciens, zurückblickend,
überlegend
respóndens, übereinstimmend
restaurátus, wiederhergestellt
restioídes, Réstio-ähnlich
restríctus, straff, dicht anschlie-
ßend
resúdans, schwitzend
resudátus, verschwitzt

resupinátus, umgebogen, her-
umgedreht, zurückgewendet
resupínus, zurückgebogen,
rücklings
resúrgens, lat.: sich erhebend,
wiederbelebend
retéctus, aufgedeckt, entblößt
reticósus, reich genetzt
reticuláti-venósus, netzadrig
reticulátus, reticulósus, netzartig
retifórmis, netzförmig
retinaculósus, mit Haltern versehen
retinárius, harzig
rétinens, festhaltend
retinódes, harzig
retinorrhóëus, harzfließend
retirugósus, retirúgus, netzfal-
tig, furchig
retórtus, zurückgewunden
retráctus, entfernt, verborgen
retrofléxus, hin- u. hergebogen
retrofráctus, abwärts geknickt
retrórsiserrátus, rückwärts sägezähnig
retrórsus, zurück, rückwärts
gekehrt
retrospinósus, retrospínus,
mit zurückgerichteten Dornen
retroversum, zurückge-
schlagen
retrúsus, entfernt, versteckt
retúsus, stumpf, abgestumpft
reuteriána, reúteri, n. Georges
François Reuter (1805-72),
franz.-schweiz. Bot.
revérsus, zurückgewendet
revértens, sich wendend
reviréscens, wieder ergrünend,
sich verjüngend
revolúbilis, zurückrollbar
revolutifólius, mit zurückgeroll-
ten Blättern
revolutívus, revolútus, zurückgerollt, umgerollt
revólvens, sich zurückrollend
réx, König

réx-cultórum, für eine Garten-
form v. *Begónia rex*
réx-hýbrida, Form des Bastard-
komplexes von *Begónia rex*
réxii, n. George Rex
(1765–1839), engl. Regierungsbeamter u. Gentlemanfarmer
in Südafrika
rhabdólepis, stiftschuppig,
rutenschuppig
rhachípterus, rhachipterýgius,
mit geflügelten Spindeln
rhachítrichus, mit behaarten
Spindeln
rhaēticus, rhaētus, aus d.
Rätischen Alpen (Schweiz)
stammend
rhagadiólepis, ritzenschülfrig,
schrundenschülfrig
rhamnoídes, kreuzdorn-
(Rhámnus) ähnlich
rhaphidacánthus, spitzstache-
lig, nadelstachelig
rhaphidoídeus, nadelartig
rhaphidóphorus, nadeltragend
rhaphidophýllus, nadelblättrig
rhapónticum, s. Gttgsn.
rhaptoídes, nahtförmig
rheifólius, rhabarber- *(Rhéum)*
blättrig
rhenánus, am Rheim wach-
send
rhinanthifólius, klappertopf-
(Rhinánthus) blättrig
rhinánthus, nasenblütig, rüssel-
blütig
rhipsaloídes, binsenkaktus-
(Rhipsális) ähnlich
rhiz-, -rhizus, rhizo-, in Zus.set-
zungen: wurzel-
rhizánthus, wurzelblütig
rhizinoídes, wurzelähnlich
rhizocárpus, wurzelfrüchtig
rhizocaūlis, wurzelstielig
rhizocéphalus, wurzelköpfig
rhizoídes, wurzelähnlich
rhizomórphus, wurzelartig gestaltet

rhizóphorus, wurzeltragend
rhizophýllus, wurzelblättrig
rhizospérmus, wurzelsamig
rhizóstachys, rhizostáchyus,
wurzelährig
rhod-, rhodo-, in Zusa.set-
zung.: rosen-, rosenrot-
rhodacánthus, mit rosenroten
Stacheln
rodánthemus, rhodánthus, mit
rosenroten Blüten
rhodíolus, rosig
rhodocárpus, mit rosenroten
Früchten
rhodocéntrus, mit rosenrotem
Sporn
rhodochílus, rosalippig
rhodóchlamys, rosenrot bekleidet
rhodóchrous, rosenrot gefärbt
rhodocínctus, rosenrot
umgürtet, rosenumgürtet
rhodocyáneus, rotblau, blaurot
rhodólepis, mit rosenroten
Schuppen
rhodoneūrus, mit rosenrotge-
färbten Nerven
rhodopénsis, vom Rhodopege-
birge (Balkan) stammend
rhodophthálmus, rosenrot
„geäugt"
rhodophýllus, rosenblättrig
rhodopleūrus, mit rosenroten
Lippen
rhodopógon, mit rosenrotem
Bart
rhodópterus, rhodopterýgius,
mit rosenroten Flügeln
rhodóstomus, mit rosenrotem
Schlund
rhoeadiflórus, klatschmohn-
(Papáver rhōeas) blütig
rhoeadifólius, klatschmohn-
(Papáver rhōeas) blättrig
rhoēas, Mohn, antiker N. d.
Klatschmohn
rhoifólius, sumach- *(Rhús)*
blättrig

rhómbeus, rhómbicus, rautenförmig, rhombisch
rhombifólius, rautenblättrig
rhomboidális, rhomboídeus, rautenähnlich, rhomboidisch
rhopalocaūlis, keulenstielig
rhopalóphorus, keulentragend
rhopalophýllus, keulenblättrig
rhopalospádix, keulenkolbig
rhynch-, rhyncho-, in Zus.setzung.: schnabel-, rüssel-
rhynchánthus, schnabelblütig
rhynchocárpus, schnabelfrüchtig
rhyncholaēnus, hartschnäbelig, hartrüsselig
rhynchóphorus, schnabeltragend, rüsseltragend
rhynchophýllus, schnabelblättrig
rhynchospérmus, schnabelsamig, rüsselsamig
rhytídeus, runzlig
rhytidocárpus, runzelfrüchtig
rhytidomátus, runzlig, mit Runzeln überzogen
rhytidophylloídes, *Viburnum rhytidophyllum* ähnlich
rhytidophýllus, runzelblättrig
rhytidospérmus, runzelsamig
ribefólius, *Ríbes*-blättrig
ríbes, s. Gttgsn.
ribesioídes, johannisbeer-*(Ríbes)* ähnlich
ribefólius, *Ríbes*-blättrig
riccartoniána, v. Riccarton in Schottland, wo die Züchtung stattfand
riceána, n. T. Spring-Rice, brit. Schatzkanzler 1835–39
richardsónii, Sir John Richardson (1787–1865), engl. Naturwiss. u. Polarforscher gew.
ricinifólius, wunderbaum- *(Ricinus)* blättrig
ricinoídes, wunderbaum- *(Ricinus)* ähnlich
rictifórmis, rachenförmig

riddélii, n. Lohn Leonard Riddel (1807–65), nordamer. Chemiker u. Bot.
ridiculósus, ridículus, lächerlich, spaßhaft
riedeliána, n. Ludwig Riedel (1790–1861), dtsch. Pflanzensammler in Brasilien
rígens, starr, steif
rigéscens, erstarrend, steif werdend
rigidiflórus, steifblütig
rigidifólius, steifblättrig
rigidispínus, steifstachelig
rigidíssima, sehr starr
rigidiúsculus, etwas steif
rigídulus, etwas steif
rígidus, starr, steif, unbiegsam
ríguus, bewässert, an feuchten Stellen wachsend
rimális, rißartig
rimósipes, rinnenstielig
rimósus, rissig
rimulósus, sehr rissig
ríngens, rachenförmig, fletschend
ríngo, japan. N. einer Apfelart
ripárius, uferliebend, an Ufern wachsend
riríei, n. B. Ririe, brit. Missionar in China (Anf. 20. Jahrh.)
ritchieána, Joseph Ritchie, (c. 1788–1819) engl. Arzt u. Forschungsreisender, gewidmet
rítro, südeurop. N. einer Echinops-Art
rítteri, n. Fr. Ritter (s. *Ritterocéreus*)
rivális, rivuláris, bachliebend, an Bächen wachsend
riviéri, n. M. Rivière, franz. Gärtner (19. Jahrh.)
riviniána, rivínii, s. *Rivína* (= Gttgsn.)
rivulórum, der kleinen Bäche, an kleinen Bächen wachsend
robiginósus, rostig, rostrot

robinioídes, scheinakazien-
(Robínia) ähnlich
robinsoniána, Sir Hercules Robinson gewidmet (1869 Gouverneur v. NSW, Australien)
robinsónii, n. Benjamin L.
Robinson (1864–1935), nordamer. Bot.
robertiánus, Roberts, Rup-
rechts
robóreus, aus oder wie Eichen-
holz
róbur, Kraft, Kernholz, Eichen-
holz
robustispínus, hartstachelig,
starkstachelig
robústior, robústius, kräf-
tiger
robústus, stark, kernig, kräftig
rocheliána, n. Anton Rochel
(1770–1847), österr. Bot.
rochénsis, wahrsch. n. F. de la
Roche (s. *Rochéa*)
rodigasiánum, n. E. Rodigas
(1831–1902), span. Pflanzensammler (in Südamerika)
roebelénii, M. Roebelin,
schweiz. Pflanzensammler
(19. Jahrh.) auf den Philip-
pinen
roemeriána, s. *Roeméria*
(= Gttgsn.)
roezlii roetzlii?), n. Bened.
Roezl (1824–85), österr. Reisender u. Sammler
rohaniána, n. Camille de
Rohan, tschech. Gärtner u.
Züchter (19. Jahrh.)
rohlfsiánum, n. Gerhard Rohlfs
(1831–96), dtsch. (?) Pflanzensammler
rólfeae, s. *Rolfeára* (Orch.
Hybr.Gattung)
rollisónii, n. d. Gebrüdern
George (1800–80) u. W. Rol-
linson († 1875), engl. Pflanzenzüchter
romanétii, n. Fred. Romanet de

Caillaud, franz. Bot. u. Reisender (China; Ende 19. Jahrh.)
románicus, románus, römisch,
aus Rom stammend
romanzoffiánum, s. *Romanzóffia* (= Gttgsn.)
roodeae, einer Mrs. Rood, von
Van Rhynsdorp, Namaqua-
land, SW-Afrika gewidmet
rórans, tauend
róridus, betaut
róriger, rorígera, rorígrum,
tauspendend
rosáceus, rosenartig
rosaeflórus, rosenblütig
rosaefólius, rosenblättrig
rosálbus, rötlichweiß
rosárius, Rosen betreffend
rósa-sinénsis, chines. Rose od.
N. d. Hibiscus
róscidus, betaut, benetzt
roscoeána, s. *Roscoea*
(= Gttgsn.)
rosenbachiána, dem russ. General N. O. v. Rosenbach,
Gouverneur von Turkestan
(19. Jahrh.) gew.
rosenthálii, David August Ro-
senthal (1821–75), wahrsch.
nordam. Pflanzenzüchter, gew.
róseo-aéneus, rosa bronziert
roseoálbus, rötlichweiß
roseopíctus, rosa bemalt
róseus, rosenrot
rosiflóra, rosablütig
rosmarinifólius, rosmarin-
(Rosmarínus) blättrig
rosmarinifórmis, rosmarin-
(Rosmarínus) förmig
rosodórus, n. Rosen duftend
rossiánus, Henry James Ross
(1820–1902), engl. Gartenbesitzer (bei Florenz) gewidmet
róssicus, russisch, aus Rußland
stammend
róssii, n. einem John Ross,
engl. Sammler in Mexiko
(19. Jahrh.)

rostellátus, klein geschnäbelt
rostéllifer, rostellífera, rostellíferum, ein Schnäbelchen tragend
rostellulátus, klein geschnäbelt
rostrátus, geschnäbelt
-rostris, in Zus.setzungen: -schnäbelig
rósulans, Rosetten bildend
rosuláris, rosulátus, rosettenartig, rosettenbildend
rótang, malaiischer N. einer Palme
rotátus, radförmig
rothomagénsis, aus Rouen (Frankreich) stammend
rothróckii, n. Joseph Trimble Rothrock (1839–1922), nordamer. Pflanzensammler
rothschildiána, Lionel Walter, 2. Baron von Rothschild (1868–1937), bekannter Pflanzenfreund u. Förd. d. Wiss. gewidmet
rotundátus, abgerundet, rundlich
rotundifólius, rundblättrig
rotundílobus, rundlappig
rotúndulus, rundlich
rotúndus, rund
roxburghiána, roxbúrghii, William Roxburgh (1751–1815), schott. Arzt u. Bot. gewidmet
roxieánum, d. Pflanzensammlerin Roxie Hanna in Tali- fu, China (Anf. 20. Jahrh.) gew.
royleána, roylei, n. John Forbes Royle (c. 1798–1858), engl. Arzt u. Bot. (in Indien)
rubéllus, rötlich
rúbens, rot, errötend
rúber, rúbra, rúbrum, rot
rubérrimus, sehr rot, leuchtendrot
rubéscens, rot werdend
rubiaeflórus, krapp- *(Rúbia)* blättrig

rubiaefólius, krapp- *(Rúbia)* blättrig
rubicaulis, rotstenglig, rotstielig
rubicúndus, kräftig rot
rubídulus, schwach gerötet
rúbidus, rötlich
rubiflórus, brombeer- *(Rubus)* blütig
rubifólius, brombeerblättrig
rubifórmis, brombeerförmig
rubiginósus, rostrot, braunrot
rubioídes, krapp- *(Rúbia)* ähnlich
rubispínus, mit rötlichen Dornen
rubivénia, rotgeadert
rubri-, rubro-, in Zus.setzungen: rot-
rubrocaerúleus, rotblau
rubrócalyx, rotkelchig
rubrocaúlis, rotstielig
rubrocínctus, rot gesäumt
rubrocoerúleus, rotblau
rubrocyáneus, rotblau
rubroflórus, rotblütig
rubrofólius, rotblättrig
rubrofúsca, dunkelrot
rubrolimbátus, rubrilímbus, rotrandig, rot gesäumt
rubrolútea, rötlich-gelb, safrangelb
rubronérvus, rotnervig
rubrósa, Rosenbastard: *rubrifólia × rugósa*
rubrospínus, rotdornig
rubrostílla, *rubra* = rot, u. *stilla* = Tropfen Flüssigkeit (auf die roten Früchte bezugnehm.)
rubrotínctum, rotgefärbt
rubrovénius, rotadrig
rubrovioláceus, rotviolett
rubrovittátus, rot gestreift, rot gebändert
rúbus, s. Gttgsn.
rúckeri, einem Mr. Rucker, engl. Orchideenzüchter (in Wandsworth, um 1873) gew.

ruderális, schuttliebend, auf Schutt wachsend
rúdis, roh, öde, wildwüchsig
rufángulus, rotkantig
ruféscens, fuchsrot werdend
rufibárbus, fuchsrot gebartet
ruficapíllus, fuchsrot behaart
ruficaūlis, fuchsrot gestielt
rúficeps, fuchsrotköpfig
ruficínctus, fuchsrot gesäumt
rúfidus, rufidulus, fuchsrot
rufinérvis, fuchsrot genervt
rúfipes, fuchsrot gestielt
rufobarbátus, fuchsrot gebartet
rufotomentósus, mit fuchsrotem Filz
rúfus, rúfulus, fuchsrot
rugátus, runzlig
rugílobus, runzellappig
rugósus, sehr runzlig
rugulósus, feinrunzlig
rumélicus, rumelianum, aus Rumelien (Bulgarien, Griechenland) stammend
ruminátus, klüftig benagt
rúmpens, zerspringend, zerplatzend
rumphiánum, rúmphii, n. G. E. Rumpf (1628–1702), holländ. Bot.
runcinátus, grob gesägt, schrotsägezähnig
rupéster, rupéstris, rupéstre, felsliebend, auf Felsen wachsend
rupícolus, Felsbewohner
rupífragus, felsbrechend
ruprechtiána, rupréchtii, n. Franz J. Ruprecht (1814–70), Prager Bot. (in Rußland)
rúptilis, berstend, zerbrechlich
ruptinérvius, mit abgerissenen Nerven
rurális, ländlich, auf Feldern wachsend
ruschiórum, von *Rúschia* (= Gttgsn.) abgeleitet

rusciflórus, mäusedorn- *(Ruscus)* blütig
ruscifólius, mäusedorn- *(Rúscus)* blättrig
ruscifórmis, mäusedorn- *(Rúscus)* förmig
russátus, rot gefärbt
russelliánum, John Russell (1766–1839), Herzog v. Bedford u. Förd. d. Wiss. gewidmet
rússicum, rötlich, od. von Rußland
rússus, rötlich
rusticánus, a. d. Lande gebräuchlich
rústicus, bäuerlich, ländlich, einfach
rúta, Raute
rutáceus, rautenartig
rutaefólius, rauten- *(Rúta)* blättrig
rúta-murária, Mauerraute
ruthénicus, aus Ruthenien, transkarpatische Landschaft zw. Ungarn u. d. Ukraine
ruticárpus, wahrsch. d. rautenähnlichen Früchte wegen
rutidobúlbus, mit schorfigen Zwiebeln
rutidólepis, rautenschuppig
rutifólius, rautenblättrig (s. *rutaefólius*)
rútilans, gelblichrot
rútilus, rotgelb, goldgelb
ruyschiána, n. Frederick Ruysch (1638–1731), holländ. Arzt u. Bot.
rynchánthus, schnabelblütig
rynchocárpus, schnabelfrüchtig
rynchochlaēnus, mit schnabelförmiger Hülle
rynchóphorus, schnabeltragend
rynchospérmus, schnabelsamig
-rynchus, in Zus.setzungen: -schnäbelig

ryparoglóssus, schmutzzüngig
rytídeus, runzelig
rytidocárpus, runzelfrüchtig
rytidólepis, runzelschuppig
rytidophýllus, runzelblättrig
rytidospérmus, runzelsamig

S

sabaúdus, aus Savoyen (SO-Frankreich) stammend
sabdaríffa, nach einem westind. (?) Vulgärnamen
sabína, sabiniána, lat. N. d. Sadebaums
sabinoídes, sadebaum- *(Juníperus sabína)* ähnlich
sabulósus, sandliebend, auf Sandboden wachsend
saccátus, sackartig
saccharátus, zuckerig
sacchalinénsis (sic?), s. *sachalinénsis*
sacchárifer, saccharífera, sacchariferum, Zucker liefernd
sacchariflórus, zuckerrohr- *(Sáccharum)* blütig
sacchárinus, zuckerartig, zukkerrohrartig
saccharoídes, zuckerrohr- *(Sáccharum)* ähnlich
saccharóphorus, Zucker liefernd
sáccharum, Zucker
sacculátus, wie ein Säckchen geformt
sácer, sácra, sácrum, heilig
sachalinénsis, v. d. Insel Sachalin (O-Asien, jetzt z. UdSSR gehörend)
sacrátus, geheiligt
sacrificális,sacríficus, zum Opfer gebräuchlich
sacrórum, der Heiligen
saepiárius, an Zäunen oder Hecken wachsend

saepícola, Zaunbewohner, Heckenbewohner
saēpiens, einzäunend
sagátus, mit Wolle umgeben
sagenárius, wahrsch. v. gr. *sagene* = Netz abgel.
ságinans, mästend
saginoídes, knebel- *(Sagína)* ähnlich
sagittális, sagittárius, sagittátus, pfeilförmig
sagíttifer, sagittífera, sagittíferum, pfeiltragend
sagittifólius, pfeilblättrig
ságu, südostasiat. N. der Sagopalme
saint-paulii, s. *Saintpaulia* (= Gttgsn.)
salagénsis, von Salaga, Stadt am Volta-See, im Norden Ghanas, Westafrika
sálax, geil, aufreizend
salebrósus, holprig, uneben
salicariaefólius, weiderichblättrig
salicaroídes, weiderich- *(Lýthrum salicária)* ähnlich
salicárius, an Weiden erinnernd
salicifólius, weiden- *(Sálix)* blättrig
salícinus salígnus, weidenartig
salícola, auf salzigen Böden
salicornioídes, glasschmalz- *(Salicórnia)* ähnlich
salínus, salzliebend, an salzigen Orten wachsend
salivósus, speichelartig, schleimig
salmdyckiána, nach Salm-Reifferscheidt-Dyck; s. *Dyckia* (= Gttgsn.)
salmiána: siehe oben
salmoneo-, in Zus.setzungen: lachsfarben-
salmóneus, lachsfarbig
salmonícolor, lachsfarben

salmonophlŏēus, mit lachsfarbiger Rinde

salpingánthus, trompetenblütig

salpingóphorus, trompetentragend

salsíllus, schwach salzig

salsoloídes, salzkraut- *(Sálsola)* ähnlich

salsugíneus, salsuginósus, salzliebend

sálsus, salzig, gesalzen, beißend

saltatórius, zum Tanzen gehörig oder verwendet

saltuósus, im Walde, waldig

salúber, salúbris, salúbre, heilsam, der Gesundheit zuträglich

saluenénsis, v. Salwin (Salween) Fluß, zw. Burma u. China

salutáris, heilkräftig

salviifólius, salviaefólius, salbei- *(Sálvia)* blättrig

salviodórus, n. Salbei *(Sálvia)* duftend

salzmánnii, Phil. Salzmann (1781–1851), franz. Bot. gew.

samárifer, samarífera, samaríferum, eine Flügelfrucht tragend

sámbac, persischer od. ind. (?) N. d. Jasmin

sambucifólius, holunder- *(Sambúcus)* blättrig

sambúcinus, holunder- *(Sambúcus)* artig

sámius, v. d. Insel Samos, im Ägäischen Meer

sánctae-catharínae, aus Santa Catharina (Brasilien) stammend

sánctae maríae, die Heilige Maria betreffend

sancti-johánnis, dem Heil. Johannis gewidmet u. ansch. am Johannestag blühend, od. St. Ivan Rilski (d. Rila-Klosters in Bulgarien) zu Ehren

sánctus, heilig, geheiligt; aus dem Heiligen Lande, einem Heiligen Berge etc.

sanderiána, sánderi, H. F. C. Sander (1847–1920), dtsch.- engl. Gärtner gew.

sandillón, wahrsch. v. span. *sandilla* = Wassermelone, der Form wegen, abgeleitet

sanguinális, blutrot, zum Blut gehörig

sanguíneus, blutrot

sanguiniflóra, mit blutroten Blüten

sanguinoléntus, blutig, voller Blut

sanguisórba, bluteinsaugendes Kraut

sanguisorbifólius, wiesenknopf- *(Sanguisórba)* blättrig

saniósus, jauchig, giftig

sanssouciánus, aus d. Schloß Sanssouci (Potsdam) stammend bzw. S. gewidmet

santaloídes, sandelholz- *(Sántalum)* ähnlich

santónicus, wurmtreibend, als Wurmmittel verwendet

sápidus, schmackhaft

sápiens, weise

sapiéntum, der Weisen

sapindáceus, sapíndinus, sapíndus, seifenbaum- *(Sapindus)* artig

sapínus, n. Tannen duftend

saponáceus, seifenartig

saponária, s. Gttgsn.

saponarioídes, seifenkraut- *(Saponária)* ähnlich

sapphirátus, saphirblau

sapphirínus, saphirähnlich

saracénicus, sarazenisch, arabisch

sarcánthus, mit fleischigen Blüten

sarcinaeförmis, bündelförmig

sarcocalycántha, mit fleischigem Blütenbecher
sarcocárpus, mit fleischigen Früchten
sarcocéphalus, mit fleischigem Kopf
sarcochílus, mit fleischiger Lippe
sarcócladus, dickzweigig
sarcoídes, fleischähnlich, fleischig
sarcólepis, mit fleischigen Schuppen
sarcophýllus, mit fleischigen Blättern
sárcopus, dickstielig
sarcorrhízus, mit fleischigen Wurzeln
sarcóstipes, mit fleischigen Stielen
sardénsis, sárdous, aus Sardinien (Italien) oder aus der Stadt Sardes (Kleinasien) stammend
sargéntiae, sargentiánum, sargéntii, Ch. S. Sargent (1841–1927), nordamer. Bot. gewidmet
sarissifórmis, lanzenförmig
sarmáticus, aus dem alten Sarmatien, Teil d. europäischen Rußland u. Ostpolens
sarmentáceus, sarmentósus, wurzelrankig
sarniénsis, von der Kanal-Insel Guernsey (England) stammend bzw. v. dort beschrieben
sarocárpus, besenfrüchtig, rutenfrüchtig
sarothroídes, besenartig
sarsaparílla, span. Pfl. n.
sartoriánus, sartórii, n. Jos. Sartori (1809–80), österr. (?) Bot.
sasánqua, vom Japan. *sasankwa* abgeleitet
sássafras, steinbrechend
satívus, angebaut, angepflanzt

satsúmi, satsuménsis, aus d. Prov. Satsuma (Japan) stammend
saturativírens, tiefgrünend
saturátus, gesättigt
satureioídes, bohnenkraut- *(Saturéja)* ähnlich
satureiaefólius, bohnenkraut *(Saturéja)* blättrig
saundersi, William W. Saunders (1809–79), engl. Pflanzenzüchter gewidmet
saurocéphalus, molchköpfig, eidechsenköpfig
sautéri, n. A. E. Sauter (1800–81), österr. (?) Bot.
saxanguláris, in Felsspalten wachsend
saxátilis, felsliebend, auf Felsen wachsend
saxetárum, auf felsigem Boden
sáxeus, felsig, steinig
saxícola, Gestein od. Geröll bewohnend
saxifragioídes, steinbrech- *(Saxífraga)* ähnlich
saxífragus, felsbrechend, in Felsritzen wachsend
saxónicus, sächsisch, aus Sachsen stammend
saxósus, saxorum, felsig, steinig
scabéllus, etwas rauh
scáber, scábra, scábrum, scharf, rauh
scabérrimus, sehr scharf, sehr rauh
scabérulus, etwas rauh
scabiosifólius, scabiosaefólius, grindkraut- *(Scabiósa)* blättrig
scabiosoídes, grindkraut- *(Scabiósa)* ähnlich
scabiósus, grindig, räudig, krätzig
scabrátum, lat.: aufgerauht
scabréllus, scabrídulus, etwas rauh oder scharf

scábridus, rauh, scharf
scabrifólius, rauhblättrig
scabriglúmis, rauhspelzig
scábripes, rauhstielig
scabriúsculus, etwas rauh od.
scharf
scabrósus, völlig rauh oder
scharf
scalarifórmis, leiterförmig
scaláris, leiterartig, stufenartig
scalpellátus, scharfschneidig
scalpellifórmis, scalprátus,
skalpellförmig
scammónia, Purgierkraut, Pur-
gierwinde
scándens, kletternd, klimmend
scandícinus, nadelkerbel-
(Scándix) artig
scándicus, skandinavisch, aus
Skandinavien stammend
scapharóstris, gr. *skaphe* =
Trog, Wanne, u. lat. *rostrum* =
Schnabel (Genaust)
scaphioídes, nachenförmig,
kahnförmig
scaphóphorus, kahnbildend,
Mulden tragend
scaphophýllus, rinnenblättrig,
hohlblättrig
scápifer, scapíferum, stengel-
bildend
scapiflórus, schaftblütig
scapifórmis, schaftförmig, säu-
lenförmig
scápiger, scapígerum, gesten-
gelt, auf Stengeln
scapósus, reichschäftig
sccapulifórmis, schulterblatt-
förmig
scarabeoídes, käferähnlich
scárdica, vom Schar-Dagh
(Shardaghi = Mt. Scardus,
Albanien/Südjugoslawien)
scaríola, Wildlattich
scariósus, trockenhäutig
scarlátinus, scharlachrot
scaturíginus, Quellen bewohnend

scelerátus, schädlich, giftig
sceptrifórmis, zepterförmig
scéptrum, Zepter
scéptrum carolínum, Karlszep-
ter
scháffneri, n. Wilhelm Schaff-
ner (1830–82), dtsch. Bot.
scháfta, einheim. Pflanzenname am Kaspischen Meer
(östl. Kaukasus)
scharffiána, schárffii, Carl
Scharff, Pflanzensammler in
Brasilien gew. (Ende
19. Jahrh.)
scharló(c)kii, n. K. J. A. Schar-
lo(c)k, 1809–99), dtsch. Apotheker u. Bot.
scheerii, Frederick Scheer
(c. 1792–1868), engl. Gärtner
(in Kew) gew.
schéffleri, s. *Schéfflera*
(= Gttgsn.)
scheidéckeri, n. Peter Schei-
decker († 1890), Münchner
Pflanzenzüchter
schénkii, Jos. Aug. v. Schenk
(1815–91), dtsch. Bot., od. H.
Schenk in Darmstadt gewidmet
scherzeriánum, n. M. Scherzer
(1821–1903), österr. Pflanzensammler (Zentralamerika)
scheuchzeri, wahrsch. Joh. Jacob Scheuchzer (1672–1733),
schweiz. Arzt u. Naturforsch.
gewidmet
schickendantzii, n. F. Schik-
kendantz (1837–96), dtsch.-
argent. Naturforsch. u.
Sammler
schídiger, schidígera, schidí-
gerum, Splitter bildend
schiedeána, schíedei, n. Christian J. W. Schiede
(1798–1836), dtsch. Bot. u.
Reisender
schilleriána, einem Hamburger
Konsul u. Orchideengärtner
Schiller gewidmet (19. Jahrh.)

schímperi, W. Schimper (1804–78), dtsch. Bot. u. Sammler in Ostafrika gewidmet, od. n. d. Pflanzengeogr. A. F. W. Schimper (1856–1901)

schin-seng, schinseng, chines. Schreibweise des (siehe) Ginseng

schipkaënsis, vom Shipkapaß (Bulgarien) stammend

schismatócalyx, spaltkelchig, schlitzkelchig

schismatoglóttis, spaltzungig, schlitzzungig

schistáceus, schieferartig, schieferfarbig

schistocályx, spaltkelchig, schlitzkelchig

schistósus, schieferartig gespalten

schizánthus, spaltblütig

schizocárphus, spaltfrüchtig

schizocheila, mit geteilten od. gespaltenen Lippen

schizoídes, spaltähnlich

schizólepis, spaltschuppig

schizolómus, spaltrandig, spaltig gesäumt

schizoneūrus, spaltnervig

schizopétalus, mit gespaltenen Kronblättern

schizophýllus, spaltblättrig, schlitzblättrig

schizosépalus, mit gespaltenen Kelchblättern

schizospáthus, mit gespaltener Blütenscheide

schlécheri, F. R. R. Schlechter (1872–1925), dtsch. Bot. gewidmet

schleicheri, n. Joh. Christ. Schleicher (1768–1834), schweiz. Bot.

schlippenbáchii, Baron Alex v. Schlippenbach, dtsch.-russ. Marineoffizier u. Pflanzen-

sammler (Mitte 19. Jahrh., Mandchurei) gew.

schmidtiána, schmídtii, n. J. A. Schmidt (1823–1905), dtsch. Bot., od. dem Mitinhaber der Gartenfirma Haage & Schmidt (Erfurt) gewidmet

schnittspáhnii, n. Georg Friedr. Schnittspahn (1810–65), dtsch. Bot.

schoenlándii, n. Selmar Schönland (1860–1940), dtsch.-südafr. Bot.

schoenoídes, kopfriet-(Schŏenus) ähnlich

schoenóprasum, gr. schoinos = Schmiele u. prason = Lauch; Schnittlauch

schomburgkiánum, schómburgkii, Sir Robert H. Schomburgk (1804–65), dtsch. Forschungsreisender (Südamerika) gewidmet

schóttii, n. Arthur Schott, nordamer. Pflanzensammler (19. Jahrh.)

schréberi, Joh. Chr. Dan. von Schreber (1739–1810), dtsch. Bot. gew.

schrénkii, n. Alexander G. v. Schrenk (1816–76), russ. Bot. u. Reisender

schroederae, Baron Henry v. Schröder (1824–1910), Bankier u. Orchideenzüchter (in Englefield Green, England) gew.

schúbei, n. Theodor Schube (1860–1934), dtsch. Pflanzensammler (trop. Afrika)

schúbertii, G. H. v. Schubert (1780–1860), dtsch. Arzt u. Palästina-Reisender gew.

schumanniánus, n. Karl Moritz Schumann (1851–1904), dtsch. Bot. u. Kakteenforsch.

schwantésii, s. Schwantésia (= Gttgsn.)

schweickertiána, n. H. G. W.

J. Schweickert (1903–77), dtsch.-südafr. Bot.

schweinfúrthii, G. A. Schweinfurth (1836–1925), dtsch. Geogr. u. Bot. gewidmet

schwerínae, Fr. K. Alex. v. Schwerin (1856–1934), dtsch. China-Reisendem gew.

sciadophylloídes, schirmblattähnlich (*skia* = Schatten)

sciadophýllus, schirmblättrig

scilláris, meerzwiebel- *(Urgínea marítima)* ähnlich?

scillínus, blaustern- *(Scílla)* artig

scilloídes, blaustern- *(Scílla)* ähnlich

scíndens, zerreißend, zerschneidend

scíntillans, funkelnd, blitzend

scintíllulans, etwas funkelnd oder blitzend

scióphilus, schattenliebend, im Schatten wachsend

scipionifórmis, wie ein röm. Konsulstab geformt

scipiónum, eigentl. „der Stäbe", d.h. zum Gehen oder Schlagen

scírpeus, simsenartig, aus Simsen hergestellt

scirpoídes, simsen- *(Scírpus)* ähnlich

scírrhodon, hartzähnig

scirrhóphorus, beulentragend

scíssus, geschlitzt, spaltig

scitamíneus, gewürzartig

scitaminósus, gewürzig

scítulum, lat.: fein, hübsch

sciuribárbusus, mit einem Eichhörnchenbart versehen

sciuroídes, einem Eichhörnchen ähnlich

scaréa, Scharlachsalbei; s. Gttgsn.

scleránthus, hart- od. knorpelblütig

scléreus, trocken, knorpelig

sclerocárpus, hartfrüchtig, knorpelfrüchtig

sclerophýllus, hartblättrig, trockenblättrig

sclerópterus, hartflügelig, trokkenflügelig

sclerótrichus, sclérothrix, trokkenhaarig, knorpelhaarig

scleróxylon, Hartholz

sclérus, hart, trocken, od. knorpelig

scobifórmis, sägespanförmig

scolopendrifólius, *(Phyllitis) scolopéndrium-* blättrig

scolopéndrinus, hirschzungen- *(Scolopéndrium)* artig

scolopendrioídes, hirschzungen- *(Scolopéndrium)* ähnlich

scolymoídes, artischocken- *(Cýnara scólymus)* ähnlich

scólymus, röm. N. einer eßbaren Distel; Artischocke

scópa, Reisig, Besen

scopárius, besenartig, zum Besenbinden verwendet

scópiger, scopígera, scopígerum, Besen erzeugend bzw. für solche verwendet

scopoliána, scopólia, s. Gttgsn.

scopúlinus, kleine Besen tragend

scopulósus, felsig, klippig

scordioídes, lauchgamander- *(Teūcrium scórdium)* ähnlich

scórdium, s. Gttgsn.

scorodónius, knoblauchartig

scorodóprasum, Schlangenlauch, Knoblauch

scorpioídes, einem Skorpion ähnlich

scorpiúrus, wie ein Skorpion geschwänzt

scórteus, lederig, verschrumpft

scorzonerifólius, schwarzwurzel- *(Scorzonéra)* blättrig

scorzoneriformis, schwarzwurzel- (*Scorzonéra*) förmig
scorzoneroídes, schwarzwurzel- (*Scorzonéra*) ähnlich
scótius, schottisch, aus Schottland stammend
scotóphilus, schattenliebend, im Schatten wachsend
scotophýllus, düsterblättrig, dunkelblättrig
scottiánum, Robert Scott (1757–1808), Bot. in Dublin (Irland) gewidmet
scouleri, n. John Scouler (1804–71), schott. Zoologe u. Sammler
scríptus, beschrieben
scrobiculáris, scrobiculátus, mit Grübchen versehen
scrophularioídes, braunwurz- (*Scrophulária*) ähnlich
scrophulárius, Skrofeln heilend, skrofelig
scrotifórmis, hodenförmig
scrúpeus, scrupósus, scrupulósus, rauh, schroff, voller Spitzen
scúlpilis, sculpturátus, geschnitzt
scúrrilis, scúrrus, lustig, närrisch
scutátus, mit langem Schild versehen, beschildet
scutellarioídes, helmkraut- (*Scutellária*) ähnlich
scutellátus, schüsselartig
scutellifórmis, schüsselförmig
scuticátus, riemenförmig, peitschenförmig
scutifólius, schildblättrig
scutifórmis, schildförmig
scýphifer, scyphífera, scyphíferum, bechertragend
scyphifórmis, becherförmig, tassenförmig
scyphocályx, gr. *skyphus* = Becher, u. *kalyx* = Kelch: mit becherförm. Kelch

scytoídes, lederähnlich, lederartig
scytophýllus, lederblättrig
seaforthiánum, s. *Seafórthia* (= Gttgsn.)
seársiae, n. Sarah C. Sears, nordamer. Pflanzensammlerin u. Malerin (China: Anf. 20. Jahrh.)
sebáceus, talgartig
sébifer, sebífera, sebíferum, Talg gebend
secálinus, roggen- (*Secále*) artig
secédens, trennend, zerfallend
sechellárum, v. d. Seychellen-inseln (östl. v. Afrika u. Madagaskar) stammend
séctifrons, schnittig belaubt
-sectus, in Zus.setzung.: zerschnitten
secturátus, geschnitten
secundárius, der oder das zweite
secundátus, der folgende, begünstigte
secundiflórus, einseitswendig blühend
secundifólius, einseitswendig belaubt
secúndus, der zweite, der nächste od. einseitswendig
securidifórmis, securifórmis, beilförmig
securifólius, mit beilförmigen Blättern
secúriger, securígera, securígerum, beiltragend
secúrus, sicher, unbekümmert, sorglos
sedifólius, fetthenne- (*Sédum*) blättrig
sedifórmis, fetthenne- (*Sedum*) förmig
sedoídes, fetthenne- (*Sédum*) ähnlich
seelósii, n. Gustav Seelos, österr. Bot. (19. Jahrh.)

seemánnii, Berth. C. Seemann (1825–71), dtsch.-engl. Bot. u. Forschungsreisender gew.

segetális, in Saatfeldern wachsend

ségetum, der Saaten, in Saatfeldern wachsend

segregátus, abgesondert

seguiéri, n. Jean Fr. Séguier (1703-84), franz. Bot.

seguínus, anschein. N. einer südamer. Schierlingsart

sejugátus, sejúnctus, abgesondert, getrennt

selaginelloídes, *Selaginélla*-ähnlich

selaginoídes, *Selágo*-ähnlich

selágo, s. Gttgsn.

selectivus, seléctus, ausgewählt, auserlesen

selenocárpus, mondsichelfrüchtig

selenólepis, mit sichelförmigen Schuppen

selinoídes, silge- (*Selínum*) ähnlich

selénse, von Sela, od. dem Siela Paß, in NW-Yunnan, China

sélliger, sellígera, sellígerum, satteltragend

selloána, selloúm, sellowiána, Friedrich Sello(w), 1789–1831), dtsch.-brasilian. Gärtner u. Bot.

selskiánum, Ilarion Serg. Selskey (1808–61), russ. Geogr. gewidmet

semecárpus, fahnenfrüchtig

semenówii, Peter Petrowitsch von Semenow-Tian-Shansky (1827-1914), russ. Reisender u. Sammler gewidmet

semi-, in Zus.setzung.: halb-

semiadhäērens, semiadnátus, halb anhängend, halb angewachsen

semialátus, halbgeflügelt

semiapértus, halbgeöffnet

semibarbátus, halbgebärtet

semicirculáris, halbkreisrund

semicordátus, halbherzförmig

semicylíndricus, halbzylindrisch

semidecándrus, halbzehnmännig, fünfmännig

semidecúrrens, halb herablaufend

semidentáta, halb- od. schwach gezähnt

semieréctus, halbaufrecht

semiflosculósus, halbröhrenblütig, zungenblütig

semigaleátus, halbbehelmt

semihastátus, halbspießförmig

semilíber, semilíbera, semilíberum, halbfrei

semiloculáris, halbfächerig

semilunátus, halbmondförmig

seminíferus, samentragend

semiorbiculátus, halbkreisrund

semiovátus, halbeirund

semipartítus, *semi* = halb, u. *partitus* = teilig

semipectinátus, halbgekämmt oder kammförmig

semipedális, eineinhalb Fuß lang

semipinnátus, halbgefiedert

semiplénus, halbgefüllt

semiradiátus, halbstrahlig

semisagittátus, halbpfeilförmig

semiserrátus, halbgesägt

semisúperus, halboberständig

semitéres, halbstielrund

semivestítus, halbbekleidet

semperflórens, immerblühend

semperflorens-cultórum, Hybridenschwärme (*Begonia*): *semperflorens × cultorum*

sempérvirens, immergrünend

sempervivoídes, Sempervivum-ähnlich

sempervívus, immerlebend

séndtneri, Otto Sendtner (c.1813–59), dtsch. Bot. gew.

senecioídes, greiskraut- (*Senecio*) ähnlich
senéctus, alt, bejahrt
senéscens, ergrauend, alternd
senifólia, lt. Zander = sechsblättrig
senílis, greisenartig, weißhaarig
sensíbilis, sensitívus, empfindsam
senticósus, voller Dornen od. Stacheln
sepalánthus, kelchblütig
sepalósus, reich kelchblättrig
-sepalus, in Zus.setzungen -kelchblättrig
separábilis, trennbar
separátus, abgesondert, getrennt, einsam
sepiárius, in Hecken oder Zäunen wachsend
sepícola, Hecken- od. Zaunbewohner
sépium, der Zäune oder Hekken, in diesen wachsend
septanguláris, septangulátus, siebeneckig, siebenkantig
septem-, in Zus.setzungen: sieben-
septémfidus, siebenspaltig
septemfoliátus, siebenblättrig
septémlobus, siebenlappig
septemnérvus, siebennervig
septempartítus, siebenteilig
septenátus, siebenzählig
septentrionális, nördlich, nordisch
séptenus, zu oder je sieben
sépticus, fäulniserregend, auf fauligen Stoffen wachsend
séptifer, septífera, septíferum, eine Scheidewand tragend
septífragus, eine Scheidewand zerbrechend
séptiger, septígera, septígerum, eine Scheidewand tragend
septispínus, siebendornig

séptius, fäulniserregend, auf fauligen Stoffen wachsend
septúlifer, septulífera, septulíferum, eine Scheidewand tragend
septuplinérvius, siebenfach genervt
sepulcrális, als Grabschmuck verwendet
sepúltus, begraben, unterdrückt
séquax, schnell wachsend od. sich ausbreitend
serafínii, angebl. n. Serafino, einem ital. Bot.
sérbicus, aus Serbien (Jugoslawien) stammend
serénus, hell, klar, leuchtend
-seriális, i. Zus.setzg.: -reihig
seriátus, gereiht
sericanthus, seidenblütig
sericánus, sericátus, seidig, seidenartig
seríceus, seidig, seidenhaarig, seidenglänzend
serícifer, sericífera, sericófera, seidig, seidetragend
sericocályx, seidenkelchig
sericophýllus, seidenblättrig, atlasblättrig
serjaniaefólius, *Serjánia*blättrig
serótinus, spät, verspätet
sérpens, kriechend, sich schlängelnd
serpentárius, schlangenartig, Schlangenbiß heilend
serpentifórmis, schlangenförmig
serpentínus, auf Serpentinfelsen lebend, auch schlangenartig windend
serpylláceus, quendel- (*Thýmus serpýllum*) artig
serpyllifólius, quendel- (*Thýmus serpýllum*) blättrig
serpýllum, röm. N. des Quendels

serratifólius, mit gesägten Blatträndern

serratipétala, mit gesägten Kronblättern

serratuloídes, scharten- (*Serrátula*) ähnlich

serraturátus sägezähnig

serrátus, gesägt

serrifórmis, sägeförmig

serrulátus, sérrulus, feingesägt

serruliflórus, mit gesägten Blütenblättern

sertifórmis, sertulátus, sertulósus, blumengewindeförmig, bekränzt

sertúlifer, sertulífera, sertulíferum, kranztragend

sérus, spät wachsend oder blühend

sesamoídes, sesam- (*Sésamum*) ähnlich

sesbánia, s. Gttgsn.

seseloídes, sesel- (*Séseli*) ähnlich

sesquipedális, eineinhalb Fuß lang

sessiliflórus, mit sitzenden Blüten

sessilifólius, mit sitzenden Blättern

séssilis, sitzend, ungestielt

setáceus, setárius, borstig

setáta, ebenf. borstig

setchuenénsis, setchuénsis, aus S'zschwan = Sitchuan (China) stammend

setícalyx, mit borstigem Kelch

sétifer, setífera, setíferum, borstentragend

setifórmis, borstenförmig

sétiger, setígera, setígerum, borstentragend

setipóda, mit borstigem Stiel (od. Fuß)

setispínus, borstendornig

setósus, reichborstig

setúliger, setulígera, setulígerum, kleine Borsten tragend

setulósus, kleinborstig

sevérus, streng, hart, grausam

sexanguláris, sechseckig, sechskantig

séxtilis, im August blühend

sexuális, geschlechtlich

seychellárum, v. d. Seychelleninseln (öst. v. Afrika) stammend

sháferi, n. John A. Shafer (1863–1918), nordamer. Bot.

shállon, anschein. indianisch. Pfl.n.

shasténsis, vom Mount Shasta (westl. N.-Amerika) stammend

shephérdii, wahrsch. n. Henry Shepherd (c. 1783–1858), engl. Bot.

shirénsis, a. d. Shiré-Hochland, in Malawi, od. v. Shire-Fluß (Malawi/Mozambik)

shórtii, s. *Shórtia* (= Gttgsn.)

shuménsis, von Shume, im Tanga Distrikt, Tanzania

shuttleworthiánus, shuttlewórthii, n. Robert James Shuttleworth (1810–74), engl. Naturforscher u. Pflanzensammler

siaménsis, aus Siam (= Thailand) stammend

síbilans, síbilus, zischend, säuselnd

sibíricus, aus Sibirien stammend

sibthorpiána, sibthórpii, s. *Sibthórpia* (= Gttgsn.)

síccus, trocken

sicerária, v. lat. *sicera,* eine Art Sherbet abgel.

sicifólius, dolchblättrig

sicifórmis, dolchförmig

sicósus, dolchartig

siculifórmis, wie ein kleiner Dolch

sículus, aus Sizilien (Italien) stammend

sicyoídes, haargurken- (*Sícyos*) ähnlich

sidaefólius, *Sída*-blättrig
sidéreum, gr. stahlhart
sideritidoídes, gliedkraut- (*Síderítis*) ähnlich
sideróphilus, eisenliebend
siderophléa, Eisenrinde
sideróxylon, Eisenholz
sidoídes, *Sída*-ähnlich
siéberi, F. W. Sieber (1789–1844), engl. Pflanzensammler gew.
siebértii, n. Aug. Siebert (1854–1923), dtsch. Pflanzensammler
sieboldiána, siebóldii, Phil. Fr. v. Siebold (1796–1866), dtsch.-holländ. Bot. u. Sammler gew.
siehei, n. Walter Siehe (1859–1928), dtsch. Kaufmann u. Pflanzensammler, in Kleinasien
sigillátus, siegelartig
sigmoídes, sigmaähnlich, halbkreisförmig
signátus, gezeichnet
siifólius, merk- (*Síum*) blättrig
sikkiménsis, aus Sikkim (Himalaja-Staat) stammend
silaifólius, wiesensilgen- (*Sílaum*) blättrig
silenifólius, leimkraut- (*Siléne*) blättrig
silenoídes, leimkraut- (*Siléne*) ähnlich
silesíacus, aus Schlesien stammend
silíceus, kieselhaltig
siliculósus, schötchenartig (v. *siliqua* = Schote)
siliquástrum, schotenähnlich
siliquifórmis, schotenförmig
siliquósus, schotenartig
silváticus, waldbewohnend
silvéster, silvéstris, silvéstre, waldbildend, im Walde oder an unbebauten Orten wachsend
silvéstrii, n. Filipo Silvestre,

argent. Zoologe u. Sammler (19. Jahrh.)
silvícola, Waldbewohner
silvósus, waldig, voller Wald
siménsis, aus Simién, im Norden Ethiopiens stammend
símia, Affe
símílior, ähnlicher
símilis, ähnlich
simónii, Gabr. E. Simon (geb. 1829), franz. Diplomat u. Pflanzensammler gewidmet
simónsii, n. Jelinger Symons (1778–1851), engl. Geistl. u. Pflanzenzüchter, od. C. J. Simons, engl. Apoth. u. Sammler (in Südasien, Mitte 19. Jahrh.) gew.
simorrhínus, stumpfnasig
símplex, einfach, einfach blühend
simplicaulis, einfachstielig
simplicifólius, mit einfachen bzw. ungeteilten Blättern
simplicifrons, einfach belaubt od. ungeteilten Wedeln
simplicíssimus, am einfachsten, sehr einfach
símsii, simsiána, n. John Sims (1749–1831), engl. Bot.
símulans, täuschend
simultánus, gleichzeitig
sincérus, echt, natürlich, ungeschminkt
sinclaírii, n. Andr. Sinclair, engl. Arzt u. Verwaltungsbeamter in Neuseeland (c. 1796–1861) gew.
sindjarénsis, vom Debel Sindjar (den Sinjar-Bergen), in NW-Irak
sinénsis, chinesisch, aus China stammend
singuláris, einzeln, einzig
singuliflórus, einblütig, einzelblütig
sínicum, s. *sinénsis* u. *chinénsis:* aus China

siníster, sinístra, sinístrum, links, linksseitig
sinistrórsus, linksherum, links gewendet
sino-, in Zus.setzung.: aus China stammend
sinogránde, f. eine chinesische Form des *Rhododendron grande*-Komplexes
sinolístera, eine chines. Pflanze, M. Lister (1638–1712), engl. Arzt u. Naturforsch. gew.
sino-ornáta, die chines. Verwandte der *Gentiana ornata*
sinoplantagínea, eine Pfl. m. *Plantago*-ähnl. Blättern, aus China
sinopurpúrea, eine „chines. *purpúrea*" (*Primula*)
sintenísii, n. Paul Ernst Emil Sintenis (1847–1907), dtsch. Pflanzensammler
sinuátus, buchtig, ausgebuchtet
sinuósus, voll Buchten oder Falten
siphilítica, s. *syphilítica*
sípho, Schlauch, Röhre
siphonánthus, röhrenblütig
sisaroídes, merk- (*Síum*) ähnlich
sísarum, griech. Pfl. n.
sisymbriifólius, rauken- (*Sisýmbrium*) blättrig
sisymbrioídes, rauken- (*Sisýmbrium*) ähnlich
sisyrínchium, s. Gttgsn.
sitchénsis, von der Stadt Sitka auf der Baranof-Insel (im NW d. U.S.A.) stammend
sítiens, dürstend
sitkaénsis, s. *sitchensis*
sitoídes, getreideartig
sitóphilus, Getreide liebend
situlárius, eimerartig
skínneri, n. G. Ure Skinner (1804–67), engl. Pflanzensammler (in Amerika)

skírrhodon, hartzähnig
skirrhóphorus, beulentragend
smalliánus, n. John Kunkel Small (1869–1938), nordamer. Bot.
smaragdiflórus, mit smaragdfarbenen Blüten
smarágdinus, smaragdgrün
smilacifólius, stechwinden- (*Smílax*) blättrig
smilácinus, stechwinden- (*Smílax*) artig
smirnówii, S. Michaël Smirnow (1849–89), russ. Bot. u. Sammler (im Kaukasus) gewidmet
smithiána, smithii, n. Sir James Edw. Smith (1759–1828), Gründer d. Linnean Society, od. John Smith (1798–1888), schott. Gärtner, od. Christen Smith (1785–1816), norweg. Bot., oder J. Donnell Smith (1829–1928), nordamer. Bot. (oder einem ander. Smith) gewidmet
sobólifer, sobolífera, sobolíferum, Wurzelsprosse bildend
sóbrius, nüchtern, mäßig, trocken
socciflórus, sockenblütig
sociábilis, sociális, sociátus, gesellig, gesellschaftlich wachsend
socotránus, socotrínus, von der Insel Sokotra (Ostafrika, dem Jemen zu) stammend
sóda, angebl. arab. N. (?) einer *Sálsola*-Art
sodalícius, sodális, kameradschaftlich, gesellig
sodíroi, n. Luis Sodiro (1836–1909), ekuatorian. Bot.
sogdiánus, aus Sogdina (Turkestan) stammend
sója, v. chines. N. d. Sojabohne abgel.
solanáceus, nachtschatten- (*Solánum*) artig

solandraefólius, *Solándra*-
blättrig
solándri, s. *Solándra*
(= Gttgsn.)
solandriflórus, *Solándra*-
(= Gttgsn.) blütig
solanifólius, nachtschatten-
(*Solánum*) blättrig
solanoídes, nachtschatten-
(*Solánum*) ähnlich
soláris, sonnig, sonneliebend
soldanelloídes, troddelblu-
men- (*Soldanella*) ähnl.
soleirólii, s. *Soleirólia*
(= Gttgsn.)
solenacánthus, röhrenstache-
lig, rinnenstachelig
soleánthus, röhrenblütig
solidagíneus, goldruten- (*Solidágo*) artig
solidaginoídes, goldruten- (*Solidágo*) ähnlich
solidinérvis, ganznervig
sólidus, fest, massiv
soliséquus, der Sonne folgend
solitárius, einzelstehend, vereinzelt, abgesondert
solstitiális, sommerlich, im
Sommer blühend
sólus, einzeln, allein
solútus, lose, frei, ungebunden
somaliénsis, aus Somaliland
(NO-Afrika) stammend
sómnians, schlafend
**sómnifer, somnífera, somnífe-
rum,** Schlaf bringend
sonchifólius, saudistel- (*Sónchus*) blättrig
songáricus, soongáricus, aus
der Songarei (südl. Sibirien)
stammend
sonórus, tönend, schallend
sónticus, vom Isonzo (Südti-
rol) stammend
sóphia, Weisheit
sophóra, s. Gttgsn.
sophronítis, s. Gttgsn.
sopórus, einschläfernd

sorbifólius, ebereschen- (*Sórbus*) blättrig
sórbilis, schlürfbar, trinkbar
sordéscens, schmutzend
sórdidus, schmutzig
sórghum, ind. N. ein. Hirseart
sorocéphalus, vielköpfig, ge-
häuftköpfig
sorórius, verschwistert, gehäuft
sóspitans, heilend
soulangiána, n. Etiénne
Soulange-Bodin (1774–1846),
franz. Offizier u. Pflanzenzüchter
soulieána, souliei, Pater Jean
André Soulie (1858–c. 1903),
franz. Missionar in Tibet gewidmet
spachiánus, n. Edouard Spach
(1801–79), franz. Bot.
spadíceus, kolbenartig
spadiciflórus, kolbenblütig
**spadíciger, spadícigera, spa-
dícigerum,** kolbentragend
spaethiána, Fr. Ludw. Späth
(1839–1913) u. d. Sohn Hell-
mut (1885–1945), Baumschul-
besitzer in Berlin gewidmet
sparganioídes, igelkolben-
(*Spargánium*) ähnlich
sparsiflórus, lockerblütig, zer-
streutblütig
sparsifólius, lockerblättrig, zer-
streutblättrig
spársus, zerstreut, vereinzelt
spárteus, pfriemengrasartig
spartioídes, binsenginster-
(*Spártium*) ähnlich
spatháceus, blütenscheidenar-
tig, mit Blütenscheide versehen
spathiflórus, scheidenblütig
spathulátus, spatelig
spathulifólius, spatelblättrig
spathulifórmis, spatelförmig
spathúlinus, mit kleiner Blütenscheide
spécies, Spezies, Art

speciális, besonders
specíficus, der Art eigentümlich, spezifisch
speciosíssimus, am ansehnlichsten, schönsten oder prächtigsten
speciósus, ansehnlich, schön, prächtig
spectábilis, ansehnlich, sehenswert
spéctans, hinweisend, hinzielend
spectatíssimus, ganz vortrefflich, sehr sehenswert
speculátus, mit Spiegel versehen
spéculum, Spiegel
spéculum-véneris, Venusspiegel
spegazzínii, s. *Spegazzínia* (= Gttgsn.)
speltoídes, spelt- (*Tríticum spélta*) ähnlich
spelúncae = in Höhlen
sperábile, lat.: erhofft, hoffenswert
-spérmus, in Zus.setzungen: -samig
sphacelátus, bündelartig, fakkelartig
sphaeránthus, kugelblütig
sphaēricus, kugelig
sphaero-, in Zus.setzungen: kugel-, rund-
sphaerocárpus, kugelfrüchtig
sphaerocéphalus, kugelköpfig
sphaerocóccus, kugelbeerig, kugelkernig
sphaeroidális, kugelig
sphaeroídes, sphaeroídeus, kugelähnlich
sphaeróphorus, kugeltragend
sphaerospérmus, kugelsamig
sphaeróstachys, sphaerostáchyus, rundährig
sphaērótrichus, sphaērothrix, rundum behaart, rundhaarig

sphagnifólius, torfmoos- (*Sphágnum*) blättrig
sphálerus, schlüpfrig, gefährlich
sphégifer, sphegífera, sphegíferum, wespentragend, mit wespenähnlicher Blüte
sphegoídes, wespenähnlich
sphegóphorus, wespentragend, mit wespenähnlicher Blüte
sphenógynus, keilgriffelig
sphenoídes, keilähnlich
sphenóphorus, keiltragend
sphenophýllus, keilblättrig
spícant, soll Volksn. einer *Bléchnum*-Art sein (?)
spicatiflórus, ährenblütig
spicátus, ährig
spíca-vénti, Windähre
spiceriánum, n. einem Mr. Spicer, engl. Teepflanzer u. Orchideenzüchter (19. Jahrh.)
spicifórmis, ährenförmig
spíciger, spicígera, spicígerum, ährentragend
spiculátus, pfeilspitzig
spiculiflórus, spitzblütig
spiculifólius, spitzblättrig
spiculifórmis, stachelspitzig
spiculósus, pfeilspitzig
spilánthus, geflecktblütig
spilópterus, mit gefleckten Flügeln
spilótus, fleckig, gefleckt
spína, Dorn, Stachel
spína-chrísti, Christusdorn
spinálbus, weißstachelig
spinátus, bedornt
spinaūreus, goldgelbdornig
spinellósus, kleindornig
spinéscens, dornig werdend
spíneus, dornig
spinibárbis, dornbärtig
spínifex, Dorne hervorbringend
spiniflórum, mit bewehrten Blüten
spíniger, spinígera, spinígerum, dornbildend

spínipes, dornstielig
spinosíssimus, sehr dornig
spinósus, dornig
**spinúlifer, spinulífera, spinulí-
ferum,** Dörnchen tragend
spinulifólius, dornblättrig
spinulósus, kleindornig
spiraeifólius, spierstrauch-
(*Spiráea*) blättrig
spiraeoídes, spierstrauch-
(*Spiráea*) ähnlich
spirális, schraubig oder spiralig
gewunden
spiránthes, spiránthus, schrau-
benblütig
spirátus, geschraubt
spirocárpus, schraubenfrüchtig
spirocéntrus, schraubig gespornt
spirólobus, spiralig gelappt
spissiflórus, dichtblütig
spissifólius, dichtblättrig
spíssus, dicht, gedrängt
spithamáēus, spithaméus,
spannenlang
spléndens, glänzend
splendidíssimus, sehr glänzend
spléndidus, glänzend, schimmernd
splenifólius, milzblättrig
splenoídes, milzähnlich
spodiophýllus, aschgraublättrig
spodiótrichus, aschgrauhaarig
spondylánthus, wirbel- od. ge-
lenkblütig
spondylólepis, wirbelschuppig,
gelenkschuppig
spondýltum, mit wirbelartigen
Knoten
spóngia = Schwamm
spongiósus, schwammig
spontáneus, wildwachsend,
freiwillig, von selbst
spontenáscens, von selbst entstanden
sporadánthus, zerstreut-
blütig

sporádicus, zerstreut oder einzeln lebend
sporadocárpus, zerstreut-
früchtig
sporadólepis, zerstreut-
schuppig
-sporus, in Zus.setzungen:
-sporig, -samig
spréngeri, Carl L. Sprenger
(1846–1917), dtsch. Gärtner
(in Italien) gew.
spruceána, n. Richard Spruce
(1817–93), engl. Reisender u.
Sammler
spumárius, schaumartig, mit
Schaum bedeckt
spuméscens, schaumig werdend
spumósus, schaumig, schäu-
mend
spúrcus, unrein, kotig, ekelhaft
spúrius, falsch, zweifelhaft,
unehelich erzeugt
squálens, squálidus, schmutzig, unrein, od. auch starrend,
rauh
squamárius, beschuppt
squámash, indian. Pfl.n.
squamátus, squámeus, beschuppt, schuppig
**squámifer, squamífera, squa-
míferum,** schuppentragend
squamifórmis, schuppenförmig
**squámiger, squamígera, squa-
mígerum,** schuppentragend
squámipes, schuppenstielig
squamisétus, schuppenborstig
squamósus, voller Schuppen
squamulátus, squamulósus,
kleinschuppig
**squamúliger, squamulígera,
squamulígerum,** kleine
Schuppen tragend
squarrósus, sperrig
squarrulósus, etwas sperrig
stábilis, feststehend, standhaft
stachyoídes, ziest- (*Stáchys*)
ähnlich

stachyóphorus, ährentragend
stachy-; -stachys, -stachyus,
in Zus.setzung.: ähren-; – ährig
stagnális, in stehenden Gewässern wachsend
stagnínus, stillstehend
stahlii, Chr. Ernst Stahl
(1848–1919), dtsch. Bot. gewidmet
stamíneus, -stamíneus, staubblattartig, in Zus.setzgn.:
-staubfädig
staminifórmis, staubblattförmig
staminósus, reich an Staubblättern
standíshii, n. John Standish
(1814–75), engl. Gärtner u.
Züchter
stansfiéldii, n. Abraham Stansfield (1802–80), nordamer.
Pflanzensammler u. Züchter
stáns, aufrecht, stehend
stapeliaeflórus, aasblumen-
(*Stapélia*) blütig
stapeliaefórmis, aasblumen-
(*Stapélia*) förmig
stapelioídes, aasblumen- (*Stapélia*) ähnlich
staphiságria, scharfbeerig,
scharfsamig, scharf schmekkend
staticifórmis, widerstoß- (*Státice*) förmig
stauntónii, s. *Stauntónia*
(= Gttgsn.)
stauracánthus, kreuzstachelig
staurophýllus, kreuzblättrig
stélla, Stern
stellaespína, mit sternförm.
Dornen od. Stacheln
stéllans, blitzend
stellária, s. Gttgsn.
stelláris, sternartig, Sterne
tragend
stellatifólius, sternblättrig
stellátus, gestirnt, mit Sternen
besetzt

stelleriána, stélleri, Georg W.
Steller (1709–46), dtsch. Bot.
u. Rußlandreisender gew.
stélliger, stelligera, stelligerum, Sterne tragend
stellípilis, sternhaarig
stelluláris, stellulátus, kleinsternig
stemárius, stemmárius, kranzartig
stenanthérus, mit schmalen
Staubfäden
stenánthus, schmalblütig
sten-, steno-, in Zus.setzung.:
schmal-, dünn-
stenóbotrys, schmaltraubig
stenobúlbus, schmalzwiebelig,
auch schmalknollig
stenocárpus, schmalfrüchtig
stenocéphalus, schmalköpfig
stenochílus, schmallippig
stenócladus, dünnzweigig
stenocóma, schmalschopfig
stenoglóssus, schmalzüngig
stenogónus, schmalkantig
stenógynus, schmalgriffelig
stenólobus, schmallappig
stenolómus, schmal gesäumt
stenopétalus, mit schmalen
Kronblättern
stenophýllus, schmalblättrig
stenópteris, stenópterus,
schmalflügelig
stenosépalus, mit schmalen
Kelchblättern
stenospérmus, schmalsamig
stenóstachys, stenostáchyus,
schmalährig
stentórius, prahlerisch, prahlend
sténus, schmal
stephanacánthus, kranzdornig
stephanénse, Stephanus = lat.:
St. Etienne, Loire Dep.,
Frankreich
stephanocárpus, mit kranzförm. Früchten

stephanophýsus, mit aufgetriebener Nebenkrone
stércorans, düngend
stercorárius, den Mist betreffend
sterculiáceus, stinkbaum-
(*Stercúlia*) artig
stereoídes, steif, hart, dicht
stereophýllus, steifblättrig, hartblättrig
stérilis, unfruchtbar, genügsam
sternbérgii, s. *Sternbérgia* (= Gttgsn.)
stevenagénsis, v. Stevenage, Herfordshire, England (od. dort gezeugt)
steveniánum, n. Chr. v. Steven (1781–1863), finn. Bot. (in Südrußland)
stewartiánum, n. L. Baxter Stewart (1877–1934), schott. Bot., od. siehe auch *Stewártia* (Gttgsn.)
-stichus, in Zus.setzungen: -zeilig, -reihig
stícticus, punktiert
stictocárpus, mit punktierten Früchten
stíctophýllus, mit punktierten od. gefleckten Blättern
stíctus, punktiert, gefleckt, gezeichnet
stigmáticus, genarbt
stigmatoídes, narbenähnlich
stigmatósus, narbig
stigmátus, genarbt
stigmoídes, narbenähnlich
stigmósus, voller Narben
stilbocárpus, glanzfrüchtig
stillmánnii, J. D. B. Stillman († 1888), nordamer. Arzt u. Pflanzensammler gewidmet
stímulans, anregend, aufreizend, quälend
stimulósus, quälend, brennend
stipáceus, pfriemengras-(*Stípa*) artig
stipátus, umgeben, umringt

stipellátus, mit Nebenblättern versehen
stipitátus, gestielt
stípticus, zusammenziehend
stíptus, zusammengedrückt
stipuláceus, stipúlaris, stipulátus, stipulósus, nebenblättrig
stiríacus, aus Stiria, der Steiermark stammend
stoechadifólius, schopf- od. reihenblättrig
sto͞echas, gr. N. eines Lavendels
stolónifer, stolonífera, stoloníferum, Ausläufer treibend
stoloniflórus, an Ausläufern blühend
-stómus, in Zus.setzungen: -schlundig, -mündig
stónei, einem (?) Mr. Stone, engl. Gärtner (19. Jahrh.) gewidmet
stóriei, n. James G. Storie, engl. Gartenpublizist (geb. 1880)
strácheyi, Sir Richard Strachey (1817–1908), brit. Offizier u. Pflanzensammler gew.
stramíneus, strohgelb, aus Stroh
stramoniifólius, stechapfel-(*Datúra stramónium*) blättrig
stramónium, röm. Name des Stechapfels
strangulátus, eingeschnürt, erwürgt
stratiótes, s. Gttgsn.
strausiánus, strausii, n. L. Straus, dtsch. Kakteenzüchter (in Bruchsal)
strépens, strépitans, rauschend, gerühmt werdend
strepsicládum, v. gr. *strepsis* = gedreht, u. *klados* = Zweig
strept-, strepto-, in Zus.setzung.: dreh-, gedreht-
streptacánthus, mit gedrehten Stacheln

streptocárpus, mit gedrehten Früchten
streptocaūlis, drehstielig
streptopétalus, mit gedrehten Kronblättern
streptophýllus, drehblättrig
striatéllus, schmal gestreift
striatifólius, gestreiftblättrig
striátulus, fein gestreift
striátus, gestreift
stríbrnyi, n. Václav Stribrny (1853–1927), tschech. Bot.
strictiflórus, steifblütig, straffblütig
strictifólius, steifblättrig, straffblättrig
stríctus, steif, straff
strídens, strídulus, zischend, knarrend, klappernd
strígiceps, striegelförmig, magerköpfig
strígipes, rauhstielig
strigillárius, strigillósus, striegelhaarig, steifborstig
strigósus, borstig, mager, schmächtig
strigolósus, ziemlich mager oder schmächtig
striolátus, gerieft, fein gestreift
strobiláceus, zapfenartig
strobílifer, strobilífera, strobilíferum, zapfentragend
strobilifómis, zapfenförmig
strobílinus, zapfenartig
stróbus, Zirbelkiefer = Strobe
stromatoídes, polsterartig, lagerförmig
strombifórmis, schneckenförmig, kreiselförmig
strombúlifer, strombulífera, strombulíferum, kreiseltragend
strongylocályx, mit rundem Kelch
strongylocárpus, rundfrüchtig, mit rundbauchiger Frucht
strongylophýllus, rundblättrig

strophádes, bindenartig, bandartig
strophiolátus, mit Samenwulst versehen, wulstsamig
strúma, Kropf
strumárius, kropfartig
strumósus, kropfig
strúmifer, strumífera, strumíferum, einen Kropf tragend
strumifórmis, kropfförmig
strutháceus, straußartig
struthiópterus, straußflügelig
stryphnósus, zusammenziehend
stuartiána, Stuart Henry Low (c. 1863–1952), engl. Orchideenzüchter gewidmet
stuppátus, stuppósus, wergartig
sturtevántii, n. Edw. L. Sturtevant (1842–98), nordamer. Bot.
stýgius, dunkel, umschattet; unterirdisch
styláris, den Griffel betreffend
stylidioídes, Stylídium-ähnlich
stylóphorus, griffeltragend, säulentragend
stylósus, langgriffelig
-stylósus, -stýlus, in Zus.setzungen: -griffelig
styphocárpus, herbfrüchtig
styracífluus, Storax liefernd
styracifólius, storax- (Stýrax) blättrig
styríacus, aus der Steiermark stammend
suavéolens, wohlriechend
suávis, angenehm, anmutig, reizend
suavíssimus, sehr angenehm oder anmutig
sub-, in Zus.setzungen: fast, etwas, schwach
subacaūlis, fast stengellos
subácidus, säuerlich
subaculeátus, schwach bestachelt
subaequális, fast gleich

371

subalátus, schwach od. etwas geflügelt
subálbidus, weißlich, fast weiß
subalpínus, die Voralpen bewohnend od. v. einem anderen Vorgebirge
subamárus, schwach bitter
subaphýllus, fast blattlos
subásper, etwas rauh
subauriculátus, schwach geöhrt
subaurítus, halb geöhrt
subcaerúleus, schwach blau, bläulich
subcanéscens, weißlichgrau
subcarinátus, schwach gekielt
subcárneus, subcarnósus, etwas fleischig
subcauléscens, fast stengellos
subcaulialátus, mit schwach geflügelten Stielen
subcompréssus, schwach zusammengedrückt
subcóncolor, fast gleichfarbig
subcónicus, fast kegelförmig
subcordátus, schwach herzförmig
subcrassicaulis, fast crassicaule od. mit weniger dicklichem Stengel
subcrenátus, schwach gekerbt
subcríspus, etwas kraus
subcróceus, safrangelblich
subcúpreus, schwach kupferfarben
subcurvátus, etwas, od. schwach gekrümmt
subcylíndricus, etwas (fast) walzenförmig
subdecándrus, etwa (?) zehnmännig
subdentátus, schwach gezähnt
subdiáphanus, fast durchsichtig
subdimidiátus, schief- oder ungleich halbiert
subdititius, subditívus, untergeschoben, unecht

súbditus, untergelegt, unterworfen
subdivaricátus, etwas gespreizt
subdólus, trügerisch
subdúrus, härtlich
subedentátus, fast ungezähnt (nur schwach gezähnt)
súber, Kork
suberculátus, korkig
suberéctus, halb oder fast aufrecht
suberifólius, korkblättrig
suberósus, korkartig
subfalcátus, etwas sichelförmig
subfenestrátum, nur schwach „vergittert"
subgibbósus, schwach-höckrig
subglobósus, fast kugelig
subgrándis, ziemlich groß
subhastátus, schwach spießförmig
subhirsútus, schwach rauhhaarig
subhirtéllus, etwas zottig
subhórridus, schwach bewehrt
subincísus, etwas, wenig eingeschnitten
subinérmis, fast unbewehrt
subintegérrima, fast, etwa ganzrandig
subitáneus, plötzlich entstanden
sublaciniátus, schwach geschlitzt
sublátus, stolz, erhaben
subligósus, schwach zungenförmig
sublimiflórus, erhaben-blütig
sublímis, erhaben
subliquéscens, fast zerfließend
sublobátus, schwach gelappt
submaculátus, schwach, etwas gefleckt
submammilláris, submammillósus, schwach warzig
submammulósus, schwach (kaum) kleinwarzig
submarínus, unterseeisch

submérsus, untergetaucht
submóllis, halbweich
submúticus, fast unbewehrt
subnelumbifólia, fast lotus-
(*Nelumbo*) blättrig
subnígricans, schwärzlich, fast
schwarz
subnúdus, fast nackt
subobtúsus, fast abgestumpft
subpandurifórmis, etwas geigenförmig
subpaniculátus, fast rispig
subpeltátus, fast schildförmig
subpilósus, schwach behaart
subpúngens, etwas stechend
subreguláris, fast regelmäßig
subrepándus, schwach ausgeschweift
subrotúndus, rundlich
subscándens, etwas kletternd
subseríceus, schwach seidig
subserrátus, schwach gesägt
subséssilis, fast sitzend oder
ungestielt
subsignátus, schwach gezeichnet
subsolitárius, meist einzeln
subsquamósus, schwach beschuppt
subtéres, fast stielrund
subternátus, meist dreizählig
subterráneus, unterirdisch
subtetragónus, fast vierkantig
subtílis, fein zart
subtomentósus, etwas filzig
subtórtus, schwach gedreht
oder gebunden
subtriplinérvium, fast od.
schwach dreinervig
súbtus, unterseits
subulatoídes, *subulátus-* (pfriemenförmig) ähnl.
subulátus, pfriemenförmig,
pfriemlich
**subúlifer, subulífera, subulífe-
rum,** pfriementragend
subulifólius, pfriemenblättrig
subulifórmis, pfriemenförmig

subulósus, mit Pfriemen versehen
subumbelláttus, fast doldig
suburbánus, nahe der Stadt
wachsend
subvestítus, ziemlich bekleidet
subvéxus, sich erhebend, ansteigend
subvolúbilis, schwach windend
succedáneus, nachfolgend,
vertretend
successívus, aufeinander folgend, nacheinander
succéssus, nachfolgend
succíduus, herabsinkend, her-
abfallend
succínctus, gegürtet, gerüstet
**succínifer, succinífera, succi-
níferum,** Bernstein tragend
oder bringend
succirúbra, mit rotem Saft
succisaefólius, abbiß- (*Succísa*)
blättrig
succísus, abgebissen, abgeschnitten, abgehauen
succósus, saftreich
succotrína *(socotrína),* v. d. Insel Sokotra (östl. v. Somalia
gelegen) beschrieben
súccubus, unter etwas liegend,
unterschlächtig
succuléntus, saftig, fleischig
sucrénsis, aus Sucre, die alte
Hauptstadt Boliviens, od. Sucre in Kolumbien, Ekuador od.
Venezuela
sudéticus, aus den Sudeten
stammend
suécicus, schwedisch, aus
Schweden stammend
suendermánnii, n. F. Sünder-
mann (1864–1946), dtsch.
Sammler u. Pflanzenzüchter
suffíxus, unten angeheftet, angeheftet
suffócans, erstickend, aushun-
gernd
suffocátus, erstickt

suffrutéscens, halbstrauchartig
suffruticósus, halbstrauchig
suffúltus, unterstützt, gestützt
suffúscus, bräunlich
sulcátus, gefurcht
sulcicaūlis, mit gefurchten
Stielen
súlcifer, sulcífera, sulcíferum,
furchentragend
sulcilanátus, mit wolligen
Furchen
sulcimammátus, furchig
gewarzt
sulcinérvus, furchennervig
súlcipes, mit gefurchten
Stielen
sulphúreus, schwefelgelb
sultani, anschein. d. ehemal.
Sultan von Sansibar gewidmet
sumatránus, von der Insel Sumatra (Indonesien) stammend
summitátum, am Gipfel, am
höchsten
super-, in Zus.setzungen: stark,
ober-, über-
superábilis, übersteigbar, über-
windlich
súperans, überragend
supérbiens, supérbus, stolz,
erhaben, prächtig
superbíssimus, sehr stolz, sehr
prächtig
superficiális, oberflächlich
supérfluus, überflüssig, über-
fließend
superfúscus, stark rotbraun,
oberseits rotbraun
súpergale: *Lílium regále* × *supérbum*
superimpósitus, übereinander
gestellt
superinstrátus, darüber ge-
streut
supérne, oben
superpósitus, oberhalb sitzend
supertéxtus, überdeckt, übersponnen
súperus, der obere

supínus, rückwärts gebogen
suppósitum, lat.: angenommen, voraussetzend
súpra, oberhalb
supraaxilláris, oberhalb des
Winkels stehend
suprabasális, über der Basis
stehend
supracánum, sehr (oder oben)
ergraut
supradecompósitus, mehrfach
zusammengesetzt
suprafoliáceus, über den Blättern stehend
supralaēvis, oberhalb oder
oberseits glatt
surcátus, sprossig, zweigig
surcúlósus, mit kleinen Zweigen versehen
surinaménsis, aus Surinam
(NO-Südamerika) stammend
surréctus, aufgerichtet, empor-
gewachsen
súrsum, aufwärts, in die Höhe
susánnae, Mrs. Susanna Muir
(1882–1970), Gattin des Bot.
John Muir (s. *Muíria*) gew.
susiánus, aus Susa (W-Iran)
stammend
suspéctus, verdächtig, für giftig gehalten
suspénsus, hängend, aufge-
hängt
susquehánae, am Susqueha-
nafluß (Nordamerika) wachsend
sutchuénsis, sutchuenénsis,
aus Sichuan, Szechwan (China) stammend
sutherlándii, Peter C. Sutherland (1822–1900), schott. Arzt
u. Naturforscher gewidmet
suturátus, genäht, mit einer
Naht versehen
suworówii, n. J. P. Suworow,
medizin. Beauftr. f. Turkestan
(Ende 19. Jahrh.)
swaniána, J. M. Swan

(1847–1910), engl. Pflanzenzüchter gew.
swartbergénsis, v. d. Swartber-
gen (Schwarzen Bergen), in
Südafrika
swegifléxa, für einen Flieder-
bastard: *Syringa sweginzówii* ×
refléxa
sweginzówii, n. Nicolas A.
Zvegintzov (od. Swejinzow),
1848–1920, russ. Gouverneur
von Latvija (Lettland) u. Förd.
d. Gartenkunst
sycomórus, Maulbeerfeige
sylváticus, im Walde wachsend
sylvéstris, waldbildend, im
Walde oder an unbebauten
Orten wachsend
symphiocárpus, mit verwachsenen Früchten
symphioneūrus, mit
verwachsenen Nerven
symphoricárpus, mit gehäuf-
ten Früchten
symphorósus, angehäuft
sýmphorus, nützlich, zuträglich
symphyoneūrus, mit vereinten Nerven
symphytoídes, wallwurz- (*Sýmphytum*) ähnlich
sympodiális, gabelsprossig
synanthérus, mit vereinten
Staubgefäßen
syncárpus, mit verwachsenen
Früchten
syncéphalus, mit verwachsenen Köpfen
synchrólepis, einfarbig
beschuppt
syngénesus, verwachsen-
beutelig
synorrhízus, mit verwachsenen Wurzeln
syntróphicus, vereint lebend,
auf anderen Pflanzen lebend
syphilíticus, die Syphilis
heilend

syríacus, aus Syrien (Vorderasien) stammend
syringaeflórus, syringánthus,
flieder- (*Syrínga*) blütig
syringódorum, nach Flieder
duftend
sýstylus, verwachsengriffelig,
vereintgriffelig
**szetschuánicus, szetschua-
nénsis,** aus Szetschwan, Sichuan (Südchina) stammend
szovitsiánum *(szowitziánum),*
Johann Nepomuk Szovits
(Szowits), ungar. Apotheker u.
Pflanzensammler gew. (Anf.
19. Jahrh.)

T

tabácum, indian. N. des Tabaks
**tabánifer, tabanífera, tabanífe-
rum,** Bremsen tragend
tabellátus, getäfelt
tabernaemontánus, aus Bergzabern (Rheinpfalz) stam-
mend; s. auch Gttgsn.
tabéscens, vergehend, verdor-
rend
tabulaefórmis, tabulifórmis,
tafelförmig
tabuláris, tafelartig; od. vom
Tafelberg (Südafrika) stammend
tacamaháca, mexikan. N. für
einen Balsam
tacticópterus, reihig geflügelt,
gleichflügelig
taēda, Kienholz
**taēdifer, taedífera,
taedíferum,** kientragend
**taēdiger, taedígera, taedíge-
rum,** kientragend
taediósus, ekelhaft
taeniális, bandartig, bandförmig
taeniátus, gebändert
taeniifórmis, bandförmig

taeniósus, bebändert
tagétes, s. Gttgsn.
tagetiflórus, samtblumen- (*Tagétes*) blütig
tagliabuána, Alberto Linneo u. Carlo Tagliabue, ital. Pflanzenzüchter (18./19. Jahrh.) gew.
taiténsis, von Otaheite (= Tahiti) beschrieben
taiwanénsis, aus Taiwan (ex-Formosa), Inselstaat Ostasiens
taliénse, v. d. Tali (Dali) Bergen, im westl. Yunnan, China
taltalénsis, von Taltál, Stadt südl. Antofagasta, in Nordchile
tamarindifólius, tamarinden- (*Tamaríndus*) blättrig
tamarindifórmis, tamarinden- (*Tamaríndus*) förmig
tamarindoídes, tamarinden- (*Tamaríndus*) ähnlich
tamariscifólius, tamarisken- (*Tamarix*) blättrig
tamariscifórmis, tamarisken- (*Tamarix*) förmig
tamaríscinus, tamarisken- (*Tamarix*) artig
tanacetifólius, rainfarn- (*Tanacétum*) blättrig
tanakaé, s. *Tanakaea* (= Gttgsn.)
tángens, berührend
tángshen, aus Tang-Shen, in der Hupeh Prov., China
tangúticus, n. d. Stamm der Tungusen (südöstl. Sibirien u. China) genannt
tankervíllei, Lady Emma (c. 1750–1836), Gattin d. 4. Grafen v. Tankerville gew.
tapetifórmis, tapeten- od. mattenförmig
tápscottii, n. Sydney Tapscott, südafr. Farmer u. Pflanzensammler (Anf. 20. Jahrh.)
taquimbalénsis, von Taquimbala, Prov. Cochabamba, Zentralbolivien

taraxacifólius, kuhblumen- (*Taráxacum*) blättrig
taráxacum, arab. Pfl.n.
tárdans, zögernd
tardiflórus, spätblühend
tardívus, langsam wachsend
tárdus, spät, langsam
taronénse, aus dem Taron-Tal, in Yunnan, China
tartáreus, lederig; auch unterirdisch, höllisch
tasmánicus, aus Tasmanien (Australien) stammend
tatáricus, aus der Tatarei (Innerasien) stammend
tatarinówii, Alexander A. Tatarinow (1817–86), russ. Apotheker u. Naturforsch. gew.
tatsienénsis, aus Tatsienlu, im ehemal. Tibet
tátula, Stechapfel
taurícola, auf dem Taurus (Kleinasien) wachsend
tāuricus, aus Taurien (Krimhalbinsel) stammend
taurinénsis, aus Turin (Italien) stammend
taurínus, vom Taurus (Kleinasien) stammend
taxifólius, eiben- (*Táxus*) blättrig
taxodioídes, sumpfzypressen- (*Taxódium*) ähnlich
taygetéus, vom Taygetosgebirge (Griechenland) stammend
tazétta, Täßchen, od. Becken
tazétto-poéticus, Bastardkomplex: *Narcíssus tazetta × poéticus*
tchihatchéfii, s. *Tchihatchéwia* (= Gttgsn.)
tectórius, dachartig, zum Dachdecken dienend
tectórum, der Dächer, auf Dächer wachsend
tecturátus, téctus, bedeckt, verhüllt
tégens, bedeckend, verhüllend

tegmentósus, knospenschuppig, verhüllt
telephiástrum, zierspark- (*Teléphium*) artig
telephioídes, *Teléphium*-ähnlich
teléphium, s. Gttgsn.
tellimoídes, *Téllima*-ähnlich
telmatéja, telmateia, im Sumpf lebend
temuléntus, témulus, betäubend, berauschend, schwindelerregend
tenacíssimus, äußerst zähe
tenageīus, Furten liebend, im seichten Wasser lebend
tenebricósus, im Dunkeln befindlich, finster
tenébricus, tenebrósus, dunkel, finster
tenéllus, sehr zart
téner, ténera, ténerum, zart, weich
tenericāūlis, zartstielig
teneríffae, aus Tenerife, Kanarische Inseln
tenérifrons, zartlaubig
tenérrimus, sehr zart, sehr fein
tenoreána, n. Michele Tenore (1780–1861), ital. Bot. (Neapel)
tentaculátus, mit Fühlborsten versehen
tenthredínifer, tenthredinífera, tenthrediníferum, Blattwespen tragend
tenui-, i. Zus.setzung.: dünn-, zart-, fein-
tenuícaūlis, dünnstielig
tenuículus, ziemlich dünn, zart oder fein
tenuiflórus, zartblütig, feinblütig
tenuifólius, dünnblättrig
tenúior, zarter, dünner, feiner
tenuílobus, fein gelappt, dünn gelappt
tenuilórus, dünnriemig
tenuiróstris, dünnschnäbelig

ténuis, dünn, zart, schwach
tenuiséctus, fein zerteilt
tenuispínus, dünnstachelig
tenuíssimus, sehr dünn, zart oder schwach
tenuistyla, dünngrifflig
tephracánthus, aschgrau bestachelt
tephránthus, mit aschgrauen Blüten
tephroleūcus, grauweiß
tephropéplum, gr. *tephros* = aschgrau, u. *peplos* = Kleid
terebintháceus, terebinthináceum terpentinharzig
terebinthifólius, terebinth- (*Pistacia terebinthus*) blättrig
terebínthinus, terpentinartig
terebínthus, Terebinthe
terebrátus, durchbohrt
téres, glatt, stielrund, walzig
tereticāūlis, mit walzigen Stengeln
tereticórnis, mit walzigen Hörnern
teretifólius, mit walzigen Blättern
teretispínus, mit walzigen Stacheln
teretiúsculus, stielrund, walzig
tergéminus, tergeminátus, dreipaarig
tergestínus, aus Tergeste = Triest (Norditalien) stammend
terglouénsis *(terglovénsis),* vom Triglav, dem höchsten Berge Jugoslaviens beschrieben
terminális, gipfelständig, endständig
términans, abgrenzend, endigend
terminátus, begrenzt, beendet
teriniflórus, mit endständigen Blüten
ternárius, aus drei Teilen bestehend
ternatifólius, mit dreizähligen Blättern

ternátus, dreizählig
terniflórus, dreiblütig
ternifoliolósus, mit dreizähligen Blättchen
ternifólius, dreizählige Blätter
térnus, dreizählig, zu dritt
terréstris, auf der Erde befindlich
térreus, erdig, am/im Boden
terríbilis, schrecklich
térricolor, erdfarben
terríficus, Schrecken erregend
térsus, geglättet, sauber, fehlerlos
tessellátus, gewürfelt, schachbrettartig
tesserális, würfelartig
tessuláris, tessulátus, würfelig
testáceus, schalenartig
testiculáris, testiculátus, hodenförmig, sackartig
testudinifórmis, schildkrötenförmig
testúdo (lat.): Schildkröte, bzw. ihr Panzer
tetánicus, gegen Starrkrampf angewendet
téter, tétrum, häßlich
tetérrimus, sehr häßlich
tetezó, (= tetétzo), mexikan. Volksname
tetra-, in Zus.setzung.: vier-
tetracánthus, vierstachelig
tetracéntrus, vierspornig
tetráceras, tetrácerus, vierhörnig
tetracístrus, vierhakig
tetradóntus, vierzähnig
tetráëdrus, vierflächig, vierseitig
tetragonocárpus, mit vierseitiger Frucht
tetragonólobus, mit vierseitiger Hülse
tetragónus, vierseitig, vierkantig od. -winklig
tetrágynus, viergriffelig, vierweibig

tétrahit, mit vier Rändern
tetrálix, vierfach gewunden, vierdrähtig
tetrándus, viermännig
tetránthus, vierblütig
tetrapétalus, mit vier Kronblättern
tetraphýllus, vierblättrig
tetrápterus, vierflügelig
tetrapýxis, vierbüchsig, vierfächerig
tetráqueter, tetráquetra, tetráquetrum, vierschneidig, vierkantig, viereckig
tetrasépalus, mit vier Kelchblättern
tetraspérmus, viersamig
tetrástichus, vierreihig, od. vierzeilig
tétricus, finster, streng, unfreundlich
tetrótis, vierohrig
teucrioídes, gamander-(Teũcrium) ähnlich
teũcrium, s. Gttgsn.
teuscheri, n. R. Teuscher (1827–84), Pflanzer auf Java, od. Henry Teuscher (geb. 1891), dtsch.-kanad. Gärtner u. Orchideenzüchter gew.
texánus, texénsis, aus dem US-Staat Texas stammend
téxtilis, texturátus, téxtus, gewebt, geflochten
teysmánnii, n. J. E. Teysmann (Teijsmann), (c. 1808–82), holländ. Gärtn. u. Bot.
thalamiflórus, fruchtbodenblütig, grundblütig, grundmännig
thalássicus, das Meer bewohnend
thalictrifólius, wiesenrauten-(Thalíctrum) blättrig
thalictroídes, wiesenrauten-(Thalíctrum) ähnlich
thalioídes, Thália- (s. Gttgsn.) ähnlich
thamnoídes, strauchartig, auch

schmerwurz- (*Thámnus*) ähnlich
thapsifórmis, thapsoídes, *Verbascum thapsus*-förmig
thápsus, gr. Pfl.n., gelb gefärbt
tharandténsis, aus Tharandt, bei Dresden
thayerae, einer Fam. Thayer in Massachusetts (USA) gewidmet, die in China sammelte
théa, Teestrauch
thecifórmis, büchsenförmig
theézans, Tee liefernd
theiacánthus, schwefelgelb bestachelt
théifer, theífera, theíferum, Tee tragend
theiógalus, schwefelmilchig
-thele, -thelis, in Zus.setzung.: -warzig
thelegónus, warzenkantig, mit warzigen Rippen
theléphorus, Warzen tragend
thelocámptus, bogenwarzig
theloídes, zitzenartig, brustwarzenartig
thelógonus, warzenknotig
thelóphorus, Warzen tragend
thelýpteris, weiblicher Farn
thelypteroídes, *Thelýpteris*-ähnlich
theoídes, teestrauch- (*Théa*) ähnlich
thermális, thérmicus, an warmen Quellen wachsend
thesioídes, leinblatt- (*Thésium*) ähnlich
thessálica, aus Thessalien, Landschaft Griechenlands (südl. d. Olymps)
thevétia, Gttgsn., s. dort
thiacánthus, schwefelgelb bestachelt
thianschánicus, aus Tianschan (Innerasien) stammend
thibautiána, wahrsch. n. Louis Thibaut (1814–92), franz. Gärtner

thibetánus, thibéticus, aus Tibet (Innerasien) stammend
thiógalus, schwefelmilchig
thomasiánum, n. d. Fam. Thomas, schweiz. Pflanzensammler (19. Jahrh.); s. auch *Thomásia* (Gttgsn.)
thompsoniána, Archibald Thompson, engl. Pflanzenzüchter (bei London, Anf. 19. Jahrh.) gew.
thomsoniánum, thomsónii, Thomas Thomson (1817–78), Gartendirektor in Indien (?) gewidmet
thóra, mittelalterl. Pflanzenname
thoracátus, gepanzert
thorncróftii, n. George Thorncroft (1857–1934), engl.-südafr. Händler u. Pflanzensammler
thouársii, Louis M. A. du Petit-Thouars (1758–1831), franz. Reisender u. Bot. gewidmet
-thrix, i. Zus.setzg.: -haarig
thuioídes, lebensbaum- (*Thúja*) ähnlich
thunbergiánum, thunbérgii, s. *Thunbérgia* (Gttgsn.)
Thúrberi, n. Georg Thurber (1821–90), nordamer. Pflanzensammler (Mexiko)
thurétii, Gustave A. Thuret (1817–75), franz. Pflanzenzüchter gew.
thúreus, zu Weihrauch gehörig
thúrifer, thurífera, thuríferum, Weihrauch tragend
thurífragus, nach Weihrauch duftend
thurílegus, Weihrauch sammelnd
thuringíacus, aus Thüringen stammend
thurstónii, n. C. Thurston, nordamer. Pflanzenzüchter (19. Jahrh.)

thuyoídes, lebensbaum-
(*Thúja*) ähnlich
thymelaeoídes, purgierstrauch-
(*Thymeláea*) ähnlich
thymifólius, thymian- (*Thýmus*)
blättrig
thymoídes, thymian- (*Thýmus*)
ähnlich
thýrsifer, thyrsífera, thyrsífe-
rum, straußtragend
thyrsiflórus, straußblütig
thyrsoídeus, straußähnlich
thysanocárpus, wimperfrüch-
tig, zottelfrüchtig
thysanoídes, wimperähnlich,
fransenähnlich
thysanólepis, fransenschuppig
thysanótus, bewimpert, be-
franst
tiarelloídes, *Tiarélla-* (s.
Gttgsn.) ähnlich
tiariflórus, tiarablütig
tibetánus, tibéticus, aus Tibet
(Innerasien) stammend
tibícinus, flötenartig, pfeifenar-
tig
tiegeliána, n. E. Tiegel († 1936),
dtsch. Kakteenkenner
tigerstédtii, Carl Gustaf Tiger-
stedt (geb. 1886), finn. Dendrologe gewidmet
tigilláris, tigillárius, tigillínus,
balkenartig, lattenartig
tíglium, n. d. Apothekernamen
gewisser *Croton*-Körner
tigrídius, tigrínus, getigert, ti-
gerfleckig
tiliáceus, linden- (*Tília*) artig
tiliaefólius, linden- (*Tília*) blättrig
tillandsioídes, luftnelken- (*Tillándsia*) ähnlich
tilóphorus, flockentragend
tinctórius, zum Färben verwendet
tinctórum, der Färber, zum
Färben gebraucht
tínctus, gefärbt

tíngens, färbend
tingitánus, aus Tanger (Marokko) stammend
tinifólius, *Vibúrnum tínus-*
blättrig
tínus, röm. Pfl.n.
tirolénsis, aus Tirol (Österreich) stammend
tirucálli, v. einem ind. Volksnamen abgel.
tíschleri, n. Georg F. Tischler
(1878–1955), dtsch. Bot. (Kiel)
titánus, riesenhaft
tithymaloídes, *Tithýmalus-*
ähnlich
tithýmalus, Milch gebend
títubans, schwankend
tíveyi, von einem Mr. Tivey bei
Veitch in England gezogen
tmolénsis, tmóleus, vom
Tmolus-Gebirge (Anatolien,
Kleinasien) stammend
tobíra, japan. N. einer
Pittósporum-Art
tofáceus, aus Tuffgestein, auf
Tuffstein wachsend
togátus, bekleidet, gering
tolúifer, toluífera, toluiferum,
Tolubalsam liefernd
tomasiniánus, s. *tommasiniána*
tombeanénsis, v. Monte Tom-
bea im Vestino-Tal, Südalpen
(nahe d. Garda-Sees)
tomentéllus, feinfilzig
tomentósus, filzig
tommasiniána, Muzio G. Spi-
rito de Tommasini (1794–
1879), Triester Bot. gew.
tónans, krachend
tongwénsis, vom Tongwe-
Berge, in NO-Tanzania, Ostafrika
tónicus, stärkend, anspannend
tonkinénsis, aus Tongking
(Vietnam) stammend
tónsus, geschoren
toríngo, n. d. japan. N. einer
Apfelart

toringoídes, toríngo-ähnlich
tormentílla, kleine Folter, d. h.
gegen Leibschmerzen dienlich
torminális, Leibschmerzen lindernd
torminósus, Leibschmerzen verursachend
tornátus, gedrechselt
torósus, fleischig, muskulös
tórpens, erstarrend
torquátus, mit einer Halskette geschmückt
torquéscens, windend, sich drehend
tórridus, gedörrt, trocken
tortifólius, mit gedrehten Blättern
tórtilis, seilartig gedreht
tórtipes, mit gedrehten Stielen
tortípilis, drehhaarig
tortuósus, tórtus, gewunden, gedreht
torulósus, kleinwulstig
tórvus, häßlich, widerlich, wild
tosaënsis, aus Tosa (Japan) stammend
totai, bolivian.-paraguayischer Volksname
tótus, ganz
tovarénsis, aus Tovar (Venezuela, Südamerika)
toxicárius, vergiftend
toxicodéndron, s. Gttgsn.
tóxifer, toxífera, toxíferum, Gift liefernd
tóza, tózza, nordspan. N. einer *Quércus*-Art
trabeculátus, mit kleinen Balken versehen
trábeus, auf Balken wachsend
trachélium, Halskraut
trachy-, in Zus.setzungen: rauh-
trachyánthus, rauhblütig
trachycárpus, rauhfrüchtig
trachylaēnus, rauhhüllig
trachýlobus, rauhlappig
tráchydon, trachýodon, rauhzähnig

trachyphloēus, rauhrindig
trachyphýllus, rauhblättrig
tráchypus, rauhstielig
trachýticus, auf Trachyt vorkommend
tractábilis, biegsam, geschmeidig
tracyánum, Samuel Mills Tracy (1847–1920), nordamer. Bot. gewidmet
tradescánti, s. *Tradescántia* (= Gttgsn.)
tragacántha, Bocksdorn
traganthoídes, tragant- (*Astrágalus tragacántha*) ähnlich
tragánus, n. Bock stinkend (?)
tragoídes, bockähnlich, bockartig
tragúlifer, tragulífera, tragulíferum, einen Wurfspieß tragend
trailliánum, n. J. Wm. H. Trail (1851–1919), schott. Bot.
tranquíllans, beruhigend
tranquíllus, ruhig, still
tránsiens, übergehend
transitórius, vorübergehend, im Übergang
translúcens, durchscheinend
transmontánus, jenseits der Berge vorkommend
transmutátus, vertauscht, verändert
transpárens, durchleuchtend, durchscheinend
transsilvánicus, transsylvánicus, aus Transsylvania = Siebenbürgen (Rumänien) stammend
transvaalensis, aus dem Transvaal, in Südafrika stammend
transversális, transvérsus, querstehend, schräg, schief
trapezifórmis, trapezioídes, trapezoidális, trapezförmig
travérsii, Wm. Thomas Locke Travers (1819–1903), brit.-neuseel. Naturforsch. gew.

381

treculeána, n. Aug. A. L. Trécul (1818–96), franz. Bot.
treleásei, n. William Trelease (1857–1945), nordamer. Bot.
trémulans, zitternd, leicht beweglich
tremuloídes, zitterpappel- (*Pópulus trémula*) ähnlich
trémulus, zitternd, leicht beweglich
trépidus, ängstlich
treubii, Melchior Treub (1851–1910), holländ. Bot. (Indonesia) gewidmet
tri-, in Zus.setzung.: drei-
triacánthus, dreistachelig
triadélphus, dreibrüderig
trialátus, dreiflügelig
trianáēi, trianae, *Trianāea-* (s. Gttgsn.) ähnlich
triánder, triándrus, dreimännig
trianguláris, triangulátus, triángulus, dreiseitig, dreikantig
trianthóphorus, drei Blüten tragend
triánthus, dreiblütig
triaristátus, dreigrannig
tribuloídes, burzeldorn- (*Tríbulus*) ähnlich
tricarinátus, dreikielig
tricaudátus, dreischwänzig
tríceps, dreiköpfig
tricho-, i. Zus.setzung.: behaart
trichocárpus, mit behaarten Früchten
trichócladus, mit behaarten Zweigen
trichocóccus- mit behaarten Beeren
trichoídes, haarartig, haarig
tríchodon, mit behaarten Zähnen
trichógynus, haarweibig
trichólepis, mit behaarten Schülfern
trichómanes, s. Gttgsn.

trichomanoídes, hautfarn- (*Trichómanes*) ähnlich
trichonéūrus, mit behaarten Nerven
trichóphilus, haarliebend
trichóphorus, haartragend
trichophýllus, mit behaarten Blättern
trichópodus, mit behaarten Stielen
trichópterus, mit behaarten Flügeln
trichorrhízus, mit behaarten Wurzeln
trichosánthus, mit behaarten Blüten
trichospérmus, mit behaarten Samen
trichóstachys, trichostáchyus, mit behaarten Ähren
trichóstichus, haarreihig, haarzeilig
trichostómum, mit behaartem Munde
trichóstylus, mit behaarten Griffeln
trichótomus, wiederholt dreiteilig
trichrómus, dreifarbig
-trichus, in Zus.setzungen: -haarig
tricóccus, dreibeerig, dreikernig
trícolor, tricolorum, dreifarbig
tricórnis, dreihörnig
tricuspidátus, tricúspis, dreispitzig
tridactylites, tridáctylus, dreifingerig; s. auch Gttgsn.
trídens, tridentátus, dreizähnig
tridéntifer, tridentífera, tridentíferum, einen Dreizack tragend
tríebneri, Wilhelm Triebner (1883–1957), dtsch.- südwestafr. Gärtner u. Landwirt gew.
trifárius, dreireihig
trifasciátus, dreibänderig

trífidus, dreispaltig
triflórus, dreiblütig
trifoliátus, trifólius, dreiblättrig
trifurcátus, dreigabelig
trigéminus, dreifach doppelt, dreipaarig
trigintipétalus, mit dreißig Kronblättern
triglochidiátus, dreifach widerhakig
triglúmis, dreispelzig
trigonocárpus, mit dreikantigen Früchten
trigonópterus, mit dreikantigen Flügeln
trigonospérmus, mit dreikantigen Samen
trigónus, dreikantig, dreiseitig, dreiwinklig
trígynus, dreigriffelig, dreiweibig
tríjugus, dreipaarig, dreijochig
trilobátus, trílobus, dreilappig
triloculáris, dreifächerig
trílophus, dreibüschelig, dreikämmig
trimaculátus, dreifleckig
trímerus, dreiteilig, dreigliederig
triméstris, dreimonatig
trimórphus, dreigestaltig
trinervátus, trinérvis, trinervósus, trinérvus, dreinervig
trínus, zu je drei
triónum, lat. *trionis* = Dreschochse
triornithóphorus, drei Vögel tragend (d. Blütenform wegen)
tripartítus, dreiteilig
tripedéstus, dreifüßig
tripétalus, mit drei Kronblättern
triphýllus, dreiblättrig
tripinnatífidus, dreifiederig
tripinnátus, dreifach gefiedert
tríplex, dreifach
tripolitánus, aus Tripolis, Libya (N.-Afrika) stammend

tripólium, wahrsch. n. einem antiken Pflanzennamen
tripsacoídes, sesamgras- *(Trípsacum)* ähnlich
tripetrígius, trípteris, trípterus, dreiflügelig
tripúdians, drei Schritt tanzend
tripunctátus, dreipunktig
tríqueter, tríquetra, tríquetrum, dreischneidig
triradiátus, dreistrahlig
triséctus, dreischnittig, dreifach eingeschnitten
trisépalus, mit drei Kelchblättern
triseriális, dreireihig
trisétus, dreiborstig
trispérmus, dreisamig
trisphaēreus, dreikugelig
trístichus, dreizeilig
tristículus, etwas traurig
trístis, traurig, dunkel
trisúlcus, dreifurchig
triternátus, dreifach, dreizählig
tritíceus, weizenartig
triticoídes, weizen- *(Tríticum)* ähnlich
triturátus, ausgedroschen
tríus, mehlig
triumféttii, s. *Triumféttia* (= Gttgsn.)
triúmphans, triumphierend
triunciális, dreizöllig
triválvis, dreiklappig
trivasculáris, dreigefäßig
triviális, gewöhnlich, gemein
trochleáris, rollenartig, windenförmig
trochocárpus, radfrüchtig
troglodýtus, troglodytarum, Höhlen bewohnend
trojánus, aus Troja (Kleinasien) stammend
tróllii, Carl Troll (1899–1975), d. dtsch. Geographen gewidmet
trollioídes, trollblumen- *(Tróllius)* ähnlich
tropaeoloídes, kapuziner-

kressen- *(Tropáeolum)*
ähnlich
trópicus, tropisch, aus den
Tropen stammend
trúllifer, trullífera, trullíferum,
pfannentragend
trullifólius, pfannenblättrig,
beckenblättrig
truncatéllus, etwas abgestutzt
truncátus, truncatulus,
gestutzt, abgestutzt
trunciflórus, stammblütig
trúncus, gestutzt
tsangpoénse, vom Tsangpo-
Fluß, chines. N. d. Brahmapu-
tra, in S-Tibet
tsarongénsis, a. d. Tsarong
Provinz, im südöstl. Tibet
tschonóskii, Tschonoski (od.
Chonosuke, = T. Sukawa?),
japan. Pflanzensammler
(1841–1925) gew.
tsúga, japan. Volksn. einer
Tsúga-Art
tsus-siménsis, von Tsu-shima,
japan. Inselgruppe
tuberculáris, tuberculátus,
knollig, beulig
tuberculifórmis, knöllchen-
förmig
tuberculósus, vielhöckerig,
vielbeulig
tubergeniána, tubergénii, sich
durch Brutknollen (tuber) ver-
mehrend
**tubérifer, tuberífera, tuberífe-
rum,** knollentragend
tuberisulcátus, lat.: mit gefurchten Buckeln
tuberósus, knollig
tubícinus, trompetenähnlich
túbifer, tubífera, tubíferum,
röhrentragend, trompeten-
tragend
tubiflórus, röhrenblütig
tubifórmis, röhrenförmig
tubiglans, mit röhrigen
Drüsen

tubingénsis, aus Tübingen
stammend
tubispáthus, röhrenscheidig
tubulátus, tubulósus, röhrig,
hohl
túckii, William Tuck
(1824–1912), engl.-südafr.
Pflanzenzüchter gewidmet
túlae, aus Tula, Stadt der
UdSSR, od. aus Tula in
Mexiko stammend
tulénsis, aus Tula, im Staat
Hidalgo, Mexiko, od. Tula im
Staat Tamaulipas
tulípifer, tulipífera, tulipíferum,
Tulpen tragend
tulipiflórus, tulpenblütig
tulipoídes, tulpen- *(Túlipa)*
ähnlich
túmens, schwellend
tuméscens, anschwellend
tumídulus, schwach od. etwas
geschwollen
túmidus, angeschwollen,
schwulstig
tumulósus, hügelig
túna, mexikan. Volksn. einer
Opuntia-Art
tunbridgénsis, tunbrigénse,
aus Tunbridge, Kent (Eng-
land) stammend
tunicátus, häutig, mit häutiger
Hülle umgeben
túpa, s. Gttgsn.
tupizénsis, aus Tupiza, Stadt in
Südbolivien
turbanifórmis, turbanförmig
túrbidus, unordentlich, verwirrt
turbinátus, kreiselförmig
turbinéllus, wie ein kleiner
Kreisel
turbinicárpus, kreiselfrüchtig
turbiniflórus, kreiselblütig
turbinifórmis, kreiselförmig
túrcicus, aus der Türkei stammend
turcománicus, a. d. Gebiet der

Turkmenen (Innerasien)
stammend
túreus, zu Weihrauch gehörig
turfáceus, turfósus, torfig, in
Torfmooren wachsend
turgéscens, anschwellend,
strotzend
túrgidus, gedunsen, geschwollen
turiálvae, s. *turrialbae*
túrifer, turífera, turíferum,
Weihrauch tragend
turífragus, nach Weihrauch
duftend
turílegus, Weihrauch
sammelnd
turkestánicus, aus Turkestan
(Innerasien) stammend
turmális, massig, massenhaft
túrneri, n. einem Mr. Turner,
Pflanzenzüchter in Manchester (Ende 19. Jahrh.), od.
Wm. Turner (c. 1508–68), engl.
Geistl., Arzt u. Naturforscher
gew.
turpátus, entstellt, häßlich
turpículus, ziemlich häßlich
túrpis, häßlich
turriálbae, turriálvae, aus Turri-
alba in Costa Rica, Zentral-
Amerika
turrítis, turrítus, turmförmig
tussilagíneus, tussilaginoídes,
huflattich- *(Tussilágo)* ähnlich
tweedii, s. *Tweedia* (= Gttgsn.)
tweedyi, n. Frank Tweedy,
wahrsch. nordamer. Pflanzensammler (19. Jahrh.)
tyermánii, wahrsch. n. J. S.
Tyerman (c. 1830–89), engl.
Bot.
tyloídes, schwielig
tylóphorus, Schwielen tragend
tylophýllus, schwielenblättrig
týphinus, rohrkolben- *(Týpha)*
artig
typhoídes, typhoídeus,
rohrkolben- *(Týpha)* ähnlich

týpicus, urbildlich, normal,
echt
tyriánthinus, purpurfarben
tyrolénsis, aus Tirol (s. *tirolénsis*)

U

úber, fruchtbar, reich
uberifórmis, euterförmig, strotzend
uberimámmus, zitzenwarzig,
euterwarzig
udénsis, vom Uda-Fluß, in
Ostsibirien
údus, feucht
ugandénsis, aus Uganda im
östl. Zentralafrika
úgni, s. Gttgsn.
úlcerans, Geschwüre verursachend
ulcerósus, voller Geschwüre
ulícinus, stechginster- *(Úlex)*
artig
uliginoídes, einer gewissen
Sumpfpflanze ähnlich
uliginósus, sumpfliebend, an
sumpfigen Orten wachsend
ulmárius, ulmen- *(Úlmus)* artig
ulmifólius, ulmen- *(Úlmus)*
blättrig
ulmoídes, ulmen- *(Úlmus)* ähnlich
ulnárius, ellenlang
ulophýllus, krausblättrig
ulópterus, kraus geflügelt
ulváceus, kraus
-ulus, in Zus.setzung.: -chen,
-lein = Diminutiv
umbelláris, umbellátus,
doldig
**umbéllifer, umbellífera, um-
bellíferum,** Dolden tragend
umbellulátus, kleindoldig
**umbellúlifer, umbellulífera,
umbellulíferum,** Döldchen
tragend

umbilicális, umbilicátus, nabelartig
umbilícus, Nabel; s. Gttgsn.
umbonális, umbonátus, bucklig, bauchig
umbracúlifer, umbraculífera, umbraculíferum, einen Schirm tragend, beschattend
umbraculifórmis, schirmförmig
umbraculósus, schirmtragend, Schatten spendend
úmbrans, beschattend
umbráticus, im Schatten lebend
umbrélla, Schattenspender
úmbrifer, umbrífera, umbríferum, Schatten spendend
umbrínus, aus Umbrien (Italien) stammend; auch umbrafarben
umbrósus, schattenreich, an schattigen Standorten
úmens, úmidus, feucht, naß
unalaschkénsis, aus Unalaska auf den Aleuten im südwestl. Alaska
uncátus, hakig
unciális, zollgroß
uncifólius, hakenblättrig
uncinális, uncinátus, Widerhaken tragend
uncinéllus, kurzhakig, häkchenförmig
únctus, gesalbt, fettig
úncus, hakig, gekrümmt
undátus, wellenförmig gebogen
underwoodii, n. Lucien M. Underwood (1853–1907), nordamer. Bot.
úndipes, mit welligem Stiel
undulatifólius, mit gewellten Blättern
undulatipétalus, mit gewellten Kronblättern
undulátus, wellenförmig gebogen, gewellt
unduliflórus, mit welligen Blüten

undulifólius, mit welligen Blättern
undulósus, kleinwellig
unédo, röm. N. des Erdbeerbaums
úngernii, Baron Franz v. Ungern-Sternberg (1808–85), Prof. in Dorpat (= Tartu) gew.
unguéntus, salbenartig
unguiculáris, fingernagelgroß
unguiculátus, genagelt
únguis, Nagel
unguiscáti, katzennagelig
unguispínus, nageldornig, klauendornig
ungulátus, klauenförmig
uni-, in Zus.setzungen: ein-
unibracteátus, mit einem Deckblatt
unícolor, unicolórus, einfarbig
unicórnis, einhörnig
únicus, einzig, der einzige, einzigartig
unidentátus, einzähnig
unifárius, einreihig
uniflórus, einblütig
uniflósculosus, mit einem einzigen Blütchen
unifólius, einblättrig
unifórmis, einförmig
uniglandulósus, eindrüsig
unijugátus, unijúgus, einjochig, einpaarig, auch einrippig
unilabiátus, einlippig
unilateralis, einseitig
unílobus, einlappig
uniloculáris, einfächerig
uninérvus, einnervig
uninódus, einknotig
unioloídes, *Uníola*-ähnlich
uniseriális, einreihig
unisexuális, eingeschlechtig
unisiliquósus, einschotig, einhülsig
unítus, vereint
univálvis, einklappig
universális, allgemein
univittátus, einstreifig

upsaliénsis, aus Uppsala (N-Schweden) stammend
uralénsis, urálus, a. d. Ural, Gebirge der UdSSR stammend
uranóscopus, ein „Himmelsschauer" (Genaust)
urbaniánus, Ignaz Urban (1848–1931), dtsch. Bot. (Berlin) gewidmet
urbánicus, urbánus, úrbicus, städtisch, zur Stadt gehörend
urceoláris, urceolátus, krugartig, becherartig
úrens, brennend
urentíssimus, sehr stark brennend
úrgens, drängend, treibend
urikosénsis, aus Urikos, in Namibia, SW-Afrika
urinátus, getaucht
úrniger, urnígera, urnígerum, urnentragend
urocárpus, schweiffrüchtig
urólepis, schweifschuppig
urophýllus, schweifblättrig
uro-skínneri, n. G. Ure Skinner (1804–67); s. skínneri
ursínus, Bären
úrsipes, einem Bärenfuß ähnlich
urticifólius, nessel- *(Urtíca)* blättrig
urtícinus, nesselartig
urticoídes, nessel- *(Urtíca)* ähnlich
usitatíssimus, sehr nützlich, sehr gebräuchlich
usitátus, nützlich, verwendbar
usneoídes, bartflechten- *(Úsnea)* ähnlich
ussuriénsis, vom Ussuri, Grenzfluß zw. NO-China u. d. UdSSR (Ostasien) stammend
ustulátus, brandfarbig, schwärzlich, angebrannt
usurpátus, in Besitz genommen, angebaut

utahénsis, aus Utah, Staat im NW der USA
uterósus, bauchartig
útilis, nützlich, brauchbar
utilíssimus, sehr nützlich, sehr brauchbar
utricularioídes, wasserschlauch- *(Utriculária)* ähnlich
utriculátus, schlauchartig
utriculósus, vielschlauchig
utrifórmis, schlauchförmig
útriger, utrígera, utrígerum, schlauchtragend
úva, Traube
úva-críspa, krause Traube
uvarifólium, *Uvaria-* (s. Gttgsn.) blättrig
uvarius, traubig
úva-úrsi, Bärentraube
úvidus, naß, feucht, saftig
úvifer, uvífera, uvíferum, Trauben tragend

V

vácans, leer, ledig
vaccárius, für Kühe dienlich
vacciniifólius, heidelbeer- *(Vaccínium)* blättrig
vaccinioídes, heidelbeer- *(Vaccínium)* ähnlich
vaccínus, für Kühe dienlich; kuhartig gefärbt
vacíllans, wankend, wackelnd
vácuus, leer, frei, offen
vágans, weitschweifig, umherstreichend, wandernd
vaginális, vaginátus, mit Scheide versehen
vagínans, scheidenförmig
vaginiflórus, scheidenblütig
vaginulátus, mit kleiner Blütenscheide versehen
vágus, ungebunden, unbeständig; allseitswendig

valdénsis, aus Vaud, dem Waadtland (Schweiz)
valdiviánus, valdiviénsis, aus Valdivia, in Süd- Chile stammend
válens, gesund, stark, kräftig
valentiniánum, Pater S. P. Valentin, der Tsedjong- Mission in China (Anf. 20. Jahrh.) gewidmet
valerianoídes, baldrian- *(Valeriána)* ähnlich
validíssimus, sehr stark
válidus, stark, kräftig
valláris, im Tal wachsend
valleculósus, fein gerillt
vallesíacus, vallesius, aus dem Wallis (Schweiz) stammend
vallícolus, im Tal wachsend
vállis-maríae, aus Mariental, südl. Windhuk, Namibia, SW-Afrika
valváceus, klappig
valváris, klappenartig
valvátus, klappig
válvis; in Zus.setzungen: -klappig
vandárum, *Vánda*-ähnlich, od. zu *Vánda* gehörig
vandélli, n. Domingo Vandelli (1735–1816), portug. Bot.
vandenhéckei, Minh. Van den Hecke, einst Präs. d. Bot. Ges. von Ghent, gew.
vanheerdii, s. *Vanheerdia* (= Gttgsn.)
vanhoutteána, vanhouttei, Louis B. van Houtte (1810–76), belg. Gärtner u. Reisender gew.
vanílleus, vanilleartig
vanillodórus, nach Vanille duftend
vansónii, n. Georges Van Son (1898–1967), südafr. Entomologe u. Pflanzensammler
vanzíjlii, s. *Vanzíjlia* (= Gttgsn.)

vari-, varii-, in Zus.setzung.: verschieden-
variábilis, várians, veränderlich, wechselnd
varicósus, auseinandergebogen, erweitert
variegátus, bunt, verändert
variícolor, verschiedenfarbig
variifólius, verschiedenblättrig
variimámma, verschiedenwarzig
variocósum = mit Krampfadern, bzw. an solche erinnernd
varioláris, schorfartig
variolósus, schorfig, pockenartig
variopíctus, wie mit Schorf punktiert
várius, mannigfaltig, verschiedenartig
vasculáris, vasculósus, mit Gefäßen versehen
váseyi, George R. Vasey (1822–93), engl.-nordamer. Arzt u. Bot., od. dessen Sohn George Richard gew.
vastíficus, unförmig
vástus, wüst, öde
vaupélii, vaupeliánus, n. Fr. Joh. Vaupel (1876–1927), dtsch. Bot.
vayrédae, n. Estanislao Vayreda y Vila (1848–1901), span. Bot.
vedrariénsis, von Verrières (bei Paris) u. d. dortigen Vilmorin-Gärtnereien
végetus, rüstig, lebhaft, gesund
veitchiána, veitchii, veitchiórum, s. *Veitchia* (= Gttgsn.)
velámeus, schleierartig
velátus, verschleiert, verhüllt
velíferus, segeltragend
velitáris, neckend
velívolus, segelflügelig
velléreus, vélleus, wohlhäutig
veluchénsis, aus den Velouchi

(Veluchi) Bergen, in Griechenland
velutiniflórus, samtblütig
velútinus, samtartig, samtig
venator, lat.: Jäger
venatórius, zur Jagd gehörend
venéficus, Gift bildend
venenátus, giftig, gefährlich
venénifer, venenífera, veneníferum, Gift tragend
venenósus, stark giftig
véneris, der Venus (Genitiv)
venétum, wahrsch. v. lat. f. bläulich, seefarben
venósus, adrig, geadert
ventenátii, s. *Ventenáta* (= Gttgsn.)
ventimíglia, d. gleichnam. Stadt a. d. ital. Riviera gewidmet
ventósus, aufgeblasen, windig
ventrális, bauchseitig, nach unten gerichtet
ventricósus, bauchig, aufgeblasen
venulósus, fein geadert
venústulus, niedlich, hübsch
venústus, anmutig, reizend
veracrucénsis, veracruz, aus Veracruz, Stadt u. Staat in Mexiko
veratrifólius, germer- *(Verátum)* blättrig
verbanénsis, v. Verbanus Lacus, röm. N. d. Lago Maggiore (Südalpen)
verbascifólius, königskerzen- *(Verbáscum)* blättrig
verbasciformis, königskerzen- *(Verbáscum)* förmig
verbenáceus, eisenkraut- *(Verbena)* artig
verecúndus, schamhaft, bescheiden
veretrifórmis, phallusförmig
véris, im Frühjahr blühend
vermiculáris, vermiculátus, wurmförmig
vermitóxicus, Würmer tötend

vernáculus, inländisch, einheimisch
vérnae, Verna, d. Tochter Alwin Bergers *(Bergeranthus)* gewidmet
vernális, im Frühjahr blühend
vernicátus, verníceus, firnisartig
vernícifer, vernicífera, verniciferum, Firnis erzeugend
vernicífluus, Firnis liefernd
vernicósus, wie Firnis glänzend
vérnix, Firnis
vérnus, im Frühjahr blühend
veronicaefórmis, ehrenpreis- *(Verónica)* förmig
verrucátus, warzig
verrúcifer, verrucífera, verruciferum, warzentragend
verrucósus, warzig, voller Warzen
verruculátus, vielwarzig
verrucúlifer, verruculífera, verruculíferum, Wärzchen tragend
verruculósus, kleinwarzig
versábilis, versális, versátilis, schwebend, beweglich
versaillénsis, aus Versailles (b. Paris), od. jener Stadt gewidmet
verschafféltii, s. *Verschafféltia* (= Gttgsn.)
versi-, in Zus.setzungen: verschieden-
versícolor, verschiedenfarbig
versiflórus, verschiedenblütig, wechselblütig
versifólius, verschiedenblättrig
versifórmis, verschiedenartig, vielgestaltig
versípelle, lt. Genaust v. lat. *versipellis* = gestaltwechselnd
versurátus, gewendet, gewinkelt
vérsus, gewendet, verkehrt
versútus, gedreht, umgekehrt

vertebrátus, wirbelartig, od. gelenkig

verticális, senkrecht, lotrecht

verticillacánthus, mit quirlständigen Stacheln

verticilláris, verticillátus, quirlständig, quirlförmig

vérus, wahr, echt

verutifórmis, verutulátus, wurfspießförmig

verútus, mit einem Spieß bewaffnet

vervaeneána, von Vervaene in Ledeberg bei Gent (Belgien) gezüchtet (um 1860)

véscus, eßbar, genießbar

vesicárius, blasig, aufgeblasen

vesicatórius, Blasen ziehend

vesicátus, vesicósus, mit Blasen versehen

vesiculáris, vesiculátus, voller Bläschen

vesicúlifer, vesiculífera, vesiculíferum, Bläschen tragend

vesiculósus, voller Blasen

vespertiliónis, fledermausähnlich

vespertínus, abendlich

vestínus, a. d. Land d. Vestiner in den SO-Alpen

vestítus, bekleidet, samtig

véter, alt

vetítus, verboten

vétulus, ältlich

vexátus, beschädigt, erschüttert, mißhandelt

vexilláris, vexillárius, vexillátus, fahnenartig, bewimpelt

vexíllifer, vexillífera, vexillíferum, Fahnen tragend

viális, viárius, an Wegen wachsend

víbrans, zitternd

vibrátilis, zitterig

viburnifólius, schneeball- (*Vibúrnum*) blättrig

viburnoídes, schneeball- (*Vibúrnum*) ähnlich

viciifólius, wicken- (*Vícia*) blättrig

vicioídes, wicken- (*Vícia*) ähnlich

victóriae, d. brit. Königin Victoria (1819–1901) gew.

victóriae-reginae: siehe oben

victoriális, sieghaft, zum Siege gehörig

vidálii, n. d. engl. Kapitän Vidal, der um 1842 auf den Azoren sammelte

vieillárdi, n. Eugène Vieillard (1819–1896), franz. Arzt u. Pflanzensammler (N-Caledonien)

viétus, welk, verschrumpft

vílis, gering, wohlfeil, gemein

villársii, Dominique Villars (1745–1814), franz. Bot. gewidmet

villétii, n. C. J. Villet (1817–77), südafrikan. Blumenmaler

villicaúlis, zottelstielig

vílliceps, zottelköpfig

víllifer, villífera, villíferum, Zotteln tragend

vílliger, villígera, villígerum, Zotteln tragend

villosiúsculus, schwach zottig, mit kleinen Zotteln

villósulus, feinzottig

villósus, zottig, rauhhaarig

vilmoriniána, vilmorínae, Pierre Ph. A. Levêque de Vilmorin (1776–1862), franz. Pflanzenzüchter bzw. einem and. Mitgl. d. Fam. gewidmet

viminális, vimíneus, rutenförmig, gertenartig, herabhängend

vináceus, weinbeerartig, mit Traubenkernen

vinárius, zum Wein gehörig

vincetoxifólius, schwalbenwurz- (*Vincetóxicum*) blättrig

vinciflórus, immergrün- (*Vínca*) blütig

vineális, in Weinbergen wachsend
vínifer, vinífera, viníferum, Wein tragend
vinósus, weinig, voller Wein
violábilis, leicht verletzbar, zart
violáceus, veilchenblau, violett
violaciflórus, veilchen- (*Viola*) blütig
violaeflórus, veilchen- (*Viola*) blütig
violárius, veilchenartig
violáscens, veilchenbläulich
violodórus, nach Veilchen duftend
violoídes, veilchen- (*Viola*) ähnlich
viórna, v. einem franz. N. abgel.; Wegzierde
viperátus, vipéreus, viperínus, schlangenartig, viperartig
vírens, grünend
viréscens, grün werdend, grünlich
virgátus, rutenförmig
virgaūrea, Goldrute
virginális, virgíneus, jungfräulich, weiß, unbefleckt
virginiánus, virgínicus, aus Virginia (Staat der U.S.A.) stammend
virgulifórmis, rutenförmig, stabförmig
virgultósus, buschreich, vielbuschig
virgúltus, buschig
víridans, viridéscens, grün werdend, ergrünend
viridí-, in Zus.setzungen: grün-
viridiflávus, grüngelb
viridiflórus, grünblütig
viridifólius, grünblättrig
viridiglaucéscens, blaugrün werdend
viridipurpúrea, zu *viridis* (grün) u. *purpúreus* (purpurfarben) bezogen
víridis, rün

viridíssimus, tiefgrün
virídulus, grünlich
virósus, giftig, stinkend
virusánus, Giftsaft enthaltend
viscárius, klebrig; mistel- (*Víscum*) artig
viscídulus, etwas klebrig
víscidus, viscósus, klebrig, leimig
viscosíssimus, stark klebrig oder leimig
viséndus, sehenswert
visnága, aus dem span. *bisnága* übernommen
vitáceus, rebenartig
vitálba, Weißrebe, od. vielleicht besser: weißl. Rebe
vitaliána, s. Gttgsn.
vitéllinus, dottergelb
vitellínus, dotterartig
viticélla, kleine Rebe
vitícinus, keuschlamm- (*Vítex*) artig
viticulósus, rebenartig, rebrankig
vitifólius, reben- (*Vítis*) blättrig
vitígenus, rebenbildend
vítilis, geflochten
vitiósus, fehlerhaft, unnütz
vítis idaēa, Rebe vom Berge Ida auf Kreta
vítreus, glasartig, durchsichtig
vittarioídes, bandfarn- (*Vittária*) ähnlich
vittato-, in Zus.setzungen: streifenartig-, bandartig-
vittátus, gebändert, gestreift
vittifórmis, bandförmig
vívax, langlebig, ausdauernd
vívidus, voller Leben, lebhaft
vivíparus, lebendgebärend
vogeliána, n. J. R. Th. Vogel (1812–41), dtsch. Bot. in West-Afrika
vólans, fliegend
volliánus, O. Voll († 1959), dtsch.-brasilan. Bot. gewidmet
volúbilis, windend

vólucer, volúcris, volúcre, geflügelt; unbeständig
volutiflórus, gedrehtblütig, gerolltblütig
volútus, gerollt, gewunden
volváceus, volvátus, taschenartig, scheidenartig
vomerifórmis, pflugscharartig
vómicus, vomitórius, Brechen erregend
vulcánicus, vulcánus, an Vulkanen oder auf Lavagestein wachsend
vulgáris, gemein, gewöhnlich
vulgátus, allbekannt, weit verbreitet
vúlnerans, verwundend
vulnerárius, Wunden heilend
vulnerarioídes, wundklee- (*Anthýllis vulnerária*) ähnlich
vulpárius, fuchsig
vulpínus, fuchsartig, fuchsrot
vulvárius, scheidenartig
vultuósus, grimassenhaft
vuylstekeae, s. *Vuylstekeara* (= Gttgsn.)

W

wagneriánus, wágneri, n. M. F. Wagner (1813–c. 60), dtsch. Pflanzensammler im trop. Amerika, od. Willy Wagner, einem Kakteensammler in Mexiko gewidmet
waitziána, s. *Waitzia* (= Gttgsn.)
waldsteiniána, s. *Waldsteinia* (= Gttgsn.)
wálkeri, Gen. George Warren Walker († 1844) gewidmet, der auch Pflanzen sammelte
wallácei, n. Alfr. R. Wallace (1823–1913), engl.- nordamer. Gärtner
walleriána, n. Horace Walker

(1833–96), engl. Missionar in Zentral-Afrika
wallichiánum, wállichii, Nathaniel Wallich gew., s. *Wallichia* (= Gttgsn.)
wállisii, n. Gustav Wallis (1830–78), dtsch.-engl. Pflanzensammler in Südamerika
wáltonii, n. E. Walton (1832–80), engl. Bot.
wánneri, Herrn Wanner gew., Kaiserl. Forstaufseher im Banat (Anf. 19. Jahrh.)
wardiánum, wárdii, n. Frank Kingdon-Ward (1885–1958), engl. Forschungsreisender (SO-Asien)
warleyénsis, von Warley Place, Brentwood, Essex (England)
warmíngii, n. J. E. B. Warming (1841–1924), dän. Bot. u. Ökologe
warnéckei, Otto Warnecke, dtsch. Gärtner u. Pflanzensammler im trop. Afrika (Anf. 20. Jahrh.) gewidmet
wárneri, n. Robert Warner (c.1814–96), engl. Orchideenzüchter
warocqueánum, n. M. Warcque, belg. Gartenfreund (19. Jahrh.)
warscewicziána, warscewíczii, s. *Warscewiczella* (d. Gttgsn.)
washingtoniánum, washingtónii, s. *Washingtónia* (= Gttgsn.)
watsoniána, watsónii, n. William Watson (1858–1925), engl. Bot., od. H. C. Watson (1804–81), d. engl. Pflanzengeogr. gewidmet
wattézii, n. D. Wattez, aus Bussum, Holland (um 1900)
wáttii, Sir George Watt (1851–1930), schott. Arzt u. Bot. (Indien) gewidmet
webbiánum, wébbii, Philip

Barker Webb (1793–1854), engl. Reisender u. Naturforscher gew.

weberbaúeri, n. Aug. Weberbauer (s. *Weberbauerocéreus* = Gttgsn.)

wéberi, n. Georg Heinr. Weber (1752–1828), dtsch. Bot. (Kiel), od. Fred. A. C. Weber (1830–1903), franz. Sukkulentenforsch. gew.

weddeliána, n. H. A. Weddel (1819–77), engl. Bot.

wehrháhnii, n. Heinr. Rud. Wehrhahn (1887–1940), dtsch. Bot. (Hohenheim)

weilbáchii, n. Aug. Weilbach (1813–63), dän. Gärtner

weingartiána, s. *Weingártia* (= Gttgsn.)

weinmanniána, n. J. A. Weinmann (1782–1858), dtsch.-russ. Gärtn. u. Bot.

wellingtónia, s. Gttgsn.

weltonénsis, in Welton, Cumbria (N-England) gezogen

wendlándii, den Wendlands (Joh. Chr., 1755–1828; Sohn Heinr. Lud., 1791–1869, od. Hermann, 1825–1903), Direktoren d. Kgl. Gärten von Herrenhausen gewidmet

wércklei, n. Karl (Carlos) Werckle (1866–1924), Pflanzensammler in Costa Rica

werdermanniánus, Erich Werdermann (1892–1959), dtsch. Bot. u. Kakteenforsch. gew.

wessneriána, n. Wilhelm Wessner, dtsch. Kakteenspezialist (20. Jahrh.)

wéttsteinii, Fr. v. Wettstein (1895–1945), österr. Bot. gew.

weyríchii, n. Heinrich Weyrich (1828–63), dtsch.- russ. Arzt u. Pflanzensammler

wheéleri, n. Louis Cutter

Wheeler (geb. 1910), nordamer. Bot.

whérryi, n. Edgar Th. Wherry (1885–), nordamer. Bot.

whípplei, s. *Whípplea* (= Gttgsn.)

whítneyi, J. Dwight Whitney (1819–1916), nordamer. Geologe gewidmet

wichuraiána, n. Max Ernst Wichura (1817–66), preuß. Diplomat u. Pflanzensammler

wiemánnii, n. August Wiemann, österr. Gärtner 19./20. Jahrh.)

wigandioídes, *Wigándia*-ähnlich; s. Gttgsn.

wíghtii, Robert Wight (1796–1872), engl. Arzt u. Bot. (Indien) gew.

wilcoxiána, s. *Wilcóxia* (= Gttgsn.)

wildprétii, schweiz. Gärtner auf Tenerife (19. Jahrh.)

wilhelmínae-regínae, d. niederländ. Königin Wilhelmina gewidmet

wilkesiána, Admiral Charles Wilkes (1798–1877), nordamer. Forschungsreisendem gew.

williamsiánum, williámsii, wahrsch. Benjamin S. Williams (1824–90), engl. Gartenautor gew.

willínckii, Jan Abraham Willinck (1812–87), holländ. Bot. gewidmet

willkommiánum, willkómmii, n. Heinrich Moritz Willkomm (1821–95), dtsch. Bot.

willmottiánum, willmóttiae, Ellen Ann Willmott (1858–1934), engl. Gärtnerin u. Sammlerin gew.

wilsónii, Ernest Henry Wilson (1876–1930), engl.-nordamer. Gärtner u. Sammler (China) gew., od. n. einem Charles

Wilson, Pflanzensammler in
Australien

wínteri, n. E. L. Winter,
engl. Verwaltungsbeamter in
N.-Indien (Anf. 20. Jahrh.;
s. auch *Wintera*

wisleyénsis, von od. Wisley gewidmet, den Anlagen d. Roy.
Hort. Soc. in Surrey, England

wislizénii, einem Dr. Wislize-
nus, Kakteenspezialist gew.

wísselii, F. van der Wissel, holländ. Züchter gew.

wíttei, n. Heinr. Witte
(1829–1917), holländ. Gärtn.

wittmackiána, M. C. L. Wittmack (1839–1929), dtsch.
Bot.

wittmanniána, n. einem Herrn
Wittmann, Gärtner, u. Reisender in Südrußland
(19. Jahrh.)

woerlitzénsis, a. d. Wörlitzer
Park bei Dessau stammend

wólfii, n. Ferdinand Otto Wolf
(1838–1906), franz. Bot., od. d.
dtsch. Naturforscher Franz
Theodor Wolf (geb. 1841) gewidmet

wolgáricus, a. d. Wolga (Rußland) wachsend

wollastónii, n. A. F. R. Wolla-
ston (1875–1930), engl. Naturforsch. u. Entdeckungsreisender

woodfórdii, n. James Wood-
forde (1771–1837), schott.
Bot.

woodii, n. John Medley Wood
(1827–1915), südafr. Bot.

woodwárdii, s. *Woodwárdia*
(= Gttgsn.)

wríghtii, n. Charles Wright
(1811–85), nordamer. Naturwiss. u. Reisender

wulfiánum, wahrsch. n. F. X. v.
Wulfen, s. *Wulfénia,* d.
Gttgsn.

X

xalapénsis, aus Xalappa (= Jalapa, Mexiko) stammend

xanthacánthus, gelbstachelig

xanthándrus, mit gelben
Staubgefäßen

xanthánthus, gelbblütig

xánthinus, goldgelb

xanthioídes, spitzkletten-
(Xánthium) ähnlich

xantho-, in Zus.setzungen:
gelb-

xanthoblépharis, gelb bewimpert

xanthocárpus, gelbfrüchtig

xanthocéphalus, gelbköpfig

xanthochílus, gelblippig

xanthocódon, gelbglockig

xanthócomus, gelbschopfig

xanthoglóssus, gelbzüngig

xantholeūcus, gelbweiß

xanthoneūrus, gelbnervig

xanthophýllus, gelbblättrig

xanthorrhízus, gelbwurzelig

xanthospérmus, gelbsamig

xanthospílus, gelbfleckig

xanthostémmus, gelb bekränzt

xanthótrichus, gelbhaarig

xanthoxyloídes, gelbholz-
(Zanthóxylum) ähnlich

xanthóxylon, s. *Xanthóxylon* =
Zanthóxylon (Gttgsn.)

-xanthus, in Zus.setzgen: -gelb

xerampélinus, herbstrebenfar-
big

xeranthemoídes, spreublu-
men- *(Xeránthemum)* ähnlich

xeránthemus, spreublütig,
trockenblütig

xero-, i. Zus.setzg.: trocken-

xerocárpus, trockenfrüchtig

xeróphilus, Trockenheit liebend

xerophýllus, trockenblättrig,
papierblättrig

xestripétalus, mit beilartigen
Kronblättern

xiphacánthus, schwertstachelig
xiphioídes, schwertähnlich
xíphium, Schwert
xiphoídes, schwertähnlich
xiphóphorus, schwerttragend
xiphophýllus, schwertblättrig
xiphópteris, xiphópterus,
   schwertflügelig
xýlinus, hölzern
xylocárpus, holzfrüchtig
xylonacánthus, mit verholzten
   Dornen od. Stacheln
xylophylloídes, *Xylophylla-*
   (= Gttgsn.) ähnlich
xylophýllus, holzblättrig
xylorrhízus, holzwurzelig
xylóstachys, xylostáchyus,
   holzigährig
xylosteoídes, geißblatt- *(Lonícera xylósteum)* ähnlich
xylósteum, Beinholz
xystracánthus, mit beilförmigen Stacheln
xystropétalus, mit beilförmigen Kronblättern

Y

yakusimánum, yakusiménse,
   von Yaku Shima (Yakujima),
   japan. Insel südl. Kyushu
yambuyaénsis, aus Yambuya,
   Haut-Zaïre, Zentr. Afrika
yargongénsis, aus Yar-gong,
   im Osten Tibets
yataý, argent.-uruguayischer
   Volksname
yedoénsis, aus Yedo (früh. N.
   für Tokyo), Japan
yeménsis, aus Yemen od. Jemen im Süden d. Arab. Halbinsel stammend
yokohámae, aus Yokohama,
   Stadt südl. Tokyo, Japan
youngii, nach den Young's, bekannte engl. Gärtnerfamilie
   benannt (19. Jahrh.)

yuccaefólius, palmlilien- *(Yuc-
   ca)* blättrig
yuccoídes, palmlilien- *(Yúcca)*
   ähnlich
yúlan, v. chines. yu-lan abgeleitet
yunnanénsis, aus Yünnan,
   südchines. Provinz stammend

Z

zábelii, n. Hermann Zabel
   (1832–1912), deutscher Dendrologe
záhnii, n. Gottlieb Zahn, dtsch.
   Pflanzensammler in Zentral-
   Amerika († 1870)
zaleúcum, gr.: sehr weiß
zálil, anschein. persischer od.
   afghan. Pflanzenname
zamiifólius, *Zámia-* (s. Gttgsn.)
   blättrig
zamioídes, *Zámia*-ähnlich
zanzibáricus, zanzibariénsis,
   von der Insel Sansibar (östl.
   Afrika) stammend
zawádskyi, zawádskii, Alex. J.
   A. Zawadzki (1798–1868),
   tschech. Bot. gew.
zealándiae, aus Seeland (Niederlande) oder Neu-Seeland
   (New Zealand) stammend
zebrína, s. Gttgsn.
zebrínus, zebraartig ge-
   streift
zedoárius, arab. N., Zitwerwur-
   zel
zephyranthoídes, zephyrblu-
   men- *(Zephyránthes)* ähnlich
zephýrinus, zephyrartig, ange-
   haucht
zerúmbet, v. pers. N. ein.
   *Curcúma-*Art abgeleitet
zeyheri, Johann M. Zeyher
   (c.1770–1843), dtsch. Pflanzenzüchter gew., od. n. Karl
   Ludw. Phil. Zeyher (1799–

1858), dtsch. Pflanzensammler in Südafrika u. Neffe d. obigen

zeylánicus, von der Insel Ceylon (heute Sri Lanka) stammend

zibetínus, bisamartig duftend

zingiberína, zu *Zingiber* (Ingwer) bezogen

zizýphinus, jujuben- *(Zíziphus)* artig

zonális, zonátus, gürtelartig, gestreift

zosteriifólius, seegras- *(Zostéra)* blättrig

zosteroídes, seegras- *(Zostéra)* ähnlich

zoýsii, Karl v. Zoys (1756–1800), österr. Bot.

zuccariniána, Joseph Gerh. Zuccarini (1797–1848), dtsch. Bot. (München) gewidmet

zumi, n. einem japan. Pflanzennamen

zygómeris, jochgliederig, paarig gereiht

zygophýllus, jochblättrig

zygostémon, zygostémus, mit paarigen Staubblättern

zymóticus, Gärung erregend

Verzeichnis deutscher Pflanzennamen

Die Liste enthält eine umfangreiche Auswahl deutscher Pflanzennamen. Von den im deutschsprachigen Raum einheimischen Pflanzenarten konnten jedoch zumeist nur die hochdeutschen Namen aufgenommen werden, obgleich auch diese häufig nur „Buchnamen" sind, die sich in der botanischen und gärtnerischen Literatur erhalten und fortpflanzen, ohne jedoch je wirklich volkstümlich geworden zu sein. Mundartliche Namen konnten nur in solchen Fällen aufgenommen werden, wo sie sich über eng begrenzte Gebiete hinaus ausgebreitet haben.

Deutsche Pflanzennamen sind häufig zusammengesetzt aus einem Gattungsnamen und einem Vorwort, das auf das Vorkommen oder besondere Eigenschaften hinweist, wie z. B. Acker-, Alpen-, Berg-, Garten-, Riesen-, Zwerg-, Schein- usw. So kommt z. B. das Vorwort Alpen- in mindestens 109 Zusammensetzungen vor, Sumpf- in 68, Acker- in 60 usw. In der Liste mußte darauf verzichtet werden, solche zusammengesetzten Namen alle aufzuführen, man suche also immer erst unter dem eigentlichen Gattungsnamen, wie beispielsweise Glockenblume oder Vergißmeinnicht. In Fällen, wo der Vorname auf eine Pflanze hinweist, die zu einer anderen Gattung gehört, wurden solche zusammengesetzten Namen jedoch aufgenommen, wie z. B. Alpendost = *Adenóstyles,* jedoch Dost = *Oríganum.*

Wissenschaftliche Namen, die unverändert in die deutsche Sprache übernommen wurden, wie etwa *Agáve,* oder solche, die nur unter geringer Veränderung der Wortendung als deutsche Namen gebraucht werden, wie z. B. Fuchsie für *Fúchsia* und Pelargonie für *Pelargónium,* konnten auch in der vorliegenden Auflage nicht immer berücksichtigt werden.

Künstliche Namen, die meist durch mehr oder minder wortgetreue Übersetzung wissenschaftlicher Namen entstanden sind, wurden nur in den Fällen aufgenommen, wo sie wirklich gefällig klingen und wo anzunehmen ist, daß sie tatsächlich Leben gewinnen könnten.

A

Aasblume	*Stapélia*
Abendmohn	*Hesperomécon*
Absinth	*Artemísia absínthium*
Ackerglocken-blume	*Campánula rapunculoídes*
Ackerkohl	*Coríngia*
Ackerröte	*Sherárdia*
Ackerschach-telhalm	*Equisétum arvénse*
Adlerfarn	*Pterídium*
Adlerholz	*Aquilária*
Adonisröschen	*Adónis*
Adventsstern	*Poinsettia*
Affenbrot-baum	*Adansónia*
Affodil	*Asphódelus*
Afterkreuz-kraut	*Erechtítes*
Ahlbeere	*Ríbes nígrum*
Ahorn	*Ácer*
Ährengras	*Uníola*
Ährenhafer	*Gaudínia*
Ährenheide	*Bruckenthália*
Akanthus	*Acánthus*
Akazie	*Acácia,* auch *Robínia*
Akelei	*Aquilégia*
Alant	*Ínula*
Alérce	*Fitzróya*
Algiertanne	*Abies numídica*
Alkannawurzel	*Alkánna*
Allerheiligen-kirsche	*Prúnus cérasus* var. *semperfló-rens*
Allermanns-harnisch	*Állium victoriá-lis*
Almenrausch	*Rhododéndron hirsútum* (*Azalea*)
Almond, trop.	*Terminália*
Alpenaster	*Aster alpínus*
Alpenaurikel	*Prímula aurí-cula*
Alpenbären-traube	*Árctous*

Alpendistel	*Erýngium alpínum*
Alpendost	*Adenóstyles*
Alpenfettkraut	*Pinguícula alpína*
Alpenglöck-chen	*Soldanélla*
Alpenhahnen-fuß	*Ranúnculus alpéstris*
Alpenheide	*Loiselēúria*
Alpenhelm	*Bártsia*
Alpenklee	*Trifólium alpínum*
Alpenlattich	*Homógyne*
Alpenmaßlieb	*Bellidiástrum*
Alpenmohn	*Papáver alpínum*
Alpenquendel	*Saturéja*
Alpenrachen	*Tózzia*
Alpenrose	*Rhododéndron ferrugíneum*
Alpenscharte	*Saussúrea*
Alpen-schwingel	*Festúca alpína*
Alpenstein-quendel	*Saturéja alpína*
Alpenstrauß-gras	*Agróstis alpína*
Alpenveilchen	*Cýclamen*
Alraun	*Mandrágora*
Amarant	*Amaránthus*
Amberbaum	*Liquidámbar*
Ameisenbaum	*Cecrópia*
Ameisenknolle	*Myrmecódia*
Amethyst-blume	*Amethýstea*
Ampfer	*Rúmex*
Amurflieder	*Syrínga amurén-sis*
Amurrebe	*Vítis amurénsis*
Ananas	*Ánanas*
Andenrose	*Befária*
Andorn	*Marrúbium*
Angelikabaum	*Arália chinénsis*
Anis	*Pimpinélla anísum*
Apfelbaum	*Málus*

Apfelbeere	*Arónia*
Apfelrose	*Rosa pomífera*
Apfelsine	*Cítrus sinénsis*
Aprikose	*Armeníaca*
Araukarie	*Araucária*
Arbuse	*Citrúllus*
Arizona-zypresse	*Cupréssus arizónica*
Arnika	*Árnica*
Aronsstab	*Árum*
Artischocke	*Cynára*
Arve	*Pínus cémbra*
Aschenblume	*Cinerária*
Assaipalme	*Eutérpe*
Asselkaktus	*Pelecýphora*
Atlasblume	*Godétia*
Atlaszeder	*Cédrus atlántica*
Attich	*Sambúcus ébulus*
Aubergine	*Solánum melongéna*
Augentrost	*Euphrásia*
Augenwurz	*Athamánia*
Australheide	*Épacris*
Avocado-Birne	*Pérsea americana*
Azaroldorn	*Crataegus*

B

Bachbunge	*Verónica beccabúnga*
Backenklee	*Dorýcnium*
Bajonettagave	*Agáve falcáta*
Baldrian	*Valeriána*
Ballonblume	*Platycódon*
Ballonrebe	*Cardiospérmum*
Balsabaum	*Ochróma*
Balsamapfel	*Momórdica*
Balsambaum	*Myróxylon*
Balsambirne	*Momórdica*
Balsamine	*Impátiens*
Balsamstrauch	*Amýris*
Balsamtanne	*Abies balsámea*
Bambus	*Arundinária, Bambúsa, Phyllostáchys, Sása*

Banane	*Músa*
Bandbusch	*Homalocládium*
Bandfarn	*Vittária*
Banksrose	*Rosa banksiána*
Banyanbaum	*Ficus bengalénsis*
Barbarakraut	*Barbárea*
Barbardoskirsche	*Malpíghia*
Bärenklau	*Acánthus, Herácleum*
Bärenlauch	*Állium ursínum*
Bärenohr	*Arctótis*
Bärentraube	*Arctostáphylos*
Bärlapp	*Lycopódium, Urostáchys*
Bärwurz	*Méum*
Bartblume	*Caryópteris*
Bartfaden	*Célsia, Péntstemon*
Bartgras	*Andropógon, Botriochlóa*
Bartnelke	*Diánthus barbátus*
Bartpippau	*Tólpis*
Basilienkraut	*Basílicum, Ocimum*
Bastardindigo	*Amórpha*
Bastardlauch	*Nothoscórdum*
Bastardsenf	*Hirschféldia*
Bastpalme	*Ráphia*
Batate	*Ipomœa batátas*
Baumfarne	*Alsóphila, Cibótium, Cyathéa, Hemitélia*
Baumhasel	*Córylus colúrna*
Baumaster	*Oleária*
Baum der Reisenden	*Ravenála*
Baumheide	*Erica arbórea*
Baumkraftwurz	*Kalópanax*
Baummohn	*Dendromécon, Romnĕya*
Baumschlinge	*Períploca*
Baumtomate	*Cyphomándra*
Baumwollbaum	*Bómbax*

399

Baumwolle	*Gossýpium*
Baumwürger	*Celástrus*
Becherblume	*Potérium,*
	Scyphánthus
Becherfarn	*Cyáthea*
Becherglocke	*Adenóphora,*
	Hedraeánthus
Becher-	*Gárrya*
kätzchen	
Becherpflanze	*Sílphium*
Becherprimel	*Prímula obcó-*
	nica
Becher-	*Cypélla*
schwertel	
Beerenmalve	*Malvavíscus*
Beerentraube	*Schizándra*
Beifuß	*Artemísia*
Beilkaktus	*Pelecýphora*
Beilwicke	*Securígera*
Beinbrech	*Narthécium*
Beinwell	*Sýmphytum*
Beißgurke	*Momórdica*
Belladonnen-	*Amarýllis bella-*
lilie	*dónna*
Benedikten-	*Cnícus*
kraut	
Berberitze	*Bérberis*
Bergahorn	*Acer pseudoplá-*
	tanus
Bergaralie	*Oreópanax*
Bergaster	*Aster améllus*
Bergbaldrian	*Valeriána*
	montána
Bergcereus	*Oreocéreus*
Bergfenchel	*Séseli*
Berggünsel	*Ajuga pyrami-*
	dális
Berghemlocks-	*Tsúga merten-*
tanne	*siána*
Berghülse,	*Nemopánthus*
amerikan.	
Berglinse	*Pháca*
Berglorbeer	*Oreodáphne,*
	Umbellulária
Bergminze	*Calamíntha,*
	Saturéja
Bergpalme	*Chamaedórea*
Bergscharte	*Leuzea rhapón-*
	tica

Bergtabak	*Nicotiána sylvé-*
	stris
Bergulme	*Ulmus montána*
Bermudagras	*Cýnodon*
Bertramswurz	*Anácyclus*
Berufkraut	*Erígeron*
Besenginster	*Sarothámnus*
Besenheide	*Callúna*
Besenkraut	*Kóchia*
Betelnußpalme	*Aréca*
Betelpfeffer	*Píper bétle*
Beutelfarn	*Balántium*
Bibernelle	*Pimpinélla*
Bibernellrose	*Rósa spinosís-*
	sima
Bienensaug	*Lámium*
Bignonie	s. *Bignónia,*
	Campsídium,
	Cámpsis,
	Clytóstoma,
	Pyrostégia,
	Tecóma, Teco-
	mária
Bilsenkraut	*Hyoscýamus*
Bingelkraut	*Mercuriális*
Binse	*Júncus*
Binsenginster	*Spártium*
Binsenkaktus	*Rhípsalis*
Binsenlilie	*Aphyllánthes,*
	Sisyrínchium
Birke	*Bétula*
Birnbaum	*Pýrus*
Bisamdistel	*Jurínea*
Bisameibisch	*Abelmóschus*
Bisamhya-	*Múscari botryoí-*
zinthe	*des*
Bisamklee	*Trigonélla coerú-*
	lea
Bischofskappe	*Mitélla, Tiarélla*
Bischofsmütze	*Astrophýtum*
	myriostígma
Bitterblatt	*Éxacum*
Bitterdistel	*Cnícus*
Bitterholz	*Picrásma,*
	Quássia
Bitterklee	*Menyánthes*
Bitterkraut	*Pícris*
Bitterling	*Blackstónia,*
	Chlóra

Bittermandel	*Prúnus amýgdalus* var. *amára*
Bitternuß	*Cárya cordifórmis*
Bitterorange	*Poncírus*
Bittersüß	*Solánum dulcamára*
Bitterwurzel	*Lewísia*
Blasenbaum	*Koelreutéria*
Blasenbinse	*Scheuchzéria*
Blasenfarn	*Cystópteris*
Blasenkirsche	*Phýsalis*
Blasenschötchen	*Vesicária*
Blasenschote	*Alyssoídes*
Blasenspiere	*Physocárpus*
Blasenstrauch	*Colútea*
Blatteibe	*Phyllócladus*
Blattkaktus	*Phyllocáctus*
Blaudolde	*Didíscus*
Blaues Lieschen	*Éxacum*
Blaugras	*Molínia, Sesléria*
Blaugummibaum	*Eucalýptus glóbulus*
Blauheide	*Phyllódoce*
Blaukissen	*Aubriétia*
Blauspiere	*Sibiráea*
Blaustern	*Scílla*
Bleibusch	*Amórpha canéscens*
Bleiwurz	*Ceratostígma, Plumbágo*
Blühendes Moos	*Pyxidanthéra*
Blumenbinse	*Bútomus*
Blumenesche	*Fráxinus órnus*
Blumenhartriegel	*Córnus flórida*
Blumenmarante	*Strománthe*
Blumenrohr	*Cánna*
Blumenspiere	*Exochórda*
Blutauge	*Cómarum*
Blutblume	*Haemánthus*
Bluthirse	*Digitária sanguínea*
Blutholzbaum	*Haemotóxylon*
Blutjohannisbeere	*Ríbes sanguíneum*
Blutstendel	*Haemária*
Blutweiderich	*Lýthrum salicária*
Blutwurz	*Sanguinária*
Bobaum	*Fícus religiósa*
Bocksbart	*Tragópogon*
Bocksdorn	*Lýcium*
Bockshornklee	*Trigonélla*
Bocksknöterich	*Atrapháxis*
Bodenlorbeer	*Epigáea*
Bogenhanf	*Sanseviéria*
Bohne	*Phaséolus*
Bombardiergurke	*Cyclanthéra*
Bootfarn	*Angiópteris*
Boretsch	*Borágo*
Borstenechinopsis	*Setiechinópsis*
Borstenhirse	*Setária*
Borstgras	*Nárdus*
Bourbonenlilie	*Lomatophýllum*
Brachsenkraut	*Isoëtes*
Brandkraut	*Phlómis*
Brasilienholz	*Caesalpínia*
Braunelle	*Prunélla*
Braunwurz	*Scrophulária*
Braut mit Haaren	*Nigélla damascéna*
Brautmyrte	*Mýrtus*
Brechnußbaum	*Strýchnos*
Brechstrauch	*Psychótria*
Brechwurzel	*Uragóga*
Breiapfelbaum	*Áchras*
Breitsame	*Orláya*
Breitwedeldornfarn	*Dryópteris dilatáta*
Brenndolde	*Cnídium*
Brennende Liebe	*Lýchnis chalcedónica*
Brennessel	*Úrtica*
Brennpalme	*Caryóta*
Brennwinde	*Cajóphora*
Brettbaum	*Heritiéra*
Brillenschötchen	*Biscutélla*

Brombeere	*Rúbus*
Bronzeblatt	*Gálax*
Brot-Farn-palme	*Encephalártus*
Brotfrucht-baum	*Artocárpus*
Bruchheil	*Rhéxia*
Bruchkraut	*Herniária*
Brunnenkresse	*Nastúrtium*
Brustbeere	*Córdia*
Brutblatt	*Bryophýllum*
Bubiköpfchen	*Helxíne, Solei-rólia*
Buche	*Fágus*
Buchenfarn	*Thelýpteris*
Buchsbaum	*Búxus*
Buchtenfarn	*Hypólepis*
Buchweizen	*Fagopýrum*
Buckelbeere	*Gaylussácia*
Buckelkaktus	*Notocáctus*
Buffalogras	*Búchloë*
Büffelbeere	*Shephérdia*
Büffelholz	*Burchéllia*
Bügelholz	*Cátha*
Bukkostrauch	*Barósma*
Bunge	*Sámolus*
Bunya-Bunya	*Araucária bid-wíllii*
Bürstengras	*Hýstrix, Aspe-rella, Polypó-gon*
Burzeldorn	*Tríbulus*
Burzelkraut	*Portuláca*
Buschklee	*Lespedíza*
Büschelblume	*Lophánthus*
Büschelglocke	*Edraiánthus*
Buschmanns-kerze	*Sarcocāulon*
Buschwind-röschen	*Anemóne nemo-rósa*
Butternuß	*Júglans cinérea*
Butterbaum	*Pentadésma, Vitellária*

C

Cardy	*Cýnara cardún-culus*
Chayote	*Séchium*
Cherimoya	*Annóna cheri-móla*
Chilen. Jasmin	*Aristotélia*
Chinagras	*Boehméria*
Chinarinden-baum	*Cinchóna*
Chincherin-chees	*Ornithógalum, thyrsoídes*
Chines. Spieß-tanne	*Cunninghámia*
Christophs-kraut	*Actāea*
Christrose	*Helléborus*
Christusdorn	*Gledítsia Paliú-rus, Euphorbia milii*
Chufa	*Cypérus esculén-tus*
Cocastrauch	*Erythróxylon*
Colanußbaum	*Cóla*
Comfrey	*Sýmphytum ásperum*
Copíhue	*Lapagéria*
Cypergras	*Cypérus*

D

Dame in Trauer	*Íris susiána*
Dammara-baum	*Ágathis*
Dattelpalme	*Phoenix*
Dattelpflaume	*Dióspyros*
Dichter-narzisse	*Narcíssus poéti-cus*
Dickblatt	*Crássula*
Dill	*Anéthum*
Dingel	*Limodórum*
Dinkel	*Tríticum spélta*
Diptam	*Dictámnus*
Distel	*Cárduus*
Dogwood	*Córnus flórida*

Dolchfarn	*Polýstichum acrostichoídes*
Doldenrebe	*Ampelópsis*
Doppelblatt	*Zygophýllum*
Doppelmalve	*Sidálcea*
Doppelsame	*Diplotáxis*
Doppelschild	*Dipélta*
Dornfarn	*Dryópteris spinulósa*
Dorn-Geißklee	*Calycótome*
Dorngras	*Crýpsis*
Dornmelde	*Bássia, Echinópsilon*
Dornmispel	*Crataegomés-pilus*
Dornrüster	*Hemiptélea*
Dost	*Oríganum*
Dotterblume	*Cáltha*
Dotterweide	*Sálix alba vitellína*
Douglasfichte, Douglasie	*Pseudotsúga*
Dourabaum	*Párkia*
Drachenbaum	*Dracaéna dráco*
Drachenblatt	*Dracophýllum*
Drachenkopf	*Dracocéphalum*
Drachenmaul	*Hormínum*
Drachenwurz	*Dracúnculus*
Drehfrucht	*Streptocárpus*
Drehkelch	*Streptócalyx*
Drehkiefer	*Pinus contórta*
Drehkrone	*Streptosólen*
Dreiblattspiere	*Gillénia*
Dreimaster-blume	*Tradescántia virgínica*
Dreizack	*Triglóchin*
Dreizahn	*Sieglíngia, Triódia*
Duftblüte	*Osmánthus*
Duftraute	*Agathosma*
Duftsteinrich	*Lobulária marítima*
Dünengras	*Psámma*
Dünnschwanz	*Leptúrus*
Durianbaum	*Dúrio*

E

Ebenholzbaum	*Dióspyros ébenum*
Eberesche	*Sórbus*
Eberraute	*Artemísia abrótanum*
Echsenwurz	*Sauromátum*
Eberwurz	*Carlína*
Echte Akazie	*Acácia*
Echte Kastanie	*Castánea*
Echte Pistazie	*Pistácia véra*
Edeldistel	*Erýngium*
Edelgamander	*Teúcrium chamaédrys*
Edelkastanie	*Castánea*
Edelraute	*Artemísia láxa*
Edelweiß	*Leontopódium*
Efeu	*Hédera*
Efeuaralie	*Fatshédera*
Efeupelargonie	*Pelargónium peltátum*
Ehrenpreis	*Verónica*
Eibe	*Táxus*
Eibisch	*Althaéa, Hibíscus*
Eiche	*Quércus*
Eichenfarn	*Gymnocárpium dryópteris*
Eichenmistel	*Loránthus*
Eierfrucht	*Solánum melongéna*
Einbeere	*Páris*
Einkorn	*Tríticum monocóccum*
Eisenholz	*Bumélia, Sideróxylon*
Eispflanze	*Mesembryánthemum crystállinum*
Eisenholzbaum	*Metrosidéros*
Eisenhut	*Aconítum*
Eisenkraut	*Verbéna*
Elefantenfarn	*Tódea*
Elefantenfuß	*Testudinária*
Elefantenohr	*Haemánthus álbiflos*
Elefantenohr-farn	*Elaphoglóssum crinítum*

Elfenbeindistel	*Círsium diacán-* *thum*
Elfenbein- ginster	*Cýtisus praecox*
Elfenbein- palme	*Phytélephas*
Elfenblume	*Epimédium*
Elsbeere	*Sórbus terminá-* *lis*
Endivie	*Cichórium* *endívia*
Engelsauge	*Houstónia*
Engelstrom- pete	*Brugmánsia*
Engelsüß	*Polypódium* *vulgáre*
Engelwurz	*Angélica*
Enzian	*Gentiána*
Epauletten- baum	*Pteróstyrax*
Erbse	*Písum*
Erbsenstrauch	*Caragána*
Erdbeerbaum	*Arbútus*
Erdbeere	*Fragária*
Erdbeer-Guave	*Psídium catt-* *leiánum*
Erdbeerklee	*Trifólium fragí-* *ferum*
Erdbirne	*Ápios, Helián-* *thus*
Erderbse	*Voandzéia*
Erdgalle	*Ophiorrhíza*
Erdglöckchen	*Linnaéa*
Erdkirsche	*Phýsalis*
Erdknollen	*Búnium*
Erdmandel	*Cypérus esculén-* *tus*
Erdnuß	*Aráchis*
Erdrauch	*Fumária*
Erle	*Álnus*
Esche	*Fráxinus*
Eschenahorn	*Ácer (Negúndo)*
Eselsdistel	*Onopórdon*
Eselsohren	*Stáchys lanáta*
Eselssalat	*Onóseris*
Esparsette	*Onóbrychis*
Espartogras	*Stípa tenacís-* *sima, Lýgeum*

Essigbaum	*Rhús týphina*
Essigrose	*Rosa gállica*
Eßkastanie	*Castánea*
Estragon	*Artemísia* *dracúnculus*
Explodiergurke	*Cyclanthéra* *explódens*

F

Fackelbrenn- kraut	*Cajóphora*
Fackellilie	*Kniphófia*
Fackelseidel- bast	*Dáis*
Fackelträger	*Cajóphora*
Fadenkraut	*Filágo*
Fächerfarn	*Rhipidópteris*
Fallsame	*Sporóbolus*
Falsche Akazie	*Robínia*
Falscher Jasmin	*Philadélphus*
Falsche Quitte	*Cotoneáster*
Faltenlilie	*Lloýdia*
Falzblume	*Mícropus*
Färberginster	*Genísta tinctória*
Färberhülse	*Baptísia*
Färberkamille	*Ánthemis tinctó-* *ria*
Färbermeier	*Aspérula tinctó-* *ria*
Färberscharte	*Serrátula tinctó-* *ria*
Färberwaid	*Ísatis*
Farnstrauch	*Comptónia*
Faselbohne	*Dólichos*
Faulbaum	*Rhámnus*
Federborsten- gras	*Pennisétum*
Federbusch- strauch	*Fothergílla*
Federgras	*Stípa*
Federmohn	*Boccónia, Mac-* *léya*
Federnelke	*Diánthus plu-* *márius*
Feige	*Fícus*

Feigenkaktus	*Opúntia*
Feigwurz	*Ficária*
Felberich	*Lysimáchia*
Feldahorn	*Ácer campéstre*
Feldrose	*Rosa arvénsis*
Feldsalat	*Fédia, Valeria-nélla*
Feldthymian	*Thýmus serpýl-lum*
Feldulme	*Ulmus carpini-fólia*
Felsenbirne	*Amelánchier*
Felsenbirne, texanische	*Féndlera*
Felsenjohan-nisbeere	*Ribes petraéum*
Felsenkirsche	*Prúnus máhaleb*
Felsennelke	*Túnica*
Felskresse	*Hornúngia*
Felswurz	*Monánthes*
Fenchel	*Foenículum*
Ferkelkraut	*Hypochŏeris*
Ferkelnuß	*Cárya glábra*
Fetthenne	*Sédum*
Fettholz	*Sarcóbatus*
Fettkraut	*Pinguícula*
Feuerahorn	*Ácer gínnala*
Feuerbohne	*Phaséolus coccí-neus*
Feuerdorn	*Pyracántha*
Feuerkolben	*Arisaema*
Feuerlilie	*Lílium bulbí-ferum*
Fichte	*Pícea*
Fichtenspargel	*Monótropa*
Fieberbaum	*Eucalýptus, Sás-safras*
Fieberklee	*Menyánthes*
Fieberrinden-baum	*Cinchóna*
Fieberstrauch	*Líndera*
Fieberwurz	*Triósteum*
Fiederaralie	*Polýscias*
Fiederspiere	*Chamaebátia, Sorbária*
Fiederveilchen	*Víola pinnáta*
Fiederzwenke	*Brachypódium pinnátum*

Filzrose	*Rosa tomentósa*
Fingeraralie	*Dizygothéca*
Fingergras	*Chlóris, Digi-tária*
Fingerhut	*Digitális*
Fingerkraut	*Potentílla*
Fingerstrauch	*Potentílla*
Finkensame	*Néslia*
Fischgras	*Cabómba*
Fischschwanz-palme	*Caryóta*
Fisettholz	*Cótinus coggý-gria*
Flachs	*Línum*
Flamboyant	*Delonix régia*
Flamingo-blume	*Anthúrium*
Flammen-blume	*Phlóx*
Flammen-kaktus	*Pyrrhocáctus*
Flaschenbaum	*Annóna*
Flaschenkürbis	*Lagenária*
Flattergras	*Mílium*
Flatterrüster	*Úlmus effúsa*
Fleischlippe	*Sarcóchilus*
Fleißiges Lieschen	*Impátiens*
Flieder	*Syrínga*, s. a. *Sambúcus*
Fliederprimel	*Prímula mala-coídes*
Fliegenblume	*Carallúma*
Flockenblume	*Centaurea*
Flohkraut	*Pulicária*
Flügelblatt	*Filícium*
Flügelginster	*Genísta sagittá-lis*
Flügelkopf	*Pterocéphalus*
Flügelnuß	*Pterocárya*
Flügelsamen	*Lomátium*
Flügelstorax	*Pterostýrax*
Flügelzürgel	*Pterocéltis*
Flughafer	*Avéna fátua*
Flußzeder	*Libócedrus, Calócedrus*
Föhre, Forche	*Pínus*
Frangipani	*Plumiéria*

Fransenbinse	*Fimbrístylis*
Fransen-schwertel	*Sparáxis*
Franzosen-kraut	*Galinsóga*
Fratzenstendel	*Satýrium*
Frauenfarn	*Athýrium*
Frauenhaar	*Adiántum*
Frauenhaargras	*Isólepis (Scírpus)*
Frauenmantel	*Alchemílla*
Frauenschuh	*Cypripédium, Paphiopédilum*
Frauenspiegel	*Legousia*
Froschbiß	*Hydrócharis, Limnóbium*
Froschkraut	*Elísma*
Froschlöffel	*Alísma*
Froschlöffel, amerikan.	*Limnóbium*
Frühlings-enzian	*Gentiána vérna*
Frühlingsstern	*Triteléia*
Fuchsbohne	*Thermópsis*
Fuchsrebe	*Vítis labrúsca*
Fuchsrose	*Rosa foétida*
Fuchsschwanz	*Amaránthus*
Fuchsschwanz (gras)	*Alopecúrus*
Fuchsschwin-gel	*Vúlpia*
Fünferling	*Phygélius*
Funkelstern	*Chamaelírium*
Fußangel	*Calcitrápa*
Fußblatt	*Podophýllum*
Futterpalme	*Hyophórbe*
Futterrübe	*Béta*

G

Gagel	*Myríca*
Galgant	*Alpínia galánga*
Gallensumach	*Rhús chinénsis*
Gamander	*Teúcrium*
Gamander-ehrenpreis	*Verónica cha-maedrys*

Gänse-blümchen	*Béllis*
Gänsedistel	*Sónchus*
Gänsefinger-kraut	*Potentílla anserína*
Gänsefuß	*Chenopódium*
Gänsekresse	*Árabis*
Gartenbohne	*Phaséolus vulgáris*
Gauchheil	*Anagállis*
Gauklerblume	*Mímulus*
Gedenkemein	*Omphalódes*
Geigenholz	*Citharéxylum*
Geißbart	*Arúncus*
Geißblatt	*Lonícera*
Geißfuß	*Aegopódium*
Geißklee	*Cýtisus*
Geißraute	*Galéga*
Gelbbirke	*Bétula lútea*
Gelbdolde	*Smýrnium*
Gelbholz	*Cladrástis, Zanthóxylum*
Gelbhorn	*Xanthóceras*
Gelbkiefer	*Pínus ponderósa*
Gelbling	*Sibbáldia*
Gelbstern	*Gágea*
Gelbweiderich	*Lysimáchia*
Gelbwurz	*Xanthorrhíza*
Gelbwurzel	*Cúrcuma doméstica*
Gelenkblume	*Physostégia*
Gemsenheide	*Loiseléuria*
Gemsenhorn	*Martýnia, Proboscídea*
Gemsen-schwingel	*Festúca hálleri*
Gemskresse	*Hutchínsia*
Gemswurz	*Dorónicum*
Georgine	*Dáhlia*
Gerberstrauch	*Coriária*
Germer	*Verátrum*
Gernegroß	*Macroméria*
Gerste	*Hórdeum*
Gespenster-orche	*Mormódes*
Geweihbaum	*Gymnócladus*
Geweihfarn	*Platycérium*
Gewitterblume	*Sternbérgia*

Gewürzlilie	*Amómum,*
	Kaempféria
Gewürznelken-	*Syzýgium*
baum	
Gewürzrinde	*Cássia*
Gewürzstrauch	*Calycánthus*
Giersch	*Aegopódium*
Giftbeere	*Nicándra*
Giftheil	*Aconítum*
	anthóra
Giftschön	*Acokanthéra*
Giftsumach	*Toxicodéndron*
Gilgen	*Pánax*
Ginseng	*Pánax ginseng*
Ginster	*Genísta*
Gipskraut	*Gypsóphila*
Gitterpflanze	*Aponogéton*
	fenestrális
Gladiolen	*Gladíolus*
Glanzbaum	*Aglaïa*
Glanzbinse	*Holoschoēnus*
	(= Scírpus)
Glanzgras	*Phálaris*
Glanzheide	*Daboécia*
Glanzkraut	*Líparis*
Glanzmispel	*Photínia*
Glanzschild-	*Polýstichum*
farn	*aculeátum*
Glanzstrauch	*Pimélea*
Glanzweide	*Sálix lúcida*
Glaskraut	*Parietária*
Glasschmalz	*Salicórnia*
Glatthafer	*Arrhenáterum*
Gletschernelke	*Diánthus*
	glaciális
Gletscherraute	*Artemísia*
	glaciális
Gliederkaktus	*Epiphýllum,*
	Zygocáctus,
	Artrocéreus
Glieder-	*Tetraclínis*
zypresse	
Gliedkraut	*Siderítis*
Glimmerstein-	*Zahlbrúcknera*
brech	
Glockenblume	*Campánula*
Glocken-	*Eríca*
heide	

Glocken-	*Alóna*
Nachtschatten	
Glockenrebe	*Cobaēa*
Glockenwinde	*Codonópsis,*
	Nolána
Glöckel	*Cortúsa*
Glücksklee	*Óxalis spp.*
Glyzine	*Wistéria,*
	Glýcine
Gnadenkraut	*Gratíola*
Goldaster	*Chrysópsis*
Goldbaldrian	*Patrínia*
Goldbart	*Chrysopógon*
Goldblatt	*Chrysophýllum,*
	Macódes
Golddistel	*Scólymus*
Goldfaden	*Cóptis*
Goldfarn	*Coniográmme,*
	Pityrográmma
Goldfrucht-	*Chrysalido-*
palme	*cárpus*
Goldglöckchen	*Forsýthia*
Goldhaar	*Chrysócoma,*
	Aster linósyris
Goldhafer	*Trísetum*
Goldjohannis-	*Ríbes aureum*
beere	
Goldkeule	*Oróntium*
Goldkolben	*Ligulária*
Goldlack	*Cheiránthus*
	cheïri
Goldlärche	*Pseudolárix*
Goldmohn	*Eschschólzia*
Goldnarbe	*Xanthosóma*
Goldnessel	*Galeóbdolon*
Goldopuntie	*Opúntia*
	micródasys
Goldpflaume	*Chrysobálanus*
Goldpippau	*Crépis aūrea*
Goldprimel	*Douglásia*
Goldranunkel	*Tróllius*
Goldregen	*Labúrnum*
Goldrute	*Solidágo*
Goldschuppen-	*Dryópteris*
farn	*borréri*
Goldstrahl	*Actinómeris*
Goldtropfen	*Onósma*
Gomutipalme	*Didymospérma*

407

Götterbaum	*Ailánthus*
Götterblume	*Dodecátheon*
Götterduft	*Diósma*
Gottesurteil-	*Physostígma*
bohne	
Götzenholz	*Kigélia*
Gränke	*Andrómeda*
Granatapfel	*Púnica*
Grannenhafer	*Ventenáta*
Grannenhirse	*Oryzópsis*
Grannenkiefer	*Pinus aristáta*
Grapefruit	*Cítrus paradísi*
Graslilie	*Anthéricum,*
	Chortolirion
Grasnelke	*Arméria*
Grauheide	*Eríca cinérea*
Graukresse	*Berteróa*
Greisenhaupt	*Céreus sénilis*
Grieswurzel	*Cissámpelos*
Grindkraut	*Scabiósa*
Grundnessel	*Hydrílla*
Grünerle	*Alnus víridis*
Guajavebaum	*Psídium*
Guernseylilie	*Neríne sarnién-*
	sis
Güldengünsel	*Ajuga réptans*
Gummibaum	*Fícus elástica*
Gundelrebe,	*Glechóma*
Gundermann	
Günsel	*Ájuga*
Gurke	*Cúcumis*
Gurkenbaum	*Averrhóa*
Gurkenkraut	*Borágo*
Gurkenstrauch	*Decaísnea*
Gürtelklaue	*Perístrophe*
Guter Heinrich	*Chenopódium*
Guttapercha-	*Eucómmia*
baum	

H

Haarblume	*Melóthria,*
	Trichosánthes
Haarfarn	*Trichómanes*
Haargerste	*Élymus*
Haargras	*Trichóphorum*
Haargurke	*Sícyos*

Haarhütchen	*Trichopília*
Haarschöpf-	*Ptilótus*
chen	
Haarstrang	*Peucédanum*
Habichtskraut	*Hierácium*
Hab mich lieb	*Prímula mínima*
Hafer	s. *Avéna, Arrhe-*
	nátherum,
	Trisétum,
	Helictótrichon
Haferschlehe	*Prúnus insitítia*
Haftdolde	*Caucalis*
Hagebutten-	*Sorbopýrus*
birne	
Hahnendorn	*Cratǽgus crús-*
	gálli
Hahnenfuß	*Ranúnculus*
Hahnenkamm	*Celósia*
Hahnenkopf	*Hedýsarum*
Hainblume	*Nemóphila*
Hainbuche	*Cárpinus*
Hainfarn	*Alsóphila*
Hainrispengras	*Póa nemorális*
Hainsimse	*Lúzula*
Hakenkiefer	*Pínus uncináta*
Hakenkopf	*Callígonum*
Hakenlilie	*Crínum*
Hakenpalme	*Desmóncus*
Halskraut	*Trachélium*
Hammer-	
strauch	*Céstrum*
Händelwurz	*Gymnadénia*
Hanf	*Cánnabis*
Hanfbanane	*Músa téxtilis*
Hanfnessel	*Galeópsis*
Hanfpalme	*Trachycárpus*
Harfenstrauch	*Plectránthus*
Hartgras	*Sclerochlóa*
Hartheide	*Styphélia*
Hartheu	*Hyperícum*
Hartholz	*Securínega*
Härtling	*Hypóxis*
Hartriegel	*Córnus*
Harzaffodil	*Xanthorrhoea*
Harzklee	*Psorálea*
Haselnuß	*Córylus*
Haselwurz	*Ásarum*
Hasenglöck-	*Scílla nón*
chen	*scrípta*

Hasenkümmel *Lagóecia*
Hasenlattich *Prenánthes*
Hasenohr *Bupleúrum, Lagótis*
Hasenschwanz-*Lagúrus* gras
Hauhechel *Onónis*
Hauswurz *Sempervívum*
Hautfarn *Hymenophýllum, Trichómanes*
Heckenkirsche *Lonícera*
Heidekraut *Callúna*
Heidelbeer-*Myrtillocáctus* kaktus
Heidelbeere *Vaccínium*
Heideröschen *Fumána*
Heilglöckchen *Cortúsa*
Heiligenblume *Santolína*
Heilwurz *Libanótis, Opópanax*
Heliotrop *Heliotrópium*
Helmbohne *Dólichos*
Helmgras *Ammóphila arenária*
Helmkraut *Scutellária*
Helmorche *Coryánthes, Galeórchis*
Hemlocks-*Tsúga* tanne
Hennahstrauch *Lawsónia*
Herbstzeitlose *Cólchicum*
Herkules-*Herácleum* staude
Herrscher-*Archontophóenix* palme
Herzblatt *Parnássia*
Herzgespann *Leonúrus*
Herzhortensie *Cardiándra*
Herznußbaum *Ancárdium*
Herzsame *Cardiospérmum*
Heuschrecken-*Hymenáea* baum
Heusenkraut *Ludwígia*
Hexenkraut *Circáea*
Hiba *Thujópsis*
Hickorynuß *Cárya*
Himalayakiefer *Pínus griffíthii*

Himalayazeder *Cédrus deódara*
Himbeere *Rúbus idaeus*
Himmelsherold *Eritríchium*
Himmelsleiter *Polemónium*
Himmels-*Sílene cóeli-rósa* röschen
Hiobsträne *Coix*
Hirschkolben-*Rhús týphina* sumach
Hirschsprung *Corrigíola*
Hirschzunge *Phyllítis*
Hirse *Pánicum*
Hirtentäschel *Capsélla*
Höckerblume *Cúphea, Tricýrtis*
Hohldotter *Myágrum*
Hohlrippe *Cenolóphium*
Hohlsame *Bífora*
Hohlspelze *Stenotáphrum*
Holunder *Sambúcus*
Holzapfel-*Málus sylvéstris* baum
Honigblume *Meliánthus*
Honiggras *Hólcus*
Honigpalme *Jubáea*
Hopfen *Húmulus*
Hopfenbuche *Óstrya*
Hopfenstrauch *Ptélea*
Hornbaum *Cárpinus*
Hornfarn *Ceratópteris*
Hornklee *Lótus*
Hornkraut *Cerástium, Ceratophýllum*
Hornmelde *Eurótia*
Hornmohn *Gláucium*
Hornstrauch *Osýris*
Hornveilchen *Víola cornúta*
Hornwurz *Helicodíceros*
Hortensie *Hydrángea*
Hühnergras *Echinóchloa*
Hügelmeister *Aspérula cynánchica*
Hufeisenklee *Hippocrépis*
Huflattich *Tussilágo*
Hüllenklaue *Hypoéstes*
Hülse *Ílex aquifólium*
Hundsgift *Apócynum*
Hundskamille *Ánthemis*

Hundspeter-silie	*Aethúsa*	**J**	
Hundsrauke	*Erucástrum*	Jackbohne	*Canavália*
Hundsrose	*Rósa canína*	Jägerkraut	*Calliánthemum*
Hundsveilchen	*Víola canína*	Jakobsleiter	*Polemónium*
Hundszahn	*Erythrónium*	Jakobslilie	*Sprekélia*
Hundszahn-gras	*Cýnodon*	Jambos	*Syzýgium jambos*
Hundszunge	*Cynoglóssum*	Jambuki-strauch	*Rhodotýpus*
Hunger-blümchen	*Drába, Eróphila*	Japan. Mispel	*Eriobótrya*
Hyazinthe	*Hyacínthus*	Japan. Rosinen-baum	*Hovénia*
		Japanzeder	*Cryptoméria*
	I	Jasmin	*Jasmínum*
		Jasmin, falscher	*Philadélphus*
Igelagave	*Agave echinoí-des*	Jasmin-trompete	*Cámpsis*
Igelginster	*Erinácea*	Jasminwurzel	*Gelsémium*
Igelgurke	*Echinocýstis*	Jelänger-jelieber	*Lonícera caprifólium*
Igelkaktus	*Echinocáctus*	Jerichorose	*Anastática*
Igelkolben	*Spargánium*	Johannisapfel	*Málus púmila*
Igelkopf	*Echinácea*	Johannisbeere	*Ríbes*
Igelkraftwurz	*Echinópanax, Oplópanax*	Johannis-brotbaum	*Ceratónia*
Igelpolster	*Acantholímon*	Johanniskraut	*Hypéricum*
Igel-Säulen-kaktus	*Echinocéreus*	Jonquille	*Narcíssus jonquílla*
Igelsame	*Echinospér-mum, Láppula*	Juckbohne	*Mucúna*
Igelschlauch	*Echinodórus*	Judasbaum	*Cércis*
Immenblatt	*Melíttis*	Judasbaum-blatt	*Cercidiphýllum*
Immergrün	*Vínca*	Judassilberling	*Lunária ánnua*
Indigostrauch	*Indigófera*	Judendorn	*Zíziphus*
Indische Erd-beere	*Duchésnea*	Judenkirsche	*Phýsalis*
Indischer Almond	*Terminália catáppa*	Jujube	*Zíziphus*
Ingwer	*Zíngiber*	Jungfer im Grünen	*Nigélla damascéna*
Inkalilie	*Alstroeméria*	Jungfernrebe	*Parthenocíssus*
Irische Heide	*Daboécia*	Junkerlilie	*Asphodelíne*
Irrlichtblume	*Meréndera*	Jupiterblume	*Lýchnis flós-jóvis*
Islandmohn	*Papáver nudicáule*	Jupitersbart	*Anthýllis bárba-jóvis*
Italienisches Rohr	*Arúndo*	Jupiterträne	*Coix*
		Jute	*Córchorus*

K

Kadsurabaum	*Cercidiphýllum*
Kaffeestrauch	*Cóffea*
Kaffernbrot	*Encephalárthos cáffer*
Kaffernlilie	*Schizóstylis*
Kahnfrucht	*Euscáphis*
Kahnorche	*Cymbídium*
Kaimastrauch	*Rhodotýpus*
Kaisereiche	*Quércus dentáta*
Kaiserkrone	*Fritillária*
Kaiserwinde	*Ipomöea*
Kakaobaum	*Theobróma*
Kakipflaume	*Diospýros*
Kälberkropf	*Chaerophýllum*
Kalebasse	*Lagenária*
Kalebassen- baum	*Crescéntia*
Kalla	*Cálla, Zantedé- schia*
Kalmus	*Ácorus*
Kameldorn	*Álhagi*
Kamelie	*Caméllia*
Kamille	*Matricária*
Kammarante	*Ctenánthe*
Kammgras	*Cynosurus*
Kamminze	*Elshóltzia*
Kampferbaum	*Cinnamómum camphora*
Kampferkraut	*Camphorósma*
Kanarenglocke	*Canarína*
Kanariengras	*Phálaris cana- riénsis*
Kanarische Palme	*Phoenix canariénsis*
Känguruh- baum	*Casuarína*
Känguruh- klimme	*Císsus antárc- tica*
Känguruh- blume	*Anigozánthus*
Kannenpflanze	*Nepénthes*
Kanonier- pflanze	*Pílea*
Kapaster	*Felícia ammel- loídes*
Kapernstrauch	*Cápparis*

Kapfuchsie	*Phygélius*
Kapkörbchen	*Dimorphótheca*
Kapmyrte	*Phýlica*
Kapokbaum	*Céïba*
Kapuziner- kresse	*Tropäeolum*
Kardamom	*Elettária*
Karde	*Dípsacus*
Kardendistel	*Morína*
Kardone	*Cýnara cardún- culus*
Kartoffel	*Solánum tube- rósum*
Kartoffelrose	*Rosa rugósa*
Kassavastrauch	*Mánihot*
Käsepappel	*Málva*
Kastanie	*Castánea*
Katsurabaum	*Cercidophýllum*
Katzenkraut	*Teúcrium márum*
Katzenminze	*Népeta*
Katzen- pfötchen	*Antennária*
Katzenrebe	*Vítis palmáta*
Katzen- schwanzgras	*Chaetúrus*
Kaukasus- Kornblume	*Aetheopáppus*
Kaukasusver- gißmeinnicht	*Brúnnera*
Kaurifichte	*Ágathis*
Kautschuk- baum	*Castillóa, Hevéa*
Kelchgras	*Danthónia*
Kellerhals	*Dáphne*
Kentia	*Höweia*
Kerbel	*Anthríscus*
Kerfstendel	*Óphrys*
Kerguelenkohl	*Prínglea*
Kermesbeer- baum	*Bósea*
Kermesbeere	*Phytolácca*
Kerzenbaum	*Parmentiéra*
Kerzennuß- baum	*Aleurítes*
Kerzenstrauch	*Fouquiéria*
Kettenfarn	*Woodwárdia*
Keulenbaum	*Corynocárpus*

411

Keulenlilie	*Cordylíne*
Keulenmohn	*Cathcártia*
Keuschbaum	*Vítex*
Kichererbse	*Cícer*
Kiebitzblume	*Fritillária*
Kiefer	*Pínus*
Killarneyfarn	*Trichómanes*
Kirsche	*Prúnus*
Kirschlorbeer	*Laurocérasus*
Kirschmyrte	*Eugénia sp.*
Kirschpflaume	*Prúnus cerasífera*
Klapperhülse	*Crotolária*
Klappertopf	*Alectorólophus, Rhinánthus*
Klatschmohn	*Papáver rhōeas*
Klauenfarn	*Onýchium*
Klebgras	*Cénchrus*
Klebsame	*Pittósporum*
Klebschwertel	*Ixia*
Klee	*Trifólium*
Kleefarn	*Marsília*
Kleiderstrauch	*Chitónia*
Kleinling	*Centúnculus*
Kleopatranadel	*Eremúrus*
Klette	*Árticum*
Klettengras	*Trágus*
Klettenkerbel	*Tórilis*
Klettenkraut	*Echinospérmum*
Kletterfarn	*Lygódium*
Klettertrompete	*Cámpsis*
Klimmdahlie	*Hidálgoa*
Klimme	*Císsus*
Klimm-Ylang-Ylang	*Artabótrys*
Knabenkraut	*Órchis*
Knäuel	*Scleránthus*
Knäuelglockenblume	*Campánula glomeráta*
Knäuelgras	*Dáctylis*
Knebel	*Sagína*
Kniestengel	*Gonátopus*
Knoblauch	*Állium satívum*
Knoblauchkraut	*Alliária*
Knopfblume	*Cephalánthus*
Knopfkraut	*Galinsóga*

Knorpelkraut	*Polycnémum*
Knorpellattich	*Chondrílla*
Knorpelmöhre	*Ámmi*
Knotenblume	*Leucójum*
Knotenfuß	*Stréptopus*
Knotenschötchen	*Brāya*
Knöterich	*Polýgonum*
Köcherbaum	*Áloe dichótoma*
Kohl	*Brássica*
Kohlpalme	*Eutérpe, Roystónea oIerácea*
Kohlröschen	*Nigritélla*
Kokardenblume	*Gaillárdia*
Kokastrauch	*Erythróxylum*
Kokkelstrauch	*Cócculus*
Kokospalme	*Cócos*
Kolanuß	*Cóla*
Kolibritrompete	*Zauschnéria*
Kölle	*Saturéja*
Kolorado-Sandlilie	*Leucocrínum*
Koloquinthe	*Citrúllus colocýnthis*
Komfrey	*Sýmphytum ásperum*
Kompaßpflanze	*Sílphium*
Königin der Nacht	*Selenicéreus*
Königsfarn	*Osmúnda*
Königskerze	*Verbáscum*
Königspalme	*Roystónea régia*
Kopaivabalsam	*Copaífera*
Kopalbaum	*Vatéria*
Kopfeibe	*Cephalotáxus*
Kopfriet	*Schōenus*
Kopfsimse	*Scírpus (Holoschoenus)*
Kapoubohne	*Puerária*
Korakan	*Eleusíne*
Korallenbaum	*Adenanthéra*
Korallenbeere	*Nértera*
Korallenraute	*Borónia*
Korallenstrauch	*Berberidópsis* *Erythrína*

Korallen-	*Béssera*
tröpfchen	
Korallenwurz	*Coralliorrhíza*
Koriander	*Coriándrum*
Korkbaum	*Phellodéndron*
Korkholz	*Leitnéria*
Kornblume	*Centaūrea*
	cyanus
Kornelkirsche	*Córnus más*
Kornrade	*Agrostémma*
Kosobaum	*Hagénia*
Kostwurz	*Cóstus*
Krachmandel	*Prúnus amýgda-*
	lus var. *frágilis*
	(=Amygdalus)
Kraftwurz	*Pánax*
Kragenblume	*Carpésium*
Krähenbeere	*Émpetrum*
Krähenfuß	*Corónopus*
Kranzschlinge	*Stephanótis*
Kranzspiere	*Stephanándra*
Krapp	*Rúbia*
Kratzdistel	*Círsium*
Krebsscheere	*Stratiótes*
Kreisblume	*Anacýclus*
Kresse	*Lepídium*
Kreuzblatt	*Crucianélla*
Kreuzblume	*Polýgala*
Kreuzdorn	*Rhámnus*
Kreuzkraut	*Senécio*
Kreuzkümmel	*Cúminum*
Kreuzrebe	*Bignónia*
Kreuzstrauch	*Báccharis*
Krieche	*Prúnus insitítia*
Kriechrose	*Rósa arvénsis*
Kriech-	*Juníperus*
wacholder	*procúmbens*
Krokus	*Crócus*
Kronenkraut	*Drýpis*
Kronsbeere	*Vaccínium*
Kronwicke	*Coronílla*
Krötenlilie	*Tricýrtis*
Krugblatt	*Sarracénia*
Krukenbaum	*Lecýthis*
Krummfuß	*Cyrtopó-*
	dium
Krummholz-	*Pínus múgo*
kiefer	

Kubeben-	*Píper cubéba*
pfeffer	
Kuchenbaum	*Cercidiphýllum*
Kuckucks-	*Lýnchnis flós-*
blume	*cúculi*
Küchenschelle	*Anemóne, Pul-*
	satílla
Kugelamarant	*Gomphréna*
Kugelblume	*Globulária*
Kugeldistel	*Échinops*
Kugelfaden	*Kadsúra*
Kugelgurke	*Sphaerosícyos*
Kugelmalve	*Sphaerálcea*
Kugel-	*Kérnera*
schötchen	
Kuhbaum	*Brósimum*
Kuhblume	*Taráxacum*
Kuhkraut	*Vaccária*
Kuhschelle	*Anemóne,*
	Pulsatílla
Kuhtritt	*Wulfénia*
Kürbis	*Cucúrbita*
Kumquat	*Fortunélla*
Kunigunden-	*Eupatórium*
kraut	
Kupferblatt	*Acalýpha*
Kümmel	*Cárum*
Kurzstiel	*Adrómischus*
Kußblume	*Philésia*
Küstensequoie	*Sequóia*

L

Labkraut	*Gálium*
Lablabbohne	*Dólichos*
Lack	*Cheiránthus*
Lackbaum	*Aleurítes*
Lacksenf	*Brassicélla*
Lacksumach	*Rhús vernicíflua*
Laichkraut	*Potamogéton*
Lakritze	*Glycyrrhíza*
	glábra
Lambertsnuß	*Córylus máxi-*
	ma
Lämmersalat	*Arnóseris*
Lampenputzer-	*Callistémon*
strauch	

413

Lampion-	*Phýsalis*
pflanze	
Langfaden	*Combrétum*
Lanzenfarn	*Doryópteris,*
	Polystichum
	Lonchítis
Lappenblume	*Hypécoum*
Lärche	*Lárix*
Laserkraut	*Laserpítium*
Lattich	*Lactúca*
Lauch	*Állium*
Lauchkraut	*Alliária*
Laugenblume	*Cótula*
Laurustinus	*Vibúrnum tínus*
Läusekraut	*Pediculáris*
Läusesamen	*Sabadílla*
Lavendel	*Lavándula*
Lavendelheide	*Andrómeda*
Lebender	*Líthops*
Stein	
Lebensbaum	*Thúja*
Leberbalsam	*Agératum*
Leber-	*Anemóne hepá-*
blümchen	*tica*
Leberwurst-	*Kigélia*
baum	
Lederblatt	*Chamaedáphne*
Lederholz	*Cyrílla, Dírca*
Lederstrauch	*Ptélea*
Leimkraut	*Siléne*
Leimsaat	*Collómia*
Lein	*Línum*
Leinblatt	*Thésium*
Leindotter	*Camelína*
Leinkraut	*Linária*
Leoparden-	*Belamcánda*
blume	
Lerchensporn	*Corýdalis*
Leuchter-	*Ceropégia*
blume	
Levkoje	*Matthíola*
Libanoneiche	*Quércus líbani*
Libanonzeder	*Cédrus líbani*
Lichtblume	*Bulbocódium*
Lichtnelke	*Lýchnis*
Liebesgras	*Eragróstis*
Liebesperlen-	*Callicárpa*
strauch	

Liebesröschen	*Anacámpseros*
Liebstöckl	*Levísticum*
Lieschgras	*Phléum*
Lieschkolben	*Týpha*
Liguster	*Ligústrum*
Lilie	*Lílium*
Lilienschweif	*Eremúrus*
Liliensimse	*Tofiéldia*
Limone	*Cítrus límon*
Linde	*Tília*
Linse	*Léns*
Lippenfarn	*Cheilánthes*
Litschibaum	*Nephélium,*
	Lítchi
Lochschlund	*Anarrhínum*
Löffelkraut	*Cochleária*
Lolch	*Lólium*
Losbaum	*Clerodéndron*
Lorbeerbaum	*Laūrus*
Lorbeer, alex-	*Dánae*
andrinischer	
Lorbeer, Berg	*Oreodáphne,*
	Umbellulária
Lorbeerblatt	*Daphniphýllum*
Lorbeerkirsche	*Laurocérasus*
Lorbeerpappel	*Pópulus ×*
	berolinénsis
Lorbeerrose	*Kálmia*
Lotosblume	*Nelúmbo, Nym-*
	phaēa lótus
Lotwurz	*Onósma*
Louisianamoos	*Tillándsia*
	usneoídes
Löwenmaul	*Antírrhinum*
Löwenohr	*Leonótis*
Löwentrapp	*Leóntice*
Löwenzahn	*Leóntodon,*
	Taráxacum
Luftnelke	*Tillándsia*
Lungenenzian	*Gentiana*
	pneumonánthe
Lungenkraut	*Pulmonária*
Lupine	*Lúpinus*

M

Madonnenlilie	*Lílium cándidum*
Mädchenauge	*Coreópsis*
Mädchenhaarbaum	*Gínkgo*
Mädesüß	*Filipéndula*
Maggikraut	*Levísticum*
Mahagonibaum	*Swieténia mahagóni*
Mähnengerste	*Hórdeum jubátum*
Mähnenpalme	*Jubǣa*
Maiapfel	*Podophýllum*
Maiblume	*Maiánthus*
Maiglöckchen	*Convallária*
Mais	*Zéa*
Malaienblume	*Phalaenópsis*
Majoran	*Majorána*
Malabar Kardamom	*Elettária*
Malagetapfeffer	*Aframómum*
Malve	*Málva*
Mammutbaum	*Sequóiadéndron*
Mandarine	*Cítrus*
Mänderle	*Verónica lútea*
Mandelbaum	*Amygdalus*
Manglebaum	*Rhizóphora*
Mangobaum	*Mangífera*
Mangold	*Béta cv.*
Mangostane	*Garcínia mangostána*
Mangrovebaum	*Rhizóphora, Bruguiéra*
Mangrovefarn	*Acróstichum*
Maniok	*Mánihot*
Maniokstrauch	*Játropha*
Mannaesche	*Fráxinus órnus*
Mannsblut	*Hyperícum androsǣmum*
Mannsschild	*Andrósace*
Mannstreu	*Erýngium*
Marbel	*Lúzula*
Margerite	*Leucánthemum*
Marienblatt	*Chrysánthemum balsamíta (= majus)*

Mariendistel	*Sílybum*
Marienfrauenschuh	*Cypripédium calceólus*
Marienglockenblume	*Campánula médium*
Mariengras	*Hieróchloë*
Marienkraut	*Teúcrium pólium*
Marone	*Castánea satíva*
Mäusedorn	*Rúscus*
Mäuseschwanz	*Myosúrus*
Maßholder	*Ácer campéstre*
Maßliebchen	*Béllis*
Mastixdistel	*Atráctylis*
Mastixstrauch	*Pistácia lentíscus*
Mastkraut	*Sagína*
Matestrauch	*Ílex paraguariénsis*
Mauerlattich	*Mycélis*
Mauermiere	*Paronýchia*
Mauerpfeffer	*Sédum*
Mauerraute	*Asplénium rútamurária*
Maulbeerbaum	*Mórus*
Mauritiuspalme	*Maurítia*
Mäusegerste	*Hórdeum murínum*
Meerbohne	*Éntada*
Meerfenchel	*Críthmum*
Meerkohl	*Crámbe*
Meerlavendel	*Limónium*
Meerrettich	*Cochleária*
Meersenf	*Cákile*
Meerträubel	*Éphedra*
Meerzwiebel	*Urgínea*
Mehlbeere	*Sórbus ária*
Mehlprimel	*Prímula farinósa*
Meister	*Aspérula*
Meisterwurz	*Peucédanum*
Melde	*Átriplex*
Melisse	*Melíssa*
Melone	*Cúcumis mélo*
Melonenbaum	*Cárica*

Melonen- kürbis	*Cucúrbita moschàta*	Moorbirke	*Bétula pubéscens*
Merk	*Síum*	Moorfarn	*Dryópteris*
Mexikostern	*Mílla*		*cristáta*
Miere	*Alsíne, Minuártia*	Moorveilchen	*Víola uliginósa*
Milchbaum	*Synadénium, Galactodén- dron*	Moosbeere	*Vaccínium oxycóccus*
		Moosfarn	*Selaginélla*
		Moosheide	*Bryánthus*
Milchbusch	*Euphórbia tirucálli*	Moosmiere	*Moehríngia*
		Moosphlox	*Phlóx subuláta*
Milchkraut	*Glaūx*	Moosstein-	*Saxífraga*
Milchlattich	*Cicérbita, Mulgédium*	brech	*hypnoídes*
		Morgen-	*Siléne arméria*
Milchstern	*Ornithógalum*	röschen	
Milzkraut	*Chrysosplénium*	Mormonen-	*Calochórtus*
Mimose	*Acácia, Albizia*	tulpe	
Minze	*Méntha*	Moschuskraut	*Adóxa*
Mispel	*Méspilus*	Moschusmalve	*Málva moschàta*
Mistel	*Víscum*	Moschusrose	*Rósa moschàta*
Mistelfeige	*Fícus diversi- fólia*	Moskitogras	*Boutelòua*
		Mottenkönig	*Plectránthus*
Mittagsblume	*Mesembryán- themum*	Mottenkraut	*Verbáscum blattária*
Mocanbaum	*Vísnea*	Mummel	*Núphar*
Mohn	*Papáver*	Murumúru	*Astrocáryum* sp.
Mohnmalve	*Callirhóë*	Muschelblume	*Isopyrum,*
Möhre	*Daūcus*		*Molucélla*
Mohrenhirse	*Sórghum*	Muskatkürbis	*Cucúrbita*
Mohrenpfeffer	*Xylópia*		*moschàta*
Mohrie	*Móhria*	Muskatnuß-	*Myrística*
Molchschwanz	*Saurúrus*	baum	
Moltebeere	*Rúbus chamae- mórus*	Mutterharz- baum	*Gálbanum*
Momitanne	*Abies fírma*	Mutterkraut	*Matricária*
Mönchskraut	*Nónnea*	Mutterwurz	*Ligústicum*
Mönchspfeffer	*Vítex*	Mützenstrauch	*Mitrária*
Mondraute	*Botrýchium*	Myrobalane	*Prúnus cerasí- fera*
Mondsame	*Menispérmum*		
Mondviole	*Lunária*	Myrrhe	*Mýrrhis*
Mondwinde	*Calonýction*	Myrrhen-	
Montbretie	*Crocósmia/ Montbretia*	strauch	*Commífera*
		Myrte	*Mýrtus*
Monterrey- zypresse	*Cupréssus macrocárpa*	Myrtenheide	*Melalèuca*
		Myrte,	*Medéola*
Moorbeere	*Vaccínium uliginó- sum*	Schling-	

N

Nabelkraut	*Umbílicus*
Nabelmiere	*Moehríngia*
Nabelwurz	*Omphalódes*
Nachtkerze	*Oenothéra*
Nachtnelke	*Melándrium*
Nachtschatten	*Solánum*
Nachtviole	*Hésperis*
Nacktried	*Élyna*
Nadelkerbel	*Scándix*
Nadelkraut	*Crássula recúrva*
Nadelpalme	*Rhapidophýllum*
Nadelsimse	*Eleócharis aciculáris*
Nagelbeere	*Óchna*
Nagelkraut	*Paronýchia, Polycárpon*
Nangkinglilie	*Lílium testáceum*
Naraspflanze	*Acanthosícyos*
Narzisse	*Narcíssus*
Natterfarn	*Ophioglóssum*
Natternkopf	*Échium*
Natterzunge	*Ophioglóssum*
Negerfinger	*Dactylópsis*
Negerhand	*Cylindropúntia clavarioídes*
Nelke	*Diánthus*
Nelkenwurz	*Géum, Spigélia*
Nesselblatt	*Alónsoa*
Nesselkönig	*Lámium orvála*
Nestbromelie	*Nidulárium*
Nestfarn	*Asplénium nídus*
Nestwurz	*Neóttia*
Netzannone	*Annóna reticuláta*
Netzweide	*Sálix reticuláta*
Netzblatt	*Goodyéra*
Neuseeländ. Flachs	*Phórmium*
Neuseeländ. Spinat	*Tetragónia*
Neuseeländ. Veronika	*Hébe*

Nieswurz	*Helléborus*
Nikanpalme	*Rhopalostýlis*
Nixenkraut	*Nájas*
Nordmannstanne	*Abies nordmanniána*
Nußeibe	*Torréya*
Nußgras	*Cypérus rotúndus*
Nußkiefer	*Pínus pínea*
Nypapalme	*Nypa*

O

Ochsenauge	*Buphthálmum, Telékia*
Ochsenherz	*Annóna reticuláta*
Ochsenzunge	*Anchúsa*
Ocotillastrauch	*Fouquiéra*
Odermennig	*Agrimónia*
Ohnhorn	*Áceras*
Ohrblume	*Diótis*
Ohrkraut	*Hedyótis*
Ohrweide	*Sálix auríta*
Oleander	*Nérium*
Olive	*Ólea*
Ölbaum	*Ólea*
Ölmadie	*Mádia*
Ölpalme	*Elǽeis*
Ölrose	*Rosa damascéna var.*
Ölweide	*Elaeágnus*
Omorikafichte	*Pícea omórika*
Orange	*Cítrus*
Orangebeere	*Citrióbatus*
Orangenblume	*Choísya*
Orangenkirsche	*Idésia*
Orangenraute	*Murrǽya*
Orangenwurzel	*Hydrástis*
Orant	*Chaenorrhínnum*
Orchideenprimel	*Prímula viálii*
Oregonpflaume	*Nuttállia, Osmarónia*

417

Orleanbaum	*Bíxa*
Osagedorn	*Maclúra*
Osterglocke	*Narcíssus pseu-do-narcíssus*
Osterkaktus	*Rhipsalidópsis*
Osterluzei	*Aristolóchia*
Ind. Kopal-baum	*Vatéria*
Oxelbeere	*Sórbus inter-média*

P

Pagodenbaum	*Sóphora*
Palisander-baum	*Jacaránda*
Palma Christi	*Rícinus*
Palmettopalme	*Sábal*
Palmfarn	*Cýcas*
Palmito	*Chamaerops*
Palmlilie	*Yúcca*
Palmschilf	*Priónium*
Pampasgras	*Cortadéria, Gynérium*
Pampelmuse	*Cítrus paradísi*
Pankrazlilie	*Pancrátium*
Pantherblume	*Pardánthus, Belamcanda*
Pantoffel-blume	*Calceolária*
Panzerkiefer	*Pínus heldreichii*
Papageienblatt	*Alternanthéra*
Papau	*Asimína*
Papaya	*Cárica*
Papierbirke	*Bétula papyrí-fera*
Papierblume	*Xeránthemum*
Papier-knöpfchen	*Ammóbium*
Papiermaul-beerbaum	*Broussonétia*
Pappel	*Pópulus*
Pappelrose	*Altháea*
Paprika	*Cápsicum*
Papyrusstaude	*Cypérus papýrus*
Paradieskörner	*Aframómum*
Paradieslilie	*Paradísea*

Parakautschuk-baum	*Hevéa*
Parakresse	*Spilánthes*
Paranuß	*Berthollétia*
Passionsblume	*Passiflóra*
Pastinak	*Pastináca*
Paternoster-baum	*Mélia*
Paternoster-erbse	*Ábrus*
Patschouli-pflanze	*Pogóstemon*
Pecannuß	*Cárya laciniósa*
Pechkiefer	*Pinus rígida*
Pechnelke	*Viscária*
Peitschen-kaktus	*Aporocáctus*
Peitschenorche	*Scuticária*
Pellote	*Lophóphora*
Pelzfarn	*Notholaena*
Pepulbaum	*Fícus religiósa*
Perlfarn	*Onóclea*
Perlfrucht	*Margyricárpus*
Perlgras	*Mélica*
Perlkörbchen	*Anáphalis*
Perlpfötchen	*Anáphalis*
Persimone	*Diospýros*
Perubalsam-baum	*Myróxylon*
Perücken-strauch	*Cótinus*
Pestwurz	*Petasítes*
Petersbart	*Sievérsia*
Petersilie	*Petroselínum*
Petersilienfarn	*Cryptográmma*
Peterskraut	*Ascýrum*
Peyotl	*Lophóphora*
Pfahlrohr	*Arúndo*
Pfaffenhütchen	*Euónymus*
Pfauenblume	*Tigrídia*
Pfauenmohn	*Papáver pavoní-num*
Pfeffer	*Píper*
Pfefferbaum	*Schínus*
Pfefferkraut	*Satureja*
Pfeifengras	*Molínia*
Pfeifenstrauch	*Philadélphus*
Pfeifenwinde	*Aristolóchia*

Pfeilgift	*Antiáris*
Pfeilkraut	*Sagittária*
Pfeilkresse	*Cardária*
Pfeilwurz	*Maránta*
Pfennigkraut	*Thláspi*
Pfingstnelke	*Diánthus gratio-politánus*
Pfingstrose	*Paeónia*
Pfirsich	*Amýgdalus pérsica*
Pflaume	*Prúnus doméstica*
Pfriemengras	*Stípa*
Pfriemen-kresse	*Subulária*
Pheespalme	*Nánnorrhops*
Piassabapalme	*Attálea, od. Orbígnya*
Pillenfarn	*Pilulária*
Pimentbaum	*Piménta*
Pimpernelle	*Pimpinélla*
Pimpernuß	*Staphyléa*
Pinangpalme	*Pinánga*
Pinie	*Pínus pínea*
Pippau	*Crépis*
Pisang	*Músa paradi-síaca*
Pistazie, echte	*Pistácia vera*
Platane	*Plátanus*
Plattährengras	*Uníola*
Platterbse	*Láthyrus*
Pockholz	*Guaiácum*
Polei, amerikan.	*Hedéoma*
Poleigamander	*Teúcrium pólium*
Polstersegge	*Cárex fírma*
Pomeranze	*Cítrus aurán-tium amára*
Porree	*Állium pórrum*
Porst	*Lédum*
Portulak	*Portuláca*
Porzellan-blümchen	*Saxífraga umbrósa*
Porzellan-blume	*Hóya*
Prachtglocke	*Enkiánthus, Ostrówskia*

Prachtkerze	*Gaúra*
Prachtlilie	*Lílium speció-sum*
Prachtnelke	*Diánthus supér-bus*
Prachtscharte	*Liátris*
Prachtspiere	*Astílbe*
Prärieklee	*Petalostémon*
Prärierose	*Rósa setígera*
Preißelbeere	*Vaccínium vitis-idae*
Primel	*Prímula*
Prinzessin der Nacht	*Selenicéreus pteránthus*
Propheten-blume	*Arnébia*
Prunkblume	*Chlidánthus*
Prunkbohne	*Phaséolus coccíneus*
Puffbohne	*Vícia fába*
Prunkwinde	*Ipomóea, Pharbítis, Quámoclit*
Pulverholz	*Rhámnus frángula*
Purgierdolde	*Thápsia*
Purgiernuß	*Játropha cúrcas*
Purgierstrauch	*Thymelaéa*
Purpur-glöckchen	*Heúchera*
Purpurkranz	*Petraéa*
Purpurschopf	*Porphyrocóma*
Purpurtanne	*Abies amábilis*
Pyrenäennelke	*Petrocóptis*

Q

Quassiabaum	*Quássia*
Quebracho-baum	*Aspidospérma*
Quecke	*Agropýron*
Queensland-Kauri	*Agathis*
Quellfarn	*Asplénium fontánum*
Quellgras	*Catabrósa*
Quellkraut	*Móntia*

Quendel	*Thýmus*	Raute	*Rúta*
Quetschgurke	*Thladiántha*	Rauten-	*Anemonélla*
Quitte,	*Cydónia*	anemone	
gewöhnl.		Ravennagras	*Eriánthus*
Quitte, japan.	*Chaenoméles*	Raygras	*Lólium*
		Rebe	*Vítis*
		Rebendolde	*Oenánthe*
R		Rebhuhnbeere	*Mitchélla*
		Rechenblume	*Sýmplocos*
Rachenlilie	*Antholýza*	Redwood	*Sequóia*
Radbaum	*Trochodéndron*	Regenbogen-	*Echinocéreus*
Rade	*Agrostémma*	kaktus	*rigidíssimus*
Radmelde	*Kóchia*	Reifrock-	*Corbulária*
Ragwurz	*Óphrys*	narzisse	
Rahle	*Teesdália*	Reifweide	*Sálix*
Rahmapfel	*Annóna*		*daphnoídes*
	squamósa	Reiher-	*Eródium*
Raigras	*Lólium*	schnabel	
Rainfarn	*Tanacétum*	Reis	*Orýza*
Rainkohl	*Lápsana*	Reispapier-	*Tetrápanax*
Rainweide	*Ligústrum*	baum	
Ramié	*Boehméria*	Reisquecke	*Leérsia*
Ränkgras	*Stípa* (= *Achná-*	Reitgras	*Calamagróstis*
	therum)	Reseda	*Reséda*
Ranunkel	*Ranúnculus*	Rettich	*Ráphanus*
	asiáticus	Rhabarber	*Rhéum*
Ranunkel-	*Kérria*	Riemenblume	*Loropétalum*
strauch		Riemen-	*Phragmopé-*
Raphiapalme	*Ráphia*	Frauenschuh	*dilum*
Raps	*Brássica nápus*	Riemenlippe	*Habenária*
Rapsdotter	*Rapístrum*	Riemenzunge	*Himantoglós-*
Rapunzel	*Phytéuma*		*sum*
Rasenspiere	*Petrophýtum*	Riesenbambus	*Gigantochlóa*
Rasselblume	*Catanánche*	Riesen-	*Solenánthus*
Rauhblattaster	*Áster nóvae-*	boretsch	
	angliae	Riesenfenchel	*Férula*
Rauhblume	*Trachyméne*	Riesen-	*Galtónia*
Rauhgras	*Achnátherum,*	hyazinthe	
	Lasiagróstis	Riesentanne	*Abies grándis*
Rauhling	*Trachýstemon*	Riesenvergiß-	*Myosotídium*
Rauhschopf	*Dasylírion*	meinnicht	
Rauke	*Erúca,*	Riesenwurm-	*Dryópteris*
	Sisýmbrium	farn	*goldieána*
Raukensenf	*Descuráinia,*	Rindsauge	*Buphthálmum*
	Sisýmbrium	Ringelblume	*Caléndula*
Raupenähre	*Beckmánnia*	Rippenfarn	*Bléchnum*
Rauschbeere	*Émpetrum,*	Rippensame	*Pleurospérmum*
	Vaccínium	Rispelstrauch	*Myricária*
	uliginósum		

420

Rispenfarn	*Osmúnda*
Rispengras	*Póa*
Rittersporn	*Delphínium*
Ritterstern	*Hippeástrum*
Robinie	*Robínia*
Roggen	*Secále*
Rohr	*Phragmítes*
Rohrkolben	*Týpha*
Rohr,	*Cálamus,*
spanisches	*Arundo*
Rollfarn	*Allosúrus,*
	Cryptográmme
Rose	*Rósa*
Rosenapfel	*Syzygium*
Rosenapfel-	*Dillénia*
baum	
Roseneibisch	*Hibíscus*
	rósa-sinénsis
Rosengeranie	*Pelargónium*
	graveólens
Rosenwurz	*Rhodíola*
Rose von	*Anastática*
Jericho	
Rosinenbaum,	*Hovénia*
japan.	
Rosmarin	*Rosmarínus*
Rosmarin-	*Andrómeda*
heide	
Rosmarien-	*Dáphne*
seidelbast	*cneórum*
Rosmarien-	*Itea*
weide	
Roßkastanie	*Áesculus*
Roßkümmel	*Láser, Síler*
Rotahorn	*Ácer rúbrum*
Rotangpalme	*Cálamus,*
	Daemónorops
Rotbuche	*Fágus sylvática*
Roteiche	*Quércus rúbra*
Rotesche	*Fráxinus*
	pennsylvánica
Rotfichte	*Pícea abies*
Rotkelch	*Erythrochíton*
Rotschleierfarn	*Dryópteris*
	erythrosóra
Rotschwingel	*Festúca rúbra*
Rottanne	*Pícea ábies*
Ruchgras	*Anthoxánthum*

Ruhmesblume	*Cliánthus*
Ruhmeskrone	*Gloriósa*
Ruhrkraut	*Gnaphálium*
Rührmich-	*Impátiens*
nichtan	
Runkelrübe	*Béta vulgaris*
Ruprechtsfarn	*Gymnocárpium*
	robertiánum
Rüssellilie	*Curcúligo*
Rüster	*Úlmus*
Rutenaster	*Microglóssa*
Rutenkaktus	*Rhípsalis*
Rutenpalme	*Rhápis*

S

Saatgerste	*Hórdeum*
	vulgáre
Saathafer	*Avéna sativa*
Saatweizen	*Tríticum*
	aestívum
Sabalpalme	*Sábal*
Sadebaum	*Juníperus*
	sabína
Säckelblume	*Epimédium,*
	Ceanóthus
Saflor	*Cárthamus*
Safran	*Crócus*
Safranwurz	*Curcúma*
Sagopalme	*Cýcas,*
	Metróxylon
Salat	*Lactúca sativa*
Salbei	*Sálvia*
Salomonssiegel	*Polygonátum*
Salpeter-	*Nitrária*
strauch	
Salweide	*Sálix cáprea*
Salzkraut	*Sálsola*
Salzmelde	*Suáeda*
Salzmiere	*Honkénya*
Salzschwaden	*Átropis,*
	Puccinéllia
Salzstrauch	*Halimodéndron*
Sammetblume	*Tagétes*
Sammetgras	*Lagúrus*
Sammetmalve	*Abútilon*
Sammetpappel	*Sída*

Samtginster	Genísta pilósa
Sandarak-zypresse	Tetraclinis
Sandbirke	Bétula péndula
Sandbirne	Peraphýllum
Sandbüchsen-baum	Húra
Sanddorn	Hippóphaë
Sandelbaum	Sántalum
Sandflieder	Limónium
Sandglöckchen	Jasióne
Sandimmor-telle	Ammóbium
Sandkirsche	Prúnus púmila
Sandkraut	Arenária
Sandlilie	Leucócrinum
Sandmyrte	Leiophýllum
Sandnelke	Dianthus sp.
Sandrebe	Vítis rupéstris
Sandröschen	Tuberária
Sandrohr	Ammóphila
Sandverbene	Abrónia
Sanikel	Sanícula
Saphirbeere	Sýmplocos
Sapindusfichte	Pícea orientális
Saubohne	Fába (Vícia)
Saudistel	Sónchus
Sauerampfer	Rúmex
Sauerbaum	Oxydéndron
Sauerdorn	Bérberis
Sauerkirsche	Cerásus (Prúnus)
Sauerklee	Óxalis
Sauersack	Annóna muricáta
Säuerling	Oxýria
Säulenblume	Stylídium
Säulenkaktus	Céreus
Säulen-zypresse	Cupréssus sem-pérvírens fa.
Saumfarn	Ptéris
Saumnarbe	Lomatogónium, Pleurogýne
Saxoul	Halóxylon
Schabenkraut	Verbáscum blattária
Schachblume	Fritillária
Schachtelhalm	Equisétum

Schachtelhalm-strauch	Éphedra
Schafgarbe	Achilléa
Schafschwingel	Festúca ovína
Schaftdolde	Hacquétia
Schamblume	Aeschynánthus, Clitória
Schampflanze	Aeschynómene
Scharbocks-kraut	Ranúnculus ficária
Scharfkraut	Asperúgo
Scharlach-ranke	Coccínia
Scharte	Serrátula
Schärtling	Saussúrea
Schattenblume	Maiánthemum, Smilacína
Schaumblüte	Tiarélla
Schaumkraut	Cardámine
Schaumkresse	Carda minópsis
Schaumspiere	Holodíscus
Scheiben-blume	Cyclánthus
Scheiben-schötchen	Peltária
Scheidengras	Coleánthus
Scheinakazie	Robínia
Scheinananas	Pseudánanas
Schein-anemone	Anemonópsis
Scheinaster	Boltónia
Scheinbeere	Gaulthéria
Scheinbuche	Nothofágus
Scheineller	Cléthra
Schein-erdbeere	Duchésnea
Scheinerle	Cléthra
Schein-fiederspiere	Chamaebatiária
Scheingänse-blümchen	Béllium
Scheinhanf	Datísca
Scheinhasel	Corylópsis
Scheinheide	Adenóstoma
Schein-hopfenbuche	Ostryópsis
Scheinkamelie	Stewártia
Scheinkastanie	Castanópsis

Scheinkerrie	*Rhodótypos*
Scheinmalve	*Malvástrum*
Scheinmohn	*Meconópsis*
Scheinmyrte	*Anamírta, Úgni*
Scheinquitte	*Chaenoméles*
Scheinrebe	*Ampelópsis*
Schein-schwertel	*Márica*
Scheinveilchen	*Ionopsídium*
Schein-zaunrübe	*Bryonópsis*
Schein-zypresse	*Chamaecýparis*
Schellenblume	*Adenóphora*
Schiefblatt	*Begónia*
Schiefteller	*Achímenes*
Schierling	*Cónium, Cicúta*
Schierlings-silge	*Conioselínum*
Schierling-stanne	*Tsúga*
Schildblatt	*Peltiphýllum*
Schildblume	*Chelóne*
Schildfarn	*Aspídium, Polýstichum*
Schildkraut	*Clypéola*
Schildkresse	*Farsétia, Fibigia*
Schildkröten-pflanze	*Testudinária*
Schildnarbe	*Aspidístra*
Schilfpalme	*Thrínax*
Schilfrohr	*Phragmítes*
Schillergras	*Koeléria*
Schimmer-baum	*Prótea*
Schindeleiche	*Quércus imbricária*
Schirmakazie	*Acacia spp.*
Schirmblatt	*Diphylleia*
Schirmtanne	*Sciadópitys*
Schlafmohn	*Papáver somníferum*
Schlaf-mützchen	*Eschschólzia*
Schlag-kräutlein	*Ájuga chamaepítys*

Schlammkraut	*Limosélla*
Schlangen-auge	*Asperúgo*
Schlangenbart	*Ophiopógon*
Schlangen-haargurke	*Trichosánthes*
Schlangen-kaktus	*Aporocáctus*
Schlangenkopf	*Chelóne*
Schlangenlilie	*Dracaena*
Schlangen-stapelie	*Echidnópsis*
Schlangen-wurz	*Dracúnculus*
Schlauch-pflanze	*Sarrácenia*
Schlehe	*Prúnus spinósa*
Schleierkraut	*Gypsóphila*
Schleifen-blume	*Íberis*
Schleimkraut	*Brasénia*
Schlinge	*Vibúrnum lantána*
Schlingfarn	*Lygódium*
Schlüssel-blume	*Prímula*
Schlüsselspeik	*Douglásia*
Schmalwand	*Stenophrágma*
Schmerwurz	*Támus*
Schmetter-lingsstrauch	*Buddléia*
Schmetter-lingswicke	*Clitória*
Schmiele	*Deschámpsia*
Schmielen-hafer	*Aíra*
Schmuck-blume	*Calliánthemum*
Schmuck-körbchen	*Cosméa*
Schmucklilie	*Agapánthus*
Schnabelnuß	*Córylus cornúta*
Schnabelriet	*Rhynchóspora*
Schnabel-schötchen	*Euclídium*
Schnapskopf	*Lophóphora*
Schnecken-bohne	*Phaséolus caracálla*

423

Schnecken-	*Cochliostéma*
faden	
Schneckenklee	*Medicágo*
Schnee auf	*Euphórbia*
dem Berge	*margináta*
Schneeball	*Vibúrnum*
Schneebeere	*Chiocócca, Sym-*
	phoricárpus
Schnee-	*Chionánthus*
flockenbaum	
Schnee-	*Galánthus*
glöckchen	
Schneeglöck-	*Halésia*
chenbaum	
Schneeheide	*Eríca cárnea*
Schneelocke	*Neviúsia*
Schneerose	*Helléborus*
	níger
Schneestolz	*Chionodóxa*
Schneide	*Cládium*
Schnittlauch	*Állium schoe-*
	nóprasum
Schnurbaum	*Sophóra*
Schöllkraut	*Chelidónium*
Schönfrucht	*Callicárpa*
Schön-	*Hymenocállis*
häutchen	
Schönnessel	*Eucníde*
Schönranke	*Eccremocárpus*
Schöterich	*Erýsimum*
Schopflilie	*Éucomis*
Schopfpalme	*Corýpha, Acro-*
	cómia
Schotenklee	*Tetragonólobus*
Schrauben-	*Pándanus*
palme	
Schrauben-	*Prosópis*
bohne	
Schrauben-	*Isolatocéreus*
kaktus	
Schriftblume	*Vauánthes*
Schriftfarn	*Céterach*
Schrunden-	*Rhagadíolus*
kelch	
Schlüssel-	*Platycráter*
hortensie	
Schuppen-	*Annóna squa-*
annone	*mósa*

Schuppen-	*Lobóstemon*
faden	
Schuppen-	*Athrótaxis*
fichte	
Schuppen-	*Cassíope*
heide	
Schuppenkopf	*Cephalária*
Schuppen-	*Lepígonum*
miere	
Schuppenriet	*Cobrésia*
Schuppen-	*Pholiúrus*
schwanz	
Schuppenwurz	*Lathrăea*
Schüsselfarn	*Dennstăedtia*
Schusserbaum	*Gymnócladus*
Schusterpalme	*Aspidístra*
Schwaden	*Glycéria*
Schwalben-	*Cynánchum,*
wurz	*Vincetóxicum*
Schwamm-	*Lúffa*
gurke	
Schwanen-	*Bútomus*
blume	
Schwanen-	*Cycnóches*
orche	
Schwanz-	*Anthúrium*
blume	
Schwarz-	*Acer nígrum*
ahorn	
Schwarzdorn	*Prúnus spinósa*
Schwarzerle	*Alnus glutinósa*
Schwarzfichte	*Pícea mariána*
Schwarzkiefer	*Pínus nígra*
Schwarz-	*Nigélla*
kümmel	
Schwarzmund	*Melástoma*
Schwarznessel	*Perílla, Ballóta*
Schwarznuß	*Júglans nígra*
Schwarz-	*Pópulus nígra*
pappel	
Schwarz-	*Scorzonéra*
wurzel	
Schweifähre	*Stachyúrus*
Schweinsohr	*Cálla*
Schweinssalat	*Hyóseris*
Schwertbohne	*Canavália*
Schwertfarn	*Polýstichum*
	munítum

Schwertlilie	*Íris, Gladíolus*	Sicheltanne	*Cryptoméria*
Schwimmfarn	*Salvínia*	Siebenstern	*Trientális*
Schwimm-	*Lurónium*	Siegwurz	*Gladíolus*
löffel		Silberbaum	*Leucadéndron*
Schwingel	*Festúca*	Silberblatt	*Lunária*
Schwingel-	*Scolochlóa*	Silberdistel	*Carlína*
schilf		Silbereiche	*Grevíllea robú-*
Seebeere	*Halorrhágis*		*sta*
Seefeder	*Bléchnum*	Silberfarn	*Coniográmme,*
	pénna marína		*Pityrogramma*
Seegras	*Zóstera*	Silbergras	*Imperata, Cory-*
Seeigelkaktus	*Astróphytum*		*néphorus*
	astérias	Silberhülse	*Argyrolóbium*
Seeheide	*Frankénia*	Silberimmor-	*Anáphalis*
Seeigelkaktus	*Echinópsis*	telle	
Seekandel	*Nuphar lúteum*	Silberkerze	*Cimicífuga*
Seekanne	*Limnán-*	Silberlinde	*Tília tomentósa*
	themum, Nym-	Silberpappel	*Pópulus álba*
	phoídes	Silberraute	*Artemísia láxa*
Seerose	*Nympháea*	Silberscharte	*Jurínea*
Seesimse	*Scírpus lacú-*	Silberweide	*Sálix álba*
	stris		*serícea*
Seetraube	*Coccolóba*	Silberwinde	*Argyréia*
	uvífera	Silberwurz	*Dryas*
Segge	*Cárex*	Silge	*Selínum*
Seide	*Cuscúta*	Simse	*Scírpus*
Seidelbast	*Daphne*	Sinngrün	*Vínca*
Seidenginster	*Genísta serícea*	Sinnblume	*Aeschynánthus*
Seidengras	*Eriánthus*	Sinnklee	*Biophýtum*
Seidenpflanze	*Asclépias*	Sinnpflanze	*Mimósa*
Seiden-	*Cudránia*	Sisalagave	*Agave sisalána*
wurmdorn		Sitkafichte	*Pícea sitchénsis*
Seifenbaum	*Quíllaja, Sapín-*	Sockenblume	*Aceránthus,*
	dus		*Epimédium*
Seifenkraut	*Saponária*	Sode	*Suáeda*
Seilgras	*Réstio*	Sojabohne	*Glycíne*
Sellerie	*Ápium*	Sommeraster	*Callístephus*
Senf	*Sinápis*	Sommerblut-	*Adónis aesti-*
Seradella	*Orníthopus*	ströpfchen	*válix*
Sesam	*Sésamum*	Sommerefeu	*Senécio mika-*
Sesamgras	*Trípsacum*		*noídes*
Sesel	*Séseli*	Sommer-	*Galtónia*
Seychellen-	*Lodoícea*	hyacinthe	
nuß		Sommerver-	*Omphalódes*
Sichelblatt	*Arpophýllum*	gißmeinnicht	
Sichelklee	*Medicágo fal-*	Sommerwurz	*Orobánche*
	cáta	Sommer-	*Kóchia*
Sichelmöhre	*Falcária*	zypresse	

Sonderkraut	*Monópsis*
Sonnenauge	*Heliópsis*
Sonnenblume	*Heliánthus*
Sonnenbraut	*Helénium*
Sonnenflügel	*Helípterum*
Sonnenfreund	*Helióphila*
Sonnenhut	*Helénium*
Sonnen-	*Heliánthemum*
röschen	
Sonnentau	*Drósera*
Sonnenwende	*Heliotrópium*
Spaltblume	*Schizopétalon,*
	Schizánthus
Spaltglocke	*Scǣvola,*
	Schizocódon
Spaltgriffel	*Schizóstylis*
Spalthortensie	*Schizophrágma*
Spaltkrone	*Schizopétalon*
Spaltlilie	*Anigozánthos*
Spanischer	*Cápsicum*
Pfeffer	
Spanisches	*Cálamus, Arun-*
Rohr	*do*
Spargel	*Aspáragus*
Spark	*Spérgula*
Spärkling	*Spergulária*
Speckbaum	*Portulacária*
Speerblume	*Doryánthes*
Speerfarn	*Doryópteris*
Speierling	*Sórbus domé-*
	stica
Speik	*Prímula mínima*
Speik, echter	*Valeriána cél-*
	tica
Speik, großer	*Lavándula lati-*
	fólia
Spelz	*Tríticum spélta*
Sperlingskopf	*Passerína*
Sperrkraut	*Polemónium*
Sperrstrauch	*Eurya*
Spierstaude	*Filipéndula*
Spierstrauch	*Spirǣa*
Spießtanne	*Cunninghámia*
Spinat	*Spinácia*
Spindelbaum	*Euónymus*
Spinnenorche	*Bartholína*
Spinnen-	*Cleóme*
pflanze	

Spitzahorn	*Ácer platanoí-*
	des
Spitzenblume	*Ardísia, Mímu-*
	sops
Spitzhülse	*Oxylóbium*
Spitzkiel	*Oxýtropis*
Spitzklette	*Xánthium*
Spornblume	*Centránthus*
Spottnuß	*Cárya tomen-*
	tósa
Spreublume	*Achyránthes,*
	Xeránthemum
Springkraut	*Impátiens*
Springwolfs-	*Euphórbia la-*
milch	*thýris*
Spritzgurke	*Cyclanthéra, Ex-*
	bállium
Spurre	*Holósteum*
Stachelähre	*Acanthóstachys*
Stachelbart	*Centropógon*
Stachelbeere	*Grossularia*
Stachelgras	*Cénchrus*
Stachelgurke	*Séchium*
Stachelpanax	*Acanthópanax*
Stachelmohn	*Argemóne*
Stachel-	*Acǣena*
nüßchen	
Stachelspelze	*Oplísmenus*
Stachel-	*Córis*
träubchen	
Starrgras	*Scleropóa*
Staudenaster	*Áster*
Stechapfel	*Datúra*
Stechfichte	*Pícea púngens*
Stechginster	*Úlex*
Stechnelke	*Acanthólimon*
Stechpalme	*Ílex*
Stechwinde	*Smílax*
Stechwurzel-	*Cryosóphila*
palme	
Steckenkraut	*Férula, Prángos*
Steckenpalme	*Rhápis*
Steifhalm	*Cleistogénes*
Steinapfel	*Osteoméles*
Steinbrech	*Saxífraga*
Steineibe	*Podocárpus*
Steineiche	*Óuercus ílex*
Steinfeder	*Asplénium tri-*
	chómanes

Steinglocke	*Symphyándra*
Steinklee	*Melilótus*
Steinkraut	*Alýssum*
Steinlinde	*Phillýrea*
Steinmispel	*Cotoneáster*
Steinnelke	*Diánthus silvéster*
Steinnußpalme	*Phytélephas*
Steinsame	*Lithospérmum*
Steinschmückel	*Petrocállis*
Steintäschel	*Aethionéma*
Steinweichsel	*Prúnus máhaleb*
Stendelwurz	*Serápias*
Steppenkerze	*Eremúrus*
Steppenkirsche	*Prúnus fruticósa*
Steppenlilie	*Eremúrus*
Steppenraute	*Péganum*
Sternanis	*Illícium*
Sternapfel	*Chrysophýllum*
Sternbalsam	*Nycterínia*
Sterndolde	*Astrántia*
Sternhortensie	*Decumária*
Sternjasmin	*Trachelospérmum*
Sternmiere	*Stellária*
Sternmoos	*Sagína*
Sternnuss	*Astrocáryum*
Stern von Bethlehem	*Ornithógalum umbellátum*
Sternwinde	*Quámoclit*
Sternwurz	*Orostáchys*
Stiefmütterchen	*Víola*
Stielblütengras	*Miscánthus*
Stieleiche	*Quércus róbur*
Stielsamenkraut	*Arachnospérmum*
Stielschuppe	*Podólepis*
Stiftblume	*Albúca*
Stinkandorn	*Ballóta*
Stinkasant	*Férula ássafŏetida*
Stinkbaum	*Stercúlia*
Stinkeibe	*Torrĕya*
Stinkesche	*Evódia = Eúodia*

Stinkknackbeere	*Paedéria*
Stinkkohl	*Apóseris, Symplocárpus*
Stinkstrauch	*Anágyris*
Stockmalve, Stockrose	*Althǣea*
Storaxbaum	*Stýrax*
Storchschnabel	*Geránium, Pelargonium*
Strahlenblütchen	*Actinélla*
Strahlenfarn	*Actiniópteris*
Strahlengriffel	*Actinídia*
Strahlensame	*Heliospérma*
Strandaster	*Áster tripólium*
Stranddistel	*Erýngium marítimum*
Strandenzian	*Lisiánthus*
Strandflieder	*Limónium vulgáre*
Strandhafer	*Élymus, Ammophila*
Strandling	*Corrigíola, Littorélla*
Strandkiefer	*Pínus pináster*
Strandnelke	*Limónium vulgáre*
Strauchnelke	*Diánthus fruticósus*
Strauchpappel	*Lavátera*
Strauchportulak	*Portulacária*
Strauchveronika	*Hébe*
Straußfarn	*Struthiópteris, Mattĕuccia*
Straußgras	*Agróstis*
Straußhyazinthe	*Múscari boryoídes*
Straußklaue	*Thyrsacánthus*
Streichkraut	*Datísca*
Streifenfarn	*Asplénium*
Striemensamen	*Molopospérmum*
Strobe	*Pínus stróbus*
Strohblume	*Acroclínium, Helichrýsum*

Studenten-	*Tagétes*
blume	
Stunden-	*Hibíscus*
eibisch	*triónum*
Sturmhut	*Aconítum*
	napéllus
Sumach	*Rhús*
Sumpfblume	*Limnánthes*
Sumpfbrach-	*Isoëtes lacústris*
senkraut	
Sumpfdotter-	*Cáltha*
blume	
Sumpfeiche	*Quércus*
	palústris
Sumpffarn	*Thelýpteris*
Sumpfgras	*Heleóchloa*
Sumpfherz-	*Parnássia*
blatt	
Sumpfkalla	*Cálla palústris*
Sumpfkiefer	*Pínus palústris*
Sumpfkrug	*Heliámphora*
Sumpflieb	*Limnócharis*
Sumpfmarante	*Phrýnium*
Sumpfporst	*Lédum*
Sumpfried	*Eleócharis*
Sumpfrose	*Rosa palústris*
Sumpfwurz	*Epipáctis*
Sumpfzypresse	*Taxódium*
Surenbaum	*Toóna*
Süßdolde	*Mýrrhis*
Süßholz	*Glycyrrhíza*
Süßkartoffel	*Ipomōea*
	batátas
Süßkirsche	*Prúnus ávium*
Süßklee	*Hedýsarum*

T

Tabak	*Nicotiána*
Taglilie	*Hemerocállis*
Talerfarn	*Adiántum*
	renifórme
Talerkürbis	*Telfāiria*
Talipotpalme	*Corýpha*
Tamarinde	*Tamaríndus*
Tamariske	*Támarix*
Tanne	*Ábies*

Tännel	*Elátine*
Tannenwedel	*Hippúris*
Tapiokastrauch	*Mánihot*
	esculénta
Tarant	*Swértia*
Taro	*Colocásia*
Täschelkraut	*Thláspi*
Taschenblume	*Bursária*
Taubenbaum	*Davídia*
Taubenerbse	*Cájanus*
Taubenkopf	*Cucúbalus*
Taubenorche	*Peristéria*
Taublatt	*Drosophýllum*
Taubnessel	*Lámium,*
	Galeópsis
Taupflanze	*Rorídula*
Tausendblatt	*Myriophýllum*
Tausendfrucht	*Myriocárpa*
Tausendgül-	*Centāurium*
denkraut	
Tausendschön	*Béllis perénnis*
Tazette	*Narcíssus*
	tazétta
Teakbaum	*Tectóna*
Teestrauch	*Théa (= Camel-*
	lia)
Teichbinse	*Scírpus lacústris*
Teichfaden	*Zannichéllia*
Teichlinse	*Spirodéla*
Teichrose	*Núphar*
Teichsimse	*Scírpus lacústris*
Teideginster	*Spartocýtisus*
Telegraphen-	*Desmódium*
pflanze	*motórium*
Teosinthe	*Euchlāena*
Terebinte	*Pistácia*
	terebínthus
Teufelsabbiß	*Succísa*
Teufelsdreck	*Férula assa-*
	foetida
Teufelsfarn	*Osmúnda*
	claytoniána
Teufelskralle	*Phytēuma*
Teufelszwirn	*Cuscúta*
Texan. Felsen-	*Féndlera*
birne	
Thymian	*Thýmus*
Tigerblume	*Tigrídia*

Tigerlilie	*Lílium tigrínum*
Tigerschlund	*Faucária*
Tigerschwanz-fichte	*Pícea políta*
Timotheegras	*Phléum praténse*
Tintenbaum	*Semecárpus*
Tintenbeere	*Ilex glábra*
Todee	*Tódea*
Tollkirsche	*Átropa*
Tollkraut	*Scopólia*
Tomate	*Lycopérsicon*
Tomate, Baum-	*Cyphomándra*
Tongapflanze	*Epiprémnum*
Tonkabohne	*Dípteryx*
Topinambur	*Heliánthus tuberósus*
Torfgränke	*Chamaedáphne*
Torfmyrte	*Pernéttya*
Totenstrauch	*Tarchonánthus*
Tragant	*Astrágalus, Pháca*
Tränenfichte	*Pícea smithiána*
Tränenkiefer	*Pinus wallichiána*
Tränendes Herz	*Dicéntra*
Tränengras	*Cóix*
Trapp	*Leóntice*
Traubenapfel	*Rhaphiolépis*
Träubel	*Múscari*
Traubendorn	*Dánae*
Traubeneiche	*Quércus petraéa*
Traubenheide	*Leucóthoe*
Trauben-holunder	*Sambúcus racemósa*
Trauben-hyazinthe	*Múscari, Leopóldia*
Trauben-kirsche	*Prúnus (Padus)*
Traubenkraut	*Ambrósia*
Traubenspiere	*Luetkea*
Trauerbaum	*Nyctánthes*
Trauerglocke	*Uvulária*
Trauerweide	*Sálix álba trístis*
Trespe	*Brómus*
Trichterfarn	*Mattéuccia*
Trichterlilie	*Paradísea*
Trichtermalve	*Málope*
Trichter-melisse	*Molucélla*
Trichter-schwertel	*Dieráma*
Tripmadam	*Sédum rupéstre*
Troddelblume	*Soldanélla*
Trollblume	*Tróllius*
Trompeten-baum	*Catálpa*
Trompeten-blume	*Bignónia, Cámpsis*
Trompenten-narzisse	*Narcíssus pseu-do-narcíssus*
Trompeten-trauch	*Tecóma*
Trompeten-winde	*Cámpsis*
Trompeten-zunge	*Salpiglóssis*
Trugblume	*Dichróa*
Truthahnbart	*Xerophýllum*
Tuberose	*Poliánthes*
Tulpe	*Túlipa*
Tulpenbaum	*Liriodendron*
Tungbaum	*Aleurítes fórdii*
Tupelobaum	*Nýssa*
Tüpfelfarn	*Polypódium*
Türkenbund-lilie	*Lílium mártagon*
Turmkraut	*Turrítis*

U

Uferrebe	*Vítis ripária*
Ufertraube	*Coccolóba uvífera*
Ulme	*Ulmus*
Upasbaum	*Antiáris*
Urnenpflanze	*Dischídia*
Usambara-veilchen	*Saintpaúlia*

429

V

Vanille	*Vanílla*
Vegetabilisches Lamm	*Cibótium*
Veilchen	*Víola*
Veilchenstendel	*Ionópsis*
Veilchenstrauch	*Iochróma*
Venusfliegenfalle	*Dionā̃ea*
Venushaar	*Adiántum*
Venusschuh	*Paphiopédilum*
Venusspiegel	*Speculária*
Vergißmeinnicht	*Myosótis*
Vergißmeinnicht, kaukas.	*Brúnnera*
Vexiernelke	*Lýchnis coronária*
Vogelbeerbaum	*Sórbus aucupária*
Vogelfuß	*Orníthopus*
Vogelkirsche	*Prúnus ávium*
Vogelkopf	*Craniolária*
Vogelmiere	*Stellária média*
Vogelmilch	*Ornithógalum*
Vogelnestfarn	*Asplénium nídus*

W

Wacholder	*Juníperus*
Wachsbaum	*Caríssa*
Wachsblume	*Cerínthe, Hóya*
Wachskraut	*Cerínthe*
Wachskürbis	*Benincása*
Wachsmyrte	*Mýrica*
Wachspalme	*Ceróxylon*
Wachtelweizen	*Melampýrum*
Waid	*Ísatis*
Walch	*Aegilops*
Walddickblatt	*Chiastophýllum*
Walderdbeere	*Fragária vésca*
Waldlilie	*Tríllium*
Waldmeister	*Aspérula*

Waldrebe	*Clématis*
Waldveilchen	*Víola silvática*
Waldvöglein	*Cephalanthéra*
Waldzwenke	*Brachypódium silváticum*
Wallwurz	*Sýmphytum*
Walnuß	*Júglans*
Wandelklee	*Desmódium*
Wandelröschen	*Lantána*
Wanderndes Blatt	*Camptosórus*
Wanzenblume	*Coreópsis*
Wanzenkraut	*Cimicífuga*
Wanzensame	*Corispérmum*
Warzenkaktus	*Mammillária, Thelocactus*
Warzensame	*Thelospérma*
Wasserähre	*Aponogéton*
Wasseraloe	*Stratiótes*
Wasserbläuling	*Hydrólea*
Wasserblatt	*Hydrophýllum*
Wasserdarm	*Maláchium*
Wasserdost	*Eupatorium*
Wasserfalle	*Aldrovándia*
Wasserfarn	*Azólla*
Wasserfeder	*Hottónia*
Wasserfreund	*Hygróphila*
Wassergamander	*Teucrium scódrium*
Wasserhahnenfuß	*Ranúnculus (Batráchium)*
Wasserhorn	*Hydrócera*
Wasserhyazinthe	*Eichhórnia*
Wasserknöterich	*Polýgonum amphíbium*
Wasserlinse	*Lémna*
Wasserlöffel	*Hydromýstria*
Wassermelone	*Citrúllus*
Wassermohn	*Hydrócleys*
Wassernabel	*Hydrocótyle*
Wassernuß	*Trápa*
Wasserpest	*Elódea*
Wasserquirl	*Hydrílla*
Wasserreis	*Zizánia*
Wasserrose	*Nymphā̃ea*

Wassersalat	*Pístia*
Wasserschierling	*Cicúta*
Wasserschild	*Brasénia*
Wasserschlauch	*Utriculária*
Wasserschlüssel	*Hydrocléys*
Wasserschraube	*Vallisnéria*
Wasserstern	*Callítriche*
Wasserulme	*Plánera*
Wau	*Reséda*
Weberkarde	*Dípsacus satívus*
Wegerich	*Plantágo*
Wegfuchsschwanz	*Albérsia*
Wegwarte	*Cichórium*
Weichorchis	*Maláxis*
Weichselkirsche	*Prúnus cérasus*
Weide	*Sálix*
Weideneiche	*Quércus phéllos*
Weiderich	*Lýthrum*
Weidenröschen	*Chamaenérium, Epilóbium*
Weihnachtsfarn	*Polýstichum acrostichoídes*
Weihnachtskaktus	*Epiphýllum*
Weihnachtsstern	*Poinséttia*
Weihrauchstrauch	*Boswéllia*
Weinpalme	*Borássus*
Weinrebe, Weinstock	*Vítis*
Weinrose	*Rósa eglantéria*
Wein, wilder	*Parthenocíssus*
Weißbuche	*Cárpinus*
Weißdorn	*Crataegus*
Weißerle	*Alnus incána*
Weißesche	*Fráxinus americána*
Weißfaden	*Leucaena*
Weißgummibaum	*Búrsera*

Weißklee	*Trifólium répens*
Weißmiere	*Moenchia*
Weißtanne	*Abies álba*
Weißulme	*Ulmus álba (= americána)*
Weißwurz	*Polygonátum*
Weizen	*Tríticum*
Welchkorn	*Zéa mays*
Wellingtonia	*Sequoiadéndron*
Wendelähre	*Spiránthes*
Wendich	*Calepína*
Wermut	*Artemísia absínthium*
Weymouthkiefer	*Pínus stróbus*
Wicke	*Vícia*
Wickelwurz	*Bergénia*
Widerbart	*Epipógium*
Widerstoß	*Limónium*
Wiesengelbstern	*Gágea arvénsis*
Wiesenglockenblume	*Campánula pátula*
Wiesenhafer	*Avenástrum, Helictotríchon*
Wiesenknopf	*Sanguisórba*
Wiesenmargarite	*Leucánthemum vulgáre*
Wiesenraute	*Thalíctrum*
Wiesenschaumkraut	*Cardámine praténsis*
Wiesenschwingel	*Festúca praténsis*
Wiesensilge	*Siláus*
Wilder Wein	*Ampelópsis, Parthenocíssus, Vítis*
Wildindigo	*Baptísia*
Wimperfarn	*Woódsia*
Winde	*Convólvulus*
Windhafer	*Avéna fátua*
Windhalm	*Apéra*
Windkele	*Anthýllis*
Windröschen	*Anemóne*
Winterblatt	*Shórtia*
Winterblume	*Chimonánthus, Merátia*
Wintergrün	*Pyrola*

Winterjasmin	*Jasmínum nudiflórum*	Zahnwurz	*Cardámine, Dentária*
Winterlieb	*Chimáphila*	Zapfennuß	*Platycárya*
Winterling	*Eránthis*	Zartschötchen	*Hymenolóbus*
Wintersrinde	*Drimys winteri*	Zaubernuß	*Hamamélis*
Wirbeldost	*Clinopódium*	Zaunlilie	*Anthéricum*
Witwenblume	*Knaútia*	Zaunrose, schottische	*Rósa eglantéria*
Wohlverleih	*Árnica*		
Wolfsauge	*Lycópsis*	Zaunrübe	*Bryónia*
Wolfsbohne	*Lúpinus*	Zaunwinde	*Calystégia*
Wolfshut	*Aconítum*	Zeder	*Cédrus*
Wolfsmilch	*Euphórbia*	Zehrwurz	*Árum, colocásia*
Wolfsschwertel	*Hermodáctylus*	Zeiland	*Cneórum*
Wolfstrapp	*Lýcopus*	Zeitlose	*Cólchicum*
Wollblatt	*Eriophýllum*	Zentifolie	*Rósa centifólia*
Wollfadenraute	*Eriostémon*	Zephyrblume	*Zephyránthes*
Wollgras	*Erióphorum*	Zerreiche	*Quércus cérris*
Wollknöterich	*Eriógonum*	Zickzackstrauch	*Coróckia*
Wollkraut	*Verbáscum*		
Wollmispel	*Eriobótrya*	Ziegenzichorie	*Tróximon*
Wucherblume	*Chrysánthemum*	Ziernessel	*Cóleus*
Wunderbaum	*Rícinus*	Zierspark	*Teléphium*
Wunderblume	*Mirábilis*	Ziest	*Stáchys*
Wunderstrauch	*Codiáeum, Quisquális*	Zigarettenblümchen	*Cúphea*
Wundklee	*Anthýllis*	Zimbelkraut	*Cymbalária*
Wurmfarn	*Dryópteris*	Zimmeraralie	*Fátsia*
		Zimmerkalla	*Zantedéschia*
		Zimmerlinde	*Sparmánnia*
Y		Zimmertanne	*Araucária heterophylla*
Yamsbohne	*Pachyrrhízus*	Zimmetrindenbaum	*Canélla*
Yamswurzel	*Dioscoréa*		
Yatay-Palme	*Bútia*	Zimtbaum	*Cinnamómum zeylánicum*
Yedofichte	*Pícea jezoénsis*	Zimtfarn	*Osmúnda cinnamómea*
Ysop	*Hýssopus*	Zimtlorbeer	*Cinnamómum*
		Zimtrose	*Rosa cinnamómea*
Z		Zindelkraut	*Cicéndia, Micrócala*
Zackenschötchen	*Búnias*	Zipfelkraut	*Péplis*
Zahnbaum	*Balanítes*	Zirbel	*Pínus cémbra*
Zahnlilie	*Erythrónium*		
Zahntrost	*Odontítes*	Zirmet	*Tordýlium*
Zahnwehholz	*Zanthóxylum*	Zistrose	*Cístus*
		Zitrone	*Cítrus límon*

Zitronenkraut	*Cedronélla, Aloysia*
Zitronen-melisse	*Melíssa*
Zitronen-strauch	*Líppia*
Zittergras	*Bríza*
Zuckerahorn	*Acer saccharínum*
Zuckerapfel	*Annóna squamósa*
Zuckerkiefer	*Pínus lambertiána*
Zuckerpalme	*Arénga*
Zuckerrohr	*Sáccharum*
Zungenfarn	*Elaphoglóssum*
Zügelstendel	*Habenária*
Zürgelbaum	*Céltis*
Zweiblatt	*Lístera*
Zweizahn	*Bídens*
Zwenke	*Brachypódium*
Zwergalpen-rose	*Rhodothámnus*
Zwergapfel	*Microméles*
Zwergbaldrian	*Valeriána supína*
Zwergbambus	*Sása*
Zwergbanane	*Músa nána (cavendíshii)*
Zwergflachs	*Radíola*

Zwerggras	*Míbora*
Zwergholunder	*Sambúcus ébulus*
Zwerglöwen-maul	*Chaenorrhínum*
Zwergminze	*Menthélla*
Zwergölbaum	*Cneórum*
Zwergpalme	*Chamaerops*
Zwergporst	*Loiseleúria*
Zwergstendel	*Chamaeórchis*
Zwerg-wacholder	*Juníperus commúnis nána*
Zwergwasser-linse	*Wólffia*
Zwetsche	*Prúnus doméstica*
Zwiebelblatt	*Bulbophýllum*
Zwillings-blume	*Bravóa*
Zwillings-pflaume	*Nephélium*
Zwirbelkiefer	*Pínus cémbra*
Zylinder-opuntie	*Cylindropúntia*
Zylinderputzer	*Callistémon*
Zymbelkraut	*Cymbalária*
Zypresse	*Cupréssus*
Zypressen-heide	*Cassíope tetrágona*

Verzeichnis einiger wichtiger Autorennamen und ihrer Abkürzungen

Die Autorennamen werden gewöhnlich in abgekürzter Form hinter die Artnamen gesetzt, kurze einsilbige Namen werden häufig auch ganz ausgeschrieben. Hinter abgekürzte Autorennamen wird ein Punkt gesetzt, nicht abgekürzte Namen bleiben ohne Punkt. Folgt auf den Artnamen noch eine Abart (Varietät usw.), so wird auch für diese der Autorname in derselben Weise angefügt, also z. B.

Lílium myriophýllum Franch. var. *supérbum* Wils.

Bei gärtnerischen Kulturformen (Cultivar, cv., Sorte usw.) erfolgt gewöhnlich keine Angabe eines Autors, wie z. B.

Lílium speciósum Thunb. cv. ‚Melpomene'.

Die Abkürzung längerer, insbesondere mehrsilbiger Autorennamen erfolgt gemäß dem „Internationalen Code für die Botanische Nomenklatur" in der Weise, daß die erste Silbe voll erhalten bleibt, ohne daß sie auch nur um einen Buchstaben, etwa einen Selbstlaut, gekürzt wird. Wo keine Verwechslungen möglich sind, genügt diese erste Silbe als Abkürzung, also z. B. Leicht. für LEICHTLIN. Meist jedoch ist es nötig, um Verwechslungen mit ähnlichen Namen auszuschließen, von der zweiten Silbe des Namens noch einen oder mehrere Buchstaben anzufügen, wie z. B. Liebl. bzw. Liebm. für LIEBLEIN bzw. LIEBMANN. Die erste Silbe allein, also „Lieb.", würde zu ständiger Verwechslung und Verwirrung führen.

Für eine Anzahl älterer Autoren, die eine sehr große Zahl von Pflanzenarten beschrieben haben, haben sich abweichend vom bisher Gesagten besondere Abkürzungen eingebürgert. So wird der Name CARL VON LINNÈ durch ein einfaches „L." ersetzt, DC. steht für DECANDOLLE, H.B.K. für HUMBOLDT, BONPLAND und KUNTH, und B.S.P. für BRITTON, STERNS und POGGENBERG, Michx. für MICHAUX. In der russischen Literatur haben sich einige Zusammenziehungen so eingebürgert, daß sie auch in die anderssprachige Literatur übergegangen sind und sich wohl nicht mehr „ausrotten" lassen; es sind dies u. a. Bge. für ALEXANDER VON BUNGE (statt Bunge), Rgl. für ERNST AUGUST VON REGEL (statt Reg.); M.B. für F.A. MARSCHALL VON BIEBERSTEIN (statt Bieb. oder Bieberst.).

Bei mehreren Autoren gleichen Familiennamens, die zu verschiedenen Zeiten gelebt haben, wird für den ältesten gewöhnlich nur sein Familienname oder eine Abkürzung davon genommen, bei den späteren Namensvettern wird dann vor den gleichen Namen oder die gleiche Abkürzung noch der Anfangsbuchstabe seines Rufnamens vorgesetzt (in der Liste sind diese abgekürzten Vornamen jedoch hinter dem Familiennamen gedruckt; sucht man einen Autor, so ist also stets dessen Familienname zu suchen). Handelt es sich bei zwei Autoren gleichen Namens um Vater und Sohn, so wird bei dem Sohn ein kleines „f." (lat. filius, der Sohn) hinter den Namen gesetzt, also z. B. „L." = LINNÉ der Vater, „L. f." = LINNÉ der Sohn. Haben zwei Botaniker gemeinsam eine Pflanzenart beschrieben und benannt, so werden ihre Namen oder deren Abkürzungen durch das lateinische Wort „et" od. & (= und) miteinander verbunden.

In der wissenschaftlichen Literatur ist es üblich, Pflanzennamen und Autornamen durch verschiedenen Druck zu unterscheiden. Für den Autornamen wird gewöhnlich dieselbe Schrift verwendet wie für den Text, die Pflanzennamen werden wohl in der gleichen Schriftart gedruckt (z. B. Antiqua), jedoch mit schrägliegendem Bild („Kursiv", also z. B. Antiqua-Kursiv). Bei Schreibmaschinenschrift oder auf Pflanzenschildern in botanischen Gärten, Schulgärten usw. wird der Autorenname durch **Unterstreichung** hervorgehoben.

In der folgenden Liste sind die Namen von Gärtnern, die häufig nur in Verbindung mit einem „hort." gebraucht werden, alphabetisch eingeordnet.

A

Abel	Abel, Clarke, engl. Bot., 1780–1826
Abrom.	Abromeit, J., deutscher Bot., 1857–1946
Ach.	Acharius, E., schwed. Bot., 1757–1819
Adams	Adams, J. M. Fr., russ. Bot., 1780–1835
Adans.	Adanson, M., franz. Bot., 1727–1806
Aell.	Aellen, P., schweiz. Bot., 1896–1973
Afz.	Afzelius, A., schwed. Bot., 1750–1837
Ag.	Agardh, J. G., schwed. Bot., 1813–1901
Ahrendt	Ahrendt, L. W., engl. Bot., 1903–1969
Airy-Shaw	Airy-Shaw, H. K., engl. Bot., 1902–1986
Ait.	Aiton, William, engl. Bot., 1731–1793
Ait. f.	Aiton, W. T., Sohn des vorigen, 1766–1843
Aitch.	Aitchison, J. E. T., engl. Bot., 1836–1898
Akers	Akers, J. F., nordamer. Bot., Zeitgen.
Alb. et Schw.	Albertini, J. B. v., deutscher Bot., 1769–831, und de Schweiniz
Alef.	Alefeld, F. E. Chr., deutscher Arzt u. Bot., 1820–1872
Alex.	Alexander, E. J., nordamer. Bot. geb. 1906
All.	Allioni, C., italien. Bot., 1728–1804
Allan	Allan, H. H., neuseel. Bot., 1882–1957
Alphand	Alphand, J. C. A., franz. Gärtner, 1817–1891
Alston	Alston, A., engl. Bot., 1902–1958
Alstroem	Alstroem, Cl., schwed. Bot., 1736–1794
Ames	Ames, Oakes, nordamer. Bot., 1874–1950
Anders, T.	Anderson, Th., schott. Bot., 1832–1870
Anderss.	Andersson, N. J., schwed. Bot., 1821–1880
Andr.	Andrews, H. C., engl. Pfl.-Maler, c. 1770–1830
Andr., D. M.	Andrews, D. M., amerikan. Gärtner, 1897–1938
André	André, Ed., F., franz. Gärtner, 1840–1911
Andrz.	Andrzejowski, A. L., russ. Bot., 1785–1868
Ant.	Antoine, F., österr. Gärtner, 1815–1886
Arc.	Arcangeli, G., ital. Bot., 1840–1921
Ard.	Arduino, P., ital. Bot., 1728–1805
Arechav.	Arechavaleta, J., span.-urug. Bot., 1838–1912
Arends	Arends, Georg, deutscher Gärtner, 1863–1952
Aresch	Areschoug, J. E., schwed. Bot., 1811–1887
Armand	s. David, A.
Armstr.	Armstrong, J. B., neuseel. Bot., 1850–1926
Arn.	Arnott, G. A. W., schott. Bot., 1799–1868
Arnold	Arnold, J. F. X., österr. Schriftst., Ende 18. Jahrh.
Arrhen.	Arrhenius, J. P., schwed. Bot., 1811–1889
Arruda	Arruda da Camara, M., brasil. Bot., 1752–1810
Asami	Asami, Y., japan. Bot., geb. 1894
Aschers.	Ascherson, P. F. A., deutscher Bot., 1834–1913
Asch. et Gr.	derselbe, und Gräbner, P., (s. jenen)

Ashe	Ashe, W. W., nordamer. Bot., 1872–1932
Aubl.	Aublet, F. J. C. F., franz. Bot., 1720–1778
Auch.	Auchér-Eloy, P. M. R., Franz. Bot., 1792–1838
auct.	auctorum = der Urheber
Audib.	Audibert, Gebrüder, franz. Gärtner, Anf. 19. Jahrh.
Audub.	Audubon, J. J., nordamer. Zool. u. Maler, 1785–1851
Auersw.	Auerswald, deutscher Bot., 1818–1870
aut.	autorum, s. auctorum

B

Bab.	Babington, Ch. C., engl. Bot., 1808–1895
Babc.	Babcock, E. B., nordamer. Bot., 1877–1954
Backeb.	Backeberg, C., deutscher. Kakteenforsch., 1894–1966
Backh.	Backhouse, J., engl. Gärtner, 1794–1869
Baehni	Baehni, Ch., schweizer. Bot., 1906–1964
Baen.	Baenitz, C. G., deutsch. Bot., 1837–1913
Bailey	Bailey, L. H., nordamer. Bot., 1858–1954
Bayley, F. M.	Bailey, F. M., engl.-austral. Bot., 1827–1915
Baill.	Baillon, H. E., franz. Bot., 1827–1895
Bak.	Baker, J. G., engl. Bot., 1834–1920
Bak. f.	Baker, E. G., Sohn des vorigen, 1864–1949
Bal.	Balansa, B., franz. Bot., 1825–1891
Balb.	Balbis, G. B., ital. Bot., 1765–1831
Bald.	Baldacci, A., ital. Bot., 1867–1950
Balf.	Balfour, J. H., schott. Bot., 1808–1884
Balf. f. et Forrest	Balfour, I. B., Sohn d. vorigen, 1853–1922, und G. F. Forrest, s. jenen
Balf. f. et Ward	derselbe, und Fr. K. Ward, s. jenen
Balf. f. et W. W. Sm.	derselbe, und W. W. Smith, s. jenen
Ball, J.	Ball, J., engl. Jurist u. Bot., 1818–1889
Ballly	Bally, P. O., schweiz. Bot., 1895–1980
Balt.	Baltet, Ch., franz. Gärtner, 1830–1908
Banks	Banks, Sir J., engl. Bot., 1743–1820
Banks et Sol.	der vorige, und D. C. Solander, s. jenen
Barbier	Barbier, A., franz. Dendrol., 1845–1931
Barb.-Rodr.	Barbosa-Rodrigues, J., brasilian. Bot., 1842–1909
Barn.	Barnéoud, F. M., franz. Bot., 19. Jh.
Bartl.	Bartling, F. G., deutscher Bot., 1798–1875
Bartl.etWendl.	der vorige, und H. L. Wendland, s. jenen
Bartr.	Bartram, W., nordamer. Bot., 1739–1823
Bassi	Bassi, F., ital. Bot., 1710–1774
Batal.	Batalin, A., russ. Bot., 1847–1896
Batem.	Bateman, J., engl. Bot., 1811–1897

Batsch	Batsch, A. J. G. K., deutscher Bot., 1761–1802
Batt.	Battandier, J. A., franz. Arzt u. Bot., 1848–1922
Baum.	Baumann, Ch., franz. Gärtner, 1804–1884
Baumg.	Baumgarten, J. C. G., deutscher Bot., 1765–1843
Beadle	Beadle, C. B., nordamer. Bot., 1866–1950
Bean	Bean, W. J., engl. Bot., 1863–1947
Beauv.	Beauverd. G., franz. Bot., 1867–1942
Beauv. (P)	s. Palisot de Beauvois
Becc.	Beccari, O., italien. Bot. 1843–1920
Bechst.	Bechstein, J. M., deutscher Dendrol., 1757–1822
Beck.	Beck von Mannagetta, G., österr. Bot., 1856–1931
Beissn.	Beissner, L., deutscher Gärtner, 1843–1927
Bell.	Bellardi, C. A., italien. Bot., 1741–1826
Benčat	Benčat, F., tschech. Bot., 20. Jahrh.?
Benn.	Bennett, J. J., engl. Bot., 1801–1876
Benn. A.	Bennett, A. W., engl. Bot., 1833–1902
Bens.	Benson, L. D., nordamer. Bot., geb. 1909
Benth.	Bentham, G., engl. Bot., 1800–1884
Benth. et Hook.	der vorige und J. D. Hooker, s. jenen
Bercht.	Berchtold, Fr. Graf. v., österr. Bot., 1781–1876
Berg	Berg, O. C., deutscher Bot., 1815–1866
Berger	Berger, Alwin, deutscher Gärtner, 1871–1931
Berk.	Berkeley, M. J., engl. Bot., 1803–1889
Berland.	Berlandier, J. L., belg. Bot., 1805–1851
Bernh.	Bernhardi, J. J., deutscher Bot., 1774–1850
Bert.	Bertero, C. G., italien. Bot., 1789–1831
Berth.	Berthelot, S., franz. Naturforsch., 1794–1880
Bertol.	Bertoloni, A., ital. Bot., 1775–1869
Bess.	Besser, W. S. J. Th. von, österr. Bot., 1784–1842
Bidw.	Bidwill, J. C., engl. Bot., (Australien), 1815–1853
(Bieb.)	siehe M. B.
Bigel.	Bigelow, J., nordamer. Bot., 1787–1879
Bijh.	Bijhouwer, I. T. P., holländ. Bot., 20. Jahrh.?
Billiard	Billiard, L. C. B., franz. Gärtner, 19. Jh. (?)
Bisch.	Bischoff, G. W., deutsch. Bot., 1797–1854
Bitt.	Bitter, F. A. G., deutsch. Bot., 1873–1927
Blake	Blake, S. F., nordamer. Bot., 1892–1959
Blanch.	Blanchard, W. H., nordamer. Bot., 1850–1922
Blanco	Blanco, M., span. Bot., 1778–1845
Bl.	Blume, C. L., holländ. Bot., 1796–1862
Boeck.	Boeckeler, J. O., deutscher Bot., 1803–1899
Böd.	Bödecker, F., deutscher Maler und Kakteenkenner, 1867–1937
Boehmer	Boehmer, G. R., deutscher Bot., 1723–1803
Boerner	Boerner, F., deutsch. Dendrol. 1897–1975
Bois	Bois, D. G. J. M., franz. Bot., 1856–1946
Boiss.	Boissier, P. E., schweiz. Bot., 1810–1885
Boiss. et. Bal.	derselbe, und B. Balansa,, s. jenen

Boiss. et Buhse derselbe, u. F. A. Buhse, s. jenen
Boiss. et.   derselbe, und R. F. Hohenacker, s. jenen
  Hohenack.
Boiss. et Huet derselbe, und A. Huet, s. jenen
Boiss. et Noë derselbe, und F. W. Noë, s. jenen
Boiss. et Reut. derselbe, und G. F. Reuter, s. jenen
Boit.   Boiteau, P., franz. Bot., 20. Jh.
Boj.   Bojer, W. B., böhm. Bot., 1797–1856
Bolus   Bolus, Harry, engl. Bankier u. Botanikerin, 1834–
                1911
Bolus, L.   Bolus, Louisa, südafr. Botanikerin, 1877–1970
Bolle   Bolle, C. A., deutscher Dendrol., 1821–1909
Bong.   Bongard, H. G., deutscher Bot., 1786–1839
Bonnier   Bonnier, G. E. M., franz. Bot., 1853–1922
Bonpl.   Bonpland, A. J. A., franz. Bot., 1773–1858
Bonst.   Bonstedt, C., deutscher Gärtner, 1866–1953
Boom   Boom, B. K., holländ. Bot., 1903–1980
Booth   Booth, J., deutsch. Gärtner, 1836–1908
Bor   Bor, N. L., irisch. Bot., 1893–1972
Borb.   Borbas, V. tol., ungar. Bot., 1844–1905
Borkh.   Borkhausen, M. B., deutsch. Bot., 1760–1806
Bornm.   Bornmüller, J. F. N., deutsch. Bot., 1862–1948
Bory   Bory de St. Vincent, J. B. G. M., französ. Naturfor-
                scher u. Reisender, 1780–1846
Bory et Chaub. derselbe, und L. A. Chaubard, s. jenen
Bosc   Bosc, L. A. G., franz. Bot., 1759–1828
Bosse   Bosse, J. F. W., deutscher Gärtner, 1788–1864
Bouché   Boché, C. D., deutscher Gärtner, 1809–1881
Bowles   Bowles, E. A., engl. Bot., 1865–1954
Boynt.   Boynton, F. E., nordamer. Bot., geb. 1859
Br., A.   Braun, A. C. H., deutscher Bot., 1805–1877
Br., N. E.   Brown, N. E., engl. Bot., 1849–1934
Br., P.   Browne, P., irisch. Bot., 1720–1790
Br., R.   Brown, Rob., engl. Bot., 1773–1858
Brand.   Brandegee, T., nordamer. Bot., 1843–1925
Bravo   Bravo, Helia, mexikan. Botanikerin, geb. 1903
Briot   Briot, Ch., franz. Gärtner, 1804–1888
Briq.   Briquet, J. I., schweiz. Bot., 1870–1931
Britton   Britton, N. L., nordamer. Bot., 1859–1934
Britt. et Rose derselbe, und J. N. Rose, s. jenen
Brongn.   Brongniart, A. T., franz. Bot., 1801–1876
Brot.   Brotero, F. A., portugies. Bot., 1744–1828
Browicz   Browicz, K., poln. Bot.; 20. Jahrh.
B. S. P.   Britton, N. L., E. E. Sterns, und J. F. Poggenberg,
                19. Jh., amerikan. Bot.
Buch.   Buchenau, F., deutsch. Pädag. u. Bot., 1831–1906
Buchh.   Buchholz, J. T., nordamer. Dendrol., 1888–1951
Buch.-Ham.   Buchmann, Fr., später Lord Hamilton, schott. Bot.
                in Indien, 1762–1829

Bugala	Bugala, W., poln. Bot., geb. 1924
Buhse	Buhse, F. A., balt. Bot., 1821–1898
Buin.	Buining, A. F. H., niederl. Bot., 1901–1980
Bull.	Bullock, A. A., engl. Bot., 1906–1980
Bunge, Bge.	von Bunge, A., russ. Bot., 1803–1890
Bur.	Bureau, L. E., franz. Mediziner, 1830–1918
Bur. et Franch	der vorige, und A. Franchet, s. jenen
Burk.	Burkill, I. H., engl. Bot., 1870–1965
Burm.	Burman, J., niederl. Bot., 1706 bis 1779
Burm. f.	Burman, N. L., Sohn des vorigen, 1734–1793
Burn.	Burnat, E. B., schweiz. Bot., 1828–1920
Burr.	Burret, K. E. M., deutsch. Bot., 1883–1964
Buxb.	Buxbaum, Franz, österr. Bot., 1900–1979

C

Cabr.	Cabrera, A. L., argent. Bot., geb. 1908
Callier	Callier, A. C., deutscher Bot., 1866–1927
Camus, A.	Camus, A., franz. Botanikerin, 1879–1965
Camus, E. G.	Camus, E. G., franz. Bot., 1852–1915
Card.	Cardenas, M., bolivian. Bot., 1899–1973
Carr.	Carrière, E. A., franz. Bot., 1816–1896
Carruth.	Carruthers, W., engl. Bot., 1830–1922
Casp.	Caspari, J. X. R., deutscher Bot., 1818–1887
Cass.	Cassini, A. H. G., franz. Bot., 1781–1832
Castell.	Castellanos, A., argentin. Bot., 1896–1968
Cav.	Cavanilles, A. J., span. Bot., 1745–1804
C. Chr.	Christensen, C., dänischer Bot., 1872–1942
Čelak.	Čelakovsky, L. J., böhm. Bot., 1834–1902
Cels	Cels, J. P. M., franz. Kakteenkenner, 1743–1806
Cerv.	Cervantes, V., mexikan. Bot., 1755–1829
Chaix	Chaix, D., franz. Bot., 1731–1800
Cham.	Chamisso, A. v., deutscher Dichter u. Bot., 1781–1838
Cham. et Schlecht,	der vorige, und Schlechtendal, s. jenen
Chapm.	Chapman, A. W., nordamer. Bot., 1809–1899
Chaub.	Chaubard, L. A., franz. Bot., 1785–1854
Cheesem.	Cheeseman, Th. F., engl.-neuseel. Bot., 1846–1923
Chenault	Chenault, L., franz. Gärtner, 1853–1930
Cheng	Cheng, Wan Chun, chines. Bot., geb. 1903
Cheng et Hu	der vorige, und H. H. Hu, chines. Bot.
Chev.	Chevalier, A. J. B.; franz. Bot., 1873–1956
Ching	Ching, R. C., chines. Farnspezial., 1899–1986
Chittenden	Chittenden, F. J., engl. Gärtner, 1873–1950
Chod.	Chodat, R. H., schweiz. Bot., 1865–1934
Choisy	Choisy, J. D., schweiz. Bot., 1799–1859

Choux	Choux, P., franz. Bot. (Madagaskar), geb. 1890
Christ	Christ, H., schweiz. Farnkenner, 1833–1933
Chun	Chun, Woon Young, chines. Bot., geb. 1889
Clarke	Clarke, C. B., engl. Bot., 1832–1906
Cochet	Cochet, P. Ch. M., franz. Gärtner, 1866–1936
Cockayne	Cockayne, L., engl.-neuseel. Bot., 1855–1934
Cock. et Allan	der vorige und H. H. Allan, s. jenen
Cogn.	Cogniaux, C. A., belg. Bot., 1841–1916
Colla	Colla, L., ital. Bot., 1766–1848
Comm.	Commersón, P., franz. Bot., 1727–1773
Con.	Conard, H. S., nordamer. Bot., 1874–1971
Conw.	Conwentz, H. W., deutscher Bot., 1855–1922
Coop.	Cooper, J. G., nordamer. Bot., 1830–1902
Copel.	Copeland, E. B., nordamer. Bot., 1873–1964
Cornu	Cornu, M. M., franz. Bot., 1843–1901
Correa	Correa, J. F., portug. Bot., 1751–1823
Correll	Correll, D. St., nordamer. Bot., 1908–1983
Correv.	Correvon, J. H., schweiz. Gärtner, 1854–1939
Coss.	Cosson, E. S. C., franz. Bot., 1819–1889
Coult.	Coulter, J. M., nordamer. Bot., 1851 bis 1928
Cout.	Coutinho, A. X. P., portugies. Bot., 1851–1939
Coville	Coville, F. V., nordamer. Bot., 1867–1937
Cowan	Cowan, J. M., schott. Bot., 1892–1960
Cowell	Cowell, J. F., amerikan. Bot., 1852–1915
Craib	Craib, W. G., schott. Bot., 1882–1933
Craig	Craig, R. T., nordamer. Bot., 1847–1927
Crantz	Crantz, H. J. N. v., österr. Bot., 1722–1797
Crép.	Crépin, F., belg. Bot., 1830–1903
Cretzoiu	Cretzoiu, P., rumän. Bot., 1909–1946
Cripps	Cripps, Th., engl. Gärtner, 1809–1888
Croiz.	Croizat, L. C. M., nordamer. Bot., 1894–1982
Croux	Croux et fils, franz. Gärtner, 19. Jh.
Cullm.	Cullmann, W., deutsch. Kakteenspez., 20 Jahrh.
Cunn., A.	Cunningham, A., engl. Bot. in Australien, 1791–1839
Cunn., R.	Cunningham, R., engl. Bot., 1793–1835
Curt.	Curtis, W., engl. Apotheker, 1746–1799
Curt., M. A.	Curtis, M. A., nordamer. Bot., 1808–1872
Cuss.	Cusson, P., französ. Bot., 1727–1783
Cyr.	Cyrillo, D., italien. Bot., 1739–1799

D

Dalla Torre	v. Dalla Torre, K. W., österr. Bot., 1850–1928
Dallim.	Dallimore, W., engl. Bot., 1871–1959
Dammer	Dammer, C. L. U., deutsch. Bot., 1860–1921
Dandy	Dandy, J. E., engl. Bot., 1903–1976

Danert	Danert, S., deutsch. Bot., 1926–1973
David	David, A., franz. Missionar (China), 1826–1900
Davies	Davies, W. T., engl. Bot., 1862–1945
DC.	De Candolle, A. P., schweiz. Bot., 1778–1841
DC., A.	De Candolle, Alphonse, Sohn des vorigen, 1806–1893
DC., C.	De Candolle, C., Enkel des ersten, 1836–1918
Decne,	Decaisne, J., belg. Bot., 1807–1882
Degen	Degen, A. von, ungar. Bot., 1866–1934
Deg. et Bald.	der vorige, und A. Baldacci, s. jenen
Del.	Delile, A. R., franz. Bot., 1778–1850
Delavay	Delavay, P. J. M., franz. Miss. in China, 1834–1895
Desf.	Desfontaines, R. L., franz. Bot., 1750–1833
Desmoul.	Desmoulins, Ch., franz. Bot., 1797–1875
Desp.	Desportes, N. H. F., franz. Bot., 1776–1856
Desr.	Desrousseaux, J. A., franz. Bot., 1753–1838
Desv.	Desvaux, A. N., franz. Bot., 1784–1856
DeVr.	De Vriese, W. H., holländ. Bot., 1807–1862
Dicks.	Dickson, J., schott. Bot., 1738–1822
Dieck	Dieck, G., deutsch. Gärtner, 1847–1926
Diels	Diels, F. L. E., deutsch. Bot., 1874–1945
Diels et Gilg	der vorige, und E. Gilg, s. jenen
Dierb.	Dierbach, J. H., deutsch. Bot., 1788–1845
Dietr.	Dietrich, F. G., deutsch. Bot., 1765–1850
Dietr., A.	Dietrich, A., deutsch. Bot., 1795–1856
Dietr., D.	Dietrich, D. N. F., deutsch. Bot., 1799–1888
Dill.	Dillenius, J. J., deutsch. Bot., c. 1687–1747
Dinter	Dinter, M. K., deutsch. Bot., 1868–1945
Dipp.	Dippel, L., deutsch. Bot., 1827–1914
Distef.	Distefano, C., italien. Bot.
Dode	Dode, L. A., franz. Bot., 1875–1943
Doerfl.	Dörfler, I., österr. Bot., 1866–1950
Domke	Domke, W., deutsch. Bot., geb. 1899
Don	Don, G., engl. Bot., 1798–1856
Don. D.	Don, D., engl. Bot., 1799–1841
Donn	Donn, J., engl. Bot., 1758–1813
Doorenb.	Doorenbos, S. G. A., holländ. Gärtner, geb. 1891
Dougl.	Douglas, D., schott. Bot., 1798–1834
Drake	Drake del Castillo, E., franz. Bot., 1855–1904
Drude	Drude, C. G. O., deutsch. Bot., 1852–1933
Dryand.	Dryander, J. C., schwed. Bot., 1748–1810
Duby	Duby, J. E., schweiz. Bot., 1798–1885
Duchn.	Duchesne, A. N., franz. Bot., 1747–1827
Duchr.	Duchartre, P. E. S., franz. Bot., 1811–1894
Duham.	Duhamel du Monceau, H. L., franz. Dendrol., 1700–1781
Dumort.	Dumortier, B. C. J., belg. Bot., 1797–1878
Dun.	Dunal, M. F., franz. Bot., 1789–1856

Dunn.	Dunn, St. T., engl. Bot., 1868–1938
Dur.	Durand, E. M., nordamer. Bot., 1794–1873
Durande	Durande, J. F., franz. Bot., 1732–1794
Durazz.	Durazzini, A., italien. Bot., 18. Jh.
Du Roi	Du Roi, J. Ph., deutsch. Arzt, 1741–1785
Dusén	Dusén, P. K. H., schwed. Bot., 1855–1926
Duthie	Duthie, J. F., engl. Bot., 1845–1922
Dyer	Thiselton-Dyer, W. T., engl. Bot., 1843–1928

E

Eat.	Eaton , A., nordamer. Bot., 1776–1842
Eberm.	Ebermaier, C. H., deutsch. Bot., 1802–1870
Eckl.	Ecklon, C. F., deutsch. Bot., 1795–1868
E. et Z.	derselbe, und C. L. Zeyher, s. jenen
Edgew.	Edgeworth, M. P., engl. Pfl.-Samml., 1812–81
Ehrenb.	Ehrenberg, C. G., deutsch. Bot. 1795–1876
Ehrh.	Ehrhart, J. F., deutsch. Bot., 1742–1795
Ehrh., B.	Ehrhart, B., deutsch. Bot., 1700–1756
Eichl.	Eichler, A. W., deutsch. Bot., 1839–1887
Ell.	Elliott, S., nordamer. Bot., 1771–1830
Ellis	Ellis, J., engl. Kaufmann, c. 1705–1776
Ellw. et Barry	Ellwanger, G., 1816–1906, und P. Barry, 1816–1890, nordamerikan. Gärtner
Elwes	Elwes, H. J., engl. Dendrol., 1846–1922
Encke	Encke, F. J., deutsch. Gartenbauschriftsteller, geb. 1904
Endl.	Endlicher, St. L., österr. Bot., 1804–1849
Engelm.	Engelmann, G., deutsch-nordamerikan. Arzt u. Bot., 1809–1884
Engl.	Engler, H. G. A., deutsch. Bot., 1844–1930
Engl., V.	Engler, V., deutsch. Bot., 1885–1917
Esch.	Eschscholtz, J. Fr. v., deutsch. Bot., 1793–1831
Eselt.	Eseltine, G. P. van, nordamer. Bot., 1888–1938
Ett.	Ettinghausen, K. v. österr. Bot., 1826–1897
Evans	Evans, W. H., nordamer. Bot., 1863–1941
Exell	Exell, A. W., engl. Bot., geb. 1901

F

Fabr.	Fabricius, P. K., deutsch. Bot., 1714–1774
Facch.	Facchini, Fr., italien. Bot., 1788–1852
Falc., H.	Falconer, H., schott. Bot., 1808–1865
Falc., W.	Falconer, W., engl. Naturforscher, 1744–1824
Farrer	Farrer, R. J., engl. Sammler, 1880–1920
Fedde	Fedde, F. K. G., deutsch. Bot., 1873–1942

Fedtsch.	Fedtschenko, B. A. russ. Bot., 1872–1947
Fée	Fée, A. L. A., franz. Bot., 1789–1874
Fenzl	Fenzl, E., österr. Bot., 1808–1879
Fern.	Fernald, M. L., nordamer. Bot., 1873–1950
Fiek	Fiek, E., deutsch. Bot., 1840–1897
Finet	Finet, A., franz. Bot., 1863–1913
Fiori	Fiori, A., ital. Bot., 1865–1950
Fischer	Fischer, F. E. L. v., dtsch.-russ. Bot., 1782–1854
F. et M.	derselbe, und C. A. Meyer, s. jenen
Fitschen	Fitschen, J., deutsch. Bot., 1869–1947
Fleet	Fleet, W. van, holländ. Bot., 1861–1922
Fletcher	Fletcher and Sons, engl. Gärtner, 20. Jh.
Florin	Florin, C. R., schwed. Bot., 1894–1965
Fluegge	Fluegge, J., deutsch. Bot., 1775–1816
Focke	Focke, W. O., deutsch. Bot., 1834–1922
Font Quer	Font Quer, P., span. Bot., 1888–1964
Forb.	Forbes, J., engl. Gärtner, 1773–1861
Forrest	Forrest, G., engl. Bot., 1873–1932
Forr. et Diels	der vorige, und L. Diels, s. jenen
Forsk.	Forskål, P., schwed. Bot., 1732–1763
Forst. .	Forster, J. R., deutsch. Bot., 1729–1798
Forst., E.	Forster, Edw., engl. Bot., 1765–1849
Fort.	Fortune, R., schott. Pfl.-Samml., 1812–1880
Fotsch	Fotsch, K. A., schweiz. Gärtner, gest. 1940
Fourn.	Fournier, E. P. N., franz. Bot., 1834–1884
Fourr.	Fourreau, P. J., franz. Bot., 1844–1871
Frahm	Frahm, G. F., deutsch. Gärtner, Ende 19. Jh.
Franch.	Franchet, A. R., franz. Bot., 1834–1900
Franch. et Rochebr.	derselbe, u. A. F. de Rochebrune, s. jenen
Franch. et Sav.	derselbe, und L. Savatier, s. jenen
Fraser	Fraser, H., schott. Gärtner, 1834–1904
Freemann	Freeman, O. M., nordamer. Bot., 20. Jh.?
Freyn	Freyn, J. F., österr. Bot., 1845–1903
Freyn et Sint.	der vorige, u. P. E. E. Sintenis, s. jenen
Friç	Friç, A. V., tschech. Kakteenkenner, 1882–1944
Friç. et Kreuz.	der vorige und K. G. Kreuzinger, s. jenen
Fries, Fr.	Fries, E., schwed. Bot., 1794–1878
Fries, Th.	Fries, Th. M., schwed. Bot., 1832–1913
Fritsch, K.	Fritsch, K., österr. Bot., 1864–1934
Friv.	Frivaldsky v. Frivald, I., ungar. Bot., 1799–1870
Froeb.	Froebel, K. O., schweiz. Gärtner, 1844–1906
Froel.	Froehlich, J. A., deutsch. Arzt, 1766–1841
F. v. M.	s. Mueller

G

Gaertn.	Gaertner, J., deutsch. Bot., 1732–1791
Gaertn. f.	Goertner, C. F., Sohn d. vorigen, 1772–1850
Gagnep.	Gagnepain, F., franz. Bot., 1866–1952
Gal.	Galeotti, H. G., belg. Bot., 1814–1858
Gams	Gams, H., österr. Bot., 1893–1976
Gand.	Gandoger, M., franz. Bot., 1850–1926
Garcke	Garcke, A., deutsch. Bot., 1819–1904
Gardn.	Gardner, J. G., engl. Bot., 1812–1849
Gasp.	Gasparrini, G., ital. Bot., 1804–1866
Gatt.	Gattinger, A., nordamer. Bot., 1825–1903
Gaud.	Gaudin, J. F. G. Ph., schweiz. Bot., 1766–1833
Gaudich.	Gaudichaud-Beaupré, Ch., franz. Bot., 1789–1854
Gawl.	s. Ker-Gawler
Gay, C.	Gay, C., franz. Bot., 1800–1873
Gay, J.	Gay, J., franz. Bot., 1786–1864
Germain	Germain de St. Pierre, J. N. E., franz. Bot., 1815–1882
Geschw.	Geschwind, R., deutsch. Gärtner, 1829–1910
Gibbs	Gibbs, V., engl. Bankier, 1853–1932
Gilg	Gilg, E. F., deutsch. Bot., 1867–1933
Gilib.	Gilibert, J. E., franz. Bot., 1741–1814
Gilmour	Gilmour, J. S. L., engl. Bot., geb. 1906
Gled.	Gleditsch, J. G., deutsch. Bot., 1714–1786
Gmel.	Gmelin, C. Ch., deutsch. Arzt u. Bot., 1762–1837
Gmel., S. G.	Gmelin, S. G., dt. Bot. (in Rußl.), 1744–1774
God.	Godet, Ch. H., schweiz. Bot., 1797–1879
Godr.	Godron, D. A., franz. Bot., 1807–1880
Goepp.	Göppert, H. R., deutsch. Bot., 1800–1884
Goeschke	Goeschke, Fr., deutsch. Gärtner, 1845–1912
Good.	Goodenough, S., engl. Geistlicher, 1743–1827
Gorcz.	Gorczynski, T., poln. Bot., Zeitgen. (?)
Gord.	Gordon, G., engl. Bot., 1841–1914
Gouan	Gouan, A., franz. Bot., 1733–1821
Grab.	Grabowski, H. E., deutsch. Bot., 1792–1842
Graebener	Gräbener, L., deutsch. Gärtner, 1849–1937
Graebn.	Gräbner, K. O. R. P. P., deutsch. Bot., 1871–1933
Grah.	Graham, R., schott. Bot., 1786–1845
Gray	Gray, A., nordamer. Bot., 1810–1888
Gray, S. F.	Gray, S. Fr., engl. Bot., 1766–1828
Greene	Greene, E. L., nordamer. Bot., 1843–1915
Grembl.	Gremblich, P. J., österr. Bot., 1851–1905
Gren.	Grenier, J. C. M., franz. Bot., 1808–1875
Gren. et Godr.	derselbe, und D. A. Godron, s. jenen
Grev.	Greville, R. K., schott. Bot., 1794–1866
Griff.	Griffith, W., engl. Bot., 1810–1845
Griffiths, D.	Griffiths, D., nordamer. Bot., 1867–1935

Grign.	Grignan, G. T. G., franz. Gärtner, Ende 19. Jh.
Griseb.	Grisebach, A. H. R., deutsch. Bot., 1814–1879
Griseb. et Sch.	derselbe, und J. A. v. Schenk, s. jenen
Groenl.	Groenland, J., deutsch. Gärtner, 1824–1891
Gron.	Gronovius, J. F., holländ. Bot., 1690–1762
Grosdemange	Grosdemange, Ch., franz. Gärtner, Ende 19. Jh.
Guerke	Gürke, R. L. A. M., deutsch. Bot., 1854–1911
Guill.	Guillemin, J. B. A., franz. Bot., 1796–1842
Guillaum.	Guillaumin, A., franz. Bot., 1885–1974
Gumbl.	Gumbleton, W. E. G., irisch. Gärtn., 1830–1911
Guss.	Gussone, G., ital. Bot., 1787–1866

H

Haage	Haage, Ferd., deutsch. Gärtner, 1859–1930
Haage, fr.	Haage, Fr. A., deutsch. Gärtner, † 1796
Hack.	Hackel, E., österr. Bot., 1850–1926
Hacq.	Hacquet, B. A., österr. Naturf., 1740–1815
Haenke	Haenke, T. P. X., böhm. Bot., 1761–1816
Halácsy	Halácsy, E. von., österr. Bot., 1842–1913
Hall.	Haller, A. v., deutsch-schweiz. Bot., 1708–1777
Hall. W.	Hall. W., engl. Bot., 1743–1800
Hallier	Hallier, E., deutsch. Bot., 1831–1904
Ham.	s. Buch.-Ham.
Hamet	Hamet, R., franz. Jurist u. Bot., 1890–1972
Hance	Hance, H. F., engl. Bot., 1827–1886
Hancock	Hancock, W., engl. Pfl.-Samml., 1847–1914
Hand.-Mazz.	Handel-Mazzetti, H. R. E., österr. Bot., 1882–1940
Hanst.	Hanstein, J. L. E. R. v., deutsch. Bot., 1822–1880
Hao	Hao, Kin Shen, chines. Bot., geb. 1903
Hara	Hara, H., japan. Bot., geb. 1911
Hardw.	Hardwicke, Th., engl. Bot., 1755–1835
Hariot	Hariot, P. A., franz. Bot., 1854–1917
Harkn.	Harkness, B., nordamer. Bot., geb. 1907
Harms	Harms, H. A. Th., deutsch. Bot., 1870–1942
Harrow	Harrow, G., engl. Bot., 1858–1940
Hart.	Hartig, Th., deutsch. Forstmann, 1801–1880
Hartm.	Hartmann, C. J., schwed. Bot., 1790–1849
Hartw.	Hartweg, K. T., deutsch. Pfl.-Samml., 1812–1871
Hartwig	Hartwig, A. K. J., deutsch. Gärtner, 1823–1913
Hartwig et Ruempl.	derselbe, und K. T. Rümpler, s. jenen
Harv.	Harvey, W. H., irisch. Bot., 1811–1866
Hassk.	Hasskarl, J. C., deutsch. Bot., 1811–1894
Hausskn.	Haussknecht, H. C., deutsch. Bot., 1838–1903
Haw.	Haworth, A. H., engl. Bot., 1768–1833
Hayata	Hayata, Bunzo, japan. Bot., 1874–1934

Hayek	Hayek, A., österr. Bot., 1871–1928
Hayne	Hayne, F. G., deutsch. Bot., 1763–1832
H. B. K.	Humboldt, F. A. v., deutsch. Naturforscher, 1769–1859, u. A. J. A. Bonpland u. C. S. Knuth (s. jene)
Hedl.	Hedlund, J. T., schwed. Bot., 1861–1953
Hedw.	Hedwig, J., deutsch. Bot., 1730–1799
Hedw. f.	Hedwig, R. A., Sohn des vorigen, 1772–1806
Hedr.	Hedrick, U. P., nordamer. Bot., 1870–1951
Heer	Heer, O. von, schweiz. Bot., 1809–1883
Hegetsch.	Hegetschweiler, J. J., schweiz. Bot., 1789–1839
Hegi	Hegi, G., deutsch-schweiz. Bot., 1876–1932
Heim.	Heimerl, A., österr. Bot., 1857–1942
Heist.	Heister, L., deutsch. Bot., 1683–1758
Heldr.	Heldreich, Th. H. H. v., deutsch. Bot., 1822–1902
Hemsl.	Hemsley, W. B., engl. Bot., 1843–1924
Hemsl.et Wils,	derselbe, u. E. H. Wilson s. jenen
Henk.	Henkel, J. B., deutsch. Bot., 1815–1871
Henn.	Hennings, P. Ch., deutsch. Bot., 1841–1908
Henry	Henry, A., engl.-irisch. Bot., 1857–1930
Henry, J. K.	Henry, J. K., kanad. Bot., 1866–1930
Henry, L.	Henry, L., franz. Gärtner, 1853–1903
Herb.	Herbert, W., engl. Geistl. u. Bot., 1778–1847
Hérinq.	Hérinq, Fr., franz. Gärtner, 1820–1891
Hérit.	s. L'Hér.
Herm.	Herman, F. deutsch. Bot., 1873–1967
Herre	Herre, A. E. J., deutsch-südafr. Gärtner, 1895–1979
Herring	Herring, P., dän. Rosenforscher, 1884–1963
Herrm.	Herrmann, J., franz. Bot., 1738–1800
Hertr.	Hertrich, W., nordamer. Bot., 1878–1966
Hesse	Hesse, H. A., deutsch. Gärtner, 1852–1937
Hibb.	Hibberd, J. S., engl. Bot., 1825–1890
Hickel	Hickel, P. R., franz. Bot., 1865–1935
Hiern	Hiern, W. Ph., engl. Bot., 1839–1925
Hieron.	Hieronymus, G. H. E. W., deutsch. Bot., 1846–1921
Hil.	s. St. Hil.
Hill	Hill, J., engl. Arzt u. Bot., 1707–1775
Hill, E. J.	Hill, E. J., nordamer. Bot., 1833–1917
Hillebr.	Hillebrand, F., österr. Gärtner, 1805–1860
Hitchc.	Hitchcock, A. S., nordamer. Bot., 1865–1935
Hochreut.	Hochreutiner, B. P. G., schweiz. Bot., 1873–1959
Hochst.	Hochstetter, Ch. F., deutsch. Bot., 1787–1860
Hoefk.	Höfker, H., deutsch. Bot., 1859–1945
Hoffm.	Hoffmann, G. F., deutsch. Bot., 1761–1826
Hoffmgg.	Hoffmannsegg, J. C., deutsch. Bot., 1766–1849
Hoffmgg. et Link	der vorige, und H. F. Link, s. jenen
Hoh.	Hohenacker, R. F., deutsch. Bot., 1798–1874

Holtt.	Holttum, R. E., engl. Bot., geb. 1895
Holz.	Holzinger, J. M., nordamer. Bot., 1858–1929
Honda	Honda, M., japan. Bot., geb. 1897
Honck.	Honckeny, G. A., deutsch. Bot., 1724–1805
Hook.	Hooker, W. J., engl. Bot., 1785–1865
Hook. et Arn.	derselbe, u. G. A. W. Arnott, s. jenen
Hook. et Thoms,	der folgende, u. Th. Thomson, s. jenen
Hook. f.	Hooker, J. D., Sohn von W. J. Hooker, engl. Bot., 1817–1911
Hoopes	Hoopes, J., nordamer. Gärtner, 1832–1904
Hoppe	Hoppe, D. H., deutsch. Bot., 1760–1846
Horan.	Horaninow, P. F., russ. Bot., 1796–1866
Hornem.	Hornemann, J. W., dän. Bot., 1770–1841
Hornibr.	Hornibroock, M., engl. Bot., 1874–1949
Horsf.	Horsfield, Th., engl.-amer. Bot., 1773–1859
hort.	= hortorum = der Gärten
hortul.	= hortulanorum = der Gärtner
Hoss.	Hosseus, C. C., deutsch. Bot., 1878–1950
Host	Host, N. Th., österr. Arzt u. Bot., 1761–1834
Houst.	Houston, W., schott. bot. Reisender, 1695–1733
Houtt.	Houttuyn, M., holländ. Naturforsch., 1720–1794
Houtte	s. van Houtte
Houtz.	Houtzagers, G., holländ. Dendrob., 1888–1957
Houzeau	Houzeau de Lehaie, J. Ch., belg. Bot., 1820–1888
Howell	Howell, Th. J., nordamer. Bot., 1842–1912
Hryn.	Hryniewickii, B. B., poln. Bot., 1875–1963
Hryn. et Kobend.	der vorige, u. R. Kobendza, s. jenen
Hu	Hu, Hsen Hsu, chines. Bot., 1894–1968
Hu, S.-Y.	Hu, Shiu-Ying, nordamer. Botanikerin, geb. 1910 (in China)
Hubb.	Hubbard, Ch. E., engl. Bot., 1900–1980
Huber, J. A.	Huber, J. A., deutsch. Bot., geb. 1899
Huds.	Hudson, W., engl. Bot., 1734–1793
Huet	Huet du Pavillon, A-. schweiz. Bot., 1829–1907
Hughes	Hughes, Dorothy K., (Mrs. Wilson Popenoe), engl. Botanikerin, 1899–1932
Hull	Hull, J., engl. Bot., 1761–1843
Hult.	Hultén, E. O. G., schwed. Bot., 1894–1980
Humb. et Bonpl.	Humboldt u. Bonpland, s. jene
Hurst	Hurst, Ch. Ch., engl. Bot., 1870–1947
Hutchins.	Hutchinson, J., engl. Bot., 1884–1972
Huter	Huter, R., österr. Bot., 1859–1934
Hyl.	Hylander, N., schwed. Bot., 1904–1970

I

Ingram	Ingram, C., engl. Pflanzenliebhaber, geb. 1880
Inokuma	Inokuma, T., japn. Bot., 1904–1973
Irmsch.	Irmscher, E., deutsch. Bot., 1887–1968
Ito	Ito, T., japan. Bot., 1868–1941

J

Jack	Jack, J. G., nordamer. Bot., 1861–1949
Jackman	Jackman, G., engl. Gärtner, 1837–1887
Jacks.	Jackson, B. D., engl. Bot., 1846–1927
Jacks., A. B.	Jackson, A. B., engl. Bot., 1876–1947
Jacobs.	Jacobsen, H., deutsch. Sukkulentenforscher, 1898–1978
Jacq.	Jacquin, N. J. von, österr. Bot., 1727–1817
Jacq. f.	Jacquin, J. F., Sohn des vorigen, 1766–1839
Jacquem.	Jacquemont, V., franz. Reisender, 1801–1832
Jaeques	Jaques, H. A., franz. Gärtner, 1782–1866
Jaeg.	Jaeger, H., deutsch. Gärtner, 1815–1890
Jaenn.	Jaennicke, Fr., deutsch. Bot., 1831–1907
James	James, E., nordamer. Bot., 1797–1861
Janchen	Janchen, E. E. A. v., österr. Bot., 1882–1970
Jancz.	Janczewski, E. von, poln. Bot., 1846–1918
Janka	Janka von Bules, V., ungar. Bot., 1837–1890
Jaub.	Jaubert, H. F. de, franz. Bot., 1798–1874
Jaub.et Spach	derselbe, u. E. Spach, s. jenen
Jaume St. Hil.	Jaume St. Hilaire, J. H., franz. Bot., 1772–1845
Jennison	Jennison, H. M., nordamer. Bot., 1885–1940
Johnst.	Johnston, I. M., nordamer. Bot., 1898–1960
Jones	Jones, M. E., nordamer. Bot., 1852–1934
Jord.	Jordan, C. T. A., franz. Bot., 1814–1897
Jouin	Jouin, V. J., franz. Gärtner, 1839–1909
Juehlke	Jühlke, F., deutsch. Gärtner, 1815–1893
Jungh.	Junghuhn, F. W., deutsch. Bot., 1812–1864
Juss.	Jussieu, A. L. de, franz. Bot., 1748–1836
Juss., A.	Jussieu, Adrian, Sohn des vorigen, 1797–1853
Juss., B.	Jussieu, B., Onkel von A. L., 1699–1777
Juz.	Juzepczuk, S. V., russ. Bot., 1893–1959

K

Kache	Kache, P., deutsch. Gärtner, 1882–1945
Kalm	Kalm, Pehr, schwed.-finn. Bot., 1715–1779
Kar.	Karelin, G. S., russ. Bot., 1801–1872
Karp.	Karpati, Z. E., ungar. Bot., 1909–1972

Karst., H.   Karsten, G. K. W. H., deutsch. Bot., 1817–1908
Karst.et Triana der vorige, und J. Triana, s. jenen
Karw.   Karwinski v. Karwin, W., deutsch. Bot., 1780–1855
Kaulf.   Kaulfuß, G. F., deutsch. Bot., 1786–1830
Kavka   Kavka, B., tschechoslowak. Bot., geb. 1903
Kaus.   Kausel, E., dt.-chil. Bot., 1910–1972
Kearn.   Kearney, Th. H., nordamer. Bot., 1874–1956
Keller   Keller, R., schweiz. Bot., 1854–1939
Kellerer   Kellerer, J., österreich. Gärtner, geb. 1859
Kellogg   Kellogg, A., nordamer. Bot., 1813–1887
Kelsey   Kelsey, H. P., nordamer. Bot., 1872–1958
Ker-Gawl.   Ker, J. B., (vor 1804 John Gawler geheißen), engl.
                       Bot., 1764–1842
Kerch.   Kerchowe de Denterghem, O. C. E. M. Gh. de,
                       belg. Bot., 1844–1906
Kern.   Kerner v. Marilaun, A. J., österr. Bot., 1831–1898
Kern, J.   Kerner, J., österr. Bot., 1829–1906
Kesselr.   Kesselring, J., schweiz. Gärtner in Rußland,
                       1835–1909, od F. W., schweiz. Gärtner in Deutschl.
                       1876–1966
Kikuchi   Kikuchi, A., japan. Bot., 1883–1951
Kill.   Killip, E. P., nordamer. Bot., 1890–1968
Kir.   Kirilov, I. P., russ. Bot., 1821–1842
Kirchn.   Kirchner, G., deutsch. Gärtner, 1837–1885
Kirk, T.,   Kirk, Th., engl.-neuseel. Bot., 1828–1898
Kit.   Kitaibel, P., ungar. Bot., 1757–1817
Kitamura   Kitamura, S., japan. Bot., geb. 1906
Kl.   Klotzsch, J. F., deutsch. Bot., 1805–1860
Klatt   Klatt, F. W., deutsch. Bot., 1825–1897
Klenert   Klenert, W., österreich. Gärtner, Zeitgen. (?)
Kmet   Kmet, A., österr. Bot., 1841–1908
Kn.   Knight, T. A., engl. Bot., 1759–1838
Knight   Knight, Jos., engl. Gärtner, 1777–1855
Knuth   Knuth, R. G. P., deutsch. Bot., 1874–1957
Kobendza   Kobendza, R., poln. Bot., 1886–1955
Kobuski   Kobuski, Cl. E., nordamer. Bot., 1900–1963
Koch   Koch, W. D. J., deutsch. Bot., 1771–1849
Koch, K.   Koch, Karl, deutsch. Dendrol., 1809–1879
Koehne   Koehne, B. A. E., deutsch. Dendrol., 1848–1918
Koehne et   der vorige, und A. Lingelsheim, s. jenen
  Lingelsh.
Koern.   Körnicke, F. A., deutsch. Bot. 1828–1908
Koidz.   Koidzumi, G., japan. Bot., 1883–1953
Komar.   Komarow, V. L., russ. Bot., 1869–1945
Koopm.   Koopmann, K., deutsch. Gärtner, 1851–c. 1924
Kordes   Kordes, W.., 1865–1935, u. W. Kordes, deutsch.
                       Rosenzüchter
Korsh.   Korshinsky, S. I., russ. Botaniker, 1861–1900

Kost.	Kosteletzky, V. F., böhm. Bot., 1801–1887
Kotschy	Kotschy, Th., österr. Bot., 1813–1866
Koyama	Koyama, M., japan. Bot., 1885–1935
Kraenzl.	Kränzlin, F. W., deutsch. Bot., 1847–1934
Krainz	Krainz, H., schweiz. Kakteenkenner, 1906–1980
Krassn.	Krassnov, A. N., russ. Bot., 1862–1914
Krause	Krause, K., deutsch. Bot., 1883–1963
Kreuz.	Kreuzinger, K. G., tschech. Kakteenspez., 20. Jh.
Krüssm.	Krüssmann, G., deutsch. Dendrol., 1910–1980
Kudo	Kudo, Y., japan. Bot., 1887–1932
Kuhn	Kuhn, M. F. A., deutsch. Bot., 1842–1894
Kükenth.	Kükenthal, G., deutsch. Bot., 1864–1955
Kunth (Kth.)	Kunth, C. S., deutsch. Bot., 1788–1850
Kuntze, O.	Kuntze, C. E. O., deutsch. Bot., 1843–1907
Kunze	Kunze, G., deutsch. Bot., 1793–1851
Kusn.	Kusnezov, N. I., russ. Bot., 1864–1932

L

L.	Linné, C. v., schwed. Naturforscher, 1707–1778
L. f.	Linné, Carl von, Sohn des vorigen, 1741–1783
Labill.	Labillardiére, J. J. H. de la, franz. Bot., 1755–1834
Lag.	Lagasca, M., span. Bot., 1776–1839
Lam.	Lamarck, J. B. P. A. Monnet, franz. Naturforscher, 1744–1829
Lamb.	Lambert, A. B., engl. Bot., 1761–1842
Lambert	Lambert, P., deutsch. Rosenzüchter, 1859–1939
Lange	Lange, J. M. Ch., dänisch. Bot., 1818–1898
Langsd.	Langsdorf, G. H. von, deutsch. Bot., 1744–1852
Lapeyr.	La Peyrouse, P. P. de, franz. Bot., 1744–1818
Lauche	Lauche, W. G., deutsch. Gärtner, 1827–1883
Lav.	Lavallée, A., franz. Bot., 1836–1884
Laws.	Lawson, M. A., engl. Bot., 1840–1896
Laxm.	Laxmann, E., russ. Bot., 1737–1796
Leach	Leach, Ch., engl. Bot. (in Südafr.), geb. 1909
Lecq.	Lecoq, H., franz. Bot., 1802–1871
Ledeb.	Ledebour, C. F., v., deutsch.-russ. Bot., 1785–1851
Lehm.	Lehmann, J. G. Ch., deutsch. Bot., 1792–1860
Lehm., F. C.	Lehmann, F. C., deutsch. Pflanzensammler in Südamerika, 1850–1903
Leicht.	Leichtlin, M., deutsch. Gärtner, 1831–1910
Lem.	Lemaire, Ch., franz. Kakteenkenner, 1801–1871
Lemm.	Lemmon, J. G., nordamer. Bot., 1832–1908
Lemoine	Lemoine, P. L. V., 1823–1911, und Emile Lemoine 1862–1943, franz. Gärtner
Lepech.	Lepechin, I. I., russ. Bot., 1737–1802
Leroy	Leroy, André, 1801–1875, und Louis Leroy, 1808–1887, franz. Gärtner

Lesch.	Leschenault de la Tour, J. B. L. C. Th., franz. Wissensch., 1773–1826
Less.	Lessing, Ch. F., deutsch. Bot., 1809–1862
Lév.	Léveillé, A. A. H., franz. Bot., 1863–1918
Lex.	Lexarza, J. M. de, mexikan. Bot., 1785–1824
L'Hérit.	L'Héritier de Brutelle, Ch. L., franz. Bot., 1746–1800
Li	Li, Hui-Lin, nordamer. Bot., geb. 1911
Lichtst.	Lichtenstein, A. G. G., deutsch. Arzt, 1780–1851
Liebl.	Lieblein, F. K., deutsch. Bot., 1744–1810
Liebm.	Liebmann, F. M., dänisch. Bot., 1813–1856
Lillo	Lillo, M., argent. Bot., 1862–1931
Lind.	Linden, J. J., belg. Gärtner, 1817–1898
Lindau	Lindau, G., deutsch. Bot., 1866–1923
Lindl.	Lindley, J., engl. Bot., 1799–1865
Lindl. et Paxt	der vorige und J. Paxton, s. jenen
Lindq.	Lindquist, S. B. G., schwed. Bot., 1904–1963
Lingelsh.	Lingelsheim, A. v., deutsch. Bot., 1874–1937
Link (Lk.)	Link, H. F., deutsch. Bot., 1767–1851
Linton	Linton, E. F., engl. Bot., 1848–1928
Lipsky	Lipsky, V. I., russ. Bot., 1863–1937
Litvin.	Litvinov, D. I., russ. Bot., 1854–1929
Llave	La Llave, P. de, mexikan. Bot., 1773–1833
Löbn.	Löbner, Max, deutsch. Gärtner, 1869–1947
Lodd.	Loddiges, C., 1738–1826, u. dessen Sohn George, 1784–1846, engl. Gärtner
Loes.	Loesener, L. E. Th., deutsch. Bot., 1865–1941
Loes. et Rehd.	der vorige und A. Rehder, s. jenen
Loisel.	Loiseleur-Deslongchamps, J. L. A., franz. Arzt u. Bot., 1774–1849
Loud.	Loudon, J. C., engl. Gärtner, 1783–1843
Lour.	Loureiro, J. de, portugies. Jesuit 1717–1791
Low	Low, Hugh, engl. Gärtner, 1861–1893
Lowe	Lowe, E. J., engl. Bot., 1825–1900
Ludwig	Ludwig, Ch. G., deutsch. Bot., 1709–1773
Ludwig, W.	Ludwig, W., deutsch. Bot., geb. 1924
Luedi	Lüdi, W., schweizer. Bot., 1888–1968
Luerss.	Luerssen, Ch., dtsch. Bot., 1843–1916
Lundström	Lundström, A. N., schwed. Bot., 1847–1905

M

Maack	Maack, R., russ. Bot., 1825–1886
Maatsch	Maatsch, R. F. Th., dtsch. Gartenbauwiss., geb. 1904
Mack.	Mackenzie, K. K., nordamer. Bot., 1877–1934
Maire	Maire, R. Ch. J. E., franz. Bot., 1878–1949

Mak.	Makino, T., japan. Bot., 1862–1957
Mak. et Shib.	derselbe und Shibata, s. jenen
Manetti	Manetti, G., ital. Bot., 1831–1858
Mansf.	Mansfeld, R., deutsch. Bot., 1901–1960
Markgr.	Markgraf, F., dtsch. Bot., geb. 1897
Marl.	Marloth, H. W. R., deutsch. Bot. (in Südafrika), 1855–1931
Marn.	Marnier-Lapostolle, J., franz. Gärtn., 20. Jh.
Marquand	Marquand, C. V. B., engl. Bot., 1897–1943
Marsh.	Marshall, H., nordamerik. Bot., 1722–1801
Mart.	Martius, C. F. P. v. deutsch. Bot., 1794–1868
Mart. et Zucc.	derselbe und J. G. Zuccarini, s. jenen
Martens	Martens, M., belg. Bot., 1797–1863
Mast.	Masters, M. T., engl. Bot., 1833–1907
Matsum.	Matsumura, J., japan. Bot., 1856–1928
Mattf.	Mattfeld, J., deutsch. Bot., 1895–1951
Matuda	Matuda, E., mexikan. Bot., 1894–1978
Maxim.	Maximowicz, C. J., russ. Bot., 1827–1891
Mayr	Mayr, H., deutsch. Dendrologe, 1856–1911
M.B.	Marschall v. Bieberstein, F. A., deutsch- russ. Bot., 1768–1826
McKelvey	MacKelvey, S. A., nordamer. Bot., 1883–1964
M'Clell.	M'Clelland J., engl. Bot., 1800–1883
McVaugh	McVaugh, R., nordamer. Bot., geb. 1909
Med.	Medikus, F. C., deutsch. Bot., 1736–1808
Medwed.	Medwedew, J. S., russ. Bot., 1847–1923
Meehan	Meehan, Th., nordamer. Bot., 1826–1901
Meissn.	Meissner, C. D. F., schweiz. Bot., 1800–1874
Melch.	Melchior, H., dtsch. Bot., geb. 1894
Mér.	Mérat, F. V de Vaumartoise, franz. Bot., 1780–1851
Merr.	Merrill, E. D., nordamer. Bot., 1876–1956
Mert.	Mertens, F. K., dtsch. Bot., 1764–1831
Mett.	Mettenius, G. H., deutsch. Bot., 1823–1866
Meusel	Meusel, H. deutsch. Bot., geb. 1909
Mey, C. A.	Meyer, C. A. v., deutsch-russ. Bot., 1795–1855
Mey, E.H.F.	Meyer, E. H. F., deutsch. Bot., 1791–1858
Mey., G.F.W.	Meyer, G. F. W., deutsch. Bot., 1782–1856
Mez	Mez, C. Ch., deutsch. Bot., 1866–1944
Michx.	Michaux, A., franz. Bot., 1746–1802
Michx. f.	Michaux, F. A., Sohn d. vorigen, 1770–1855
Miers	Miers, J., engl. Bot., 1789–1879
Mik.	Mikan, J. C., böhmisch. Bot., 1769–1844
Miki	Miki, S., japan. Bot., 1901–1974
Mildb.	Mildbread, G. W. J., deutsch. Bot., 1879–1954
Mill.	Miller, Ph., engl. Gärtner u. Bot., 1691–1771
Millais	Millais, J. G., engl. Bot., 1865–1931
Millsp.	Millspaugh, Ch. F., nordamer. Bot., 1854–1923
Miq.	Miquel, F. A. W., holländ. Bot., 1811–1871

Mirb.	Mirbel, Ch. F. Brisseau de, franz . Bot., 1776–1854
Miyabe	Miyabe, K., japan. Bot., 1860–1951
Miyabe et Kudo	derselbe und Y. Kudo, s. jenen
Miyoshi	Miyoshi, M., japan. Bot., 1861–1939
Moç.	Moçiño Suarez Lozada, J. M., mexikan. Bot., 1757–1820
Moench	Moench, C., deutsch. Bot., 1744–1805
Mol.	Molina, J. I., chilen. Jesuit u. Naturforsch., 1737–1829
Moore, H.E.	Moore, H. E., nordamer. Bot., 1917–1980
Moore, Sp.	Moore, Spencer le Marchant, engl. Bot., 1851–1931
Moore, T.,	Moore, Th., engl. Bot., 1821–1887
Moq.	Moquin-Tandon, Ch. H. B. A., franz. Bot., 1804–1863
Moric.	Moricand, M. E., schweiz. Bot., 1779–1854
Moritzi	Moritzi, A. I., schweiz. Bot., 1807–1850
Morr.	Morren, Ch. J. E., belg. Bot., 1833–1886
Morton	Morton, C. V., nordamer. Bot., 1905–1972
Moser	Moser, J. J., franz. Gärtner, 19./Anf. 20. Jh.
Mott.	Mottet, S. J., franz. Gärtner, 1861–1930
Moug.	Mougeot, J. B., franz. Arzt u. Bot., 1776–1858
Mouillef.	Mouillefert, P., franz. Gärtner, 1845–1903
Muell.-Arg.	Müller, J. (aus Aargau), schweiz. Bot., 1828–1896
Muell., F.v.	Müller, Baron F. H. J. v., deutsch. Bot. (in Australien) 1825–1896
Muhl.	Muhlenberg, G. H. E., nordamer. Geistl. u. Bot., 1753–1815
Mullig.	Mulligan, B. O., nordamer. Bot., geb. 1907
Murr.	Murray, J. A., schwed. Bot., 1740–1791
Murr., A.	Murray, Andr., schott. Bot., 1812–1878
Mutis	Mutis, J. C. B. y Bosio, span. Bot. (in Kolumbien), 1732–1808

N

Naeg.	Naegeli, C. W., von, deutsch. Bot., 1817–1891
Nakai	Nakai, T., japan. Bot., 1882–1952
Nash	Nash, G. V., nordamer. Bot., 1864–1921
Naud.	Naudin, Ch. V., franz. Bot., 1815–1899
N.E.Br.	s. Brown, N. E.
Neck.	Necker, N. J. de, deutsch. Bot., 1729–1793
Nees	Nees von Esenbeck, Ch. G. D., deutsch. Bot., 1776–1858
Nees et Eberm.	derselbe und C. H. Ebermaier, s. jenen
Neill	Neill, P., schott. Bot., 1776–1851

Neilr.	Neilreich, A., österr. Jurist u. Bot., 1803–1871
Nel	Nel, G. C., südafrikan. Bot., 1885–1950
Nestl.	Nestler, C. G., elsäss. Bot., 1778–1832
Neub.	Neubert, W., deutsch. Gärtner, 1808–1895
Nichols.	Nicholson, G., engl. Bot., 1847–1908
Niedenzu	Niedenzu, F. J., deutsch. Bot., 1857–1937
Niemetz	Niemetz, W. F., ungar. Gärtner, 19./20. Jh.
Nitz.	Nitzelius, T., deutsch-schwedisch. Bot., geb. 1911
Noe	Noe, F. W., dtsch. Bot., † 1858
Noerdl.	Nördliner, H., deutsch. Bot., 1818–1897
Nutt.	Nuttall, Th., engl. Bot., 1786–1859
Nym.	Nymann, C. F., schwed. Bot., 1820–1893

O

Oberd.	Oberdorfer, E., deutsch. Bot., geb. 1905
O'Brien	O'Brien, J., engl. Orchideenspez., 1842–1930
Oed.	Oeder, G. Chr., deutsch. Bot., 1728–1791
Oerst.	Oerstedt, A. S., dänisch. Bot., 1816–1872
Ohlendorff	Ohlendorff, J. H. O., deutsch. Gärtner, 19. Jh.
Oliv.	Oliver, D., engl. Bot., 1830–1917
Olivier	Olivier, G. A., franz. Naturforscher, 1756–1814
Opiz	Opiz, Ph. M., böhmisch. Bot., 1787–1858
Orb.	d'Orbigny, A. D., franz. Bot., 1802–1857
Orcutt	Orcutt, nordamer. Bot., 1864–1929
Orph.	Orphanides, Th. G., griech. Bot., 1817–1886
Ort.	Ortega, C. Gómez, spanisch. Bot., 1740–1818
Ortega	Ortega González, J., mexikan. Bot., 1876–1936
Ortg.	Ortgies, K. E., schweiz. Gärtner, 1829–1916
Osbeck	Osbeck, P., schwed. Geistlicher, 1723–1805
Osborn	Osborn, A., engl. Bot., 1878–1964
Ostenf.	Ostenfeld, C. E. H., dän. Bot., 1873–1931
Otto	Otto, Ch. Fr., deutsch. Gärtner, 1783–1856
Otto et Dietr.	derselbe und A. E. Dietrich, s. jenen
Oudem.	Oudemans, C. A. J., holl. Bot., 1825–1906
Ouden	Ouden, P. den, holländ. Bot., 1873–1963

P

Pabst	Pabst, G. F. J., brasil. Bot., 1914–1980
Palisot	Palisot de Beauvois A. M. F. J., franz. Bot., 1752–1820
Palib.	Palibin, I. V., russ. Bot., 1872–1949
Pall.	Pallas, P. S., deutsch.- russ. Bot., 1741–1811
Palmer	Palmer, E. J., nordamer. Bot., 1875–1962
Palm. et Steyerm.	der vorige und J. A. Steyermark, s. jenen

Panc.	Pančić, J., serbisch. Bot., 1814–1888
Pardé	Pardé, L. G. Ch., franz. Bot., 1865–1943
Parish	Parish, Ch. S. P., engl. Geistl. u. Sammler (in China), 1822–1897
Parl.	Parlatore, F., ital. Bot., 1816–1877
Parodi	Parodi, L. R., argent. Bot., 1895–1966
Parry	Parry, Ch. Ch., nordamer. Bot., 1823–1890
Parsons	Parsons, S. B., nordamer. Gärtner, 1819–1906
Pass.	Passerini, G., ital. Bot., 1816–1893
Pav.	Pavon, J. A., span. Bot., 1754–1840
Pax	Pax, F. A., deutsch. Bot., 1858–1942
Paxt.	Paxton, J., engl. Bot., 1803–1865
P. B.	s. Palisot de Beauvois
Pernet	Pernet, J., franz. Rosenzüchter, 1832–1896
Perr.	Perrier de la Bathie, J. M. A. H., franz. Bot., 1873–1958
Perrott.	Perrottet, G. S., franz. Bot., 1793–1870
Pers.	Persoon, Ch. H., holl-südafr. Bot., 1761–1836
Pet.	Peter, G. A., deutsch. Bot., 1853–1937
Peterm.	Petermann, W. L., deutsch. Bot., 1806–1855
Petrovič	Petrovič, S., serbisch. Arzt u. Bot., 1839–1889
Pfeiff.	Pfeiffer, L., deutsch. Kakteenkenner, 1805–1877
Pfitz.	Pfitzer, E. H. H., deutsch. Bot., 1846–1906
Phil.	Philippi, R. A., deutsch.-chilen. Bot., 1808–1904
Pilger	Pilger, R. K. F., deutsch. Bot., 1876–1953
Pitt.	Pittier, H. F., venezol. Bot., 1857–1950
Planch.	Planchon, J. E., französ. Bot., 1823–1888
Plantier	Plantier, französ. Gärtner, Mitte 19. Jahrh. (?)
v. Poelln.	Poellnitz, K. v., deutsch. Bot., 1896–1945
Poepp.	Poeppig, E. F., deutsch. Forschungsreisender, 1798–1868
Pohl	Pohl, J. B. E., österr. Bot., 1782–1834
Poir.	Poiret, J. L. M., franz. Bot., 1755–1834
Poit.	Poiteau, P. A., franz. Bot., 1766–1854
Pojark.	Pojarkowa, A. I., russ. Bot., geb. 1897
Poll.	Pollich, J. A., deutsch. Arzt u. Bot., 1740–1780
Pollini	Pollini, C., ital. Bot., 1782–1833
Pont.	Pontedera, G., ital. Bot. 1688–1757
Popov	Popov, M. G., russ. Bot., 1893–1955
Porter	Porter, Th. C., nordamer. Bot., 1822–1901
Pos.	Poselger, H., deutsch. Kakteenforsch., 1818–83
Potztal	Potztal, Eva H. I., dtsch. Botanikerin, geb. 1924
Pourr.	Pourret, P. A., franz. Bot., 1754–1818
Pradel	Pradel, französ. Gärtner, Mitte 19. Jahrh.
Praeger	Praeger, R. Ll., irischer Bot., 1865–1953
Prain	Prain, D., schott. Bot., 1857–1944
Prantl	Prantl, K. A. E., deutsch. Bot., 1849–1893
Presl	Presl. K. B., böhmisch. Bot., 1794–1852

Pritz.	Pritzel, E. G., deutsch. Bot., 1875–1946
Pugsl.	Pugsley, H. W., engl. Bot., 1868–1947
Purdom	Purdom, W., engl. Pfl.-Samml., 1880–1921
Purkyne	Purkyně, E., böhm. Bot., 1832–1882
Purp., C. A.	Purpus, C. A., deutsch. Pfl.-Samml., 1851–1914 (?)
Purp., J. A.	Purpus, J. A., deutsch. Gärtner, 1860–1932 (?)
Pursh.	Pursh, Fr. Tr., deutsch.-kanad. Bot., 1774–1820
Pynaert	Pynaert van Geert, E. Ch., belg. Gärtner, 1835–1900

R

Rabenh.	Rabenhorst, E. L., deutsch. Bot., 1806–1881
Racib.	Raciborski, M., poln. Bot., 1863–1917
Raddi	Raddi, G., italien. Bot., 1770–1829
Radlk.	Radlkofer, L. A. T., deutsch. Bot., 1829–1927
Raf.	Rafinesque-Schmaltz, C. S., italo-nordamer. Bot., 1783–1840
Ram.	Ramond de Charbonnières, L. F. E., franz. Politiker u. Naturwiss., 1753–1827
Raoul	Raoul, E. F. L., franz. Arzt u. Bot., 1815–1852
Rathke	Rathke, deutsch. Gärtner, 1841–1909
Rauh	Rauh, Werner, deutsch. Bot., geb. 1913
Rauh et Backeb.	der vorige u. C. Backeberg, s. jenen
R. Br.	siehe Brown, R.
Rebut	Rebut, P., französ. Kakteenhändler, 1830–1898
Reg., Rgl.	Regel, E. A. v., deutsch. Bot., 1815–1892
Reg. et Schmalh.	derselbe und J. Th. Schmallhausen, s. jenen
Reg. et Winkl.	derselbe und C. J. Winkler, s. jenen
Rehd.	Rehder, A., deutsch.-amer. Bot., 1863–1949
Rehd. et Wils.	derselbe und E. H. Wilson, s. jenen
Reichb. (Rchb.)	Reichenbach. H. G. L., deutsch. Bot., 1793–1879
Reichb. f. (Rchb. f.)	Reichenbach, H. G., deutsch. Bot., Sohn des vorigen, 1824–1889
Reiche	Reiche, K., dtsch. Bot., (in Chile), 1860–1929
Reinw.	Reinwardt, C. G. C., deutsch.-holl. Bot., 1773–1854
Rendle	Rendle, A. B., engl. Bot., 1865–1938
Resende	Resende, F., portug. Bot., 1907–1967
Retz.	Retzius, A. J., schwed. Bot., 1742–1821
Reut.	Reuter, G. F., schweiz. Bot., 1805–1872
Ricc.	Riccobono, V., ital. Bot., 1861–1943
Rich.	Richard, L. C. M., franz. Bot., 1754–1821
Rich., A.	Richard, A., franz. Bot., 1794–1852
Richards.	Richardson, Sir John, schott. Bot., 1787–1865
Ridl.	Ridley, H. N., engl. Bot., 1855–1956!

Rinz	Rinz, S., deutsch. Gärtner, 1782–1861
Ritter	Ritter, Fr., deutsch. Kakteensammler, geb. 1898
Riv.	Rivière, M. A., 1821–1877, und Ch. M. Rivière, geb. 1845, französ. Gärtner
Rivers	Rivers, Th., engl. Gärtner, 1798–1877
Robins.	Robinson, B. L., nordamer. Bot., 1864–1935
Robins., W.	Robinson, William, engl. Gärtner, 1838–1935
Robyns	Robyns, W., belg. Bot., geb. 1935
Roch.	Rochel, A., österr. Bot., 1770–1847
Rochebr.	Rochebrune, A. T. de, franz. Bot., 1834–1912
Rock	Rock, J. F. Ch., nordamer. Bot., 1884–1962
Rod.	Rodigas, E., belg. Bot., 1831–1902
Roehl.	Röhling, J. Ch., deutsch. Bot., 1757–1813
Roemer, J. J.	Roemer, J. J., schweiz. Bot., 1763–1819
Roem. et Schult.	derselbe und J. A. Schultes, s. jenen
Roemer, M. J.	Roemer, M. J., deutsch. Bot., 1791–1849
Roess.	Roessig, C. G., deutsch. Gartenfreund, 1752–1806
Rohrb.	Rohrbach, P., deutsch. Bot., 1847–1871
Rolfe	Rolfe, R. A., engl. Bot., 1855–1921
Rollins	Rollins, R. C., nordamer. Bot., geb. 1911
Rosc.	Roscoe, W., engl. Bot., 1753–1831
Rose	Rose, J. N., nordamer. Bot., 1862–1928
Rosenth.	Rosenthal, R. C., österr. Gärtner, 1849–1899
Rossem	Rossem, G. A. van, holländ. Gärtner, Zeitgen. (?)
Rostk.	Rostkovius, Fr. W. G., deutsch. Arzt, 1770–1848
Roth	Roth, A. W., deutsch. Bot., 1757–1834
Rothm.	Rothmaler, W., deutsch. Bot., 1908–1962
Rottb.	Rottboell, Ch. F., dänisch. Bot., 1727–1797
Roul.	Rouleau, J. A. E., kanad. Bot., geb. 1916
Rouss.	Roussel, H. F. A. de, franz. Bot., 1748–1812
Rouy	Rouy, G., franz. Bot., 1851–1924
Rovelli	Rovelli, Renato, 1806–1880, Carlo, geb. 1902, u. Achille (20. Jh.), italien. Gärtner
Rowl.	Rowley, G. D., engl. Bot., geb. 1921
Roxb.	Roxburgh, W., schott. Bot. (in Indien), 1751–1815
Royle	Royle, J. F., engl. Arzt u. Bot., 1798–1858
Roz.	Rozier, F., französ. Gelehrter, 1734–1793
Rübel	Rübel, E. A., schweiz. Bot., 1876–1960
Ruempl.	Rümpler, K. Th., deutsch. Gartenbauautor, 1817–1891
Ruiz	Ruiz Lopez, H., span. Bot., 1754–1815
R et P.	s. Ruíz, u. Pavon
Rupr.	Ruprecht, F. J., dt.-russ. Bot., 1814–1870
Rusby	Rusby, H. H., nordamer. Bot., 1855–1940
Russell	Russell, P. G., nordamerk. Bot., Zeitgen. (?)
Ruys	Ruys, J. D., niederländ. Bot., 1899–1955
Rydb.	Rydberg, P. A., schwed.-nordamer. Bot., 1860–1931

S

Salisb.	Salisbury, R. A. Markham, gen. Salisbury; engl. Bot., 1761–1829
Salm-Dyck	Salm-Reifferscheidt-Dyck, J. M. F. A. H. I., Fürst zu, dtsch. Bot., 1773–1861
Samp.	Sampaio, G. A. da Silva Ferreira, portugies. Bot., 1865–1937
Sander	Sander, H. F. C. (Sander and Sons), 1847 bis 1920, engl. Pflanzenzüchter
Sarg.	Sargent, Ch. Spr.; nordamer. Bot., 1841–1927
Sav.	Savatier, P. A. L., franz. Bot., 1830–1891
Savi	Savi, G., ital. Bot., 1769–1844
Schauer	Schauer, J. C., deutsch. Bot., 1813–1848
Sch.Bip.	Schultz, C. H. (Bipontinus = aus Zweibrücken), deutsch. Bot., 1805–1867
Scheidw.	Scheidweiler, M. J. F., belg. Bot., 1799–1861
Schelle	Schelle, E., deutsch. Gärtner, 1864–1929
Schenck	Schenck, J. H. R., deutsch. Bot., 1860–1927
Schenk	Schenk, J. A. v., deutsch. Bot., 1815–1891
Schiede	Schiede, Ch. J. W., deutsch. Forschungsreisender, 1798–1836
Schimp.	Schimper, W. Ph., deutsch. Bot., 1808–1880
Schinz	Schinz, H., schweiz. Bot., 1858–1941
Schinz et Kell.	derselbe und R. Keller, s. jenen
Schinz et Thell.	derselbe und A. Thellung, s. jenen
Schkuhr	Schkuhr, Chr., deutsch. Bot., 1741–1811
Schlecht.	Schlechtendal, D. F. L. v., deutsch. Bot., 1794–1866
Schlechter	Schlechter, F. R. R., deutsch. Bot., 1872–1925
Schleid.	Schleiden, M. J., deutsch. Bot., 1804–1881
Schmalh.	Schmalhausen, J. Th., russ. Bot., 1849–1894
Schmidt, Fr.	Schmidt, F., russ. Bot., 1832–1908
Schmidt, J. C.	Schmidt, J. K., deutsch. Gärtner, 1851–1921
Schneid.	Schneider, C. K., deutsch. Gärtner u. Dendrologe, 1876–1951
Schnizl.	Schnizlein, A. C. F. H. C., deutsch. Bot., 1814–1868
Schoch	Schoch, J. G., deutsch. Gärtner, 1853–1905
Schomb.	Schomburgk, Sir M. R., deutsch-austral. Bot., 1811–1891
Schott	Schott, H. W., österr. Gärtner, 1794–1865
Schrad.	Schrader, H. A., deutsch. Bot., 1767–1836
Schr(an)k	Schrank, F. v. Paula von, deutsch. Bot., 1745–1835
Schreb.	Schreber, J. C. D., deutsch. Bot., 1739–1810
Schrenk	Schrenk, A. G., russ. Bot., 1816–1876
Schroet.	Schroeter, C. J., schweiz. Bot., 1855–1939
Schult.	Schultes, J. A., österr. Bot., 1773–1831
Schultz	Schultz, F. W., deutsch-franz. Bot., 1804–1876
Schulz, O. E.	Schulz, O. E., deutsch. Bot., 1874–1936

Schulze, G. M. Schulze, G. M., deutsch. Bot., geb. 1909
Schum. Schumacher, H. Ch. F., dän. Bot., 1757–1830
Schum., K. Schumann, K. M., deutsch. Bot., 1851–1904
Schur Schur, Ph. J. F., österr. Bot., 1799–1878
Schw. Schweiniz, L. D. v., nordamer. Bot., 1780–1834
Schwantes Schwantes, M. H. G., deutsch. Historiker u. Bot., 1881–1960
Schwarz Schwarz, O., deutsch. Bot., geb. 1900
Schweigg. Schweigger, A. Fr., deutsch. Bot., 1783–1821
Schweinf. Schweinfurth, G. A., deutsch. Naturwiss., 1836–1925
Schweinf., C. Schweinfurth, C., nordamer. Bot., 1890–1970
Schwer. Schwerin, Fr. K. Graf v., deutsch. Dendrologe, 1856–1934
Scop. Scopoli, G. A., ital. Bot., 1723–1788
Seem. Seemann, B. C., deutsch-engl. bot. Reisender, 1825–1871
Seemen Seemen, K. O. v., deutsch. Bot., 1838–1910
Sello(w) Sello, F., deutsch. bot. Reisender, 1789–1831
Sénécl. Sénéclauze, A., franz. Gärtner, Mitte 19. Jahrh.
Senghas Senghas, K., deutsch. Bot., geb. 1928
Ser. Seringe, N. Ch., franz. Bot., 1776–1858
Shafer Shafer, J. A., nordamer. Bot., 1863–1918
Sherff Sherff, E. E., nordamer. Bot., 1886–1966
Shibata Shibata, K., japan. Bot., 1877–1949
Shirai Shirai, M., japan. Bot., 1863–1932
Shiras. Shirasawa, H., japan. Bot., 1868–1947
Shiras. et Koyama derselbe und M. Koyama, s. jenen
Sibth. Sibthorp, J., engl. Bot., 1758–1796
Sibth. et Sm. derselbe und J. E. Smith, s. jenen
Sieb. Siebold, Ph. F. v., deutsch-holländ. Bot. u. Japanforscher, 1796–1866
Sieb. et Zucc. derselbe und J. G. Zuccarini, s. jenen
Sieber Sieber, F. W., österr. bot. Reisender, 1789–1844
Siehe Siehe, W., deutsch. Kaufmann u. Pflanzensamml. (in Kleinasien), 1859–1928
Sim Sim, Th. R., schott.-südafr. Bot., 1856–1938
Simonkai Simonkai, Lajos tól, ungar. Bot., 1851–1910
Simon-Louis Simon-Louis, L., franz. Gärtner, 1834–1913
Sims Sims, J., engl. Bot., 1749–1831
Sinclair Sinclair, G., engl. Gärtner, 1786–1834
Sint. Sintenis, P. E. E., deutsch. Pfl.- Samml., 1847–1907
Skottsb. Skottsberg, C., schwed. Bot., 1880–1963
Sleum. Sleumer, H., deutsch-holländ. Bot., geb. 1906
Sm., J. E. Smith, J. E., engl. Bot., 1759–1828
Small Kunkel-Small, J., nordamer. Bot., 1869–1938
Smet Smet, Ch. L. de, belg. Gärtner, 1812–1887

Smith, H.	Smith, K. A. H., schwed. Bot., 1889–1971
Sm., J.	Smith, J., engl. Bot., 1798–1888
Smith, L. B.	Smith, L. B., nordamer. Bot., geb. 1904
Smith, W. W.	Smith, Sir W. W., engl. Bot., 1875–1956
Soland.	Solander, D. C., schwed. Bot., 1733–1782
Solms	Solms-Laubach, H. M. C. L. F. Graf zu, deutsch. Bot., 1842–1915
Somerset	Somerset Rose Nursery, zeitgen. nordamerikan. Gärtnerei
Somm.	Sommier, C. P., St., italien. Bot. 1848–1922
Sonn.	Sonnerat, P., franz. Bot., 1748–1814
Soó	Soó, K. J., ungar. Bot., 1903–1980
Soul.-Bod.	Soulange-Bodin, Et., franz. Gärtner, 1774–1846
Spach	Spach, E., franz. Bot., 1801–1879
Späth	Späth, F. L., 1839–1913, H. L., 1885–1945, deutsch. Gärtnerfamilie
Speg.	Spegazzini, C., argent. Bot., 1858–1926
Sprague	Sprague, Th. A., engl. Bot., 1877–1958
Spreng.	Sprengel, K. P. J., deutsch. Bot., 1766–1833
Sprenger	Sprenger, C., Gärtner in Italien, 1846–1917
Standish	Standish, J., engl. Gärtner, 1814–1875
Standley	Standley, P. C., nordamer. Bot., 1884–1963
Stapf	Stapf, O., österr.-engl. Bot., 1857–1933
Stearn	Stearn, Wm. Th., engl. Bot., geb. 1911
Steetz	Steetz, J., deutsch. Bot., 1804–1862
Steinhübel	Steinhübel, G., tschech. Bot, Zeitgen. (?)
Sternb.	Sternberg, K. M. Graf v., österr. Bot., 1761–1838
Steud.	Steudel, E. G., deutsch. Bot., 1783–1856
Stev.	Steven, Chr., russ. Bot., 1781–1863
Stew.	Stewart, J. L., schott. Bot., 1832(?)–1873
Steyerm.	Steyermark, J. A., nordamer. Bot., geb. 1909
St.-Hil.	Saint-Hilaire, A. F. C. Prouvançal de, franz. Bot., 1779–1853
St. John	St. John, H., nordamer. Bot., geb. 1892
St.-Lag.	Saint-Lager, J. B., franz. Bot., 1825–1912
Stokes	Stokes, J., engl. Bot., 1755–1831
Sturm, J.	Sturm, J. W., deutsch. Kupferstecher, 1771–1848
Sudw.	Sudworth, G. B., nordamer. Bot., 1864–1927
Suesseng.	Suessenguth, K., deutsch. Bot., 1893–1955
Summerh.	Summerhayes, V. S., engl. Bot., 1897–1974
Sünd.	Sündermann, F., deutsch. Gärtner, 1864–1946
Suring.	s. Valcken
Sw.	Swartz, O. P., schwed. Bot., 1760–1818
Sweet	Sweet, R., engl. Bot., 1783–1835
Swingle	Swingle, W. T., nordamer. Bot., 1871–1952
Szysz.	Szyszylowicz, I. v., polnisch. Bot., 1857–1910

T

Takeda	Takeda, H., japan. Bot., 1883–1972
Takht.	Takhtajan, A. L., russ. Bot., geb. 1910
Tanaka	Tanaka, Y., japan. Bot., 1838–1916
Tanaka, T.	Tanaka, T., japan. Bot., geb. 1885
Tantau	Tantau, M., deutsch. Rosenzüchter, Zeitgen. (?)
Tatewaki	Tatewaki, M., japan. Bot., geb. 1899
Tausch	Tausch, I. F., böhmisch. Bot., 1793–1848
Taylor, G.	Taylor, G., engl. Bot., geb. 1904
Taylor, N.	Taylor, N., nordamer. Bot., 1893–1967
Ten.	Tenore, M., ital. Bot., 1780–1861
Teuscher	Teuscher, H., deutsch-kanad. Gärtner, geb. 1891
Thell.	Thellung, A., schweiz. Bot., 1881–1928
Thomas, F.	Thomas, Fr. A., deutsch. Bot., 1840–1918
Thoms.	Thomson, Th., engl. Bot., 1817–1878
Thonn.	Thonning, P., dän. Bot., 1775–1848
Thory	Thory, C. A., franz. Gärtner, 1759–1827
Thouars	Du Petit Thouars, L. M. A., franz. Bot., 1758–1831
Thouin	Thouin, A., franz. Gärtner, 1747–1824
Thuill.	Thuillier, J. L., franz. Bot., 1757–1822
Thunb.	Thunberg, C. P., schwed. Bot., 1743–1828
Thwait.	Thwaites, G. H. K., engl. Bot. (Ceylon), 1812–1882
Tiegh.	Tieghem, P. E. L. van, franz. Bot., 1839–1914
Tineo	Tineo, V., ital. Bot., 1791–1856
Tischer	Tischer, A., deutsch. Bot., geb. 1895
Tischler	Tischler, G. F. C., deutsch. Bot., 1878–1955
Tobler	Tobler, Fr., schweiz. Bot., 1879–1957
Toepff.	Toepffer, A., deutsch. Bot., 1853–1931
Torr.	Torrey, J., nordamer. Bot., 1796–1873
Torr. et Gr.	derselbe und Asa Gray, s. jenen
Tourn.	Tournefort, J. P. de, franz. Bot., 1656–1708
Townsend	Townsend, F., engl. Bot., 1822–1905
Tratt.	Trattinick, L., österr. Bot., 1764–1849
Traub	Traub, H. P., nordamer. Bot., geb. 1890
Trautv.	Trautvetter, E. R. v., russ. Bot., 1809–1889
Trel.	Trelease, W., nordamer. Bot., 1857–1945
Trevir.	Treviranus, L. Ch., deutsch. Bot., 1799–1864
Trew	Trew, Ch. J., deutsch. Bot., 1695–1769
Triana	Triana, J. J., kolumb. Bot., 1834–1890
Trin.	Trinius, K. B. v., deutsch-russ. Bot., 1778–1844
Trujillo	Trujillo, H., venezolan. Bot., Zeitgen. (?)
Tuckerm.	Tuckermann, E., nordamer. Bot., 1817–1886
Tul.	Tulasne, E. L. R., franz. Bot., 1815–1885
Turcz.	Turczaninow, N. St., russ. Bot., 1796–1864
Turp.	Turpin, P. J. F., franz. Bot., 1775–1840
Turra	Turra, A., ital. Bot., 1730–1796
Turrill	Turrill, W. B., engl. Bot., 1890–1961

U

Ucria	Ucria, B. da, ital. Bot., 1739–1796
Uitew.	Uitewaal, A. J. A., holländ. Bot., 1899–1963
Ule	Ule, E. H. G., dtsch. Bot., 1854–1915
Urb.	Urban, I., deutsch. Bot., 1848–1931
Urv.	d'Urville, J. S. C. Dumont, franz. Offiz. u. Bot., 1790–1842
Usteri	Usteri, A., schweiz. Bot., 1769–1848
Uyeki	Uyeki, H., japan. Bot., geb. 1882

V

Vahl	Vahl, M., dänisch. Bot., 1749–1804
Valcken.	Valckenier-Suringar, J., holl. Bot., 1864–1932
Vanh.	Van Houtte, L., 1810–1876, u. Sohn Louis, 1845–1938, belg. Gärtner
Van Kleef	Kleef, C. van, holländ. Gärtner, 19. Jahrh.
Vaup.	Vaupel, Fr. K. J., deutsch. Bot., 1876–1927
Vav., Vavil.	Vavilov, N. I., russ. Genetiker, 1887–1943
Veitch	Veitch, J. G., 1839–1870, J. H., 1868–1907; etc., engl. Gärtnerfam.
Velen.	Velenovsky, J., böhmisch. Bot., 1858–1949
Vell.	Vellozo, J. M., brasilian. Bot., 1742–1811
Venema	Venema, H. J., holländ. Bot., Zeitgen. (?)
Vent.	Ventenat, E. P., holländ. Bot., 1757–1808
Versch.	Verschaffelt, A. C. A., belg. Gärtner, 1825–1886
Verschuren	Verschuren, H. A., holländ. Gärtner, Zeitgen. (?)
Victorin	Victorin, Fr. M.. kanad. Bot., 1885–1944
Vill.	Villars, D., franz. Bot., 1745–1814
Vilm.	Vilmorin, A. L. M. L. de, 1849–1918, J. M. Ph. L. de Vilmorin, 1872–1917, franz. Gärtner u. Züchter
Vis.	Visiani, R. de, ital. Bot., 1800–1878
Viv.	Viviani, D., ital. Bot., 1772–1840
Volk.	Volkens, G. L. A., deutsch. Bot., 1855–1917
Volk, O. H.	Volk, O. H., deutsch. Bot., Zeitgen. (?)
Voss, A.	Voss, A., deutsch. Gartenbauautor, 1857–1924

W

Wahl.	Wahlenberg, G., schwed. Bot., 1780–1851
Wahlb.	Wahlberg, P. F., schwed. Bot., 1800–1877
Waldst.	Waldstein-Wartenburg, F. A. Graf von, österr. Bot., 1759–1823
Waldst. et Kit.	derselbe und P. Kitaibel, s. jenen
Wall.	Wallich, N., dän.-engl. Arzt u. Bot., 1786–1854

Wallr.	Wallroth, K. F., deutsch. Arzt u. Bot., 1792–1857
Walp.	Walpers, W. G., deutsch. Bot., 1816–1853
Walt	Walten, Th., nordamer. Bot., 1740–1789
Wangenh.	Wangenheim, F. A. J. von, deutsch. Forstmann, 1749–1800
Wanger.	Wangerin, W. L., deutsch. Bot., 1884–1938
Warb., O.	Warburg, O., deutsch. Bot., 1859–1938
Warb., E.F.	Warburg, E. F., engl. Bot., 1908–1966
Ward	Ward, Fr. K., eigentl. Kingdon Ward (!), engl. Bot., 1885–1958
Warder	Warder, J. A., nordamer. Bot., 1812–1883
Warm.	Warming, J. E. Bülow, dän. Bot., 1841–1924
Warscz.	Warsczewicz, polnisch. Gärtner, 1812–1866
Watanabe	Watanabe, R., japan. Bot., geb. 1934
Waterer	Waterer, A., engl. Gärtner, 1822–1896
Wats.	Watson, P. W., engl. Bot., 1761–1830
Wats., S.	Watson, S., nordamer. Bot., 1826–1892
Wats., W.	Watson, W., engl. Gärtner, 1858–1925
Watt	Watt, G., schott. Bot., 1851–1930
Wawra	Wawra, H. Ritter v. Fernsee, österr. Arzt u. Bot., 1831–1887
Webb	Webb, Ph. Barker, engl. Bot., 1793–1854
Weber	Weber, G. H., deutsch. Bot., 1752–1828
Weberb.	Weberbauer, A., deutsch. Bot., 1871–1948
Weihe	Weihe, C. E. A., deutsch. Bot., 1779–1834
Weihe et Nees	derselbe und Nees von Esenbeck, s. jenen
Welw.	Welwitsch, Fr., österr. Bot., 1806–1872
Wendl.	Wendland, J. Ch., deutsch. Gärtner, 1755–1828
Wendl., H.	Wendland, H., Enkel des vorigen, 1825–1903
Wendl., H. L.	Wendland, H. L., Vater des vorigen, 1792–1869
Wenz.	Wenzig, Th., deutsch. Bot., 1824–1892
Werderm.	Werdermann, E., deutsch. Bot., 1892–1959
Wettst.	Wettstein, R. von, österr. Bot., 1862–1931
Widder	Widder, F. J., österr. Bot., 1892–1974
Wight	Wight, R., engl. Arzt u. Bot., 1796–1872
Wight et Arn.	derselbe und G. A. W. Arnott, s. jenen
Wight et Hedr.	der folgende und U. P. Hedrick, s. jenen
Wight, W. F.	Wight, W. Fr., nordamer. Bot., 1874–1954
Wikstr.	Wickström, J. E., schwed. Bot., 1789–1856
Willd.	Willdenow, K. L., deutsch. Bot., 1765–1812
Williams, B. S.	Williams, B. S., engl. Gärtner, 1824–1890
Williams	Williams, L. O., nordamer. Bot., geb. 1908
Willk.	Willkomm, H. M., deutsch. Bot., 1821–1895
Willk. et Lge.	derselbe und J. M. Ch. Lange, s. jenen
Willm.	Willmott, E. A., engl. Gärtnerin, 1858–1934
Wils.	Wilson, E. H., engl.-nordamer. Dendrol., 1876–1930
Wimm.	Wimmer, C. F. H., deutsch. Bot., 1803–1868

Winkler, C.	Winkler, C. J., russ. Bot., 1848–1900
Winkler	Winkler, H. J. P., deutsch- russ. Bot., 1875–1941
Winkler, H.	Winkler, H. K. A., deutsch. Bot., 1877–1945
With.	Withering, W., engl. Arzt, 1741–1799
Witte	Witte, holländ. Gärtner, 19. Jh.
Wittm.	Wittmack, M. C. L., deutsch. Bot., 1839–1929
Wohlf.	Wohlfahrt, R., deutsch. Bot., 1830–1888
Wolf, E.	Wolf, E. L., deutsch-russ. Bot., 1860–1931
Wood.	Wood, A., nordamer. Bot., 1810–1881
Woods.	Woodson, R. E., nordamer. Bot., 1904–1964
Wormsk.	Wormskjöld, M., dän. Pfl.- Samml., 1783–1845
Woron.	Woronow, G. J. N., russ. Bot., 1874–1931
Wrobl.	Wroblewski, A., polnisch. Dendrol., 1881–1944
Wulf.	Wulfen, F. X. Frhr. v., österr. Bot., 1728–1805

Y

Yatabe	Yatabe, R., japan. Bot., 1852–1899
Young	Young, M., engl. Gärtner, Mitte 19. Jahrh.
Yuncker	Yuncker, T. G., nordamer. Bot., 1891–1963

Z

Zab.	Zabel, H., deutsch. Gärtner, 1832–1912
Zahlbr.	Zahlbruckner, J., österr. Bot., 1782–1850
Zederb.	Zederbauer, E., österr. Bot., geb. 1877
Zeman	Zeman, Fr., tschechisch. Gärtner, Zeitgen. (?)
Zenari	Zenari, S., ital. Botanikerin, 1895–1956
Zeyh.	Zeyher, C. L., deutsch. Bot., 1799–1858
Zinn	Zinn, J. G., deutsch. Bot., 1727–1759
Zoll.	Zollinger, H., schweiz. Bot., 1818–1859
Zollik.	Zollikofer, C. T., schweiz. Bot., 1774–1843
Zucc.	Zuccarini, J. G., deutsch. Bot., 1797–1848
Zuccag.	Zuccagni, A., ital. Bot., 1754–1807

Literaturverzeichnis

BACKEBERG, C., 1958–1962: Die Cactaceae. 6 Bde. Jena: VEB G. Fischer.

BAILEY, L. H., & al., 1977: Manual of Cultivated Plants. Rev. (repr.) ed. New York: Macmillan Co.

BEAN, W. J., 1970–1980: Trees and Shrubs Hardy in the British Isles. 8th. ed. (4 Vol., by G. Taylor & al.). London: J. Murray.

CHITTENDEN, F. J. (Ed.), 1965: Dictionary of Gardening. 2nd. ed. (4 Vol. by P. M. Synge & al.); Suppl. (2nd ed.) 1969. London: Royal Hort. Soc./Oxford Univ. Press.

COATS, A. M., 1969: The Quest for Plants. London: Studio Vista.

COOMBES, A. J., 1985: The Collingridge Dictionary of Plant Names. Fetham: Collingridge.

DESMOND, R., 1977: Dictionary of British and Irish Botanists and Horticulturists. Repr. ed. London: Taylor & Francis.

ENCKE, F. (Hrsg.), 1958–1961: Pareys Blumengärtnerei. 2. Aufl. (3 Bde.). Berlin/Hamburg: Paul Parey.

FONT QUER, P., & al., 1953: Diccionario de Botánica. Barcelona: Editorial Labor.

GENAUST, H., 1983: Etymologisches Wörterbuch der botanischen Pflanzennamen. 2. Aufl. Basel: Birkhäuser.

GLEDHILL, D., 1985: The Names of Plants. Cambridge: Cambridge Univ. Press.

GUNCKEL, H., 1966: El Idioma Mapuche en la Nomenclatura Botánica Chilena. Revista Universitaria **50–51**; 121–164.

GUNN, M., & L. E. CODD, 1981: Botanical Exploration of Southern Africa. Cape Town: A. A. Balkema.

HAAGE, W., 1983: Kakteen von A bis Z. 2. Aufl. Leipzig/Radebeul: Neumann.

HEPPER, F. N., & F. NEATE, 1971: Plant Collectors in West Africa. IAPT, Regnum Vegetabile **74**. Utrecht.

HERRE, H., 1973: The Genera of the Mesembryanthemaceae. Rotterdam: A. A. Balkema.

HUXLEY, A., 1983: An Illustrated History of Gardening. Rev. ed. London: Papermac.

JACKSON, B. D., 1971: A Glossary of Botanic Terms with their Derivation and Accent. Repr. 4th ed. London/New York: G. Duckworth & Co.

JACOBSEN, H., 1970: Das Sukkulentenlexikon. Jena: VEB G. Fischer.

JOHNSON, A. T., & H. A. SMITH, 1984: Plant Names Simplified. Repr. ed. Bromyard: Landmans Bookshop.

KUNKEL, G., 1986: Diccionario Botánico Canario. Las Palmas: Edirca.

LANGLOIS, A. C., 1976: Supplement to Palms of the World. Gainesville: Univ. Press of Florida.

Literaturverzeichnis

MÄGDEFRAU, K., 1973: Geschichte der Botanik. Stuttgart: G. Fischer.

McCLINTOCK, D., 1966: Companion to Flowers. London: G. Bell & Sons.

McCURRACH, J. C., 1960: Palms of the World. New York: Harper & Bros.

MEIKLE, R. D. (Ed.), 1980: Draft Index of Author Abreviations ... Kew: Royal Botanic Gardens.

MOORE, W. G., 1971: The Penguin Encyclopedia of Places. Harmondsworth: Penguin Books.

MUSMARRA, A., 1972: Dizionario Botanico. Bologna: Edagricole.

PALMER, E., N. PITMAN & al., 1972–1973: Trees of Southern Africa. 3 Vol. Cape Town: A. A. Balkema.

SACHS, J. v., 1967: History of Botany (1530–1860). New York: Russell & Russell.

SCHUBERT, R., & G. WAGNER, 1979: Pflanzennamen und botanische Fachwörter. 7. Aufl. Melsungen: J. Neumann-Neudamm.

SMITH, A. W., 1972: A Gardener's Dictionary of Plant Names. W. T. Stearn (Ed.). London: Cassel & Co.

SOUKUP, J., 1970: Vocabulario de los nombre vulgares de la Flora Peruana. Lima: Colegio Salesiano.

STAFLEU, F. A., 1971: Linnaeus and the Linnaeans. IAPT. Regnum Vegetabile **79**. Utrecht.

STEARN, W. T., 1973: Botanical Latin. 2nd ed. Newton Abbot: David & Charles.

STEWART, R. R., & al., 1983: Pteridophyte Genera, the meaning of their names. Fiddlehead Forum **10** (4/5): 21–36.

TUTIN, T. G., & al. (Eds.), 1964–1980: Flora Europaea. 5 Vol. Cambridge: Cambridge Univ. Press.

VOGELLEHNER, D., 1972: Botanische Terminologie und Nomenklatur. Stuttgart: G. Fischer.

WILLIS, J. C., 1973: A Dictionary of the Flowering Plants and Ferns. 8th ed. (by H. K. Airy Shaw). London/New York: Cambridge Univ. Press.

ZANDER, R., 1984: Handwörterbuch der Pflanzennamen. 13. Aufl. (v. F. Encke & al.). Stuttgart: Ulmer.

ZEPERNICK, B., & F. K. TIMLER, 1984: Grundlagen zur 300jährigen Geschichte des Berliner Botanischen Gartens. Englera **1**. Berlin.

Pareys Naturführer

Berlin und Hamburg

Kräuterbestimmungsschlüssel für die häufigsten Grünland- und Rasenkräuter

Zur Ansprache im blütenlosen Zustand

Von Prof. Dr. Dr. h. c. E. Klapp. 2. Aufl. bearb. von Prof. Dr. W. Opitz von Boberfeld, Gießen. 1988. 127 S. mit 265 Abb. Kart. DM 23,–

ISBN 3-489-72610-3

In gleicher Ausstattung wie der Gräserbestimmungsschlüssel bildet der neubearbeitete Kräuterbestimmungsschlüssel zusammen mit diesem ein einheitliches Hilfsmittel für die Ansprache der am häufigsten auf Grünland und Rasen vorkommenden Arten. Da diese Arten selten das Stadium der Blüte erreichen, sind beide Schlüssel ausgerichtet auf die Identifikation der Pflanzen im blütenlosen Zustand. Auch der Kräuterbestimmungsschlüssel wurde zur leichteren Handhabung mit einem Randregister versehen und berücksichtigt 33 Arten, die in der Roten Liste als gefährdete Pflanzen verzeichnet sind. Auf dem neuesten Stand stehen diese beiden praktischen Bestimmungshilfen nun wieder für einen großen Interessentenkreis zur Verfügung: das sind Hörer und Studierende landwirtschaftlicher Fachschulen, Fachhochschulen und Universitäten, Studierende der Biologie, der Gartenbau- und Forstwirtschaftswissenschaften ebenso wie praktische Landwirte und alle in Beratung, Verwaltung und Lehre Tätigen. Aber auch Naturfreunde und Hobby-Botaniker werden diesen Bestimmungsschlüssel optimal nutzen können.

Gräserbestimmungsschlüssel für die häufigsten Grünland- und Rasengräser

Von Prof. Dr. Dr. h. c. E. Klapp und Prof. Dr. W. Opitz von Boberfeld, Gießen. 3., neubearb. und erw. Aufl. 1988. 80 S. mit 100 Abb. Kart. DM 23,–   ISBN 3-489-61610-3

Der Gräserbestimmungsschlüssel berücksichtigt die auf Grünland- und Rasenflächen am häufigsten verbreiteten Süßgräser.

Für die dritte Auflage wurde ein neues Randregister geschaffen, das die Handhabung wesentlich vereinfacht. Die hervorragenden Abbildungen vegetativer und generativer Pflanzenteile wurden um einige Zeichnungen ergänzt, so daß alle besprochenen Arten nunmehr auch im Bild gezeigt werden. Die Bemerkungen zur Häufigkeit des Vorkommens sind auf die zeitabhängigen Veränderungen abgestimmt und die Hinweise zu den Standortansprüchen spezifiziert. Die Überarbeitung der Nomenklatur machte bei einem Fünftel aller Arten eine Änderung der botanischen Bezeichnung erforderlich. Im völlig neu abgefaßten Abschnitt Saatgutmischungen wird auf spezielle Nutzungsformen wie z. B. Gestütsweiden, Golfplätze u. a. detailliert eingegangen.

Preise Stand: 1. 1. 1989

Berlin und Hamburg